Stephanie Peine

Nahrungsdiebe, Kostgänger und nützliche Professionisten

Die Zuwanderung nach Schwelm im Industriezeitalter

Stephanie Peine

Nahrungsdiebe, Kostgänger und nützliche Professionisten
Die Zuwanderung nach Schwelm im Industriezeitalter

Supplement: Migranten-Datenbank

Inaugural-Dissertation zur Erlangung des Doktorgrades der Fakultät für Sprach- und Literaturwissenschaften, Journalistik und Geschichte der Universität zu Dortmund, vorgelegt von Stephanie Peine aus Wuppertal
1. Gutachter: Prof. Dr. Klaus Goebel (Universität Dortmund)
2. Gutachter: Prof. Dr. Jürgen Reulecke (Universität-Gesamthochschule Siegen)

Dortmund, im September 1999

Verlag Müller & Busmann, Wuppertal 2000

Die Deutsche Bibliothek -
CIP-Einheitsaufnahme

Nahrungsdiebe, Kostgänger
und nützliche Professionisten.
Die Zuwanderung nach Schwelm
im Industriezeitalter (1763-1914) /
Stephanie Peine - Wuppertal: Müller & Busmann, 2000
ISBN 3-928766-42-2
NE: Peine, Stephanie

Gestaltung, Layout, Satz und Lithos: Buchdruckerei G. Meiners, Schwelm
Druck: Buchdruckerei G. Meiners, Schwelm
Printed in Germany
Copyright: Stephanie Peine, Wuppertal

Der Titel dieser Arbeit entstammt den Akten STAS A 52 und A 1647 aus den Jahren 1806 und 1812. In den Schriftstücken beschreibt der Schwelmer Magistrat, bzw. die Schwelmer Mairie, die berufliche Qualifikation der Zuwanderer.
Titelfoto: Schwelm um 1890. Nach dem Bau der Eisenbahnlinie der Bergisch-Märkischen Eisenbahnaktiengesellschaft ließen sich zahlreiche neue Unternehmen in der Stadt nieder.
Umschlagrückseite: Nach 1900 bot der Ausbau des städtischen Kanalnetzes vielen zugewanderten Arbeitern Beschäftigung. Hier wurden auch etliche sogenannte Erdarbeiter aus Italien eingesetzt.

"[...], daß fast aus der ganzen Welt Menschen aller Classen und Stände hier zusammen strömen [...]"

(Bürgermeister Dieckerhoff; Langerfeld, 1837)

Meinen Eltern

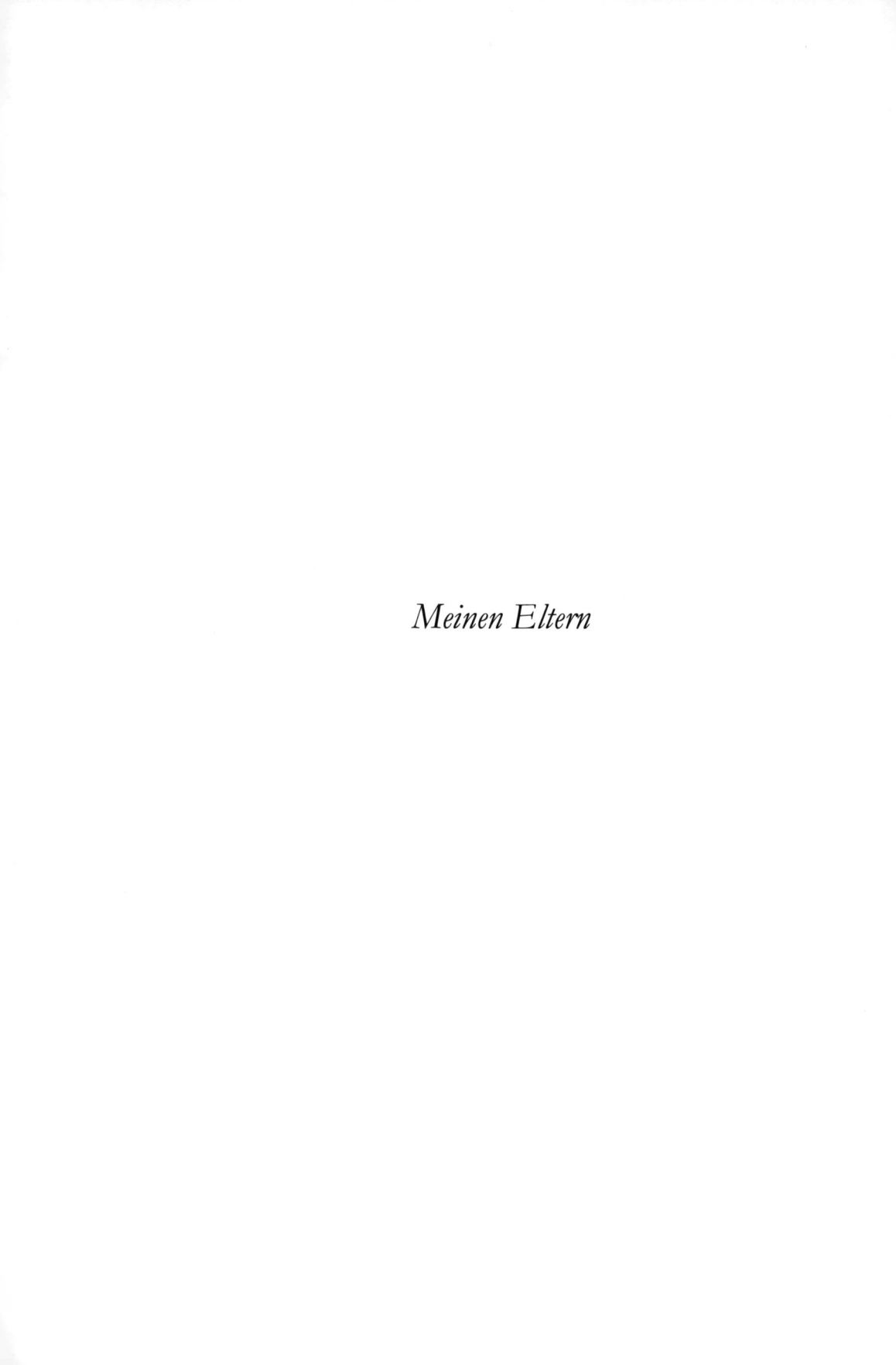

INHALT

1.	Einleitung	11
2.	Forschungsstand	16
3.	Zwischen Siebenjährigem Krieg und Franzosenzeit (1763-1806)	22
3.1.	Die Stadt Schwelm nach sieben Kriegsjahren	22
3.1.1.	Mittelpunkt des Gogerichts	22
3.1.2.	Wirtschaftliche Situation	24
3.1.3.	"Entwichene Unterthanen": Bevölkerungsverluste durch Abwanderung ins Bergische	27
3.1.4.	"Kein Brot, kein Bier": Die Folgen des Krieges	31
3.1.5.	Für den "Flor des Landes": Preußische Zuwanderungspolitik	32
3.2.	Zuwanderung nach Schwelm	36
3.2.1.	Allgemeine Bevölkerungsentwicklung	36
3.2.2.	Struktur der Zuwanderung in die Stadt	40
3.2.2.1.	Zahlenmäßiger Verlauf	40
3.2.2.2.	Herkunftsregionen	43
3.2.2.3.	Ursachen der Auswanderung und Reaktionen der Obrigkeit	51
3.2.2.4.	Berufsstruktur der Zuwanderer	55
3.3.	Reaktionen der ortsansässigen Bevölkerung	63
3.3.1.	Erwünschte Zuwanderung	63
3.3.2.	"Nahrungsdiebe" und "Herumläufer": Unerwünschte Zuwanderung	66
3.3.2.1.	Finanzlage	70
3.3.2.2.	Mißtrauen gegen Ansiedlungspläne	72
3.3.2.3.	Wohnungsnot	73
3.4.	Möglichkeiten und Grenzen wirtschaftlicher und sozialer Integration	75
3.4.1.	Bürgerrechtsgewinnung	75
3.4.2.	Integration durch Heirat	77
3.4.3.	Sozialer Aufstieg	79
3.4.4.	Sozialer Abstieg und Armut	83
3.5.	Revolutionsflüchtlinge	86
3.5.1.	Beginn der Flüchtlingswelle	86
3.5.2.	Der Duc de Broglie	91
3.5.3.	Profiteure und Verlierer	93
3.5.4.	Herkunft der Fremden	96
3.5.5.	Lebensumstände der Emigranten	99
3.5.6.	Die Angst vor den Fremden	103

3.5.7.	Verzicht auf Rückkehr in die Heimat	104
3.6.	Auswärtige Juden	110
3.7.	Zusammenfassung	113
4.	**Unter französischer Herrschaft (1807-1813/15)**	**114**
4.1.	Die Bevölkerungsentwicklung im Canton Schwelm	114
4.2.	Zuwanderung nach Schwelm	117
4.2.1.	Herkunft der Zuwanderer	117
4.2.2.	Berufe der Zuwanderer	120
4.2.3.	Aufnahme in Schwelm	121
4.2.4.	Aufstiegschancen	127
4.3.	Auswärtige Juden	128
4.4.	Zusammenfassung	131
5.	**Auf dem Weg zur Industrialisierung (1816-1850)**	**133**
5.1.	Bevölkerungsentwicklung	133
5.2.	Dampfmaschine und Eisenbahn: Vom Gewerbe- zum Industriezeitalter	140
5.3.	Zuwanderung nach Schwelm	142
5.3.1.	"Junge unverehelichte Leute": Struktur der Zuwanderung	142
5.3.2.	Herkunft und Motive der Zuwanderer	146
5.3.3.	Arbeit und Brot: Berufe der Zuwanderer	151
5.3.4.	Wanderungsverhalten von Frauen	158
5.4.	"Revolutionäre" und Zuwanderer: Politische Beteiligung 1848	160
5.5.	Zuwanderer als Sündenböcke für Mißstände der Gesellschaft	161
5.6.	Heimatscheine und Naturalisationen	169
5.7.	Gelungene Ansiedlung	171
5.8.	Auswärtige Juden	172
5.9.	Zusammenfassung	177
6.	**Schwelm zu Beginn des industriellen Zeitalters (1851-1870)**	**178**
6.1.	Bevölkerungsentwicklung	178
6.2.	Unter Dampf: Wirtschaftsentwicklung in Schwelm	180
6.3.	Zuwanderung nach Schwelm	182
6.3.1.	Herkunftsgebiete	183
6.3.2.	"Arbeitslosigkeit und andere widrige Verhältnisse": Motive der Zuwanderung	186
6.3.3.	Berufe	189
6.3.4.	Frauen und Zuwanderung	192
6.3.5.	Akzeptanz	194
6.4.	Zusammenfassung	204

7.	**Schwelm während der Hochindustrialisierung (1871-1914)**	**205**
7.1.	Bevölkerungsentwicklung	205
7.2.	Wirtschaftliche Lage	210
7.3.	Zuwanderung nach Schwelm	214
7.3.1	Struktur und Herkunft	214
7.3.2.	Binnenwanderung	217
7.3.3.	Außenwanderung	222
7.3.4.	Berufe der Zuwanderer	224
7.3.5.	Akzeptanz der Zuwanderer	233
7.4.	Zusammenfassung	235
8.	**Nahrungsdiebe, Kostgänger und nützliche Professionisten** **Die Zuwanderung nach Schwelm im Industriezeitalter** **Eine Zusammenfassung**	**236**
9.	**Anhang**	**247**
9.1.	Graphischer Anhang	247
9.2.	Abkürzungen	254
9.3	Zeitungen	254
9.4.	Ungedruckte Quellen	255
9.5.	Gedruckte Quellen	274
9.6.	Forschungsliteratur	276
9.7.	Verzeichnis der graphischen Schaubilder	299
9.8.	Verzeichnis der Tabellen	301
9.9	Verzeichnis der historischen Fotografien	301
10.	**Register**	**302**
10.1.	Personenregister	302
10.2.	Ortsregister	306
10.3.	Sachregister	310
10.4.	Berufsregister	311

Supplement: Migranten-Datenbank (1749-1810) 315

"Auch in der Ferne vereint" fühlten sich die in Schwelm lebenden Waldecker mit ihren Landsleuten in der Heimat. Eine entsprechende Inschrift ziert die Fahne des Waldeck-Pyrmonter Vereins von 1893, die im Museum Haus Martfeld in Schwelm ausgestellt ist.

1. Einleitung

Die Geschichte der Menschheit ist auch eine Geschichte der Wanderung. Daran hat die Entwicklung vom Nomadentum zur Seßhaftigkeit nichts geändert. Denn immer wieder sahen sich einzelne Menschen oder Gruppen angeregt oder gezwungen, ihren angestammten Platz zu verlassen und an einem fremden Ort heimisch zu werden. Nicht nur in der Gegenwart, in der das Thema "geographische Mobilität" vor dem Hintergrund einer rasant zunehmenden Bevölkerung immer stärker an Bedeutung gewinnt und schon bald zum beherrschenden globalen Problem werden könnte, auch in der Vergangenheit gab es immer wieder Wanderungsströme, die - gleichgültig ob gefördert oder gefürchtet - ihre Spuren hinterließen. Denn weder die Herkunfts- noch die Zielregion der Migranten blieben in der Folge von gesellschaftlichen Veränderungen verschont.
Besonders am Ende des 19. Jahrhunderts nahmen die Wanderungsströme in Deutschland ein vorher unbekanntes Ausmaß an, das die Zeitgenossen ängstigte und vom Schreckbild einer total mobilen Gesellschaft sprechen ließ. So fragte der Nationalökonom Gustav Schmoller 1889:

> *"Ist das letzte Resultat unsrer heutigen socialen Zustände eine hausierende Vagabundage der ganzen arbeitenden Bevölkerung, ein Durcheinanderschütteln der Menschen von Ort zu Ort, von Geschäft zu Geschäft, wie es selbst die Nomaden nicht kannten?"* [1]

Mit Angst vor Entwurzelung und Vermassung reagierten viele Menschen auf das Wachstum der Städte und die an sie gestellten neuen Anforderungen. Dabei wurde auch immer wieder das Schlagwort von der "Landflucht" bemüht, obwohl - lange von der Forschung unbeachtet - die Binnenwanderung in Deutschland nicht als Einbahnstraße in Form einer stringenten Land-Stadt-Wanderung, eines Weges ohne Wiederkehr, sondern als komplexe Bevölkerungsbewegung gesehen werden muß. Zu- und Rückzüge vom Land in die Stadt - und umgekehrt von der Stadt zurück in die Landstädte und Dörfer -, Etappen- und Saisonwanderung sowie die erhebliche Zahl innerstädtischer Umzüge, die in Schwelm Ende des 19. Jahrhunderts dazu beitrugen, daß jährlich rund 50 Prozent der Bevölkerung mobil waren, machen das ganze Ausmaß der Bewegung deutlich. So zeigt auch das Wanderungsvolumen, daß eine Vielzahl von Wanderbewegungen nötig war, um einen geringen Wanderungsgewinn zu erzielen.
Die Motive der Aus- bzw. Binnenwanderer waren in der Geschichte vielfältig. Zu den erzwungenen Formen der Wanderung gehören Flucht, Verschleppung und Vertreibung, meist im Gefolge kriegerischer Ereignisse; zu den freiwilligen Formen zählt besonders die Arbeitsmigration, aber auch das moderne Pendlertum. Die Migration aus freien Stücken erwuchs und erwächst auch heute noch vornehmlich aus wirtschaftlichen Motiven: aus der Hoffnung auf eine verbesserte Lebenssituation in der

---

[1] Schmoller, Über Wesen und Verfassung, S. 397.

1. Einleitung

Fremde. Beispiele hierfür sind u.a. die Amerika-Auswanderung im 19. Jahrhundert sowie die Binnenwanderung in das aufstrebende Ruhrgebiet.

Die vorliegende Arbeit hat den Versuch gemacht, am Beispiel der kleinen Stadt Schwelm in Westfalen und ihres Umlandes das Phänomen der Zuwanderung über einen Zeitraum von rund 150 Jahren zu verfolgen. Anhand dieser Mikro-Studie sollte aufgezeigt werden, ob und in welcher Weise sich die Mobilität der Bevölkerung in der untersuchten Region durch den industriellen Umbruch verändert hat. Um den Einfluß der Industriellen Revolution auf die Zuwanderung einschätzen zu können, war es nötig, mit der Untersuchung bereits vor dem eigentlichen industriellen Zeitalter zu beginnen. Nur so konnten die Unterschiede und Gemeinsamkeiten der Wanderungsstrukturen beurteilt werden. Als zeitlicher Rahmen wurde daher die Epoche zwischen Siebenjährigem Krieg und Erstem Weltkrieg (1763-1914) gewählt, in der sich ein beispielloser wirtschaftlicher Wandel vollzog. Gab es trotz der sich rasant verändernden gesellschaftlichen und wirtschaftlichen Bedingungen konstante Faktoren der Wanderung, oder zeigte sich die Mobilität als Spiegelbild des Umbruchs? Fördernde und hemmende Einflüsse, Strukturen, Motive und Ziele sollten untersucht und die Chancen am gewählten Ort aufgezeigt werden. Insbesondere sollte der Frage nachgegangen werden, warum die Stadt Schwelm trotz ihrer hervorragenden Ausgangsposition ihre wirtschaftliche Stellung in der Region langfristig nicht verteidigen konnte und eine weit beschaulichere Entwicklung nahm als beispielsweise die Nachbarstädte Barmen im Westen und Hagen im Osten. Was hemmte in Schwelm den Aufstieg zur Großstadt, und welchen Einfluß hatte dies auf die Zuwanderung?

Im untersuchten Zeitraum wandelte sich die Situation der Stadt Schwelm vollständig. Nicht im Ruhrtal, sondern in der Wupper-Ennepe-Mulde hatte die Entwicklung des Rheinisch-Westfälischen Industriegebietes ihren Anfang genommen. Lange bevor aus agrarisch geprägten Dörfern des Ruhrgebiets durch Kohle und Stahl binnen weniger Jahre Großstädte wurden, gab es im Bergisch-Märkischen ein hochspezialisiertes Eisen- und ein bedeutendes Textilgewerbe, existierte hier - lange vor dem Eisenbahnzeitalter - eine der frequentiertesten Straßen Deutschlands. Erst im späten 19. Jahrhundert verschob sich der wirtschaftliche Schwerpunkt unaufhaltsam nach Norden, an die Ruhr. Das hatte auch für Schwelm Konsequenzen. Im 18. Jahrhundert eine märkische Grenzstadt unter preußischer Regierung, wandelte sich der Ort im 19. Jahrhundert zu einer Kreisstadt ohne nennenswerte politische Bedeutung, entwickelte sich Schwelm von einem frühen florierenden Zentrum des Textil- und Metallgewerbes zu einer vergleichsweise industriell wenig bedeutenden Provinzstadt, die durch das aufstrebende Ruhrgebiet zunehmend an die wirtschaftliche Randzone gedrängt wurde. Vor dem Hintergrund dieses Wandels wird zu untersuchen sein, ob die Industrielle Revolution zu einem Bruch im Wanderungsverhalten führte oder vorhandene Wanderungsmuster kontinuierlich fortgesetzt wurden. Unterschied sich die Gruppe der Zuwanderer in ihrer Struktur von den seßhaften Bevölkerungsteilen? Wer waren die mobilsten Gruppen, woher kamen sie und wodurch zeichneten sie sich aus? Welche Rolle spielten Frauen bei der Zuwanderung, und war diese Rolle

Wandlungen unterworfen? Von welchen Faktoren war die Integration bzw. Assimilation in Schwelm abhängig? Wie stark war die Ab-, Weiter- und Rückwanderung? Dabei wird Mobilität definiert als dauerhafter oder temporärer Wohnortwechsel eines Individuums oder einer Gruppe. Diese regionale Mobilität kann innerhalb desselben Staatsgebildes als Binnenwanderung oder grenzüberschreitend als Aus- bzw. Einwanderung erfolgen. Die intraregionale Mobilität als kleinstmögliche Veränderung innerhalb desselben Ortes (innerstädtische Umzüge) wurde von der vorliegenden Untersuchung nicht berücksichtigt. Ebensowenig konnte an dieser Stelle die vertikale Mobilität untersucht werden, obwohl gerade die geographische Mobilität nicht selten erst die soziale Mobilität ermöglichte oder verursachte.

Als Basis der Untersuchung diente ein breites Datenmaterial, das den Archivalien entnommen wurde. Dabei wurde bewußt auch Wert auf Quantität gelegt, da sich viele der vorliegenden Mobilitätsuntersuchungen auf äußerst geringe Fallzahlen stützen und damit fehleranfällig sind. Wo es wie im Falle der Auswertung von Kirchenbüchern nicht möglich war, das Material komplett zu erfassen, wurden im Fünf-Jahres-Rhythmus umfangreiche Stichproben erhoben, damit auch hier aussagekräftiges Datenmaterial zur Verfügung stand. Auf diese Weise wurden für die Zeit zwischen 1763 und 1914 mehr als 22.000 Einzelfälle - das entspricht der Gesamtbevölkerung der Stadt Schwelm Anfang der 1930er Jahre - teils namentlich, teils anonym erfaßt und computergestützt[2] ausgewertet. Neben Kirchenbüchern wurden besonders auch Bürgerlisten und Zugangsregister, Einwohner-, Steuer-, Berufs- und Gewerbeverzeichnisse, Melderegister, Naturalisationsakten, Personenstandsaufnahmen und Volkszählungen, Ausländer- und Emigrantenakten - kurz alle vorliegenden Quellen herangezogen, die geeignet schienen, Aspekte zum Thema beizutragen.

Im Laufe des Untersuchungszeitraums flossen die Nachrichten im Zuge einer sich entwickelnden Bürokratie immer reichlicher. Allerdings muß darauf hingewiesen werden, daß gerade die Quellen der "proto-statistischen Ära" problematisch sind, da sie fast nie die gesamte Bevölkerung darstellen, sondern nur bestimmte Bevölkerungsgruppen erfassen.[3] So sind beispielsweise Steuerregistern stets nur die zur jeweiligen Abgabe Verpflichteten zu entnehmen. Je nach Steuerart bleiben damit Gruppen oder Institutionen, die Privilegien genossen oder aus anderen Gründen von der Steuer befreit waren, unberücksichtigt. Auch Haushalts- und frühe Volkszählungen sind fehlerbehaftet. Ebenso kritisch sind Bürgerbücher zu sehen. Nicht nur, daß sie kaum definitive Aussagen über das Datum des Zuzugs zulassen, erfassen sie doch auch einen nicht unbedeutenden Kreis von Zuwanderern nicht. Gerade mobile Gruppen wie Geistliche und städtische Bedienstete, aber auch Adelige und vor allem Angehö-

---

[2] Genutzt wurde das gängige Datenverwaltungsprogramm dbase, Version 5.0 für DOS. Das - besonders in der sozialwissenschaftlichen Forschung - häufig benutzte EDV-Programm SPSS war für die beabsichtigte Anwendung weniger geeignet. Für die graphische Aufbereitung wurde das Text-Programm Word 7.0 benutzt. Eine Ausnahme macht lediglich Abb. 4. Sie wurde mit dem Graphik-Programm Harvard Graphics 2.0 erstellt.
[3] Zu den Grundproblemen der bevölkerungshistorischen Quellen vgl. Pfister, Bevölkerungsgeschichte, S. 66-72.

1. Einleitung

rige der Unterschichten wie Tagelöhner, Gesinde und Gesellen sowie Frauen und Kinder entziehen sich der Untersuchung. Das ausschließlich so gewonnene Bild muß sozial verzerrt sein. Allerdings erlaubte die Vielzahl der Personenquellen, die in Schwelm oft gleichzeitig geführt wurden, nicht selten eine Verknüpfung und gegenseitige Überprüfung und Vervollständigung des Datenmaterials, so daß ein Teil der quellenimmanenten Unschärfen aufgehoben wurde und hinreichend gesicherte Aussagen zuließ.

In der Regel ermöglichten die zur Verfügung stehenden Personendaten Aussagen über Herkunft und Geschlecht der Zuwanderer, meist auch über Berufe, seltener über Altersstruktur und Aufenthaltsdauer und machten in einigen Fällen auch Wanderungsstationen nachvollziehbar. Wo es möglich war, wurde auch biographischen Einzelschicksalen nachgegangen. Leider fehlt in Schwelm eine ähnlich bewegende zeitgenössische Lebensschilderung, wie sie für das benachbarte Wuppertal mit den Erinnerungen des Amerika-Auswanderers Hermann Enters[4] vorliegt.

Das oft in mühevoller Kleinarbeit den Akten entnommene und für die Auswertung aufbereitete umfassende Datenmaterial bildet eine wichtige Basis der Untersuchung. Soweit möglich, wurden die in den Quellen genannten Herkunftsorte verzeichnet, ihre territoriale Zugehörigkeit zum Zeitpunkt der Erfassung - und aus Gründen der Vergleichbarkeit - im Jahr 1789 festgehalten. Zusätzlich wurden Entfernungszonen gebildet, um den Anteil von Nah- und Fernwanderern feststellen zu können, über den die Staatsangehörigkeit nur wenig aussagt. Denn vor dem Hintergrund der deutschen Kleinstaaterei war es nicht selten, daß ein Zuwanderer beispielsweise aus Brandenburg zwar Preuße, damit Inländer war, aber dennoch eine weitere Wanderungsdistanz zurücklegte als ein Ausländer aus Hessen oder Waldeck. Trotz aller Bemühungen waren natürlich einige Orte nicht mehr zu identifizieren, da sie in den Akten entweder fehlerhaft notiert worden sind oder ein Ort gleichen Namens gleich mehrfach existiert, somit in Ermangelung zusätzlicher Hinweise keine eindeutige Identifizierung möglich war.

Die Berufsangaben wurden aus Gründen der besseren Zuordnung und Auswertung codiert. So war es möglich, Berufe übergeordneten Branchen zuzuordnen, ohne auf die detaillierte Berufsbezeichnung verzichten zu müssen.

Auch in Detailfragen lieferte der umfangreiche Aktenbestand des Schwelmer Stadtarchivs die wichtigste Stütze. Da die Archivalien weitgehend unversehrt Stadtbrände und Weltkriege überstanden haben, ist die Quellenlage erfreulich gut. Ferner konnte auf Aktenbestände der evangelischen Kirchengemeinde Schwelm und des Stadtarchivs Sprockhövel zurückgegriffen werden. Die katholische Kirchengemeinde Schwelm hat leider ihr Archiv nicht gepflegt, so daß hier keine Archivalien zugänglich waren. Ergänzt und in einen größeren Zusammenhang eingeordnet wurde die Quellenarbeit durch Bestände des Geheimen Staatsarchivs Berlin, des Hauptstaatsarchivs Düsseldorf, des Staatsarchivs Münster und des Stadtarchivs Wuppertal.

---

[4] Goebel, Hermann Enters.

1. Einleitung

Mein Dank gilt an dieser Stelle vor allem den Mitarbeitern des Stadtarchivs Schwelm, die mir geduldig mit Rat und Tat zur Seite gestanden und meine historische "Spurensuche" mit immer neuen Archivalien unterstützt haben. Neben Herrn Detlev Weinreich verdanke ich besonders dem vor kurzem in den Ruhestand getretenen Stadtarchivar und Museumsleiter, Herrn Gerd Helbeck, zahlreiche wichtige Anregungen für diese Arbeit. Seine Vermittlung hat auch die Drucklegung dieser Arbeit erst möglich gemacht. Die Finanzierung der Veröffentlichung habe ich der mehr als großzügigen Förderung der "Wilhelm Erfurt-Stiftung für Kultur und Umwelt in Schwelm" zu verdanken, ohne die dieses Buch in der vorliegenden Form nicht hätte gedruckt werden können.

Danken möchte ich auch Herrn Pfarrer i. R. Ernst Martin Greiling von der evangelischen Kirchengemeinde Schwelm, der mir in großer Hilfsbereitschaft das umfangreiche und wohlgeordnete Pfarrarchiv zugänglich machte, Frau Gudrun von den Berken, Haßlinghausen, die mir Informationen und Bildmaterial über die Familie Duvivier zur Verfügung stellte, sowie Herrn Florian Speer, dem ich wichtige Informationen aus dem Firmenarchiv Ibach verdanke.

Des weiteren bin ich den Mitarbeitern des Hauptstaatsarchivs Düsseldorf, des Staatsarchivs Münster, des Stadtarchivs Wuppertal sowie der Leiterin des Stadtarchivs Sprockhövel, Frau Karin Hockamp, zu Dank verpflichtet; Dr. Joachim Frielingsdorf, Antje und Bernd Uebermuth verdanke ich zahlreiche konstruktiv-kritische Anmerkungen. Herr Christoph Hegerath und Herr Rainer Hendricks standen mir bei der Drucklegung mit computertechnischem Know-how dankenswerterweise zur Seite.

Danken möchte ich aber auch meinem Arbeitgeber, Herrn Alfred Neven DuMont, Herausgeber des "Kölner Stadt-Anzeiger", der mich in der intensivsten Forschungsphase für die Dauer von neun Monaten von meiner journalistischen Arbeit in der Redaktion beurlaubte.

Diese Arbeit wurde als Dissertationsschrift vom Promotionsausschuß der Fakultät 15 der Universität Dortmund am 12. Mai 2000 angenommen. Zu Dank verpflichtet bin ich daher den Gutachtern und Prüfern Herrn Prof. Dr. Jürgen Reulecke (Universität-Gesamthochschule Siegen), Herrn Prof. Dr. Ulrich Pätzold, Herrn Prof. Dr. Gerhard Sollbach sowie Herrn Dr. habil. Werner Koppe (alle Universität Dortmund).

Dank schulde ich aber an erster Stelle Herrn Prof. Dr. Klaus Goebel, dessen eigene Forschungen mich überhaupt erst an das Thema herangeführt haben und der mich als Doktorvater über eine lange Zeit hinweg mit zahlreichen kritischen Fachgesprächen begleitet und die Forschungsabschnitte kontinuierlich betreut hat.

2. Forschungsstand

Was treibt Menschen dazu, ihren angestammten Geburts- oder Wohnort zu verlassen und sich an einem anderen Ort niederzulassen? Diese Frage wurde immer wieder gestellt - bislang allerdings häufiger von Sozialwissenschaftlern als von Historikern. So kritisierte Jürgen Kocka noch 1975 die historische Demographie als *"unbeackertes Feld"*.[5] Nicht zuletzt angesichts des internationalen Wanderungsgeschehens der vergangenen Jahre und seiner politischen Folgen rückten die vielfältigen Aspekte des Themas Migration wieder in das Blickfeld wissenschaftlicher Forschung. In diesem Zusammenhang wurde auch wieder verstärkt nach den historischen Aspekten der Migration gefragt. Dabei blieb die Wanderungsforschung durch das ihr zugrundeliegende Sujet dem interdisziplinären Ansatz verpflichtet: Migrationswissenschaftler aller Couleur sind auf Unterstützung verwandter Wissenschaftsbereiche angewiesen.

So liegen heute neben etlichen älteren Arbeiten auch einige neuere Untersuchungen zum Thema der Binnenwanderung im Deutschland der zweiten Hälfte des 19. und am Anfang des 20. Jahrhunderts vor. 1937 hatten bereits Rudolf Heberle, der die internationale Wanderungsforschung vorangetrieben hat, und sein Schüler Fritz Meyer eine grundlegende Untersuchung über die Mobilität in deutschen Städten in den ersten beiden Jahrzehnten des 20. Jahrhunderts vorgelegt.[6] Derartige Ansätze wurden jedoch zunächst nicht aufgegriffen und weiterverfolgt, sondern durch den Nationalsozialismus verdrängt.

Zwar hatte Mackenroth[7] schon 1953 mit seiner "Bevölkerungslehre" einen umfassenden Überblick über die historische Entwicklung und den Wandel der Bevölkerungsstrukturen gegeben, doch rückte das Phänomen der Wanderung von wenigen Ausnahmen abgesehen erst in den siebziger Jahren dieses Jahrhunderts wieder verstärkt in den Vordergrund, als amerikanische Sozialhistoriker entsprechende Untersuchungen vorlegten. In der Folge gerieten auch die Wanderungsströme in Deutschland wieder ins Blickfeld der Forschung. Doch nicht alle Formen der Migration sind so gut dokumentiert wie die überseeische Auswanderung. Gerade die Binnenwanderung (worunter in der vorliegenden Arbeit die Migration auch aus Teilen Deutschlands verstanden wird, die erst mit der Reichsgründung 1871 für Preußen kein Ausland mehr darstellten) entzog sich immer wieder genauer Untersuchung, da sie von den Zeitgenossen erst spät registriert und somit auch nur in Einzelfällen dokumentiert wurde. Aus verschiedenen Teilen Deutschlands liegen dennoch einige Regional- und Lokalstudien vor, die das Thema räumliche Mobilität aufgegriffen haben. Zu den wichtigsten Impulsgebern für eine regionale Migrationsforschung zählten schon früh

---

[5] Kocka, Jürgen: Theorien in der Sozial- und Gesellschaftsgeschichte. Vorschläge zur historischen Schichtungsanalyse, in: Geschichte und Gesellschaft 1, 1975, S. 14f.
[6] Heberle, Rudolf/Meyer, Fritz: Die Großstädte im Strome der Binnenwanderung: Wirtschafts- und bevölkerungswissenschaftliche Untersuchungen über Wanderung und Mobilität in deutschen Städten. Leipzig 1937.
[7] Mackenroth, G.: Bevölkerungslehre. Theorie, Soziologie und Statistik der Bevölkerung. Berlin/Göttingen/Heidelberg 1953.

Goebel,[8] der über die Zuwanderung aus dem Waldeck ins Wuppertal forschte, später zahlreiche Arbeiten von Köllmann über die Ruhrgebietsgroßstädte,[9] Borscheid über Württemberg,[10] Brockstedt über Schleswig-Holstein,[11] von Hippel über Ludwigshafen/Rh.,[12] Murphy über Polen in Bottrop[13] sowie Hubbard über Graz.[14] Für Schwelm liegt eine entsprechende Arbeit nicht vor.

Besonders die zahlreichen Arbeiten von Köllmann, der einen bevölkerungsgeschichtlichen Ansatz verfolgte, lenkten das Augenmerk der jüngeren Migrationsforschung vornehmlich auf die Zeit der Industrialisierung und der damit einhergehenden Verstädterung. Die Industrielle Revolution führte durch die rasante wirtschaftliche Umgestaltung zu einer in dieser Form bisher unbekannten Massenwanderung. Binnen weniger Jahre wurden Dörfer zu Städten, Kleinstädte zu Großstädten. Im Mittelpunkt des Interesses stand daher hauptsächlich die Zuwanderung in die Großstädte, die natürlich auch durch das Zahlenmaterial der Preußischen Statistik relativ leicht zugänglich ist. Einen Überblick über die vielfältigen Aspekte des Migrationsgeschehens hat Klaus J. Bade[15] gegeben. Der Sammelband läßt das Thema Wanderungen nicht als Sonderfall, sondern eher als prägendes Kontinuum der deutschen Geschichte erkennen.

---

[8] Goebel, Klaus: Wuppertal - heimliche Hauptstadt von Waldeck. Wuppertal 1964.
[9] Köllmann, Wolfgang, (Hg.): Bevölkerungsgeschichte. Köln 1972, Ders.: Zur Bevölkerungsentwicklung ausgewählter deutscher Großstädte in der Hochindustrialisierungsperiode, in: Köllmann, Wolfgang/Marschalck, Peter (Hg.): Bevölkerungsgeschichte. Köln 1972, S. 259-274. Ders.: Der Prozeß der Verstädterung in Deutschland in der Hochindustrialisierungsperiode, in: Braun, Rudolf/Fischer, Wolfram/Großkreutz, Helmut/Volkmann, Heinrich (Hg.): Gesellschaft in der Industriellen Revolution. Köln 1973, S. 243-258., Ders.: Demographische Konsequenzen der Industrialisierung in Preußen, in: Ders.: Bevölkerung in der industriellen Revolution. Studien zur Bevölkerungsgeschichte Deutschlands im 19. Jahrhundert. Göttingen 1974, S. 47-60. Ders.: Bevölkerung in der industriellen Revolution. Studien zur Bevölkerungsgeschichte Deutschlands. Göttingen 1974.
[10] Borscheid, Peter: Textilarbeiterschaft in der Industrialisierung. Soziale Lage und Mobilität in Württemberg. Stuttgart 1978.
[11] Brockstedt, Jürgen (Hg.): Regionale Mobilität in Schleswig-Holstein 1600-1900. Theorie, Fallstudien, Quellenkunde, Bibliographie. Neumünster 1979 (= Studien zur Wirtschafts- und Sozialgeschichte Schleswig-Holsteins, Bd. 17).
[12] Hippel, Wolfgang v.: Regionale und soziale Herkunft der Bevölkerung einer Industriestadt. Untersuchungen zu Ludwigshafen am Rhein 1867-1914, in: Conze, Werner/Engelhardt, Ulrich (Hg.): Arbeiter im Industrialisierungsprozeß. Herkunft, Lage und Verhalten. Stuttgart 1979, S. 51-69.
[13] Murphy, Richard C.: Gastarbeiter im Deutschen Reich. Polen in Bottrop 1891-1933. Wuppertal 1982.
[14] Hubbard, William H.: Binnenwanderung und soziale Mobilität in Graz um die Mitte des 19. Jahrhunderts, in: Teuteberg, Hans Jürgen: Urbanisierung im 19. und 20. Jahrhundert. Historische und geographische Aspekte. Köln/Wien 1983.
[15] Bade, Klaus J., (Hg.): Deutsche im Ausland - Fremde in Deutschland. München 1992.

2. Forschungsstand

Die Fülle unterschiedlicher Wanderungsformen hat früh auch die Frage nach einer angemessenen Typologie des Wanderungsgeschehens aufgeworfen.[16] In England hatte Ravenstein bereits 1885 und 1889 seine berühmten "Laws of Migration"[17] entwickelt und eine Gesetzmäßigkeit der Wanderung aufgestellt, die die Wanderungshäufigkeit mit dem Konjunkturverlauf erklärt. Auf der Grundlage einer Untersuchung der Wanderungsströme in Großbritannien stellte er mehrere Thesen auf. So beschäftigte er sich unter anderem mit den Wanderungsdistanzen und stellte fest, daß die große Masse der Migranten nur relativ kurze Entfernungen zurücklegte.[18] Besonders Frauen bevorzugten demnach kurze Wanderungsdistanzen. Diejenigen Wanderer, die hingegen weite Entfernungen überwanden, wendeten sich meist großen Handels- und Industriezentren zu,[19] meinte Ravenstein. Generell seien Landbewohner mobiler als Städter.[20] Landbewohner in unmittelbarer Umgebung einer Stadt mit schnellem Wachstum tendierten dazu, in großer Zahl in dieses Zentrum zu ziehen. Die so entstandenen Bevölkerungslücken auf dem Land würden durch nachrückende Wanderer aus noch entlegeneren Gegenden gefüllt.[21] Dominierend für den Entschluß zur Wanderung sei das ökonomische Motiv, meinte Ravenstein:

> *"Schlechte oder unterdrückende Gesetze, hohe Besteuerung, unangenehmes Klima, geringe soziale Freizügigkeit und sogar Zwang (Sklavenhandel, Verschleppung), all das verursachte und verursacht immer noch Wanderungsströmungen. Aber keine von diesen Strömungen kann an Bedeutung mit denjenigen verglichen werden, die dem bei den meisten Menschen vorhandenen Verlangen entspringt, sich selbst in materieller Hinsicht zu verbessern."* [22]

Die von Ravenstein erarbeitete Gesetzmäßigkeit litt allerdings an ihrem eigenen Anspruch. Längst hat sich die Einsicht durchgesetzt, daß ein Gesetz der Wanderung dem vielfältigen Phänomen nicht gerecht werden kann. Daher spricht man heute vornehmlich von Typologien der Wanderung. Besonders kritisiert wurde in jüngerer Zeit, daß Ravenstein ausschließlich von einem durch das Individuum selbstbestimmten Entschluß zur Migration ausging. Diese freiwillige Wanderung werde bestimmt durch die Hoffnung des einzelnen Migranten auf eine vor allem materielle Verbesserung seiner Lebenssituation am neuen Wohn- und Arbeitsort, hatte Raven-

---

[16] Cornelißen, Christoph: Wanderer zwischen den Welten: Neuere Forschungsergebnisse zur Migration aus und nach Deutschland im 19. Jahrhundert, in: Neue politische Literatur 40, 1995, S. 35.

[17] E.G. Ravenstein: The Laws of Migration, in: Journal of Royal Statistical Society, Vol. 48, Part II, 1885, S. 167-235; Vol. 52, Part I, 1889, S. 241-305.

[18] E.G. Ravenstein: Die Gesetze der Wanderung I, in: Szell, György (Hg.): Regionale Mobilität. München 1972, S. 51.

[19] Ebd., S. 52.

[20] Ebd.

[21] Ebd.

[22] E.G. Ravenstein: Die Gesetze der Wanderung II, in: Szell, György (Hg.), Regionale Mobilität. München 1972, S. 83.

stein festgestellt. Dieses letztlich wirtschaftliche Motiv - so bestätigt eine Vielzahl von Untersuchungen - war zwar das beherrschende, doch ist Langewiesche zuzustimmen, der interregionale Mobilität als ein "umfassendes soziales Phänomen" versteht, die abhängig ist von einer Fülle von Variablen wie Geschlecht, Alter, Familienstatus, verwandtschaftlichen Beziehungen und Ausbildungsstand sowie sozialen und ökonomischen Faktoren wie Konjunkturverlauf, Wirtschafts- und Bevölkerungsstruktur sowohl des Ausgangs- wie des Zielgebietes, Verkehrsverhältnissen, Informationsmöglichkeiten, Wohnsituation und kultureller Attraktivität.[23] Anders ist nicht zu erklären, daß stets eine große Zahl von Menschen, die unter gleichen ökonomischen Bedingungen leben, seßhaft bleibt.

Zudem vernachlässigt die Gesetzmäßigkeit von Ravenstein wanderungshemmende Faktoren wie Auswanderungsverbote oder Einwanderungsbeschränkungen. Auch zeigen gerade in jüngster Zeit Massenwanderungen, Vertreibungen und Zwangsumsiedlungen die andere Seite der Migration: die der unfreiwilligen Wanderung. Ein Beispiel hierfür sind in der vorliegenden Arbeit die französischen Revolutionsflüchtlinge, die keineswegs auf der Suche nach besseren Erwerbsmöglichkeiten waren, sondern schlicht das "nackte Leben" retten wollten. Diese Unterschiede in den Motiven mußten zwangsläufig auch Auswirkungen auf die Fähigkeit und den Willen zur Integration oder Assimilation haben.

Aber auch der "frei" gefaßte Entschluß zur Wanderung erscheint fragwürdig angesichts der konkreten Lebensverhältnisse der Migranten. Wie freiwillig ist ein Fortzug, wenn sich am angestammten Platz keine Arbeits- und Verdienstmöglichkeit und damit keine Chance der Familiengründung bietet und als Alternative zur Abwanderung bestenfalls ein Leben als Knecht oder Tagelöhner in Armut und Abhängigkeit bleibt? Auch der bereits erwähnte Hermann Enters erklärte seinen Entschluß zur Auswanderung folgendermaßen:

> *"Natürlich war mein ganzes Leben [...] Kampf für die materielle Existenz. Ja, ich habe was durchgemacht und erlebt, und ich sah keine Besserung, sondern daß meinen Kindern das gleiche Los beschieden war. Darum war es mein fester Wille, das zu verhüten, darum wurde es unumgänglich nötig, das hungrige Wuppertal, wenn eben möglich, zu verlassen."* [24]

---

[23] Langewiesche, Dieter: Wanderungsbewegungen in der Hochindustrialisierungsperiode. Regionale, interstädtische und innerstädtische Mobilität in Deutschland 1880-1914, in: Vierteljahresschrift für Sozial- und Wirtschaftsgeschichte, 1977, S. 6.
[24] Goebel, Klaus (Hg.): Die kleine, mühselige Welt des jungen Hermann Enters. Erinnerungen eines Amerika-Auswanderers an das frühindustrielle Wuppertal, Wuppertal 1985[4], S. 98.

2. Forschungsstand

Trotz dieser Einschränkungen sehen fast alle Studien die Dominanz der wirtschaftlichen Verhältnisse, die zum Wanderungsentschluß führten. Während die vorindustriellen Wanderungen stärker von natürlichen Faktoren wie Dürren, Mißernten oder Hungerkrisen beeinflußt waren, herrscht in der modernen westlichen Industriegesellschaft die Arbeitsmigration von Einzelpersonen oder Kernfamilien vor, deren Wanderungsziel von den jeweiligen Arbeitsmarktbedingungen abhängt, wodurch das Wanderungsvolumen in einem Gebiet mit dem Beschäftigungsgrad steigt bzw. fällt.[25] Die Struktur des Arbeitsmarktes am Bestimmungsort wirkt als selektiver Faktor und hat starken Einfluß auf die alters-, geschlechts- und berufsspezifische Zusammensetzung der Wanderungsströme. Eine Großstadt, die von der Schwerindustrie geprägt ist, wird somit andere Zuwanderer anziehen als ein Handels- und Verwaltungszentrum. Heberle stellte folgende These auf: Je entwickelter die Wirtschaftsstruktur einer Gesellschaft ist, desto größer ist der Einfluß systemimmanenter und desto geringer ist die Bedeutung äußerlicher Faktoren für Umfang und Richtung der Wanderung.[26] In der Regel erfolgen in der modernen Gesellschaft freiwillige Wanderungen von wenig qualifizierten Arbeitskräften aus zivilisatorisch rückständigen in zivilisatorisch fortgeschrittene Gebiete.[27] Hochqualifizierte Arbeitskräfte wandern hingegen häufig aus höherentwickelten in rückständigere Gebiete, wo ihr Fachwissen für die wirtschaftliche Entwicklung dringend benötigt wird.

Letztlich gehen die meisten Theorien davon aus, daß der Mensch grundsätzlich ein zur Seßhaftigkeit neigendes Wesen ist, das nur dann seinen angestammten Wohnort verläßt, wenn das Kosten-Nutzen-Kalkül positiv ausfällt. Die Bereitschaft zur Mobilität ist dann um so höher, je stärker die sogenannten Push-[28] und Pull-Faktoren[29] auf den Menschen wirken.[30] Je schlechter die Bedingungen in der Heimat und je anziehender die Situation im Zielgebiet wahrgenommen werden, desto größer ist die Wahrscheinlichkeit der Abwanderung. Daß die Realität am Zielort häufig anders aussah als zunächst angenommen, davon zeugen zahlreiche Fälle der Rück- und Weiterwanderung. Auch Schwelm wurde für viele Zuwanderer nicht zur End-, sondern lediglich zur Zwischenstation ihrer Wanderung.

---

[25] Heberle, Rudolf: Zur Typologie der Wanderungen, in: Köllmann, Wolfgang/Marschalck, Peter (Hg.): Bevölkerungsgeschichte. Köln 1972, S. 71f.
[26] Ebd., S. 72.
[27] Ebd., S. 73.
[28] Abstoßende Faktoren, die das Verlassen des Heimatlandes fördern. So z. B. niedrige Löhne, begrenzte Bauernstellen, Überbevölkerung, Heiratsschranken, etc.
[29] Als anziehend wahrgenommene Faktoren des Ziellandes. So z.B. hohe Löhne, ausreichende Arbeitsplätze, gute Chancen der Familiengründung durch ökonomische Sicherheit, etc.
[30] Franz, Peter: Soziologie der räumlichen Mobilität. Frankfurt/M. 1984, S. 111.

Um aber das Bild der Zuwanderer genauer zu differenzieren, so stellte Kamphoefner bereits 1983 fest, müßten weitere Fallstudien für Städte verschiedener Größe und Wirtschaftstypen erarbeitet werden.[31] Hier setzt die vorliegende Arbeit an. Dabei wurde nicht nur die Zahl der untersuchten Fälle mit mehr als 22.000 sehr hoch angesetzt, auch der zeitliche Rahmen der Arbeit wurde bewußt weiter gespannt als bei den meisten der oben erwähnten Untersuchungen. Nur so schienen Aussagen darüber möglich, wie stark der wirtschaftliche und soziale Umbruch von der frühgewerblichen zur industriellen Produktionsweise in Schwelm auch Änderungen des Wanderungsphänomens verursachte.

---

[31] Kamphoefner, Walter Dean: Soziale und demographische Strukturen der Zuwanderung in deutsche Großstädte des späten 19. Jahrhunderts, in: Teuteberg, Hans Jürgen: Urbanisierung im 19. und 20. Jahrhundert. Historische und geographische Aspekte. Köln/Wien 1983, S. 113.

3. Zwischen Siebenjährigem Krieg und Franzosenzeit (1763-1806)
3.1 Die Stadt Schwelm nach sieben Kriegsjahren
3.1.1 Mittelpunkt des Gogerichts

> *"Schwelm ist ein kleines Städchen, welches seine Nahrung gröstentheils von Fabriken u[nd] von der Handlung hat. Es sind schöne Häuser darinnen, u[nd] eine neue fürtreffliche lutherische Kirche."* [32]

So notierte der spätere Pfarrer der lutherischen Kirchengemeinde Schwelm, Friedrich Christoph Müller, im Jahre 1774 in sein Reisetagebuch. Schwelm nach dem Siebenjährigen Krieg: Das war eine Stadt im gleichnamigen Gogericht der Grafschaft Mark, in der im Jahre 1764/65 1.363 Menschen lebten. Der Ort bestand aus 230 Häusern (davon 183 mit Ziegeln, die übrigen mit Stroh gedeckt) und 22 Scheunen.[33] Die größte Kirchengemeinde war die lutherische Gemeinde,[34] zudem gab es seit 1655 eine kleine reformierte[35] und seit 1682 auch wieder eine katholische Gemeinde.[36]

Das lutherische Kirchspiel verlor im 18. Jahrhundert an Ausdehnung, als sich 1744 Barmen und Oberbarmen von der Schwelmer Mutterkirche trennten. Bis 1766, als sich auch in Langerfeld eine eigene Gemeinde bildete, die allerdings mit der Schwelmer Muttergemeinde verbunden bleiben mußte, stimmten die Grenzen des lutherischen Kirchspiels fast mit denen des Gogerichts überein.[37] 1784 verfügten auch die Bewohner des zum Gericht gehörenden Herzkamp über eine eigene Kirche und mußten nicht mehr den weiten Weg zum Gottesdienst nach Schwelm antreten. 1798 erhielt Rüggeberg eine Kirche, 1842 Haßlinghausen, 1877 Nächstebreck und 1893 auch Milspe.[38]

---

[32] Zitiert nach Sommermeyer, Reisetagebuch, S. 69.
[33] StAS A 26b, darin: "Special Historische Tabelle von dem Zustande der Stadt Schwelm de anno 1764/65 balancirt mit 55/56".
[34] Zur Geschichte der evangelischen Kirchengemeinde Schwelm vgl. Böhmer, Evangelische Kirchengemeinde.
[35] Zur Geschichte der reformierten Gemeinde Schwelm vgl. Helbeck, Schwelm, S. 375-381.
[36] "Alle drey Confeßionen haben im Kirchspiele Schwelm freye und öffentliche Religionsausübung. Sämmtliche Kirchen sind in der Stadt, wo auch die Prediger und Schulbediente wohnen." Müller, Chorographie, S. 26. Zur Geschichte der katholischen Kirchengemeinde in Schwelm vgl. Niebling, Katholische Kirchengemeinde, und Helbeck, Schwelm, S. 382-387.
[37] Abb. 1. Das Schwelmer Gogericht setzte sich aus der Stadt Schwelm und der Schwelmer, der Linderhauser, Langerfelder, Nächstebrecker, Gennebrecker, Haßlinghauser, Mylinghauser, Mühlinghauser, Schweflinghauser, Oelkinghauser Bauerschaft, dem östlichen Teil der Hiddinghauser sowie dem westlichen Teil der Voerder Bauerschaft zusammen. Zur Entwicklung von Gogericht und Kirchspiel Schwelm vgl. Helbeck, Schwelm, S. 26-32.
[38] Zur Abspaltung der Tochtergemeinden von der lutherischen Mutterkirche in Schwelm vgl. ebd., S. 366-373.

3. Zwischen Siebenjährigem Krieg und Franzosenzeit (1763-1806)

Abb. 1
Karte entnommen aus: Helbeck, Schwelm, S. 28

Schwelm, um 900 erstmals urkundlich erwähnt, hatte 1496 von Johann II., Herzog von Kleve-Mark, das Stadtrecht erhalten, es aber bereits fünf Jahre später nach Beschwerden der Schwelmer Bauerschaft wieder verloren und 1590 zum zweiten Mal verliehen bekommen. Der Ort lag an wichtigen Handelsstraßen. Im Westen führte die Straße nach Barmen und Elberfeld, von dort weiter bis an den Niederrhein, in nord-östlicher Richtung verlief der Handelsweg nach Hagen und Dortmund, im Süden und Südosten nach Köln und Frankfurt. Mit der Grafschaft Mark war Schwelm im Jahre 1666 endgültig an Brandenburg-Preußen gefallen.

3. Zwischen Siebenjährigem Krieg und Franzosenzeit (1763-1806)

3.1.2 Wirtschaftliche Situation

Schwelm gehörte früh zu den gewerblich gut entwickelten Gebieten der Grafschaft Mark. *"Es mögen wenige Gegenden Deutschlands seyn, die mit so vielen Nahrungszweigen gesegnet sind, und worin alle diese Nahrungszweige so gut benutzet werden als die hiesige. Ich darf z. E. nur die zwey dem Menschen ganz unentbehrliche Produkte nennen, womit sich die hiesige Fabriken beschäftigen, Eisen und Garn"* [39], schrieb Müller. Mit den Städten Iserlohn, Altena und Hagen gehörte Schwelm 1804 zu den wirtschaftlich bedeutendsten Städten der Mark, die südlich der Ruhr lagen. In der Gegend um Schwelm wurde wenig Ackerbau betrieben. Im Westen der Grafschaft lag der Schwerpunkt des Textil- und des Kleineisengewerbes, zwei Wirtschaftszweige, die besonders entlang der bergischen Grenze miteinander wetteiferten.[40] In Schwelm entschied die Textilbranche den Konkurrenzkampf im 18. Jahrhundert für sich. Erst nach der Mitte des folgenden Jahrhunderts holte die Metallverarbeitung auf, die zunächst hauptsächlich im Osten des Gogerichts angesiedelt war. Sie wurde schließlich zum bestimmenden Wirtschaftsfaktor.

In Schwelm arbeiteten mehrere Schlosser und Kleinschmiede, *"so anno 1752 von Sollingen gekomen, und sich hier etabliert"*.[41] Sie stellten Sensen, Schraubstöcke und Zangen, Wagenwinden, Schlösser, Tür- und Fensterbeschläge, Äxte, Beile, Sägen und Meißel, aber auch Messer, Bohrer, Feilen, Kaffeemühlen und Nägel her. Die Kleineisenfabrikation erfuhr in den letzten Jahrzehnten des 18. Jahrhunderts einen weiteren Aufschwung, der u.a. mit der Aufhebung der Kantonspflicht zusammenhing. Die Befreiung vom preußischen Militärdienst hatte zuvor nur für Osemundschmiede und Drahtzieher gegolten, und viele Kleinschmiede waren daher aus Furcht, den Soldatenrock anziehen zu müssen, ins benachbarte Bergische abgewandert.

> *"Endlich in den 80er Jahren [des 18. Jahrhunderts] wurde der empfindliche Nachteil und der Grund der Auswanderung lebhafter erkannt, die Werbung auf einen mäßigen Fuß gesetzt und den Ausgetretenen Generalpardon bewilligt. Da kehrten die Ausgewanderten in Scharen zurück, brachten gleichsam als Sühnegeld im Bergischen erworbene Kunstfertigkeit mit, zogen eine Menge Fremder hinter sich her, und schnell wuchs die Kleinschmiederei in den Tälern der Volme, Haspe, Ennepe hervor."* [42]

---

[39] Müller, Chorographie, S. 60.
[40] Reekers, Gewerbliche Wirtschaft, S. 98-161. Zur Entwicklung der Schwelmer Wirtschaft vgl. auch Becker, Wirtschaftliche Entwicklung I.
[41] GStA PK, II. HA, Generaldirektorium Mark, Tit. CLXXVI, Nr. 1, Bl. 17 (M): Beschreibung der Fabriken in der Grafschaft Mark, von Joh. Rembert Roden (undatiert). Aber auch aus anderen bergischen Orten zogen Handwerker zu, so beispielsweise der Kleineisenschleifer Johann Engelbert Pickert aus Remscheid. Zur Anwerbung bergischer Fachleute vor dem Siebenjährigen Krieg vgl. Helbeck, Schwelm, S. 498-503.
[42] M.F. Esselen: Übersicht über die Geschichte der Grafschaft Mark. Hamm 1859, zitiert nach Reekers, Gewerbliche Wirtschaft, S. 127. Die Einschätzung von Esselen über die Zahl der Heimkehrer erscheint allerdings etwas übertrieben.

3. Zwischen Siebenjährigem Krieg und Franzosenzeit (1763-1806)

Hauptsächlich aber verdienten die Schwelmer ihren Lebensunterhalt durch die Herstellung und die Verarbeitung von Textilien oder den Handel mit Textilprodukten. In einem Bericht des Schwelmer Bürgermeisters Sternenberg[43] heißt es:

"Gegen die Mitte des vorigen [18.] Jahrhunderts wurde indeß der Grund zu der Hauptquelle der Nahrung und des Wohlstandes der Bewohner von Schwelm und der Umgegend in der Bandfabrikation gelegt." [44]

Im Unterschied zu anderen Textilzentren in Deutschland basierte das Schwelmer Gewerbe nicht auf dem Flachsanbau, sondern auf der Garnbleicherei. Das Ausgangsprodukt, das Leinengarn, führte man ein und veredelte es auf den Bleichen. Ihren Sitz hatten die wasserabhängigen Garnbleichen besonders an Wupper und Ennepe. Vor allem die Bauerschaft Langerfeld machte den Betrieben des angrenzenden Wuppertales im Herzogtum Berg Konkurrenz.[45] Der größte Teil der produzierten Garne wurde zur Herstellung von Bändern benutzt. Ihre Herstellung wurde heimgewerblich in Abhängigkeit von einem Verleger ausgeführt.[46] Der Anteil der Beschäftigten, die das Textilgewerbe als Nebenerwerb betrieben, war im Schwelmer Gebiet - besonders in den Bauerschaften-[47] sehr hoch. Im Gogericht Schwelm übertraf die Zahl der im Nebenerwerb Tätigen sogar die der Beschäftigten im Hauptberuf.[48] 1788 arbeiteten 38 Prozent aller Beschäftigten der Textilbranche der Grafschaft Mark im Gogericht Schwelm, in der Stadt noch einmal 13,1 Prozent.[49] Besonders in der Baumwollweberei nahm Schwelm eine Spitzenstelle in der Grafschaft Mark ein. Im Jahre 1802 standen knapp 60 Prozent aller märkischen Webstühle für Baumwolle in der Stadt Schwelm, mehr als 62 Prozent aller Webstühle des platten Landes arbei-

---

[43] Johann Theodor Melchior Sternenberg war von 1831 bis 1849 Bürgermeister von Schwelm. Er war zeitweilig auch Mitglied des Westfälischen Provinziallandtages und des Vereinigten Landtags in Berlin. Helbeck, Bürgermeisterliste, S. 72.

[44] StAS B 214, Reg. I., Cap. 22, Nr. 268, Chronik des Bürgermeisters Sternenberg aus dem Jahr 1840.

[45] "Im Bergischen ist der Bleicherlohn 8 bis 10 Rthlr. höher, und dies ist die Ursache, daß die Bleichen im Hochgerichte Schwelm sich von Jahr zu Jahr vermehren. Blos im vergangenen Jahr sind 4 neue angelegt worden, dergestalt, daß jetzt 40 derselben vorhanden sind, auf welchen beinahe für eine halbe Million Rthlr. Garn gebleicht wird." Müller, Chorographie, S. 69f.

[46] "Sie [die Bandweber] holen das Garn von dem Kaufmann, für welchen sie arbeiten, und wenn sie es ihm gewebt wiederbringen erhalten sie ihr Geld." Müller, Chorographie, S. 71.

[47] "Auch wird die Drill, Doppelstein, Bettziechen, Siamoisen und Linnen Band Fabrique in specie in denen beyden Hochgericht Schwelmschen Bauerschaften Langerfeld und Voerde starck betrieben." GStA PK, II. HA, Generaldirektorium Mark, Tit. CLXXVI, Nr. 1, Bl. 17f (M): Beschreibung der Fabriken in der Grafschaft Mark von dem Geheimen Finanzrat Johann Rembert Roden, die vermutlich nach einer Reise durch die Grafschaft Mark im Jahre 1767 entstand.

[48] Reekers, Gewerbliche Wirtschaft, S. 116.

[49] Ebd., S. 158.

3. Zwischen Siebenjährigem Krieg und Franzosenzeit (1763-1806)

teten im Schwelmer Bezirk.[50] Schwelmer Kaufleute besuchten die Messen in Frankfurt und Leipzig und exportierten ihre Waren nach Holland, Frankreich und Brabant, Friesland, ins Münsterland, nach Osnabrück, Leipzig und Naumburg.[51] Neben Bändern und Schnüren, der sogenannten Schmalweberei, umfaßte die Produktpalette der Schwelmer Textilkaufleute auch Breitgewebe wie Siamosen, Doppelstein und Zwillich.[52] Die Breitweberei hatte in der Gegend erst Anfang des 18. Jahrhunderts ihren Anfang genommen. 1705 hatte der Oberbarmer Bleicher und Kaufmann Peter Wuppermann vom preußischen König ein zehnjähriges Privileg zur Herstellung von Bettziechen in der Grafschaft Mark erhalten und Fachleute aus Brabant angeworben.[53] Einige Jahre später ließ auch der Schwelmer Kaufmann Sternenberg für die Fabrikation von Siamosen, Doppelstein und Ziechen *"Weber aus Belgien kommen"*.[54] Während der Magistrat 1719 lediglich vier Wollarbeiter in Schwelm nannte, wurden drei Jahre später zusätzlich zwölf Leinenweber und zwei Ziechenweber erwähnt.

Die Bedeutung des Textilgewerbes für die Stadt Schwelm läßt sich auch an der historischen Tabelle des Jahres 1800 für die Grafschaft Mark ablesen.[55] Sie nennt für Schwelm fünf Bleicher, vier Färber, zwei Hutmacher, 26 Schneidermeister mit 13 Gesellen, acht Seidentuchfabrikanten und sieben Gesellen, drei Strumpfweber, einen Wollspinner und 42 der insgesamt 86 im Märkischen arbeitenden Siamosen- und Doppelsteinmacher. Zudem arbeiteten alle 24 Wollkämmer, die in der Grafschaft Mark ansässig waren, in Schwelm. Nur hier hatten zudem vier Ziechenmacher und vier Garnhändler ihren Sitz. Auch sechs der insgesamt sieben in der Grafschaft tätigen Bandweber für Wolle fertigten ihre Produkte in Schwelm. Insgesamt war im Jahre 1800 etwa jeder vierte Schwelmer im Textilgewerbe tätig.

---

[50] Kaufhold, Gewerbe, S. 129f.

[51] StAS A 2024: Tabelle des Schwelmer Magistrats vom 6.10.1770.

[52] In der von Johann Rembert Roden verfaßten Beschreibung werden als wichtigste Schwelmer Produkte Siamosen, Bettziechen, Drill und Leinenband genannt, die auf mehr als 30 Stühlen gefertigt würden. Zudem wird die Existenz mehrerer Strumpffabriken hervorgehoben, in denen auf 10 Stühlen gearbeitet werde. Wolltuchmanufakturen spielten hingegen offenbar eine untergeordnete Rolle. GStA PK, II. HA, Generaldirektorium Mark, Tit. CLXXVI, Nr. 1, Bl. 17 (M). Als "Siamosen" wurden gestreifte Zeuge aus Baumwolle und Leinen bezeichnet. War der Stoff weiß-blau gewürfelt, nannte man ihn "Doppelstein", der häufig zu Bettbezügen verarbeitet wurde. Unter "Ziechen" (Zwillich) verstand man ein derbes Leinwandgewebe für Bettbezüge, Handtücher und Kittel. Zur unterschiedlichen Herstellung vgl. Müller, Chorographie, S. 72f.

[53] Zur Entwicklung des Schwelmer Textilgewerbes und -handels vgl. Helbeck, Schwelm, S. 510-540.

[54] StAS B 214, Reg. I., Cap. 22, Nr. 268, darin: "Bemerkungen zu dem den Bürgermeistereibezirk Schwelm betreffenden Entwurfe des von dem Herrn Ober-Regierungs-Rath von Viebahn herauszugeben beabsichtigten topographischen Handbuchs" des Bürgermeisters Sternenberg, Oktober 1840.

[55] StAM Nachlaß Giesbert von Romberg, Teil A, Nr. 6, S. 22-48.

3.1.3 "Entwichene Unterthanen": Bevölkerungsverluste durch Abwanderung ins Bergische

Schwelm war bis 1807 Grenzstadt zum benachbarten Herzogtum Berg, gleichzeitig Teil des gewerblich und industriell früh entwickelten Westens der Grafschaft Mark. Daher nahm der Ort für den preußischen Staat bis zur französischen Fremdherrschaft und der Aufhebung der Staatsgrenze eine Sonderrolle ein. Deutlichster Ausdruck war die im folgenden näher dargestellte Kantonsfreiheit, die Schwelm - mit einer kurzen Ausnahme zwischen 1769 und 1771 - zugestanden wurde. Grund für dieses Privileg, von Soldatenwerbungen zugunsten von Geldzahlungen verschont zu werden, war die Schwächung der Industriebezirke an der Grenze zum Bergischen durch permanente Abwanderung. Besonders junge Männer, als Arbeitskräfte und Steuerzahler dringend in der Grafschaft Mark benötigt, waren immer wieder vor den gefürchteten preußischen Werbern geflohen, hatten Familie, Lehrstelle und Arbeitsplatz zurückgelassen, um nicht "den Soldatenrock anziehen" zu müssen. Gerade den Einwohnern von Schwelm wurde die Flucht dadurch erleichtert, daß sie nur über die nahe Wupper gehen mußten, um den preußischen Staatsverband zu verlassen.

"In vorigen Zeiten hat die Furcht vor der Werbung sehr viele junge Leute aus dem Märkischen ins Bergische getrieben. Man kann gewiß behaupten, daß beynahe die Hälfte der Bewohner des Wupperthals aus dem Märkischen stammt und das dieses Thal hauptsächlich den Markanern seinen Flor zu verdanken hat" [56], schrieb Friedrich Christoph Müller 1789. Der ständige Aderlaß von Arbeitskräften wurde noch dadurch verstärkt, daß das stark entwickelte Gewerbe im Tal der Wupper Arbeit und Brot bieten konnte und auch aus diesem Grund große Anziehungskraft besaß.

Die Fluchtbewegung hatte sich besonders in Kriegszeiten stets verstärkt, wenn im Preußischen allerorten nach möglichen Rekruten gefahndet wurde.

> *"Dann wurde eine förmliche Razzia vorgenommen, die Stadttore mit Wachen besetzt, und jeder Aus- und Eingehende einer furchtbaren Untersuchung unterworfen, wer groß und stark war, festgenommen [...]."* [57]

Die Werber drangen in Häuser ein, schleppten junge Männer aus Handwerksstuben, Schulen und Läden fort und durchsuchten die Gebäude vom Keller bis zum Speicher nach versteckten Rekruten.[58] Die durch solche Aktionen ausgelösten Fluchtbewegungen schwächten die Wirtschaft der Mark wie auch anderer Grenzgebiete erheblich. Besonders in der Erntezeit herrschte ein akuter Mangel an Arbeitskräften, und das auf so unfreiwillige Weise zusammengestellte Heer litt unter der Desertion.[59] 1733 hatte sich der preußische König daher genötigt gesehen, die gewaltsame Werbung zu unterbinden und andere Formen der Aushebung von Soldaten zu finden.

---

[56] Müller, Chorographie, S. 75f.
[57] Brandt, Preußen, S. 38.
[58] Ebd.
[59] Ebd.

3. Zwischen Siebenjährigem Krieg und Franzosenzeit (1763-1806)

Um das Verfahren in geordnete Bahnen zu lenken, wurde das Land in Aushebungskreise eingeteilt, sogenannte Kantone. Darin wurden alle männlichen Einwohner bis hin zum Neugeborenen gezählt und in amtliche Listen eingetragen. Die bewohnten Häuser wurden registriert, und jedes Infanterie- und Kavallerieregiment bekam eine bestimmte Zahl von "Feuerstellen" zur Aushebung zugewiesen. Die Regimenter durften nur noch in diesen Gebieten werben. Die neue Kantonsverfassung wurde 1733 für die östlichen und mittleren preußischen Provinzen, in den westlichen Gebieten erst im Herbst 1735 eingeführt.[60]

In Schwelm hörten die Übergriffe dennoch nicht auf. Sogar bergische Untertanen aus Wichlinghausen und Rittershausen, die als Angehörige der lutherischen Kirchengemeinde Schwelm zum Gottesdienst ins märkische Territorium hinübergehen mußten, wurden auf dem Kirchweg von Werbern belästigt und mißhandelt.[61] *"Durch diese und andere Umstände saugt das Bergische immerfort an dem Märkischen"*,[62] urteilte Müller. Um die wichtige Wirtschaftsregion der Grafschaft Mark nicht ausbluten zu lassen, wurde sie 1748 von der preußischen Regierung als "kantonsfrei" erklärt und gegen Zahlung eines Werbegeldes in die Rekrutenkasse von der Militärpflicht befreit.

Doch das Problem der Abwanderung aus Schwelm konnte auch diese Regelung nicht aus der Welt schaffen. Zu stark war die wirtschaftliche Anziehungskraft der Gewerbezentren an der Wupper und zu groß das Mißtrauen gegen Preußen und seine Militärpolitik.[63]

Ganz unbegründet war die Skepsis nicht, wie die vorübergehende Aufhebung der Werbefreiheit 1769 bewies. Kaum waren die ersten Nachrichten über die geplante Änderung nach Schwelm gedrungen, da setzte eine Fluchtbewegung junger Leute ins Bergische ein.[64] Angesichts dieser mißlichen Lage nahm der Schwelmer Stadtsekretär und Kämmerer Caspar Engelbert Grundschöttel denn auch bekümmert zu den Akten:

> *"[...] so bald die Aufhebung der Werbefreiheit bekandt gemacht worden, fast alle junge Burschen, so gar verheyratete Männer, sich weg- und in das benachbarte bergische Land begeben haben, woselbst es lauth eingezogener zuverläßiger Nachrichten von Märkischen Unterthanen wimmelt."* [65]

---

[60] Fiedler, Militär- und Kriegsgeschichte, S. 129-132.
[61] Helbeck, Von Schwelm nach Barmen, S. 24.
[62] Müller, Chorographie, S. 76.
[63] Helbeck, Von Schwelm nach Barmen, S. 24.
[64] Die märkischen Landstände trugen dem König die Klage vor, daß nach Einbeziehung des Gogerichts Schwelm in den Kanton des Regiments v. Wolffersdorf mehr als 800 Männer geflüchtet seien. Generalmajor v. Wolffersdorf sprach hingegen lediglich von 117 Männern. Kloosterhuis, Bauern, Bürger und Soldaten, S. 126f.
[65] StAS A 1146. Auch das Gewerbe der Bleicher drohte in Mitleidenschaft gezogen zu werden. Durch die Weigerung des Generalmajors v. Wolffersdorf, die Bleicher von der Militärpflicht

Verschiedene Fabriken, Handwerke, "Fusel"- und Branntweinbrennereien stünden ganz still, weil den Meistern die Mitarbeiter weggelaufen seien.[66] Grundschöttel sah wenig Möglichkeiten, die Gemüter zu beruhigen:

> *"Man mag denen Fabricanten und angeseßenen Wirthen noch so große Versicherungen, wegen ihrer Exemtionsfreiheit geben, so wird doch tauben Ohren geprediget."* [67]

Die Panik wurde verstärkt, da unklar war, welche Bevölkerungsgruppen von der Militärpflicht befreit bleiben sollten und welche nicht. Immer wieder standen die militärischen Interessen des Staates im Widerstreit mit seinen wirtschaftlichen Absichten. Dies zeigte sich besonders an der Musterung der in der Stadt lebenden männlichen Ausländer,[68] die man als nützliche Fabrikanten[69] ins Land geholt hatte. Zwar wurden sie schließlich doch noch von der Militärpflicht befreit, nicht aber ihre im Land geborenen Söhne, von denen daraufhin viele flohen, um in das Land ihrer Vorväter zurückzuziehen. Viele junge Leute kehrten nie ins Märkische zurück. Ein Beispiel hierfür ist der Fall von Henrich Pyrsch,[70] der im Herzogtum Kleve geboren war und in Schwelm als Geselle gearbeitet hatte: Bei Wiedereinführung des Kantons 1769 hatte er sich schleunigst nach Elberfeld im Bergischen abgesetzt und zeigte auch 1772 wenig Bereitschaft, nach Schwelm zurückzuziehen, obwohl die Schwelmer inzwischen ihre Militärpflicht wieder durch Geldzahlungen an die Garnison in Wesel ersetzen konnten.[71] Das Mißtrauen vieler junger Männer gegen die preußische Militärpolitik blieb auch in den nachfolgenden Jahrzehnten das größte Hindernis für eine erfolgreiche Peuplierung. Noch 1787 klagte die Regierung über *"die der Werbung halber oder sonst außer Landes entwichene Unterthanen"*.[72]

---

freizustellen, befürchteten viele eine Massenflucht, zumal das Herzogtum Berg sofort reagierte und Zuwanderern Vergünstigungen versprach. Die Rekrutierung eines einzigen Bleichers setze alle anderen Bleicher in Bewegung, fürchteten der märkische Kammerdirektor Franz Friedr. v. Breitenbauch und Kriegs- und Domänenrat Karl Aug. Reesen. Kloosterhuis, Bauern, Bürger und Soldaten, S. 127-129. Da die meisten Bleicher im Westen des Gogerichts saßen, lagen ihre Arbeitsstätten nur einen Steinwurf weit von der Grenze entfernt.

[66] StAS A 1146, Bericht des Schwelmer Stadtkämmerers Grundschöttel über die Ursachen der schlechten Finanzlage vom 28.11.1769.
[67] Ebd.
[68] StAS A 914, Cantonistenbuch vom 7./8.12.1769.
[69] Der Begriff des "Fabrikanten" wird hier entsprechend dem zeitgenössischen Sprachgebrauch verwendet. Er bezeichnet in jener Zeit nicht wie später die Besitzer von Produktionsstätten und -mitteln, sondern allgemein Arbeitskräfte des produzierenden Gewerbes.
[70] StAS A 918, Bericht des Schwelmer Magistrats vom 16.5.1772.
[71] StAS A 1157.
[72] GStA PK, II. HA, Generaldirektorium Mark, Tit. CXCVa, Nr. 1, Bl. 2 (M), Schreiben der Berliner Regierung vom 26.6.1787 an die klevische Kriegs- und Domänenkammer. Ein gleichlautendes Schreiben ging auch an die märkische Kammer.

3. Zwischen Siebenjährigem Krieg und Franzosenzeit (1763-1806)

Der ständige Bevölkerungsverlust, unter dem die Grafschaft Mark litt, war zudem auch Folge der vom Staat verfolgten Fiskalpolitik. Durch die Akzise,[73] ein Binnenzoll auf alle Verbrauchsgüter, die an den Stadttoren erhoben wurde, hatte der Staat ein Instrument in der Hand, um die Staatskasse zu füllen; er schädigte aber langfristig die eigene Wirtschaft, da die Produkte des Landes verteuert wurden und somit im Ausland schlechteren Absatz fanden. Darunter litten besonders die grenznahen Gebiete. So urteilte Bürgermeister Sternenberg:

> *"Durch die hier solange bestandene Konsumtions- und Natural-Accise ist hier gegen die Umgegend, besonders gegen das nahe bergische Land, eine unverhältnismäßige Theuerung hervorgebracht und künstlich erhalten worden."* [74]

Und weiter heißt es:

> *"Das drückende dieser vielerlei Einschränkungen ist hier um so nachtheiliger empfunden, weil dieser Ort so nahe ans Bergische grenzt, wo dergleichen nie stattgefunden."* [75]

Viele "Fabrikanten" kehrten daher der märkischen Gegend den Rücken und wanderten ins Bergische ab.

---

[73] Zur Geschichte der Akzise und den Veränderungen ihrer Erhebung vgl. Lampp, Getreidehandelspolitik, S. 73-105.
[74] StAS B 214, Reg. I., Cap. 22, Nr. 268, darin: "Bemerkungen zu dem den Bürgermeistereibezirk Schwelm betreffenden Entwurfe des von dem Herrn Ober-Regierungs-Rath von Viebahn herauszugeben beabsichtigten topographischen Handbuchs" des Bürgermeisters Sternenberg, Oktober 1840.
[75] Ebd.

3. Zwischen Siebenjährigem Krieg und Franzosenzeit (1763-1806)

3.1.4 "Kein Brot, kein Bier": Die Folgen des Krieges

Die ständigen Bevölkerungsverluste waren umso schmerzlicher, als die Wirtschaft der Grafschaft Mark durch den Siebenjährigen Krieg stark gelitten hatte. Der Krieg hatte den Schwelmern wie fast überall Not, Teuerung und Einquartierungen gebracht.[76] Die Kriegsfolgen, die in einer Chronik aus dem Kirchspiel Voerde aufgezählt wurden, galten wohl für die gesamte Mark: Erzwungene Lieferungen von Hafer, Stroh und Heu an die Truppen, Einquartierungen von Soldaten, Kontributionszahlungen, die notfalls mit militärischen Exekutionen beigetrieben wurden, Vorspanndienste bei den Armeen, Plünderungen und Brandgefahr *"wenn der Feind den Ort in Brand schoß [...]"*,[77] Gelderpressungen von Marodeuren und Truppen sowie eine fortschreitende Teuerung.

> *"Dieses hatte nun anfangs eine betrübte Wirkung, daß man kein Brot, kein Bier für Geld in Hagen und andern Orten haben konnte, ja, es mußten die Bäcker in Hagen das Brot verborgen ausziehen und halbe Brote backen, damit ein jeder etwas bekam. Bei der oftmaligen Abfouragierung des Hellweges mußte Jülich und Berg unsere Kornkammer werden, welches die Franzosen gegen vieles Bitten und Geldgeben erlaubten, in Elberfeld, Duisburg etc. anzukaufen und mit ordentlichen Pässen und Beglaubigungsscheinen herauszufahren und für die Einwohner der Grafschaft Mark zu backen, [...]."* [78]

Wie sehr der Krieg die Bevölkerung belastet hatte, zeigt auch ein Steuer-Klassifizierungs-Register vom Februar 1764. Von 315 Einwohnern, die zur Steuer veranlagt wurden, gehörten 195 Personen (62%) den beiden geringsten von insgesamt zehn Steuerklassen an. In die ersten fünf Klassen wurden lediglich 35 Schwelmer (11%) eingeordnet. Eine kurze Aktennotiz verrät den Grund dafür, warum viele Schwelmer im Vergleich zur letzten Klassifikation vom Magistrat geringer eingestuft wurden und somit weniger zahlen sollten. Die Ursache liege hauptsächlich darin, daß die entsprechenden Leute größtenteils *"durch den Krieg ruinirt worden"*,[79] heißt es da. Der staatliche Akziseinspektor nahm 1764/65 dennoch 3.803 Reichstaler ein, 750 Reichstaler mehr als 1755/56. Doch insgesamt hatte die Wirtschaft einen herben Rückschlag erlitten. Es verwundert kaum, daß die Schwelmer den Friedensschluß 1763 mit einem siebentägigen Freudenfest feierten. Der Wiederaufbau von Handel und Gewerbe sollte allerdings länger als sieben Jahre dauern.

---

[76] Vgl. Helbeck, Kriegschronik. Für Voerde und die Grafschaft Mark vgl. Hirschberg, Siebenjähriger Krieg.
[77] Zitiert nach Hirschberg, Siebenjähriger Krieg, S. 94f. Als Verfasser des anonymen Kriegsberichts vermutet Hirschberg den Lehrer und Organisten Heinrich Wennemar Jaeger aus Voerde.
[78] Zitiert nach ebd., S. 95.
[79] StAS A 1131, darin: "Classifications-Register der personellen Imposition in der Stadt Schwelm pflichtmässig aufgenommen den 13. febr. 1764."

3. Zwischen Siebenjährigem Krieg und Franzosenzeit (1763-1806)

3.1.5 Für den "Flor des Landes": Preußische Zuwanderungspolitik

Die preußische Regierung hatte schon früh versucht, Staat und Wirtschaft durch gezielte Anwerbungspolitik zu fördern. 1747 wurde ein Edikt erneuert, das die Ansiedlung fremder Arbeitskräfte aus dem Ausland zum Ziel hatte.[80] Darin versprach der preußische König Fremden, die bereit waren, in seine Provinzen zu ziehen, steuerliche Vergünstigungen und andere Vorteile. Dazu zählten die Befreiung von Enrollierung[81] und gewaltsamer Werbung für alle Zuwanderer und ihre Angehörigen, die mit *"gutem Vermögen und Habseligkeiten"* ins Land kämen. Zudem blieben sie zwei Jahre lang von allen bürgerlichen Lasten verschont.

> *"Und weil wir auch so gar hierunter die Consumtions-Accise verstehen / so sol ihnen solche nach Anzahl der mitgebrachten Personen zulänglich ausgerechnet / und der Ertrag davon aus den Accise-Cassen der Oerter / wo sie sich niederlassen / ein Jahr voraus baar bezahlet / und das 2te Jahr solches wiederholet werden / folglich sie dadurch dasjenige / so sie in der Zeit zur Accise tragen müssen / vergütet erhalten."* [82]

Weiterhin sollten weder die mitgebrachten Hausgerätschaften und Dinge zum persönlichen Gebrauch verzollt werden müssen, noch ein Beitrag zur Servis-Kasse[83] fällig werden, falls sich die Fremden ausschließlich von ihrem Vermögen ernährten. Wer bürgerliche Nahrung trieb, wurde immerhin noch zwei Jahre lang von der Pflicht der Soldatenunterbringung befreit.

Nach dem Siebenjährigen Krieg versuchte der Staat noch intensiver, das stark entvölkerte Land durch gezielte Anwerbungspolitik zu stärken. Denn durch natürliches Bevölkerungswachstum war dieses Ziel nicht schnell genug zu erreichen.[84] Im Rahmen einer merkantilistischen Politik glaubte man, die Wirtschaft und damit die Einnahmen des Staates am ehesten durch eine zentral gesteuerte Bevölkerungspolitik steigern zu können. Dieses Ziel versuchte man durch entsprechende Verordnungen

---

[80] StAS A 35, darin: "Erneuertes Edict von den vermehrten Wohltaten und Vortheilen vor die Auswärtigen die sich in den Königlichen Preussischen Landen niederlassen." (1747).
[81] Erfassung der waffenfähigen Männer in Listen.
[82] Ebd.
[83] Abgabe für die Unterbringung des Militärs.
[84] Für die Stadt Schwelm betrug die allgemeine Geburtenziffer im Jahr 1765 55,7 je 1.000 Einwohner (Promille), die allgemeine Sterbeziffer 34,4 Promille. Vier Jahre später lag die Geburtenziffer bei 38,2, die Sterbeziffer bei 39,5 Promille - der Geburtenüberschuß war in ein Defizit umgeschlagen. StAS A 42. Die allgemeine Geburtenziffer errechnet sich aus der Gesamtzahl der Lebendgeborenen, geteilt durch die Einwohnerzahl, multipliziert mit 1.000. Um die Sterbeziffer zu ermitteln, verfährt man ebenso, legt aber die Gesamtzahl der Sterbefälle zugrunde.

3. Zwischen Siebenjährigem Krieg und Franzosenzeit (1763-1806)

zu verwirklichen. So erging an die märkischen Städte 1769 die Weisung der in Hamm ansässigen Kriegs- und Domänenkammer-Deputation,[85] zu untersuchen, welche Handwerker oder andere Leute in den Städten etabliert und welche Hilfsleistungen ihnen zuteil werden könnten.[86] Listen über fremde Kolonisten und leerstehende Häuser oder freie Baugrundstücke, die sich zur Unterbringung der Fremden eigneten, mußten halbjährlich bei der Kammer eingereicht werden, um einen Überblick über erzielte Fortschritte zu erhalten.

Die Wunschkandidaten der Regierung waren vermögende Ausländer, die ihr Geld im Märkischen ausgeben sollten, oder zumindest fähige Handwerker, die einen Beruf ausübten, der in der Mark gefragt war und finanzielles Auskommen versprach. Auf den in der Bevölkerung weitverbreiteten Unmut über die mit Vergünstigungen aller Art[87] bedachten Fremden, die den Einheimischen nicht selten unliebsame Konkurrenz machten und beim Scheitern der örtlichen Armenkasse zur Last fielen, wurde wenig Rücksicht genommen. Die Ankömmlinge, so die Anweisung, sollten von den Einheimischen gut behandelt, ihre Etablierung auf jede Weise gefördert werden. Wer den Fremden unfreundlich begegnete oder ihnen Hindernisse in den Weg legte, mußte mit Festungs- und Leibesstrafe rechnen.[88] Denn eine gute Behandlung sei das beste Mittel, um weitere Ausländer ins Land hineinzuziehen, meinte die Berliner Regierung und setzte auf Mund-zu-Mund-Propaganda.[89]

Größtes Hindernis der Anwerbung war die eingeschränkte Freizügigkeit. Eigenbehörig- oder gar Gutsuntertänigkeit setzten den Wanderungsabsichten bäuerlicher Schichten enge Grenzen, Städter wurden durch hohe Abzugsgebühren abgeschreckt.[90] Trotz dieser Hindernisse sah sich die Kriegs- und Domänenkammer in Hamm in den kommenden Jahren genötigt, den Zuzug unliebsamer Personen in die

---

[85] Im Jahre 1766 hatte Friedrich der Große die Einrichtung einer Kriegs- und Domänenkammer-Deputation (im folgenden zitiert als Kriegs- und Domänenkammer Hamm) für die Grafschaft Mark, Lippstadt, Soest und die Soester Börde genehmigt. Die neue Provinzialbehörde nahm 1767 ihre Arbeit in Hamm auf. Bis dato war die Kriegs- und Domänenkammer in Kleve für die Grafschaft Mark zuständig gewesen, die wiederum dem Generaldirektorium in Berlin unterstand. Obwohl die Märkische Kammer-Deputation für die Bewohner der Mark von nun an die vorgesetzte Verwaltungsbehörde darstellte, blieb sie bis zum Jahr 1787, als die Deputation zur selbständigen Kammer erhoben wurde, an die Kammer in Kleve gebunden. Zur Geschichte der märkischen Verwaltungsbehörde vgl. Böckenholt, Provinzialverwaltungsbehörde, S. 38-64.
[86] StAS A 32, Schreiben der Kriegs- und Domänenkammer Hamm vom 15.4.1769.
[87] Zu den Vergünstigungen, die der preußische Staat gewährte, vgl. Hinze, Arbeiterfrage, S. 115-124. Besonders hervorzuheben sind die Freiheit von der Konsumtionsakzise, die Befreiung von den Gebühren zur Gewinnung des Bürgerrechts, die Befreiung vom Militärdienst und die kostenlose Vergabe von Bau- und Brennholz.
[88] StAS A 32, Schreiben der Kriegs- und Domänenkammer Hamm vom 18.3.1770.
[89] StAS A 2029, Schreiben aus Berlin vom Dezember 1778.
[90] Hinze, Arbeiterfrage, S. 71.

3. Zwischen Siebenjährigem Krieg und Franzosenzeit (1763-1806)

Grafschaft Mark einzuschränken. Denn die staatliche Kolonistenpolitik stellte von Anfang an eine Gratwanderung dar. Die Erfahrung zeigte schnell, daß die ausgelobte Unterstützung für Zuwanderer nicht nur die vom Staat erwünschten begüterten und gewerbetreibenden Ausländer ins Land lockte, sondern gerade auch mittellose Leute, die sich selbst mit Steuervergünstigungen nur notdürftig wirtschaftlich über Wasser halten konnten. Der Staat sah sich daher veranlaßt, neben den Anreizen für Fremde auch gesetzliche Vorschriften gegen unerwünschte mittellose Einwanderer zu erlassen. Zur Förderung der Sicherheit im Land wurde bestimmt, daß u.a. fremde Bettler, Zigeuner, Gaukler, Hausierer, Kammerjäger, reisende Musikanten, Kessel- und Pfannenflicker, Menschen, die fremde Tiere herumführten, Landstreicher, die vorgäben, blind zu sein, abgedankte fremde Soldaten und andere verdächtige Leute nicht ins Land gelassen werden dürften.[91] Es dürfe kein Fremder als Mieter oder Bürger zugelassen werden, der nicht nachweisen könne, daß er sich und seine Familie von ehrlicher Arbeit ernähre und dem Staat nicht zur Last falle, warnten die Behörden. Die Niederlassungserlaubnis verlor ihre Gültigkeit, sobald der Fremde ein anderes als das angegebene Gewerbe betrieb, wenn er seine Arbeit vernachlässigte oder auf irgendeine andere Art der Stadt auf der Tasche lag.

So sehr also die Zuwanderung gefördert wurde, so rigide wurde gleichzeitig versucht, die Abwanderung zu stoppen. Um das märkische Gewerbe anzukurbeln, sollte das *"Austreten der Fabrikanten"* aus dem preußischen Herrschaftsbereich mit allen Mitteln verhindert, der Verrat inländischer Produktionsgeheimnisse unterbunden werden.[92] Wer seinen Wohnort ins Ausland verlegen wollte, mußte dies den Behörden melden und um Erlaubnis bitten. Die Abwanderung kantonspflichtiger Untertanen und Personen, die nur mit Rücksicht auf ihren ausgeübten Beruf von dieser Pflicht entbunden waren, bestrafte der Staat mit dem Einzug ihres gesamten Besitzes. Auch Verführung zur Abwanderung oder zum Verrat von Fabrik- und Handelsgeheimnissen stand unter strenger Strafe.

1774 bot Preußen eine Generalamnestie für entwichene Untertanen an, die bereit waren zurückzukehren. Um die Fabriken in der Mark zu fördern, so ließ der Präsident der Kriegs- und Domänenkammer Hamm verbreiten, werde man von einer Bestrafung der aus den dortigen Freikantons gebürtigen und entwichenen oder fahnenflüchtigen Männer absehen, falls sie innerhalb von sechs Monaten zurückkehrten, Fabriken anlegten, wüste Höfe bebauten oder ein bedeutendes Gewerbe betrieben. Den reuigen Rückkehrern wurde nicht nur völliger Strafnachlaß, sondern auch Befreiung vom Militärdienst und Unterstützung bei der Etablierung versprochen.[93]

---

[91] StAS A 1647, Gedruckte Verordnung, vom Schwelmer Magistrat am 10.4.1804 verbreitet.
[92] StAS A 2113, Publicandum aus Berlin vom 4.12.1805.
[93] Scotti, Mark, Bd. 2, Nr. 2038. Im Jahre 1778 nennt die Schwelmer Liste der entwichenen Untertanen vier Personen, von denen sich zwei in der Nähe von Lüttringhausen, einer in Lennep und einer in Elberfeld aufhalten sollten. StAS A 921.

Studenten, die auf eine berufliche Karriere in Preußen hofften, waren gut beraten, sich an das bereits 1749 erlassene und 1759 erneuerte Edikt zu halten, wonach Landeskinder nicht auf ausländischen, sondern heimischen Universitäten studieren sollten.[94] 1765 verbot die königliche Regierung allen Geistlichen, Ausweispapiere oder Zertifikate an junge Leute auszugeben, die oft einen Familienbesuch im Ausland vortäuschten und die Gelegenheit zur Auswanderung *"mißbrauchten"*.[95]

---

[94] Scotti, Mark, Bd. 2, Nr. 1561. Daher wählten alle jungen Schwelmer, die zwischen 1780 und 1798 ein Studium begannen, die 1694 gegründete Universität Halle. Als Studienfächer wurden Theologie, Jura und Medizin belegt. StAS A 2501. Tabellen der studierenden Jugend 1780 bis 1798.

[95] Scotti, Mark, Bd. 2, Nr. 1893.

3. Zwischen Siebenjährigem Krieg und Franzosenzeit (1763-1806)

3.2 Zuwanderung nach Schwelm
3.2.1 Allgemeine Bevölkerungsentwicklung

In den Jahren zwischen 1763 und 1806 erholte sich die Stadt langsam von den Rückschlägen, die der Siebenjährige Krieg gebracht hatte. Die Einwohnerzahlen, die bis zum Ende des Krieges fast stagnierten, stiegen wieder.[96] Die Entwicklung setzte im Vergleich zur übrigen Grafschaft recht schnell und deutlich ein.

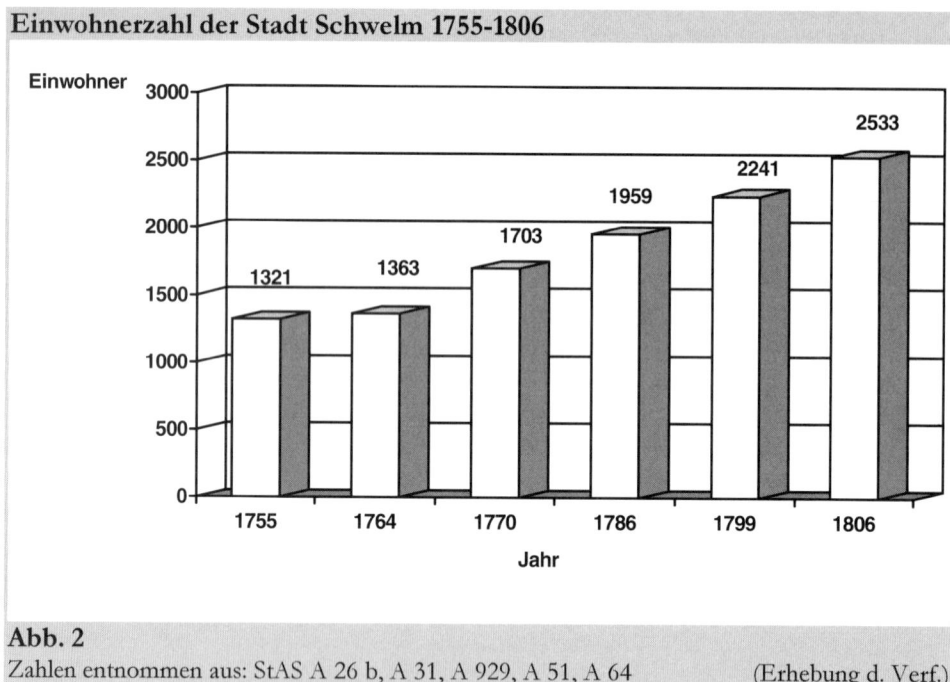

Abb. 2
Zahlen entnommen aus: StAS A 26 b, A 31, A 929, A 51, A 64 (Erhebung d. Verf.)

Mit einer Steigerung von 48,3 Prozent zwischen 1755 und 1786 war das Bevölkerungswachstum in Schwelm nach dem Siebenjährigen Krieg wesentlich größer als das der gesamten Grafschaft Mark. Dort stieg die Einwohnerzahl zwischen 1756 und 1787 lediglich von 120.176 auf 124.162 Menschen in Stadt und Land, was einer Wachstumsrate von 3,3 Prozent entspricht.[97] Die Stadtbevölkerung der Grafschaft wuchs allerdings etwas schneller als die Landbevölkerung. In den Städten stieg die Zahl von 35.322 Bewohner im Jahre 1756 auf 37.860 Einwohner 1787, eine Steigerung von 7,2 Prozent. Im Jahre 1797 war die Stadt Schwelm mit 2.237 Einwohnern bevölkerungsreicher als Bochum und Hagen.[98]

---

[96] Abb. 2.
[97] StAM Mscr. I, Nr. 256, S. 5f.
[98] Abb. 3.

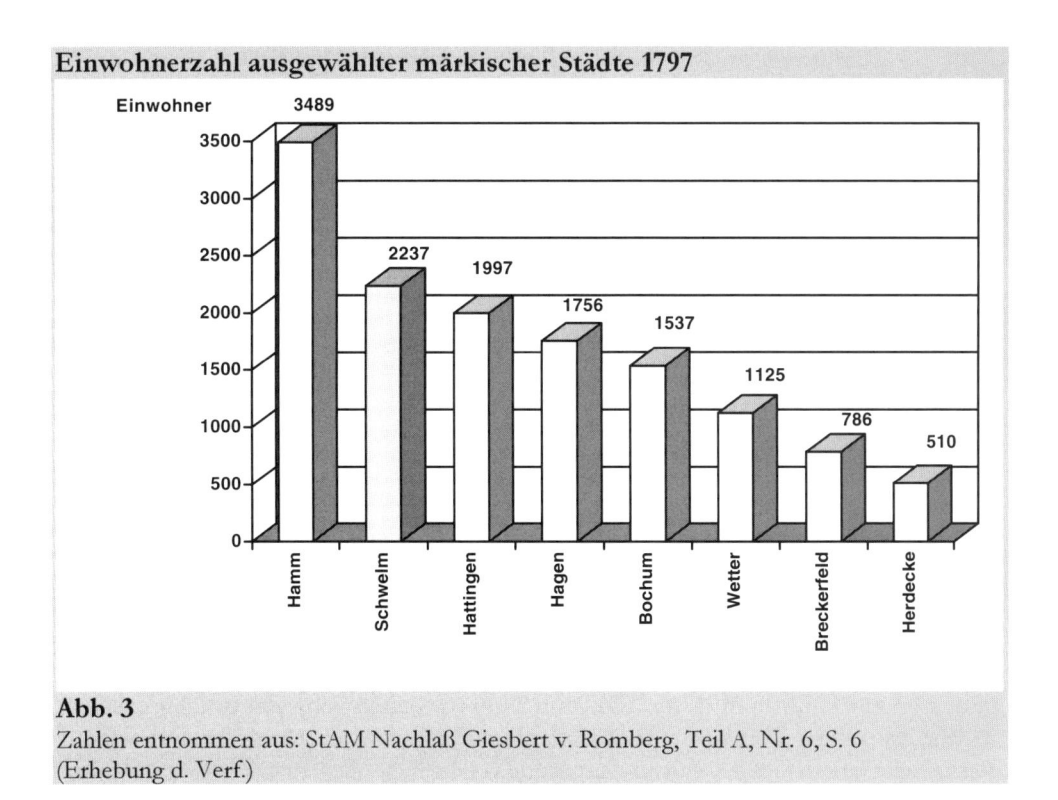

Einwohnerzahl ausgewählter märkischer Städte 1797

Abb. 3
Zahlen entnommen aus: StAM Nachlaß Giesbert v. Romberg, Teil A, Nr. 6, S. 6 (Erhebung d. Verf.)

Werte: Hamm 3489, Schwelm 2237, Hattingen 1997, Hagen 1756, Bochum 1537, Wetter 1125, Breckerfeld 786, Herdecke 510.

Wie die meisten Städte profitierte auch Schwelm vom Zuzug aus ländlichen Gebieten. Denn die Land-Stadt-Wanderung ist keine moderne Erscheinung. Seit Jahrhunderten haben die europäischen Städte durchweg eine negative Vermehrungsbilanz aufzuweisen gehabt, also eine stärkere Sterblichkeit als Gebürtigkeit. Dies war vermutlich Ergebnis der schlechteren hygienischen Verhältnisse der Stadt. Die Zuwanderung mußte diese Verluste ausgleichen.[99]

In der Tendenz finden wir auch in Schwelm diese Situation vor. Zwar weist die Stadt im untersuchten Zeitraum einen geringen Geburtenüberschuß auf, doch bleibt er wesentlich hinter den Überschüssen der Bauerschaften zurück. Die Akten der Geborenen, Gestorbenen, Getrauten und der Kommunikanten, die zwischen 1764/65 und 1798 fast lückenlos geführt worden sind,[100] zeigen, daß in den entsprechenden Jahren die Geburtenziffer in der Stadt nur selten wesentlich über der Sterbeziffer lag.[101]

---

[99] Schildt, Tagelöhner, S. 277.
[100] StAS A 28, A 37 und A 42.
[101] Abb. 4.

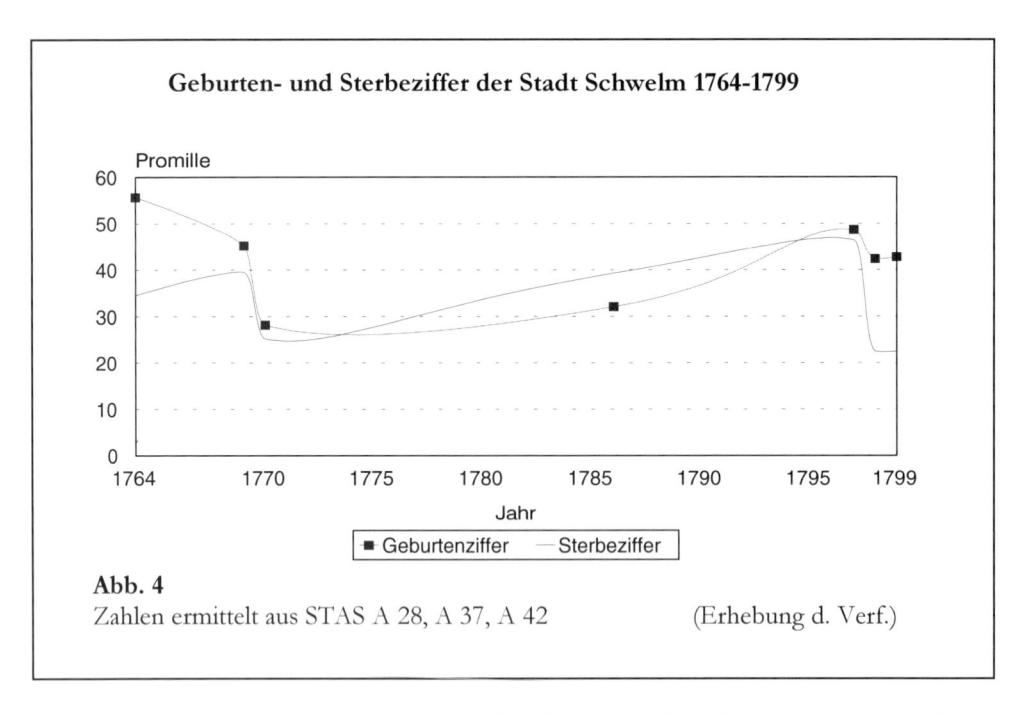

3. Zwischen Siebenjährigem Krieg und Franzosenzeit (1763-1806)

Geburten- und Sterbeziffer der Stadt Schwelm 1764-1799

Abb. 4
Zahlen ermittelt aus STAS A 28, A 37, A 42   (Erhebung d. Verf.)

In den Jahren 1772, 1775, 1783, 1787 und 1796 starben in Schwelm mehr Menschen, als dort im selben Zeitraum zur Welt kamen.[102] Obwohl die Zahl der Geburten in den letzten Jahren des 18. Jahrhunderts zunahm, führte dies zu keinem starken Geburtenüberschuß, da gleichzeitig auch die Sterbeziffer anstieg. Somit konnte sich die Geburtenkurve nicht weiter von der Sterbekurve entfernen, obwohl sich beide nun auf einem höheren Niveau einpendelten.

Legt man die absoluten Zahlen zugrunde, so wurden zwischen 1764/65 und 1798 in Schwelm 2.144 Geburten und 1.824 Todesfälle registriert.[103] Der Überschuß von 320 Geburten stellt aber nur rund ein Drittel des tatsächlichen Bevölkerungswachstums in diesem Zeitraum dar. Nicht der Geburtenüberschuß, sondern die Zuwanderung stellte demnach den Hauptfaktor für die wachsende Einwohnerzahl am Ende des 18. Jahrhunderts dar. Dies um so stärker, als Schwelm, wie bereits beschrieben, stets auch eine starke Abwanderung ins benachbarte Herzogtum Berg zu verzeichnen hatte und diese Verluste zusätzlich ausgeglichen werden mußten.

---

[102] Als Grund für die hohe Zahl der Sterbefälle können Epidemien angenommen werden. 1796/97 starben allein 31 Menschen an Pocken, in den Jahren zuvor grassierte mehrfach die Rote Ruhr, bei den Kindern sorgten die Blattern für Opfer. StAS A 28, A 37, A 42.
[103] Abb. 5.

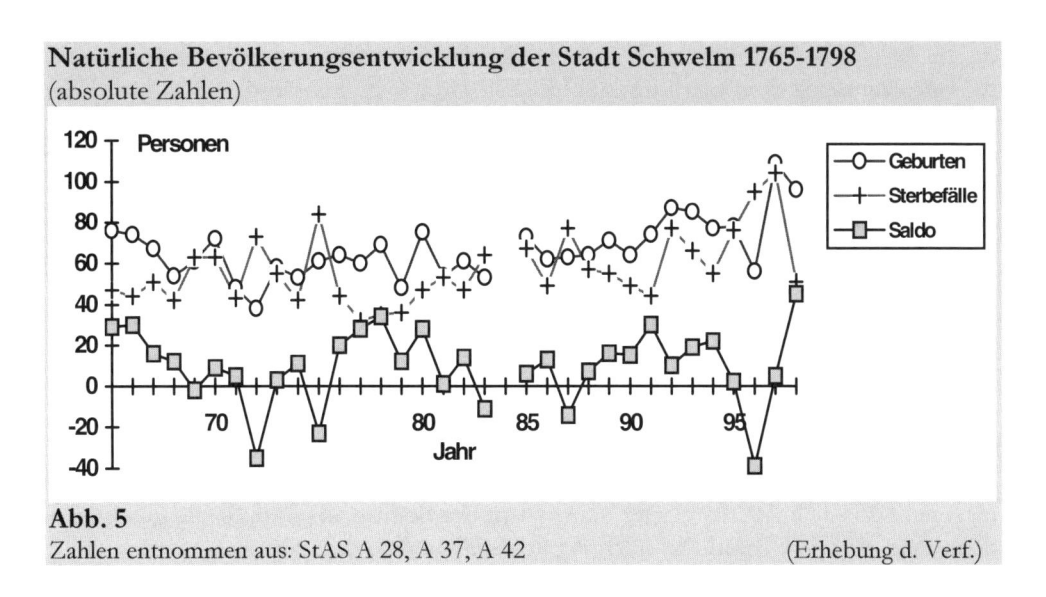

Natürliche Bevölkerungsentwicklung der Stadt Schwelm 1765-1798
(absolute Zahlen)

Abb. 5
Zahlen entnommen aus: StAS A 28, A 37, A 42 (Erhebung d. Verf.)

Anders zeigt sich die Lage im Gogericht Schwelm. In den Bauerschaften lagen die Geburtenzahlen - auch in Krisenjahren - nie unter den Sterbezahlen.[104] Leider fehlt kontinuierliches Zahlenmaterial über die Bevölkerung des Schwelmer Umlandes, so daß der Umfang der Zuwanderung nicht genau ermittelt werden kann.

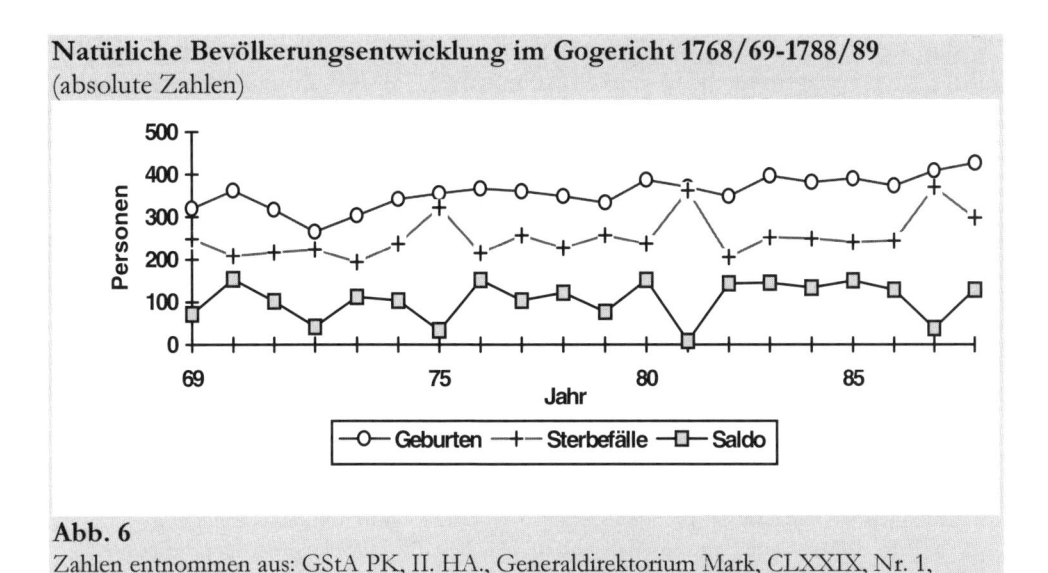

Natürliche Bevölkerungsentwicklung im Gogericht 1768/69-1788/89
(absolute Zahlen)

Abb. 6
Zahlen entnommen aus: GStA PK, II. HA., Generaldirektorium Mark, CLXXIX, Nr. 1, Bl. 1-294 (M) (Erhebung d. Verf.)

---

[104] Abb. 6.

3. Zwischen Siebenjährigem Krieg und Franzosenzeit (1763-1806)

Doch ist davon auszugehen, daß der Zuzug nicht unerheblich war, da der ländliche Raum Teile seiner Bevölkerung an die Städte der Nachbarschaft abgegeben hat und die Bevölkerungslücken von Zuwanderern ausgefüllt werden konnten.

3.2.2 Struktur der Zuwanderung in die Stadt
3.2.2.1 Zahlenmäßiger Verlauf

Über die zeitliche Entwicklung der Zuwanderung, insbesondere jährliche oder saisonale Schwankungen, lassen nur die "Colonistentabellen" einige Rückschlüsse zu, die meist halbjährlich die zuwandernden Ausländer verzeichneten, preußische Untertanen jedoch nicht aufführten. Danach setzten sich zwischen 1740 und 1777 86 Haushaltsvorstände mit insgesamt 288 Personen in Schwelm an,[105] im Gogericht Schwelm ließen sich zwischen 1740 und 1787 immerhin 183 Familien mit ingesamt 820 Personen als sogenannte Neu-Anbauer nieder.[106] Zwischen 1774 und 1792 waren 123 der insgesamt 257 Handwerksmeister, die sich in der Stadt etablierten, keine gebürtigen Schwelmer.[107] Die Migrationsforschung geht davon aus, daß die Zuwanderung nicht kontinuierlich über das Jahr erfolgte, sondern bestimmte Monate bevorzugt zur Wanderung genutzt wurden. Derartige Wanderungsspitzen wurden im ländlichen Raum besonders im Frühjahr und im Herbst beobachtet. Während des Sommers boten sich auf dem Land besonders für ungelernte Kräfte Arbeitsmöglichkeiten, so daß in den Sommermonaten die Abwanderung vom Land in die Stadt geringer war.[108] Im Winter wurden viele Menschen schon durch den schlechten Zustand der Straßen und Wege von einer weiten Reise abgehalten. In Schwelm ist jedoch eine starke jahreszeitliche Schwankung des Zuzugs nicht zu bemerken. Es zeigt sich nur ein leichter Anstieg der Zuwanderung im Sommerhalbjahr. Die relative Unabhängigkeit von den Jahreszeiten lag vermutlich am starken Anteil von Handwerkern unter den Zuwanderern. Die Arbeit von Schieferdeckern, Schneidern, Schmieden, Webern und Vertretern anderer Gewerke wurde nicht unmittelbar von Aussaat- und Erntezyklen bestimmt.
Die "Colonistentabellen" decken aber lediglich einen geringen Teil der tatsächlichen Zuwanderung ab, da nur Fremde erfaßt wurden, die sich in der Stadt niederließen.

---

[105] StAS A 34, Tabelle der sich zwischen 1740 und 1777 in der Stadt Schwelm etablierten Kolonisten.
[106] GStA PK, II. HA, Generaldirektorium Mark, Tit. CXCVa, Nr. 1, Bl. 8 (M), darin: "Nachweise von denen seit Anno 1740 bis 1787 in der Grafschafft Marck sich angesetzten Neu-Anbauer", angefertigt von der Märkischen Kriegs- und Domänenkammer am 9.10.1787. In der Stadt Schwelm ließ sich im gleichen Zeitraum kein einziger dieser Neu-Anbauer nieder, während sich in anderen Städten südlich der Ruhr 16 Familien mit 68 Personen ansetzten. Ebd., Bl. 7.
[107] StAS A 2029, Tabelle der angesetzten und abgegangenen Meister.
[108] Auerbach, Auswanderung aus Hessen, S. 6.

3. Zwischen Siebenjährigem Krieg und Franzosenzeit (1763-1806)

Die große Zahl derjenigen, die sich außerhalb der Stadtmauern ansetzten, kann somit nicht ermittelt werden. Auch Saison- und Wanderarbeiter wurden nicht vermerkt. Zudem beschränken sich die "Colonistenlisten" weitgehend auf die Nennung zuziehender Handwerker und Arbeiter. Dienstboten und Angehörige akademischer Berufe, die in nicht geringer Zahl von auswärts kamen,[109] wurden nicht festgehalten. Das umfangreichste Quellenmaterial bieten in diesem Zusammenhang die Kirchenbücher, doch kann die Menge der hier erfaßten Personendaten nicht über das große Handikap hinwegtäuschen, daß Trau-, Tauf- oder Totenbücher gerade über die zeitliche Dimension der Zuwanderung wenige Aussagen zulassen. Denn zwischen Zuwanderung und Eheschließung am neuen Wohnort gingen oft mehrere Jahre ins Land. Einige Einträge beweisen, daß viele der nicht-einheimischen Männer erst zwei bis acht Jahre nach ihrer Niederlassung eine Familie gründeten.[110] Dieser zeitliche Abstand wird schon dadurch erklärlich, daß die frisch etablierten Fremden erst eine Existenz gründen mußten, bevor sie an einen eigenen Hausstand denken konnten. Auch in anderer Hinsicht ist die Aussagekraft von Heiratsregistern begrenzt: Sie erfassen nur die Teile der Bevölkerung, die sich in Schwelm verheiratet haben. Bei jeder Betrachtung, die sich auf Traubücher stützt, entziehen sich somit ledige Männer und Frauen jeder Untersuchung. Dies gilt auch für verehelichte Personen, die zwar in Schwelm lebten, dort aber nicht geheiratet haben.[111] Umgekehrt wurden vielleicht gerade Paare erfaßt, die lediglich in Schwelm geheiratet haben, anschließend aber nicht am Ort lebten.

Zwischen 1763 und 1789/90 wurden in den Traubüchern der lutherischen, der reformierten und der katholischen Gemeinde Schwelm insgesamt 2.175 Trauungen verzeichnet.[112] Knapp 56 Prozent dieser Ehen wurden zwischen zwei Einheimischen

---

[109] Als Beispiel sei Johann Heinrich Castorff, Rektor der Schwelmer Lateinschule, genannt. Er wurde um 1738 in Lippstadt geboren und hatte in Halle studiert. Böhmer, Stadt Schwelm, S. 113.

[110] So auch im Falle des Kleidermachers und Schneidermeisters Johann Heinrich Wallrabenstein. Er stammte aus Eisighofen im Taunus und war um 1798 oder früher nach Schwelm zugewandert. Als er 1804 Anna Catharina Flasdieck heiratete, war er bereits seit sechs Jahren in der Nächstebrecker Bauerschaft ansässig. Freundlicher Hinweis von Prof. Dr. Klaus Goebel, Wuppertal.

[111] Auf diese Schwierigkeiten verweist schon Hippel, Herkunft, S. 52. Hippel hat die regionale und soziale Herkunft der Bevölkerung der Stadt Ludwigshafen/Rhein zwischen 1867 und 1914 untersucht.

[112] Traubücher StAS, LT 1-3, RT 1 und 2, KT 1 und 2. Berücksichtigt wurden nur Brautleute, die nachweislich in einer der drei Gemeinden getraut wurden, was allerdings noch nichts über ihren weiteren Aufenthalt in Schwelm aussagt. Eintragungen mit Dimissionsvermerk zu einer anderen Gemeinde oder ohne Kopulationsdatum wurden fortgelassen. Als einheimisch wurden alle Personen betrachtet, die aus der Stadt Schwelm oder den Schwelmer Bauerschaften stammten. Personen, die aus Hiddinghausen oder Voerde stammten, wurden dabei ausnahmslos als Einheimische gewertet, obwohl diese beiden Gebiete nicht in Gänze zum Schwelmer Gebiet gehörten. Eine Differenzierung war jedoch nicht möglich und dürfte wegen der geringen Zahl der Fälle auch kaum ins Gewicht fallen. Wenn, wie es häufig geschah, der Pfarrer nicht die Herkunft der Brautleute verzeichnete, wurde von den

3. Zwischen Siebenjährigem Krieg und Franzosenzeit (1763-1806)

geschlossen, sechs Prozent zwischen zwei Auswärtigen. Bei den übrigen 38 Prozent handelt es sich um "gemischte" Verbindungen zwischen Einheimischen und Auswärtigen. Berücksichtigt man die große Ausdehnung der drei Pfarrgemeinden in jenen Jahrzehnten, dann liegt der Anteil der einheimischen Ehen mit etwas mehr als der Hälfte aller Eheschließungen nicht sehr hoch. Nur sehr wenige Zugewanderte schlossen die Ehe mit einem ebenfalls von auswärts stammenden Partner. Ebenso wie die große Zahl der Mischehen belegt dies die geringe Ab- und Ausgrenzung der Fremden.

Klammert man die homogen-einheimischen Ehen aus der Betrachtung aus, so wurden zwischen 1763 und 1806 in den Schwelmer Traubüchern insgesamt 1.812 Paare ermittelt, bei denen mindestens eine der eheschließenden Personen von auswärts kam. Die Mehrzahl der untersuchten Eheschließungen sind lutherische Trauungen (75%). Mit großem Abstand folgen reformierte (16%) und katholische Trauungen (9%). Dies ist nicht weiter verwunderlich, handelt es sich bei Schwelm doch um eine Stadt, deren Bewohner in der Mehrzahl der lutherischen Lehre anhingen. Der Anteil der Fremden an der Gesamtzahl aller Eheschließungen war bei den reformierten und katholischen Trauungen am größten. Zwischen 1763 und 1806 standen bei mehr als 67 Prozent aller reformierten Trauungen nicht zwei Einheimische vor dem Altar. In der katholischen Gemeinde lag der Anteil zwischen 1763 und 1772 bei 58 Prozent (1795-1804: 67%). In der lutherischen Kirche war der Prozentsatz geringer (1792: 44%; 1793: 48%).

Untersucht man die Zahl der Trauungen in Zehn-Jahres-Schritten, so zeigt sich, daß die Zahl der Eheschließungen mit Beteiligten von auswärts mit jeder Dekade stieg. Im Zeitraum 1763 bis 1772 wurden 299 Trauungen ermittelt, bei denen mindestens ein Partner kein Einheimischer war, 1773 bis 1782 waren es 372 Paare, 1783 bis 1792 bereits 386 und zwischen 1793 und 1802 529 Eheschließungen. In den darauffolgenden vier Jahren heirateten 225 nicht-einheimische Paare.[113]

Heimatorten der fast immer erwähnten Eltern auf die regionale Herkunft der Kinder geschlossen. Verzichtet wurde auf die Erfassung der Daten in den Kirchenbüchern der Kirchengemeinden im Gogericht wie Langerfeld, Gevelsberg und Herzkamp.

[113] Bei einem Paar war das genaue Traujahr nicht zu ermitteln.

3. Zwischen Siebenjährigem Krieg und Franzosenzeit (1763-1806)

3.2.2.2 Herkunftsregionen

Aus welchen Gebieten stammten die Zuwanderer, die nach Schwelm kamen? Diese Frage läßt sich recht genau beantworten. Schon die "Colonistentabellen", die der Schwelmer Magistrat regelmäßig anzulegen hatte, verraten einiges über die Heimatorte der Fremden. Genauer allerdings wurden diese Daten von kirchlicher Seite erfaßt. Bei Trauungen verzeichnete der Pfarrer in der überwiegenden Zahl der Fälle neben anderen persönlichen Daten wie Familienstand oder (seltener) Beruf auch die Heimatorte der Brautleute. Ob es sich dabei allerdings in jedem Fall um die Geburtsorte der Betreffenden handelte, darf bezweifelt werden. Vielfach dürfte es sich um den letzten Wohnort handeln. Wenig Aufschluß geben die Quellen auch über eventuelle Zwischenstationen der Wanderung.

Untersucht wurden wiederum insgesamt 1.812 Eheschließungen, an denen 2.121 Zuwanderer beteiligt waren. Die folgende Tabelle zeigt die wichtigsten Heimatterritorien der Zuwanderer, die sich aus den Traubüchern ermitteln ließen.[114]

Die Schwelmer Zuwanderung zwischen 1763 und 1806 war hauptsächlich das Ergebnis einer Nahwanderung. Mehr als 45 Prozent der untersuchten Fremden stammten aus der Grafschaft Mark, verließen zwar ihren bisherigen Wohnort, nicht aber ihr Heimatland.[115] Anders liegt der Fall bei Männern und Frauen aus dem benachbarten Herzogtum Berg, die den zweitgrößten Anteil der Zuwanderer (26%) stellten. Zwar gehörten auch sie zu den Nachbarschafts- bzw. Nahwanderern, die ihren Wohnort nicht selten weniger weit verlegten als die märkischen Zuwanderer, doch machte die Kleinstaaterei die bergischen Zuwanderer zu Einwanderern. Sie wurden in Schwelm konsequenterweise als "Ausländer" bezeichnet. Die Größenordnung der bergischen Zuwanderung widerlegt die verbreitete Annahme, Zuwanderung sei - gewissermaßen als Einbahnstraße - nur in eine Richtung, nämlich vom Märkischen ins Bergische erfolgt.

Alle anderen Gebiete folgen mit großem Abstand. Am stärksten waren in Schwelm noch die Hessen (insbesondere aus Hessen-Kassel) und die Nassauer vertreten. Wittgenstein, Waldeck und das kurkölnische Gebiet, hier besonders das Sauerland, waren weitere Regionen, aus denen Zuwanderer stammten.

---

[114] Vgl. Anm. 112. Die Differenz zwischen der Gesamtzahl der erfaßten Personen von auswärts und den in der Tabelle aufgeführten Männern und Frauen ergibt sich aus dem Umstand, daß nicht in jedem Fall die Herkunft zweifelsfrei zu klären war und nur die Gebiete ausgewählt wurden, aus denen die meisten der Fremden kamen. Zugrundegelegt wurden die territorialen Verhältnisse des Jahres 1789. Die Tabelle sagt zunächst auch nichts über die konfessionelle Zugehörigkeit der ermittelten Männer und Frauen aus, sondern gibt nur den Fundort an. Dies wurde notwendig, da nicht in jedem Fall in den Kirchenbüchern die Konfession der Eheschließenden angegeben ist und eine Auswertung damit unzulässig gewesen wäre. Somit sind z.B. in der Spalte "Luth. Ehen Männer" auch Personen erfaßt, die dem reformierten oder dem katholischen Bekenntnis angehörten, aber eine lutherische Frau heirateten.

[115] Abb. 7.

3. Zwischen Siebenjährigem Krieg und Franzosenzeit (1763-1806)

Tab. 1 Herkunftsgebiete der Zuwanderer 1763-1806

	Luth. Ehen Männer	Luth. Ehen Frauen	Ref. Ehen Männer	Ref. Ehen Frauen	Kath. Ehen Männer	Kath. Ehen Frauen	Summe	%
Anhalt	1						1	0,05
Ansbach	2			2	1	1	6	0,3
Bamberg	1						1	0,05
Bayreuth	1						1	0,05
Berg	172	178	53	40	36	23	502	26,1
Wittgenstein-Berleburg		2	10	7		2	21	1,1
Böhmen					4		4	0,2
Brabant					3		3	0,1
Essen Stift	5	5			3		13	0,7
Frankreich	3				17	4	24	1,3
Gimborn	15	7		1	3		26	1,4
Hessen[116]	16	4	12	1			33	1,8
Hessen-Darmstadt	19	4				1	24	1,3
Hessen-Kassel	36	6	42	2	1		87	4,5
Limburg[117]	15	13	1	3			32	1,6
Mark[118]	335	386	27	82	12	37	879	45,8
Nassau-Siegen	4	14	10	9	1	3	41	2,1
Nassau-Weilburg	5	7		1			13	0,7
Kurköln. Gebiet[119]	3	4			10	10	27	1,4

---

[116] Da nähere Erläuterungen fehlen, konnte nicht geklärt werden, um welches hessische Territorium es sich handelt. Ebenso verhält es sich im Falle von "Wittgenstein", das ohne die Zusätze "Laasphe" oder "Berleburg" nicht eindeutig zuzuordnen war.
[117] Gemeint ist die Grafschaft Limburg bei Hagen.
[118] Gebiete der Grafschaft Mark, ohne Stadt und Gogericht Schwelm.
[119] Vor allem das Herzogtum Westfalen, insbesondere das Gebiet des heutigen Sauerlands.

3. Zwischen Siebenjährigem Krieg und Franzosenzeit (1763-1806)

	Luth. Ehen Männer	Luth. Ehen Frauen	Ref. Ehen Männer	Ref. Ehen Frauen	Kath. Ehen Männer	Kath. Ehen Frauen	Summe	%
Homburg	2	2	10	1			15	0,8
Preussen[120]	12	7	4	3	1	1	28	1,5
Dortmund[121]	19	6	2			1	28	1,5
Sachsen	16	1	2		1		20	1,0
Ungarn	1				2		3	0,1
Waldeck	25	6	1	3			35	1,8
Wittgenstein	1	6	24	12			43	2,2
Württemberg	8						8	0,4
Würzburg	1						1	0,05
Summe	718	658	198	167	95	83	1919	100

Untersucht man die Herkunftsgebiete getrennt nach ihrer Präsenz in den verschiedenen Kirchengemeinden, so ergeben sich keine Abweichungen bei den wichtigsten beiden Herkunftsregionen Mark und Berg. Hier scheinen weniger konfessionelle Gründe bei der Wahl des neuen Wohnortes im Vordergrund gestanden zu haben, als vielmehr die geringe Entfernung zwischen Ursprungs- und Zielort. Lediglich in den katholischen Traubüchern sind weniger Zuwanderer aus der Grafschaft Mark als aus dem Herzogtum Berg verzeichnet, da im Bergischen wesentlich mehr Katholiken lebten als im Märkischen. Zudem wird auch das nahe Kloster Beyenburg eine Rolle gespielt haben. Bei den übrigen Herkunftsgebieten unterscheiden sich die einzelnen Kirchengemeinden stark voneinander. Bei lutherischen Trauungen kamen die meisten der Fremden aus dem überwiegend lutherischen Hessen-Darmstadt und der reformierten Landgrafschaft Hessen-Kassel. Bei reformierten Trauungen wurden ebenfalls besonders häufig Hessen, aber auch Wittgenstein und die Nassauischen Fürstentümer, insbesondere das überwiegend reformierte Nassau-Siegen genannt. In den katholischen Traubüchern fand sich der größte Prozentsatz an Fernwanderern. Die Zuwanderer stammten aus den zum Erzbistum Köln gehörenden Gebieten, insbesondere dem Sauerland, aus Nassau-Siegen, wo eine katholische Minderheit existierte, aber auch aus Böhmen, Brabant und Ungarn. Der große Anteil katholischer Zuwanderer aus Frankreich kam durch die Revolutionsflüchtlinge zustande, von denen einige jahrelang im märkischen Exil lebten und hier auch heirateten.[122]

---

[120] Gemeint sind die preußischen Landesteile, die in der Tabelle nicht gesondert aufgeführt wurden.
[121] Freie Reichsstadt und Grafschaft Dortmund.
[122] Vgl. Kapitel 3.5: "Revolutionsflüchtlinge".

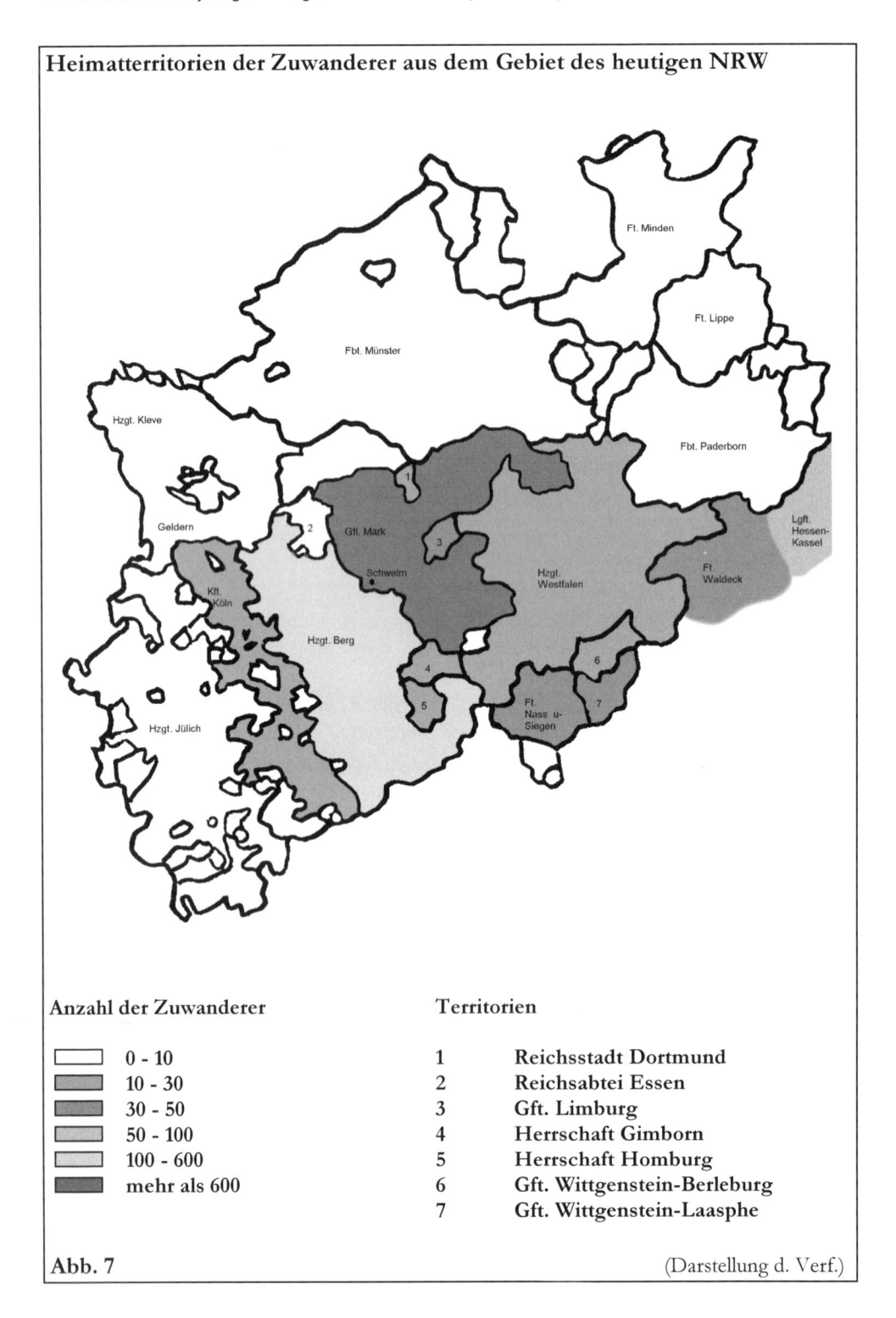

3. Zwischen Siebenjährigem Krieg und Franzosenzeit (1763-1806)

Heimatterritorien der Zuwanderer aus dem Gebiet des heutigen NRW

Anzahl der Zuwanderer

- 0 - 10
- 10 - 30
- 30 - 50
- 50 - 100
- 100 - 600
- mehr als 600

Territorien

1. Reichsstadt Dortmund
2. Reichsabtei Essen
3. Gft. Limburg
4. Herrschaft Gimborn
5. Herrschaft Homburg
6. Gft. Wittgenstein-Berleburg
7. Gft. Wittgenstein-Laasphe

Abb. 7 (Darstellung d. Verf.)

3. Zwischen Siebenjährigem Krieg und Franzosenzeit (1763-1806)

Da für die Einschätzung der Wanderung nicht allein die politischen Grenzen, sondern auch Wanderungsdistanzen von Bedeutung sind, wurden die Zuwanderer in der vorliegenden Untersuchung zusätzlich nach rein geographischen Gesichtspunkten klassifiziert. Dabei zeigt sich, daß rund 52 Prozent der 2.076 Zuwanderer[123] ihren neuen Wohnort nicht weiter als 20 Kilometer von ihrem alten Domizil wählten. Neben dieser Nachbarschaftswanderung[124] gab es auch eine starke Nahwanderung,[125] die sich aus einem Gebiet im Umkreis von 50 Kilometern rund um Schwelm speiste.

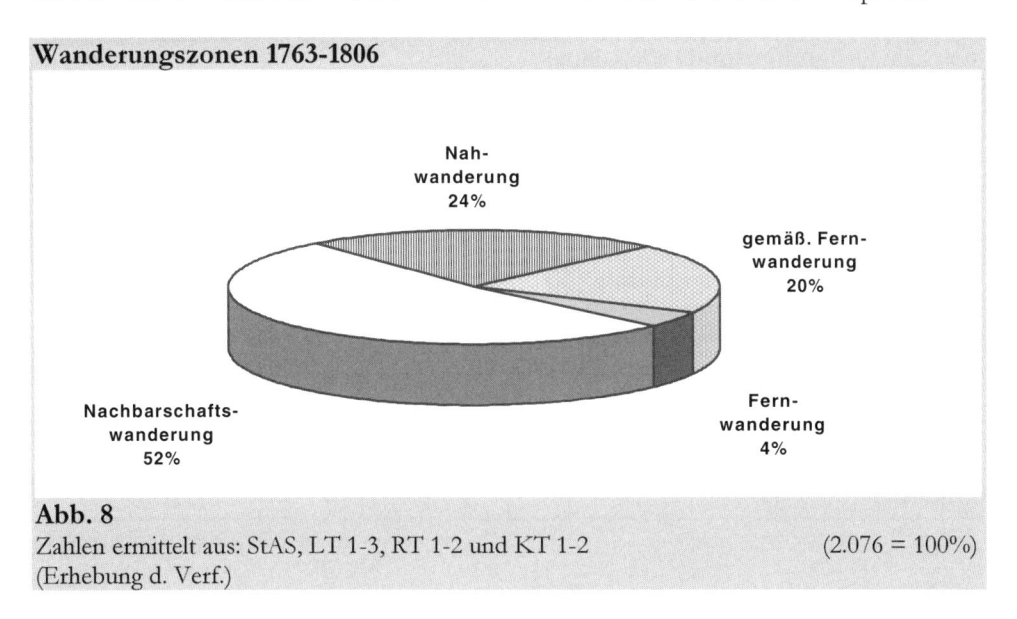

Wanderungszonen 1763-1806

- Nachbarschaftswanderung 52%
- Nahwanderung 24%
- gemäß. Fernwanderung 20%
- Fernwanderung 4%

Abb. 8
Zahlen ermittelt aus: StAS, LT 1-3, RT 1-2 und KT 1-2 (2.076 = 100%)
(Erhebung d. Verf.)

---

[123] Vgl. Abb. 8. Gesamtzahl ohne ungeklärte Fälle.
[124] Als Nachbarschaftswanderung wird im folgenden die Migration aus Gebieten bezeichnet, die nicht weiter als 20 Kilometer von der Stadt Schwelm entfernt liegen und durch einen halben Tagesmarsch zu erreichen waren. Der Radius reicht von Wülfrath im Westen bis (Hohen-) Limburg im Osten, von Hattingen, Herbede und Witten im Norden bis Wipperfürth, Wermelskirchen, Remscheid und Solingen im Süden. Politisch umfaßt das Gebiet im Untersuchungszeitraum Teile der Grafschaft Mark, des Herzogtums Berg und der Grafschaft Limburg.
[125] Als Nahwanderung wird die Migration aus Gebieten bezeichnet, die zwischen 20 und 50 Kilometer - etwa ein- bis zwei Tagesmärsche - von der Stadt Schwelm entfernt liegen. Der Radius reicht von Neuss im Westen bis Plettenberg und Olpe im Osten, von Dorsten und Werne im Norden bis Waldbröl und Köln im Süden. Politisch umfaßt das Gebiet im Untersuchungszeitraum Teile der Grafschaft Mark, des Herzogtums Berg, der Grafschaft Limburg, des Kölner Erzbistums und des Kurkölnischen Sauerlandes sowie das Stift Essen, die Herrschaften Gimborn und Homburg.

3. Zwischen Siebenjährigem Krieg und Franzosenzeit (1763-1806)

Zu den Menschen, die nicht mehr als ein oder zwei Tagesmärsche zurücklegten, zählten 24 Prozent der Auswärtigen. Jeder fünfte Fremde stammte aus einer Gegend, die zwischen 50 und 250 Kilometer von Schwelm entfernt war. Der Wohnortwechsel kann damit als gemäßigte Fernwanderung[126] bezeichnet werden. Nur vier Prozent der Fremden stammten aus Gebieten, die noch weiter entfernt waren. Sie stellen die klassischen Fernwanderer[127] dar.

Tab. 2 Wanderungszonen 1763-1806[128]								
	Zone 0	Zone 1	Zone 2	Zone 3	Zone 4	unklar	Summe	Prozent
LTM	576,0	351,0	212,0	138,0	45,0	35,0	1360,0	37,5
LTF	582,0	519,0	156,0	69,0	2,0	32,0	1360,0	37,5
RTM	67,0	63,0	27,0	116,0	3,0	12,0	288,0	8,0
RTF	104,0	79,0	33,0	46,0	3,0	23,0	288,0	8,0
KTM	8,0	27,0	37,0	33,0	27,0	32,0	164,0	4,5
KTF	39,0	42,0	25,0	16,0	7,0	35,0	164,0	4,5
Summe	1379,0	1081,0	490,0	418,0	87,0	169,0	3624,0	100,0
Prozent	38,1	29,8	13,5	11,5	2,4	4,7	100,0	100,0

Es ist wahrscheinlich, daß die tatsächliche Zahl der Fernwanderer größer war, als es die Eintragungen in den Traubüchern ergeben. Denn gerade Wanderer, die weite Distanzen zurücklegten, zogen die Familienwanderung oft vor, um in Zeiten

---

[126] Als gemäßigte Fernwanderung wird die Migration aus Gebieten bezeichnet, die zwischen 50 und 250 Kilometer von der Stadt Schwelm entfernt liegen und nur durch mehrere Tagesmärsche zu erreichen waren. Der Radius reicht von Gent (Ostflandern) im Westen bis Braunschweig, Gotha und Würzburg im Osten, von Groningen (Holland) und Bremen im Norden, bis Mannheim und Saarbrücken im Süden. Politisch umfaßt das Gebiet im Untersuchungszeitraum u.a. die Territorien Brabant, Flandern, Erzbistum Köln, Lüttich, Münster und Teile des Kurkölnischen Sauerlandes, Waldeck, Wittgenstein-Berleburg und Wittgenstein-Laasphe, das Königreich Hannover, Hessen-Kassel, Hessen-Darmstadt, Nassau, Pfalz, Teile von Thüringen und Unterfranken.

[127] Als Fernwanderung wird die Migration aus Gebieten bezeichnet, die mehr als 250 Kilometer von der Stadt Schwelm entfernt liegen.

[128] Zahlen aus den Traubüchern StAS, LT 1-3, RT 1 und 2, KT 1 und 2. Zone 0 (Stadt und Gogericht Schwelm, keine Wanderung), Zone 1 (bis 20 Kilometer), Zone 2 (20 bis 50 Kilometer), Zone 3 (50 bis 250 Kilometer), Zone 4 (mehr als 250 Kilometer). LTM (lutherisches Traubuch, Männer), LTF (lutherisches Traubuch Frauen), RTM (reformiertes Traubuch Männer), RTF (reformiertes Traubuch Frauen), KTM (katholisches Traubuch Männer), KTF (katholisches Traubuch Frauen).

schlechter Verkehrs-, Informations- und Kommunikationssysteme die Risiken der Wanderung zu minimieren. Eine übliche Vorgehensweise war es, zunächst "Kundschafter" an den neuen Ort auszusenden, die dann gegebenenfalls die übrigen Familienmitglieder nachkommen ließen.[129]

Große Unterschiede ergab auch die Untersuchung der Herkunftsgebiete nach Geschlechtern getrennt.[130] Frauen aus Schwelmer Nachbargebieten waren eindeutig überrepräsentiert, während sie bei den Fernwanderungen beispielsweise aus Böhmen, Brabant oder Ungarn fast ganz fehlten. Frauen bevorzugten demnach die Nahwanderung und entfernten sich nicht weit von ihrem Geburtsort.[131] Die Tendenz der Frauen zur Nachbarschafts- und Nahwanderung muß als Ergebnis schlechterer Ausbildung und damit geringerer Berufsmöglichkeiten gesehen werden. Frauen hatten häufig nur die Wahl, als Magd oder Dienstmädchen ihr Brot zu verdienen, und zogen eine Stelle in der Nachbarschaft im Zweifelsfall einer Fernwanderung mit unbekannten Risiken vor. Die Nahwanderung war im Regelfall nicht nur mit geringeren Unkosten verbunden, sondern auch mit größerer Sicherheit, da benachbarte Orte weitgehend gemeinsame Merkmale aufweisen und in Sprache, Kultur, Sitten und Gebräuchen kaum voneinander abweichen.[132] Daher waren Frauen unter den Zuwanderern, die aus Orten der Grafschaft Mark nach Schwelm kamen, stets überrepräsentiert. In den lutherischen Traubüchern stellen sie 53,5 Prozent, in der reformierten Gemeinde 75,2 Prozent und in der katholischen Gemeinde sogar 75,5 Prozent.

Bei den Männern zeigt sich, daß sich mit dem Grad der beruflichen Qualifizierung der Radius der Mobilität erweitert.[133] Männer, die ein Handwerk erlernt hatten, waren eher bereit, größere Entfernungen zurückzulegen, um sich zu etablieren, als ungelernte Arbeiter. Je spezialisierter das Handwerk, desto geringer war die Chance, in unmittelbarer Nähe des Heimatortes Arbeit zu finden. Auch wird die Wanderschaft der Handwerksgesellen ihren Beitrag zur Mobilität geleistet haben. Es ist allerdings zu vermuten, daß Handwerker nach erfolgreicher Etablierung auch länger seßhaft geblieben sind als Arbeitskräfte, die als Tagelöhner häufig den Arbeitgeber wechseln mußten und stärker von saisonalen Wirtschaftsschwankungen abhängig waren. Um zu überleben, waren sie gezwungen, extrem flexibel zu sein.

---

[129] Hippel, Südwestdeutschland, S. 46f.
[130] Abb. 9.
[131] Dieses Phänomen beobachtete auch Hippel bei der Untersuchung der Ludwigshafener Bevölkerung, obwohl seine Analyse rund 100 Jahre später ansetzt. Hippel, Herkunft, S. 56.
[132] Borscheid, Binnenwanderung, S. 40.
[133] Zu diesem Ergebnis kommen auch Langewiesche, Mobilität, S. 78f., der Aspekte der Binnenwanderung im 19. und 20. Jahrhundert untersucht hat, sowie Hippel: "Unqualifizierte Arbeitskräfte hatten insgesamt wenig Anlaß, über größere Entfernungen zu wandern, da die Chance zu entsprechend vorteilhafter Nutzung ihrer Fähigkeiten in der nächstgelegenen größeren Industriezone gewöhnlich ebenso gut oder schlecht gegeben war wie in weiterer Entfernung. Bei den qualifizierten Arbeitskräften verband sich bessere Information über geeignete Arbeitsplätze mit der sehr viel günstigeren Aussicht, ihre fachlichen Fähigkeiten bei gezielter Wanderung auch entsprechend gewinnbringend anbieten zu können." Hippel, Herkunft, S. 56f.

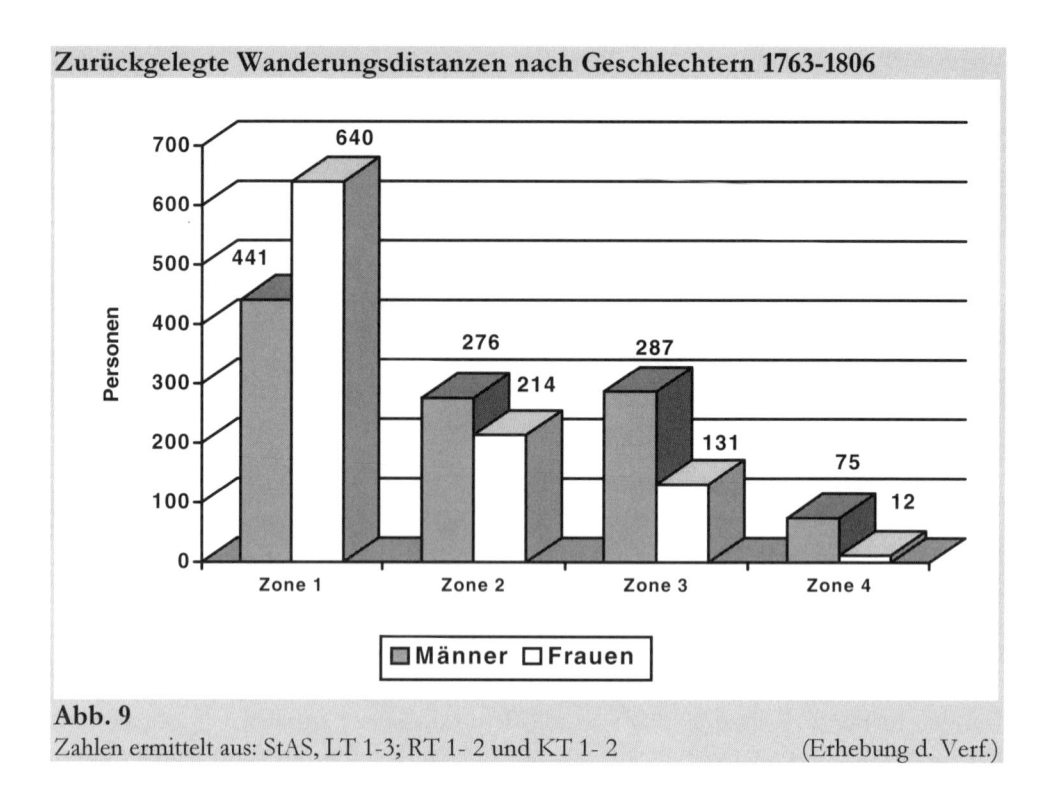

3. Zwischen Siebenjährigem Krieg und Franzosenzeit (1763-1806)

Zurückgelegte Wanderungsdistanzen nach Geschlechtern 1763-1806

Zone	Männer	Frauen
Zone 1	441	640
Zone 2	276	214
Zone 3	287	131
Zone 4	75	12

Abb. 9
Zahlen ermittelt aus: StAS, LT 1-3; RT 1- 2 und KT 1- 2 (Erhebung d. Verf.)

Diese starke Mobilität der Gelegenheitsarbeiter zeichnete sich jedoch meist durch einen geringen Radius aus.[134] So stammen zahlreiche Tagelöhner und Textilarbeiter, hier besonders Weber und Schneider, unmittelbar aus dem Gogericht oder märkischen Nachbarorten, wohingegen Handwerksgesellen fast nie aus der Grafschaft, häufig jedoch aus dem Bergischen, aus Hessen oder noch weiter entfernten Gebieten kamen. Spezialisierte Arbeiter und Handwerker scheuten weite Wege nicht. Aus Frankreich kamen - auch schon vor der Französischen Revolution - Sprachlehrer, Kaufleute und Schuster, aus Mähren ein Kammacher, aus dem Münsterland ein Glaser, aus der Pfalz ein Schieferdecker, aus Danzig ein Buchbinder, aus Schwaben ein Sattler und aus Ungarn ein Seidenwirker.

---

[134] Vgl. auch Langewiesche, Mobilität, S. 79.

3.2.2.3 Ursachen der Auswanderung und Reaktionen der Obrigkeit

Die preußisch regierte Grafschaft Mark war - wie bereits erwähnt - staatlicherseits an Zuwanderung interessiert und förderte sie nach Kräften, sehr zum Leidwesen von Staaten, die ebenfalls eine aktive Bevölkerungspolitik betrieben und die Auswanderung ihrer Landeskinder nach Möglichkeit zu verhindern suchten. So konnte es zu einer regelrechten Anwerbungs-Konkurrenz zwischen den einzelnen Staaten kommen. Ein Beispiel hierfür ist die Reaktion des preußischen Staates auf ein Publicandum der bergischen Regierung, das bergischen Bleichern, die in märkischen Betrieben arbeiteten, Straffreiheit versprach, falls sie binnen sechs Monaten ins bergische Heimatland zurückkehrten. In Berlin wurde daraufhin die Order ausgegeben, nicht nur die im Land befindlichen bergischen Bleicher und Bleicherknechte nach Möglichkeit durch eine gute Behandlung von der Rückkehr in ihr Heimatland abzuhalten, sondern auch die ins Bergische geflüchteten märkischen Untertanen zurückzulocken.[135] Besonders militärpflichtige Personen mit Vermögen versuchte man mit Macht im Lande zu halten, wohingegen die Abwanderung mittelloser Bewohner nicht ungern gesehen wurde - entlastete dies doch die Armenkasse.

Die Bemühungen des preußischen Staates um neue Untertanen fielen besonders in den Staaten auf fruchtbaren Boden, in denen große materielle Not herrschte. Armut war und blieb die wichtigste Ursache für Aus- und Abwanderung. Auch für Südwestdeutschland hat Hippel festgestellt, daß die Quellen "auf Schritt und Tritt" belegen, *"daß das Hauptkontingent der Auswanderer [darunter wird auch die Abwanderung in andere deutsche Territorien verstanden, d. Verf.] aus der breiten Schicht der Kleinbesitzenden und Grenzexistenzen stammte, die angesichts ihrer prekären äußeren Umstände zumal in Krisenzeiten am ehesten genötigt und wohl auch bereit waren, eine mögliche Chancenverbesserung durch erhöhte geographische Mobilität anzustreben."* [136]

Im hessischen Hanau versuchte man der Auswanderung einen Riegel vorzuschieben, indem man seit 1767 nur noch unvermögende Personen aus dem Untertanenverband entließ.[137] Bei einem Besitz von mehr als 100 Gulden wurde die Auswanderungserlaubnis nur selten erteilt. In Fulda setzte die Obrigkeit zu dieser Zeit offenbar stärker auf wirtschaftliche Verbesserungen im Lande als auf Auswanderungsverbote. Das Fürstentum Waldeck verbot im 18. Jahrhundert ebenfalls den Austritt aus dem Untertanenverband und untersagte, Besitz von Ausreisewilligen zu erwerben.[138] Hier hatte eine rigide Agrarverfassung, nach der nur das älteste Kind den Hof erbte und Teilungen des Bauernlandes untersagt waren, dafür gesorgt, daß Jahr für Jahr zahlreiche Nachgeborene die Auswanderung dem sozialen Abstieg als abhängig Beschäftigte in der Landwirtschaft vorzogen. Abhilfe hätte nur der frühzeitige Aufbau einer Indu-

---

[135] StAM Kriegs- und Domänenkammer Hamm, Nr. 38, S. 14, Königliches Reskript vom 28.2.1773.
[136] Hippel, Südwestdeutschland, S. 56.
[137] Auerbach, Auswanderung aus Hessen, S. 23.
[138] Ebd., S. 30.

3. Zwischen Siebenjährigem Krieg und Franzosenzeit (1763-1806)

strie geschaffen.[139] Die strikteste Anti-Auswanderungspolitik wurde in Hessen-Kassel verfolgt. Legale Auswanderungen erfolgten kaum, illegale konnten aber wie andernorts trotz aller Verbote nicht verhindert werden. 1781 und 1785 richteten sich Verordnungen gegen die Desertion von Untertanen, 1795 auch gegen Saisonarbeit im Ausland,[140] die vermutlich nicht selten in eine Auswanderung mündete. Erst 1831 sollte sich diese Politik ändern. Auch in Hessen-Darmstadt versuchte der Landgraf, die Bevölkerungsziffer zu erhöhen, um wirtschaftlichen und politischen Nutzen daraus zu ziehen.[141] 1787 wurde auch hier ein Auswanderungsverbot erneuert. Aus wirtschaftlichen Gründen versuchten Anfang des 18. Jahrhunderts auch viele Landeskinder die nassauischen Fürstentümer zu verlassen. Drückende Abgaben, Teuerung und Landmangel veranlaßten viele dazu, ihr Bündel zu schnüren. Um die Auswanderungswelle einzudämmen, verlangte die Regierung von den Abziehenden, vorher die Gläubiger zufriedenzustellen. Als diese Maßnahmen nicht den erhofften Erfolg brachten, verschärfte man die Auflagen weiter. Die Auswanderer sollten künftig nur noch ihr bewegliches Hab und Gut verkaufen können, unbewegliche Güter sollten an den Staat fallen. Nach dem Siebenjährigen Krieg schwoll der Auswanderungsstrom dennoch weiter an. Die nassauische Regierung versuchte, der Auswanderung durch Auflagen beim Verkauf von Besitztümern Auswanderungswilliger einen Riegel vorzuschieben. Dennoch wurden den Nassauern meist reguläre Entlassungspapiere ausgestellt.[142] Als Ursache der Emigration wurden auch hier die herrschende Armut und die geringen Möglichkeiten zum Broterwerb im Lande gesehen:

"Die Folge dieser Armut war ein ausgedehntes Wandergewerbe nassauischer Untertanen, das jedoch oft nur als Deckmantel der Bettelei diente und sich schließlich über Holland und Frankreich bis nach England erstreckte." [143]

Es liegt auf der Hand, daß der nassauische Staat vor allem versuchte, vermögende Untertanen im Lande zu halten - oder, wenn das nicht gelang, sich zumindest deren Besitz zu sichern.

Die Herrschaft Homburg hatte ebenfalls eine erhebliche Abwanderung zu verzeichnen. Existenznot und mangelnde Zukunftsperspektiven waren auch hier die Motive. Das Fehlen einer nennenswerten Industrie, eine Landwirtschaft, die auf kargen Böden nur geringe Erträge erbrachte und zusätzlich durch das herrschende Realteilungsrecht geschwächt wurde, veranlaßten viele dazu auszuwandern. Nach einem Bericht aus dem Jahre 1804 über die Grafschaft Homburg gingen in jedem Frühjahr etliche Männer als Maurer und Tüncher außer Landes, viele Mädchen suchten sich als

---

[139] Goebel, Heimliche Hauptstadt, S. 29-32.
[140] Auerbach, Auswanderung aus Hessen, S. 32.
[141] Ebd., S. 37.
[142] Ebd., S. 44.
[143] Demandt, Hessen, S. 410.

Dienstmädchen eine Stellung, *"von denen manche nie wieder in ihr Vaterland zurückkehren. Andere Mannspersonen gehen mit Kühen, Ziegen und Schweinen auf Handel, um sie auswärts zu verkaufen."* [144]

Auch die Regierung im Herzogtum Berg hatte sich bereits 1764 genötigt gesehen, gegen die Auswanderung gesetzlich vorzugehen. Allerdings beschränkte sich die Strafandrohung nur auf Werber, die die Untertanen zur Auswanderung verführten. Sie mußten mit Leibes-, im schlimmsten Fall mit der Todesstrafe rechnen.[145] Gegen die Auswanderer selbst ging man nicht mit den Mitteln des Strafrechts, sondern mit finanziellen Auflagen vor. Seit 1801 mußten bergische Untertanen zehn Prozent ihrer Vermögenswerte, die sie bei der Auswanderung in die österreichischen Erbstaaten mitnahmen, als Abzugsgeld zahlen. Zusätzlich wurde noch eine dreiprozentige "Emigrations-Taxe" fällig.[146] Wer ohne Erlaubnis die Heimat verließ, mußte mit Vermögenskonfiskation rechnen. Bis zum Jahre 1804 galten alle diese Vorschriften auch für Frauen. Im genannten Jahr wurde die Auswanderung freigegeben, jedermann war nun die Auswanderung gestattet, wenn nicht Handelsinteressen des Herzogtums entgegenstanden.[147] Auf die Anzeigepflicht der Auswanderung wurde aber schon deshalb nicht verzichtet, weil man weiterhin auf einem Abzugsgeld von zehn Prozent bestand. Ausgenommen waren nur Staaten, mit denen Freizügigkeitsverträge abgeschlossen worden waren - so geschehen 1800 mit Kursachsen, 1801 mit dem Erzstift Salzburg und 1804 mit Frankreich.

Letztlich konnten alle Auswanderungsverbote Migrationswillige nicht von ihrem Vorhaben abhalten, das Land zu verlassen. Die staatliche Haltung entschied am Ende nicht über das Zustandekommen der Auswanderung, sondern lediglich über ihre Form: ob die Auswanderung legal oder illegal, generell oder selektiv erfolgte.[148]

Die im Vergleich zur preußischen Politik maßvolle Vorgehensweise im Herzogtum Berg führte zu einem Auswanderungsverhalten, das die benachbarten Preußen mit Argwohn betrachteten. Denn Männer und Frauen aus dem Bergischen, die ja, wie bereits gezeigt wurde, einen großen Teil der Nahwanderer bildeten, sahen offenbar nicht selten in den steuerlichen Vergünstigungen, die der preußische Staat ihnen in den ersten Jahren der Niederlassung gewährte, einen starken Anreiz zur Übersiedelung, ohne jedoch endgültigen Abschied von ihrem Heimatland zu nehmen. Liefen die staatlichen Unterstützungsleistungen aus, kehrten viele der Ausgewanderten kurz entschlossen ins Bergische zurück.[149]

---

[144] Johannes Schmidt: Geographie und Geschichte des Herzogtums Berg. Aachen 1804, zitiert nach Tieke, Oberbergisches Land, S. 64.

[145] Scotti, Berg, Bd. I, Nr. 1945, S. 538.

[146] Ebd., Nr. 2603, S. 827.

[147] Ebd., Nr. 2787, S. 946. Die Einschränkung bezog sich vermutlich unter anderem auf bergische Fabrikanten, die daran gehindert werden sollten, Zweige ihrer Fabriken ins Ausland zu verpflanzen und Arbeiter nachzuholen. Ein entsprechendes Verbot war 1803 ergangen. Ebd., Nr. 2711, S. 900.

[148] Körner, Internationale Mobilität, S. 12.

[149] So hielt es die Leinenweber Phillip Weinr(e)ich und Johann Dettmar nur ein Jahr im Märkischen. 1782 zogen sie wieder ab. Gleiches gilt für den Schmied Friedrich Janssen aus Cro-

3. Zwischen Siebenjährigem Krieg und Franzosenzeit (1763-1806)

Neben wirtschaftlichen Gründen spielten auch politische Ereignisse eine Rolle für den Entschluß auszuwandern. Allerdings waren auch diese politischen Gründe meist eng mit wirtschaftlichen Aspekten verbunden. Besonders kriegerische Auseinandersetzungen entzogen immer wieder vielen Menschen die materielle Lebensgrundlage. So sah der Prediger Müller 1795 für Preußen gute Chancen, von den Folgen zu profitieren, die der 1. Koalitionskrieg gegen Frankreich für das benachbarte Herzogtum Berg hatte:

> *"Der französische Krieg hat unter anderen auf die Eisen- und Stahl-Fabriken des Herzogthums Berg, besonders im benachbarten Kirchspiele Remscheid einen sehr nachtheiligen Einfluß gehabt. Der Absatz dieser Fabrik ging hauptsächlich nach Frankreich und den französischen Inseln, und ist nun seit drey Jahren gehemmet. Im letzt verfloßenen Jahre, ist die Theuerung aller Lebensmittel, so gros gewesen, als sie noch nie war, und diese Theuerung hält noch immer an. Dies hat denn die natürliche Folge gehabt, daß die Fabrikanten größtentheils verarmt sind, und aus Mangel an Arbeit, sich mit Steinkohlen-Tragen u. dergl. zu ernähren suchen. - Würden jetzt irgend wo neue Fabrikanlagen gemacht, so ließe sich wohl eine ganze Colonie von diesen Fabricanten erhalten, und zwar so wie sie zusammengehören und sich einander in die Hände arbeiten; nehmlich Rohstahlschmiede, Raffinierschmiede, Reck- und Breitschmiede, Schmiede für Sägeblätter, Hobeleisen, Meißel, Bohrer, Klingen, Schöppen, Pfannen u. dergl. Schleifer, Polirer usw."* [150]

Ein Remscheider Kaufmann bekräftigte diese Ansicht: *"[...] da jetzo der leidige Krieg fast alle Fabriken nahr- und brodlos gemachet, die Theuerung unausstehlich ist, so wäre wohl niemals beßer, wahre treue, fleißige und kundige Arbeiter von jedes Fach zu erhalten, so bei blühenden Zeiten sehr kostbar und erschweret ist, mehrentheils dann nur Stümper, Faulenzer und Liederliche zu haben sind."* [151]

Dennoch lassen sich in der Stadt Schwelm nur fünf Männer nachweisen, die Metallberufe ausübten und sich vermutlich zwischen 1795 und 1799 in Schwelm niedergelassen haben.[152]

---

nenberg sowie für den Tuchmacher Peter Blaufuss aus Beienburg, der 1785 sein Bündel schnürte. StAS A 2029, Tabelle der angesetzten und abgegangenen Meister 1781, 1782, 1784 und 1785.

[150] GStA PK, Fabr. Dep. Tit. 449, Nr. 6, 28.7.1795, (M), zitiert nach Hinze, Arbeiterfrage, S. 85.

[151] Ebd. S. 85f.

[152] Es handelt sich dabei um den Kleinschmied Arnold vom Buer aus Lüttringhausen, die Schnallenmacher Johann Peter Hahne und Philipp Roemer aus Elberfeld, den Gold- bzw. Silberschmied Wagenberg aus dem Bergischen und den Feilenschmied Caspar Beseler aus Remscheid. StAS A 1626, A 47, A 48, A 51.

3.2.2.4 Berufsstruktur der Zuwanderer

Zuwanderung nach Schwelm war immer eng mit den beruflichen Möglichkeiten der Fremden an ihrem neuen Wohnort verknüpft. Nur selten hatte die Ansetzung politische Ursachen - wie im oben genannten Fall oder bei der Flucht französischer Emigranten. Ebenso selten lagen der Migration religiöse Motive[153] zugrunde. Der alltägliche Fall der freiwilligen Zuwanderung[154] war bestimmt durch berufliche Chancen am neuen Wohnort, durch steuerliche oder anderweitige Vergünstigungen in den Anfangsjahren der Existenzgründung und häufig auch durch die Möglichkeit, nach erfolgreicher Etablierung eine Familie gründen zu können. Der Entschluß, aus der Heimat fortzugehen, wurde in der Regel nur gefaßt, wenn das Kosten-Nutzen-Kalkül positiv ausfiel. Der Gewinn durch den Wohnortwechsel mußte größer sein als alle Wanderungskosten im weitesten Sinne.[155] Diese Rechnung muß für einige Personen günstiger ausgefallen sein als für andere. Damit rückt die Frage nach den Berufen der Zuwanderer in den Mittelpunkt. Vertreter welcher Berufsgruppen zog es besonders nach Schwelm, welche Tätigkeiten versprachen dort wenig Erfolg? Und worin lagen die Ursachen?

Eine historische Tabelle gibt Auskunft über die berufliche Struktur der Beschäftigten in der Stadt Schwelm im Jahre 1797.[156] Es wurden insgesamt 806 Berufstätige[157] ausgewertet. Das Gesinde - 18 "*Jungen*", 127 Mägde und 41 Knechte - machte knapp ein Viertel aller Berufstätigen aus. 18 Prozent der arbeitenden Einwohnerschaft war im Textilgewerbe als Bandweber, Caffamacher, Strumpfweber, Wollkämmer, Ziechen- oder Siamosenmacher tätig, neun Prozent arbeiteten in einer Branche, die man heute unter dem Sammelbegriff des Nahrungs- und Genußmittelgewerbes zusammenfassen würde. Hierunter befinden sich u.a. Bäcker, Schlachter, Gastwirte, Fuselbrenner und

---

[153] Religiös motiviert war das Niederlassungsgesuch von Johann Wilhelm Gusdorff im Jahre 1780. Der Büchsenmacher aus Beckum im Münsterland legte dar, daß er dem reformierten Glauben anhänge, seine Ehefrau allerdings römisch-katholisch sei und die Obrigkeit ihn zwingen wolle, seine drei Söhne katholisch erziehen zu lassen. Daher beabsichtige er zu emigrieren. Der Schwelmer Magistrat entschied, daß dem Mann alle Unterstützung, darunter auch das unentgeltliche Meister- und Bürgerrecht zugestanden werden sollte, sofern Gusdorff ein Zeugnis seines ehrbaren Lebenswandels vorweisen könne. Gusdorff scheint allerdings das Schwelmer Angebot nicht angenommen zu haben. Er erscheint weder in den Bürgerlisten, noch findet sich sein Name im reformierten Totenbuch von Schwelm. StAS A 35, Schreiben vom 8.8.1780.

[154] Die freiwillige Migration steht im Gegensatz zur gewaltsamen Wanderung (z.B. der Verschleppung) und der Zwangswanderung (Flucht). Bei den beiden letztgenannten Formen der Migration bleibt den Wanderern kaum oder gar kein Entscheidungsspielraum. Vgl. Petersen, Typologie der Wanderung, S. 101-105.

[155] Borscheid, Textilarbeiterschaft, S. 170.

[156] StAS A 50, darin: "Nachweise von Plus und Minus bei der Historischen Tabelle der Märkischen Städte Schwelm, im Wetterschen Creise vom Jahr 1798", vom 6.9.1798; sowie StAS A 1626. Vgl. Graphischer Anhang, Abb. 53.

[157] Zahl ohne Doppelnennungen und ohne 69 Gesellen, die keiner bestimmten Branche zuzurechnen waren.

3. Zwischen Siebenjährigem Krieg und Franzosenzeit (1763-1806)

Brauer. Acht Prozent versuchten sich durch Handel zu ernähren, sei es als kleiner Krämer oder als Kaufmann mit internationalen Geschäftsbeziehungen. Bau- und Holzberufe sind mit sechs Prozent vertreten. Hierunter wurden bei der vorliegenden Untersuchung Tischler, Zimmerleute, Maurer, Glaser und ähnliche Berufe verstanden. Ebenfalls sechs Prozent waren im lederverarbeitenden Gewerbe tätig, im metallverarbeitenden Gewerbe vier Prozent. Vier Prozent arbeiteten für die öffentliche Verwaltung oder in ähnlichen Stellungen. Tätigkeiten im schulischen und kirchlichen Bereich und im Bereich Transport/Verkehr/Bergbau (jeweils ein Prozent) spielten nur eine untergeordnete Rolle. Mit zehn Prozent stellten die Tagelöhner einen wichtigen Faktor dar. Ihre "Berufsgruppe" unterlag vermutlich den größten Schwankungen, da sie häufig wechselnde Tätigkeiten übernahmen. Der Anteil (mit-) arbeitender Frauen ist der Quelle nicht zu entnehmen. Weibliche Arbeitskräfte finden sich lediglich unter der Rubrik *"Mägde"* wieder. 1797 stellten sie 127 Personen oder 24 Prozent der erwachsenen Schwelmerinnen.

Schwelm erfüllte zu diesem Zeitpunkt die Charakteristiken einer Bürgerstadt, die das lokale Zentrum eines engbegrenzten Umlandes bildet.[158] Die gewerbliche Grundlage, die in Schwelm früh gelegt wurde, bot günstige Voraussetzungen für eine wirtschaftliche Blüte im Zeitalter der Industriellen Revolution.

Doch die Einteilung der Bevölkerung nach Berufen ist problematisch, denn sie läßt keinen eindeutigen Rückschluß auf die ökonomische und gesellschaftliche Stellung der erfaßten Personen zu. So enthält die Gruppe der in der Verwaltung Beschäftigten sowohl den Stadtkämmerer wie auch den einfachen Gerichtsboten, die Gruppe der Händler Kaufleute en gros und zugleich Winkelkrämer. In den Handwerksberufen wurden Meister ebenso wie Gesellen der gleichen Branche zugerechnet, obwohl ihre konkrete Lebens- und Arbeitssituation sehr verschieden war. Dienstboten wurden nicht erfaßt. Daher wurde versucht, die Angaben der Berufsliste von 1797 in ein Schichtmodell einzuordnen, das etwas mehr über die gesellschaftliche Stellung aussagen soll.[159] 52 Prozent der 890[160] Berufstätigen gehörten demnach der Unterschicht

---

[158] Vgl. die Städtetypologie bei Krabbe, Stadt, S. 76f.
[159] Vgl. Graphischer Anhang, Abb. 54. In Anlehnung an Hippel, Herkunft, S. 66, wurden unter Berücksichtigung der speziellen Schwelmer Verhältnisse mehrere Gruppen gebildet. Ungelernte Arbeiter (hierzu wurden Tagelöhner, Dienstmägde, Knechte, Jungen, Fuhrleute etc. gerechnet) und Gesellen bilden die Unterschicht; gelernte Arbeiter und Handwerksmeister sowie Kleinunternehmer (Krämer, Händler, Gastwirte) wurden der Mittelschicht zugerechnet; Angestellte und königliche Beamte sowie Geistliche, Großunternehmer, Großkaufleute, Rentiers und Freiberufler/Akademiker bilden die Oberschicht. Nicht zweifelsfrei konnten Soldaten und Musiker in das System eingeordnet werden, auch ließ die Quelle keine weitere Unterscheidung der Angestellten und Beamten zu. Die Anwendung des sozioökonomischen Klassenmodells von Schultz, Klassifikation, S. 183, scheitert in Schwelm an der Schwierigkeit, die Klasse der Kleingewerbetreibenden, zu der auch Handwerksmeister gezählt werden, von der Lohnarbeiter zu unterscheiden. Viele der im Schwelmer Textilgewerbe Beschäftigten nannten sich Meister, haben aber vermutlich nicht selbständig gearbeitet, sondern standen auf der Lohnliste eines Textilverlegers und nahmen damit eine Sonderstellung zwischen Selbständigem und Lohnarbeiter ein.
[160] Zahl einschließlich Gesinde, aber ohne Militärpersonen. Abweichungen von 100 Prozent

an und waren abhängig beschäftigt. Rund 31 Prozent waren gelernte Arbeiter oder Handwerksmeister, die aber nicht zwangsläufig selbständig gewesen sein müssen. Besonders bei den in der Textilbranche beschäftigten Meistern dürfte der Anteil derer, die für eigene Rechnung gearbeitet haben, sehr gering gewesen sein. Die meisten waren im Verlagssystem an einen Kaufmann gebunden. Die gelernten Arbeiter und Meister stellen gemeinsam mit der Gruppe der Kleinunternehmer die Mittelschicht (35%) dar. Die Oberschicht stellte etwa acht Prozent der arbeitenden Bevölkerung.
Wie fügte sich die Berufsstruktur der Zuwanderer in das bestehende Wirtschaftsgefüge der Stadt ein? Leider geben nur wenige Quellen Hinweise darauf. Allerdings existiert ein Verzeichnis über Fremde, die sich zum Zeitpunkt der Niederschrift dauerhaft in der Stadt aufhielten oder dort wohnten. Die Liste wurde vermutlich 1797/98 angelegt[161] und bildet eine interessante Momentaufnahme. Danach arbeiteten 37 Prozent der Fremden im Textilgewerbe, im Vergleich zur Gesamteinwohnerschaft lag der Anteil der Textilarbeiter bei den Nichteingesessenen also weit höher. Ebenfalls stärker unter Zuwanderern waren die lederverarbeitenden Berufe (12%) sowie das Verkehrs- und Transportgewerbe (4%) vertreten. Keine nennenswerten Abweichungen zeigen sich im Metallsektor (4%) und in den Bauberufen (7%). Handel und Nahrungsgewerbe waren hingegen mit fünf und zwei Prozent deutlich unterrepräsentiert. Geringer war auch der Anteil der in Diensten der öffentlichen Verwaltung oder ähnlichen Positionen arbeitenden Zuwanderer (2%) sowie die Zahl der Tagelöhner (7%). Allerdings kann gerade diese letzte "Berufsgruppe" nur mit Vorbehalten zu einem Vergleich herangezogen werden. Denn Tagelöhner pflegten ihre Beschäftigung häufig zu wechseln; wer gestern noch als Tagelöhner bezeichnet wurde, konnte sein Geld morgen schon als Fuhrknecht oder Textilarbeiter verdienen - und umgekehrt.
Die Einteilung derselben Zuwanderer in das bereits erwähnte Schichtmodell ergibt, daß die Fremden zu mehr als 57 Prozent der Mittelschicht angehörten und ihr Brot als gelernte Arbeiter oder Handwerksmeister (meist im Textilgewerbe), aber auch als Kleinhändler verdienten. Etwas mehr als 27 Prozent können der Unterschicht zugerechnet werden und arbeiteten als Ungelernte oder als Gesellen. Verschwindend gering war der Anteil von Angestellten, Beamten, Großunternehmern und Akademikern: Nur 1,9 Prozent der Fremden gehörten in diese Gruppe.[162] Im Vergleich zur Gesamteinwohnerschaft zeichneten sich die Zuwanderer durch eine stärkere Mittelschicht und eine geringere Ober- und Unterschicht aus. Allerdings muß einschränkend darauf hingewiesen werden, daß die Gruppe der Jungen, Knechte und Mägde bei den Zuwanderern nicht erfaßt werden konnte. Sie hätte die Unterschicht vermutlich erheblich verstärkt. Doch kann festgestellt werden, daß die Gruppe der Zuwan-

---

kommen durch Ab- bzw. Aufrundungen zustande.
[161] StAS A 1626. Das Datum wurde durch den Vergleich der angeführten Altersangaben mit denen im Kantonistenbuch von 1769 (StAS A 914) ermittelt. Die Liste nennt nur Männer ohne Familienangehörige und auch keine Dienstboten. Zur Untersuchung wurden nur die Personen herangezogen, die ihre ursprüngliche Heimat außerhalb des Gogerichts Schwelm hatten. Ihre Zahl beläuft sich auf 103 Männer. Vgl. Graphischer Anhang, Abb. 53.
[162] In 13,5 Prozent der Fälle war eine Zuordnung nicht möglich.

3. Zwischen Siebenjährigem Krieg und Franzosenzeit (1763-1806)

derer mindestens so viele gelernte Arbeitskräfte aufwies wie die Gesamteinwohnerschaft. Unterrepräsentiert waren die Fremden deutlich in der Oberschicht. Ein Grund hierfür liegt sicherlich darin, daß die städtische Elite in Schwelm stark von Textilkaufleuten geprägt war, die ihr geschäftliches Revier abgesteckt hatten und Zuwanderern wenig Chancen ließen. Lediglich für königliche Beamte barg ein Ortswechsel keine Risiken für den sozialen und wirtschaftlichen Status.
Das Ergebnis der Berufsstruktur der Fremden aus dem Jahre 1797/98 wird durch eine Analyse der Berufe der 1.195 aus den Akten ermittelten Zuwanderer bestätigt, die zwischen 1763 und 1806 nach Schwelm gekommen sind.[163] Auch bei ihnen war die Gruppe der Textilarbeiter mit 39 Prozent am stärksten vertreten. Mithin spielte das Textilgewerbe für die Zuwanderer eine weit bedeutendere Rolle als für die Einheimischen. Mit acht Prozent arbeiteten mehr Zuwanderer in Metallberufen als im Durchschnitt der Einwohner, doch zeigt der geringe Anteil, daß der Aufschwung des Metallgewerbes in der Stadt noch nicht begonnen hatte. Die Baugewerke waren ebenfalls in der Gruppe der Zuwanderer stärker vertreten. Auffallend wenig Zuwanderer versuchten ihren Lebensunterhalt im Nahrungsgewerbe zu verdienen. Zwischen 1774 und 1792 stammten nur vier der insgesamt 26 Bäcker und Brauer, die sich in der Stadt etablierten, nicht aus Stadt oder Gogericht Schwelm.[164] Ursächlich hierfür dürfte gewesen sein, daß die meisten Nahrungsgewerbe wie Brauer, Brenner oder Bäcker kapitalintensiv bei der Existenzgründung waren. Zwar gab es in Schwelm keine Bäckerzunft wie in Breckerfeld oder in Hattingen, die streng darauf achtete, daß den Mitgliedern keine unliebsame Konkurrenz entstand, doch sorgte schon die Notwendigkeit eines Backhauses mit Ofen und Gerätschaften dafür, daß das Bäckerhandwerk meist in der Familie blieb. Auch die Brauer benötigten entsprechende Räumlichkeiten, zumal das Braurecht oft erblich war. Auch ohne Zünfte standen Nahrungsmitteltreibende in Schwelm unter strenger öffentlicher Kontrolle. Zur Niederlassung in der Stadt brauchten sie eine staatliche Konzession. Auch außerhalb der Stadtmauern galten Vorschriften, die die Gewerbe- und Niederlassungsfreiheit stark einschränkten. Damit die städtischen Bäcker, ohnehin schon mit hohen Abgaben belastet, nicht noch die Konkurrenz des Umlandes zu fürchten hatten, durfte sich im Umkreis von einer halben Wegstunde vor den Toren Schwelms kein Bäcker niederlassen und Brot zum Verkauf anbieten.[165] Vom Gewerbeverbot auf dem *"platten Lande"* waren allerdings noch andere Handwerksberufe betroffen. Ausdrücklich vom Verbot ausgenommen waren unter anderem Schuhflicker, Ziegelbrenner, Papiermacher, Garn- und Leinenweber, Bleicher, Mehlmüller, aber auch Glasmacher.[166]
Auch der Anteil der Handeltreibenden lag bei der Gesamtheit der Zuwanderer mit sechs Prozent unter dem Wert der Gesamteinwohnerschaft. Hier war die Etablierung

---

[163] Vgl. Graphischer Anhang, Abb. 55.
[164] StAS A 2029, Tabelle der angesetzten und abgegangenen Meister.
[165] 1775 untersagte der Magistrat zwei Bäckern die Konzession, da sie zu nahe vor den Stadttoren ihr Gewerbe ausüben wollten. StAS A 2037, Schreiben vom 3.10., 2.11. und 28.11.1775.
[166] StAS A 2029, Schreiben der Kriegs- und Domänenkammer vom 26.8.1754.

3. Zwischen Siebenjährigem Krieg und Franzosenzeit (1763-1806)

ebenfalls mit Risiken verbunden. Wollte man nicht als Hausierer von Tür zu Tür ziehen, was wegen der gesetzlichen Vorschriften fast unweigerlich zu Schwierigkeiten mit der Obrigkeit führte, benötigte der angehende Händler entsprechende Räumlichkeiten für die Lagerung und den Verkauf seiner Waren. Auch war die Möglichkeit, mit einem Handel eine Marktlücke zu entdecken, wie es (wie noch gezeigt werden wird) einem französischen Emigranten mit seinem Weinhandel gelang, recht gering, und die Kaufkraft der Bevölkerung war nach dem Siebenjährigen Krieg in Schwelm offensichtlich nicht allzu groß. Häufiger als der Durchschnitt der Schwelmer haben sich die Fremden als Fuhrknechte oder in anderen Funktionen des Transportgewerbes verdungen. Der Grund hierfür liegt sicherlich darin, daß viele Zuwanderer aus der Landwirtschaft stammten und keine andere Tätigkeit erlernt hatten. Als Tagelöhner werden nur sechs Prozent der Zuwanderer während der untersuchten 43 Jahre bezeichnet, deutlich weniger als in der gesamten Einwohnerschaft.

Lehrer- und Pfarrstellen wurden oft von auswärts besetzt, so daß der höhere Anteil der Zugereisten hier nicht verwundert. Die starke Abweichung der Zahlen im Gesindewesen ist wohl eher Folge der Quellenlage als der tatsächlichen Verhältnisse. Da Frauen, die oft als Mägde oder Dienstmädchen im Haushalt arbeiteten, in den Quellen kaum genannt wurden, sondern statt dessen nur der Haushaltsvorstand, konnte der Anteil des Gesindes unter den Zuwanderern nicht festgestellt werden.

Analysiert man die Tätigkeiten der Zuwanderer, die im Textilgewerbe ihr Brot verdienten, so wurden rund 42 Prozent von ihnen als Weber bezeichnet.[167] Ihr Arbeitsmaterial konnte aus Baumwolle, Wolle oder Leinen, selten aus Seide bestehen, die hergestellten Produkte Siamosen, Ziechen, Bänder und andere Stoffe sein. 16 Prozent wurden als einfache Textilarbeiter nicht genauer klassifiziert, neun Prozent arbeiten als Wollkämmer. Mit 23 Prozent stellten Schneider die zweitstärkste Berufsgruppe dar. Schneider gehörten im 18. Jahrhundert zu den ärmsten Gewerbetreibenden. Sie besaßen kaum Vermögen und konnten oft nur eine geringe Zahl von Gehilfen beschäftigen.[168] Da ihre Tätigkeit aber wenig Kapital voraussetzte, verwundert die starke Präsenz der Zuwanderer in diesem Beruf nicht. Bleicher und Bandmacher waren unterrepräsentiert, da sie ihr Gewerbe auf dem Land ausübten, somit im Kirchspiel stark, in der Stadt fast gar nicht vertreten waren. Gerade die Bleicher fanden für ihre Tätigkeit in der Stadt weder genügend Wasser noch ausreichende Flächen vor. Wollkämmer zog es hingegen offenbar stark nach Schwelm.

Im Jahr 1800 arbeiteten - wie bereits an anderer Stelle erwähnt - alle 24 in der Grafschaft Mark tätigen Wollkämmer in Schwelm. Viele von ihnen waren nicht in Schwelm geboren. Zwischen 1763 und 1806 kamen nachweislich 43 fremde Wollkämmer nach Schwelm, um sich zu etablieren. Die meisten von ihnen stammten aus dem benachbarten Herzogtum Berg und aus Hessen. Einige kamen auch aus dem märkischen Unna, ein Arbeiter aus Frankreich, einer aus Holland.

---

[167] Vgl. Graphischer Anhang, Abb. 56. Die Differenz zu 100 Prozent kommt durch Ab- bzw. Aufrundungen zustande.
[168] Reininghaus, Gewerbe, S. 32.

3. Zwischen Siebenjährigem Krieg und Franzosenzeit (1763-1806)

Band-Fabrik

Die Heimbandweberei gab auch vielen Zuwanderern Beschäftigung. (Kupferstich von Friedrich Christoph Müller, 1789)

Die Militärpolitik hatte immer auch direkten Einfluß auf die Zuwanderung. Als die Kantonsfreiheit 1769 aufgehoben worden war, setzte eine Fluchtwelle ins Bergische ein. Der Magistrat beklagte sich im November 1769, daß die Akzise nicht im erwarteten Umfang gezahlt werden könne, da so viele Bäcker, Brauer, Fuselbrenner und Knechte ins Ausland geflohen seien, daß einige Betriebe gar nicht mehr arbeiten könnten. Auch die Krämer würden nun finanziell davon in Mitleidenschaft gezogen. Jeder Fremde, so der Magistrat, meide das Territorium.[169]

Aus dieser Zeit stammen auch Listen über die Textilarbeiter in der Stadt Schwelm, die vermutlich hauptsächlich den Zweck hatten, zu zeigen, wie stark das örtliche Textilgewerbe auf ausländische Arbeitskräfte angewiesen war. Diese Listen nennen allerdings nur Arbeiter, die in der Stadt Schwelm tätig waren, obwohl die meisten Arbeitskräfte von den Textilunternehmern im Verlagssystem in den umliegenden Bauerschaften beschäftigt wurden. So waren bei dem Unternehmer Arnold Wylich in

---

[169] StAS A 910, Schreiben des Schwelmer Magistrats an den Kriegs- und Domänenrat Wülfingh in Hagen vom 28.11.1769. Wülfingh stand der Fabrikkommission vor und war seit Gründung der Kriegs- und Domänenkammer in Hamm 1767 zugleich Kriegs- und Domänenrat. 1782 wurde der Bergkommissar Eversmann zum zweiten Fabrikkommissar neben Wülfingh ernannt. Da die Domänenkammer und das Generaldirektorium unzufrieden mit der Arbeit Wülfinghs blieben, wurde 1784 eine Lokalfabrikkommission in Hagen eingerichtet. Sie bestand aus dem Direktor vom Stein, der zugleich auch Bergwerksdirektor war, und den Kommissaren Wülfingh und Eversmann. Die Fabrikkommission unterstand direkt der Kriegs- und Domänenkammer. Böckenholt, Provinzialverwaltungsbehörde, S. 134f.

der Stadt zwei ausländische Meister, sechs ausländische Webergesellen und zwei fremde Wollkämmer beschäftigt. Alle verarbeiteten Plüsch und Caffa aus Wolle. Insgesamt, so zeigte Wylich an, werde für ihn in mehr als 111 Haushaltungen gesponnen. Bei Peter Heinrich Sternenberg arbeiteten 13 ausländische und zehn einheimische Männer und stellten Doppelstein, Siamosen und Bettzwillich her. Die Zahl der außerhalb der Stadtmauern Beschäftigten, so ein Vermerk, könne nicht genannt werden, sei jedoch bei den Webern mit Sicherheit dreimal höher als in der Stadt.[170]

Aber auch in anderen Branchen als dem Textilgewerbe konnten Fremde Fuß fassen. Eine Liste der in der Stadt niedergelassenen Schuster, die vermutlich aus dem Jahr 1806 stammt, nennt 26 Namen. Von ihnen waren mindestens 15 Männer nicht in Schwelm geboren.[171] Sie stammten aus ganz unterschiedlichen Gebieten, hatten vorher in Breckerfeld oder Hamm gearbeitet, waren aus dem Fürstentum Waldeck, aus Hessen-Darmstadt, aus Schwaben, der Grafschaft Limburg oder dem Kölner Gebiet (kurkölnisches Sauerland) nach Schwelm gekommen. Finanziell scheint es ihnen nicht schlecht ergangen zu sein, denn auf einer Armenliste, die die Ausgabe von Brot an die mittellosen Einwohner verzeichnete, findet sich kein einziger Schuster.[172]
Erleichtert wurde die Ansetzung von Gewerbetreibenden dadurch, daß es in Schwelm wie auch in einigen anderen märkischen Städten keine Zünfte gab, deren Mitglieder fast immer die Tendenz hatten, ihre Berufsgruppe gegen fremde Handwerker abzuschließen und den Eintritt meist durch extreme Aufnahmegelder zu erschweren suchten.[173] Entsprechende Vorstöße, das Handwerk stärker zu reglementieren, wurden energisch zurückgewiesen. So stammten von den vier Glasern, die 1776 in Schwelm lebten und arbeiteten, zwei nicht aus der Stadt, sondern aus dem Bergischen. Nach einer Anweisung des Kriegsrates Wülfingh sollten sich die städtischen Glaser in Schwelm im erwähnten Jahr zu einer Innung zusammenschließen, was von den Betroffenen strikt abgelehnt wurde.[174] Sie befürchteten, daß ihnen durch die Innungsregeln zusätzliche Nebentätigkeiten verboten werden könnten. Die Geschäfte gingen schlecht, argumentierten sie. Da sie als Glaser wenig zu tun hätten, seien sie auf andere Arbeit angewiesen, um sich zu ernähren, *"zumahlen die bergischen glaser über die grenzen kämen, und die vorfallende wenige arbeit noch vollents"* fortnähmen.[175]

---

[170] StAS A 910, darin: "Aufnahme von denen in denen Regiments Cantons Districten befindlichen Fabriquen und zwar von der Stadt Schwelm Wetterschen Creyses. Ausgefertiget den 4ten et 5ten Decembr. 1769".

[171] StAS A 54, darin: "Nahmentliches Verzeichnis der in der Stadt Schwelm vorhandenen Schuster". Nach Reininghaus kamen um das Jahr 1800 in Deutschland durchschnittlich etwa fünf Schuster auf 1.000 Einwohner. Reininghaus, Gewerbe, S. 34. Mit 26 Schuhmachern und einer Einwohnerschaft von rund 2.500 Menschen lag Schwelm weit über diesem Wert.

[172] StAS A 2223. Die Liste ist vermutlich im Jahre 1805 verfaßt worden.

[173] Zum märkischen Zunftwesen vgl. Reininghaus, Zünfte.

[174] StAS A 2043, Schreiben des Kriegsrates Wülfingh aus Hagen an den Schwelmer Magistrat vom 29.4.1776. Hintergrund der Forderung, eine Zunft zu bilden, war offenbar die Bestrebung, einzelne Gewerbe auf Landesebene miteinander zu vereinigen. Vgl. Reininghaus, Zünfte, S. 22.

[175] StAS A 2043, Schriftstück vom 21.5.1776.

3. Zwischen Siebenjährigem Krieg und Franzosenzeit (1763-1806)

Auch der Schwelmer Magistrat war gegen die beabsichtigte Neuerung. Es sei seiner Ansicht nach nicht ratsam, in einer kleinen Stadt mit 231 Häusern Zünfte einzurichten, betonte die Verwaltung. Erstens sei dies mit Kosten verbunden, die besonders durch die Teilnahme an zentralen Innungstagen entstünden, zweitens bedeute dies einen Standortnachteil gegenüber den bergischen Orten Gemarke und Elberfeld, in denen es keinerlei Innungen gebe, sondern jeder sein Gewerbe ohne Beschränkungen treiben könne. Die Einrichtung von Zünften, so argumentierte der Magistrat, würde *"die emigration derer bergischen in unsere gegenden hindern"*.[176]

Doch auch ohne Zunft konnte es in Einzelfällen zu Schwierigkeiten bei der Niederlassung kommen. Dies galt besonders für den Fall, daß ein örtliches Handwerk durch plötzlich auftauchende Konkurrenz um seine Einkünfte fürchtete oder der Fremde in den Verdacht geriet, nicht alle bürgerlichen Lasten tragen zu wollen oder zu können. So wurden der Etablierung des fremden Perückenmachers Clemens im Jahre 1784 erhebliche Hindernisse in den Weg gelegt. Der zuständige Kriegsrat Wülfingh äußerte Bedenken gegen die Niederlassung des aus Dortmund stammenden Mannes, durch den der Perückenmacher Weichler am Schwelmer Brunnen möglicherweise gezwungen werde, fortzuziehen.[177] Weichler war allerdings auch kein Ortsgebürtiger, sondern stammte ursprünglich aus dem hessischen Hanau. Clemens wurde daraufhin das Frisieren in Schwelm bei Androhung von Arrest untersagt. Nach schriftlichem Einspruch, daß in Schwelm keine Zunft die Zahl der örtlichen Friseure festlege und zudem der ansässige Friseur sein Handwerk so schlecht beherrsche, *"daß kein Mensch mit ihm zufrieden sein will"*,[178] durfte er sich schließlich doch in Schwelm etablieren.[179] Allerdings mußte Clemens versprechen, in Kürze den Bürgereid zu leisten.

Trotz der großen Zahl der Zuwanderer kamen nicht immer die Arbeitskräfte, die in der Stadt fehlten. So berichtete der Magistrat wiederholt über Handwerker, die für bestimmte Branchen gesucht würden. Im Jahre 1779 mangelte es in Schwelm an einem Drechsler, Seilspinner, Gurtmacher, Zinngießer, Strohstuhlmacher, zwei tüchtigen Maurermeistern und einem Uhrmacher.[180] 25 Jahre später fehlten immer noch - oder schon wieder - ein Seilspinner, Zinngießer und Strohstuhlmacher, zudem Rietmacher, ein tüchtiger Verputzer, ein Schornsteinfeger und ein Gärtner.[181] Die Lücke bei den Uhrmachern dürfte Casper Henrich Würpel geschlossen haben. Er stammte aus dem nicht weit entfernten märkischen Ort Volmarstein, ließ sich als Uhrmachermeister in Schwelm nieder und erwarb hier das Bürgerrecht.[182]

---

[176] Ebd., Schreiben des Schwelmer Magistrats an den Kriegsrat Wülfingh in Hagen vom 21.5.1776.
[177] StAS A 2058, Schreiben des Kriegsrates Wülfingh an den Magistrat der Stadt Schwelm vom 16.6.1784.
[178] Ebd., Schreiben an den Schwelmer Magistrat vom 20.6.1784
[179] Ebd., Schreiben des Kriegsrates Wülfingh aus Hagen an den Schwelmer Magistrat vom 29.6.1784. Ein Jahr später wurde Clemens per königlichem Dekret die Etablierung offiziell gestattet.
[180] StAS A 31, darin: Tabelle der wüsten Stellen und fehlenden Professionisten 1779.
[181] StAS A 54, Schreiben des Magistrats vom 6.2.1804.
[182] Zu Casper Henrich Würpel vgl. Krieg, Uhrmacher, S. 298f.

3.3 Reaktionen der ortsansässigen Bevölkerung
3.3.1 Erwünschte Zuwanderung

Die Schwelmer Wirtschaft war auf auswärtige Arbeitskräfte angewiesen. Dies galt nicht nur für ungelernte Kräfte, die besonders häufig im Textilgewerbe eingesetzt wurden, sondern gerade auch für Spezialisten, die in der einheimischen Bevölkerung nicht vorhanden waren und hier auch nicht ausgebildet werden konnten. Sie fanden gute Bedingungen vor, um sich im Märkischen niederzulassen, und strebten meist steuerliche Vorteile, Monopolstellung für ihr Gewerbe und Freistellung vom Militärdienst für sich, ihre Familie und ihre Beschäftigten an. Beispiele hierfür sind die Hebamme Hoffmann, der Goldwaagenmacher Abraham Kruse sowie der Textilfabrikant und Kaufmann Johann Wilhelm Wylich.

Für die Anwerbung der Hebamme Anna Maria Hoffmann aus Lennep im Bergischen setzten sich im Jahre 1784 gleich mehrere einflußreiche Schwelmer Bürger ein. In diesem Jahr war durch den Tod der Hebamme Scheffel in der medizinischen Versorgung der Schwelmer Frauen ein Engpaß eingetreten. Die einzige noch praktizierende Hebamme der Stadt war bereits 74 Jahre alt, zudem kränklich und weigerte sich, auf ihre alten Tage noch ihre beruflichen Fertigkeiten auf der Hebammenschule in Hamm zu vervollständigen. Mehrere Schwelmer Bürger wurden aktiv, um den Notstand zu beheben, und schlugen vor, eine Hebamme aus Berlin kommen zu lassen, da eine entsprechende Fachkraft in Schwelm nicht aufzutreiben war.[183] Zu diesem Zweck war man nicht nur bereit, die Reisekosten der Frau vorzustrecken, sondern wollte die Hebamme auch ein halbes Jahr lang aus eigener Tasche bezahlen. Nach Ablauf dieser Zeit sei die Hebamme dann mit Sicherheit in der Lage, finanziell auf eigenen Füßen zu stehen, weil sie nicht nur in der Stadt, sondern auch in den Bauerschaften arbeiten könne, meinten die Schwelmer Initiatoren.[184] Diese Lösung war allerdings nicht im Sinne des märkischen medizinischen Provinzial-Collegiums[185] in Hamm. Dessen Mitglieder schlugen vor, lieber eine Frau an der Hebammenschule in Hamm ausbilden zu lassen. Dort fanden regelmäßig Ausbildungskurse für die Hebammen der Grafschaft statt.[186] Um bei der Besetzung vakanter Stellen bevorzugt berücksichtigt zu werden, mußten Hebammenschülerinnen neben ihrer bestandenen Prüfung und der erteilten Approbation Zeugnisse ihrer ehrlichen Herkunft und ihres untadeligen Lebenswandels beibringen. Die Ausübung der Hebammenkunst durch nichtausgebildete Kräfte stand unter Strafe.[187] Vermutlich um das schleppende Verfahren zu beschleunigen, fiel die Wahl schließlich auf Anna Maria Hoffmann. Da diese sich allerdings im Bergischen hatte ausbilden lassen, mußte Schwelm ihre Aus-

---

[183] StAS A 1713, Schreiben mehrerer Schwelmer Bürger vom 20.11.1784.
[184] Ebd.
[185] Das Medizinalkollegium war 1768 eingerichtet worden und für die Medizinalaufsicht in der Grafschaft Mark zuständig. Das Kollegium unterstand dem Oberkollegium Medicum in Berlin.
[186] Scotti, Mark, Bd. 2, Nr. 2035.
[187] Ebd., Bd. 2, Nr. 2104.

3. Zwischen Siebenjährigem Krieg und Franzosenzeit (1763-1806)

bildungs- und Unterhaltskosten übernehmen und eine entsprechende Geldsumme an das Herzogtum Berg zahlen. Die neue Hebamme erhielt die Approbation im April 1787.[188]

Der Goldwaagenmacher Abraham Kruse[189] ist ebenfalls ein typisches Beispiel für erwünschte und geförderte Zuwanderung. Mit ihm fand das Goldwaagenhandwerk Eingang in das märkische Gebiet. Kruse war im bergischen Wichlinghausen geboren worden und hatte dort mit der Ausbildung zum Goldwaagenmacher die Tradition seiner Familie fortgesetzt. 1771 gelang es dem Magistrat - unterstützt von den übergeordneten Behörden -, Kruse nach Schwelm zu holen. Der Preis für die Anwerbung war hoch: Bevor er bereit sei, auch nur einen Schritt in das preußische Gebiet zu setzen, das in jenen Jahren vorübergehend wieder von Soldatenwerbern heimgesucht wurde,[190] müsse er verschiedene Sicherheiten erhalten, erklärte Kruse. Er forderte eine schriftliche Versicherung der Werbefreiheit für sich und seine Familie sowie das Privileg, daß ausschließlich er in den preußischen Territorien diesseits der Weser Goldwaagen herstellen dürfe. Ihm wurde die Protektion des Königs - somit die Werbefreiheit für sich, seine Familie und seine Gesellen - versprochen. Zudem wurde Kruse drei Jahre lang von der Akzise und vom Servis befreit. Üblicherweise standen Kolonisten nur zwei freie Jahre zu; jede längere Befreiung setzte die königliche Zustimmung voraus. Kruse mußte auch keine Werbegelder zahlen und erhielt die Zusage, ohne die sonst fälligen Gebühren das Meister- und das Bürgerrecht erlangen zu können. Zudem erhielt er die Erlaubnis, auf seinen Goldwaagen ein Schild mit Namenszug und Berufsbezeichnung anzubringen. Ein Monopol für sein Gewerbe konnte Kruse jedoch nicht erreichen.[191] Allerdings hatte er in den Städten der Grafschaft wenig Konkurrenz zu fürchten. Im Jahre 1800 ist er der einzige Goldwaagenhersteller, den ein Gewerbeverzeichnis für die Städte der Mark aufführt.[192] Auf dem platten Land verhielt es sich hingegen anders. Hier wurden in der Folgezeit einige Goldwaagenfabrikanten tätig,[193] darunter auch Peter Caspar Hahne. Er wollte 1774 ebenfalls ein Privileg erhalten. Daraufhin erkundigte sich die Berliner Regierung, ob Hahne Aus- oder Inländer sei. Denn wenn er ein Eingeborener sei und man sein Gesuch ablehne, müsse man damit rechnen, daß Hahne sich ins Bergische begeben

---

[188] StAS A 1713, Schreiben vom 20.4.1787.
[189] Zu Abraham Kruse und den Anfängen der Goldwaagenherstellung in der Grafschaft Mark vgl. Helbeck, Goldwaagenherstellung.
[190] "Als die Stadt und das Hochgericht Schwelm, die edle Cantons-Freyheit genoßen, trug kein bergischer so großes bedencken, sein Vatterland zu quittieren, allein bey veränderten Umständen, von der Zeit an, als dem Hochlöbl. von Wolffersdorffschen Regiment das Hochgericht Schwelm zum Werbe-Canton angewiesen worden, scheuet sich ein jeder männlichen Geschlechts, aus furcht vor der Werbung, so gar das märkische Territorium zu betreten, zugeschweigen daß ihm in den Sinn kommen solte, daßelbe zu bewohnen, [...]." GStA PK, II. HA, Generaldirektorium Mark, Tit. CLVIII, Nr. 1, Bl. 1f (M), Schreiben des Abraham Kruse aus Wichlinghausen an den preußischen König vom 8.3.1771.
[191] Ebd., Bl.19-21.
[192] StAM Nachlaß Giesbert von Romberg, Teil A, Nr. 6, S. 22-48.
[193] Vgl. hierzu: Helbeck, Goldwaagenherstellung, S. 69-71.

werde.¹⁹⁴ Im Jahre 1800 produzierte Kruse jährlich 100 Goldwaagen mit einem Verkaufswert von 100 Reichstalern und einem Materialwert von 20 Reichstalern. Seine Produkte führte Kruse ganz im Sinne seines merkantilistisch denkenden Staates alle ins Ausland aus. Abnehmer saßen unter anderem in Holland und Frankreich.¹⁹⁵ Fünf Jahre später, nachdem offenbar der Goldwaagenfabrikant Johann Daniel Ellinghaus die Nachfolge des inzwischen bejahrten Kruse angetreten hatte und das Geschäft unter dem Namen "Abr. Kruse et Consorti" firmierte, stieg die Produktion auf 204 Waagen jährlich, der Warenwert auf 340 Reichstaler. Waren im Wert von 200 Talern wurden exportiert, der Rest im Inland verkauft.

Mit Johann Wilhelm Wylich lockten die preußischen Behörden einen ausgewanderten Untertanen zurück ins Land. Wylich stammte aus Schwelm, hatte dann aber jahrelang im Ausland, zuletzt im bergischen Lüttringhausen gewohnt und gearbeitet. Im Jahre 1779 spielte er mit dem Gedanken, nach Schwelm zurückzukehren und dort eine Fabrik für Plüsch und andere Wollwaren aufzumachen.¹⁹⁶ Er wollte auf drei Webstühlen arbeiten. Wylich forderte für seine Rückkehr Werbefreiheit für alle seine Gesellen, eine Bedingung, die der preußische Staat problemlos erfüllen konnte, da Schwelm inzwischen wieder zum werbefreien Canton gehörte. Teurer kam den Staat hingegen zu stehen, daß Wylich Akzisefreiheit für Rohstoffe forderte, die er aus dem Ausland einführte, sowie eine Prämie von acht Talern für jeden in Gang gesetzten Webstuhl. Kriegs- und Domänenrat Wülfingh plädierte für die Unterstützung Wylichs, da es eine derartige Fabrik in Schwelm und Umgebung bisher nicht gebe.¹⁹⁷ Die Kriegs- und Domänenkammer-Deputation, die offenbar Widerstand in Berlin vermutete, gab sich in der Frage der Prämie kompromißbereit und trat für eine auf drei Jahre verteilte Zahlung von insgesamt sechs Talern je Stuhl ein.¹⁹⁸ Die derart modifizierten Forderungen wurden schließlich angenommen.

---

[194] StAM Kriegs- und Domänenkammer Hamm, Nr. 38, S. 65. Königliches Rescript vom 1.3.1774.
[195] StAS A 2096, darin: "General-Tabelle von denen in der Stadt Schwelm befindlichen Fabriquen und Manufacturen pro Anno 1799/1800" vom 5.9.1800.
[196] GStA PK, II. HA, Generaldirektorium Mark, Tit. CLVIIa, Bl. 4 (M), Schreiben des Schwelmer Magistrats vom 29.9.1779.
[197] Ebd., Bl. 3, Schreiben des Kriegs- und Domänenrates Wülfingh vom 25.10.1779.
[198] Ebd., Bl. 1, Schreiben der Kriegs- und Domänenkammer-Deputation Hamm an den preussischen König vom 13.11.1779.

3. Zwischen Siebenjährigem Krieg und Franzosenzeit (1763-1806)

3.3.2 "Nahrungsdiebe" und "Herumläufer": Unerwünschte Zuwanderung

Nur selten stimmten die Ansiedlungspläne des preußischen Staates mit den Wünschen des Magistrats und der Bevölkerung vor Ort überein. Während der Staat gezielt versuchte, die Bevölkerung zu vermehren, um die Wirtschaft und damit seine Steuereinnahmen zu steigern, bekamen die Menschen vor Ort die Folgen des zunehmenden Bevölkerungsdrucks zu spüren: Harte Konkurrenz der Arbeiter untereinander, dazu mangelnder Wohnraum mit der Folge steigender Mieten und durch die stärkere Nachfrage steigende Lebensmittelpreise.

Einer derartigen Peuplierungspolitik stand der Magistrat ablehnend gegenüber, zumal die Kommunen, nicht aber die zuwanderungsfreundlichen übergeordneten Behörden für gescheiterte Existenzen aufkommen mußten. Die frühindustrielle Gesellschaft, in der die soziale Absicherung der Menschen noch an die Zugehörigkeit zu einem Familienverband und an nachbarschaftliche Hilfen gebunden war, mußte den Zustrom alleinstehender Fremder als Bedrohung für das eigene soziale Gefüge betrachten.

Auch die Schwelmer Ratsvertreter glaubten die Motive der Zuwanderer nur zu gut zu kennen: Was die anziehenden Handwerker und Fabrikanten betreffe, so sei in Schwelm *"sehr wohl bekannt, daß diese regulariter mit lediger hand ankommen, und entweder eines verbrechens, oder schuld halber das bergische Land geräumet haben"*,[199] unterstellten sie.
Kaum hätten sich diese Leute am Ort etabliert, seien sie auch schon wieder verschwunden und hinterließen oft noch Schulden.

Das schlechte Image wurde bereits von der Obrigkeit der jeweiligen Heimat gefördert, die - nicht selten wohl als Schutzbehauptung für massive Abwanderungstendenzen - gerne verbreitete, es wandere überwiegend *"faules und unnützes Volk"* aus, das vor allem durch seine *"Trägheit zum Geschäft und Liebe zum Müßiggang"* zum Fortzug bewegt werde.[200] Richtig ist allerdings, daß sich überwiegend unvermögende Leute zur Auswanderung entschlossen. So faßte ein österreichischer Kolonistenwerber seine Erfahrung zusammen:

> *"Überhaupt muß ich bemerken, daß wenig Hoffnung anscheint, für die Ansiedelung jemalen bemittelter Leute habhaft zu werden; dann wer bei gutem Vermögen ist, trägt billiges Bedenken, seinen bequemlichen Wohnsitz gegen eine mit allzu beschwerlicher Reise und Unkosten verknüpfte Unterkunft in einem weit gelegenen, noch unbekannten Lande zu verwechseln."* [201]

---

[199] StAS A 2029, Schreiben des Schwelmer Magistrats vom 3.7.1779.
[200] Zitiert nach Hippel, Südwestdeutschland, S. 58.
[201] Ebd., S. 58.

Der Schwelmer Magistrat versuchte zu verhindern, daß die einheimische Bevölkerung durch die staatlichen Vergünstigungen für Ausländer benachteiligt wurden. Der Magistrat wollte nicht nur die Subventionen unterbinden oder zumindest einschränken, sondern vor allem der Selbstverwaltung der Kommune in dieser Frage stärkeres Gewicht verschaffen. Er appellierte daher an die Kriegs- und Domänenkammer, Zuwanderer, die ein Gewerbe betreiben, ebenso zu besteuern wie königliche Untertanen. Lediglich Personen, die von ihrem Vermögen lebten, somit den Schwelmer Bürgern mit keinem Gewerbe Konkurrenz machten, sollten nach Meinung des Magistrats steuerlich besser gestellt werden. Landeskinder, die beim Wohnortwechsel keine Unterstützung zu erwarten hatten,[202] so die Argumentation, empfänden die staatliche Subventionspolitik als Ungerechtigkeit und ließen ihren Unmut an den Zugereisten aus. Die Kriegs- und Domänenkammer sah sich daher wiederholt genötigt, die Behörden vor Ort anzuweisen, die Zuwanderer gut aufzunehmen, und drohte, Verstöße rigoros zu ahnden. Den Kolonisten wurde eigens die Möglichkeit eingeräumt, Beschwerden über unfreundliche Aufnahme und Behinderung der Etablierung bei der Kriegs- und Domänenkammer-Deputation vorzubringen, falls sich der örtliche Magistrat unwillig zeigte, den Fremden zu ihrem Recht zu verhelfen.[203] Die Sichtweise des Magistrats war und blieb jedoch konträr zu den übergeordneten Behörden. Noch knapp 30 Jahre später führte der Magistrat dieselbe Klage: Im Jahre 1806 beschwerte er sich über die wachsende Überbevölkerung der Stadt und kritisierte besonders die finanziellen Vergünstigungen für Fremde.

Zu den Streitpunkten gehörten auch die Gebühren für den Bürgereid. Ausländer waren 1774 von den Zahlungen an die Stadtkasse gänzlich befreit. 1804 vertrat die Kriegs- und Domänenkammer die Ansicht, daß die Ausländer den Bürgereid erst leisten müßten, wenn ihre Freijahre abgelaufen seien und sie sich zum Bleiben entschlössen. Erst dann würden die Gebühren fällig.[204] Doch so lange wollten die Schwelmer nicht auf ihr Geld warten. Sie forderten, die Neuankömmlinge direkt in ihre bürgerliche Pflicht zu nehmen, um den Stadtsäckel zu füllen. Das Edikt von 1764, das die Vorschrift enthielt, fremde bemittelte Personen oder Familien zu unterstützen, habe die Absicht gehabt, die Bevölkerung einer Provinz zu fördern und

---

[202] StAS A 34. So wies die Behörde in Hagen am 21.6.1775 darauf hin, daß der Bandmacher Johann Henrich Voeste nicht in die "Colonistentabelle" eingetragen werden dürfe, da er nichts aus dem Ausland, sondern aus Herbede stamme und Landeskinder im Normalfall keine Beneficien zu erwarten hätten.

[203] StAS A 32, Schreiben der Kriegs- und Domänenkammer-Deputation Hamm vom 18.3.1770. Darin heißt es unter anderem: "So befehlen wir hiermit, [...] daß alle diejenigen Fremden, welche sich in hiesiger Provinz zu etabliren gedenken, besonders aber die vom Ober Rhein anziehende Colonisten von einem jeden, er sey auch wer er wolle, gut aufgenommen, höflich und freundschaftlich begegnet und ihnen zu ihrem Unterkommen und Etablissement alle Willfährigkeit und Hülfe bewiesen; Diejenigen aber, so nur im mindesten dawieder handeln, auf das allerrigoureuseste und dem Befinden nach mit Festungs- und Leibes-Strafe beleget werden sollen."

[204] StAS A 52, Schreiben der Kriegs- und Domänenkammer Hamm vom 4.5.1774.

3. Zwischen Siebenjährigem Krieg und Franzosenzeit (1763-1806)

nützliches Gewerbe zu gewinnen, meinte der Magistrat. Ob diese Regelung aber auch jetzt, 1806, noch angebracht sei, da die hiesige Provinz fast mit *"Gewerben aller Art überschwemmt"*[205] werde, daran hege man erhebliche Zweifel. Die Provinz und besonders die Stadt seien derart überfüllt, daß viele hier nicht mehr gut leben, noch weniger ihre Abgaben bezahlen könnten. Sollten also weiterhin alle Fremden ohne Unterschied unterstützt werden, so sei das eine Ungerechtigkeit gegen die *"älteren und redlichen Bürger".*[206]

Denn die Fälle, die durch das Edikt gefördert werden sollten, nämlich bemittelte Familien herzuziehen, seien selten. Gewöhnlich handele es sich um Leute, die nirgends einen festen Wohnsitz hätten und oft nach ein oder zwei Jahren weiterzögen. Ihre Befreiung von allen Abgaben verderbe rechtschaffenen Arbeitern die Löhne und treibe die Preise für Lebensmittel und Wohnungen in die Höhe. Und nach ihrem Abzug kämen andere, denen die gleichen Vergünstigungen gewährt würden und die sich ebenso verhielten wie die Vorgänger. Dadurch *"trägt der redliche Bürger die Lasten allein, wenn jene Herumläufer unter dem Namen Ausländer überall frey durchkommen, nicht zu gedencken, daß wenn schon einmal die Niederlassung erlaubt ist, sie nicht selten schon im ersten Jahr der Bürger-Armen-Casse zur Last liegen."*[207]

Auch eine genaue Überprüfung der Zuwanderer auf ihre Nützlichkeit für die Stadt und die Möglichkeit der Abweisung der Fremden werde dem Mißstand nicht abhelfen. Denn man habe die traurige Erfahrung gemacht, daß Leute, die mit den besten Zeugnissen ihrer bisherigen Wohnorte herkämen, gerade diejenigen seien, die am ehesten scheiterten - eine Beobachtung, die den Magistrat zu der vermutlich berechtigten Annahme veranlaßte, daß die Heimatorte den Betreffenden nur deshalb so vortreffliche Beurteilungen ausstellten, um die Leute loszuwerden.

Ein ganz anderer Fall sei es, wenn sich nützliche und brauchbare Handwerker und Fabrikanten etablieren wollten, an denen in der Stadt noch Mangel herrsche, so der Magistrat. Deren Etablissement müsse in jeder Weise erleichtert werden. Doch müsse

---

[205] Ebd., Schreiben des Schwelmer Magistrats vom 22.4.1806.
[206] Ebd.
[207] Ebd. Mit dieser negativen Sicht stand der Schwelmer Magistrat nicht alleine da. Schon bei Süßmilch ist zu lesen: "Mehrentheils sind es nur die Liederliche und Faule, die aus einem Lande ins andere gehen. So lange sie vom Staat in allem unterhalten werden, ist alles gut, aber wenn sie selbst arbeiten sollen, so will es nirgend mit ihnen fort, und die auf sie gewendete Kosten und Vorschüße sind meistens vergeblich, wenn der Fremde entweder wieder dahin gehet, wo er hergekommen ist, oder mit seiner Familie das Land durch Betteley beschweret, welches desto gewisser geschiehet, wenn solche Leute ohne eigenthümlichen Grund und Boden blos von Handarbeit sich nähren sollen, wozu sie weder Lust noch auch Wissenschaft der Landesart haben, daher sie niemand als Tagelöhner zu brauchen verlangt, so lange noch einheimische der Arbeit gewohnte Leute zu haben sind." Süßmilch, Göttliche Ordnung, S. 251.

3. Zwischen Siebenjährigem Krieg und Franzosenzeit (1763-1806)

die Entscheidung darüber der Kommune überlassen werden. Die allgemeine Verordnung dürfe nur in Ausnahmefällen angewendet werden, wenn nicht fleißige Arbeiter sämtliche Stadtlasten für jene „*Nahrungsdiebe*" [208] mittragen sollten. Der Schwelmer Vorschlag sei daher, jeden Fremden, der sich qualifiziert und die Erlaubnis zur Ansiedlung erhalten habe, auch sofort zur Gewinnung des Bürgerrechts und zu den Stadtlasten heranzuziehen, die immer ein Jahr im voraus zu zahlen seien. Es sei nicht recht, wenn Leute, die der Kommune nicht nützlich seien, anderen steuerlich belasteten Bürgern die Nahrung nähmen und obendrein noch begünstigt würden. Denn bisher habe man am Ende eines jeden Jahres eine Menge Gesindel und *"Gewerbetreibende von gemeinem Schlage"* [209] in der Stadt, von dessen Existenz dem Magistrat nichts bekannt sei und dessen Entfernung äußerste Mühe bereite, weil sich die Leute fast überall etwas geborgt hätten und die Gläubiger nicht gern das Geliehene verlören. Zudem fehle es dem Magistrat an Exekutiv-Mitteln.

Unter allen Zuwanderern sei nur ein einziger, nämlich ein Kammacher,[210] dessen Gewerbe bisher in Schwelm noch nicht vertreten sei. Ihn wolle man gerne unterstützen, habe ihm Freijahre versprochen und aus eigenem Antrieb von allen Abgaben befreit.

---

[208] StAS A 52, Schreiben des Schwelmer Magistrats vom 22.4.1806.
[209] Ebd.
[210] Es handelte sich dabei um einen Kammacher namens Siegrith aus Koblenz, der allerdings trotz aller Vergünstigungen nicht lange in Schwelm blieb.

3.3.2.1 Finanzlage

Besonders die schlechte Finanzlage vieler Zuwanderer war dem Magistrat ein Dorn im Auge. Oft kam es vor, daß ein Fremder ohne Geld, Möbel und andere Vermögenswerte in die Stadt kam und später mit ebenso wenig Besitz wieder verschwand, dafür aber Schulden zurückließ.[211] Derartige Leute verdienten den Namen "Colonisten" nicht, meinte die Stadtverwaltung, die diese Bevölkerungsgruppe dafür verantwortlich machte, daß die Mittel der Armenkasse stetig erhöht werden mußten. Das *"mit jedem Jahr immer mehr zunehmende Erforderniß der Armen Mittel"* [212] würde durch diese Leute verursacht, die *"alle keinen einträglichen brod Erwerb"* [213] hätten.

Dieses Bild wird durch die "Colonistentabellen" bestätigt. Die aufgeführten Ankömmlinge verfügten überwiegend über keine Barschaft. Nur bei 41 (3,4%) der insgesamt 1.195 Zuwanderer, die zwischen 1763 und 1805 aus den Akten ermittelt wurden, wird erwähnt, daß sie Vermögen besaßen. Der vom Magistrat registrierte Besitz der 1.195 Personen addierte sich auf insgesamt 76.124 Taler.[214] Die wichtigste Berufsgruppe der vermögenden Zuwanderer stellten die Händler dar. Allerdings läßt dieser Umstand nicht immer eindeutige Rückschlüsse auf die tatsächlichen Lebensverhältnisse der Händler zu, da vermutlich zu ihrem Vermögen auch der Wert der bei ihnen gelagerten Waren mitgerechnet wurde. Die Mehrheit der Fremden war auch nicht in der Lage, ein Haus zu kaufen oder zu bauen. Die meisten mußten sich mit einer kleinen gemieteten Kammer oder Stube begnügen. Nur 63 (5,2%) von 1.195 Zuwanderern lebten im eigenen Haus. Unter ihnen finden sich vor allem Händler und Beschäftigte im Textilgewerbe, hier besonders Weber und Schneider, die für ihre heimgewerbliche, meist im Verlagssystem ausgeführte Arbeit und entsprechende Produktionsmittel eigene Räumlichkeiten benötigten. 1799 stufte der Magistrat aus finanzieller Sicht keinen der 57 angekommenen Ausländer als ernstzunehmenden Neubürger ein.[215]

Wie wenig Anteil das Gros der Zuwanderer an den Vermögenswerten der Bevölkerung hatte, zeigt schon das Kantonistenbuch von 1769, das angelegt wurde, weil die Schwelmer wieder zum Militärdienst herangezogen werden sollten.[216] Darin wurden

---

[211] So vermerkt der Magistrat 1779 in einer Liste die Gründe, warum seiner Ansicht nach viele Fremde wieder ihr Bündel geschnürt haben: " [...] weil die weggezogenen fremden vermutlich hierselbst ihren Unterhalt nicht gefunden haben und viele davon müssen sich Schulden halber wegbegeben." StAS A 34.

[212] StAS A 52, Bericht des Schwelmer Magistrats vom 22.4.1806.

[213] Ebd.

[214] Eigene Erhebung nach Akten des StAS. Dabei muß allerdings berücksichtigt werden, daß die Zuwanderer wohl nicht verpflichtet waren, bei ihrer Ankunft ihren Vermögenstand offenzulegen. Oft zeigte sich der Magistrat ratlos und notierte, daß das Vermögen nicht zu ermitteln sei. Auch ist zu vermuten, daß in einigen Fällen nur die Barschaft, in anderen Fällen auch die Arbeitsmaterialien und Warenwerte mitgerechnet wurden.

[215] StAS A 46, Schreiben des Schwelmer Magistrats an den Kriegs- und Domänenrat Wülfingh vom 30.7.1799.

[216] Aufgelistet wurden die Namen der Hauswirte, die Namen der Enrollierten, ihr Alter, ihre

3. Zwischen Siebenjährigem Krieg und Franzosenzeit (1763-1806)

230 Feuerstellen und insgesamt 838 männliche Personen genannt. Von diesen registrierten Bewohnern wurden 97 als Ausländer bezeichnet, fünf von ihnen waren Kinder, die vermutlich außerhalb der Mark geboren und mit ihren Eltern nach Schwelm gekommen waren.[217] Während die 97 Ausländer zwar 11,5 Prozent der männlichen Bevölkerung des Jahres 1769 stellten, verfügten sie nur über ein Vermögen von 15.300 Reichstalern, was 8,9 Prozent der Vermögenssumme von insgesamt 171.650 Reichstalern entsprach, die im Kantonistenbuch angegeben werden. Während jeder Einheimische damit durchschnittlich über knapp 211 Taler verfügte, besaß jeder Ausländer durchschnittlich nur 157 Taler. De facto verfügten allerdings nur 19 der 97 Ausländer über das Vermögen von 15.300 Talern, durchschnittlich also 805 Taler pro Kopf. Die übrigen 78 Personen besaßen offenbar nichts. Bei den Einheimischen besaßen 132 Personen insgesamt 156.350 Taler, pro Kopf also im Durchschnitt 1.184 Taler. Noch krasser fällt dieser Unterschied aus, berücksichtigt man bei dieser Rechnung einmal nicht, daß der vermögende Ausländer Caspar Sehlhoff, dessen Vater aus dem Bergischen stammte, allein schon mit einem Vermögen von 10.000 Talern zu Buche schlug. Ohne diesen Spitzenwert besaßen 18 Ausländer gerade einmal 5.300 Taler, im Durchschnitt pro Kopf also 294 Taler.

Größe, ihr Beruf, der Wohnort und die Stellung als Erbe, Pächter oder Einlieger, zudem wieviel Kontribution sie zur Unterhaltung des Heeres leisteten. Registriert wurde auch die Höhe des Vermögens der Enrollierten und ob der Betreffende Ausländer war oder andere Befreiungsgründe für den Militärdienst vorlagen. Zu diesen Befreiungsgründen gehörten u.a. zu kleiner körperlicher Wuchs und körperliche Gebrechen wie „krumme Füße" oder auch Einäugigkeit. Generell waren Angehörige des Adels, der Beamtenschaft und deren Söhne, Inhaber von Bauerngütern und deren erste Söhne, alle Kolonisten und ihre Söhne, Handwerker und bestimmte Berufssparten, Kaufleute, Fabrikanten und Seeleute sowie einige Städte und Gebiete von der Kantonspflicht befreit. StAS A 914.

[217] Ausländer war jeder, der nicht in der Grafschaft Mark oder zumindest einem preußischen Landesteil geboren war.

3. Zwischen Siebenjährigem Krieg und Franzosenzeit (1763-1806)

3.3.2.2 Mißtrauen gegen Ansiedlungspläne

Mißtrauen schlug aber auch finanzkräftigen Unternehmern entgegen, wenn vermutet wurde, daß eine Etablierung nur den Sinn hatte, den Profit des Geschäftsmannes zu mehren, aber keine positiven Auswirkungen auf die Wirtschaft in der Grafschaft zu erwarten waren. Das mußte der bergische Kaufmann Georg Melchior Overweg erfahren. Overweg stammte aus Gemarke im Wuppertal und wollte 1785 eine Seifensiederei nach holländischem Vorbild im Schwelmer Gogericht gründen. Weil es in der Stadt Schwelm an Wasser und an Bauplätzen fehle, so argumentierte er, wolle er die Fabrik in der Nächstebrecker Bauerschaft errichten.[218] Da das Unternehmen kostspielig sei, bat er um ein 25 Jahre währendes Monopol für Seifensiedereien in der Mark. Zudem verlangte Overweg, daß seine Produkte von der Akzise befreit würden. Seine Arbeiter, die er teils mitbringen, teils vor Ort engagieren wollte, müßten Werbefreiheit genießen, die auch noch für ihre Nachkommen gelten sollte.

Die Schwelmer Kaufleute, die zur Sache gehört wurden, zeigten sich skeptisch. Sie zweifelten daran, daß die Seifensiederei der Stadt den geringsten Vorteil brächte, denn durch die akzisefreie Einfuhr der Seife entstünde ein beträchtliches Defizit in der städtischen Akzisekasse. Hinzu kämen die bekannten schädlichen Folgen eines Monopols, die da lauteten: *"schlechte Waare - theure Preiße"*.[219] Das Monopol verhindere jeglichen Konkurrenzbetrieb, und man sei der Preis-Willkür Overwegs ausgeliefert, befürchteten die Schwelmer. Sollte der Kaufmann allerdings bereit sein, sein Unternehmen in der Stadt zu gründen,[220] zudem durch gute und billige Ware überzeugen und auf ein Monopol verzichten, so habe man nichts gegen die Betriebsgründung. Auch der Magistrat gab eine kritische Stellungnahme ab. Overweg wolle die Fabrik ausgerechnet in der Bauerschaft Nächstebreck errichten, die die Grenze zum *"Bergischen Land"*[221] bilde. Die Schwelmer witterten daher Zollvergehen, denen man kaum einen Riegel vorschieben könne. Mittel zur Errichtung und Unterhaltung der Fabrik, wie Bretter, Steinkohle oder Pottasche, könnten leicht unter Umgehung der darauf lastenden Steuern und Abgaben ins Land gebracht werden.[222] Auch würden Overweg, seine Meister und Knechte ihre Kleidungsstücke und Konsumartikel wohl kaum in Schwelm, sondern im benachbarten Bergischen kaufen, *"wo selbst an der Grenze Krämer wohnen, die darauf abgerichtet sind, märkische unterthanen an sich zu ziehen, und von denselben geld zu lößen"*,[223] sorgten sich die Märkischen. Daraufhin erhielt Overweg nur

---

[218] StAS A 2061, Schreiben des Kaufmanns Georg Melchior Overweg vom 12.1.1785.
[219] Ebd., Schreiben der Kaufleute Henrich Arnold Sternenberg und Johann Peter Bredt vom 2.3.1785.
[220] Der preußische Staat versuchte, die Ansiedlung von Gewerbe auf dem platten Lande nach Möglichkeit zu verhindern, um keine Steuereinnahmen zu verlieren.
[221] Ebd., Schreiben des Schwelmer Magistrats an den Kriegs- und Domänenrat vom 25.3.1785. Hierbei handelt es sich um eine sehr frühe Erwähnung des heute noch üblichen Begriffes "Bergisches Land".
[222] Ebd., Schreiben des Schwelmer Magistrats an die Kriegs- und Domänenkammer Hamm vom 25.3.1785.
[223] Ebd.

die Erlaubnis, eine Seifensiederei in der Stadt, nicht aber auf dem Lande zu errichten. Recht durchsichtig waren auch die Pläne des Schneiders Johann Franz Lauff. Im märkischen Unna geboren, war er ins bergische Elberfeld übergesiedelt und hatte sich damit offenbar erfolgreich seiner Militärpflicht entzogen. Im Frühjahr 1770 erklärte der Schneider dem Schwelmer Magistrat, daß er geneigt sei, ins Märkische zurückzukehren.[224] Lauff, der sich nun offensichtlich als Ausländer empfand, knüpfte seine Übersiedlung allerdings an die Bedingung, daß ihm die Werbefreiheit zugestanden werde, die ja zwischen 1769 und 1771 nicht mehr für alle Schwelmer galt. Wie die Behörden in diesem Fall entschieden, ist unbekannt. Allerdings dürfte der Umstand, daß Lauff kein Vermögen besaß, seine Erfolgschancen nicht vergrößert haben. Wenig Glück hatte 1776 auch der ehemalige Soldat Johann Theodor Walkier, dessen Aufnahme an seinem schlechten Leumund scheiterte. Walkier hatte sich am preußischen Hof beklagt, daß er vor sieben Jahren gewaltsam zum Regiment gezogen worden sei, und wollte sich wieder in Schwelm niederlassen. Der Magistrat winkte jedoch ab. Walkier stamme aus dem Bergischen und sei damals auf Bitten der Bergischen Behörden in Schwelm verhaftet worden, da der Mann aus seiner Lehre in Düsseldorf fortgelaufen sei und Arbeitsgeräte mitgenommen habe.[225]

3.3.2.3 Wohnungsnot

Die ablehnende Haltung der Stadtbevölkerung gegen zu starken Zustrom von auswärts hatte auch darin ihre Ursache, daß städtischer Wohnraum rar und teuer, die Bautätigkeit sehr gering war. Das bedeutete, daß die Bevölkerung innerhalb der Stadtmauern immer enger zusammenrücken mußte - mit allen Konflikten, die sich aus dieser Situation ergaben. Als 1770 von der Kriegs- und Domänenkammer nachgefragt wurde, wo eine Anzahl angeworbener Kolonisten untergebracht werden könnte, beeilten sich die Schwelmer mit ihrer - abschlägigen - Antwort: Die Stadt bestehe aus 230 Häusern, in denen 1.593 Menschen auf engem Raum zusammenlebten. Oft wohnten fünf bis sechs Familien unter einem Dach.

> *"Es findet sich kein Haus, welches unbewohnt und wenn auch in einig großen Häusern noch etwa ein Zimmer ledig wäre, so werden doch die Besitzer solches nicht entbehren können,"* [226]

beschrieb der Magistrat die Lage. Die Miete für ein einziges Zimmer betrage nicht selten fünf bis acht Taler. Die Preisentwicklung werde durch das unmittelbar angrenzende Herzogtum Berg noch gefördert. Freie Bauplätze seien in der Stadt nicht vorhanden, und selbst wenn sich ein Baugrundstück vor den Stadttoren finde, erschwerten die Preise für Baumaterialien wie Holz, Steine und Kalk sowie die hohen

---

[224] StAS A 32, Berichte des Bürgermeisters Wever vom 23.2.1770 und vom 1.3.1770.
[225] StAS A 921, Schreiben des Schwelmer Magistrats vom 24.8.1776.
[226] StAS A 32, Schreiben des Schwelmer Magistrats vom 27.3.1770.

3. Zwischen Siebenjährigem Krieg und Franzosenzeit (1763-1806)

Arbeitslöhne die Errichtung eines Hauses. Die vom Magistrat geführten Einwohnerlisten belegen die Raumnot, die seit dem Ende des Siebenjährigen Krieges beinahe mit jedem Jahr größer wurde.

Tab. 3 Wohnungsnot 1763-1806

Jahr	Häuserzahl	Einwohner	Personen je Haus	Quelle
1763	230	1793	7,8	StAS A 31[227]
1799	254	2241	8,8	StAS A 51[228]
1805	258	2433	9,4	StAS A 64[229]
1806	271	2533	9,3	StAS A 64

Wie gering die Bautätigkeit in Schwelm in den Jahren nach dem Siebenjährigen Krieg war, zeigen auch Nachrichten aus dem Jahre 1770. Damals errichteten lediglich Arnold Wylich ein Wohn- und Färberhaus sowie der Chirurg Jäger ein stattliches Wohnhaus.[230] Letzterer ließ jedoch für seinen Neubau ein altes Haus niederreißen, wodurch der positive Effekt für den angespannten Wohnungsmarkt in der Stadt nicht allzu groß gewesen sein dürfte.

---

[227] StAS A 31, darin: "Tabelle vom Zustande der Stadt Schwelm 1770/69".
[228] StAS A 51, Einwohnerverzeichnis von 1799/98.
[229] StAS A 64, darin: "Special-Aufnahme der Personen Zahl der Stadt Schwelm pro Anno 1806".
[230] StAS A 31, Tabelle von 1770/71.

3.4 Möglichkeiten und Grenzen wirtschaftlicher und sozialer Integration
3.4.1 Bürgerrechtsgewinnung

Ein Weg, sich in die Schwelmer Gesellschaft zu integrieren, war die Gewinnung des Bürgerrechts.[231] Nach den Stadtprivilegien von 1590 und dem Allgemeinen Landrecht von 1794 mußte jeder, der sich in der Stadt etablieren und bürgerliche Nahrung treiben wollte, das Bürgerrecht gewinnen. Erst durch die Eidesleistung,[232] die auch für einheimische Bürgersöhne bei Volljährigkeit oder Gründung eines eigenen Hausstandes vorgeschrieben war, wurde der Zuwanderer Bürger der Stadt mit allen Rechten und Pflichten. Erst dann durfte er in der Regel ein Gewerbe treiben oder Immobilien erwerben. Das Bürgerrecht war mit zahlreichen finanziellen Belastungen verbunden. Bereits die Aufnahme in die Bürgerschaft, die durch den Magistrat im Rathaus erfolgte, kostete Gebühren und den im Stadtrecht vorgeschriebenen ledernen Wassereimer zur Bekämpfung der gefürchteten Stadtbrände.[233] Die heranziehenden Ausländer waren jedoch von den Zahlungen zunächst ganz befreit; später wurden die Gebühren erst nach Ablauf der Freijahre fällig. Die Regelung rief - wie erwähnt - immer wieder Unmut unter der Bevölkerung hervor. Die Gebühren, die die städtische Kämmerei erhielt, waren 1806 in fünf verschiedene Klassen unterteilt. Je nach Vermögensstand zahlten Neubürger vier, drei oder zwei Taler, 40 oder nur 20 Stüber.[234] Zur Aufnahme in die Bürgerschaft war der Nachweis der ehrlichen Geburt durch Taufscheine und Atteste nötig.

Wer zwar bürgerliche Nahrung in der Stadt treiben wollte, aber kein Haus besaß, der wurde nicht gezwungen, Bürger zu werden, sondern konnte jährlich zehn Stüber Einwohnergeld an die Kämmerei zahlen. Viele der Einwohner zogen es aber vor, lieber einmal höhere Gebühren für das Bürgerrecht zu zahlen, als jährlich zehn Stüber aufzubringen und trotzdem kein volles Bürgerrecht zu besitzen.[235] Kritiker

---

[231] Zur Geschichte und zu den Formen des Bürgereids vgl. Ebel, Bürgereid, S. 46-70.
[232] Der Text der Eidesformel, dessen Wortlaut in Einzelfällen minimal abweichen konnte, lautete: "Ich, N.N., schwöre einen leiblichen Eid zu Gott, daß ich Seiner Kgl. Majestät und der Stadt Schwelm hold und gewärtig seyn, deren Nutzen auf alle Weise befördern hingegen Schaden und Nachteil so weit als möglich abkehren, nicht weniger dem Magistrat als die mir vorgesetzte Obrigkeit Gehorsam leisten will. So wahr mir Gott helfe und Jesum Christum." StAS A 35.
[233] In der Verleihungsurkunde der Stadtrechte von 1590 (in der Fassung der Abschrift von 1661) heißt es: "Ebenso soll man von jedem hinzukommenden Bürger, wenn er die Bürgerschaft erlangt, zum Behufe der Stadt zwei Goldgulden und einen neuen Ledereimer geben lassen, jedoch mehr oder weniger nach Lage und Vermögen der Personen; und wer so als Bürger aufgenommen worden ist, soll uns, unseren Erben und Nachkommen, Herzögen zu Kleve und Grafen von der Mark, und unserer Stadt Schwelm geloben und schwören, getreu und wohlgesinnt zu sein, getreulich unser und unserer Stadt Bestes zu tun, auch vor Argnis zu warnen und ihr vorzubeugen nach seiner Macht." Zitiert nach Hausmann, Stadtprivilegien, S. 57. Es bürgerte sich jedoch ein, den Ledereimer durch eine Geldzahlung zu ersetzen.
[234] StAS A 52, Klasseneinteilung der Bürger vom 17.1.1806.
[235] StAS A 35, Schreiben des Magistrats vom 3.1.1777.

warfen den Zulassungsgebühren zum lokal begrenzten Bürgerrecht, das erst 1811 in ein gesamtstaatliches Bürgerrecht umgewandelt wurde, vor, die Wirtschaft zu schädigen, da sie vermögende Leute von der Niederlassung abschreckten, ohne die Armen abhalten zu können. So seien vor 1806 pro Jahr drei- bis viertausend Personen nach Berlin eingewandert, aber kaum zweihundert, die das Bürgerrecht hätten erwerben wollen. Meist seien es Gesinde, Tagelöhner und Fabrikarbeiter gewesen, die kein sicheres Gewerbe betrieben, sondern sich mit ihrer Hände Arbeit von einem Tag zum anderen durchbrachten.[236]

In Schwelm verlief diese Entwicklung etwas positiver. Von 1.195 ermittelten Zuwanderern, die zwischen 1763 und 1806 in die Stadt Schwelm kamen, erwarben immerhin 205 (17,1%) das Bürgerrecht.[237] Die Berufe der Männer, die den Eid leisteten, entsprachen weitgehend der Berufsstruktur der gesamten Zuwanderer-Gruppe. An der Spitze lagen die Textilberufe, gefolgt von Bauberufen, Händlern und dem leder- und dem metallverarbeitenden Gewerbe. Das Schlußlicht bildete das Nahrungsgewerbe. Diese Übereinstimmung resultiert daraus, daß jeder, der sich auf Dauer in dem streng reglementierten Wirtschaftsraum der Grafschaft Mark etablieren wollte, mittelfristig auf das Bürgerrecht nicht verzichten konnte. Zudem dürfte die Hemmschwelle, den Eid zu leisten, bei den Ausländern gering gewesen sein, da sie von den Gebühren befreit waren.

Der Wunsch, das Bürgerrecht zu erwerben, hatte bisweilen aber auch ganz andere Gründe, als sich in die Schwelmer Gesellschaft zu integrieren. 1782 beantragten die Gebrüder Christian und Engelbert Rhodius aus dem bergischen Lennep, in die Bürgerschaft aufgenommen zu werden. Zwar hatte der Magistrat keine Bedenken, den Kaufleuten die Ausländern zustehende Unterstützung zu versprechen, doch kamen Zweifel auf, als sich herausstellte, daß die Brüder nicht ständig in Schwelm leben, sondern lediglich für sporadische Aufenthalte ein Zimmer mieten wollten.[238] Nachforschungen ergaben, daß die Lenneper die Bürgerschaft nur anstrebten, um in den Besitz eines preußischen Passes zu gelangen, da sie eine Reise nach Amerika planten und sich von einem preußischen Dokument mehr Sicherheit als von einem kurpfälzischen Paß versprachen.[239]

---

[236] Koselleck, Preußen, S. 563.

[237] Die tatsächliche Zahl dürfte höher liegen, da in Schwelm zu dieser Zeit kein Bürgerbuch mehr geführt wurde, sondern die Neubürger verstreut in verschiedenen Akten zur Bürgerrechtsgewinnung auftauchen. Hier besonders StAS A 31b; A 35; A 41; A 48; A 52 und A 1626.

[238] StAS A 41, Schreiben des Schwelmer Magistrats an den Kriegs- und Domänenrat Wülfingh in Hagen vom 3.12.1782.

[239] Ebd., Schreiben des Schwelmer Magistrats an den Kriegs- und Domänenrat Wülfingh in Hagen vom 28.12.1782.

3.4.2 Integration durch Heirat

Ein häufig gewählter Weg der Integration in die Schwelmer Gesellschaft war die Einheirat in eine ortsansässige Familie. Da die Bevölkerung von Stadt und Gogericht Schwelm überwiegend der lutherischen Konfession angehörte, liegt der Anteil der Eheschließungen zwischen zwei Einheimischen hier wesentlich höher als in den anderen Kirchengemeinden: [240]

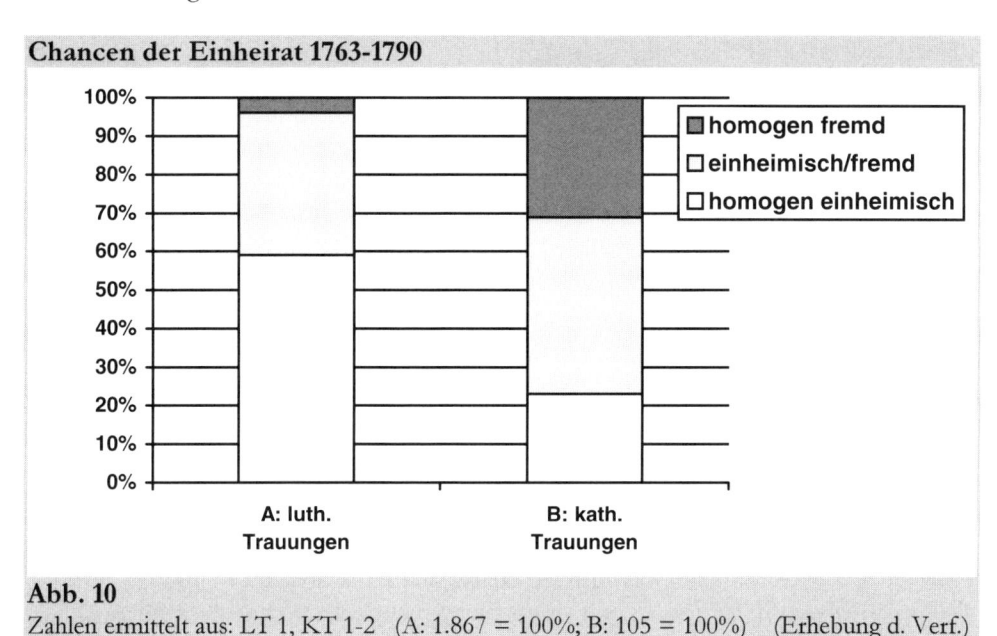

Chancen der Einheirat 1763-1790

[Balkendiagramm mit zwei Säulen:
A: luth. Trauungen — homogen einheimisch ca. 60%, einheimisch/fremd ca. 35%, homogen fremd ca. 5%
B: kath. Trauungen — homogen einheimisch ca. 23%, einheimisch/fremd ca. 47%, homogen fremd ca. 30%]

Abb. 10
Zahlen ermittelt aus: LT 1, KT 1-2   (A: 1.867 = 100%; B: 105 = 100%)   (Erhebung d. Verf.)

Anders war die Situation in den beiden kleineren Kirchengemeinden.[241] Hier waren die Chancen einer Einheirat größer, aber auch Ehen zwischen zwei Auswärtigen wesentlich verbreiteter: Insgesamt hatten zugewanderte Frauen und Männer etwa gleich gute Chancen, in eine einheimische Familie einzuheiraten. Von 3.360 ermittelten Eheschließenden[242] kamen 1.037 Männer und 960 Frauen von auswärts, 643 einheimische Männer und 720 einheimische Frauen gingen die Ehe mit einem Partner ein, der nicht aus Schwelm stammte. Damit gelang zugezogenen Männern zu 69 Prozent, Frauen zu 67 Prozent die Einheirat in eine ansässige Familie. In etwa jedem dritten Fall heirateten zwei Fremde einander.

Untersucht man diesen Sachverhalt getrennt nach Konfessionen, so fällt auf, daß das zahlenmäßige Verhältnis auswärtiger Männer zu auswärtigen Frauen bei den lutherischen Eheschließungen am ausgeglichensten war, bei den reformierten und den katholischen Trauungen überwog die Zahl nichteinheimischer Männer deutlich. Bei den

---

[240] Abb. 10. Ausgewertet wurden 1.867 lutherische Trauungen 1763 bis 1790. StAS, LT 1.
[241] Ebd. Ausgewertet wurden 105 katholische Trauungen. StAS, KT 1 und 2.
[242] Vgl. Anm. 112. Unklare Fälle blieben unberücksichtigt.

katholischen "Mischehen" zwischen Einheimischen und Fremden stand nur in 15 Prozent der Fälle eine zugewanderte Frau vor dem Altar. Die Ursache für diesen Unterschied ist sicherlich darin zu suchen, daß sich die Zuwanderung der Frauen vor allem aus Gebieten speiste, die an Schwelm angrenzten oder zumindest nicht weit entfernt lagen. Wie noch zu zeigen sein wird, stammten aber gerade die in Schwelm auftauchenden Katholiken aus weit entfernten Gebieten. Frankreich, Ungarn oder Böhmen nennen sie nicht selten als Heimatland. Derartige große Entfernungen scheinen von Frauen in diesem Zeitraum kaum zurückgelegt worden zu sein - und wenn, dann offenbar nicht allein, sondern bereits im Familienverband. Die Einheirat in eine ansässige Familie konnte den sozialen Aufstieg der Zuwanderer der ersten Generation erleichtern, doch hing der Erfolg am neuen Wohnort von vielen Faktoren, u.a. Berufs-, Standes-, und Konfessionszugehörigkeit, Alter, Gesundheit und Intelligenz ab. Die Einheirat war aber vermutlich der schnellste Weg zur Integration. Doch diesem Weg standen auch Widerstände entgegen. Die vorliegende Untersuchung konnte sich allerdings lediglich auf lückenhaftes Material stützen: Berufsangaben und Zugehörigkeit zum Bürgerstand.[243] Anhand der Berufe zeigt sich, daß die Wahrung von Berufs- und Standesgrenzen bei der Verheiratung auch oder gerade mit Ortsfremden wichtiges Kriterium war. Somit dürfte es für mittellose Zuwanderer am schwersten gewesen sein, in eine etablierte ansässige Familie einzuheiraten.

Die städtische Elite blieb weitgehend unter sich. Kaufleute heirateten Kaufmanns- oder Pfarrerstöchter, protestantische Geistliche heirateten Frauen aus Kaufmannsfamilien oder Töchter von Pfarrern und Medizinern; Apotheker und Mediziner heirateten die Töchter oder Witwen von Kollegen oder Kaufmanns- und Pfarrerstöchter. Ähnlich verhielten sich die Angehörigen des Beamtenstandes. Auch die Schwelmer Musikerfamilien, die ihre Beschäftigung am Schwelmer Brunnen fanden, blieben unter sich. Heiraten, die diesem Schema nicht folgten, wie die Ehe zwischen einem Seidenmacher und einer Gastwirtstochter, scheinen die Ausnahme geblieben zu sein. Die Einheirat in den Bürgerstand war in Schwelm für Zuwanderer allerdings gut möglich. Dies liegt auch nahe in einer Stadt, die an der Bürgerschaftsgewinnung ihrer Einwohner interessiert war und in der die Ausübung zahlreicher Gewerbe an den geleisteten Bürgereid gebunden war. So heirateten Bürger bzw. Bürgersöhne nicht stets Bürgertöchter - und umgekehrt. Von 172 festgestellten Bürgern/Bürgersöhnen (gleichgültig, ob einheimisch oder nicht) heirateten lediglich 38,9 Prozent wiederum Bürgertöchter. Von 187 Bürgertöchtern verheirateten sich sogar nur 35,8 Prozent mit Bürgern. Für Männer von auswärts waren die Chancen, in ein Schwelmer Bürgerhaus einzuheiraten, nach dem vorliegenden Zahlenmaterial wesentlich größer als für Frauen. 74,1 Prozent der Schwelmer Bürgertöchter, die einen zugewanderten Mann ehelichten, verbanden sich mit einem Nicht-Bürger. Bei den Schwelmer Bürgern/Bürgersöhnen, die eine fremde Frau heirateten, liegt dieser Anteil nur bei 58,6 Prozent. Die berufliche Etablierung der Fremden wurde durch die Einheirat in eine Bürgerfamilie sicherlich erleichtert. Oft führte die Einheirat später zur Übernahme des vom Schwiegervater betriebenen Handwerks oder Geschäfts.

---

[243] Zahlen ermittelt aus: StAS, LT 1-3, KT 1-2, RT 1-2.

3.4.3 Sozialer Aufstieg

Die städtische Führungsschicht in Schwelm war klein. Sie wurde im wesentlichen gestellt von königlichen Bediensteten, vermögenden Kaufleuten und einigen wenigen Angehörigen akademischer Berufe. Unter ihnen waren etliche Zugezogene, da Schwelm den akademischen Nachwuchs in Ermangelung entsprechender Ausbildungsinstitute nicht selbst hervorbringen konnte, sondern auf den Zuzug entsprechend Ausgebildeter angewiesen war. So entstammten besonders die in Schwelm tätigen Pfarrer häufig nicht der Stadt. Ein Beispiel hierfür ist der bereits erwähnte Pfarrer Friedrich Christoph Müller, der 1751 im hessischen Allendorf geboren worden war und der erst nach seinem Studium in Göttingen und einer Pfarrstelle in Unna 1785 sein Pfarramt in Schwelm antrat.[244]

Friedrich Christoph Müller,
Prediger in Schwelm

---

[244] Bauks, Evangelische Pfarrer in Westfalen.

3. Zwischen Siebenjährigem Krieg und Franzosenzeit (1763-1806)

Auch längst nicht alle Magistratsmitglieder der Jahre 1780 bis 1797 stammten aus Schwelm. 1781 waren in diesem städtischen Gremium mit dem Kämmerer und Stadtschreiber Caspar Engelbert Grundschöttel und dem 1. Ratmann Died. Georg Weyershaus - ein Apotheker und Kaufmann - nur zwei Einheimische vertreten.[245]

Die übrigen Positionen im Magistrat übten Männer aus, die nicht in Schwelm geboren worden waren. Bürgermeister Peter Nikolaus Wever stammte aus dem märkischen Meinerzhagen,[246] der 2. Ratmann Johann Henrich Hasseley kam aus Eickel. Hasseley war zugleich auch Akziseinspektor in Schwelm. 1790 wurde er von Johannes Heinrich Beckmann als Ratmann abgelöst, der wie Hasseley kein Einheimischer war, sondern aus Brakel in der Grafschaft Mark stammte. 1795 wurde der Magistrat durch die Wahl des Schwelmers Carl Hülsenbeck verstärkt. Der 31 Jahre alte Hülsenbeck wurde zum "*consul adjunctus*" ernannt und sollte offenbar den bereits 76 Jahre alten Bürgermeister Wever entlasten. Hülsenbeck trat zwei Jahre später die Nachfolge von Wever an. Gleichzeitig fungierten nun Hasseley als 1. und Beckmann als 2. Ratmann, Grundschöttel blieb weiter Kämmerer, nicht aber Stadtsekretär. Dieses Amt übernahm nun Peter David Voigt aus Wichlinghausen, so daß sich das Verhältnis zwischen Einheimischen und Nicht-Schwelmern zugunsten der Zugezogenen verschoben hatte.[247]

Der hohe Anteil von Nicht-Einheimischen im Rat war aber weniger Ergebnis sozialen Aufstiegs Zugewanderter, sondern Folge der Tatsache, daß diese Personen dem Status nach königlichen Bediensteten ähnlich waren und somit von höherer Stelle ausgewählt und für bestimmte Orte eingesetzt wurden. Gleiches galt für die Akzisebediensteten. Nach dem Schwelmer Stadtrecht war der Magistrat ursprünglich jährlich am Tag von Petri Stuhlfeier am 22. Februar gewählt worden. 1713 waren die Ratswahlen vom preußischen König ausgesetzt worden. Fortan wurden die Ratsmitglieder nicht mehr gewählt, sondern vom König ernannt. Der Stadt blieb nur noch ein Vorschlagsrecht. Damit wurden die Magistratsmitglieder "mittelbare königliche Beamte".[248] Auch nachdem Ende des Jahres 1765 die Ratswahl wieder eingeführt wurde, blieb die Aufsicht und Bestätigung der Wahl erhalten.[249]

---

[245] StAS A 228, Liste der Magistratsmitglieder vom 8.5.1781.

[246] Peter Nikolaus Wever, Kgl. Preuß. Hofrat, Advokat und Justizkommissar am Gogericht Schwelm, von 1753 bis 1796 Bürgermeister in Schwelm. Geboren am 9.1.1719 im Kirchspiel Meinerzhagen, gestorben am 26.5.1796 in Schwelm. Verheiratet in erster Ehe mit Johanna Sophia Elisabeth Leck, Tochter des Bürgermeisters von Iserlohn, getraut am 27.5.1753 in Iserlohn, in zweiter Ehe mit Anna Clara Leve, Witwe von Peter David Schürmann, Krämer in Schwelm, getraut am 22.12.1768. Helbeck, Bürgermeisterliste, S. 70.

[247] Den großen Anteil Zugezogener an der Schwelmer Führungsschicht hat jüngst Helbeck für das Jahr 1738 nachgewiesen. Damals stammten rund 75 Prozent der städtischen Oberschicht aus dem Raum südlich der Ruhr bis hin zu den bergischen Gewerbegebieten an der Wupper. Helbeck, Schwelm, S. 560.

[248] Reinhardt, Preußische Verwaltung, S. 90.

[249] Dies macht der Wortlaut des Bürgermeistereides deutlich, den Wever schwor: "Nachdem der Allerdurchlauchtigst Großmächtigter Fürst und Herr, Friedrich Wilhelm König von

3. Zwischen Siebenjährigem Krieg und Franzosenzeit (1763-1806)

Am sozialen Status der nicht-einheimischen Magistratsmitglieder änderte sich wenig. Sie hatten vor dem Zuzug der Elite angehört und bildeten sie auch weiterhin. Der soziale Aufstieg war noch am leichtesten für Kaufleute möglich, die geschäftlichen Erfolg hatten. 1772 waren alle 13 in einer Liste genannten großen textilherstellenden und -verarbeitenden Unternehmen der Stadt in der Hand von Einheimischen. 1776 wurde lediglich der Elberfelder Hutmacher Arnold Hesse, ein Jahr später der vermutlich mit ihm verwandte Mathias Hesse, ebenfalls Hutmacher aus Elberfeld, aufgeführt.[250]

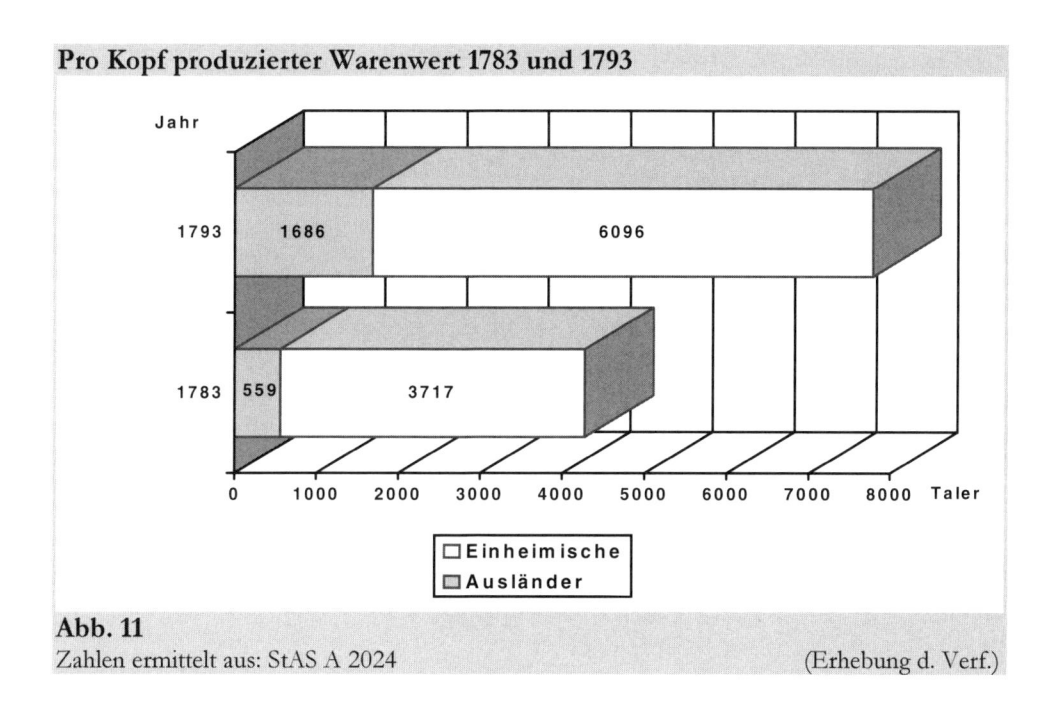

Pro Kopf produzierter Warenwert 1783 und 1793

Jahr	Einheimische	Ausländer
1793	1686	6096
1783	559	3717

(Taler: 0 – 8000)

Abb. 11
Zahlen ermittelt aus: StAS A 2024 (Erhebung d. Verf.)

Die Zugewanderten spielen zu dieser Zeit in der Schwelmer Wirtschaft keine große Rolle. Eine Liste der Fabriken und Manufakturen verrät, daß im Jahre 1783 fünf Ausländer, ein Strumpfweber aus Sachsen, zwei Hutmacher aus dem Bergischen, der Betreiber einer Weiß- und Lohgerberfabrik und der einer Eisenwarenfabrik aus dem Bergischen zusammen einen Warenwert von 2.796 Talern repräsentierten, pro Kopf also 559 Taler.

Preußen p.p. mich Peter Wever, zum Bürgermeister bey der Stadt Schwelm allergnädigst angenommen und bestellt, als gelobe und schwehre ich zu Gott [...]". StAS A 216. Die Eidesformel wurde offenbar nachträglich mit dem Datum 27.9.1786 versehen.
[250] StAS A 2024, darin: Liste der Fabriken und Manufakturen 1770, 1772, 1776, 1777.

3. Zwischen Siebenjährigem Krieg und Franzosenzeit (1763-1806)

Ihnen standen 17 einheimische Produzenten mit einem Gesamtwarenwert von 63.197 Talern gegenüber, also mit einem pro Kopf erwirtschafteten Warenwert von 3.717 Talern.[251] Zehn Jahre später war der Pro-Kopf-Warenwert der nun auf sechs Ausländer angewachsenen Gruppe auf 1.686 Taler angestiegen, der Abstand zu den einheimischen Produzenten blieb aber groß: Hier erwirtschafteten 18 Inländer einen Warenwert von insgesamt 109.728 Talern, pro Kopf 6.096 Taler.[252]

Betrachtet man ausschließlich den prozentualen Anteil am gesamten Warenwert, ohne die Zahl der Produzenten zu berücksichtigen, so konnten die Zuwanderer ihren Anteil am Wert der Produkte allerdings deutlich steigern. Er verdoppelte sich von vier Prozent im Jahre 1783 auf acht Prozent 1793.

---

[251] Ebd., darin: General-Tabelle der Schwelmer Fabriken und Manufakturen 1783. Abb. 11.
[252] Ebd., darin: Liste der Fabriken und Manufakturen 1793.

3.4.4 Sozialer Abstieg und Armut

Ausländer, die für mehrere Jahre - viele für den Rest ihres Lebens - in Schwelm Wurzeln schlugen, profitierten in der Regel in den ersten Jahren nach ihrer Ansiedlung von den Vergünstigungen, die der Staat ihnen bot. An erster Stelle standen hier Werbe- und Akzisefreiheit, aber auch Baugelder. Doch die Zeit der Steuerbefreiung war in der Regel auf zwei bis drei Jahre befristet. Nach dieser Starthilfe mußte sich erweisen, ob die Zugezogenen auch unter den am Ort üblichen Bedingungen existieren konnten. Das gelang nicht allen. Viele gerieten in Armut und Not und verstärkten die Gruppe derjenigen Stadtbewohner, die im Elend lebten und auf Almosen aus der Armenkasse angewiesen waren.[253]

Zwar gehörte die Armenpflege schon früh zu den Pflichtaufgaben der Kommunen, doch war sie ausgerichtet auf ein überschaubares Gemeinwesen mit relativ gleichbleibender Struktur. Angesichts einer zunehmend mobiler werdenden Gesellschaft und einer wachsenden Zahl von Zuwanderern aus dem Ausland wurde auch die in Preußen durch das Allgemeine Landrecht festgeschriebene Regelung des Heimatrechts, das im Regelfall den Geburtsort eines Bedürftigen zur Unterstützung verpflichtete, immer fragwürdiger.[254] Zuwendungen bestanden aus Geld, Lebensmitteln, Kleidung, Heizmaterial oder Medikamenten, wurden aber nur geleistet, wenn die nächsten Angehörigen des Betreffenden nicht in der Lage waren zu helfen. Das Geld für die Sozialleistungen stammte meist aus der städtischen Kämmereikasse, die Jahr für Jahr mehr Geld investieren mußte, sowie aus kirchlichen und anderen mildtätigen Stiftungen.[255] Die anwachsende Bevölkerung hatte in Schwelm dazu geführt, daß die Armenfürsorge, die bis dato hauptsächlich in Regie der lutherischen Kirchengemeinde

---

[253] Einige der Zuwanderer waren sogar zu arm, um die Reisekosten für ihre Rückkehr in die Heimat aufbringen zu können. Das zeigt der Fall des Schusters Conrad Lenz aus Lichtenberg im Odenwald. Er hatte sich vor Jahren ins Märkische begeben, war dort aber ins Elend geraten. Auf die Bitte seiner in der Heimat zurückgebliebenen Tochter spürten die Behörden den 66jährigen, der auch einige Zeit in Schwelm gelebt hatte, schließlich auf. Am 1.6.1797 erschien Lenz in Schwelm, "ein schlechtbekleideter und zerlumpter Mann". Er gab an, daß es seine dürftigen Umstände nicht zuließen, in die Heimat zurückzukehren, wenn ihm nicht zuvor das nötige Reisegeld ausgehändigt werde. StAS A 2845.

[254] Allgemeines Landrecht, II. Teil, tit. 19, § 10. Das Heimatrecht kollidierte aber mit § 11 und 12 des Allgemeinen Landrechts, wonach ausdrücklich in die Bürgerschaft aufgenommene Personen oder Fremde, die einige Zeit zu den gemeinen Lasten eines Ortes beigetragen hatten, auch von diesem Ort unterstützt werden mußten. Die Problematik zeigte sich u.a. im Fall des Buchbinders Martin Kalle. Am 29. August 1785 hatte Kriegs- und Domänenrat Wülfingh den Schwelmer Magistrat angewiesen, Kalle, der aus der Reichsstadt Dortmund stammte, bei der Etablierung zu unterstützen und ihm als Ausländer die ediktmäßige Unterstützung zu erteilen. Damit setzte sich Wülfingh über den Widerstand des am Ort ansässigen Buchbinders Bellmann hinweg, der um seine Geschäfte fürchtete. Als Kalle zwei Jahre später "schwachsinnig" wurde, versuchten die Schwelmer, die Heimatstadt Dortmund zur finanziellen Unterstützung des Zuwanderers hinzuzuziehen, doch offenbar ohne Erfolg. StAS A 2061a, Schreiben vom 29. Mai 1787.

[255] Krabbe, Stadt, S. 101.

3. Zwischen Siebenjährigem Krieg und Franzosenzeit (1763-1806)

betrieben wurde, auf eine breitere Basis gestellt wurde. 1797 wurde eine "Bürgeranstalt" ins Leben gerufen, an der sich alle Bürger gemäß ihrer finanziellen Möglichkeiten beteiligten. Sie stand allen Bedürftigen ohne Ansehen ihrer Konfession zur Verfügung.[256]

Daß viele auf Hilfe angewiesen waren, bestätigt eine Untersuchung der Vermögensverhältnisse der Gesamteinwohnerschaft. Im Jahre 1806 nennt das Salzproberegister insgesamt 510 Haushaltungen mit 1.449 Personen.[257] Von ihnen wurden 343 Männer und Frauen als *"arm"*, *"bettelarm"*, *"unvermögend"* oder in *"dürftigen Umständen"* lebend bezeichnet.[258] Damit stellten die Armen 23,6 Prozent der gesamten städtischen Bevölkerung, d.h. mehr als jeder fünfte Einwohner lebte am Rande des Existenzminimums. Eine Liste aus dem Jahr 1805 nennt die Namen derjenigen Einwohner, die so arm waren, daß sie für ihre Ernährung auf öffentlich ausgegebene Brotrationen angewiesen waren.[259] Aufgeführt wurden 46 hilfsbedürftige Familienväter, 44 Frauen, sieben Kinder über zehn Jahren und 68 Mädchen und Jungen unter zehn Jahren. Von den 46 Männern waren 21 nachweislich nicht in Schwelm geboren, sondern später zugewandert. Die hilfsbedürftigen Nicht-Schwelmer stellten somit 45,6 Prozent der Armen, die 1805 mit Brot versorgt werden mußten. Damit waren die Zugewanderten gemessen an ihrem Anteil an der Gesamtbevölkerung stark überrepräsentiert.[260]

Außer den Zugewanderten waren alte und kranke Menschen besonders häufig von Armut betroffen. Zu den Hilfsbedürftigen gehörte 1805 auch der Goldwaagenmacher Abraham Kruse, der nun so alt war, daß er offensichtlich nicht mehr in der Lage war, sich und seine Frau zu ernähren. Auch hinter dem Namen des Perückenmachers Clemens, der Jahre zuvor so vehement um seine Erlaubnis zur Etablierung gekämpft hatte, steht der Vermerk: *"sehr arme und dürftige Leute"*.[261] Im Jahre 1791 wurden 186 von 545 Haushaltsvorständen als *"arm"* bezeichnet, darunter auch mehrere Zuwanderer, deren Freijahre noch liefen.[262]

Doch nicht alle Fremden scheinen überhaupt in den Genuß von Freijahren gekommen zu sein. 1764 beschweren sich Zuwanderer darüber, daß sie zur Kopfsteuer herangezogen werden sollten. Zwar schilderten sie vermutlich ihre finanzielle Situation aus verständlichen Gründen schlechter als sie tatsächlich war, doch dürften

---

[256] Helbeck, Schwelm, S. 365.
[257] StAS A 1405 und A 2223.
[258] StAS A 1405, Salzproberegister des Jahres 1806.
[259] StAS A 2223, darin: Liste der Empfänger von Brotzuteilungen, 1805.
[260] Nach der Aufnahme der Einwohnerschaft der Stadt Schwelm aus dem gleichen Jahr lebten nur 226 Ausländer (8,9 Prozent) unter den insgesamt 2.533 Einwohnern. Zwar bleibt die genaue Zahl der Zuwanderer aus der Grafschaft Mark und anderen preußischen Landesteilen unbekannt, doch waren sie mit 46 Prozent in den Heiratsregistern geringer vertreten als die Ausländer (54%). StAS A 64.
[261] StAS A 2112, darin: Liste hilfsbedürftiger Fabrikanten vom 11.6.1805.
[262] StAS A 1268, darin: Liste der zu zahlenden Akzise vom 17.3.1791.

ihre Erklärungen über nicht gezahlte Starthilfen glaubhaft sein, da ihre Angaben vom Magistrat schnell zu überprüfen waren. So argumentierte Wilhelm Junghaus aus dem Bergischen, der von der Schwelmer Behörde in die achte, von der Landes-Credit-Kommission aber in die wesentlich teurere fünfte Steuerklasse eingestuft worden war, daß er von den versprochenen Wohltaten für Ausländer nichts erhalten, dafür aber alle Pflichten eines Bürgers getragen habe und von Einquartierungen geplagt worden sei. Sein Vermögen sei sehr gering, und mit seinem kleinen "Klippkram" sei derzeit kaum etwas zu verdienen. Bleibe es bei der vorgesehenen steuerlichen Einstufung, wolle er in sein Vaterland zurückkehren.[263]

Auch der Strumpfweber Johann Gottlieb Bernhard mußte um seine Vergünstigungen kämpfen. Ihm war eine dreijährige Akzisefreiheit zugesichert worden. Dennoch, so seine Klage, sei er immer wieder von der Polizei- und der Akzise-Behörde mit der Pfändung bedroht worden und solle nun insgesamt 2 Reichstaler 15 Stüber für Brandmaterialien-, Haus-, Professionisten- und Konsumentensteuer aufbringen.[264] Bernhard erhielt recht und mußte erst nach Ablauf des dritten Freijahres Steuern entrichten.

---

[263] StAS A 1131, darin: Einsprüche der Bürger vom 16.4.1764. Auch verschiedene Textilarbeiter aus dem Bergischen klagten darüber, daß ihnen zwar Geld versprochen worden sei, sie jedoch nichts erhalten hätten.

[264] StAS A 1647, Beschwerde vom 2.8.1806.

3. Zwischen Siebenjährigem Krieg und Franzosenzeit (1763-1806)

3.5 Revolutionsflüchtlinge
3.5.1 Beginn der Flüchtlingswelle

> *"Es ist erstaunlich, was für eine Menge Emigranten [...] Tag und Nacht von vornehmen und bürgerlichen Familien, in Kutschen, zu Pferde, und zu Fuße, mit einer Menge Bagagewagen hier ankommen."* [265]

So konstatierte Bürgermeister Peter Nikolaus Wever im Oktober 1794. Zu diesem Zeitpunkt hatten die Auswirkungen der Revolution im fernen Frankreich auch die Grafschaft Mark erreicht. Die Emigranten, die in der folgenden Zeit auch in Schwelm eintreffen sollten, kamen nicht aus wirtschaftlichen Gründen, wie die Mehrzahl der sonst in der Stadt auftauchenden Fremden, sondern suchten (wie später noch dargestellt werden wird) politisches Asyl. Ihr Aufenthalt war damit von Anfang an zeitlich befristet angelegt, sowohl in der Vorstellung der Emigranten selbst als auch in der ihrer Gastgeber. Die Flüchtlinge hatten wohl kaum damit gerechnet, daß ihr Exil nicht nur einige Monate, sondern Jahre dauern würde.

Angesichts dieser Umstände konnte nicht ausbleiben, daß sich ein Teil der Flüchtlinge notgedrungen mit den Gegebenheiten des Gastortes intensiver auseinandersetzen und Möglichkeiten finden mußte, sein Leben zu gestalten. Die Suche nach einer Beschäftigung, die Geld einbrachte, war aber nur in Einzelfällen ein erster Schritt zum Erwerb des Bürgerrechts und zur Integration in die bisher fremde Gesellschaft. Der Prozentsatz der Emigranten, die den Weg vom Asylanten zum Zuwanderer beschritten, blieb in Schwelm verschwindend gering.

Von den ersten Flüchtlingsströmen, die bereits unmittelbar nach dem Sturm auf die Bastille in Paris am 14. Juli 1789 eingesetzt hatten,[266] war die Grafschaft Mark verschont geblieben. Die französischen Aristokraten, die in ihrer Heimat um ihr Leben fürchteten, fanden zunächst Aufnahme in England, in den Niederlanden, in Spanien, in der Schweiz und in Savoyen. In Deutschland ließen sich die Flüchtlinge am Anfang in den grenznahen Territorien nieder, in Trier und Mainz, in Speyer und Worms. Gegen Ende des Jahres 1791 befanden sich schätzungsweise 15.000 bis 20.000 französische Emigranten auf linksrheinischem Gebiet. Besonders in Koblenz, in dieser Phase heimliche Hauptstadt der Emigranten, hielten sich etwa 5.000 Franzosen auf.[267]

---

[265] StAS A 942a, Schreiben des Schwelmer Magistrats an die Kriegs- und Domänenkammer in Hamm vom 7.10.1794.
[266] Den Anfang machten der Graf von Artois mit seiner Familie und Gefolge, der im Morgengrauen des 17.7.1789 aufbrach und in die Niederlande reiste, gefolgt vom Prinzen Condé. Nachdem der Adel am 4.8.1789 in der Nationalversammlung auf seine Privilegien verzichtet hatte, kam es Mitte August zur ersten großen Auswanderungswelle. Am 9.2.1790 wurden in Frankreich die Güter der Emigranten beschlagnahmt.
[267] Veddeler, Emigranten, S. 27. Zur Situation der Emigranten vgl. Pernoud/Flaissier, Augen-

3. Zwischen Siebenjährigem Krieg und Franzosenzeit (1763-1806)

Nachdem jedoch die französischen Truppen auf deutsches Gebiet vorgedrungen waren und sich anschickten, den Rhein zu überschreiten, fühlten sich die vor der Revolution geflüchteten Franzosen und Brabanter, denen in ihrer Heimat die Todesstrafe drohte, in ihren zunächst gewählten Zufluchtsorten wie Koblenz, Mülheim am Rhein oder Düsseldorf nicht mehr sicher und flüchteten in Scharen weiter ostwärts.

Als Grenzstadt zum Bergischen in exponierter Lage bekam Schwelm die Auswirkungen der Flüchtlingswelle schnell zu spüren, die 1794 in die Grafschaft Mark hineinschwappte. Schon Monate zuvor hatten die preußischen Behörden vor dieser Entwicklung gewarnt und verschärfte Sicherheitsvorschriften erlassen. Denn obwohl Preußen den Brüdern des französischen Königs, dem Grafen von Artois und dem Grafen von Provence, großzügig in Hamm Asyl gewährt hatte, verfolgte die preußische Politik dennoch das Ziel, die Emigranten möglichst aus dem Lande fernzuhalten, um politische Repressalien zu vermeiden[268] und Gruppen im Lande keinen Vorschub zu leisten, die der Revolution in Frankreich mit Sympathie gegenüberstanden.[269]

Zunächst jedoch schien es dem Staat, der sich früh auf die Seite Österreichs gestellt hatte, offenbar ratsam, die Gebote der Gastfreundschaft einzuhalten und die Revolutionsflüchtlinge aufzunehmen. Doch hieß das nicht, daß man das politische Anliegen der Flüchtlinge, die Wiederherstellung der alten Gesellschaftsordnung, aktiv unterstützte. Im Gegenteil, der preußische Staat versuchte jede militärische Vorbereitung der Konterrevolution, Propaganda und die Sammlung von Truppen durch die Exilanten zu unterbinden. In einem Erlaß wies der preußische König die Regierung von Kleve und Mark an, den Emigranten Gastfreundschaft zu gewähren, aber nicht zu gestatten, *"daß sie Werbungen anstellen, sich in Haufen versammeln, in den Waffen üben, Läger halten, Magazine oder Waffenplätze anlegen, Pferde aufkaufen, oder irgend etwas unternehmen, welches das Ansehen einer Kriegszurüstung hätte."* [270] Denn es war bekannt, daß zahlreiche Emigranten, an der Spitze die geflüchteten Brüder des französischen Königs, versuchten, im Exil Truppen für eine Konterrevolution aufzustellen.[271]

---

zeugenberichte, S. 123-140.
[268] Veddeler, Emigranten, S. 85.
[269] Die Furcht war unbegründet. Die Grafschaft Mark blieb von Unruhen verschont, die in anderen Gebieten durch die Verbreitung revolutionärer Ideen ausgelöst wurden. So erwies sich auch ein Jakobinerklub in Soest als harmlos. Keinemann, Wirtschaftliche Lage der Grafschaft Mark, S. 77.
[270] HStAD, Kleve-Mark, Akten, Nr. 468, Vol. I, Bl.1: Schreiben des preußischen Königs an die Regierung von Kleve und Mark, Berlin, 4.2.1792. Die Anordnung wurde am 17.2.1792 in fast gleichem Wortlaut als Edikt verbreitet, ebd. Bl. 9.
[271] 1794 verhinderte ein Verbot der preußischen Regierung die Aufstellung eines Emigranten-Corps in Kleve. HStAD, Kleve Mark, Akten, Nr. 468, Vol. I, Bl. 181, Schreiben der preußischen Regierung an die Kleve-Märkische Regierung und Kriegs- und Domänenkammer, Berlin, 23.8.1794. Vgl. dazu auch Braubach, Revolution, S. 19.

3. Zwischen Siebenjährigem Krieg und Franzosenzeit (1763-1806)

Nach dem halbherzigen Versuch von Preußen und Österreichern, die französischen Revolutionstruppen niederzuschlagen, besonders nach dem für Preußen schmählichen Ausgang der Kanonade von Valmy und den unerwarteten militärischen Erfolgen der Franzosen, die Belgien einnahmen und auch am Rhein auf deutsches Territorium vorrückten, zeigte sich in der preußischen Haltung zur Emigrantenfrage ein Wandel. Vermutlich unter dem Eindruck, daß ein weiteres Vordringen der Revolutionstruppen im Bereich des Möglichen liege und eine allzu emigrantenfreundliche Politik Preußen Nachteile bringen könnte, verfolgte Berlin von nun an einen vorsichtigeren Kurs. Alle Personen französischer Nationalität mußten bei Überschreitung der Grenze nachweisen, daß sie in bestimmten Geschäften reisten, und durften sich auf der Durchreise nicht länger als 48 Stunden an einem Ort aufhalten. Nur im Falle von Krankheit und besonderer Not konnte die Frist verlängert werden.[272]

Dennoch wuchs die Zahl der Emigranten unaufhaltsam an. Dafür verantwortlich waren zum einen die Ausfertigung zahlreicher Sondergenehmigungen der Berliner Regierung für besonders hochgestelllte Emigranten, die sich mit umfangreichem Gefolge in preußischen Gebieten niederließen, vor allem aber die unerlaubte Einwanderung von Flüchtlingen, die mit wohlwollender Duldung der lokalen Behörden geschah. Denn während die preußische Regierung aus Gründen der Staatsraison zur Vorsicht mahnte, konterkarierten die örtlichen Magistrate aus wirtschaftlichen Motiven diese Politik. Französische und brabantische Emigranten - das bedeutete für die Städte und Gemeinden der Grafschaft Mark einmal nicht die übliche Armutszuwanderung, sondern den Zuzug finanzstarker Menschen, die die Nachfrage an Gütern des täglichen Bedarfs ankurbelten und bereit waren, hohe Preise für Unterkunft und Lebensmittel zu zahlen, ohne für das örtliche Gewerbe als Arbeitskräfte eine Konkurrenz darzustellen. Entsprechend freundlich war die Aufnahme.

Diese Entwicklung blieb der Berliner Regierung nicht verborgen. Da die Zahl der sich in der Provinz aufhaltenden Emigranten täglich zunehme, unter denen man *"feindliche französische Kundschafter"*, Verbreiter der *"berüchtigten Propaganda"* [273] und andere gefährliche Leute vermutete, mußten ab 1793 von den städtischen Magistraten

---

[272] HStAD, Kleve-Mark, Akten, Nr. 468, Vol. I, Bl. 52f.: Publicandum, Berlin, v. 27.11.1792.
[273] Ebd., Schreiben der Kriegs-und Domänenkammer Hamm an den Schwelmer Magistrat vom 4.3.1793. Wie groß die Angst des Staates vor Spionage und heimlicher Unterwanderung staatsfeindlicher Kräfte war, zeigt ein Ereignis des Jahres 1795. Die Behörden in Berlin prüften die Angaben eines französichen Emigranten namens Thilleul nach, der sich zu diesem Zeitpunkt an der Spree aufhielt. Das Mißtrauen war geschürt worden, weil der Mann immer wieder Reisen nach Frankreich unternahm und man daraus offenbar schloß, daß man es unmöglich mit einem der üblichen Flüchtlinge zu tun haben konnte. Da der Verdächtige angegeben hatte, daß er sich zuvor in Schwelm aufgehalten habe, wurde diese Aussage in Schwelm überprüft und ermittelt, daß der Mann vermutlich falsche Angaben gemacht und niemals am Ort gelebt hatte. HStAD, Kleve-Mark, Akten, Nr. 465, Bl. 121, Schreiben der Berliner Regierung an die Kleve-Märkische Regierung und die Märkische Kriegs- und Domänenkammer vom 26.3.1795. Ebd., Bl. 152, Antwort des Schwelmer Magistrats vom 12.5.1795.

Listen angefertigt werden, aus denen die Identität der Fremden hervorgehen sollte. Zu diesem Zeitpunkt machte diese Anweisung dem Schwelmer Magistrat allerdings noch wenig Arbeit. Denn bis zum 14. März 1793 hatte sich noch kein einziger Emigrant in Schwelm häuslich niedergelassen.[274] Franzosen und Brabanter waren den Schwelmern aber dennoch nicht gänzlich unbekannt. Schon in den Jahren vor der Revolution hatten sich immer wieder einmal einige Franzosen und Brabanter in der Stadt angesetzt, die bürgerlicher Herkunft waren und fast alle einen Textilberuf ausübten.[275]

Der erste französische Emigrant, der in Schwelm Aufnahme fand, war Philippe Desiré de Broch D'hotelans, ein Edelmann aus der Grafschaft Burgund. Er kam am 5. April 1794 von Düsseldorf nach Schwelm und bat um Aufnahme.[276] Ein erstes Quartier fand er bei Postmeister Wagenknecht. Unterstützt wurde sein Aufenthaltsgesuch von neun Kaufleuten, die einen Französischlehrer für ihre Kinder suchten. Da de Broch nicht nur französisch und englisch, sondern auch gut deutsch spreche, zudem auch Mathematikunterricht erteilen könne, wollte man ihn als Lehrer gewinnen. Es handele sich um einen ernsten und stillen Mann mit unbescholtenem Charakter, bescheinigten die Bürger. Um ihre Bitte zu unterstreichen, verwiesen sie auf einen ähnlichen Fall in Iserlohn.[277]

Doch Wülfingh in Hagen hatte bereits einen Tag nach der Ankunft des Franzosen die ablehnende Haltung der Regierung deutlich gemacht: Der König habe befohlen, alle Emigranten, die sich nicht hinlänglich legitimieren könnten, fortzuschaffen, da befürchtet werde, daß die Leute, die sich bisher im Lüttischen, Kölnischen, Jülischen und Bergischen aufgehalten hätten, nun auch die westfälischen Provinzen überschwemmen würden.[278] Nur schwachen, kranken und schwangeren Personen sowie Familien mit kleinen Kindern könne ein kurzer Aufenthalt gewährt werden. Dem *"verwöhnten Fremdling"* [279] de Broch wurde daher auferlegt, die von der Kriegs- und Domänenkammer verlangten Nachweise zur Legitimierung zu erbringen. Obwohl der Franzose der Forderung nachkam, nutzte ihm das zunächst wenig. Aus Hamm kam am 22. April 1794 die Entscheidung, daß man die Zahl der Emigranten nicht weiter erhöhen wolle und de Broch daher aus dem Lande entfernt werden müsse.[280]

---

[274] StAS A 942a, Schreiben des Schwelmer Magistrats vom 14.3.1793.
[275] Bereits vor der Revolution kamen nach Schwelm: 1771 der französische Sprachlehrer Parmantje (StAS A 34), 1776 der Leinenweber Anton Töngen (auch: Tonges) aus Brabant (StAS A 2029), vor 1777 der Ziechenmacher Anton le Nues aus Brabant (StAS A 34), 1781 der Leinenweber Peter Soote aus Brabant (StAS A 2029) und 1783 Carl de Motte, Wollkämmer aus Frankreich (StAS A 34).
[276] StAS A 942a, Schreiben von Philippe Desiré de Broch D'hotelans vom 10.4.1794.
[277] Ebd., Schreiben Schwelmer Bürger vom 8.4.1794.
[278] Ebd., Schreiben des Kriegsrates Wülfingh aus Hagen an den Schwelmer Magistrat vom 6.4.1794.
[279] Ebd., Anordnung des Schwelmer Bürgermeisters und Rates vom 9.4.1794.
[280] Ebd., Schreiben der Kriegs- und Domänenkammer Hamm an den Schwelmer Magistrat

3. Zwischen Siebenjährigem Krieg und Franzosenzeit (1763-1806)

Doch die Schwelmer Bürger blieben hartnäckig und trugen ihr Anliegen noch einmal in Hamm mündlich vor. Die Kriegs- und Domänenkammer informierte schließlich am 29. April 1794 darüber, daß sich de Broch vorläufig in Schwelm niederlassen dürfe.[281]

Derart zähe Verhandlungen in Einzelfällen waren bald nicht mehr möglich, denn im Herbst 1794 nahm die Zahl der Flüchtlinge in der Grafschaft Mark zu. Der Zulauf war Folge weiterer französischer Kriegserfolge. Die Revolutionstruppen zogen Anfang Oktober in die Städte Köln und Bonn ein und tauchten bald auch in Koblenz und Kleve auf. Für die Emigranten bedeutete dieser Vormarsch ein weiteres Zurückweichen nach Osten. Die Aufnahme in Schwelm war freundlich. Bürgermeister Wever kam im September 1794 zu dem Schluß, man habe von den Emigranten nichts zu befürchten. Sie seien entweder mit korrekten Pässen und Attesten versehen oder suchten nur ein Quartier für eine Nacht. Ihr Betragen sei untadelig, und sie verdienten wegen ihres widrigen Schicksals eine gute Behandlung.[282] Wever wollte damit offenbar die Bedenken der Regierungsbehörden in Berlin zerstreuen. Vielleicht, um immer neue Forderungen der Behörde nach Zeugnissen, Attesten und Listen zu verhindern, die dem Magistrat nicht wenig Arbeit verschafften.[283]

---

vom 22.4.1794.
[281] Ebd., Schreiben der Kriegs- und Domänenkammer Hamm an den Schwelmer Magistrat vom 29.4.1794.
[282] Ebd., Bericht des Schwelmer Magistrats an die Kriegs- und Domänenkammer in Hamm vom 30.9. und 7.10.1794.
[283] Der Schwelmer Kämmerer Grundschöttel war mit den Paßangelegenheiten der Emigranten beauftragt worden, da er die französische Sprache beherrschte. Er klagte am 16. Oktober 1794, daß er sich, seit die kaiserliche Armee den Rhein überschritten habe, mit den Paßangelegenheiten von Emigranten aus Frankreich, Brabant, Jülich, Holland, Aachen, Köln, Mülheim und Düsseldorf beschäftigen müsse. Es sei unmöglich, von allen Zeugnissen und Pässen Abschriften zu fertigen, da man Tausende in den Händen gehalten habe. Die Originale gäben die Flüchtlinge nicht gern aus den Händen. Ebd.

3.5.2 Der Duc de Broglie

Im Herbst des Jahres 1794 kam der wohl prominenteste Flüchtling nach Schwelm: Victor Francois Duc de Broglie,[284] Marschall von Frankreich, der noch kurz vor dem Zusammenbruch des französischen Königtums für kurze Zeit zum Kriegsminister ernannt worden war. Broglie hatte Paris unmittelbar nach dem Sturm auf die Bastille verlassen. In der Nacht vom 15. auf den 16. Juli 1789 hatte der Marschall Versailles den Rücken gekehrt und war in Richtung Osten aufgebrochen. Begleitet wurde der Duc von seiner Familie.[285] Nur der älteste Sohn Victor blieb in Paris und starb dort am 27. Juni 1794 unter dem Fallbeil der Guillotine.[286]

Als de Broglie mit einem Gefolge von mehr als 130 Personen im damals etwa 2.000 Einwohner zählenden Schwelm ankam, lagen die Stationen Trier, Koblenz, Düsseldorf und Hamm hinter ihm. In Düsseldorf hatte sich der Sohn Charles, vermutlich gemeinsam mit seinem Bruder Auguste, von der Familie getrennt und war in Richtung London weitergereist, während sich die übrige Familie nach Osten wandte. De Broglie folgte den Prinzen von Artois und der Provence, die in Hamm, der Hauptstadt der Grafschaft Mark, Aufnahme gefunden hatten. Wenige Tage nach ihrer Ankunft wurde dem französischen König Ludwig XVI. in Paris der Prozeß gemacht. Nach seiner Hinrichtung am 21. Januar 1793 erklärten sich die Brüder des Königs in Hamm zur Exilregierung. Ihr gehörte de Broglie als Exilminister gemeinsam mit dem Marschall de Castries an.[287] Warum sich de Broglie entschloß, in der Folgezeit nicht länger in Hamm zu bleiben, sondern ausgerechnet in Schwelm Quartier zu nehmen,

---

[284] Der Marschall de Broglie wandte sich mit seiner Familie zunächst nach Luxemburg. Soboul, Französische Revolution, S. 115. Später kam Broglie nach Schwelm. Victor Francois Duc de Broglie wurde 1718 in Paris geboren und starb 1804 in Münster/Westfalen. De Broglie schlug früh die militärische Laufbahn ein und brachte es bis zum Marschall von Frankreich. Während seiner 60jährigen Dienstzeit nahm er an 27 Feldzügen teil. Während des Siebenjährigen Krieges zog er mit seinen Truppen im Frühjahr 1758 durch Schwelm. Nach dem Sturz des Finanzministers Necker ernannte der französische König Ludwig XVI. de Broglie zum Kriegsminister. Nach seiner Flucht bemühte sich de Broglie als Mitglied der Exilregierung in Hamm darum, Truppen zur Niederschlagung der Französischen Revolution aufzustellen. Auch nach der Generalamnestie für die französischen Emigranten kehrte de Broglie nicht in seine Heimat zurück. De Broglie, Les Broglie, S. 106-114. Zum Aufenthalt de Broglies vgl. auch Tobien, Bilder aus der Geschichte, S. 224.

[285] Mit auf die Reise gingen seine Ehefrau Louise Augustine Salbigathon Crozat de Thiers (1733-1813), die Söhne Auguste, Prince de Revel (1762-1795) mit Frau, Victor Amédée Marie (1772-1851) sowie die Töchter Adélaide Francoise, verheiratete de Boisse (1764-1852) mit Ehemann, und Aglaé Charlotte Marie (1771-1846) in Begleitung ihres Mannes, dem Marquis de Murat. Eine weitere Tochter, Charlotte Amédée Salbigothon (1754-1795) und ihr Ehemann, der Comte d'Helmstatt, schlossen sich unterwegs ihrer Familie an. 1790 stießen in Trier die Söhne Maurice Jean Madelaine (1766-1821) und Charles (1765-1849) hinzu. De Broglie, Les Broglie, S. 112-122.

[286] Ebd., S. 124.

[287] Schönbach, Preußische Verwaltung, S. 20.

3. Zwischen Siebenjährigem Krieg und Franzosenzeit (1763-1806)

ist ungeklärt. Wahrscheinlich ist, daß de Broglie, der sich - wie seine Söhne Charles und Auguste in England - in Deutschland um die Aufstellung von Truppen zur Niederschlagung der Revolution bemühte, die Grenzstadt Schwelm, die er bereits aus dem Siebenjährigen Krieg kannte,[288] als Vorposten auswählte, um die Entwicklung im Westen beobachten zu können.[289]

Das umfangreiche Gefolge des Marschalls logierte in Schwelm in mehreren Häusern. Als immer mehr Emigranten in die Grafschaft hineindrängten, verschärften die Behörden auch ihr Aufnahmeverfahren. Wer einen französischen Emigranten länger als 24 Stunden bei sich beherbergte, ohne davon Meldung zu machen, mußte nun mit einer Geldstrafe rechnen.[290] Und obwohl der Marschall de Broglie mit seinem Anhang einen Sonderstatus genoß, wurde auch er gebeten, sein Gefolge nach Möglichkeit einzuschränken.[291] Denn inzwischen gab es kaum noch ein Haus, in dem keine Emigranten logierten. Auch außerhalb der Stadtmauern hielten sich in den Bauerschaften einige Emigranten auf.[292]

---

[288] Im April 1758 war de Broglie auf dem Rückzug von Kassel mit seinen Truppen durch Schwelm gezogen. Er logierte damals im Haus des Bürgermeisters Wever. Eine Beschreibung der Ereignisse dieser Kriegstage findet sich in der Chronik des Pastors Johann Adam Sohn, in Auszügen wiedergegeben in: Helbeck, Kriegschronik.

[289] Zu diesem Schluß kommt auch Helbeck, Schwelm, S. 681. Für die Vermutung, daß der Aufenthaltsort nach militärischen Gesichtspunkten ausgewählt wurde, spricht auch eine Beobachtung der Schwelmer Ärzte, die mehrere angeblich erkrankte Flüchtlinge im März 1795 untersucht hatten. Bei der Visite hatte der Emigrant de la Motte erklärt, daß sein Aufenthalt in Schwelm notwendig sei, da er in Geschäften des Marschalls de Broglie tätig sei. Die Ärzte hatten bei ihm Schriften und Landkarten entdeckt. StAS A 948, Bericht des Magistrats und des Ärztekollegiums vom 9./10.3.1795.

[290] StAS A 942a, Schreiben des Schwelmer Bürgermeisters und Rates vom 27.9.1794.

[291] Veddeler, Emigranten, S. 189.

[292] So berichtet der Bürgermeister Peter Nikolaus Wever bereits am 1.2.1793, daß ein von den Behörden gesuchter französischer Emigrant, der keine Aufenthaltserlaubnis besaß, sich nicht in der Stadt, sondern zu Möllenkotten im Gogericht aufhalte. StAS A 942 a. Nach der Emigrantenliste von 1799 wohnte auch der Vicomte de Luppé seit 1795 im Gogericht. Er handelte mit Wein. StAS A 948.

3.5.3 Profiteure und Verlierer

Von den zahlreichen Emigranten profitierten nicht alle Bewohner. Denn während Vermieter und Wirte, Bäcker, Schlachter und andere Händler Geld an den Flüchtlingen verdienten, klagten die übrigen Bürger darüber, daß die Lebensmittel *"rarer und theurer"* [293] würden. In der Stadt fehle es an Raum, und die Emigranten könnten nur noch mit vielen Schwierigkeiten unterkommen, berichtete der Schwelmer Magistrat im Dezember 1794.[294] Mit dem Vordringen der französischen Revolutionstruppen nahm die Gastfreundschaft des preußischen Staates immer weiter ab. Die Behörden argumentierten mit Sicherheitsbedenken. Anfragen wurden mit dem Hinweis abschlägig beschieden, daß man den Fremden empfehlen müsse, ihren Aufenthalt in einer *"von dem Krieges Schau Platz mehr entfernten Gegend zu nehmen, damit bei einer etwaigen feindlichen Invasion ihre Persohnen und Eigenthum nicht in Gefahr kommen möge, wie in einem solchen Fall bei dem grossen Zufluß von Menschen, und bei dem Mangel erforderlicher Fuhren allerdings zu besorgen stehet."* [295] In Wahrheit dürfte der preußische Staat um seine eigene Zukunft besorgt gewesen sein.

Angesichts des näherrückenden Feindes und der zunehmenden Teuerung aller Lebensmittel[296] seien auch die zehn französischen Emigrantenfamilien zurückzuweisen, die in Schwelm um Aufnahme nachgesucht hatten. Von ihnen sei nur de Broglie als vermögend anzusehen. Für ihn wurde eine Ausnahme gemacht.[297] Eine Aufenthaltserlaubnis erhielt ebenfalls noch die Witwe des ehemaligen Staatsministers Bertin. Sie sollte aber ihre Begleitung einschränken und durfte nur die zu ihrer Pflege unentbehrlichen Personen mitbringen. Doch die Witwe Bertin kam nie in Schwelm an.[298]

Die Schwierigkeiten, die die Behörden den Flüchtlingen zunehmend bereiteten, müssen im Zusammenhang mit dem Sonderfrieden zu Basel 1795 gesehen werden, mit dem Preußen aus der antifranzösischen Koalition ausschied, um die Kräfte zu bündeln und Ansprüche bei der dritten polnischen Teilung durchzusetzen. Von nun an war es wenig opportun, großzügig Revolutionsflüchtlinge aufzunehmen und damit den Eindruck zu erwecken, die Konterrevolution in Frankreich zu unterstützen.

---

[293] StAS A 948, Schreiben des Schwelmer Magistrats vom 17.12.1794.
[294] Ebd., Schreiben des Schwelmer Magistrats vom 17.12.1794.
[295] HStAD, Kleve-Mark, Akten, Nr. 464, Bl. 164. Schreiben der Kriegs- und Domänenkammer Hamm an Baron von Steenhys, Hamm, 18.10.1794.
[296] HStAD, Kleve-Mark, Akten, Nr. 468, Vol.I, Bl. 252 (Befehl des preußischen Königs an die Regierung in Kleve vom 29.11.1794): Die weitere Aufnahme könne "[...] sowohl wegen Mangels der Subsistenz und daraus zu befahrender Hungersnoth für Unsere eigne Unterthanen, als auch wegen deren Behandlung bei dereinstigem, zwar nicht zu befürchtendem, aber doch möglichem weiterem Vordringen des Feindes, von den nachtheiligsten Folgen seyn".
[297] StAS A 948, Schreiben der Kriegs- und Domänenkammer Hamm an den Schwelmer Magistrat vom 9.12.1794.
[298] Ebd., Schreiben der Kriegs- und Domänenkammer Hamm an den Schwelmer Magistrat vom 16.12.1794. Wie aus einem offenbar nachträglich hinzugefügten Zusatz hervorgeht, war die Witwe Bertin nach einem Bombardement aus Düsseldorf geflohen und vermutlich in Elberfeld gestorben.

3. Zwischen Siebenjährigem Krieg und Franzosenzeit (1763-1806)

Diese Haltung des Staates war nicht im Sinne der Mehrzahl der Schwelmer Bürgerschaft. Die schlechten Zeiten, in denen einige Produkte der örtlichen Betriebe keinen Absatz mehr fanden, veranlaßten *"den bürgerstand, fremde in Ihre häußer zu nehmen, um doch noch etwas zu verdienen"*.[299] Müßte man die Emigranten fortschicken, vergrößere man die *"Calamitäten"* der Bürger, argumentierte der Schwelmer Magistrat in einem Schreiben an die Kriegs- und Domänenkammer.[300] Zudem mußten die Schwelmer befürchten, daß die Flüchtlinge lediglich die Stadt räumen sollten, um für Einquartierungen preußischer Truppen Platz zu schaffen.[301] Sie appellierten daher an die Kammer, das Gefolge des Marschalls nicht weiter zu beschränken, da die steigenden Lebensmittelpreise nicht durch die Emigranten verursacht würden, sondern durch die näherrückenden Armeen. Einem Mangel würde jedoch durch das Ausfuhrverbot für *"Victualien"* vorgebeugt.[302] Ähnliche Gesuche hatten auch die Bürger von Iserlohn und Lünen[303] an die Regierung geschickt. Auch die Kleve-Märkische Kriegs- und Domänenkammer schloß sich der positiven Beurteilung der Emigranten an: Man könne nicht umhin festzustellen, daß sich alle in der Provinz aufhaltenden französischen Emigranten - zu diesem Zeitpunkt 94 Familien - still und ordentlich betrügen, wie die Berichte der Land- und Steuerräte zeigten. Da kein Verdacht gegen diese Leute vorhanden sei, könne ihnen der Aufenthalt nach Ansicht der Kammer unbedenklich gestattet werden.[304] Dennoch sollten die Vermieter den Emigranten die Quartiere aufkündigen, kamen dem aber offenbar nur zögernd nach.[305] Immer wieder richteten Vermieter Bittschriften an die Behörden, um zu erreichen, daß bestimmte Personen am Ort bleiben durften. Aus *"Grundsätzen der Menschlichkeit"*, gab die Kriegs-

---

[299] StAS A 942a, Schreiben des Schwelmer Magistrats an die Kriegs- und Domänenkammer Hamm vom 18.10.1794.
[300] Ebd.
[301] Die Kriegs- und Domänenkammer Hamm schrieb am 16.2.1795, daß die französischen und brabantischen Emigranten, die "die besten Quartiere einnehmen, und zur Vertheuerung der Lebens Mittel" beitrügen, nicht länger geduldet werden könnten, da die Einquartierung von Truppen zu erwarten sei. StAS A 948.
[302] Ebd, Schreiben des Schwelmer Magistrats vom 31.1.1795.
[303] In Lünen schritt die preußische Regierung gegen die Absicht des örtlichen Magistrates ein, Emigranten aufzunehmen und unterstellte der Bevölkerung als Motiv: "[...] aus dem Grunde, damit die Bürgerschaft Gelegenheit haben möge, ihre überflüßigen Victualien vortheilhaft abzusetzen [...]". HStAD, Kleve-Mark, Akten, Nr. 464, Bl. 276, Schreiben der preußischen Regierung an die Kleve-Märkische Regierung und Märkische Kriegs- und Domänenkammer, Berlin, 5.12.1794.
[304] HStAD, Kleve-Mark, Akten, Nr. 468, Vol.I, Bl. 115, Schreiben der Kleve-Märkischen Kriegs- und Domänenkammer an das Kabinetts-Ministerium, Kleve, 31.12.1793.
[305] In einem Schreiben des Schwelmer Magistratsmitgliedes Beckmann, der den Emigranten offensichtlich ablehnend gegenüber stand, heißt es, daß die vielleicht 400 bis 500 Emigranten, die sich immer noch im Ort aufhielten, nicht nur der Stadt lästig fielen, weil sie Milch, Fleisch und Gemüse verteuerten, sondern es könne dem Magistrat auch schnell eine Strafe einbringen, wenn er die Vorschriften über die Entfernung der Flüchtlinge nicht beachte. StAS A 948, Schreiben vom 19.9.1795.

und Domänenkammer am 22. Februar 1795 eine Entscheidung aus Berlin weiter,[306] würden die harten Vorschriften eingeschränkt: Kranke und schwache Emigranten sowie Frauen mit Kindern und Personen, die eine Reise im Winter nicht ohne Gefahr für Leib und Leben antreten könnten, wurden von der Ausweisung ausgenommen und sollten bis auf weiteres geduldet werden. Daraufhin meldeten sich zahlreiche Emigranten krank: Wasser- und Gelbsucht, Fieber, Hämorrhoiden, Geschwüre, Gicht und Magenschwäche - die Emigranten blieben von fast keinem Leiden verschont. Linderung von ihren Krankheiten erhofften sie sich angeblich durch das Wasser des Schwelmer "Gesundbrunnens". So auch Monsieur de Guillebon, von dem es heißt, er habe *"ein Scorbut im Geblüte, und will den Brunnen gebrauchen"*.[307] Die Ärzte, die mit einer Untersuchung beauftragt worden waren und sich dabei nach eigenen Aussagen auf den Augenschein verließen, scheinen allerdings selbst bei dieser recht oberflächlich geführten Überprüfung nicht immer von der Krankheit der Patienten überzeugt gewesen zu sein. So im Falle des Monsieur Daulon, der angab, an einem Fieber zu leiden, sich nach Einschätzung der Mediziner aber *"ziemlich wohl befunden"* hatte.[308] Allerdings sei es nicht korrekt, alle Emigranten als Simulanten abzutun. Unter den Flüchtlingen waren viele ältere und auch ernstlich kranke Leute, denen eine beschwerliche Reise im Winter wohl kaum zuzumuten gewesen wäre. Von der Schwere einiger Erkrankungen zeugt das katholische Sterberegister nur allzu deutlich.[309] Unter den Toten war auch Auguste Joseph de Broglie, Sohn des Marschalls. Ein tragischer Unfall kostete ihn das Leben. Auguste Joseph war zunächst mit seinem Vater emigriert, dann aber von Düsseldorf nach London gereist, um ein Exilheer zur Niederschlagung der Revolution aufzustellen. Im Januar 1795 reiste er nach Schwelm zu seiner Familie. Bei der Begrüßung rutschte Auguste Joseph auf eisglatter Straße aus, stürzte und verletzte sich dabei so schwer, daß er wenige Tage später, am 26. Januar 1795, starb.[310]

---

[306] Ebd, Schreiben der Kriegs- und Domänenkammer Hamm an den Schwelmer Magistrat vom 22.2.1795.
[307] Ebd, Untersuchungsbericht Schwelmer Ärzte vom 9./10.3.1795.
[308] Ebd.
[309] Vgl. Totenbuch der katholischen Gemeinde Schwelm 1776-1810. Unter den Toten sind unter anderen der 62 Jahre alte französische Emigrant Franziscus Leonardus de Clouet (1.3.1795), die 23 Jahre alte Jungfer Alexandrina Maria Germana Eulalia Comtesse de la Chapelle (19.3.1795), der aus Luxemburg gebürtige 50 Jahre alte Franciscus Antonius Carlier (7.8.1796), Andreas de Marssac aus Frankreich (17.4.1797) und auch der 72 Jahre alte Jodocus Christoph de L'omme (2.2.1799), der fünf Jahre lang in Schwelm gelebt hatte und hier schließlich starb. Neben weiteren Eintragungen finden sich auch die Namen zahlreicher Kinder aus Emigrantenfamilien.
[310] De Broglie, Les Broglie, S. 180f.

3.5.4 Herkunft der Fremden

Außer der Familie des Marschalls de Broglie, die im Februar des Jahres 1795 mit einem Teil ihres Gefolges nach Pyrmont weitergereist war, lebten noch zahlreiche andere Emigranten aus Frankreich, Flandern, Brabant und dem Bistum Lüttich in Schwelm. Insgesamt haben sich Ende 1794 vermutlich etwas mehr als 160 Emigranten in der Stadt aufgehalten. Die Ungenauigkeit der Zahl liegt zum einen daran, daß die offiziellen Listen nicht immer alle wirklich in der Stadt lebenden Flüchtlinge erfaßt haben dürften, zum anderen daran, daß nicht in jedem Fall die Größe des Gefolges einzelner Adeliger genau angegeben wurden. Der stetige Zuzug sorgte dafür, daß auch nach der Abreise de Broglies die Zahl der Flüchtlinge nicht auffallend zurückging.

Tab. 4 Anzahl der Emigranten 1794-1804

Datum	Stadt Erlaubnis	Stadt Duldung	Gogericht Erlaubnis	Gogericht Duldung	Summe	Quelle
20.05.1794	1	0	0	0	1	StAS A 942a
13.10.1794	?	?	?	?	130	StAS A 942a
um 1796	110	69	0	15	194	HStAD 470
01.01.1797	?	?	?	?	106	StAS A 962
01.05.1797	?	?	?	?	112	StAS A 962
31.05.1797	?	?	?	?	109	StAS A 962
ca. 1798/99	61	39	0	16	116	HStAD 470
um 1799	39	49	0	14	102	HStAD 469
20.10.1799	?	?	?	?	89	StAS A 948
um 1800	42	88	0	1	131	StAS A 948
10.05.1800	?	?	?	?	76	StAS A 948
13.07.1804	1	0	0	0	1	StAS A 978

Die Zahl von 400 bis 500 Revolutionsflüchtlingen in Schwelm im Jahr 1795[311] ist allerdings nicht zu belegen und kann, wenn überhaupt, nur auf zahlreiche illegale Einwanderer zurückgeführt werden. Denn eine Liste aller in der Grafschaft Mark sich aufhaltenden französischen, brabantischen, lüttischen und holländischen Emi-

---

[311] Vgl. Helbeck, Schwelm, S. 681. Die Angabe stützt sich auf ein Schreiben des Schwelmer Ratsherrn Johann Heinrich Beckmann vom 19.9.1795. Der Bericht diente aber dazu, deutlich zu machen, daß die Stadt mit Emigranten überfüllt sei und dem Magistrat eine Strafe drohe, wenn er den Befehl zur Abschiebung der Fremden ignoriere. Die Zahlen im Originaldokument dürften daher eher über- als untertrieben sein. Möglicherweise wurden auch Flüchtlinge, die nur wenige Tage in Schwelm Station machten und dann weiterreisten, mitgezählt. Vgl. StAS A 948.

granten - vermutlich für das Jahr 1796 - nannte insgesamt nur 583 Personen. 96 von ihnen verfügten über eine staatliche Konzession zum Aufenthalt, 343 waren nur geduldet, und 144 Personen zählten zu den gesondert aufgeführten holländischen Emigranten.[312] Da es zwischen 1795 und 1796 keine nennenswerte Rückwanderung in die Heimatländer gab, dürften die Zahlen 1795 eher niedriger als höher gelegen haben. Allerdings war Schwelm neben Hamm die Hochburg der Emigranten in der Grafschaft Mark: Hier lebte ein Drittel aller legalen Flüchtlinge. Um 1800, nachdem Napoleon Bonaparte die Revolution für beendet erklärt hatte, gingen die Emigrantenzahlen schnell zurück. 1804 - zwei Jahre nach Verkündung der Generalamnestie für die Emigranten - weist die Liste nur noch einen Namen auf: den des Kaufmanns Joseph Achille Duvivier de Vivie.[313]

Die Mehrzahl der Flüchtlinge, die sich 1797 noch in Schwelm aufhielten, stammte aus Frankreich (78%). Die übrigen Männer und Frauen kamen aus dem Bistum Lüttich, aus Brabant, Flandern und Luxemburg.[314]

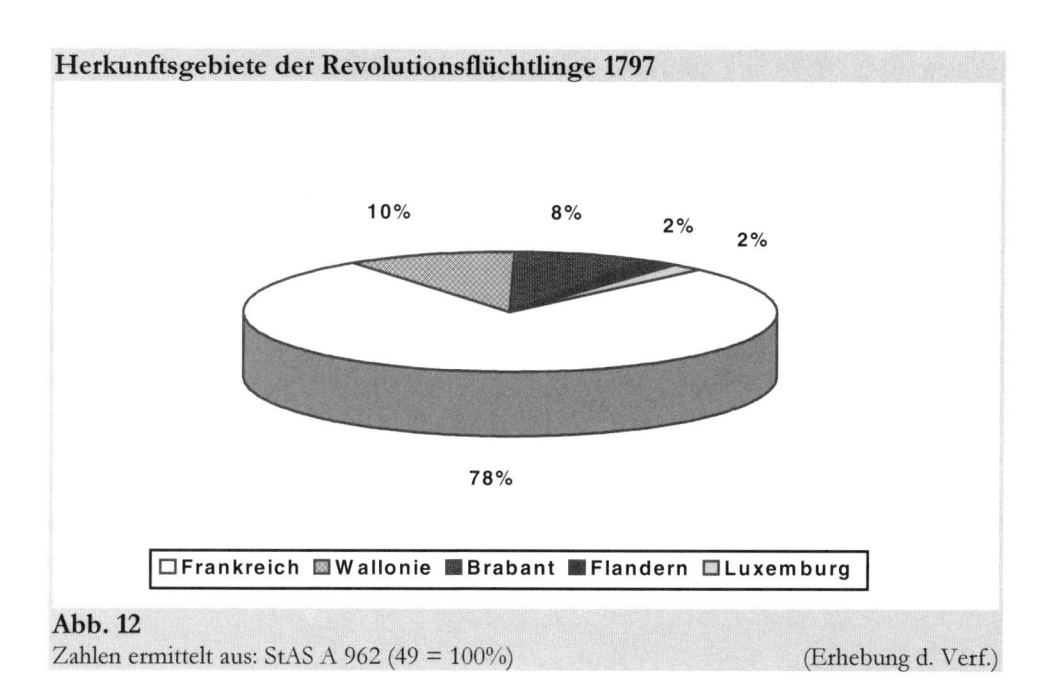

Herkunftsgebiete der Revolutionsflüchtlinge 1797

10% 8% 2% 2%

78%

☐ Frankreich ▨ Wallonie ■ Brabant ■ Flandern ☐ Luxemburg

Abb. 12
Zahlen ermittelt aus: StAS A 962 (49 = 100%) (Erhebung d. Verf.)

---

[312] HStAD, Kleve-Mark, Akten, Nr. 470, Vol. II, Bl. 69: undatierte Liste, vermutlich aus dem Jahr 1796.
[313] StAS A 978, Emigrantenliste vom 13.7.1804.
[314] StAS A 962, Emigrantenliste vom 4.8.1797. Vgl. Abb. 12.

3. Zwischen Siebenjährigem Krieg und Franzosenzeit (1763-1806)

Mehr als Zweidrittel der Erwachsenen war 1797 älter als 39 Jahre.[315] Viele der Fremden gehörten der Aristokratie an. Klerus und Bürgertum waren in geringerem Maße vertreten. Vor der Revolution 1789 gehörten viele der geflüchteten Männer dem Militär an und hatten dort bis zum Umsturz führende Positionen eingenommen. In Schwelm fanden sich aber auch Priester und Kaufleute, Juristen, Beamte und Lehrer ein.[316]

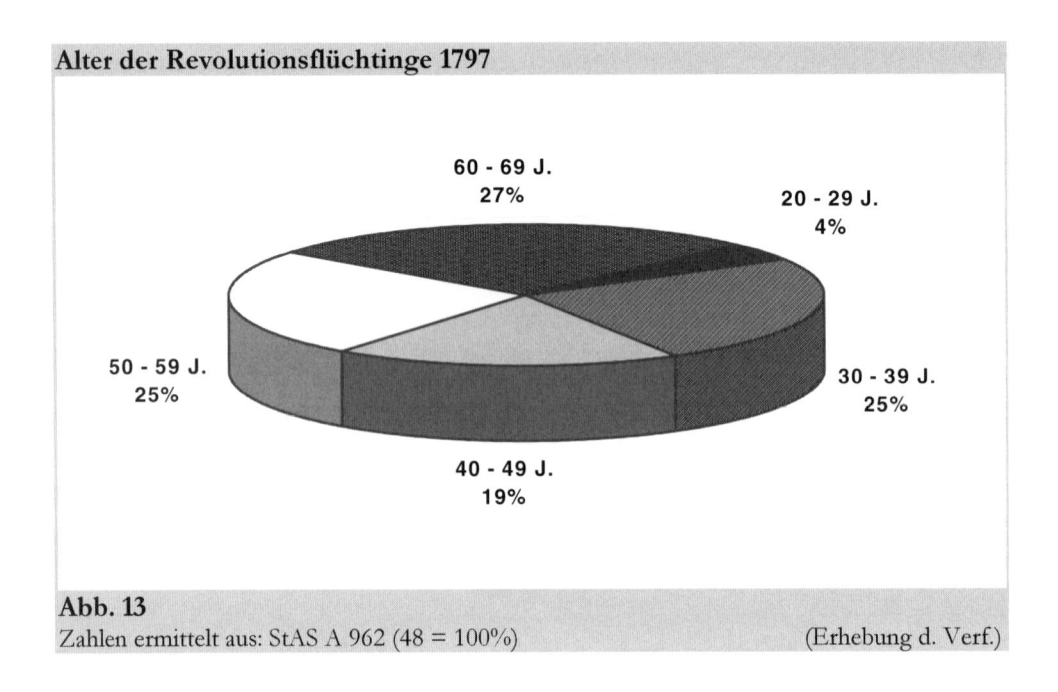

Alter der Revolutionsflüchtinge 1797

- 60 - 69 J. 27%
- 20 - 29 J. 4%
- 30 - 39 J. 25%
- 40 - 49 J. 19%
- 50 - 59 J. 25%

Abb. 13
Zahlen ermittelt aus: StAS A 962 (48 = 100%) (Erhebung d. Verf.)

---

[315] Ebd., Abb. 13.
[316] Ebd., Emigrantenliste vom 1.1.1797.

3.5.5 Lebensumstände der Emigranten

Über die Lebensumstände der Emigranten liegen keine ausführlichen Quellen vor. Viele lebten von *"Einkünften"*, ihrem Vermögen oder Pensionen, andere mußten sich mit Gelegenheitsarbeiten durch das Leben schlagen.[317] Je länger das Leben im Exil dauerte, desto mehr Emigranten waren gezwungen, ihren Lebensunterhalt durch Arbeit zu verdienen. Die beruflichen Möglichkeiten waren allerdings begrenzt. Frauen übernahmen Näharbeiten oder versuchten als Wäscherinnen Geld zu verdienen. Einige Männer arbeiteten als Seidenwirker oder Hutmacher. Der Emigrant de Visse, der im Gogericht untergekommen war, verdiente sein Brot als Uhrmachergeselle, ein anderer als Band- und Seidenweber.[318] Männer, die schreiben und lesen konnten, boten ihre Dienste als französische Sprachlehrer an. Die Nachfrage nach Lehrern scheint besonders unter den Schwelmer Kaufleuten groß gewesen zu sein, die für ihre Auslandsgeschäfte Sprachkenntnisse benötigten.

Das zeigt das Beispiel des ersten Emigranten in Schwelm de Broch D'hotelans ebenso wie der Fall des französischen Geistlichen Louis Denis de Maillet: Maillet stammte aus einem lothringischen Adelsgeschlecht.[319] Er wurde 1744 geboren und schlug die geistliche Laufbahn ein. Der Kanonikus des königlich-französischen Kapitels zu Bar-le-Duc in Lothringen war erst um den Jahreswechsel 1796/97 nach Schwelm gekommen. Bisher habe er sich durch Sprachunterricht nützlich zu machen versucht und sich stets still und ordentlich betragen. Da die Nachfrage groß sei, wolle er in Schwelm eine öffentliche französische Schule gründen, erklärte er seine Absicht. Sein Gesuch an den König wurde durch die Unterschriften von mehr als 20 Bürgern unterstützt.[320] Maillet erhielt am 28. November 1797 Nachricht von der Kriegs- und Domänenkammer in Hamm, daß die preußische Regierung ihm erlaube, in Schwelm eine öffentliche französische Schule zu eröffnen.[321] Allerdings war die Bewilligung mit der Auflage verbunden, den Unterricht nur auf die französische Sprache zu beschränken, um den anderen Schulanstalten am Ort keine unliebsame Konkurrenz zu machen.

Selbständig machte sich 1797 auch die Gräfin Armande de Marsac. Sie sah sich offenbar aus finanzieller Not zu diesem Schritt gezwungen, denn schon seit längerer Zeit war ihr bejahrter Mann krank. Sie suchte um die Erlaubnis nach, eine Erziehungsanstalt aufmachen und dafür werben zu dürfen. In der Einrichtung sollten *"junge Frauenzimmer"* im Lesen, Schreiben und Rechnen, in der französischen Sprache, schließlich auch im Stricken, Nähen, Sticken und in der Fertigung von Modearbeiten

---

[317] StAS A 948, Emigrantenliste vom 20.10.1799. Vgl. Abb. 14. Abweichungen von 100 Prozent kommen durch Ab- bzw. Aufrundungen zustande.
[318] HStAD, Kleve-Mark, Akten, Nr. 469, Vol. III, Bl. 63-77.
[319] Vgl. de la Chenaye-Desbois/Badier, Noblesse, Bd. 12, S. 834-839.
[320] StAS A 962, Schreiben von Louis Denis Maillet an den preußischen König vom 14.3.1797.
[321] Ebd., Schreiben der Kriegs- und Domänenkammer Hamm an den Schwelmer Magistrat vom 28.11.1797.

unterrichtet werden.³²² Unter der Voraussetzung, daß sie sich mit einer ordnungsgemäßen Erlaubnis in Schwelm aufhalte, wurde ihr Vorhaben genehmigt.³²³ Allerdings scheint sich die Gräfin, die seit Oktober 1794 in Schwelm lebte, trotz dieser Genehmigung nicht mehr lange im Märkischen aufgehalten zu haben.³²⁴

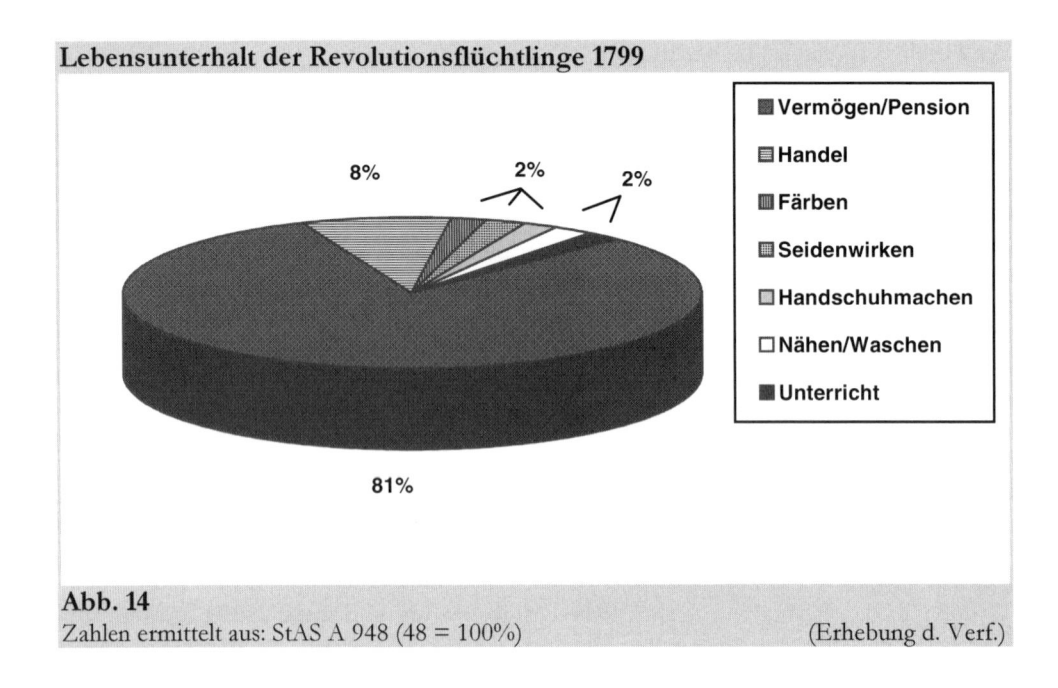

Lebensunterhalt der Revolutionsflüchtlinge 1799

- Vermögen/Pension: 81%
- Handel: 8%
- Färben: 2%
- Seidenwirken: 2%
- Handschuhmachen
- Nähen/Waschen
- Unterricht

Abb. 14
Zahlen ermittelt aus: StAS A 948 (48 = 100%) (Erhebung d. Verf.)

Keine Schwierigkeiten wurden dem französischen Emigranten de la Croix gemacht. Er konnte nicht nur eine Handelserlaubnis aus Duisburg vorweisen, sondern auch einen Bürgerbrief dieser Stadt. De la Croix, der sich 1796 bereits in Schwelm aufgehalten hatte, dann aber nach Duisburg gegangen war, beabsichtigte, in Schwelm eine Seidentuchfabrik zu erbauen. Zudem wollte er das Wasser des Gesundbrunnens zur Wiederherstellung seiner angeblich angegriffenen Gesundheit nutzen.³²⁵ Die Behörden entschieden, daß de la Croix wie ein königlicher Untertan behandelt werden müsse, da er in Duisburg das Bürgerrecht erworben habe.³²⁶

---

³²² Ebd., undatiertes Schreiben an den Schwelmer Magistrat.
³²³ Ebd., Schreiben von Bürgermeister und Rat vom 6.4.1797.
³²⁴ In einer Emigrantenliste vom 18.9.1797 ist vermerkt, daß die Gräfin de Marsac mit ihrer Tochter nach Gemarke gezogen ist. Ebd.
³²⁵ Ebd., Schreiben vom 16.10.1797.
³²⁶ Ebd., Schreiben der Kriegs- und Domänenkammer Hamm an den Schwelmer Magistrat vom 24.10.1797.

Als nützlich wurde auch der Färber Joseph Evrard aus Brabant eingestuft, der von der preußischen Regierung nicht nur geduldet, sondern auch zu festem Etablissement und damit auch zur Bürgerschaftsgewinnung zugelassen wurde.[327]

Doch die genannten Beispiele blieben Einzelfälle. Die preußische Regierung, die jede intensive wirtschaftliche Tätigkeit von Konzessionen abhängig machte, erleichterte die Etablierung der Fremden nicht und ließ sie nur in dem Maße zu, wie sie ansässigen Branchen keine Konkurrenz machte.[328] Die Mehrzahl der Emigranten lebte daher von ihrem Vermögen. Nicht immer waren die finanziellen Mittel groß genug, um im Exil ein aufwendiges Leben zu führen. Im Gegenteil, einige von ihnen hatten ihre Barschaft offenbar mit der Zeit aufgebraucht und lebten nun in kärglichen Verhältnissen. So auch der normannische Adlige Louis Antoine Le Vaneur de Quiezeville, der im Hause des Schwelmer Schmieds Wilhelm Möller eine Stube zur Straßenseite in der zweiten Etage bewohnte. Am 17. Februar 1797 ließ der erkrankte Franzose sein Testament aufnehmen. Bis auf eine goldene Schnupftabaksdose, die er einem ebenfalls emigrierten Freund vermachte, überließ er sein übriges in Schwelm befindliches Eigentum einem anderen Franzosen. Zu vererben hatte der Kranke acht Monate vor seinem Tod nur eine geringe Barschaft, einige Möbel und andere Gegenstände. Denn sein eigentliches Vermögen, so verriet Quiezeville bei Abfassung des Testaments, habe er in der Heimat zurücklassen müssen.[329]
Auch die Marquise de Rozière kämpfte gegen die Armut. Sie müsse nicht nur für ihre Kinder, sondern auch für die ihrer verwitweten Tochter sorgen, und wenn sie nicht ab und zu von ihrem Ehemann aus England mit Geld unterstützt würde, müßte sie Not leiden, berichtete ihr Schwelmer Vermieter, der Akziseinspektor Hasseley.[330]

Eine Integration in die Schwelmer Gesellschaft wurde weder von der Mehrzahl der Emigranten noch von ihren Gastgebern angestrebt. Die meisten Flüchtlinge warteten auf eine politische Wende in Frankreich oder zumindest darauf, daß sie bei einer Rückkehr keine Nachteile zu erwarten hatten. Bereits um die Mitte des Jahres 1797, als in Frankreich Royalisten und Gemäßigte an Bedeutung gewannen, schnürten die ersten Emigranten ihr Bündel und machten sich auf den Weg zurück in die Heimat, die sie vor Jahren verlassen hatten.[331] Eine Abreise, die sich als verfrüht erweisen sollte, denn nach dem Staatsstreich vom September 1797 ging ein Linksruck durch die französische Innenpolitik. Gesetze gegen ehemalige Jakobiner wurden aufgehoben, solche gegen Emigranten, Royalisten und eidverweigernde Priester wieder in

---

[327] StAS A 948, Kgl. Dekret aus Berlin vom 27.6.1799.
[328] Vgl. dazu auch Diezinger, Emigranten in Baden, S. 164.
[329] StAM Grafschaft Mark, Gerichte II, Schwelm Nr. 292.
[330] StAS A 948, Schreiben des Akziseinspektors Hasseley an die Kriegs- und Domänenkammer Hamm vom 13.5.1795.
[331] StAS A 962, Liste von den Veränderungen, welche sich durch Todesfälle oder anderweitigen Abgang bei den sich in der Stadt Schwelm aufhaltenden Emigranten ereignet pro Juny, July, August 1797.

Kraft gesetzt.[332] Opfer dieser Entwicklung wurden auch drei Händler aus der Nähe von Brüssel, die mit Schwelmer Kaufleuten Geschäftsbeziehungen unterhielten. Sie waren zunächst emigriert, dann aber in ihre Heimat zurückgekehrt, nachdem das französische Direktorium zugesagt hatte, daß Kaufleute und Fabrikanten, die nicht gegen die Republik gedient hätten, wieder aufgenommen würden. Nach dem Staatsstreich mußten sie jedoch erneut ihr Land verlassen und baten darum, sich vorübergehend in Schwelm aufhalten zu dürfen. Die Kaufleute Heilenbeck und Sternenberg, die die Brüsseler mit Garn belieferten, setzten sich für die Aufnahme ihrer Geschäftspartner ein.[333] Doch der preußische Staat, der aus der antifranzösischen Koalition ausgeschieden war, schottete sich zunächst ab und wollte alle zurückkehrenden Emigranten, die keine Aufenthaltserlaubnis hatten, schon an der Grenze abweisen. Wenige Wochen später duldete die Regierung aber wenigstens die Personen, die bereits früher einmal legal in Preußen gelebt hatten.[334]

---

[332] Weis, Durchbruch des Bürgertums, S. 163.
[333] StAS A 962, Bittgesuch der Schwelmer Kaufleute Heilenbeck und Sternenberg vom 3.10.1797.
[334] HStAD, Kleve-Mark, Akten, Nr. 470, Vol. II, Bl. 181, 234f. Schreiben der preußischen Regierung an die kleve-märkische Regierung vom 27.9. und 8.11.1797.

3. Zwischen Siebenjährigem Krieg und Franzosenzeit (1763-1806)

3.5.6 Die Angst vor den Fremden

Einige Schwelmer dürften den Abschied der Fremden ohne Wehmut gesehen haben. Denn obwohl den Emigranten hier keine Feindschaft entgegenschlug wie den Franzosen in Hamm,[335] herrschte doch Mißtrauen und Befremden über die Lebensgewohnheiten und das ungewohnte Gebaren der Leute. Sogar Bürgermeister Wever, der das gute Betragen der Franzosen wiederholt lobte, ließ zur Vorsicht die Nachtwachen verdoppeln.[336] Nicht immer scheinen sich die Gäste still und unauffällig betragen zu haben. Darauf läßt jedenfalls die Zusicherung des Marschalls de Broglie schließen, er habe Befehl gegeben, daß kein Emigrant sich in Zukunft erlaube, Flinten- oder Pistolenschüsse in den Straßen der Stadt abzufeuern.[337]

Besonders deutlich wird die Angst vor den Fremden im Fall des Grafen de la Roque, der verdächtigt wurde, ein Brunnenvergifter zu sein. Der aus dem Languedoc stammende Mann wurde beschuldigt, sich in aller Frühe zum Brunnen in der Cöllnischen Straße begeben zu haben, und als er sich unbeobachtet wähnte, etwas aus der Tasche genommen und in den Brunnen geworfen zu haben. Der Zeuge des Vorfalls, ein gegenüber wohnender Schwelmer Bürger, warnte daraufhin alle Bewohner, Wasser aus dem Brunnen zu schöpfen. Der Magistrat wurde aufgefordert, den Fremden wegen dieses *"unverzeihlichen Verbrechens"* zur Verantwortung zu ziehen.[338] Der Vermieter von de la Roque trug auch nicht zur Verbesserung des Bildes des beschuldigten Grafen bei. Der Mieter habe sich unanständig benommen und gewirkt, als habe er sehr viel *"Verdruß im Kopfe"*.[339] Der beschuldigte Graf gab an, lediglich Steine ins Wasser geworfen zu haben, um zu sehen, wie tief der Brunnen sei. Zum Beweis seiner Unschuld bot er an, *"eine Portion von dem Wasser zu trinken"*.[340] Die mißtrauischen Schwelmer untersuchten dennoch den Brunnen, konnten aber nichts Schädliches zu Tage fördern. De la Roque wurde trotzdem aufgefordert, die Stadt zu verlassen. Diese Entscheidung wurde aber von der preußischen Regierung bis zur endgültigen Klärung des Falles wieder aufgehoben.[341]

---

[335] In Hamm hatten Bürger den Emigranten, darunter die beiden Brüder des französischen Königs, Gewalt angedroht, wenn sie nicht sofort weiterzögen. Die Emigranten waren gerade zwei Wochen am Ort, da fand man an einem Haus einen Anschlag mit dem Wortlaut: "Wenn sich die hier aufhaltenden Franzosen nicht innerhalb 24 Stunden fortpacken, so werden die Bürger solche mit Gewalt vertreiben und dem Nationalkonvent den Grafen von Artois lebendig oder tot ausliefern, damit diese Kanaille ihren verdienten Lohn empfängt und wir für die uns drohenden Gefahren gesichert seien." Zitiert nach Schönbach, Preußische Verwaltung, S. 18.
[336] StAS A 942a, Schreiben des Bürgermeisters Wever vom 7.10.1794.
[337] Vgl. Tobien, Bilder aus der Geschichte, S. 246.
[338] StAS A 962, Brief eines Bürgers an den Schwelmer Magistrat vom 14.3.1797.
[339] Ebd., Untersuchungsprotokoll des Schwelmer Magistrats vom 14.3.1797.
[340] Ebd.
[341] HStAD, Kleve-Mark, Akten, Nr. 466, Vol. IV, Bl. 314, Schreiben der preußischen Regierung an die Kleve-Märkische Regierung, Berlin, 3.4.1797.

3. Zwischen Siebenjährigem Krieg und Franzosenzeit (1763-1806)

3.5.7 Verzicht auf Rückkehr in die Heimat

Dennoch gab es einige wenige Emigranten, die sich in Schwelm dauerhaft etablierten oder zumindest diese Absicht hatten. Nachweislich gewannen fünf Emigranten das Schwelmer Bürgerrecht.[342] Es waren ausnahmslos Männer, die bereits früh versucht hatten, in Schwelm beruflich Fuß zu fassen, wie der Seidenwirker de la Croix oder Charles Dubois, Kaufmann und Handschuhmacher aus Frankreich. Letzterer heiratete mit Julia Joffroy eine Frau, die wie er aus Frankreich stammte.[343] Einige Flüchtlinge heirateten in einheimische Familien ein. Ein Beispiel hierfür ist Joseph Achille Duvivier de Vivie. Er heiratete am 3. November 1800 Helene Catharina Wilhelmina Elisabetha Rahlenbeck aus Schwelm.[344]

Joseph Achille Duvivier de Vivie stammte aus Tombeboeuf in der französischen Provinz Guyenne-Gascogne, wo er am 27. Juli 1765 geboren worden war. Der Angehörige der ehemaligen königlichen Garde war im Oktober 1794 gemeinsam mit seinem Cousin Jacques, einem Offizier der Infanterie, nach Schwelm gekommen. 1791 hätten er und sein Vetter ihren Geburtsort wegen großer Gefahr und Unruhe verlassen müssen, berichtete Achille Duvivier über seinen Lebenslauf, den die Behörden verlangten, um entscheiden zu können, ob die beiden Männer sich als Kaufleute in Schwelm betätigen durften. In Schwelm hätten sie ihren Unterhalt mit dem Verkauf von Waren, unter anderem Stoffe und Schnupftücher, bestritten, die sie auf den Messen in Frankfurt und Leipzig, in Elberfeld, Iserlohn und anderen inländischen Fabriken einkauften und in Schwelm wieder verkauften. Ihr Kapital bestehe aus 1.000 Talern und ihr Warenlager sei beträchtlich, da sie bei einigen Fabrikanten Kredit hätten. Nun würden sie in Schwelm gern einen Laden eröffnen und in der Umgebung mit ihren Waren hausieren gehen, erklärten sie.[345]

Auch die Tochter der Witwe vom Schee am Markt, bei der die beiden Männer zur Miete wohnten, gab ein gutes Zeugnis ab. Die Kaufleute ließen ihre Lieferanten nicht auf ihr Geld warten, meinte sie.[346]

---

[342] Nicht hinzugezählt wurde der Schneider Augustinus Mignot aus Brüssel, der in den Akten nicht als Emigrant, sondern als Colonist bezeichnet wird. Mignot kam offenbar erst nach April 1797 nach Schwelm. Zu diesem Zeitpunkt war er 27 Jahre alt. StAS A 46.

[343] Traubuch der katholischen Kirchengemeinde Schwelm, 23.11.1800. Julia Joffroy war mit großer Wahrscheinlichkeit die Tochter der Kaufmannsfrau A. Joseph Joffroy aus Valenciennes, die 1794 nach Schwelm gekommen war.

[344] Ebd, 3.11.1800. Zwischen 1796 und 1808 sind im Traubuch noch mehrere Personen verzeichnet, die aus Frankreich stammten oder als Emigranten bezeichnet wurden und Einheimische heirateten. Doch ließen sie sich nicht in den städtischen Emigrantenlisten ermitteln.

[345] StAS A 960, Protokoll vom 17.9.1796. Bereits am 13.2.1796 hatte Vivier ein Bittgesuch an den preußischen König gerichtet. HStAD, Kleve-Mark, Akten, Nr. 466, Vol. IV, Bl. 11.

[346] StAS A 960, Schreiben vom 12.10.1796.

3. Zwischen Siebenjährigem Krieg und Franzosenzeit (1763-1806)

Courage et économie, la providence ne m'abandonnera pas!

Joseph Achille Duvivier de Vivie

Le 27. Juillet 1763 né à Tombeboeuf, Departement Lot et Garonne.
En Juillet 1785 entré au service militaire et reçu par le roi Louis XVI. dans sa garde.
En Janvier 1792 émigré pour l'Allemagne.
En May 1794 commencé avec peu de moyens un petit commerce comme colporteur, pour subsister.
En Novembre 1800 marié avec Mlle. W. Rahlenbeck de Schwelm.
En Janvier 1806 établi à Schwelm en Prusse un commerce de vin de France, sous la raison de J. A. Duvivier Vivie.

Joseph Achille Duvivier de Vivie kam als Revolutionsflüchtling und blieb in Schwelm.

3. Zwischen Siebenjährigem Krieg und Franzosenzeit (1763-1806)

Im Januar 1797 erteilte der König in Berlin den Duviviers die Erlaubnis, sich in Schwelm als Nahrungs- und Handlungstreibende niederzulassen. Sie müßten sich jedoch des im Lande verbotenen Hausierens enthalten und seien der Landesverfassung und der Akziseregelung unterworfen.[347] Damit war der Emigrant und reisende Händler Joseph Achille Duvivier de Vivie seßhaft geworden. Sein Cousin scheint wenig später den Ort verlassen zu haben, denn im Juli 1804 weist die Emigrantenliste in Schwelm nur noch den Namen Joseph Achille Duvivier de Vivie auf. Und weiter heißt es: Er ernähre sich von seiner Handlung, und sein Betragen sei ganz untadelhaft.[348] Duvivier blieb für den Rest seines Lebens in Schwelm. Beruflich sattelte der Franzose vom Textil- zum Weinhändler um und hatte damit offenbar eine Marktlücke entdeckt.

Da seine Ehe mit Wilhelmine Rahlenbeck kinderlos blieb, holte Duvivier um 1803 seinen Neffen Jean Joseph Urbain de Vivie aus Frankreich nach Schwelm, dem er später sein Geschäft vermachte und der zum eigentlichen Begründer der Familie de Vivie in Schwelm werden sollte. Einige Jahre später - im Zuge der napoleonischen Fremdherrschaft - rückte Achille Duvivier de Vivie sogar an die Spitze der örtlichen Verwaltung auf.[349]

Auch wirtschaftlich gelang ihm der Aufstieg. Der Handel mit französischen Weinen scheint ein florierendes Geschäft gewesen zu sein, das auch überörtlich bekannt wurde.[350] Im Jahre 1836 gehörte Duvivier de Vivie zu den vermögenden Hausbesitzern in Schwelm.[351] Der ehemalige französische Emigrant starb 1846 hochbetagt als angesehener Bürger in Schwelm.[352]

---

[347] Ebd., Schreiben der Kriegs- und Domänenkammer Hamm an den Schwelmer Magistrat vom März 1797. HStAD, Kleve-Mark, Akten, Nr. 466, Vol. IV, Bl. 212, Schreiben der preußischen Regierung an die Kleve-Märkische Regierung und Märkische Kriegs- und Domänenkammer, Berlin, 19.1.1797.
[348] StAS A 978, Emigrantentabelle vom 13.7.1804.
[349] Vgl. Kapitel 4.
[350] Die Weinhandlung findet sich auch im "Adreßbuch der jetzt bestehenden Kaufleute und Fabrikanten in Europa" wieder, das 1817 in Nürnberg gedruckt wurde. Vollmerhaus, Kaufleute, S. 92.
[351] Im Jahre 1836 wird J. A. Duvivier de Vivie als Eigentümer zweier Wohnhäuser im Wert von 5.500 und 4.500 Talern sowie eines Nebengebäudes mit Warenlager und Remise im Wert von 2.500 Talern genannt. In seinem Besitz war zudem das Wohnhaus Nummer 202, genannt "Am Weinberg", das als Weinkeller diente und mit einem Wert von 5.000 Talern taxiert wurde. StAS B (ohne Signatur) (Kasten 363): "Beschreibungen und Taxen der in der Stadt Schwelm befindlichen Gebäulichkeiten", aufgenommen vom 22.8. bis 2.9.1836, Bd. 2.
[352] Totenbuch der katholischen Kirchengemeinde Schwelm vom 15.12.1846.

3. Zwischen Siebenjährigem Krieg und Franzosenzeit (1763-1806)

Da Joseph Achille Duvivier de Vivie kinderlos blieb, holte er seinen Neffen Jean Joseph aus Frankreich nach Schwelm. Dieser heiratete Theresa Holtgreven und führte das Unternehmen weiter.

Das "Haus am Weinberg": Im Kellergewölbe wurden französische Weine gelagert.

3. Zwischen Siebenjährigem Krieg und Franzosenzeit (1763-1806)

Die Revolutionsflüchtlinge hinterließen kaum Spuren in der Schwelmer Geschichte. Obwohl sie mehrere Jahre innerhalb der Stadtmauern - und auch vor den Toren der Stadt - lebten, fanden sie keinen Eingang in die Schwelmer Bevölkerung. Mit Ausnahme des bereits erwähnten Duvivier de Vivie und möglicherweise noch weniger anderer schlug kein Emigrant in der Stadt Wurzeln. Die Gründe hierfür sind vielfältig. Die meisten Emigranten hatten ihrer Heimat nicht für immer den Rücken gekehrt, sondern warteten nur auf eine politische Wende, um zurückreisen zu können. Adelige, deren Vermögen groß genug war, um die Dauer des Exils zu überstehen, sahen keine Notwendigkeit, sich in Schwelm beruflich zu betätigen oder andere Formen der Integration zu suchen. Nur die finanzielle Not drängte sie im einen oder anderen Fall zur Berufstätigkeit. Zudem sprach auch die Altersstruktur der Fremden gegen einen wirtschaftlichen Neuanfang. Viele waren einfach zu alt, um sich in Schwelm eine neue Existenz aufzubauen, anderen fehlte das Geld zur Existenzgründung. Finanzielle Hilfen für Emigranten gab es nicht.

Der preußische Staat war aus außenpolitischen Gründen von Anfang an daran interessiert, die Zahl der Flüchtlinge innerhalb seines Territoriums so klein wie möglich zu halten. Strenge Vorschriften sollten den Zustrom in geordnete Bahnen lenken und nur Personen den Aufenthalt ermöglichen, die sich in ausreichendem Maße ausweisen konnten. Dennoch gelang es immer wieder einigen Leuten, durch das Netz der staatlichen Kontrolle zu schlüpfen und sich ohne Erlaubnis in Schwelm aufzuhalten. Dem illegalen Aufenthalt wurde durch das Verhalten der örtlichen Behörden und der Bevölkerung Vorschub geleistet. Sie handelten nicht aus politischen, sondern aus finanziellen Erwägungen. Die zahlungskräftigen Emigranten wurden als gute Kunden der ortsansässigen Händler und als sichere Einkommensquelle für Vermieter geschätzt. Abschiebungspläne der Berliner Regierung stießen hier folglich auf taube Ohren, die Befolgung entsprechender Weisungen wurde so lange verschleppt, bis sich die Lage wieder entspannt hatte. Nicht umsonst klagte die Regierung in Berlin 1797, daß in der Grafschaft Mark fünfmal mehr illegale denn konzessionierte Emigranten lebten.[353] Allerdings konnten nicht alle Schwelmer vom importierten Aufschwung profitieren. Wer nichts zu verkaufen oder zu vermieten hatte, der mußte feststellen, daß die betuchten Fremden die Preise verdarben und den ohnehin meist kargen Arbeitslohn weiter schrumpfen ließen. Aber selbst Kritiker dürften dieses Übel der drohenden Einquartierung von Soldaten vorgezogen haben.

Für Flüchtlinge, die den Schritt zur Etablierung wagen wollten, gab der preußische Staat wenig Anreize. Da für die berufsmäßige Tätigkeit eine Erlaubnis der Regierung nötig war, gestalteten sich die Verhandlungen zur Existenzgründung mühselig und nicht selten auch kostspielig. Wer ein Gewerbe ausüben wollte, mit dem er ansässigen

---

[353] HStAD, Kleve-Mark, Akten, Nr. 470, Vol. II, Bl. 76: Schreiben des preußischen Königs an die Kleve-Märkische Regierung vom 7.3.1797.

Branchen unliebsame Konkurrenz gemacht hätte, hatte kaum Chancen auf die Erlaubnis zur Niederlassung. Bei Joseph Achille Duvivier trafen alle günstigen Bedingungen zusammen: Er war noch keine 40 Jahre alt und ohne Familie nach Schwelm gekommen, hatte durch das Hausieren mit Stoffen und Tüchern genügend Startkapital erworben, um sich etablieren zu können, und hatte sich als geschäftstüchtig und kreditwürdig erwiesen. Mit der Konzession für einen Laden und der Gewinnung des Bürgerrechts hatte er die Möglichkeit der Integration in die Schwelmer Gesellschaft, die mit der Einheirat in eine angesehen einheimische Kaufmannsfamilie noch weiter gefestigt wurde.

3. Zwischen Siebenjährigem Krieg und Franzosenzeit (1763-1806)

3.6 Auswärtige Juden

Eine abgeschlossene Gruppe innerhalb der städtischen Gesellschaft bildeten die Juden. Sie unterlagen rigorosen Beschränkungen des Staates in fast allen Lebensbereichen. Dies betraf die ortsansässige Judenschaft, insbesondere aber Juden, die ihren Wohnsitz verlegen wollten. Seit Ende des 16. Jahrhunderts bis zu ihrer Verfolgung durch die Nationalsozialisten im 20. Jahrhundert lebten stets einige Juden in Schwelm. Nach dem Dreißigjährigen Krieg wuchs ihre Zahl in der Stadt. Zwischen 1681 und 1686 erhielten gleich vier Juden Schutzbriefe.[354] Diese Ansetzung stand im Zusammenhang mit der Peuplierungspolitik des brandenburgischen Kurfürsten Friedrich Wilhelm, die die Wirtschaft stärken sollte.[355] Neben den normalen Lasten, die alle Untertanen zu tragen hatten, mußten die Juden zudem noch eine besondere Abgabe, das Schutzgeld, zahlen. Nur dadurch erhielten sie eine Genehmigung zur Niederlassung. Dafür bekamen sie die Erlaubnis, ein Gewerbe zu betreiben und auch Häuser zu erwerben.

Im 18. Jahrhundert reglementierte der preußische Staat die Niederlassung mit den Generalprivilegien von 1730 und 1750 stark. Die finanziellen Lasten der Juden wurden erhöht, ihre Zahl genau festgeschrieben und die Zahl der Kinder, die ein Schutzjude legal zu preußischen Einwohnern machen konnte, herabgesetzt. Über die Erlaubnis zur Niederlassung entschied nicht der örtliche Magistrat oder die Kriegs- und Domänenkammer als übergeordnete Behörde, sondern stets das Ministerium des Innern in Berlin. Da die Zahl der am Ort lebenden jüdischen Familien - in Schwelm lebten im Jahr 1796 insgesamt 38 Juden,[356] 1804 bereits 51 der insgesamt 469 Juden der Grafschaft Mark - darunter vier ordinäre und drei extraordinäre Schutzjuden[357] - nicht vergrößert werden sollte, wurden der Ansetzung viele Schwierigkeiten in den Weg gelegt.[358]

Doch im Vergleich zur Niederlassung von Zuwanderern christlicher Religion waren hier die Rollen zwischen königlicher Regierung und Schwelmer Magistrat vertauscht. Stand der Magistrat einer allzu intensiven Ansiedlungspolitik "üblicher" Zuwanderer eher ablehnend gegenüber, da die örtliche Verwaltung die Stadtbevölkerung vor hartem Konkurrenzkampf schützen wollte, reagierte der Magistrat auf die Ansiedlungspläne einiger Juden aufgeschlossener. Dies galt allerdings nur für die wenigen Fälle, da wohlsituierte, vermögende Juden in eine Schwelmer Judenfamilie einheiraten wollten. Da sich die wenigen Familien in der Stadt Schwelm fast ausschließlich auf das Metzgerhandwerk und - zur Beschaffung von Schlachtvieh - auf den sehr kapi-

---

[354] Helbeck, Juden, S. 9.
[355] Bruer, Juden in Preußen, S. 39f.
[356] StAS A 47.
[357] StAM Nachlaß Romberg, Teil A, Nr. 6, S. 98-100: Von der Judenschaft und ihren Abgaben 1804.
[358] Fremde Juden, die sich in Preußen niederlassen wollten, mußten ein Vermögen von 10.000 Reichstalern nachweisen. Um ein "Einschleichen" zu verhindern, wurden die Heiraten von Juden genau überprüft. Herzig, Judentum, S. 4.

talintensiven Viehhandel spezialisiert hatten[359] und zu den vermögenden Einwohnern zählten, zeigte sich der Magistrat nicht ablehnend. Weil Juden auch nicht mit steuerlichen oder anderen Vergünstigungen des Staates rechnen konnten, sondern im Gegenteil mit vielen Abgaben belegt waren,[360] befürchtete der Magistrat keine Benachteiligung der eigenen Bürgerschaft.

Das zeigt das Beispiel des Juden Marcus Juda aus Fischelbach in der Grafschaft Wittgenstein im Jahre 1771. Der 36 Jahre alte Mann, der sich schon seit zwölf Jahren im Märkischen aufgehalten hatte und seit einiger Zeit als Handlungsbedienter bei dem Schwelmer Schutzjuden Joseph Meyer arbeitete, suchte zu diesem Zeitpunkt um eine Konzession zur Niederlassung nach.[361] Der Schwelmer Magistrat unterstützte den Antrag und argumentierte gegenüber der Regierung in Berlin, daß zwar nach dem Generalprivilegium von 1750 die Zahl bereits am Orte lebender Juden nicht erhöht, insbesondere die Niederlassung fremder Juden nicht erlaubt werden sollte, Marcus Juda jedoch wie ein Einheimischer zu behandeln sei, da er schon jahrelang in der Grafschaft lebe.[362] Ein vierter Schutzjude in der Stadt füge dem Ort keinen Schaden zu, meinte der Magistrat, zumal der Betreffende nicht wie die anderen Juden das Metzgerhandwerk ausübe, sondern mit Stoffen und Pottasche[363] einen Handel - auch über die Grenzen des Landes hinweg - betreibe. Da der König an der Ansetzung von ausländischen Kaufleuten interessiert sei, die wie Marcus Juda jährlich Waren im Wert von mehreren tausend Talern umschlügen, handele man pflichtwidrig, falls man die Ansetzung verhindere, argumentierte der Magistrat listig. Zwei Monate später kam die erbetene Ansetzungserlaubnis aus Berlin.[364] Allerdings hatte die Regierung den Preis für das Schutzjudenpatent verdoppelt: statt 50 Dukaten sollte Juda nun 100 Dukaten an die Chargen-Kasse[365] zahlen, zusätzlich für 100 Dukaten Porzellan aus der Berliner Manufactur abnehmen, eine Zwangsleistung, zu der Juden seit 1769 gezwungen wurden.

---

[359] In Zünften organisiertes Handwerk blieb den Juden verschlossen, ebenso der Handel mit Wein und Holz, Hökerwaren wie Butter, Käse, Fisch und Eiern sowie der Verkauf und die Verarbeitung rohen Tabaks. Die berufliche Tätigkeit von Juden wurde im wesentlichen auf den Geld- und Warenhandel sowie auf nicht-zünftige Handwerke beschränkt. Herzig, Judentum S. 4. Vgl. auch Reininghaus, Gewerbe, S. 36f.
[360] Im Jahre 1804 brachten die 51 Schwelmer Juden 123 Reichstaler und 30 Stüber an Abgaben und Contributionen an den Staat auf. StAM Nachlaß Romberg, Teil A, Nr. 6, S. 98-100: Von der Judenschaft und ihren Abgaben 1804.
[361] StAS A 1610, Schreiben vom 5.2.1771.
[362] Ebd., Schreiben des Schwelmer Magistrats vom 19.9.1771.
[363] Pottasche wurde vor allem von den Bleichern benötigt.
[364] StAS A 1610, Schreiben des preußischen Königs in Berlin an die Kriegs- und Domänenkammer in Hamm vom 19.11.1771.
[365] Die Chargenkasse diente ursprünglich als Rekrutenkasse militärischen Zwecken. Seit Friedrich dem Großen wurde sie für besondere vom König festgelegte Ausgaben benutzt.

3. Zwischen Siebenjährigem Krieg und Franzosenzeit (1763-1806)

Auch Anschel Jacob aus Bochum erhielt im Jahr 1780 die Erlaubnis zur Niederlassung und hatte dies offenbar auch dem Einsatz des Magistrats zu verdanken. Denn als Begründung für die Bewilligung des Schutzjudenpatentes, das Jacob 50 Dukaten und für 300 Taler Porzellan kostete, wurde auf ein Attest der Schwelmer Kaufmannschaft und Bleicher verwiesen. Sie hatten erklärt, daß Anschel Jacob für sie als Lieferant von Pottasche nützlich sei.[366] Er heiratete in die Familie des Schwelmer Juden Isaac Meyer ein.

Neben den Schwierigkeiten, die die Regierung den Juden bei jeder geplanten Etablierung in den Weg legten, gerieten diese durch die zahlenmäßige Beschränkung auch untereinander in Streit. Denn wenn sich ein Jude von auswärts in Schwelm niederlassen durfte, vergrößerte sich damit die Zahl der örtlichen Judenschaft. Für die übrigen Schwelmer Juden, die noch über kein Patent verfügten, sanken damit die Chancen, als Schutzjude anerkannt zu werden. So erging es dem jüdischen Knecht Herz Joseph. Ihm war offenbar ein Patent versprochen worden, sobald eine Schutzjudenfamilie kinderlos ausstürbe.[367] Dieser Fall wäre mit dem Tod des Juden Herz Gottlieb eingetreten, der jedoch den Handelsknecht David Meyer aus Linn im Erzbistum Köln adoptieren und ihm sein Patent überschreiben wollte.[368] Letzteres wurde vom Schwelmer Magistrat unterstützt, besonders nachdem sich herausgestellt hatte, daß David Meyer statt der im Judenreglement vorgeschriebenen 1.000 Taler sogar 2.000 Taler besaß. Herz Joseph fürchtete nun, daß ihm ein auswärtiger Jude vorgezogen würde. Aus Berlin kam im November 1790 der Einwand, daß die "Vererbung" eines Schutzpatentes im Judenreglement eigentlich nicht vorgesehen sei, doch käme es darauf an, wie groß das Vermögen des Herz Gottlieb sei und ob es nach seinem Tode an Fremde im Ausland falle. Da Gottlieb nicht unvermögend war und sein Besitz nach seinem Ableben Erben außerhalb des Landes zustand, erklärte sich das Innenministerium schließlich bereit, Meyer ein Judenpatent auszustellen, allerdings ein Schutzbrief "zweiter Klasse". Entweder, so entschied die Regierung in Berlin den Streit zwischen Herz Joseph und David Meyer, erklärten sich beide Anwärter mit einem extraordinären Judenpatent zufrieden, oder sie erhielten gar keines.[369] Beide Konkurrenten entschieden sich notgedrungen, daß extraordinäre Patent anzunehmen. Mit diesem Patent galten die beiden als außerordentliche Schutzjuden. Sie waren nur auf Lebenszeit geduldet, konnten aber für ein Kind ein Aufenthaltsrecht erhalten, wenn sie es mit 1.000 Talern ausstatteten.[370]

---

[366] StAS A 1617, Schreiben des preußischen Königs vom 20.4.1780.
[367] StAS A 1623, Bericht des Schwelmer Magistrats vom 12.4.1791.
[368] Ebd., Schreiben vom 27.8.1790.
[369] Ebd., Schreiben der königlichen Regierung in Berlin vom 21.6.1791.
[370] Bruer, Juden in Preußen, S. 71.

3.7 Zusammenfassung

Nach dem Siebenjährigen Krieg war der relativ rasche Bevölkerungszuwachs der Stadt Schwelm vor allem Ergebnis einer von Jahr zu Jahr wachsenden Zuwanderung. Sie sorgte dafür, daß Bevölkerungsverluste, die durch Abwanderung und Geburtendefizit entstanden, nicht nur ausgeglichen wurden, sondern daß die Bevölkerungszahl anstieg. Die Migration speiste sich in hohem Maße aus Nachbarschafts- und Nahwanderern, die aus einem Umkreis von nicht mehr als 50 Kilometern stammten. Der Prozentsatz von Fernwanderern war gering. Das zahlenmäßige Verhältnis von Männern und Frauen war fast ausgeglichen. Unterschiede gab es jedoch in der Wanderungsdistanz: Ledige Frauen waren bei den Nachbarschaftswanderern überrepräsentiert, bei den Fernwanderern fast gar nicht vertreten.

Dieser Unterschied war vor allem Ergebnis einer schlechteren beruflichen Qualifizierung von Frauen und ihrer eingeschränkten Möglichkeiten der Beschäftigung. Die grenznahe Textilstadt Schwelm zog viele Menschen an, die einen Beruf der Textilbranche ausübten, bot aber offenbar auch ungelernten Kräften von außerhalb eine Chance: Der Prozentsatz der Textilarbeiter unter den Zuwanderern war größer als in der Gesamteinwohnerschaft. Unterrepräsentiert waren Neubürger in Berufen, die ein größeres Risiko bei der Etablierung darstellten oder finanzielles Kapital für den Start voraussetzten. Dies galt besonders für Kaufleute und Händler, Bäcker und Brauer.

Die finanzielle Situation der meisten Zuwanderer war nicht gut. Besonders zugewanderte Ausländer wurden häufig durch die Steuervergünstigungen des preußischen Staates ins Land gelockt, kehrten aber nicht selten nach Ablauf der Subventionen wieder in ihre Heimat zurück. Dabei bestanden für Zuwanderer günstige Voraussetzungen für eine Integration in die Schwelmer Gesellschaft. Ein Indiz hierfür ist die große Zahl der Fremden, die in eine ortsansässige Familie einheirateten.

Staat und Stadt verfolgten keine gemeinsame Politik in der Frage der Zuwanderer. Während der Staat aktiv versuchte, die Zahl seiner Untertanen durch Anwerbung zu vermehren, bemühte sich die Stadtverwaltung, die Zahl der Fremden so gering wie möglich zu halten. Die Schwelmer fürchteten Konkurrenzdruck und Benachteiligung der ansässigen Bevölkerung sowie finanzielle Belastungen durch verarmte Zuwanderer. Dabei reagierte die Stadt ablehnender auf eingewanderte Ausländer als auf Zugewanderte aus dem preußischen Staatsverband, da Ausländer in den ersten Jahren der Einwanderung finanzielle Unterstützung und damit einen Wettbewerbsvorteil erhielten. Entscheidend für die Akzeptanz in der Stadt war allerdings die finanzielle und berufliche Situation der Ankömmlinge, weniger ihre staatliche oder religiöse Zugehörigkeit. Dies zeigt das Beispiel der Revolutionsflüchtlinge und der Juden deutlich. Das Verhalten der Stadt war damit weniger von Ausländer- als vielmehr von Armutsfeindlichkeit geprägt.

4. Unter französischer Herrschaft (1807-1813/15)
4.1 Die Bevölkerungsentwicklung im Canton Schwelm

Nach dem Frieden von Tilsit mußte Preußen die Grafschaft Mark 1807 an Frankreich abtreten. Am 21. Januar 1808 wurde die Grafschaft mit damals rund 100.000 Einwohnern dem 1806 neu gegründeten Großherzogtum Berg zugeschlagen, das zum Rheinbund gehörte und ein französischer Satellitenstaat war. Bis 1813, als die Grafschaft Mark Teil des provisorischen "Militärgouvernements" wurde, bevor sie 1815 wieder an Preußen fiel, blieb die Grafschaft Mark Bestandteil des Großherzogtums Berg, das zunächst von Joachim Murat, einem Schwager Napoleons, verwaltet wurde. Das Großherzogtum Berg, ein künstliches Gebilde, in dem unter anderen die rechtsrheinischen Teile des Herzogtums Kleve, das Herzogtum Berg, die Grafschaft Mark, nassauische Gebiete und die Reichsstadt Dortmund aufgegangen waren, umfaßte ein 315 Quadratmeilen großes Gebiet mit insgesamt 878.000 Einwohnern.
Die politische Neugliederung machte auch vor dem alten Gogericht Schwelm nicht halt. Die Stadt wurde nun zur Mairie Schwelm im gleichnamigen Canton,[371] im Arrondissement Hagen und im Departement Ruhr. Zur Mairie Schwelm gehörte auch die umliegende Bauerschaft Schwelm. Gleichzeitig wurde das Gogericht Schwelm zerschlagen: Die bisher zum Gogericht gehörenden Bauerschaften Langerfeld (mit Nächstebreck) und Haßlinghausen (mit Linderhausen, Gennebreck und dem bisher zum Gogericht gehörenden Teil Hiddinghausens), deren Bevölkerung in den vorausgegangenen Jahren stark zugenommen hatte, wurden zu eigenständigen Mairien im Canton Schwelm erklärt. Aus den Bauerschaften Oelkinghausen, Schweflinghausen, Mühlinghausen und Mylinghausen wurde die neue Mairie Ennepe gebildet. Allein die Bauerschaft Voerde wurde durch ihre Eingliederung in die Mairie Enneper Straße nicht dem Canton Schwelm, sondern dem Canton Hagen zugeschlagen. Zum Canton Schwelm gehörte zudem die Mairie Volmarstein. Verfassung und Verwaltung der Departements wurden nach französischem Vorbild zentralistisch umgestaltet, der Code Napoléon im Großherzogtum eingeführt.
Am Anfang des 19. Jahrhunderts setzte sich das Bevölkerungswachstum der Stadt Schwelm in verstärktem Maße fort. Der Vergleich mit anderen märkischen Städten wird jedoch dadurch erschwert, daß die französische Verwaltung die Landkarte neu ordnete, alte Verwaltungseinheiten auflöste, neue ins Leben rief und den jahrhundertelang bestehenden rechtlichen Unterschied zwischen Stadt- und Landgemeinde aufhob. In der Mairie Schwelm lebten nun 4.658 Menschen, weil die Bürgermeisterei nicht ausschließlich das Stadtgebiet (2.853 Einwohner), sondern auch die Bauerschaft Schwelm umfaßte. Dennoch konnte Schwelm seine bedeutende Stelle unter den Städten der Grafschaft Mark nicht halten. Vermutlich ebenfalls nach neuen Grenzziehungen wiesen 1812 die Mairien Hattingen und Bochum mehr Einwohner auf als die Textilstadt Schwelm.[372]

---

[371] Als Cantone wurden Gerichtsbezirke bezeichnet.
[372] Abb. 15. Zur allgemeinen Stadtentwicklung zwischen 1794 und 1813 vgl. Engelbrecht, Landesgeschichte, S. 176f.

4. Unter französischer Herrschaft (1807-1813/15)

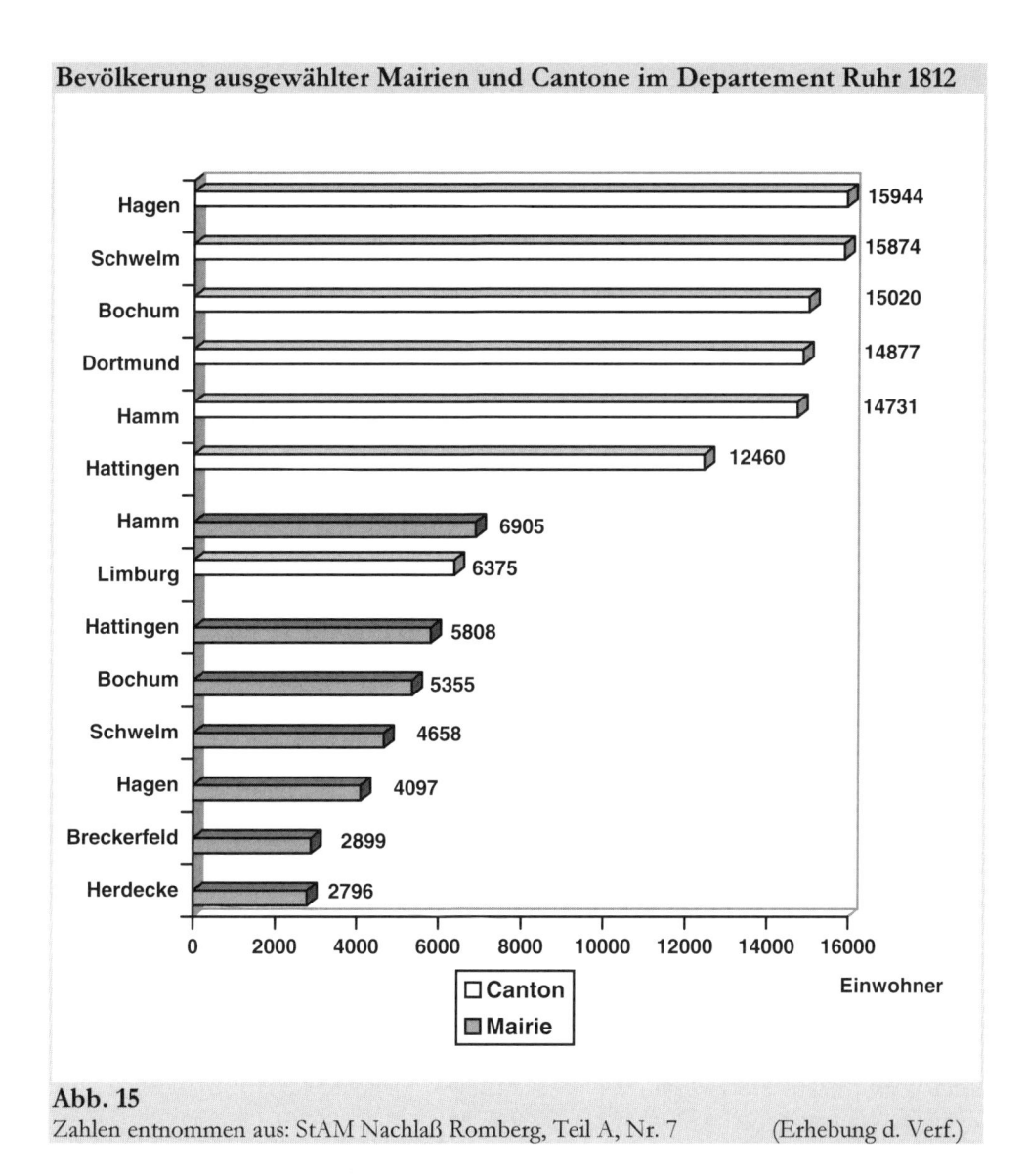

Bevölkerung ausgewählter Mairien und Cantone im Departement Ruhr 1812

Ort	Canton	Mairie
Hagen	15944	
Schwelm	15874	
Bochum	15020	
Dortmund	14877	
Hamm	14731	
Hattingen	12460	
Hamm		6905
Limburg	6375	
Hattingen		5808
Bochum		5355
Schwelm		4658
Hagen		4097
Breckerfeld		2899
Herdecke		2796

Abb. 15
Zahlen entnommen aus: StAM Nachlaß Romberg, Teil A, Nr. 7   (Erhebung d. Verf.)

Zwischen 1806 und 1812 wuchs die Schwelmer Stadtbevölkerung um 320 Menschen oder 12,6 Prozent.[373]

---

[373] Abb. 16

115

4. Unter französischer Herrschaft (1807-1813/15)

Einwohnerzahl der Stadt Schwelm 1806-1812

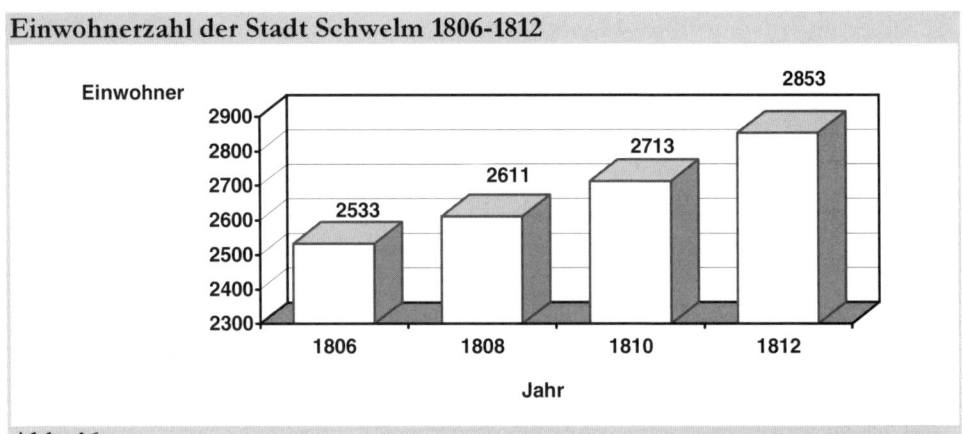

Jahr	Einwohner
1806	2533
1808	2611
1810	2713
1812	2853

Abb. 16
Zahlen entnommen aus: StAS A 64; A 67; StAM Nachlaß Romberg, Teil A, Nr. 7 (Erhebung d. Verf.)

Das durchschnittliche jährliche Wachstum beschleunigte sich von 1,1 Prozent zwischen 1786 und 1799 auf 5,1 Prozent zwischen 1810 und 1812. Innerhalb des historisch gewachsenen Raumes des ehemaligen Gogerichts Schwelm, das zwar als Verwaltungseinheit nicht mehr existierte, aber als Schwelmer Wirtschaftsraum fortbestand, gab es große Wachstumsunterschiede. Neben der Schwelmer erlebte besonders die Langerfelder Mairie einen Wachstumsschub. 1812 lebten hier 3.057 Menschen,[374] 1809 waren es noch lediglich 1.589 Personen gewesen.[375] Es zeigt sich, daß sich ein Großteil der Zuwanderer nicht in der Stadt, sondern in den Bauerschaften ansiedelte. Die Landgemeinden boten nicht nur Arbeitsmöglichkeiten in der Landwirtschaft, sondern eröffneten durch das dezentral betriebene Heimgewerbe zusätzliche Beschäftigungsfelder, die auch in Zeiten Arbeit boten, in denen die Landwirtschaft kaum Kräfte benötigte. Im gesamten Canton Schwelm war die Bevölkerung zwischen 1809 und 1810 um 17,8 Prozent gewachsen.[376] 1812 lebten hier 15.874 Menschen und damit mehr als im Canton Hattingen oder dem Canton Dortmund. Im Ruhrdepartement waren lediglich die Cantone Unna, Hagen, Lüdenscheid und Soest bevölkerungsreicher.[377] 1812 wohnten insgesamt 273.132 Menschen im Departement Ruhr: 94.850 im Arrondissement Hamm, 88.154 im Arrondissement Hagen und 90.128 im Arrondissement Dortmund.[378]

---

[374] StAM Nachlaß Romberg, Teil A, Nr. 7, darin: "Bevölkerung pro 1812".
[375] HStAD Großherzogtum Berg, Nr. 5771, Ministerium des Innern (ohne Blattnummer).
[376] Ebd.
[377] StAM Nachlaß Romberg, Teil A, Nr. 7.
[378] Ebd.

4.2 Zuwanderung nach Schwelm
4.2.1 Herkunft der Zuwanderer

Im Zuge der territorialen Neuordnung durch Napoleon veränderte sich auch ein für die Migration wesentlicher Faktor in Schwelm. Die Stadt war nun nicht mehr Grenzort zum Herzogtum Berg. Besondere Bedeutung dürfte dies auf die Beziehung zu den industriell entwickelten Nachbarstädten Barmen und Elberfeld gehabt haben. Das Leben in den beiden ehemaligen Nachbarterritorien, die nun nur noch unterschiedlichen Departements angehörten, spielte sich nun weitgehend nach den gleichen Gesetzen ab. Für Wirtschaft und Handel, Gewerbe und Politik galten jetzt auf beiden Seiten der aufgehobenen Grenze (fast) gleiche Regeln. Somit entfielen auch die wirtschaftlichen Vergünstigungen, die der preußische Staat den "Ausländern" aus dem Bergischen bei der Niederlassung im Märkischen vormals gewährt hatte. Die naheliegende Annahme, daß mit dem Wegfall dieser Unterstützungen auch der Zuzug aus den bergischen Orten der unmittelbaren Nachbarschaft nachließ, bestätigt sich jedoch nicht. Vielmehr zeigen die Zuzugszahlen aus Orten des ehemaligen Herzogtums Berg, die nicht mehr als 20 Kilometer von Schwelm entfernt liegen, steigende Tendenz.

Entwicklung der Nachbarschaftswanderung 1763-1815

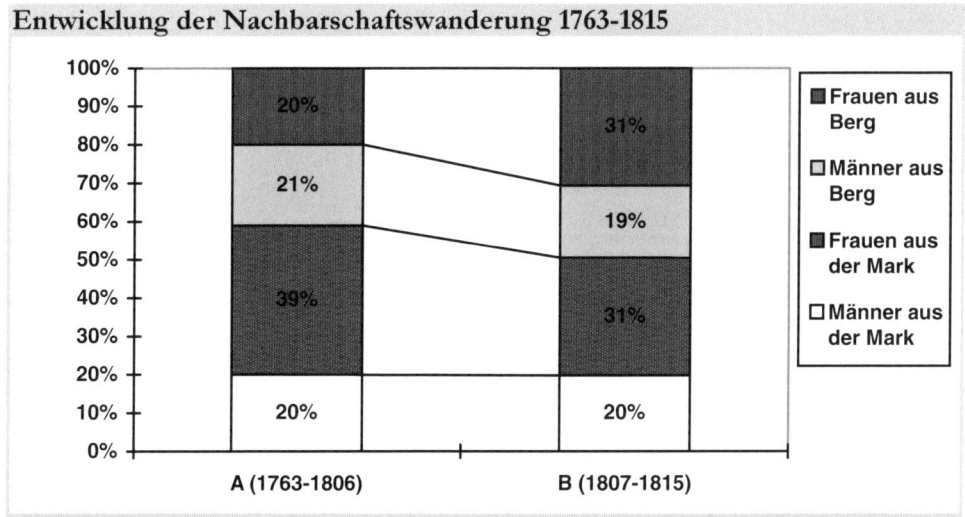

	A (1763-1806)	B (1807-1815)
Frauen aus Berg	20%	31%
Männer aus Berg	21%	19%
Frauen aus der Mark	39%	31%
Männer aus der Mark	20%	20%

Abb. 17
Zahlen ermittelt aus: StAS,LT 1-3; RT 1-3; KT 1-3   (A: 1.069 = 100%)(B: 240 = 100%)
(Erhebung d. Verf.)

Während in der Phase zwischen 1763 und 1806 von den insgesamt 1.069 Nachbarschaftswanderern rund 41 Prozent aus dem Bergischen stammten, wuchs die Zahl zwischen 1807 und 1815 auf 50 Prozent an.[379] Maßgeblichen Einfluß auf diese Steigerung hatten weibliche Zuwanderer aus dem ehemaligen Herzogtum Berg. Ihr Anteil

---
[379] Abb. 17. Abweichungen von 100 Prozent entstehen durch Ab- bzw. Aufrundungen.

stieg von 20 auf 31 Prozent. Einer der Gründe für den vermehrten Zuzug von Frauen aus dem Bergischen, die in Schwelm die Ehe eingingen, dürfte im Wegfall der Grenze gelegen haben. Nun kamen offenbar nicht nur überwiegend Frauen mit Familie nach Schwelm, sondern auch Einzelpersonen. Gerade Frauen bildeten ja, wie bereits gezeigt wurde, das Gros der Nachbarschafts- und Nahwanderer. Beruflich wenig spezialisiert und ausgebildet, suchten sie meist als Mägde oder Dienstmädchen eine Anstellung in der näheren Umgebung. Auf staatliche Unterstützungen für ihre Ansetzung hatten sie - anders als Handwerker oder als nützlich eingestufte Arbeiter - niemals hoffen können, so daß der Wegfall der staatlichen Leistungen auf sie keine abschreckende Wirkung hatte. Durch die Aufhebung der Grenze verschwand vielmehr eine Barriere, die vorher offenbar ledige Frauen daran gehindert hatte, ins Märkische zu gehen. Da es Frauen meist an beruflichen und rechtlichen Voraussetzungen fehlte, um auf sich alleingestellt das Heimatland zu verlassen und in einem anderen Land ansässig zu werden, und es für einen derartigen Schritt auch an gesellschaftlicher Akzeptanz fehlte, waren sie stärker ortsgebunden als Männer. Eine Ausnahme hiervon bildeten nur einige Frauen aus bürgerlichen Schichten, die mit einem Mann im Märkischen verheiratet wurden. Hier spielten dann persönliche Beziehungen zwischen den beiden betroffenen Familien eine entscheidende Rolle. Besonders bei Kaufmannsfamilien wurden oft Verbindungen über größere Entfernungen geknüpft. Selbst Frauen, die von sehr weit her stammten, gingen mit dieser speziellen Form der Zuwanderung kein vergleichbares Risiko ein wie die Frauen, die ihren Lebensunterhalt allein in der Fremde verdienen mußten.

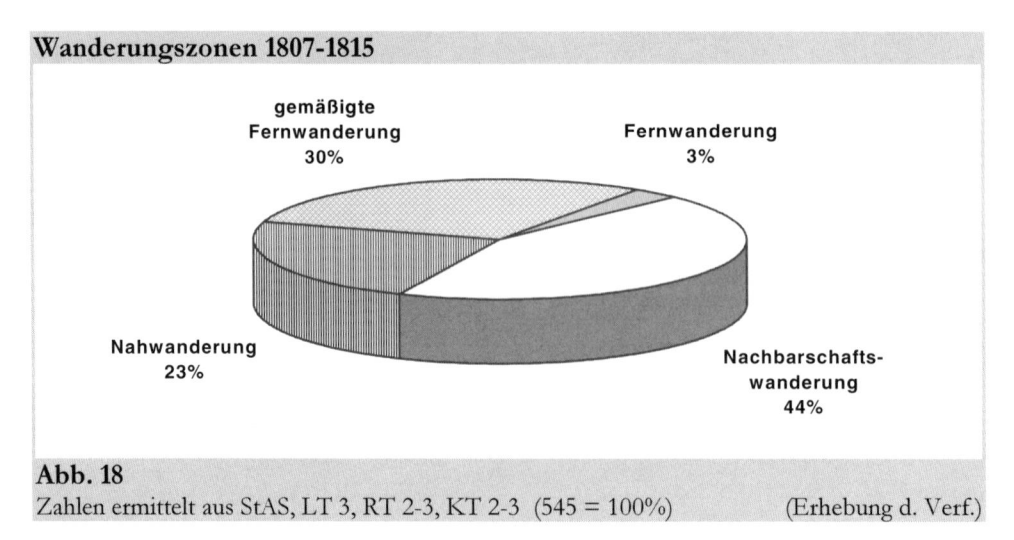

Wanderungszonen 1807-1815

gemäßigte Fernwanderung 30%

Fernwanderung 3%

Nahwanderung 23%

Nachbarschaftswanderung 44%

Abb. 18
Zahlen ermittelt aus StAS, LT 3, RT 2-3, KT 2-3 (545 = 100%)   (Erhebung d. Verf.)

Während die Zahl der Zuwanderer aus dem Bergischen zunahm, sank der Anteil der Nachbarschaftswanderung allgemein von 52 auf 44 Prozent.[380] Dafür verantwortlich war der deutliche Rückgang der märkischen Zuwanderer um mehr als acht Prozent.

---

[380] Abb. 18.

Für diesen Wanderungsschwund waren vor allem märkische Frauen verantwortlich. Offenbar wirkte auf sie die Aufhebung der Staatsgrenze ähnlich wie auf ihre Geschlechtsgenossinnen jenseits der Wupper, nur daß sich der Wanderungsstrom gen Westen bewegt haben dürfte. Schwelm wurde von ledigen Frauen aus dem Schwelmer Umland nun seltener als Wanderungsziel gewählt. Vermutlich zogen viele von ihnen als Arbeitskräfte ins nahe Wuppertal. Der Anteil der Nahwanderer blieb fast unverändert bei 24 bzw. 23 Prozent, der der Fernwanderer lag ebenfalls konstant bei vier bzw. drei Prozent. Eine deutliche Steigerung erfuhr jedoch die gemäßigte Fernwanderung, also der Zuzug aus Gebieten, die zwischen 50 und 250 Kilometern von Schwelm entfernt liegen. Ihr Anteil stieg um zehn auf 30 Prozent. Auch hieran hatten Frauen ihren Anteil, jedoch stellten sie auch im Jahr 1815 noch nicht wesentlich mehr als ein Drittel der gemäßigten Fernwanderer dar. Einer der Gründe für den Anstieg dürfte auch in diesem Fall darin zu suchen sein, daß mit der Schaffung des Großherzogtums Berg nun Gebiete zusammengehörten, die vorher durch eine Grenze getrennt waren. Zuwanderer aus Nassau-Siegen oder aus der Herrschaft Homburg waren nun keine Ausländer mehr.

Tab. 5 Wanderungszonen 1807-1815 [381]						
	Zone 1	Zone 2	Zone 3	Zone 4	Ges.	%
LTM	84,0	51,0	41,0	9,0	185,0	33,9
LTF	109,0	36,0	33,0	1,0	179,0	32,8
RTM	5,0	4,0	29,0	0,0	38,0	7,0
RTF	13,0	2,0	12,0	0,0	27,0	4,9
KTM	6,0	23,0	34,0	7,0	70,0	12,8
KTF	25,0	10,0	12,0	0,0	47,0	8,6
Summe	242,0	126,0	161,0	17,0	546,0	100,0
Prozent	44,3	23,1	29,5	3,1	100,0	100,0

Im Jahre 1808 lebten 228 Ausländer (8,7%) in der Stadt Schwelm.[382] Damit hatte sich der Ausländeranteil seit 1769 absolut mehr als verdoppelt, und er stieg relativ betrachtet um drei Prozent an.[383] Berücksichtigt man, daß große Teile der Gebiete, die vor der französischen Besetzung für die Grafschaft Mark noch Ausland darstellten, nun zum Inland zählten, ist die Steigerungsrate erheblich; sie dürfte vor allem auf Zuwanderer aus Waldeck und dem seit 1803 zu Hessen-Darmstadt gehörenden Gebiet des ehemaligen Herzogtums Westfalen zurückzuführen sein.

---

[381] Zur Definition der Wanderungszonen vgl. Kapitel 3, Fußnoten 124-127.
[382] StAS A 67.
[383] Vgl. StAS A 914 sowie Kapitel 3.

4. Unter französischer Herrschaft (1807-1813/15)

4.2.2 Berufe der Zuwanderer

Auch in der napoleonischen Zeit blieb die Textilbranche, die neben dem Metallgewerbe den wichtigsten Leitsektor der Wirtschaft im Märkischen darstellte, das vorherrschende Arbeitsgebiet für Zuwanderer. Das zeigen die Quellen deutlich. Allerdings ist die Zahl der in den Akten vermerkten Zuwanderer mit Berufsbezeichnung so klein, daß nur Tendenzen aufgezeigt werden können.[384] Immer noch arbeiteten rund ein Drittel der Fremden im Textilgewerbe. Die meisten der in der Textilbranche Beschäftigten arbeiteten als Weber, Schneider oder Woll- bzw. Baumwollspinner. Unverändert blieb der Anteil der Verwaltungs- und der Schul- bzw. kirchlichen Berufe. Metall- und Handelsberufe waren nun weniger stark vertreten, sehr an Bedeutung gewannen lederverarbeitende und Bauberufe. Deutlich häufiger als in den Jahrzehnten zuvor arbeiteten nun auch Zuwanderer im Nahrungsgewerbe - besonders als Bäcker und Schlachter.

Am 5. Februar 1810 hatte Freiherr Giesbert von Romberg, Präfekt des Ruhrdepartements im Großherzogtum Berg, die Mairien darüber in Kenntnis gesetzt, daß alle Zünfte, Gilden, Handwerks- und Kunstgesellschaften aufgehoben seien, weil es nach Einführung der Patentsteuer jedermann gestattet sei, ein Gewerbe zu betreiben.[385] Da in Schwelm keine Zünfte existiert hatten und die Ausübung eines Gewerbes eher von der Art der Ausbildung und der finanziellen Ausstattung des Betreffenden abhängig war, hatte die Gewerbefreiheit in Schwelm nicht die Bedeutung wie an anderen Orten. Dennoch erhielt beispielsweise das unzünftige Schlachtergewerbe, das in Schwelm fast ausschließlich von Juden betrieben wurde, ab 1810 verstärkten Zulauf. Denn Napoleon Bonaparte hatte den Juden mehr Rechte zugestanden. Viele Beschränkungen für Juden entfielen nun, die drückenden Sonderabgaben wurden abgeschafft. Zudem wurde die Ansetzung fremder Juden erleichtert, wenn auch die freie Wohnortwahl immer noch nicht verwirklicht war. Die Lockerung der Auflagen führte offenbar zu einer stärkeren Fluktuation von Juden, die nun mit Handwerks- und Wanderbüchern versehen durch das Land zogen und Arbeit suchten.[386] Von sechs auf zwei Prozent sank der Anteil der Händler und Kaufleute unter den Zuwanderern.

---

[384] Erhebung d. Verf. Für die Untersuchung wurden insgesamt 142 Professionisten aus den Akten StAS A 61; 65; 67; 1647 und 2123 herangezogen, sowie die Traubücher StAS, LT 3, KT 2-3, RT 2-3. Die Traubücher der Kirchengemeinden verzeichnen nur in wenigen Fällen die Berufe der Eheleute. Da sich die Akten ausschließlich auf die Stadt Schwelm beziehen, tauchen in den Quellen ausschließlich städtische Gewerbe auf. Ländliche Gewerbe, etwa Bleicher, fehlen daher. Vgl. Graphischer Anhang, Abb. 57.

[385] Reininghaus, Zünfte, S. 40.

[386] Beispiele hierfür sind Aaron Meyer aus dem Sieg-Departement, Calmann Levi aus dem Arrondissement Alzey, Salomon Hartmann aus St. Jéan und Selig Isaac aus Westfalen, die alle um das Jahr 1810 in Schwelm als Schlachter arbeiteten und denen Handwerksbücher ausgestellt wurden. StAS A 2123.

Im Vergleich zur Gesamteinwohnerschaft waren Zuwanderer immer noch häufiger im Textil- und Bausektor sowie im lederverarbeitenden Gewerbe, hier besonders als Schuster, anzutreffen. Defizite blieben in Handelsberufen und trotz einer deutlichen Zunahme immer noch im Nahrungsgewerbe. Den prozentual gleichen Anteil hielten Zuwanderer und Einheimische nun in Verwaltungsberufen, im Schul- und kirchlichen Dienst.

4.2.3 Aufnahme in Schwelm

Der Magistrat stand Fremden weiterhin kritisch gegenüber. Für dieses Mißtrauen war vor allem die Sorge um die finanzielle Situation der Zuwanderer verantwortlich. Denn bei einem Scheitern der beruflichen Pläne fielen die Fremden der Armenkasse der Stadt - damit der Allgemeinheit - zur Last. Diese Sorge wurde auch von der von den Franzosen eingesetzten Obrigkeit geteilt.[387] Besonders in wirtschaftlichen Krisenzeiten mußte sich diese Sorge noch vergrößern. Die schlechte Beschäftigungslage verstärkte automatisch den Konkurrenzdruck. In den regelmäßig anzufertigenden Polizeiberichten klagte Bürgermeister Adriani[388] stets wiederkehrend über die miserable wirtschaftliche Lage, die - offenbar stärker als die politische Situation - die Stimmung drückte:

> *"Die Volksstimmung wäre recht gut, wenn wieder Leben und Flor in den Fabriken und im Handel herrschten. Die [...] anhaltende Stagnation in diesen Haupterwerbszweigen der hiesigen Gegend und die ängstliche Besorgnis in Absicht [?] der Dauer dieser Stockung, und der durch eine mögliche gänzliche Verdienstlosigkeit endlich veranlaßt werdenden großen Noth, verursacht häufigen Kummer unter einer zahlreichen Menschen Claße welche ganz einzig von ihren Beschäftigungen bey den Fabriken oder Manufacturen lebten. Wie viele ausblutende Häuser sind nicht in karger Zeit von ihrem Wohlstande herabgesunken! Wie viele aus den ärmeren Volks Claßen ihres Erwerbs beraubt! In manchen verschwand alle Hofnung auf die Zukunft!"* [389]

Der zweite Grund war die Angst vor einer Störung der öffentlichen Sicherheit und Ordnung in der Stadt. Nicht nur die lokale, auch die staatliche Obrigkeit wachte mit kritischem Auge über Fremde, die plötzlich auftauchten. Im Hintergrund stand hier

---

[387] Mit einem Rundschreiben mahnte der Präfekt des Ruhrdepartements Romberg, genau darauf zu achten, daß sich Fremde, die sich ansetzen wollten, auch richtig ernähren könnten. Andernfalls würden sie bald die Armenkasse des neuen Wohnortes belasten. StAS A 1647, Dortmund, 28.11.1809.
[388] Johann Peter Adriani, bis dato Kgl. Preußischer Amtsrat, wurde im Juli 1809 von Joachim Murat, dem Großherzog von Berg und Kleve, als neuer Maire eingesetzt. Adriani leistete den Eid auf den französischen Kaiser am 15.8.1809 in Hagen. StAS A 251, Schreiben des Präfekten des Ruhrdepartements v. Romberg an Adriani vom 28.7.1809.
[389] StAS A 1658, Polizeibericht des Bürgermeisters Adriani, Schwelm, 28.11.1809.

4. Unter französischer Herrschaft (1807-1813/15)

besonders das Mißtrauen, daß desertierte Soldaten unerkannt in einer fremden Stadt Unterschlupf finden könnten.

Die Ansiedlung von Fremden war für die Kommune tatsächlich nicht ohne Risiko, barg aber besonders für die wandernden Personen Gefahren. Die Sorge vor nachteiligen Folgen der Zuwanderung für die Gemeinde wurde durch die herrschende rechtliche Unsicherheit vergrößert. So beklagte der Präfekt des Rheindepartements im Jahre 1809 in einem Schreiben an den Innenminister Graf v. Nesselrode, daß Untertanen, die von einem Ort des Großherzogtums zu einem anderen zögen, im Falle ihrer Verarmung häufig von den Behörden des neuen Domizils an den alten Wohnort zurückgeschickt würden.[390] In der alten Heimat würden sie aber ebenfalls abgewiesen, da sie hier als Ausgewanderte gälten.[391] Durch die unklare Rechtslage kam es immer wieder zu Streitfällen.[392] Die unterschiedlichen Regelungen der Armenunterstützung in den verschiedenen Teilen des Großherzogtums wurden schließlich vereinheitlicht. Von nun an galt im Normalfall zwar der Geburtsort als Unterstützungsort, bei einem Wohnortwechsel wurde nun allerdings die neue Gemeinde bereits nach einem Jahr in die Pflicht genommen. Wer sich in einer fremden Gemeinde verheiratete, erwarb bereits nach einem halben Jahr das Recht auf Unterstützung. Um Querelen zu vermeiden, prüfte die Mairie genau die persönlichen Verhältnisse von Fremden, die sich am Ort niederlassen wollten.

Keine Bedenken hatte der Schwelmer Magistrat offenbar bei der Ansiedlung des Schreiners Johann Gottfried Klockcin (Klocksin) aus Berlin. Ihm wurde am 12. Mai 1807 die Erlaubnis erteilt, sich als Schreinermeister unter der Bedingung niederzulassen, daß er die öffentlichen und bürgerlichen Lasten mittrage.[393] Sein Vermieter, der Bürger Henrich Caspar Freytag, hatte dem Magistrat angezeigt, daß sich Klockcin bei ihm eingemietet hatte. Dieser konnte ein Attest des in der Altmark gelegenen Ortes Bismark vom 17. Januar 1805 vorlegen. Es bescheinigte dem Gesellen Klockcin, gebürtig aus Berlin (24 Jahre alt, von kleiner Statur), in Bismark ein dreiviertel Jahr in Arbeit gestanden und sich ordentlich verhalten zu haben. Es wurde daher darum gebeten, den inländischen Gesellen nach Handwerksbrauch überall in den königlich preußischen Landen zu unterstützen.[394]

Mühelos erlangte auch der Friseur Anton Fitzner von der Gemarke die Erlaubnis zur Niederlassung. Während er mit Perücken und anderen "*Haarzierden*" in der Stadt und im benachbarten Bergischen Land handeln wollte, beschäftigte sich seine Frau mit weiblichem "Modeputz". Der zu diesem Zeitpunkt schon konstituierte Munizipalrat bewilligte den Antrag noch am gleichen Tag, da in der Stadt ein Perückenmacher

---

[390] HStAD Großherzogtum Berg, Ministerium des Innern, Nr. 5474, Schreiben des Präfekten des Rheindepartements vom 26.10.1809.
[391] Ebd., Schreiben des Innenministers (undatiert).
[392] So im Fall eines als schwachsinnig bezeichneten Mannes, der zwar in der Mairie Ennepe geboren worden war, jedoch zehn Jahre lang in der Mairie Enneper Straße gewohnt hatte. HStAD Großherzogtum Berg, Ministerium des Innern, Nr. 5474, Schreiben vom 21.9.1813.
[393] StAS A 1647. Erlaubnis des Schwelmer Magistrats vom 12.5.1807.
[394] Ebd., Attest der Stadt Bismark vom 17.1.1805.

fehlte. Zur Bedingung machte der Rat allerdings, daß Fitzner gemäß der bestehenden Verfassung das Bürgerrecht gewann und alle bürgerlichen Lasten mittrug. Auch könne er nicht mit Geld aus irgendeinem Armenfonds rechnen.[395]
Leuten mit weniger krisenfesten Berufen wurde die Niederlassung schwer gemacht. Das galt besonders für Tagelöhner. So nutzte dem Tagelöhner Johannes Neuhaus selbst die Vorlage mehrerer Atteste von Eingesessenen nichts, nach denen er sich von Bauernarbeit ordentlich ernähre. Der Magistrat glaubte zu wissen, daß der Arbeitgeber von Neuhaus, der Rentmeister Hahnebeck, ihn nicht dauerhaft beschäftigen könne, und Neuhaus bei seiner Gebrechlichkeit zumindest im Winter ohne Arbeit sei.[396] Auch Adolph Trappe, der bereits einmal in Schwelm gewohnt hatte, wurde vom Munizipalrat abgelehnt. Trappe ging mit irdenem und tönernem Geschirr hausieren und hatte sich laut Stadtobrigkeit durch diese niedere Tätigkeit nicht genügend *„qualificiert".*[397]

Um die Chancen für ihre Niederlassungserlaubnis zu verbessern, kamen einige Fremde den finanziellen Bedenken der Stadtverwaltung zuvor und erklärten, daß sie im Falle einer Notlage auf jede Unterstützung aus der Armenkasse verzichten wollten.[398] Ungnädig reagierte der Munizipalrat am 20. Oktober 1809 auf die Anwesenheit eines Mannes aus Velbert, dessen Schwelmer Vermieter angefragt hatte, ob er ihn abweisen müsse. Der Vermieter bat um Prüfung, *„weil ich dafür halte, daß dergleichen niedrige Menschen Classen - wenn derselben noch mehr hier sich einquartieren mögten, wohl zu viel werden dürften".*[399] Der Munizipalrat lehnte den Velberter, der sich in Schwelm habe *„einnisten"* wollen, noch am gleichen Tag ab. Auch aus humanitären Gründen machte der Munizipalrat keine Ausnahme. Das bekam der Bandweber Harhaus auf dem Ehrenberg zu spüren. Er hatte seine bisher in der Mairie Langerfeld wohnenden Schwiegereltern, die Eheleute Sonnenschein, bei sich aufgenommen. Da diese aber ganz alt und sehr arm seien, so befürchtete der Munizipalrat, würden sie bei eventuellem Unvermögen des Harhaus den *„Wohltätigkeitsanstalten der Mairie Schwelm zur Last fallen".*[400] Daher wurde die Vermieterin von Harhaus aufgefordert, den Aufenthalt der alten Leute nicht länger zu gestatten. Notfalls müsse sie sonst für ihre Mieter haften, wenn Harhaus seine Schwiegereltern nicht mehr ernähren könne.

---

[395] Ebd., Erlaubnis des Schwelmer Munizipalrates vom 15.6.1809.
[396] Ebd., Entscheidung des Schwelmer Magistrats vom 29.6.1807.
[397] Ebd., Entscheidung des Schwelmer Munizipalrats vom 25.4.1808.
[398] So geschehen im Falle des Gärtners Christian Klein aus der Grafschaft Wittgenstein, der von der Gemarke nach Schwelm umziehen mußte und zusicherte: "[...] daß er auch im schlimmsten falle, der jedoch wohl nicht eintreffen würde, [...] auf alle Unterstützzung aus der armen cassen verzicht" leiste. Ebd., Bericht des Schwelmer Magistrats vom 31.7.1807.
[399] Ebd., Aussage des Vermieters Philip Vogel in einem Bericht des Schwelmer Munizipalrates vom 20.10.1809.
[400] Ebd., Bericht des Schwelmer Munizipalrates vom 12.7.1812. Harhaus bekam im Mai 1814 erneut Ärger: Der Schwelmer Bürgermeister beauftragte zwei Polizeidiener, den Mann sowie eine Magd zur Vernehmung vorzuführen, die ohne Erlaubnis aus der Mairie Lüttringhausen gekommen sei und auf dem Kotten wohne.

4. Unter französischer Herrschaft (1807-1813/15)

Wer ohne Niederlassungserlaubnis in der Stadt aufgegriffen wurde, der hatte kaum noch große Chancen auf legale Aufnahme. Dies galt in verstärktem Maße, wenn die Behörden etwas am Lebenswandel der Betroffenen auszusetzen hatten. Das zeigt das Beispiel der Witwe des verstorbenen Schwelmer Bürgers Wilhelm Rittershaus.[401] Sie erschien 1807 vor dem Schwelmer Magistrat und berichtete, sie sei nach dem Tod ihres Mannes zu ihrem Bruder in das Gericht Hagen gezogen. Nun wolle sie wieder heiraten und sich mit ihrem zukünftigen Mann namens Varnhagen aus Limburg in Schwelm niederlassen. Sie habe sich bereits eingemietet. Sie legte für ihren Bräutigam Atteste vor, daß er von ehrlichen Eltern abstamme. Es sei zwar richtig, daß ihr Bräutigam gebrechlich und zu arbeiten untüchtig sei und sich mit einer tragbaren Orgel ernähre, mit der er im Auslande herumgehe, doch seien sie nicht willens, der Schwelmer Armenanstalt lästig zu fallen, versicherte sie. Dem Magistrat reichten diese Zusagen aber nicht. Ausschlaggebend für die Ablehnung dürfte der berufliche Stand Varnhagens gewesen sein. Vagabundierende Musikanten gehörten zu den am wenigsten geachteten Gruppen der Gesellschaft und standen am unteren Ende der sozialen Rangordnung. Der Magistrat entschied, daß die Witwe und ihr Bräutigam Varnhagen der Stadt verwiesen werden müßten und drohte der Vermieterin mit Strafe, falls sie die Leute nicht schleunigst vor die Tür setze.[402] Vergeblich baten die Betroffenen, wenigstens noch einige Monate in der Stadt bleiben zu dürfen. Ein halbes Jahr später waren die Varnhagens aber offensichtlich immer noch in der Stadt: Die Vermieterin habe die nicht miteinander verheirateten Leute nicht aus dem Haus entfernt, stellte der Magistrat am 26. Oktober fest. Da die beiden dem Vernehmen nach ein *„öffentliches Bordel"* betrieben und *„viele junge Leute verführen"*,[403] beschloß der Magistrat am 10. November 1807, die *„liederlichen"* Leute nun gewaltsam vor die Tür zu setzen und die Vermieterin für ihren „Ungehorsam" mit einer Strafe von drei Reichstalern zu belegen. Für einen erneuten Verstoß wurde ihr eine Gefängnisstrafe angedroht.[404]

Nicht viel besser erging es der Magd Catharina Kock aus dem Berleburgischen im Juni 1807. Auch sie hielt sich ohne Erlaubnis in der Stadt auf. Zu ihrer Entschuldigung gab sie an, während ihrer Dienstzeit auf dem Hof Siepmann auf Overberg von einem Knecht geschwängert worden zu sein. Der Kindesvater habe ihr etwa 45 Reichstaler zahlen müssen, von denen sie noch 40 in sicherer Verwahrung besitze. Der Mann, bei dem sie in der Nähe von Overberg Quartier genommen hatte, habe versucht, *„ihr das Geld abzulocken"*.[405] Daher habe sie sich eine andere Unterkunft suchen müssen und sei von einem Bekannten in der Stadt aufgenommen worden. Catharina Kock ernährte sich nun durch Tagelöhnerarbeit. Obwohl ein Fürsprecher für sie eintrat und ihr bescheinigte, ein grundehrliches Mädchen zu sein und daran erinnerte, daß die Gesetze einer derart gefallenen Person alle Begünstigung zusicherten, blieb der Magistrat hart. Er entschied, der Magd Catharina Kock könne der Aufent-

---

[401] Ebd., Bericht des Schwelmer Magistrats vom 8.5.1807.
[402] Ebd., Entscheidung des Schwelmer Magistrats vom 12.5.1807.
[403] Ebd., Bericht des Schwelmer Magistrats vom 26.10.1807.
[404] Ebd., Entscheidung des Schwelmer Magistrats vom 10.11.1807.
[405] Ebd., Aufnahmegesuch vom 18.6.1807.

halt nur bis Martini gestattet werden. Der Mann, der sie ohne Anzeige und Erlaubnis aufgenommen hatte, mußte einen Taler Strafe und die Kosten des Termins bezahlen.[406]

Besonders hart wurden Leute verfolgt, die einen Deserteur bei sich aufnahmen. Ein Gesetz der französischen Regierung im Großherzogtum Berg vom 21. Oktober 1808 hatte bestimmt, daß jeder Untertan, der einen Deserteur wissentlich verborgen hielt, seine Flucht unterstützte oder ihm anderweitig half, zu einer Geldstrafe zwischen 300 und 3000 Francs und mit einjähriger Gefängnisstrafe belegt wurde.[407] Niemand, der einen Deserteur oder Refractär als Knecht bei sich aufnehme, könne um Nachsicht bitten, wenn er ihn nicht vorher bei der Munizipalverwaltung vorgestellt habe, *„um ihn zu examiniren, seine Papiere und Pässe zu untersuchen und auf alle mögliche Weise Gewißheit zu erhalten, daß derselbe weder Deserteur noch Refractär ist."*[408]

Die strengen Strafen wurden auch verhängt: Am 20. Juli 1812 machte der Schwelmer Magistrat bekannt, daß P. C. Goebelsmann aus Haßlinghausen wegen gesetzeswidriger Aufnahme eines Deserteurs und der Bernhard Hohenhoevel aus der Nähe von Ahlen wegen Beförderung der Flucht eines Refractärs zu einer Geldbuße von je 300 Francs, zu einjähriger Gefängnisstrafe und zur Übernahme der Prozeßkosten verurteilt worden seien. Bei dieser Gelegenheit wurde wieder einmal daran erinnert, daß niemand eine fremde Person, weder als Knecht noch als Kostgänger oder Einwohner seines Hauses aufnehmen dürfe, wenn er nicht die Erlaubnis der Mairie dazu habe.

Bevor die Franzosen in die Grafschaft Mark einrückten, waren die märkischen Behörden verständlicherweise weit freundlicher mit Männern umgegangen, die sich der Aushebung für Napoleons Heer entziehen wollten. So durfte der Seidenwirker Johan Wilhelm Metzges aus Mettmann, der 1806 vor dem Militär geflohen war, zunächst für ein Jahr bleiben. Zur Bedingung wurde allerdings gemacht, daß Metzges sich durch die Seidenwirkerei ehrlich ernähre, sich als friedliebend erweise und sich den örtlichen Gesetzen unterwerfe.[409]

Wie streng das Auswahlverfahren des Magistrates, später des Munizipalrates, war, zeigt auch eine Liste der Fremden, die sich im Laufe des Jahres 1813 ordnungsgemäß in Schwelm angesetzt hatten.[410] Die Tabelle wurde am 26. April 1814 angefertigt und enthält nur zwei Namen: den des Webers Daniel Piepenbrinck aus Lüttringhausen, der seine Familie ernähren konnte, und den des Schusters Hermann Heute aus Elberfeld, der ebenfalls sein Auskommen hatte, aber schon im Mai 1814 nach Elberfeld zurückzog.

---

[406] Ebd., Entscheidung des Schwelmer Magistrats vom 25.7.1807.
[407] Ebd., Urteil des Cassationsgerichtshofes in Düsseldorf vom 23.10.1812.
[408] Ebd. Als Refractär wurde ein ausgehobener Rekrut bezeichnet, der sich dem Dienst entzog.
[409] Ebd., Entscheidung des Schwelmer Magistrats vom 18.10.1806. Gleiches geschah einem Schuster namens Platte aus Lüttringhausen.
[410] Ebd. Am 19.4.1814 wurde der Schwelmer Bürgermeister vom Landrat in Hagen aufgefordert, das Verzeichnis der sich im verflossenen Jahr angesetzten Fremden einzureichen und zwar nach Anleitung der Verfügung vom 24. März 1810, Nr. 13.

4. Unter französischer Herrschaft (1807-1813/15)

Nach dem Herrschaftswechsel im Jahre 1813, als Preußen die ehemalige Grafschaft Mark zurückgewann, stand die restriktive Politik der Kommunalverwaltung wieder in scharfem Gegensatz zur preußischen Zuwanderungspolitik. Wie bereits vor der napoleonischen Besetzung des Landes trat die preußische Regierung für die Förderung der Ansiedlung tatkräftiger Ausländer ein, die das Wohl des Staates mehren sollten. Den Widerständen auf lokaler Ebene trat die Regierung daher immer wieder entgegen, warnte gleichzeitig aber auch vor Fremden, von denen zu erwarten stand, daß sie den Flor des Staates keineswegs mehren würden:

> *"Es kann nicht die Absicht seyn, unbescholtenen Ausländern, die entweder ihrer guten persönlichen Eigenschaften oder ihres Vermögens wegen, dem Staate willkommen seyn müssen, die Niederlaßung in demselben zu erschweren, auf der andern Seite aber auch nichts daran liegen, [die Ansetzung] herumtreibende[r] verdächtige[r] oder gar gefährliche[r] Subjekte zu erleichtern."* [411]

Als Vorsichtsmaßnahme wurde daher weiter an der Meldepflicht für Ausländer festgehalten. Aber es gab Ausnahmen von dieser Vorschrift. So gestattete der Staat wegen der häufigen Umzüge des unverheirateten Gesindes und der sogenannten kleinen Leute besonders in Grenzgegenden ihre Aufnahme ohne besondere Formalitäten. Allerdings wurden ihre *"Brotherren"* verpflichtet, Beobachtungen verdächtiger Umtriebe sofort der Polizei zu melden. Verheiratete Dienstboten benötigten lediglich eine Aufenthalts- oder Niederlassungserlaubnis der örtlichen Obrigkeit.

---

[411] GStA PK, I. HA, Rep 74, Registratur des Staatskanzlers, PVI, Nr. 11 (ohne Blattnummer) (M), darin: "Instruktion für sämtliche Regierungen, wegen der Niederlaßungen von Ausländern in den Preußischen Staaten" (undatiert, vermutlich aus dem Jahre 1813).

4.2.4 Aufstiegschancen

Der politische Umbruch in dem ehemals zu Preußen gehörenden Gebiet blieb nicht nur auf die wichtigsten politischen Strukturen im Staat beschränkt, sondern war bis hinunter in die Gemeinden zu spüren. Wenn auch nicht die alten Eliten beseitigt wurden, so gelang es jetzt doch auch anderen Gruppen, wichtige Positionen einzunehmen und die verkrusteten Zirkel, die mancherorts Züge einer Oligarchie trugen, zu durchbrechen.

Vom Wandel blieb auch Schwelm nicht unberührt. Das zeigt sich eindringlich an den Vertretern des im August 1809 neu eingesetzten Munizipalrates, in dem nun auch Namen auftauchen, die bisher in der Stadt keine besondere öffentliche Rolle gespielt hatten. Der Maire saß dem Munizipalrat vor, der aus den Schwelmern Johann Peter Bredt, P. D. und J. P. Braselmann, Wilhelm Buchholz, Agatz und Hieby, J. A. Langewiesche, H. C. Hieronimus, Jacob Wylich, Caspar Vorwerck und Daniel Mertens bestand.[412] Unter den Männern an der Spitze der Stadtverwaltung waren einige, die nicht aus alteingesessenen Schwelmer Familien stammten.

Der Kaufmann Johann Peter Bredt wurde noch 1769 als Ausländer bezeichnet; vermutlich war er aus dem Bergischen nach Schwelm gekommen. Auch Daniel Mertens war kein gebürtiger Schwelmer. Er stammte aus Lengede im Bistum Hildesheim und hatte sich in Schwelm als Gastwirt niedergelassen. Drei Jahre später, im Jahre 1812, rückte sogar für kurze Zeit ein aus Südfrankreich Zugewanderter an die Spitze der Verwaltung auf: Joseph Achille Duvivier de Vivie, einst vor den Wirren der Französischen Revolution nach Schwelm geflüchtet, wurde zum Ersten Beigeordneten in Schwelm ernannt.[413] Zu den Munizipalräten gehörten nun auch der Kaufmann Peter Mertens, der wie der vermutlich mit ihm verwandte Daniel Mertens aus Lengede stammte, Arnold Rentrop, ein Kaufmann aus Lüdenscheid, der 1801 den Bürgereid in Schwelm abgelegt hatte und Adolph Hülsenbeck, ein Kaufmann en gros aus der Grafschaft Limburg, der seit 1779 in Schwelm lebte und hier eine vermögende Frau geheiratet hatte.[414]

Die Räte setzten sich nun fast ausschließlich aus der Kaufmannschaft der Stadt zusammen und rekrutierten sich nicht wie vormals die Magistratsmitglieder aus Juristen- und Beamtenfamilien.

---

[412] StAS A 251, Eidesleistung der Mitglieder des Munizipalrates am 20.8.1809.
[413] Ebd., Eidesleistung der Mitglieder des Munizipalrates am 29.2.1812.
[414] Johann Adolph Hülsenbeck, Sohn des verstorbenen Johann Henrich Hülsenbeck aus Hennen in der Grafschaft Limburg, heiratete am 19.8.1779 in der lutherischen Kirche in Schwelm Sara Margarethe Bertram, Tochter von Johann Melchior Bertram, Kaufmann in Frielinghausen (Mylinghausen). StAS, LT 1 vom 19.8.1779.

4. Unter französischer Herrschaft (1807-1813/15)

4.3 Auswärtige Juden

Mit dem Einzug Napoleons in die bisher preußische Grafschaft Mark verbesserten sich die Lebensbedingungen der Juden. Bisher Untertanen zweiter Klasse, wurde ihnen nun die Gleichberechtigung zumindest in Aussicht gestellt. Per Verordnung vom 26. September 1808 sollten sie allen anderen Einwohnern des Staates gleichgestellt werden.[415] Obwohl immer noch keine Niederlassungsfreiheit für Juden bestand[416] und Einwanderer die Erlaubnis der Regierung benötigten,[417] verlief die Ansetzung von fremden Juden in der Stadt nun wesentlich unkomplizierter als früher. Ein Beispiel hierfür ist Lambertus Behr (Beer) aus Assen in Holland, der sein Brot als Regenschirmmacher verdiente, eine Tätigkeit, die Juden vorher verboten war. Er hatte viele Fürsprecher. Nicht nur der Interims-Bürgermeister Haardt attestierte ihm 1809, daß er sich in den vergangenen zwei Jahren gut aufgeführt und durch die Reparatur von Regenschirmen und zerbrochenen Gefäßen ehrlich ernährt habe. Zusätzlich wurde für Behr eine Unterschriftenliste mit den Namen von 19 Bürgern eingereicht, darunter in Schwelm so bekannte Namen wie Sternenberg und Braselmann.[418]

Auch Selig Isaac, der um das Jahr 1810 nach Schwelm gekommen war, ließ sich auf Dauer in der Stadt nieder. Er arbeitete wie die meisten seiner Glaubensgenossen als Schlachter. Er stammte aus Schmalnau südlich von Fulda und dürfte dort um das Jahr 1772 geboren worden sein. Mit seiner Frau Geneitel Isaac, die aus Niederwessen in der Pfalz stammte, blieb er in Schwelm. Als sich 1846 alle Juden in Preußen auf einen verbindlichen Familiennamen festlegen mußten, wählte das Ehepaar den Namen Seligmann. Die Liberalisierung führte also dazu, daß sich die kleine Gruppe der

---

[415] In einer ministeriellen Anweisung des Finanz- und Innenministeriums des Großherzogtums Berg an den Präsidenten des Verwaltungskollegiums in Hamm hieß es bereits am 22.7.1808: Da die jüdischen Untertanen im Großherzogtum sowohl der Militärpflicht als auch den öffentlichen Aufgaben unterworfen seien und die Absicht bestehe, "die Juden allmählig in die nämlichen Rechte und Freiheiten zu setzen, deren die übrigen Bewohner des Großherzogthums genießen," würden alle bisher von den Juden entrichteten Abgaben an die Domänenkassen wie Schutzgelder oder Abgaben für Heiraten aufgehoben. GStA PK, I. HA, Rep 77, Ministerium des Innern, Tit. 1012, Nr. 5, Bl. 13 (M). Allerdings verschärfte Napoleon gleichzeitig wieder die liberale Judenpolitik in Frankreich, so daß der kaiserliche Kommissar Jacques Claude Beugnot die Judenemanzipation im Großherzogtum Berg nur mit Einschränkungen durchführte. Herzig, Judentum, S. 14.

[416] "Es ist indessen keineswegs unsere Meinung, daß diese Befreiung der Juden zugleich die Erlaubniß für ausländische gegenwärtig noch nicht im Großherzogthum domicilirende Juden sich im Umfange desselben niederlassen zu dürfen, mit sich führen solle." GStA PK I HA, Rep. 77, Ministerium des Innern, Tit. 1012, Nr. 5, Bl. 13 (M), Schreiben des Finanz- und Innenministeriums des Großherzogtums Berg an das Verwaltungskollegium in Hamm vom 22.7.1808.

[417] Die Erlaubnis wurde von der untadeligen Aufführung der Betreffenden abhängig gemacht, sowie davon, ob sie ein nützliches Gewerbe im Großherzogtum einführten oder Eigentum erwarben.

[418] StAS A 1647, Bericht vom 27.11.1809.

4. Unter französischer Herrschaft (1807-1813/15)

Juden in Schwelm um einige Personen vergrößerte. Im Jahre 1818, inzwischen war der Traum der Juden auf die baldige gleichberechtigte Stellung im nun wieder preußischen Staat längst ausgeträumt, hieß es in einem Bericht des Bürgermeisters Adriani:

> *"Die hiesige Judenschaft besteht gegenwärtig aus 9 Familien und mit den Kindern, Knechten und Mägden aus 55 Köpfen. Unter den 9 Familien sind 7, welche vor der französischen Zwischen Regierung und auch schon vor dem Jahre 1783 conceßionirt worden sind, und 2, welche sich erst unter der Fremdherrschaft und unter Begünstigung der französischen Gesetzgebung hier niedergelaßen haben, aber bis jetzt mit keinen Conceßionen versehen sind."* [419]

Das zahlenmäßige Verhältnis von Juden zur restlichen Stadtbevölkerung gibt Adriani mit 1 zu 52 an. Damit lebten in Schwelm relativ betrachtet mehr Juden als 1815/16 im gesamten preußischen Staat.[420] Die Juden in Schwelm lebten ausschließlich in der Stadt. Auf dem Land siedelte sich kein einziger von ihnen an.[421] Das entspricht der allgemeinen Tendenz. Während 1816 72,5 Prozent der preußischen Bevölkerung auf dem Lande lebte, galt dies nur für 16,6 Prozent der Juden. Und auch, wenn Schwelmer Juden während der napoleonischen Ära Grund und Boden außerhalb der Stadt erworben hatten, wie der Bericht von Adriani zeigt, so bebauten sie das Land nicht selbst, sondern verpachteten es.[422]

Zwar hatte auch die preußische Städteordnung den Juden bereits 1808 grundsätzlich das Bürgerrecht zugestanden, das dazu berechtigte, städtisches Gewerbe zu betreiben und Grundstücke zu besitzen, doch blieben die Juden gleichzeitig den Einschränkungen entsprechender Landesgesetze unterworfen.[423] In der Praxis bedeutete dies, daß Juden zwar Stadtbürger werden durften oder bei entsprechenden Voraussetzungen sogar mußten, damit aber nicht gleichzeitig staatsbürgerliche Rechte erlangten wie nicht-jüdische Untertanen.[424] Diese auf kommunale Belange eingeschränkten Bürgerrechte besaßen im Jahre 1816 in der Provinz Westfalen 7.939 Juden, 1.543 Juden verfügten nicht darüber.[425] Auf kommunaler Ebene scheint es aber schon früher für Juden möglich gewesen zu sein, das Bürgerrecht zu gewinnen. Darauf deutet eine Liste der sich in der Stadt aufhaltenden Fremden um 1797/98 hin.[426] Dort wird der

---

[419] Aus einem Bericht des Schwelmer Bürgermeisters Adriani vom 31.3.1818 an den Landrat von der Leithe. Zitiert nach Helbeck, Juden, S. 33.

[420] 1815/16 lebten in Preußen insgesamt 10.349.000 Menschen, darunter 123.800 Juden. Bruer, Juden in Preußen, S. 455. Damit kam ein Jude auf 83 Nicht-Juden.

[421] Vgl. StAS A 72, Bevölkerungstabelle vom 31.10.1812. In der Stadt lebten damals 57 Juden.

[422] Aus einem Bericht des Schwelmer Bürgermeisters Adriani vom 31.3.1818 an den Landrat von der Leithe. Zitiert nach Helbeck, Juden, S. 34.

[423] GS 1808, S. 324-357: "Ordnung für sämtliche Städte der preußischen Monarchie mit dazu gehöriger Instruction, Behuf der Geschäftsführung der Stadtverordneten bei ihren ordnungsmäßigen Versammlungen. Vom 19ten November 1808." Hier besonders § 19.

[424] Bruer, Juden in Preußen, S. 265f.

[425] Ebd., S. 456.

[426] StAS A 1626, darin: "Nachweise der in der Stadt Schwelm wohnhaften oder sonst sich aufhaltenden Fremden".

4. Unter französischer Herrschaft (1807-1813/15)

Schutzjude, Kaufmann und Schlachter David Mayer aus Linn bei Krefeld mit dem Vermerk genannt, er habe die Bürgerschaft gewonnen. Gleiches gilt für den Juden Herz Joseph, dessen Name allerdings wieder durchgestrichen wurde. Als Bürge für den Mann aus Marburg wird dessen zukünftiger Schwiegervater, der Schutzjude Marcus Juda genannt.[427]

Die Ansetzung fremder Juden wurde unter preußischer Herrschaft wieder erschwert. Seit 1813 mußten ausländische Juden, die nicht Ackerbau oder ein Handwerk betrieben, sondern sich mit "Schachern" oder anderen geringen Handelsgeschäften ernährten, ein Vermögen von 5.000 Talern nachweisen, wenn sie sich in Preußen niederlassen wollten.[428] 2.000 Taler von dieser Summe mußten sie zum Ankauf eines Grundstücks im Lande verwenden. Insgesamt erwiesen sich die Hoffnungen der Juden auf die Gleichberechtigung im Staat als trügerisch. Die unter der französischen Besetzung angekündigte Emanzipation blieb bereits im Ansatz stecken und wurde in den Folgejahren von der preußischen Regierung noch weiter behindert.

---

[427] In den vom Magistrat angefertigten Listen über die Personen, die den Bürgereid geleistet haben, waren die beiden Juden jedoch nicht nachzuweisen.
[428] GStA PK, I. HA, Rep. 74, Registratur des Staatskanzlers, PVI, Nr. 11 (M) (ohne Blattnummer), darin: "Instruktion für sämtliche Regierungen, wegen der Niederlaßungen von Ausländern in den Preußischen Staaten" (undatiert, vermutlich aus dem Jahre 1813).

4.4 Zusammenfassung

Napoleon hatte die politischen Grenzen in Deutschland völlig neu gezogen. Die territorialen Veränderungen hatten auch Folgen für die Zuwanderung in die Grafschaft Mark. Denn der Anschluß der bisher zum preußischen Staatsgebiet gehörenden Grafschaft an das unter französischer Herrschaft stehende Großherzogtum Berg löschte über Nacht kleinräumige Grenzen aus, die bis dahin als Barrieren der Zuwanderung gewirkt hatten. Dem Gebiet entlang der Flüsse Wupper und Ennepe, das strukturell und wirtschaftlich viele Gemeinsamkeiten hatte, politisch aber getrennt gewesen war, bot sich nun die Chance einer Entwicklung zu einem gemeinsamen Wirtschaftsraum.

Diese Möglichkeit sahen überraschenderweise auch schon einige Zeitgenossen, die nur wenige Jahre nach dem Ende der französischen Herrschaft die Vision formulierten:

> "Die Enneperstraße knüpft bekanntlich Hagen, Gevelsberg, Schwelm und Langerfeld in diesem Regierungs-Bezirke mit den Ortschaften in dem Wupper-Thale des Regierungs-Bezirks Düsseldorf, Rittershausen, Wupperfeld, Gemarke und Elberfeld zusammen, welche vielleicht in dem Zeitraume eines Menschenalters sich zu einer sehr großen Gewerbe treibenden Stadt vereinigen werden." [429]

Auch nach der Rückkehr der Grafschaft Mark in den preußischen Staat, eine frühe deutsche "Wiedervereinigung", blieb es beim territorialen Status Quo, den Napoleon geschaffen hatte. Zwar markierte die Wupper nun die Grenze zwischen der Provinz Westfalen und der Rheinprovinz, doch war sie nur noch Verwaltungs-, nicht mehr Staatsgrenze. Der Wegfall der Trennungslinie hatte besonders Auswirkungen auf das Wanderungsverhalten lediger Frauen. Für sie hatten Staatsgrenzen bisher eine starke Mobilitätsbarriere gebildet, da sie weder staatliche Unterstützung bei einer Niederlassung zu erwarten hatten noch durch berufliche Qualifikation auf eine Auswanderung vorbereitet waren.

Die staatliche Einheit bedeutete vor allem für ledige Frauen, die im bergisch-märkischen Grenzgebiet lebten und meist nur Nachbarschafts- oder Nahwanderer waren, eine wichtige Erweiterung ihrer Mobilität. Da das Großherzogtum Berg mehrere ehemals selbständige Territorien zusammenfaßte, wurde aber auch die gemäßigte Fernwanderung angeregt.

In Schwelm gewann die Kaufmannschaft stark an politischem Einfluß - unter ihr auch zahlreiche Zugereiste. Der Wandel in der Zusammensetzung der obersten

---
[429] StAS, Bibliothek, Sign. 42-1.5, "Beschreibung des Regierungs-Bezirkes Arnsberg in der Königlich Preußischen Provinz Westfalen. Kreis Hagen". Arnsberg 1819, S. 77.

4. Unter französischer Herrschaft (1807-1813/15)

Stadtgremien änderte aber nichts an der generell ablehnenden Haltung gegenüber Fremden, die man verdächtigte, die Armenkasse zu plündern und die öffentliche Sicherheit, Sitte und Ordnung zu gefährden.

Die Textilbranche blieb auch in dieser Zeit das wichtigste Arbeitsfeld der Migranten. Defizite hielten sich in Handels- und Nahrungsberufen, die einen größeren Finanzbedarf hatten.

Liberalere Gesetze ermöglichten eine zunehmende Mobilität von Juden. Nach dem Herrschaftswechsel ab 1813 wurden die gewonnenen Freiheiten der Judenschaft wieder nach und nach eingeschränkt. Insgesamt stand die restriktive Vorgehensweise der städtischen Behörden Fremden gegenüber nun wieder in starkem Gegensatz zur preußischen Zuwanderungspolitik.

5. Auf dem Weg zur Industrialisierung (1816-1850)
5.1 Bevölkerungsentwicklung

Nach dem französischen Intermezzo war Schwelm wieder dem preußischen Staatsverband einverleibt, die westlichen Gebiete waren mit den übrigen preußischen Territorien "wiedervereinigt" worden. Das vergrößerte Staatsgebiet wurde in neue Provinzen und Regierungsbezirke eingeteilt. Schwelm gehörte nun zum Regierungsbezirk Arnsberg und war damit Teil der Provinz Westfalen. Das Schwelmer Gebiet bildete im Westen die Grenze zur nun ebenfalls aus Berlin regierten Rheinprovinz.

In der zweiten Hälfte des 18. Jahrhunderts hatte eine Bevölkerungsentwicklung ihren Anfang genommen, die man gemeinhin mit dem Schlagwort "Bevölkerungsexplosion" bezeichnet. Mit zunehmender Dynamik vermehrte sich die Einwohnerzahl Europas. Zwischen 1750 und 1850 verdoppelte sich die Bevölkerung und nahm zwischen 1850 und 1913 noch einmal um 80 Prozent zu.[430] Die Ursachen für diese Entwicklung sind nicht gänzlich geklärt. Eine entscheidende Rolle spielte vermutlich ein länger andauernder Rückgang der Sterbezahlen, der offenbar weniger auf einem Fortschritt der Medizin als vielmehr auf einer besseren Ernährungslage der Bevölkerung basierte.[431]

Im Jahre 1816 lebten in der Provinz Westfalen insgesamt 1.066.000 Menschen, in der angrenzenden Rheinprovinz sogar 1.871.000 Personen. Insgesamt stellten die Westprovinzen knapp 30 Prozent der preußischen und etwa ein Achtel der Bevölkerung Deutschlands (Deutscher Bund ohne Österreich).[432]

Im gewerblich früh entwickelten Westen Preußens hatte sich das generative Verhalten eher geändert als in den ländlich strukturierten Gebieten des Staates. Die Bevölkerungsentwicklung der vorindustriellen Zeit, die geprägt war von hoher ehelicher Fruchtbarkeit und einer gleichfalls hohen, aber stark schwankenden Sterblichkeitskurve, wie sie auch in Schwelm nach dem Siebenjährigen Krieg noch vorherrschte, wich einem generativen Verhalten, das nicht mehr agrarisch geprägt war. Das industriell entwickelte Land an Wupper und Ruhr, Ennepe und Volme, in dem selbst Bauern einem Nebengewerbe nachgingen, setzte nicht mehr den Erwerb einer Bauernstelle oder eines Handwerksbetriebes als unverzichtbar für die Gründung einer Familie voraus. Somit wurden auch Personen, die bisher gezwungen gewesen waren, unverheiratet zu bleiben oder erst spät zu heiraten, in die Lage versetzt, einen eigenen Hausstand zu gründen und Kinder zu bekommen.[433]

---

[430] Rürup, Deutschland, S. 22.

[431] "So öffnete sich die Schere zwischen Geburten- und Sterbezahlen zugunsten eines anhaltenden Geburtenüberschusses, der schon bald dadurch weiter gesteigert wurde, daß nunmehr eine größere Zahl von Frauen das heirats- bzw. gebärfähige Alter erreichte, so daß der Rückgang der Sterbezahlen mittelfristig eine zusätzliche Erhöhung der Geburtenzahlen bewirkte." Ebd. S. 25.

[432] Marschalck, Bevölkerung, S. 46f.

[433] Zu den Ursachen des Bevölkerungswachstums im 19. Jahrhundert vgl. Rürup, Deutsch-

5. Auf dem Weg zur Industrialisierung (1816-1850)

Daneben profitierte die bereits relativ städtisch geprägte Region im Westen Preußens davon, daß das platte Land seit jeher seine Bevölkerungsüberschüsse an die Städte abgegeben hatte. Städte waren stets Zuwanderungsregionen vor allem für Nahwanderer, aber auch für handwerklich-gewerbliche Fernwanderer gewesen.[434] Dennoch trugen Wanderungsgewinne offenbar erst in den zwanziger Jahren des 19. Jahrhunderts zum Bevölkerungswachstum in Preußen entscheidend bei. Der Leiter des preußischen statistischen Büros Johann Gottfried Hoffmann stellte 1840 fest, daß erst nach 1823 ein stetiger Wanderungsgewinn zu verzeichnen gewesen sei.[435]

Auch die Bevölkerung der Stadt Schwelm wuchs stetig an.[436] Die Menschen mußten notgedrungen näher zusammenrücken. 1821 lebten in jedem der 260 Wohnhäuser durchschnittlich mehr als zehn Personen.[437]

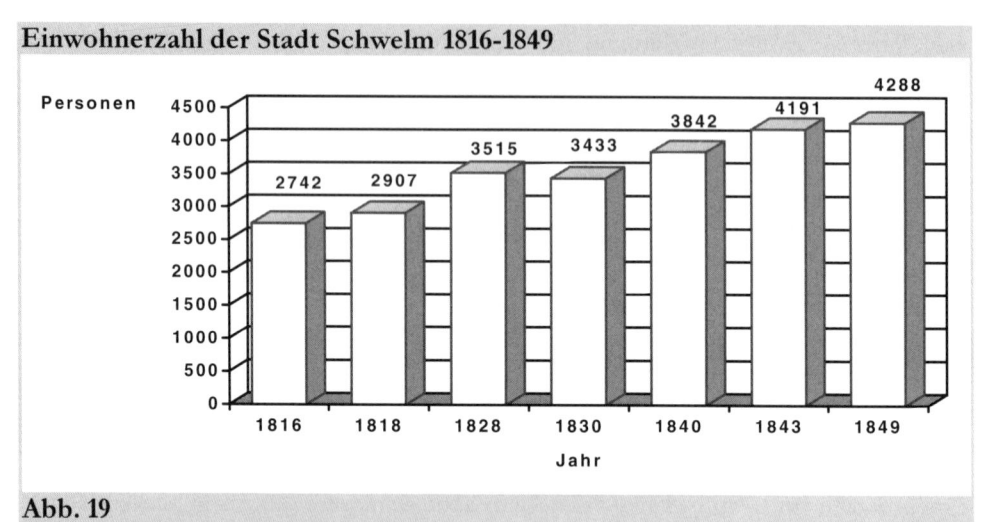

Einwohnerzahl der Stadt Schwelm 1816-1849

Jahr	Personen
1816	2742
1818	2907
1828	3515
1830	3433
1840	3842
1843	4191
1849	4288

Abb. 19
Zahlen entnommen aus: StAS B, Reg. II, Cap. 7, Nr. 708; StAS B, Abt. A, Nr. 37 und StAS, Nachlaß Böhmer, Zeittafel   (Erhebung d. Verf.)

---

land, S. 24f.
[434] Marschalck, Bevölkerung, S. 47.
[435] Danach betrug der Wanderungsgewinn zwischen 1823 und 1825: 29.688 Personen; 1826-1828: 47.177 Personen; 1829-1831: 71.186 Personen und 1832-1834: 118.657 Personen. Obermann, Arbeitermigrationen, S. 145.
[436] Abb. 19.
[437] StAS B 214, Reg. I, Caps. 22, Nr. 268, "Chronik der Stadt und Bauerschaft Schwelm", angefertigt 1822.

5. Auf dem Weg zur Industrialisierung (1816-1850)

Zwischen 1816 und 1849 wuchs die Bevölkerung Schwelms um 1.546 Personen, also um deutlich mehr als 50 Prozent. Die Bevölkerung der Provinz Westfalen war im gleichen Zeitraum lediglich um 37 Prozent auf insgesamt 1.469.000 Menschen angewachsen. Die von der lutherischen und der reformierten Kirchengemeinde Schwelm zwischen 1817 und 1827 geführten Übersichten über Geburten und Sterbefälle zeigen, daß in diesem Zeitraum stets ein Geburtenüberschuß herrschte und die Sterbekurve selbst in Krisenjahren nicht mehr über die Geburtenkurve hinausging.[438]

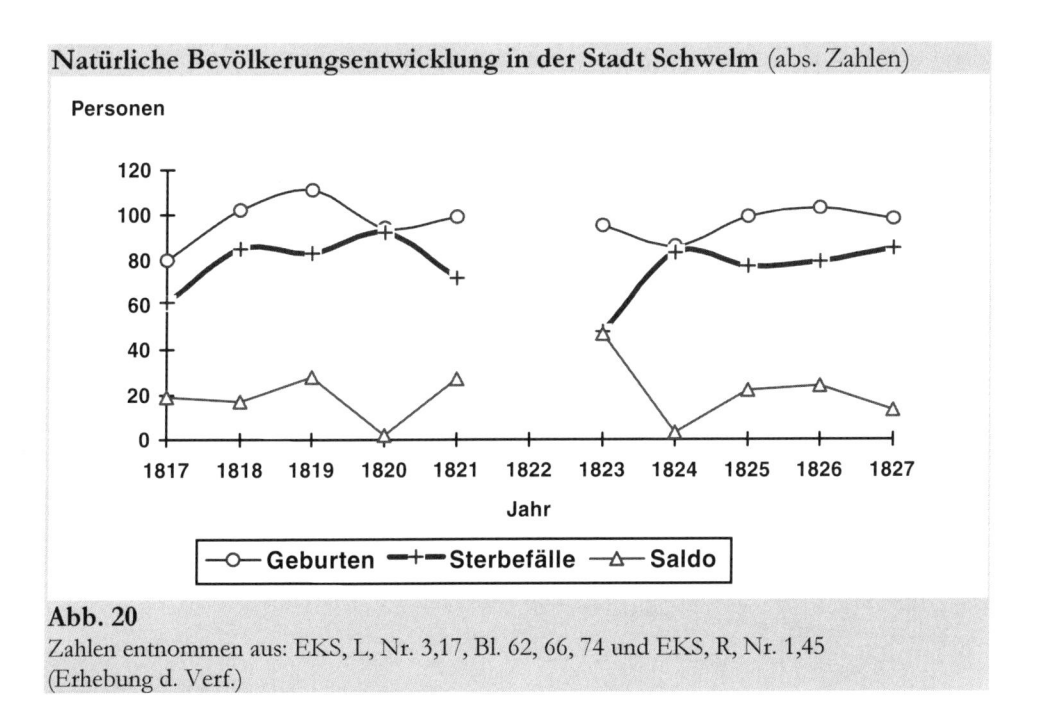

Natürliche Bevölkerungsentwicklung in der Stadt Schwelm (abs. Zahlen)

Abb. 20
Zahlen entnommen aus: EKS, L, Nr. 3,17, Bl. 62, 66, 74 und EKS, R, Nr. 1,45 (Erhebung d. Verf.)

Doch das natürliche Bevölkerungswachstum reicht nicht aus, um das Gesamtwachstum zu erklären. Legt man die Geburten- und Sterbeziffern der gesamten Provinz zugrunde, wäre das natürliche Bevölkerungswachstum Schwelms lediglich für etwa 58 Prozent des Wachstums um 1.546 Menschen verantwortlich gewesen, die stets auch vorhandene Abwanderung von Schwelmern noch nicht einmal eingerechnet. Folglich ging das Wachstum der Einwohnerschaft auf einen Geburtenüberschuß in Kombination mit einem Wanderungsgewinn zurück.[439]

---

[438] Abb. 20. Die Daten der katholischen Kirchengemeinde lagen nicht vor, doch dürfte die Tendenz die gleiche sein.
[439] Die Kombination von Bevölkerungsüberschuß und Wanderungsgewinn läßt sich u. a. auch für die Städte Barmen und Lüdenscheid in den Jahren zwischen 1816 und 1840 nachweisen. Vgl. Matzerath, Urbanisierung, S. 78.

5. Auf dem Weg zur Industrialisierung (1816-1850)

1830 erlebte der stetige Aufwärtstrend der Schwelmer Bevölkerungskurve vorübergehend einen Knick, die Einwohnerzahl sank unter die des Jahres 1828.[440] Während das durchschnittliche jährliche Bevölkerungswachstum zwischen 1816 und 1828 in Schwelm bei 2,3 Prozent und damit weit über dem Bevölkerungswachstum der Provinz (1,2 %) gelegen hatte, schwächte sich ab 1830 die Entwicklung in Schwelm viel stärker ab als in Westfalen.

1849 lag das durchschnittliche jährliche Bevölkerungswachstum der Stadt Schwelm nur noch bei einem Prozent, das der Provinz immerhin noch bei 0,9 Prozent. Vordergründig kann der Stadtbrand vom September 1827, der den südwestlichen Teil der Stadt in Schutt und Asche legte, als Auslöser für den plötzlichen Wachstumseinbruch 1830 gesehen werden, doch erklärt dieses Ereignis nicht das abgeschwächte Wachstum bis 1849. Verantwortlich dürfte die Ende der zwanziger Jahre einsetzende Wirtschaftskrise gewesen sein, die besonders die Schwelmer Textilindustrie traf. Von kurzen Erholungsphasen abgesehen, litten Webereien, Bandwebereien und Seidenfabriken besonders stark unter der Depression.

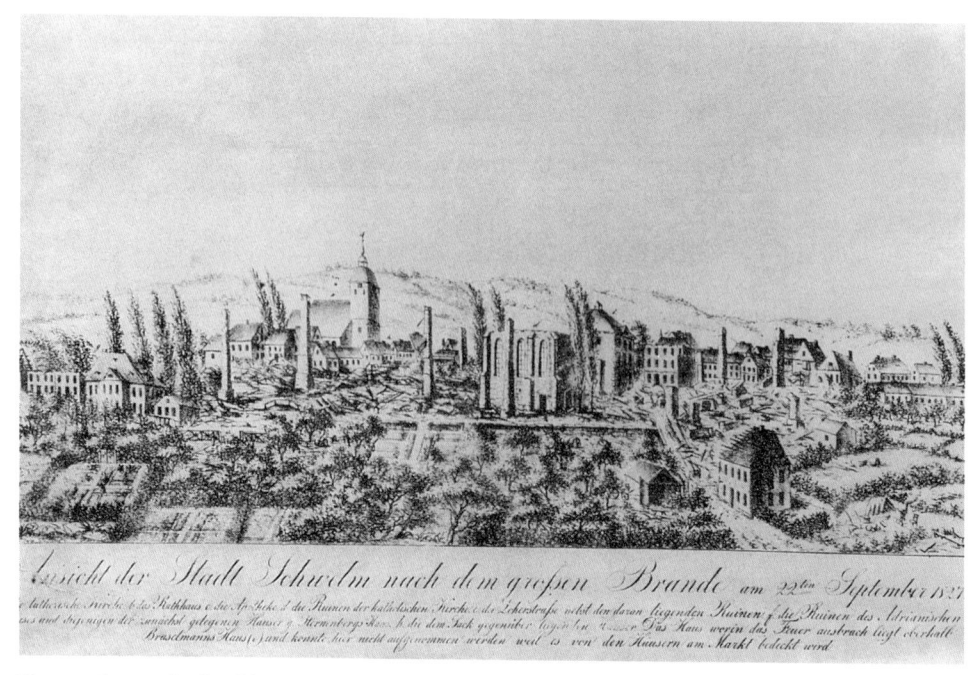

Der verheerende Stadtbrand von 1827 führte zunächst zu einer Stagnation im Wirtschaftsleben, kurbelte dann aber das Baugewerbe an.

---

[440] Abb. 19.

5. Auf dem Weg zur Industrialisierung (1816-1850)

Marschalck deutet den Rückgang des Bevölkerungswachstums in der Rheinprovinz und in Westfalen, der in den dreißiger Jahren des 19. Jahrhunderts einsetzte und sich bis 1849 verstärkte, als Ergebnis zunehmender Wanderungsverluste.[441] Die Bedeutung der Ab- bzw. (überseeischen) Auswanderung wird besonders im Jahr 1849 deutlich. Damals betrug das natürliche Bevölkerungswachstum in der Provinz Westfalen zwar 10,9 Promille, das tatsächliche Wachstum der Bevölkerung aber lediglich 6,5 Promille.

Diese Entwicklung bekam auch die märkische Region zu spüren. Betroffen waren jedoch nicht alle Orte gleichermaßen. Während es der Stadt Hagen als Standort der Eisenverarbeitung gelang, die Bevölkerungszahl zu erhöhen, blieb die Stadt Schwelm, die immer noch im wesentlichen vom Textilgewerbe lebte, zurück. Große Zuwachsraten verzeichneten hingegen die Bauerschaften. Eine Statistik aus dem Jahr 1841 gibt einen Überblick, in welchem Maße sich die Bevölkerung der Stadt Schwelm und der Bauerschaften, die einst das Gogericht Schwelm gebildet hatten und nun zu verschiedenen Ämtern gehörten, zwischen 1818 und 1839 entwickelte.[442]

Tab. 6 Bevölkerungsentwicklung Stadt und ehemaliges Gogericht 1818-1839

Ort	1818	1839	Zuwachs total in %	jährlicher Zuwachs %	Häuser 1839	Personen je Haus
Stadt Schwelm	2907	3842	32,3	1,5	305	12,6
Bauer. Schwelm	1830	2887	57,7	2,7	232	12,5
Schwelm total	**4737**	**6729**	**42,0**	**2,0**	**537**	**12,5**
Langerfeld	1964	3144	60,0	2,8	262	12,0
Nächstebreck	1213	1926	58,8	2,8	169	11,4
Langerfeld total	**3177**	**5070**	**59,5**	**2,8**	**431**	**11,8**
Gennebreck	488	1633	235	11,1	166	9,8
Linderhausen	312	813	160,5	7,6	129	6,3
Haßlinghausen	840	2459	193	9,1	292	8,4
Hiddinghausen I	186	466	150,5	7,1	65	7,2
Haßlingh. total	**1826**	**5371**	**194,1**	**9,2**	**652**	**8,2**
Mylinghausen	1211	3042	151,2	7,2	226	13,5
Mühlinghausen	580	1153	98,8	4,7	106	10,9
Schweflinghausen	534	813	52,2	2,4	98	8,3
Oelkinghausen	865	1603	85,3	4,0	126	12,8
Ennepe total	**3190**	**6611**	**107,2**	**5,1**	**556**	**11,9**
ehem. Gogericht (ohne Voerde) total	**12930**	**23781**	**83,9**	**3,9**	**2176**	**10,9**

---

[441] Marschalck, Bevölkerung, S. 47f.
[442] StAS, Bibliothek, Sign. 42-35.5, "Ortschafts- und Entfernungs-Tabelle des Regierungs-Bezirkes Arnsberg, Kreis Hagen". Arnsberg 1841, S. 42-70.

5. Auf dem Weg zur Industrialisierung (1816-1850)

Bevölkerungszuwachs und Wohnungsnot 1839

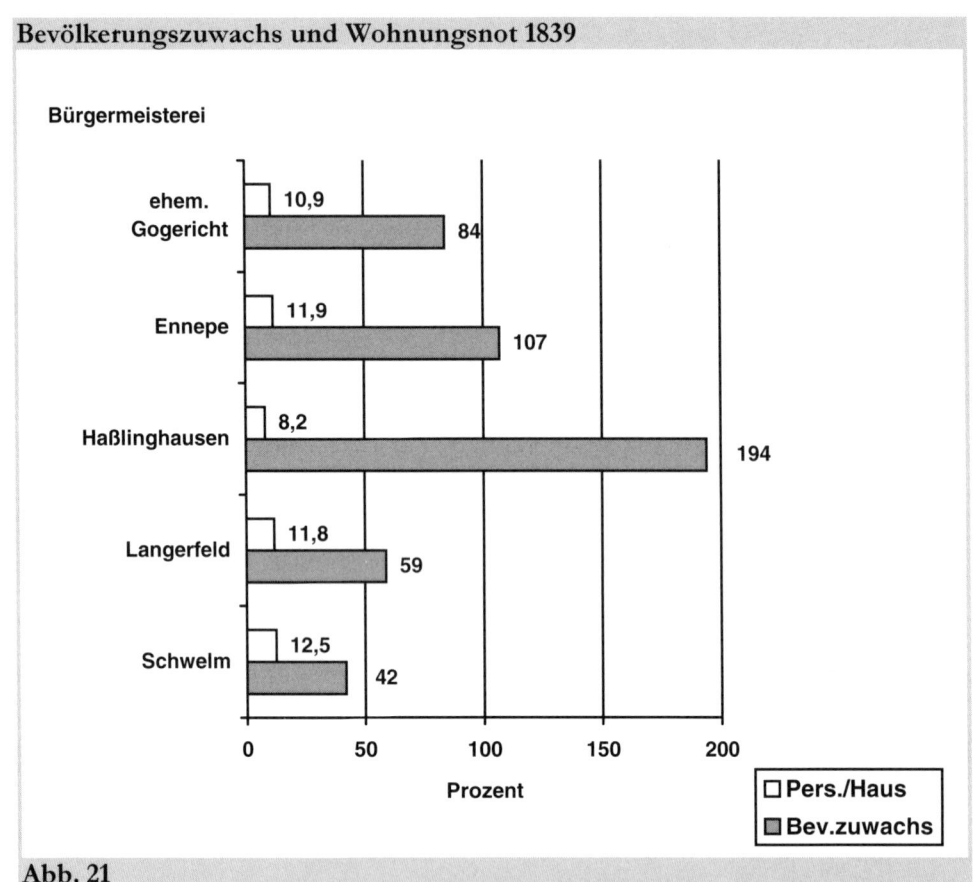

Bürgermeisterei

- ehem. Gogericht: 10,9 / 84
- Ennepe: 11,9 / 107
- Haßlinghausen: 8,2 / 194
- Langerfeld: 11,8 / 59
- Schwelm: 12,5 / 42

Prozent

☐ Pers./Haus
■ Bev.zuwachs

Abb. 21
Zahlen entnommen: StAS, Bibliothek, Sign. 42-35.5, "Ortschafts- und Entfernungs-Tabelle des Regierungs-Bezirkes Arnsberg, Kreis Hagen". Arnsberg 1841, S. 42-70   (Erheb. d. Verf.)

Die Bevölkerung von Gennebreck, Haßlinghausen und Gevelsberg vermehrte sich in diesem Zeitraum fast explosionsartig. Hier gab es neben den Tätigkeiten in der Landwirtschaft auch Arbeit im Eisengewerbe und im Bergbau.[443] Doch obwohl das Wachstum der Schwelmer Stadtbevölkerung vergleichsweise gering war, lebten die Einwohner hier in drangvoller Enge.[444]

---

[443] "Gevelsberg hat mehrere nicht unbedeutende Kleinschmiedereien, Hammerwerke und Bleichen in seiner Umgegend." StAS, Bibliothek, Sign. 42-1.5, "Beschreibung des Regierungs-Bezirkes Arnsberg in der Königlich Preußischen Provinz Westfalen, Arnsberg 1819. Kreis Hagen". Arnsberg 1819, S. 109.
[444] Abb. 21.

5. Auf dem Weg zur Industrialisierung (1816-1850)

Im Vergleich zum ehemaligen Gogericht entwickelte sich die Einwohnerschaft im gesamten Kreis Hagen langsamer. Zwischen 1831 und 1840 wuchs die Bevölkerung im Kreis von 54.353 auf 66.610 Personen,[445] was einem durchschnittlichen jährlichen Wachstum von 2,5 Prozent entspricht. Die Einwohnerdichte des Kreises Hagen war 1849 die höchste im gesamten Regierungsbezirk Arnsberg. Je Quadratmeile lebten hier durchschnittlich 10.001 Menschen.[446]

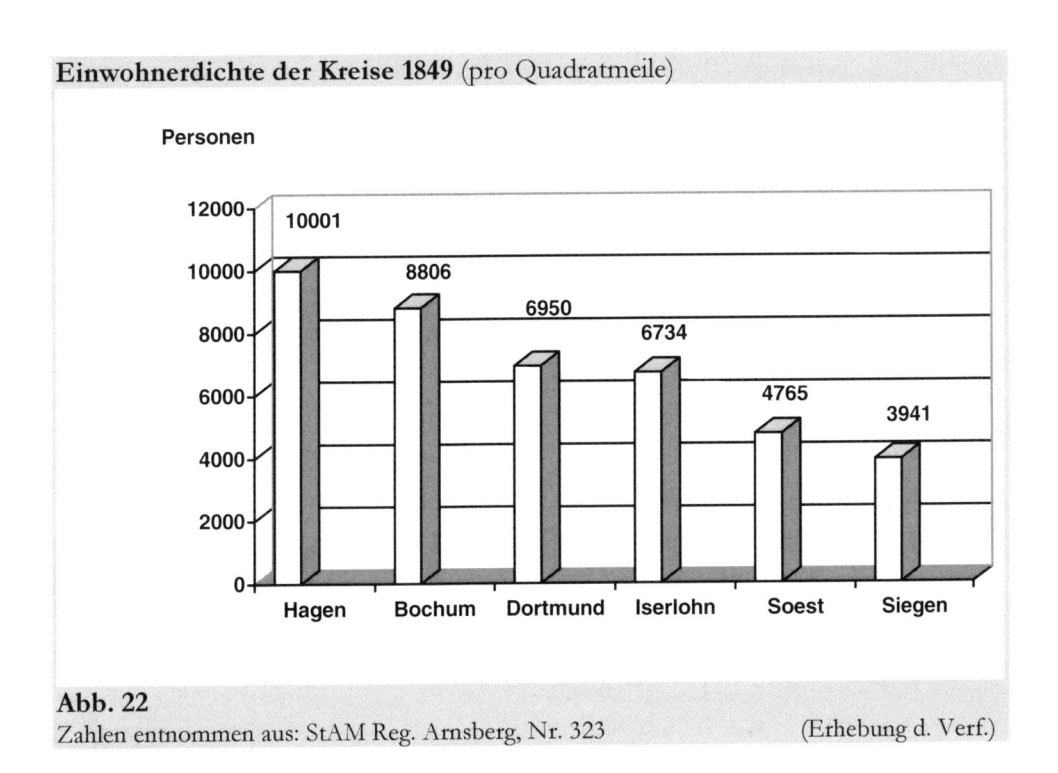

Einwohnerdichte der Kreise 1849 (pro Quadratmeile)

Kreis	Personen
Hagen	10001
Bochum	8806
Dortmund	6950
Iserlohn	6734
Soest	4765
Siegen	3941

Abb. 22
Zahlen entnommen aus: StAM Reg. Arnsberg, Nr. 323 (Erhebung d. Verf.)

---

[445] StAM Oberpräsidium, Nr. 672, S. 107 und Nr. 673, S. 17.
[446] Abb. 22. StAM Regierung Arnsberg, Nr. 323, darin: "Zusammenstellung der Resultate der im Monath November 1849 statt gehabten Volkszählung und der gleichzeitig und später gesammelten statistischen Notizen für den Geschäftsbereich der Königl. Regierung zu Arnsberg".

5. Auf dem Weg zur Industrialisierung (1816-1850)

5.2 Dampfmaschine und Eisenbahn: Vom Gewerbe- zum Industriezeitalter

In der ersten Hälfte des 19. Jahrhunderts blieb das für den überregionalen Markt produzierende Textilgewerbe der bestimmende Sektor der Schwelmer Wirtschaft. 1825 waren in der Stadt 47 Webstühle für Seide und Halbseide, 72 für Baumwolle und Wolle, zehn für Linnen, sieben für Strümpfe und 424 Bandstuhlgänge in Betrieb. In der Bauerschaft Schwelm klapperten noch weit mehr Bandstühle. Hier wurden 13 Webstühle für Seide und Halbseide, 37 für Baumwolle, 19 für Leinen und 4.464 Bandstuhlgänge betrieben.[447] Erst nach der Jahrhundertmitte gewann die Eisenverarbeitung an Bedeutung, als durch den Bau der Eisenbahn und die Einführung der revolutionierenden Dampfmaschine der Boden bereitet worden war. Die Eisenverarbeitung verlagerte sich zunehmend an die verkehrstechnisch erschlossene Wupper-Ennepe-Talmulde, da die Dampfmaschine die jahrhundertelange Abhängigkeit von der Wasserkraft aufhob.[448] Erst zu diesem Zeitpunkt wurde der *"ehemals homogene Textilraum langfristig völlig umgestaltet"*.[449] Bis zur Mitte des 19. Jahrhunderts durchlebte Schwelm Jahrzehnte der Rezession. Die Folgen der napoleonischen Kriege waren noch nicht überwunden, da führten Mißernten und eine Absatzkrise des Textilgewerbes zum wirtschaftlichen Niedergang.[450] In der Folge wurden auch andere Wirtschaftszweige in Mitleidenschaft gezogen. 1827 heißt es über die Lage in Schwelm:

> *"Viele Arbeiter sind ohne Beschäftigung und diejenigen in Thätigkeit haben im Allgemeinen einen äußerst geringen Verdienst. Es hat dies auf die Verarmung der arbeitenden Klasse einen nachtheiligen Einfluß."* [451]

Auch der einsetzende Eisenbahn- und Chausseebau gegen Mitte des 19. Jahrhunderts konnte den Arbeitsmarkt nicht im erhofften Maß entlasten. Sinkende Löhne, steigende Preise, Arbeitslosigkeit und Wohnungsnot kennzeichneten die Misere. Die allgemeine Teuerung zeigte sich deutlich an der Entwicklung der Getreide-, insbesondere der Weizenpreise.[452] Nur zögernd fanden technische Neuerungen Eingang in die Schwelmer Wirtschaft. Als treibende Kräfte erwiesen sich hier besonders die Firmen J. A. Sternenberg und D. Braselmann. Sternenberg führte gegen Ende des 18. Jahrhunderts die Rotgarnfärberei in Schwelm ein, die in der ersten Hälfte des 19. Jahrhunderts eine Blüte erfuhr, und modernisierte zudem um das Jahr 1840 die Textilfabrikation durch den Einsatz des Jacquard-Webstuhls.[453] Fünf Jahre später hielt die erste Dampfmaschine, deren Leistung acht Pferdestärken betrug, in Schwelm

---

[447] StAS B, Reg. II, Cap. 8, Nr. 715, darin: Gewerbetabellen Stadt und Bauerschaft Schwelm.
[448] Becker, Wirtschaftliche Entwicklung I., S. 73.
[449] Ebd.
[450] Gleiches schildert Köllmann für das benachbarte Wuppertal. Köllmann, Wirtschaft, Weltanschauung und Gesellschaft, S.30f.
[451] StAS B, Reg. II, Cap. 8, Nr. 716, Bericht vom 14.2.1827.
[452] Abb. 23.
[453] Becker, Wirtschaftliche Entwicklung I., S. 70.

Einzug.[454] Die Bandweberei Daniel Braselmann und Sohn hatte 1845 um die Konzession für die Maschine nachgesucht und konnte sie als erster Betrieb in der Stadt installieren. Die Dampfmaschine kam zunächst als Antrieb von Appreturmaschinen zum Einsatz. Sieben Jahre später wurde eine weitere Maschine in Schwelm zum ersten Mal als Antrieb für Webstühle genutzt. Damit waren die ersten zögernden Schritte von der dezentralen im Verlagssystem organisierten gewerblichen Wirtschaft zum zentralisierten Fabriksystem getan. Die Umstrukturierung erfolgte aber nur schleppend. Zwar existierte in Schwelm eine Verlagskaufmannschaft mit Handelsbeziehungen zum Ausland und erheblichem Kapital. Auch verfügte die Stadt über qualifizierte Arbeitskräfte mit Know-how in der gewerblichen Produktion. Zudem konnte auf Erfahrungen im Wuppertal zurückgegriffen werden, wo seit Jahren Dampfmaschinen arbeiteten und den Weg zur industriellen Produktionsweise vorgezeichnet hatten, doch hemmte die lange heimgewerbliche Tradition die zügige Zentralisierung.

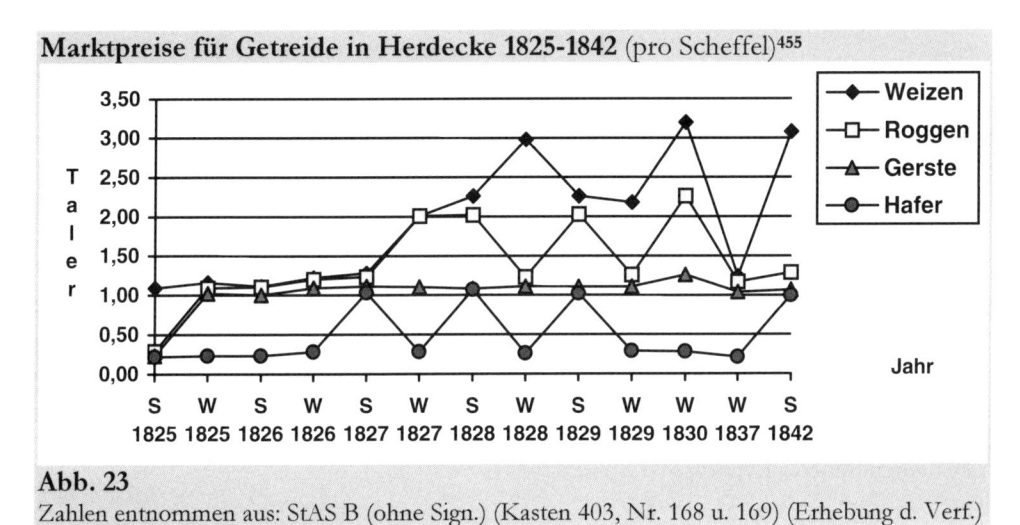

Marktpreise für Getreide in Herdecke 1825-1842 (pro Scheffel)[455]

Abb. 23
Zahlen entnommen aus: StAS B (ohne Sign.) (Kasten 403, Nr. 168 u. 169) (Erhebung d. Verf.)

Mit dem Bau der Eisenbahnstrecke Elberfeld - Schwelm, die 1847 für den Verkehr freigegeben wurde und zwei Jahre später schon bis nach Dortmund führte, erhielt die wirtschaftliche Entwicklung weiteren Schwung. Zuvor hatte man alle Waren, die in Schwelm für den überörtlichen Markt produziert wurden, mit Pferd und Wagen zu den Absatzmärkten bringen müssen. Derart eingeschränkte Transportmöglichkeiten mußten hemmend auf die Ausweitung der Produktion wirken. Neben der Eisenverarbeitung, die nun zunehmend aus den ländlichen Bereichen des Gogerichts an die Bahnstrecke drängte, wurden durch die bessere Verkehrsanbindung auch die Mobilität der Bevölkerung größer und Zu- und Abwanderungen erleichtert.

---

[454] StAS B (ohne Signatur) (Kasten 383, Nr. 40). Die Bezirksregierung in Arnsberg, Abt. d. Innern, genehmigte die Dampfmaschine am 30.7.1845, drei Monate nachdem der Bandfabrikant Daniel Braselmann um Erlaubnis zur Aufstellung der Maschine gebeten hatte.
[455] Witten und Herdecke waren die wichtigsten Getreidemärkte für Schwelm. Der preußische Scheffel entsprach einer Menge von knapp 55 Litern. (S = Sommer, W = Winter)

5. Auf dem Weg zur Industrialisierung (1816-1850)

5.3   Zuwanderung nach Schwelm
5.3.1   "Junge unverehelichte Leute": Struktur der Zuwanderung

Unverheiratet, jung, arm und in der Heimat ohne Perspektive: So dürfte - bei aller Unterschiedlichkeit der einzelnen Menschen - das Profil der überwiegenden Zahl der Zuwanderer nach Schwelm ausgesehen haben. Nicht alle wollten ihre Heimat für immer verlassen und zogen über kurz oder lang wieder zurück, andere zogen auf der Suche nach Arbeit und höherem Lohn weiter in die Nachbarstädte, vielen gelang aber auch die Etablierung am Ort. Die Zuwanderung im Familienverband, wie sie für entferntere Auswanderungsziele wie Rußland oder Amerika typisch war, stellte für Schwelm eher die Ausnahme dar. Schon der Direktor des preußischen statistischen Büros stellte fest:

> *"Den bei weitem größten und gewiß auch den bei weitem nützlichsten Zuwachs von Ausländern erhält der preußische Staat, [...] nicht durch anziehende Kolonistenfamilien, sondern durch junge unverehelichte Leute, welche keineswegs in der erklärten Absicht ankommen, sich hier niederzulassen, sondern ausgezogen sind, um in Gesindediensten oder Tage- oder Wochen-Lohn-Verhältnissen als Gehülfen bei den mannigfaltigen Gewerben einstweilig Unterhalt zu finden, und ihr Glück zu versuchen."* [456]

Wer von ihnen Gelegenheit habe, sich selbständig zu machen oder einzuheiraten, nehme schließlich festen Wohnsitz im Lande.[457]

In den Schwelmer Traubüchern finden sich auch in diesem Zeitraum zahlreiche Eintragungen von Zuwanderern.[458] Häufig heirateten sie in alteingesessene Familien ein. Durch den starken Zuzug kam es auch zu zahlreichen gemischt-konfessionellen Ehen - ein Umstand, der dem katholischen Pfarrer Padberg 1840 den schriftlich festgehaltenen Seufzer entlockte:

> *"Von diesen 22 Getrauten sind nur 4 Paar in ungemisch[t]er Ehe. Ein herzdurchschneidendes und beklagenswerthes Resultat!!!"* [459]

---

[456] GStA PK, I. HA, Rep. 77, Ministerium des Innern, tit. 226b, Nr. 15, Bd. 2, Bl. 47 (M), Schreiben des Oberregierungsrates Hoffmann, Direktor des preußischen statistischen Büros, an den Staats- und Innenminister Schuckmann in Berlin vom 14.4.1829.
[457] Ebd.
[458] Untersucht wurden die Schwelmer Traubücher der Jahre 1820, 1825, 1830, 1835, 1840, 1845 und 1850. Erfaßt wurden insgesamt 486 Trauungen, an denen 321 Männer und 267 Frauen beteiligt waren, die nicht aus Schwelm oder dem ehemaligen Gogericht stammten. Nicht berücksichtigt wurden die übrigen Kirchengemeinden außerhalb von Schwelm sowie Eintragungen ohne Copulations- oder mit Dimissionsvermerk. StAS, LT 3-5, RT 3, KT 3-5. Rechnet man die Stichproben auf den gesamten Zeitraum um, dürften zwischen 1816 und 1850 knapp 3.000 Zuwanderer in den Schwelmer Traubüchern verzeichnet sein.
[459] StAS KT 4, 1840.

5. Auf dem Weg zur Industrialisierung (1816-1850)

Gerade in der katholischen Gemeinde war der Anteil der Zugewanderten unter den Getrauten sehr hoch. 1820 konnte Padberg 16 Ehen schließen, nur bei einer von ihnen standen zwei gebürtige Schwelmer vor dem Altar, 1845 waren es vier von 35.

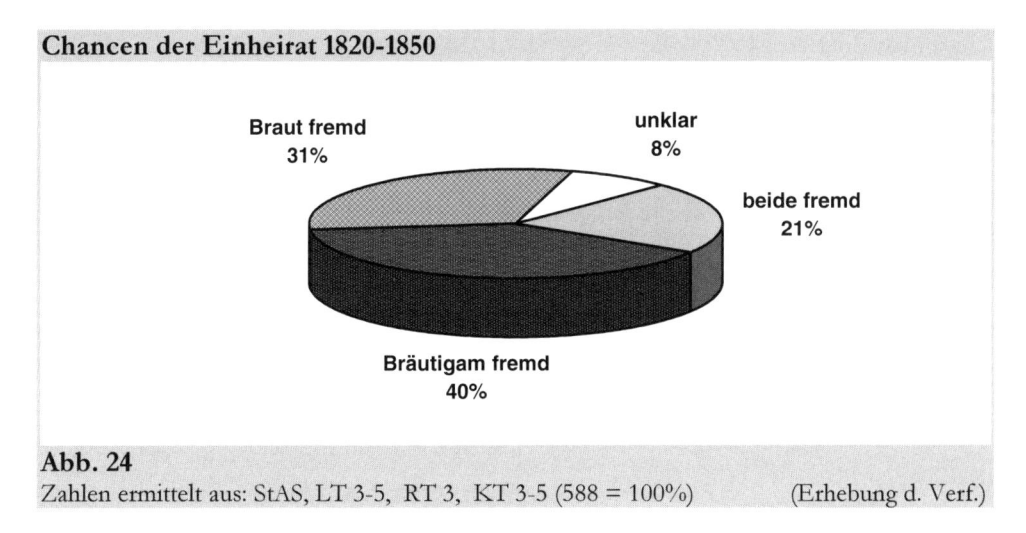

Chancen der Einheirat 1820-1850

- Braut fremd 31%
- unklar 8%
- beide fremd 21%
- Bräutigam fremd 40%

Abb. 24
Zahlen ermittelt aus: StAS, LT 3-5, RT 3, KT 3-5 (588 = 100%)　　　　(Erhebung d. Verf.)

Die besten Chancen, in eine einheimische Familie einzuheiraten, hatten zuwandernde Männer. In 40 Prozent aller ermittelten Fälle[460] schloß ein Zuwanderer die Ehe mit einer ortsansässigen Frau. Allerdings waren Männer (54,6%) unter den heiratenden Zuwanderern auch stärker vertreten als Frauen. Weibliche Zuwanderer hatten etwas geringere Chancen der Einheirat. Jede fünfte Ehe bestand aus zwei zugewanderten Partnern.

Welchen Anteil die Zuwanderer unter den Eheschließenden in Schwelm insgesamt hatten, läßt sich an einer Untersuchung des Jahres 1845 exemplarisch zeigen. In diesem Jahr heirateten in Schwelm in den drei Kirchengemeinden insgesamt 164 Paare.[461] Bei lediglich 85 (51,8%) dieser Eheschließungen standen zwei Einheimische vor dem Traualtar. An fast jeder zweiten Ehe war also mindestens ein Partner von auswärts beteiligt. Vermutlich war dieser Anteil sogar noch wesentlich größer, denn Zuwanderer, die in erster Ehe einen ortsansässigen Partner geheiratet hatten, wurden vielfach bei folgenden Eheschließungen wie Einheimische behandelt. In der evangelischen Gemeinde Langerfeld waren 1845 nur acht von insgesamt 20 eheschließenden Paaren einheimisch.[462]

Wie hoch der Anteil der Zuwanderer an bestimmten Jahrgängen war, zeigen die

---

[460] Abb. 24. Zu beachten ist hierbei, daß nur Ehen untersucht wurden, bei denen mindestens einer der Partner nicht aus Schwelm stammte. Ehen zwischen zwei Einheimischen, die besonders in der lutherischen Gemeinde häufig festzustellen sind, wurden nicht berücksichtigt.
[461] StAS, LT 5, RT 3, KT 5.
[462] StAS, LTLF 1.

5. Auf dem Weg zur Industrialisierung (1816-1850)

Stammrolle der Bauerschaft Schwelm für die Ersatzmannschaften von 1817[463] und die Stammrolle des Bezirks Schwelm von 1824.[464] In der Bauerschaft stammten 31 (14,3%) der 216 jungen Männer von auswärts. Vier von ihnen stammten aus dem Ausland (Waldeck und Kurfürstentum Hessen) und kamen somit für das preußische Heer nicht in Betracht. Im Bezirk Schwelm stammten 18 (13,2%) der 136 Männer der Geburtsjahrgänge 1798 bis 1804 von auswärts. Der relativ geringe Anteil dürfte damit zusammenhängen, daß die meisten männlichen Zuwanderer erst im Alter zwischen Anfang bis Mitte zwanzig und nach Ableistung ihres Militärdienstes in der Heimat in Schwelm ankamen. Mehr als die Hälfte der zugezogenen jungen Männer arbeitete im Textilsektor. Es finden sich Berufe wie Band- und Kattunweber, Bleicher und Schneider. Aber auch Drechsler, Schlosser und das typische ländliche Gewerbe des Stellmachers ist vertreten.

Das Wanderungsvolumen in Stadt und Bauerschaft Schwelm war wesentlich größer als der tatsächliche Wanderungsgewinn. Das zeigen die Verzeichnisse der Zuzüge und Abgänge, die für die Jahre 1828/29 und 1831/32 vorliegen,[465] deutlich.

Zuzüge und Abgänge Stadt und Land Schwelm 1829 und 1832

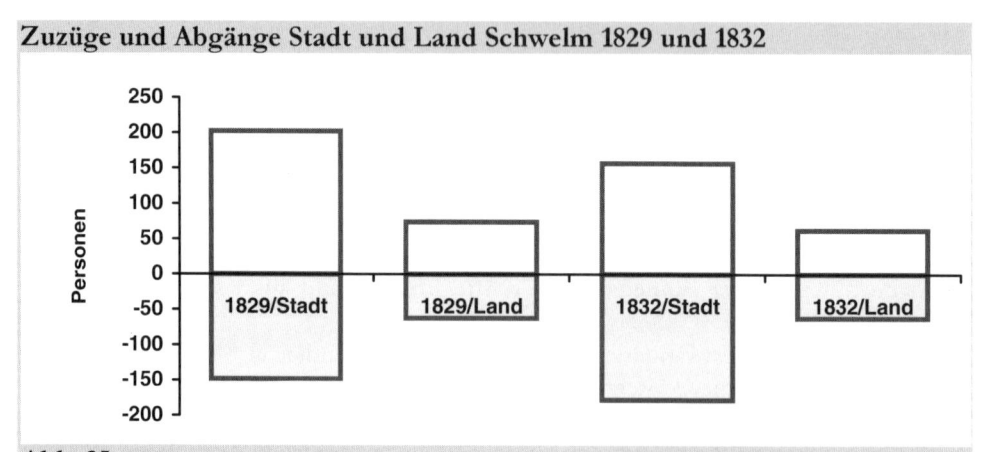

Abb. 25
Zahlen ermittelt aus: StAS B, Reg. III, Cap. 8, Nr. 6 und StAS B (ohne Sign.) (Kasten 362) (Erhebung d. Verf.)

Während die Stadt 1829 noch einen Wanderungsgewinn von mehr als 27 Prozent erzielte, weist das Verzeichnis drei Jahre später einen Verlust von 13 Prozent auf. Etwas abgeschwächt erlebte die Bauerschaft die gleiche Tendenz. 1829 liegt hier der Wanderungsgewinn bei 16 Prozent, drei Jahre später heben sich Zuzüge und Fortzüge gegeneinander auf. Grundsätzlich lag die Zahl der Wanderbewegungen in der Stadt Schwelm wesentlich höher als in der Bauerschaft. Einen Beitrag hierzu leisteten unter anderem die Handwerksgesellen, die aus beruflichen Gründen gezwungen wa-

---

[463] StAS B (ohne Signatur) (Kasten 385, Nr. 60): "Stammrolle der Bauerschaft Schwelm für das Jahr 1817".
[464] StAS B, Reg. III, Cap. 7, Nr. 20, "Stammrolle der Bauerschaft Schwelm pro 1824".
[465] Abb. 25.

ren, mobil zu sein. Es ist zu vermuten, daß die Abwandernden häufig mit den Zugewanderten identisch waren und die Ortsgebürtigen demgegenüber eine relativ große Seßhaftigkeit bewiesen.[466] Damit stellte Schwelm für viele Wanderer nur eine Zwischenstation dar, die aber in vielen Fällen mehrfach aufgesucht wurde.

Bei so vielen Fremden am Ort sorgten sich Kirchengemeinden und weltliche Obrigkeit auch stets um die Rechtmäßigkeit der beabsichtigten Ehen. Denn durch die Wanderung fehlte die unmittelbare Kontrolle über das Vorleben der Zugezogenen; es stieg die Gefahr, daß ein Fremder, der in Schwelm die Ehe eingehen wollte, längst an einem anderen Ort Frau und Kind hatte. So weigerte sich der reformierte Pfarrer 1820, den 39 Jahre alten Buchdrucker Friedrich Wilhelm Philipp Wellner aus Soest mit Caroline Dewiz zu trauen, da Nachforschungen ergeben hatten, daß der Buchdrucker längst Weib und Kind in Hanau hatte, wo er zuvor gearbeitet hatte. Statt vor den Altar zu treten, wurde Wellner wegen versuchter Bigamie zur Kriminaluntersuchung nach Werden abgeführt.[467]

Um derartigen Gefahren für Sitte und Ordnung zu entgehen, forderten die Kirchen von Fremden seit langem Dimissoriale, sogenannte Losbriefe der Heimatkirchengemeinde - bei Ausländern meist Taufscheine und Atteste aus der Heimat -, die bestätigten, daß der Heiratswillige eine Ehe eingehen durfte.[468] Staatlicherseits wurde 1841 gesetzlich bestimmt, daß Ausländer, die eine Preußin heiraten wollten, neben anderen Nachweisen ein Attest der Heimatobrigkeit - den sogenannten Heimatschein - nachzuweisen hatten, aus dem hervorging, daß der Betreffende eine gültige Ehe schließen konnte und daß einer eventuellen Rückkehr des Ausländers mit seiner Familie in die Heimat nichts entgegenstand.[469]

Bei dieser Reglementierung verwundert nicht, daß auch Konkubinate nicht nur öffentlich mißbilligt, sondern im Falle von Ausländern mit der Abschiebung des Betreffenden geahndet wurden. So erging es Elisabeth Ramme aus Waldeck, die mit dem Böttcher Peter Wilkes in wilder Ehe lebte und mit ihm bereits ein Kind hatte. Die Frau wurde in ihre Heimat zurückgeschickt.[470]

---

[466] Diese Beobachtung hat schon Köllmann in seiner Untersuchung der Bevölkerung im benachbarten Barmen gemacht. Köllmann, Sozialgeschichte Barmen, S.79. In Schwelm beweisen schon die Doppeleintragungen ein- und derselben Person in verschiedenen Jahrestabellen, daß die Fluktuation unter den Zuwanderern groß war. Als Beispiel seien genannt: die Dienstmagd Antonette Dietz aus Lippstadt, sowohl 1828 als auch 1829 in den Zugangslisten der Bauerschaft genannt; der Schustergeselle Carl Friedrich Jänsch aus Soest 1828 in der Bauerschaft, 1829 in der Stadt verzeichnet, sowie der Webergeselle Georg Krieger aus Barmen, 1829 und 1832 in der Stadt aufgeführt. StAS B, Reg. III Cap. 8, Nr. 6 sowie StAS B (ohne Signatur) (Kasten362).

[467] StAS, RT 3, 1820.

[468] Vgl. EKS, L, Nr. 3,19, Fasc. 3, darin eine Verfügung des Konsistoriums Münster vom 22.5.1854, daß Ausländer, die mit Inländern eine Ehe eingehen wollen, durch ein Attest aus der Heimat nachweisen müssen, daß sie eine Ehe eingehen dürfen.

[469] GS 1841: "Verordnung wegen der in den königlichen Preußischen Staaten erfolgenden Trauungen von Ausländern mit Inländerinnen. Vom 28. April 1841", S. 121.

[470] StAS B, Reg. II, Cap. 2, Nr. 1227, Schreiben des Bürgermeisters Sternenberg vom 10.2.1840.

5.3.2 Herkunft und Motive der Zuwanderer

Durch die Ausweitung des preußischen Territoriums waren viele Zuwanderer, die früher in der Grafschaft Mark den Status von Ausländern hatten, zu Preußen geworden. Entsprechend hoch stieg der Anteil der Zuwanderer aus preußischen Landesteilen.[471]

Tab. 7 Herkunftsgebiete der Zuwanderer 1820-1850				
Territorium/Staat	Männer	Frauen	Summe	Prozent
Berg	59	60	**119**	20,2
Brandenburg	3	1	**4**	0,7
Gimborn	4	6	**10**	1,7
Homburg	6	0	**6**	1,0
Jülich	0	1	**1**	0,2
Westfalen (Hzgt.) Kurkölner Gebiet	29	5	**34**	5,8
Mark	73	106	**179**	30,4
Paderborn Bistum	11	4	**15**	2,6
Ravensberg	0	2	**2**	0,3
Wittgenstein-Berleburg	0	1	**1**	0,2
Wittgenstein (unklar)	7	2	**9**	1,5
übriges Preußen	48	12	**60**	10,2
Preußen gesamt	**240**	**200**	**440**	**74,8**
Bayern	0	1	**1**	0,2
Hannover Kgr.	2	0	**2**	0,3
Hessen (unklar)	2	1	**3**	0,5
Hessen-Kassel (Kurh.)	10	7	**17**	2,9
Hessen-Darmstadt	1	4	**5**	0,9
Nassau	4	0	**4**	0,7
Sachsen	0	1	**1**	0,2
Waldeck	31	35	**66**	11,2
Sonstige	31	18	**49**	8,3
Summe	**321**	**267**	**588**	**100**

---

[471] Zur Untersuchung wurden wiederum insgesamt 588 Zuwanderer hinzugezogen. StAS, LT 3-4, RT 3, KT 3-5.

Dennoch sind rund 25 Prozent der Fremden noch als Ausländer zu bezeichnen - weit mehr als in den Jahrzehnten zuvor. Sie stammten in erster Linie aus dem Fürstentum Waldeck und aus Kurhessen. Die meisten Zuwanderer kamen jedoch nach wie vor aus dem Gebiet der ehemaligen Grafschaft Mark, gefolgt vom benachbarten ehemaligen Herzogtum Berg. Während die Nachbarschaftswanderung und die Fernwanderung - also die minimale und die maximale Wanderungsdistanz - sich kaum gegenüber den Verhältnissen in napoleonischer Zeit änderten, wuchs die Zahl der gemäßigten Fernwanderer um sieben Prozent.[472] Zu dieser Steigerung trugen besonders die nun vermehrt auftretenden Zuzüge aus dem Fürstentum Waldeck bei.

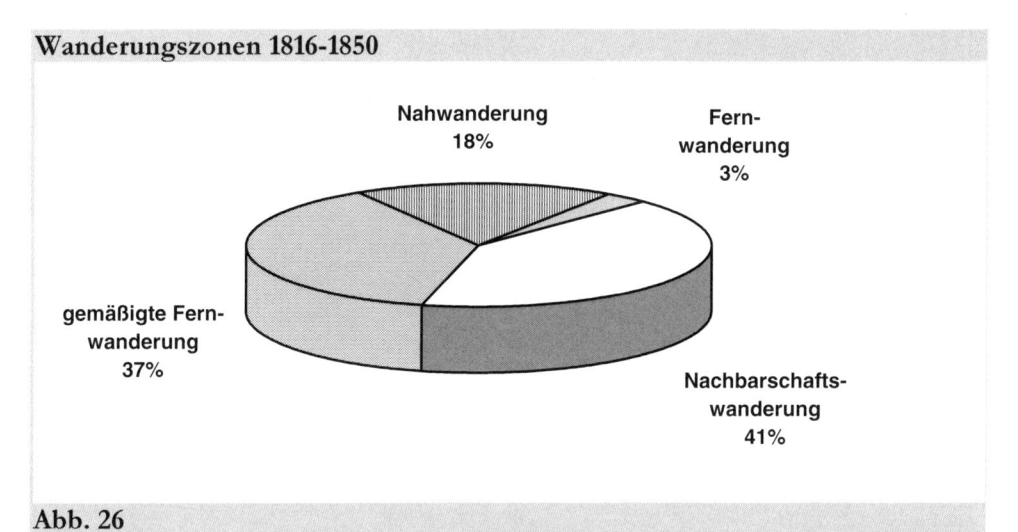

Wanderungszonen 1816-1850

Nahwanderung 18%
Fernwanderung 3%
gemäßigte Fernwanderung 37%
Nachbarschaftswanderung 41%

Abb. 26
Zahlen ermittelt aus: StAS, LT 3-5, RT 3, KT 3-5 (588 = 100%) (Erhebung d. Verf.)

Zuwanderer aus Waldeck stellten nun die drittstärkste Zuwanderergruppe, direkt nach den beiden preußischen Gebieten Mark und Berg. Wie stark die Abwanderung im Fürstentum Waldeck war, zeigt die Tatsache, daß dort die Bevölkerungszunahme unter allen deutschen Ländern und Provinzen am geringsten ausfiel. Zwischen 1816 und 1910 stieg die Einwohnerzahl im Fürstentum Waldeck nur um 19,2 Prozent, die der Provinz Westfalen um 287 Prozent.[473] Ursächlich für diese Entwicklung in Waldeck war die Auswanderung. Trotz eines Geburtenüberschusses von 33.880 Menschen zwischen 1841 und 1900 stieg die Bevölkerung nur von 51.811 auf 57.800 Menschen. In nur 60 Jahren hatten also rund 28.000 Waldecker ihre Heimat verlassen.[474] In den aufstrebenden rheinischen und westfälischen Gewerbe- und Industriezentren hofften die Waldecker ein besseres Auskommen zu finden als in der Heimat. Mehr Arbeitsplätze und höhere Löhne dürften die Anziehungspunkte gewesen sein. Schon den Zeitgenossen war klar:

---

[472] Abb. 26. Die Differenz zu 100 Prozent entsteht durch Ab- bzw. Aufrundungen.
[473] Goebel, Heimliche Hauptstadt, S. 22f.
[474] Ebd.

5. Auf dem Weg zur Industrialisierung (1816-1850)

> *"Die Ursache zu diesem immer mehr zunehmenden Arbeitsuchen im Auslande, besonders im Bergischen liegt in dem höhern Lohne der dort im Allgemeinen gezahlt wird, so wie darin, daß viele arme Knaben, die hier gern ein Handwerk lernen würden, wenn sie das hohe Lehrgeld aufzubringen vermöchten, dort nicht nur umsonst in die Lehre genommen werden, sondern sogar zu Bestreitung ihrer Kleidungsbedürfnisse noch Lohn bekommen."* [475]

Im allgemeinen dürften somit gerade die wenig bemittelten Bevölkerungsschichten aus dem Fürstentum ins benachbarte Preußen gekommen sein; jene, die aus Mangel an Geld nicht daran denken konnten, nach Übersee auszuwandern. Der Mangel an Finanzmitteln war allerdings nicht nur für Zuwanderer aus Waldeck typisch. Generell scheint der Kreis Hagen nicht die vermögendsten Zuwanderer angezogen zu haben. Denn obwohl sich im Regierungsbezirk Arnsberg zwischen 1846 und 1849 32,3 Prozent der frisch naturalisierten Untertanen im Kreis Hagen niederließen, brachten sie nur 22,5 Prozent des ins Land gebrachten Vermögens von insgesamt 51.865 Talern mit.[476] Das entsprach einem Pro-Kopf-Vermögen von 100 Talern im Kreis Hagen, während es bei allen Naturalisierten im Regierungsbezirk 144 Taler pro Kopf betrug.[477] Im Vergleich zum Kreis Siegen sah die Bilanz in Hagen noch schlechter aus. Zwar kamen nur 30 Einwanderer in drei Jahren nach Siegen, diese brachten aber zusammen 14.036 Taler mit,[478] was einem Pro-Kopf-Vermögen von 467 Talern entspricht.

Daß die Wirtschaft im bergisch-märkischen Raum in der Krise steckte und den zwar vergleichsweise höheren Löhnen in Schwelm um so höhere Lebenshaltungskosten gegenüberstanden, die den Reallohn bis auf das Existenzminimum herunterdrückten, dämpfte kaum die Bereitschaft zum Zuzug. Nachdem sich die ersten Waldecker, die hauptsächlich aus den westlichen Landesteilen stammten, erfolgreich etabliert hatten, wirkten sie oft als Migrationsverstärker, da sie als Anlaufstation für nachfolgende Verwandte und Bekannte dienten.[479] Allerdings führte der landsmannschaftliche Zusammenhalt nur selten zu Heiraten zwischen zwei Waldeckern. Sehr viel häufiger gelang es den Zugewanderten, in Schwelmer Familien einzuheiraten.[480]

---

[475] Zitiert nach Thomas, Waldeckische Auswanderung, S. 25, aus: Jahresberichte des Kreises der Twiste 1858. StA Marb. Best. 122, Nr. 144, Bl. 269.

[476] StAM Regierung Arnsberg, Nr. 323.

[477] 1844/45 fiel die Bilanz im Regierungsbezirk allerdings wesentlich schlechter aus. 152 naturalisierte Personen (137 Männer, 14 Frauen und ein Junge) brachten gerade einmal 8.696 Taler mit ins Land, ein Pro-Kopf-Vermögen von 57,2 Talern. Dieterici, Auswanderungen und Einwanderungen, S. 36.

[478] StAM Regierung Arnsberg, Nr. 323.

[479] Zu dieser "Brückenkopffunktion" vgl. Thomas, Waldeckische Auswanderung, S. 34. Konkrete Beispiele für das Wuppertal nennt Goebel, Heimliche Hauptstadt, S. 50f.

[480] Von den erfaßten 31 in Schwelm heiratenden Waldeckern verbanden sich 74 Prozent mit einer Schwelmerin, von 34 Waldeckerinnen ließen sich 50 Prozent mit einem Schwelmer trauen. Nur drei Waldecker heiraten eine Waldeckerin. StAS, LT 3-5, RT 3, KT 3-5.

5. Auf dem Weg zur Industrialisierung (1816-1850)

Erstaunlicherweise sind unter den mobilen Waldeckern mehr Frauen als Männer anzutreffen,[481] ein Zustand, der sonst nur bei kürzeren Wanderungsdistanzen zu beobachten ist.

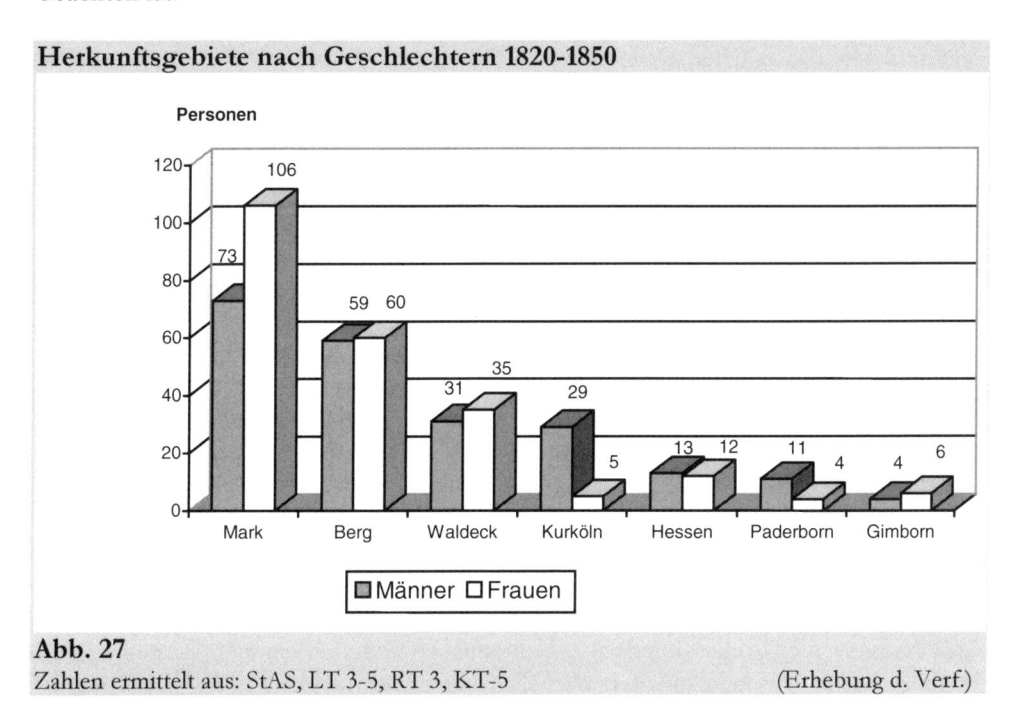

Herkunftsgebiete nach Geschlechtern 1820-1850

[Balkendiagramm, Personen: Mark: Männer 73, Frauen 106; Berg: 59, 60; Waldeck: 31, 35; Kurköln: 29, 5; Hessen: 13, 12; Paderborn: 11, 4; Gimborn: 4, 6]

Abb. 27
Zahlen ermittelt aus: StAS, LT 3-5, RT 3, KT-5 (Erhebung d. Verf.)

Armut war wohl auch das wichtigste Motiv der Zuwanderer aus dem Kurfürstentum Hessen. Schon in den Jahrzehnten seit dem Siebenjährigem Krieg waren viele Neuankömmlinge in Schwelm aus Nieder- und Oberhessen gekommen. Besonders die Orte Frankenberg, Rosenthal und Gemünden entließen mangels beruflicher Perspektive viele Leute ins Märkische, ebenso aber auch ins benachbarte Bergische. *"Die ziemlich allgemein verbreitete Armuth, ist dann auch die Ursache häufiger Auswanderungen. Sogar von den erst eben aus der Schule entlassenen Knaben gehen jährlich an 100 und mehr nach Westfalen, und namentlich nach Elberfeld, um als Lehrlinge ein Unterkommen zu suchen und ein Handwerk zu lernen"*,[482] heißt es in einer Beschreibung des Ortes Rosenthal von 1842. Und auch Frankenberg, das ebenso wie Schwelm textilgewerblich geprägt war, erlebte einen wirtschaftlichen Niedergang:

> *"Schon die Baufälligkeit vieler Häuser zeugt von dem gesunkenen Wohlstande. Seine Wollentuchweber haben sich zwar nicht an der Zahl, um so mehr aber an Bedeutung verringert."* [483]

---

[481] Abb. 27.
[482] Landau, Hessen, S. 397.
[483] Ebd., S. 400.

5. Auf dem Weg zur Industrialisierung (1816-1850)

Einfluß auf die Bereitschaft zur Mobilität dürfte auch die in den jeweiligen Heimatterritorien herrschende Agrarverfassung gehabt haben. Während, wie bereits Goebel für das Fürstentum Waldeck festgestellt hat, in Gebieten mit Anerbenrecht nichterbberechtigte Bauernkinder die Abwanderung häufig der Arbeit als Knecht oder Magd auf dem väterlichen Hof vorzogen,[484] war das Verhalten in Realteilungsgebieten davon abhängig, ob Möglichkeiten zum Nebenerwerb bestanden oder nicht. Da die Realteilung zur starken Zersplitterung von Grund und Boden und damit meist zu unrentablen Betriebsgrößen führte, konnte der Verarmung auf längere Sicht nur durch einen Nebenerwerb, Beschränkung der Kinderzahl, geschickte Heiratspolitik - oder eben durch Abwanderung entgegengewirkt werden. So formulierten auch Zeitgenossen:

> *"Die erste Folge der unbeschränkten Naturalteilung ist die Ansiedlung der meisten männlichen Nachkommen in dem Heimatort, die zweite eine überspannte Nachfrage nach Grund und Boden, infolge derer dann drittens Preise gezahlt werden, die den wirklichen Ertragswert weit hinter sich lassen; daraus erfolgt viertens mit Notwendigkeit eine Vermehrung der Schulden, aber auch leider gleichzeitig eine solche des Proletariats."* [485]

Während industriell geprägte Gegenden wie das Bergische die negativen Folgen der Realteilung durch Möglichkeiten des Nebenerwerbs minimierten, wenn nicht gar aufheben konnten, gelang dies in agrarisch geprägten Gebieten, so in Teilen Hessens und Nassaus nicht. Hier konnten die Betriebsgrößen nur ein ökonomisches Maß behalten, wenn es gelang, eine Überbevölkerung zu vermeiden:

> *"Stärker als alles andere wirkt der Verkleinerung der Betriebe die Abwanderung vom Lande in die Stadt entgegen."* [486]

---

[484] Goebel, Heimliche Hauptstadt, S. 31.
[485] Zitiert nach Sering, Grundbesitz I, Teil I, S. 118.
[486] Ebd., Grundbesitz I, Teil II, S. 66.

5.3.3 Arbeit und Brot: Berufe der Zuwanderer

Der Anteil der männlichen Zuwanderer, die in Schwelm im Textilgewerbe arbeiteten, ist um die Jahrhundertmitte leicht rückläufig. Verdienten Ende des 18. Jahrhunderts fast 40 Prozent von ihnen ihren Lebensunterhalt in diesem Sektor der Wirtschaft, sank der Anteil nun auf 25 Prozent.[487] Parallel zu dieser Beobachtung ging auch die Zahl der Zuwanderer aus den textilgewerblich geprägten Regionen Hessens zurück. Besonders im Kurfürstentum Hessen stellte das Textilgewerbe traditionell eine wichtige Säule der Wirtschaft dar.[488] In den Gebieten Hofgeismar, Kassel und Fritzlar waren besonders viele Weber ansässig, die - ähnlich wie in Schwelm - ihr Gewerbe als Nebenerwerb betrieben:

> *"Diese Gegenden gleichen zum Theil einer großen Fabrik. Nur ist die Thätigkeit nicht immer gleich, und beschränkt sich vorzugsweise auf den Winter, denn neben dem Webstuhle hat der Weber auch noch seinen Acker."* [489]

Die sinkende Bedeutung der Textilbranche als bevorzugtes Arbeitsfeld für Zuwanderer spiegelt die schlechte wirtschaftliche Lage Schwelms in jener Zeit wider, unter der besonders das Textilgewerbe zu leiden hatte. Spinnmaschine und mechanischer Webstuhl hatten die Qualität der englischen Textilien verbessert, die nach den napoleonischen Kriegen und der Aufhebung der Kontinentalsperre den europäischen Markt überschwemmten. Die englischen Billigwaren führten in den traditionellen Textilgebieten Westfalens zu einem Preisrückgang und Lohnverfall.[490] Zusätzliche Hände am Web- oder Bandstuhl wurden in jener Zeit offenbar nicht gebraucht, reichte die Arbeit doch kaum für die Familie des Webers oder Bandwirkers selbst. So heißt es für die Jahreswende 1847/1848 über den Gewerbebetrieb in Schwelm:

---

[487] Zur Untersuchung herangezogen wurden 55 männliche Zuwanderer, die 1845 in Schwelm geheiratet haben. Unverehelichte Zuwanderer wurden somit nicht erfaßt. Die Beschränkung auf das Jahr 1845 wurde nötig, da es einen der wenigen Zeiträume darstellt, in dem die Pfarrer aller Schwelmer Kirchengemeinden die Berufe der Männer im Traubuch verzeichnet haben. Allerdings mußte sich die Untersuchung damit auf eine Momentaufnahme beschränken. Zudem muß der im Traubuch angegebene Beruf eines Zuwanderers nicht unbedingt der Tätigkeit entsprochen haben, die er bei seiner Ankunft in Schwelm ausgeübt hat. StAS, LT 5, RT 3, KT 5. Noch geringer ist der Anteil der Textilarbeiter (22%) in den Zugangsregistern, vgl. Graphischer Anhang, Abb. 58. Höher hingegen ist ihr Anteil in der Stammrolle der Stadt Schwelm. Von den 13 zugewanderten jungen Männern in der Stadt, die zur Aushebung der Ersatzmannschaften für das stehende Heer registriert wurden, arbeiten vier als Weber bzw. Strumpfweber und zwei als Schneider. StAS B, Reg. I, Cap. 19, Nr. 289.
[488] "Unter den Erwerbszweigen des hessischen Volkes nehmen das Spinnen des Flachses und das Weben der Leinwand eine der obersten Stellen ein", stellte schon Georg Landau in seiner Beschreibung des Kurfürstentums fest. Landau, Hessen, S. 89.
[489] Ebd., S. 90.
[490] Wischermann, Industrialisierung, S. 81.

5. Auf dem Weg zur Industrialisierung (1816-1850)

"Kann nur Betrübendes berichtet werden. Die Bandfabriken stocken gänzlich, eine große Anzahl Arbeiter ist entlassen und würde namentlich zu dieser Jahreszeit, die Noth unter denselben sehr groß sein, wenn nicht die Eisenbahn Gelegenheit zur Beschäftigung darböte." [491]

Die auffallendsten Steigerungsraten verzeichneten die Zuwanderer in den Bereichen Bau, Verkehr und Leder. Zuwächse sind auch im Tagelohn festzustellen. Nahrungsmittelberufe spielten für Zuwanderer immer noch keine wesentliche Rolle - vermutlich deshalb, weil sich an der schlechten Finanzausstattung der Fremden nichts geändert hatte.

Auch Metallberufe blieben fest in der Hand der Einheimischen. Lange Ausbildungszeiten und hoher Kapitalbedarf für Erwerb und Unterhalt der Schmieden, selbst bei Handwerkern, die im Verlagssystem tätig waren, mögen hierfür ein Grund gewesen sein. Vergleichsweise kurz waren hingegen die Ausbildungszeiten von Bauhandwerkern wie Maurern, Dachdeckern und Zimmerleuten. Zwei bis drei Jahre dauerte ihre Lehre, für die zudem nur selten ein Lehrgeld verlangt wurde[492] - Faktoren, die finanzschwachen Zuwanderern entgegengekommen sein dürften. Der Anstieg im Transportgewerbe zeigt die wachsende Bedeutung des Waren- und Gütertransports über längere Strecken, der durch bessere Verkehrswege möglich wurde.[493]

Neue Berufe wie Pflasterer oder Eisenbahnarbeiter entstanden und wurden häufig von Zuwanderern ausgefüllt. Viele Tagelöhner und Arbeiter kehrten in den vierziger Jahren der Landwirtschaft, die ihnen nur ein kärgliches Leben gestattet, den Rücken, um beim Chaussee- und Eisenbahnbau einen besseren Lohn zu finden. Die neuen Verkehrsbauten[494] lösten eine nicht unerhebliche Arbeiterbinnenwanderung aus, die nicht ohne Folgen auf die sozialen, gewerblichen und demographischen Strukturen im Lande blieb.[495]

Die Chausseebauten jener Jahre waren vor allem Anziehungspunkte für Nahwanderer, für Tagelöhner und Arbeiter aus dem unmittelbaren Einzugsbereich der Baustelle, während der Arbeitskräftebedarf auf den Baustellen der Eisenbahnen in den vierziger Jahren nicht mehr allein durch die Nahwanderer gedeckt werden konnte. Nah- und Fernwanderer arbeiteten hier nebeneinander, und die Arbeiter- und Baukolon-

---

[491] StAS B (ohne Signatur) (Kasten 380): "Acta über Erstattung des Zeitungsberichts", Bericht für die Monate Dezember 1847 und Januar 1848.
[492] Reith, Handwerk, S. 154.
[493] Zur Untersuchung wurden 55 Zuwanderer und 86 Einheimische herangezogen, die 1845 in der lutherischen, der reformierten und der katholischen Kirchengemeinde Schwelm geheiratet haben. StAS, LT 5, RT 3, KT 5.
[494] In Preußen wurden zwischen 1831 und 1836 insgesamt 1.838 Kilometer Chausseen gebaut, bis 1848 weitere 3.220 Kilometer. Das preußische Chausseenetz erweiterte sich damit von 6.794 Kilometern im Jahr 1831 auf 11.852 Kilometer im Jahr 1848. Obermann, Arbeitermigrationen, S. 150.
[495] Ebd., S. 149.

5. Auf dem Weg zur Industrialisierung (1816-1850)

nen bestanden dementsprechend aus Menschen der verschiedensten Gegenden, die die unterschiedlichsten Berufe ausübten.[496]

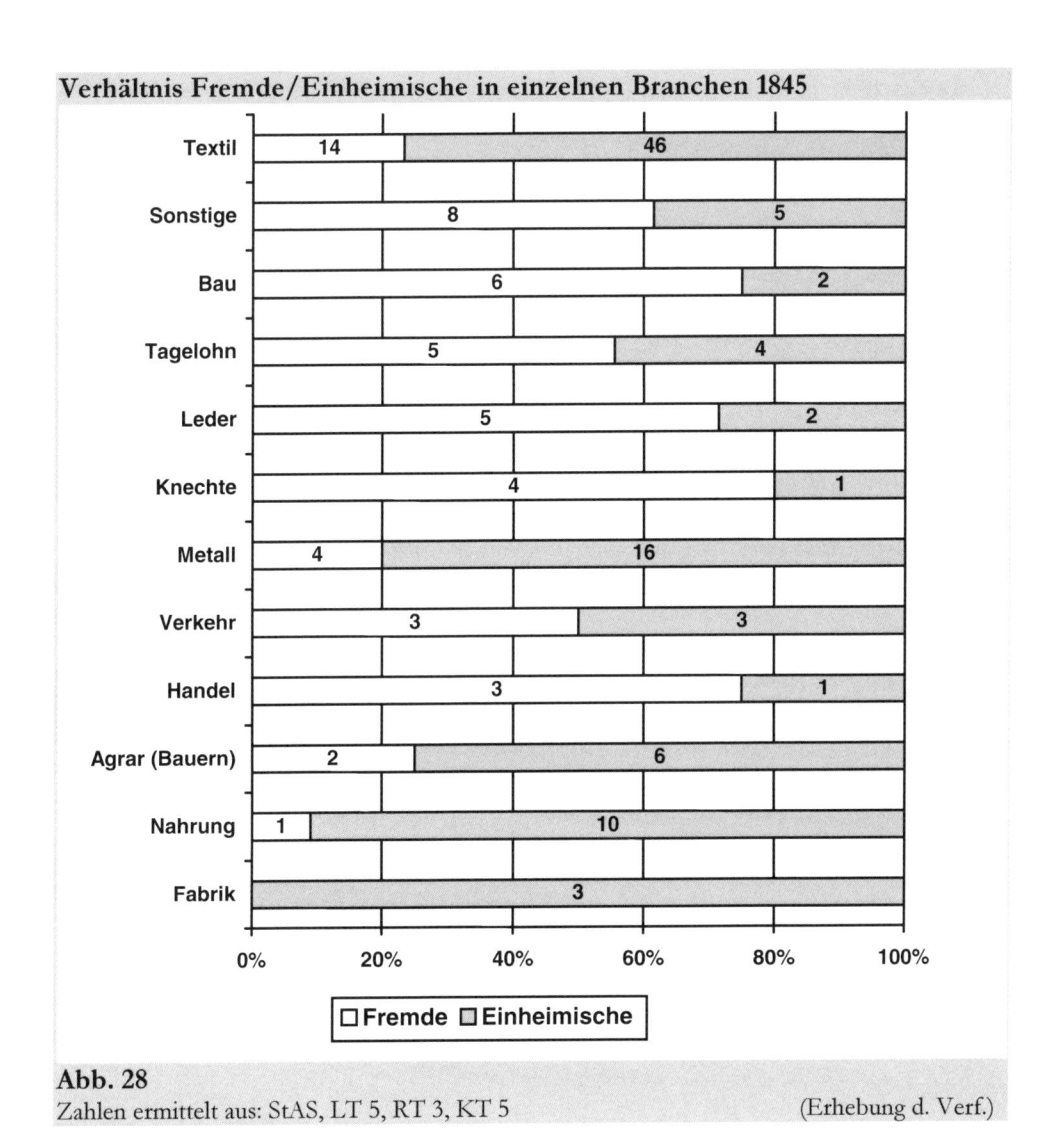

Verhältnis Fremde/Einheimische in einzelnen Branchen 1845

Branche	Fremde	Einheimische
Textil	14	46
Sonstige	8	5
Bau	6	2
Tagelohn	5	4
Leder	5	2
Knechte	4	1
Metall	4	16
Verkehr	3	3
Handel	3	1
Agrar (Bauern)	2	6
Nahrung	1	10
Fabrik		3

□ Fremde □ Einheimische

Abb. 28
Zahlen ermittelt aus: StAS, LT 5, RT 3, KT 5 (Erhebung d. Verf.)

---

[496] Ebd., S. 150. Obermann ist der Ansicht, "daß die Eisenbahnbaustellen seit 1837 von Jahr zu Jahr mehr als die Brennpunkte der Binnenwanderung in Deutschland betrachtet werden müssen, als Sammelpunkt der verschiedenen Arbeiter aus nah und fern, die sich hier in großer Masse vereinigten, sich zu einer Klasse mit gemeinsamen sozialen Interessen formierten." Ebd., S. 151.

5. Auf dem Weg zur Industrialisierung (1816-1850)

Der Zug zu den Eisenbahnbauten verstärkte sich in den vierziger Jahren mit der wachsenden Zahl der Schienenwege und der Verschlechterung der herkömmlichen Verdienstmöglichkeiten im Gefolge der Wirtschaftskrise. 1845 klagten die Ämter Ennepe und Enneperstraße über die große Zahl der fremden Arbeiter, die zum Bau der Bergisch-Märkischen Eisenbahn herangezogen würden. Eine polizeiliche Kontrolle der Zu- und Fortzüge (bis Juni 1845 bereits 655 Zuzüge und 540 Abgänge) sei derzeit kaum noch möglich, Tausende würden noch erwartet.[497] Die Vermieter beschweren sich über mangelnde Zahlungsmoral der Eisenbahnarbeiter und über zunehmende *"Exesse und Verbrechen"*.[498] Diese negative Beschreibung der Situation verrät deutlich die Enttäuschung der örtlichen Behörden, die gehofft hatten, daß Eisenbahn- und Chausseebau vor allem den ansässigen Arbeitssuchenden eine neue Verdienstmöglichkeit eröffnen würden. Energisch verwahrte sich die Bergisch-Märkische Eisenbahn-Gesellschaft 1848 dagegen, von den Lokalbehörden als Arbeitsbeschaffungsmaßnahme mißbraucht zu werden:

> *"Schon seit mehreren Wochen haben die Fabrikanten an der Ennepe Straße und Umgegend angefangen, Fabrik-Arbeiter zu entlassen, wenn sich keine gute Gelegenheit zu ihrer besonderen Beschäftigung darbietet, und werden die also entlassenen Arbeiter von Privaten wie von Ortsbehörden zur Eisenbahn verwiesen, ohne zu untersuchen, ob diese zu ihrer Beschäftigung Gelegenheit hat, oder nicht. Wir haben bisher in Anbetracht des Nothstandes der Gegend alle Arbeitsplätze so stark besetzt, als zuläßig ist, mehr Personen in Dienst zu nehmen, könnte nur dahin führen, daß die Arbeiter sich hinderten einen genügenden Lohn zu verdienen, und wenig geschafft würde. Ebenso ist schon seit längerer Zeit von uns angeordnet, daß bei der Annahme neuer Arbeiter bei übrigens gleichen Verhältnissen, stets der Einheimische dem Fremden und in jeder Bürgermeisterei den Arbeitern aus derselben der Vorzug gegeben wurde. So glauben wir Alles gethan zu haben, was der frühere und augenblickliche Nothstand von uns fordern kann, und müssen wir daher auch auf das bestimmteste erwarten, daß nicht ferner durch die Behörden alle Arbeitslosen an unsere Beamten verwiesen werden, wodurch unter dieser Classe die Ansicht entsteht, als seien wir verpflichtet alle uns zugewiesenen Arbeiter sofort anzustellen, so daß letztere durch Frechheit und Drohung die Arbeit sich zu erpressen erlauben, wodurch das Eigenthum der Gesellschaft und die Sicherheit der Beamten gefährdet wird."* [499]

---

[497] StAS B, Abt. B, Nr. 99, Schreiben der Amtmänner der Ämter Ennepe und Enneper Straße an den Landrat v. Vincke vom 25.6.1845.
[498] Ebd.
[499] StAS B (ohne Signatur) (Kasten 381), Schreiben der Berg.-Märkischen Eisenbahn-Gesellschaft in Elberfeld an den Schwelmer Bürgermeister Sternenberg vom 5.4.1848.

5. Auf dem Weg zur Industrialisierung (1816-1850)

Mit der Eisenbahn, die 1847 Schwelm erreichte, verfügte die Region früh über ein modernes Massentransportmittel, das der Wirtschaft neue Impulse gab. Beim Bau der Strecke waren viele fremde Arbeiter beschäftigt.

Die Verbitterung der Bevölkerung vergrößerte sich noch, als 1849 der Eisenbahnbau auf Schwelmer Gebiet eingestellt wurde, da die Strecke in Betrieb genommen worden war und der Chausseebau keinen ausreichenden Ersatz für die brotlos gewordenen Arbeiter darstellte.[500] Von dieser Entwicklung dürften besonders die Nahwanderer unter den Eisenbahnarbeitern betroffen gewesen sein, die dem Streckenbau nicht von Baustelle zu Baustelle folgten.

Die Bauernstellen waren erwartungsgemäß fest in der Hand von Einheimischen. Zuwanderern gelang es gewöhnlich nur durch Einheirat, in die Gruppe der Landbesitzenden einzudringen. Als Knechte und Tagelöhner waren sie hingegen häufig anzutreffen.[501] Das neu aufkommende Tätigkeitsfeld des Fabrikarbeiters[502] wurde in

---

[500] "Da die Bergisch-Märkische Eisenbahn seit einiger Zeit dem Betriebe übergeben ist, sind die Arbeiten an derselben fast gänzlich eingestellt, dem Vernehmen nach auch aus dem Grund weil die Geldmittel fehlen. Viele hiesige Handarbeiter sind dadurch außer Verdienst gesetzt, indem solche nicht alle an dem Schwelm-Haßlinghauser Chausseebau beschäftigt werden können. Zu wünschen wäre es, wenn die Eisenbahn-Direction auf der Strecke von hier bis Gevelsberg nur Leute aus hiesiger Gemeinde und den nahegelegenen Ortschaften anstellte und die fremden Arbeiter entließe, aber vergeblich ist darauf angetragen worden." StAS B (ohne Signatur) (Kasten 380), "Acta über Erstattung des Zeitungsberichts", Bericht vom Februar/März 1849.

[501] Abb. 28. Ausgewertet wurden alle Männer, die 1845 in einer der drei Stadtgemeinden die Ehe eingingen.

[502] Während der Begriff "Fabrik" in vorindustrieller Zeit die Gesamtheit der in einer bestimmten Produktion an einem bestimmten Ort Tätigen ("Fabrikanten") bezeichnete, vollzog sich im 19. Jahrhundert der Wandel zum Fabriksystem modernen Typs. In Schwelm läßt sich die Bezeichnung "Fabrikarbeiter" bereits in den Quellen finden, als im Ort noch

diesem frühen Zeitraum hauptsächlich von Schwelmern besetzt; Zuwanderer fanden kaum Eingang. Für Zuwanderer galt vermutlich in besonderem Maße, was schon Knieriem für das Wuppertal festgestellt hat. Hier wurde der Übergang zur fabrikindustriellen Produktionsweise dadurch erschwert, daß die Gewerbetreibenden häufig die völlig unselbständige Arbeit außerhalb ihres Hauses ablehnten und auch die nötige Disziplin für vorgeschriebene Arbeitszeiten und Abläufe vermissen ließen.[503] Vermutlich sprach die Tätigkeit in der Fabrik eher Arbeiter an, die bereits auf die Zentralisierung der Arbeit vorbereitet waren als Zuwanderer, die häufig vom Land in die Stadt kamen und zunächst Tätigkeiten suchten, die im wesentlichen denen entsprachen, die ihnen vertraut waren.[504] Im Vergleich zu den Zuwanderern zeigt sich bei den Einheimischen, daß die Textilbranche hier nach wie vor der bestimmende Faktor blieb.[505] Fast jeder zweite arbeitete in diesem Wirtschaftssektor, hauptsächlich als Bandwirker, Weber und auch als Bleicher. Auch in dem wichtigen Wirtschaftszweig der metallverarbeitenden Berufe sind sie häufiger anzutreffen als Zuwanderer. Reidemeister, Schmiede und Kupferschläger sind häufig genannte Berufsbezeichnungen. Ihre führende Stellung behaupteten die Ortsansässigen auch im Nahrungsgewerbe. Sie arbeiteten als Bäcker, Metzger und Brauer. Die unterste berufliche Schicht, bestehend aus Knechten und Tagelöhnern, ist hingegen in der Gruppe der Einheimischen unterrepräsentiert. Allerdings kann aus dem Anteil der Tagelöhner unter den Eheschließenden nicht annähernd auf ihre wirkliche Verbreitung in der Bevölkerung geschlossen werden. Denn viele Tagelöhner konnten es sich wirtschaftlich gar nicht leisten zu heiraten. Sie blieben unverehelicht und wurden demgemäß von der vorliegenden Untersuchung nicht erfaßt. Einen Anhaltspunkt über den tatsächlichen Anteil der Tagelöhner und Dienstboten an der arbeitenden Gesamtbevölkerung der Stadt Schwelm gibt eine Gewerbetabelle aus dem Jahr 1825. Hier werden 122 Männer (9%)

---

keine einzige Dampfmaschine in Betrieb war, sondern lediglich im Textilgewerbe Produktionsstätten entstanden waren, in denen, konzentriert an einem Ort, mehrere Handwebstühle standen, die von mehreren Beschäftigten bedient wurden. Daneben lebte das Verlagswesen zunächst weiter fort. Vgl. Wischermann, Industrialisierung, S. 85.

[503] Knieriem, Arbeitsmigration, S. 54.

[504] Den entgegengesetzten Trend hat Borscheid für die Textilarbeiterschaft in Württemberg im 19. Jahrhundert festgestellt. Danach konnten hier die nach 1850 gegründeten Großbetriebe, die sich in den Zentren der absterbenden Heimweberei niederließen, nur eine sehr geringe Zahl einheimischer Weber als Mitarbeiter gewinnen. Diese Berufsgruppe, so Borscheid, sei aufgrund ihres landwirtschaftlichen Besitzes wirtschaftlich noch so gesichert gewesen, daß sie den als sozialen Abstieg gewerteten Wechsel zur Fabrikarbeit in der Regel abgelehnt habe. Borscheid, Textilarbeiterschaft, S. 298.

[505] Abb. 28. Dieses Ergebnis zeigt auch die Untersuchung der Stammrolle der Bauerschaft Schwelm von 1817. Mehr als die Hälfte der verzeichneten Einheimischen übte einen Textilberuf aus oder arbeitete als Bauer. Es folgen die Nahrungsberufe, insbesondere (Brunnen-)Wirte, Bäcker und Schlachter. StAS B (ohne Signatur)(Kasten 385, Nr. 60). In der Provinz Westfalen arbeiteten um die Mitte des 19. Jahrhunderts rund Zweidrittel der Handwerker in den Bereichen Nahrung, Textil/Bekleidung und Behausung. Wischermann, Industrialisierung, S. 77.

als Tagelöhner, 203 Frauen (15%) als Dienstmädchen und Mägde bezeichnet.[506] Die Tätigkeiten, die im Zugangsregister[507] der Stadt genannt werden, lassen ebenfalls darauf schließen, daß das Bau- und das lederverarbeitende Gewerbe, insbesondere Schreinerei und Schuhmacherhandwerk, weiterhin Arbeitsfelder für Zuwanderer blieben. Besonders stark ist das Bauhandwerk unter den mobilen Bevölkerungsgruppen vertreten. Anders als beispielsweise Metallarbeiter waren Handwerker am Bau besonders stark saisonalen Schwankungen des Arbeitsmarktes unterworfen. Weil im Winter nicht gebaut werden konnte, waren viele Bauhandwerker gezwungen, sich in dieser Zeit an anderen Orten nach Erwerbsmöglichkeiten umzusehen oder vorübergehend in die Heimat zurückzukehren. Im Frühjahr nahmen sie dann wieder ihren eigentlichen Beruf auf. Entsprechend hoch war die Mobilität.

In Schwelm dürfte im Untersuchungszeitraum aber besonders auch ein Umstand zu einem unverhältnismäßig starken Zuzug von Bauhandwerkern geführt haben: Der verheerende Stadtbrand von 1827 hatte große Teile des Ortes verwüstet, und die Gebäude mußten in den folgenden Jahren wieder aufgebaut werden.

Aber auch ohne diese besondere Situation in Schwelm gehörten die Bauhandwerker stets zu den mobilsten Arbeitern. In den rasch wachsenden Städten waren besonders Maurer gefragt. Diese Nachfrage nutzten vor allem auch Abwanderer aus dem nahen Oberbergischen, um zur kargen Landwirtschaft Geld hinzuzuverdienen.[508] Viele von ihnen wandten sich nach Barmen und Elberfeld, etliche sind aber auch in Schwelm nachzuweisen. Die Männer hielten sich zunächst oft nur während der Sommermonate an Wupper und Schwelme auf und kehrten im Herbst in ihre Heimat zurück.[509] Welchen Umfang die Saisonarbeit annehmen konnte, zeigt das Beispiel der oberbergischen Gemeinde Marienheide. 1832 lebten hier knapp 200 Handwerker - 131 von ihnen gaben als Berufsbezeichnung Maurer an.[510] Fast alle dürften im Sommer an auswärtigen Arbeitsstellen tätig gewesen sein. Noch im Jahr 1865 war von den etwa *"3.000 Einwohnern Marienheides und den 700 Männern ein Drittel in jedem Sommer außerhalb des Ortes beschäftigt"*.[511]

---

[506] StAS B, Reg. II, Cap. 8, Nr. 715, darin: Gewerbetabelle der Stadt Schwelm.
[507] Vgl. Graphischer Anhang, Abb. 58. Die Zugangsregister, die aus den Jahren 1828, 1829, 1831 und 1832 erhalten blieben, dienten zur Veranlagung der neu hinzuziehenden arbeitenden Bevölkerung zur Klassensteuer. Nicht erfaßt wurden Arme, die auf öffentliche Unterstützung angewiesen waren, aktive Militärpersonen, Jugendliche unter 14 Jahren und Personen, die sich kein volles Jahr am Ort aufhielten. Das Verzeichnis erfaßt zudem keine Familien, da die Steuer nur Einzelpersonen und Haushaltsvorstände betraf. StAS B, Reg. III, Cap. 8, Nr. 6 und StAS B (ohne Signatur) (Kasten 362).
[508] Goebel, Oberbergische Geschichte, S. 189.
[509] Die saisonalen Maurer wurden vom Wuppertaler Volksmund "Dreckschwalben" genannt, weil sie mit den Schwalben kamen und gingen und als Maurer oder Pflasterer schwere, schmutzige Arbeit verrichteten. Goebel, Oberbergische Geschichte, S. 190.
[510] Ebd., S. 189.
[511] Ebd., S. 190.

5. Auf dem Weg zur Industrialisierung (1816-1850)

5.3.4 Wanderungsverhalten von Frauen

Die Analyse des weiblichen Wanderungsverhaltens[512] zeigt, daß ledige Frauen es immer noch vorzogen, nur geringe Wanderungsdistanzen zurückzulegen. 50,5 Prozent sind Nachbarschafts-, 14,6 Prozent Nahwanderinnen. Insgesamt legten also mehr als 65 Prozent der ledigen Frauen weniger als 50 Kilometer vom Heimatort zurück. 26,9 Prozent stammten aus Gebieten, die bis 250 Kilometer von Schwelm entfernt sind und nicht mehr in einer Tagesreise zu erreichen waren. Drei Frauen (1,1%) waren Fernwanderinnen. Sie hatte es aus Bayern, Sachsen und Brandenburg nach Schwelm verschlagen. Nur im Fall der Nachbarschaftswanderer bildeten Frauen unter den Migranten die Mehrheit. Bei längeren Distanzen überwog stets die Zahl der Männer, wobei die männliche Überzahl mit zunehmender Wanderungsentfernung steigt.

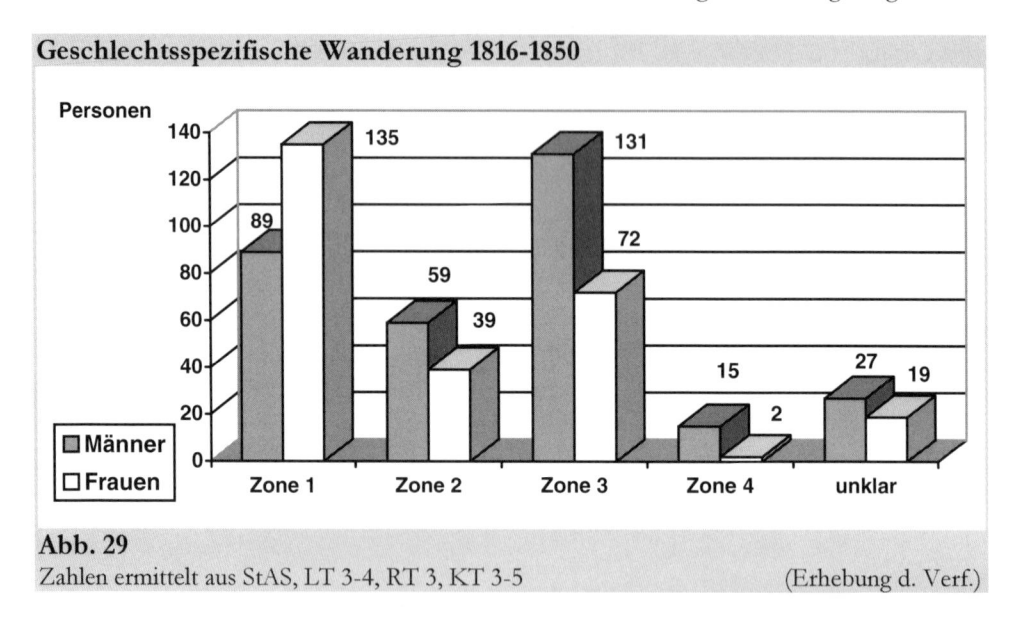

Geschlechtsspezifische Wanderung 1816-1850

Zone	Männer	Frauen
Zone 1	89	135
Zone 2	59	39
Zone 3	131	72
Zone 4	15	2
unklar	27	19

Abb. 29
Zahlen ermittelt aus StAS, LT 3-4, RT 3, KT 3-5 (Erhebung d. Verf.)

Untypisch verhielten sich nur die Frauen, die aus dem Fürstentum Waldeck stammten. Obwohl sie zu den gemäßigten Fernwanderern gehören, waren sie stärker in Schwelm vertreten als ihre männlichen Landsleute. Ein Grund hierfür dürfte gewesen sein, daß es bereits eine lange Tradition von Waldeckern gab, die in das bergisch-märkische Gebiet eingewandert waren und somit als Anlaufstation dienen konnten. Generell konnten Frauen aus dem Ausland in wesentlich jüngeren Jahren ausreisen als Männer, da sie nicht der Militärpflicht unterlagen. Allerdings kamen längst nicht alle jungen Männer ihrem Militärdienst nach. Viele verließen bei Nacht und Nebel ihre Heimat.[513] Dem Gelderwerb von Frauen waren enge Grenzen gesetzt. Die einträglichen Berufe, die ein Studium oder eine längere Fachausbildung voraus-

---

[512] Untersucht wurden 267 Fälle zugewanderter Frauen. Die Differenz zu 100 Prozent ergibt sich daraus, daß unklare Fälle (6,7%) nicht berücksichtigt wurden. Vgl. auch Abb. 29.
[513] Thomas, Waldeckische Auswanderung, S. 16.

setzten, blieben ihnen verschlossen. Während das Allgemeine Landrecht von 1794 Frauen noch einige rechtliche und gesellschaftliche Spielräume gelassen hatte, verschlechterte sich ihre Lage mit zunehmender Industrialisierung. Frauen arbeiteten fast ausschließlich in der Landwirtschaft, als Dienstmädchen in privaten Haushalten oder in der Textilproduktion. Später findet man sie in Fabriken als Wollsortiererinnen, Seidenwicklerinnen, Spuler- und Strickerinnen, im häuslichen Verlag als Sticker- und Näherinnen, die für ihre Arbeit meist weniger Lohn erhielten als männliche Arbeiter.[514] Obwohl die arbeitende Frau auch vor 1850 bereits zur Realität des Alltags gehörte, schweigen die Quellen oft über die Berufe der Frauen.[515] Dabei stellten die Frauen in Schwelm den Großteil des Dienstpersonals. Männer waren als Personal *"zur Bequemlichkeit der Herrschaft"* und auch als landwirtschaftliche Kräfte in der Minderheit. 1831 arbeiteten zwar 274 Frauen im Bezirk Schwelm als Kammer- und Stubenmädchen, Köchinnen, Ammen und Mägde, aber nur 80 Männer als Lakaien, Kutscher, Gärtner, Köche und Knechte.[516] Die Zugangslisten weisen wesentlich weniger Frauen (6,3%) als Männer auf. Die Zuwanderinnen arbeiteten fast ausschließlich als Dienst- oder Handelsmägde.[517] Soweit bekannt, entstammten die meisten Frauen, die ledig nach Schwelm kamen, Tagelöhnerfamilien,[518] gefolgt von Familien, die ihr tägliches Brot im Textilgewerbe und in der Landwirtschaft verdienten. Diese drei Bereiche deckten 53 Prozent aller untersuchten Fälle ab. Ein Vergleich der familiären Herkunft von einheimischen[519] und zugewanderten Frauen zeigt, daß bei den ortsansässigen Frauen Tagelohn, Textilgewerbe und Landwirtschaft ebenfalls knapp die Hälfte aller Fälle darstellen, doch unterscheidet sich die Reihenfolge. Die Schwelmerinnen stammten häufiger aus Familien, in denen der Vater einen Beruf im Textilgewerbe ausübte. Durch heimgewerbliche Tätigkeiten hatten diese Frauen eher die Chance, ihr Auskommen am Heimatort zu finden und einen Mann zu heiraten, der eben dieses Heimgewerbe fortführte, als Frauen, deren Vater Tagelöhner war, somit weder eine Bauernstelle noch einen Webstuhl zu vererben hatte.

---

[514] Duden/Meyer-Renschhausen, Frauenarbeit, S. 274f.
[515] Da in den Kirchenbüchern dieser Zeit Berufsangaben für Frauen fehlen, obwohl sie oft berufstätig waren, mußte auf den Beruf des Vaters zurückgegriffen werden. Dieser Umstand erklärt auch die hohe Zahl der Fälle, die keinen Rückschluß auf die berufliche Zugehörigkeit erlauben. Er betrug bei den fremden Frauen 67 Prozent, bei den einheimischen Frauen 70 Prozent aller Probanden. Zur Untersuchung wurden 267 Zuwanderinnen hinzugezogen, darunter 81 mit Berufsangaben sowie 193 einheimische Frauen, darunter 56 mit Berufsangaben. Um einen besseren Vergleich zu ermöglichen, wurden die Fälle ohne Berufsangaben nicht in die graphische Darstellung aufgenommen. Vgl. Graphischer Anhang, Abb. 59.
[516] StAS B (ohne Signatur, Kasten 403, Nr. 164), "Gewerbetabelle des Bezirks Schwelm für das Jahr 1831".
[517] StAS B, Reg. III, Cap. 8, Nr. 6 und StAS B (ohne Signatur, Kasten 362), Zugangsregister der Stadt Schwelm 1828, 1829, 1832.
[518] Vgl. Graphischer Anhang, Abb. 59.
[519] Ebd. Durch die Art der Quellenauswertung konnten nur die einheimischen Frauen in die Untersuchung einbezogen werden, die einen nicht-einheimischen Mann geheiratet haben. Schwelmerinnen, die einen Mann aus Schwelm ehelichten, erfaßt die Analyse somit nicht.

5. Auf dem Weg zur Industrialisierung (1816-1850)

5.4 "Revolutionäre" und Zuwanderer: Politische Beteiligung 1848

Das Revolutionsjahr von 1848 brachte in Schwelm keine Tumulte hervor. Obwohl es auch hier soziale Mißstände gab,[520] kam es nicht zu Gewalttätigkeiten. Vermutlich hing diese Ruhe auch damit zusammen, daß in der Stadt Militär stationiert war. Dessen Anwesenheit reichte offenbar, um schon Ansätze von revolutionärer Unruhe im Keim zu ersticken. So wurden in Voerde etwa 200 Aufrührer erfolgreich daran gehindert, eine Fabrik zu zerstören.[521]

Anfang Mai bildete sich aber auch in Schwelm ein Konstitutioneller Verein, der für ein parlamentarisch gebundenes Königtum eintrat. Am 6. Mai 1848 trat die Schwelmer Bürgerversammlung erstmals zusammen. Ihr Ziel war es, *"die Wünsche der Versammlung in staatlicher und gesellschaftlicher Beziehung so wie hinsichtlich der städtischen Verhältnisse auszusprechen, der Regierung die Beurtheilung der wahren Volksgesinnung zu erleichtern und die zur Hebung des Volks- und Gemeinde-Wohlstandes erforderlichen Maaßregeln bei ihr und den städtischen Behörden zu beantragen."* [522]

Die Bürgerversammlung bestand aus Männern aller in Schwelm vertretenen Konfessionen. Die Namen von Protestanten standen auf der Stimmzettelliste neben denen von Katholiken und Juden.[523] Die Zusammensetzung der *"permanenten Commission"*, die in Ausschüssen Gutachten über die eingebrachten Anträge erarbeitete und schließlich der Versammlung zur Beschlußfassung vorlegte, war rein bürgerlich. Gleiches gilt offenbar für die Zusammensetzung der Gesamtversammlung. Obwohl nach den Statuten, die sich die Bürgerversammlung gab, alle *"Einwohner der Stadt Schwelm, welche das 18. Lebensjahr zurückgelegt haben und nicht wegen (...) Verbrechen criminalgerichtlich bestraft sind"*,[524] stimmberechtigt waren, scheint die Zusammensetzung des Gremiums nicht die gesellschaftlichen Verhältnisse in der Stadt widergespiegelt zu haben. In die *"permanente Commission"* wurden 36 Schwelmer gewählt.[525] Die Familiennamen von 14 dieser Personen finden sich bereits 1738, also 110 Jahre zuvor, in einer Schwelmer Einwohnerliste.[526] Das legt nahe, daß die Mehrheit der Gewählten seit mehreren

---

[520] So beantragt der Gerichtsassessor Carl Weber am 27. Mai 1848 die Umgestaltung der städtischen Armenfürsorge: "Unsere städtische Armen-Verwaltung, so anerkennenswerth das Wirken derselben auch ist, entspricht in ihren Erfolgen den Erwartungen nicht. Zum Müßiggange und zum Diebstahl verleitende Bettelei namentlich einer Anzahl von Kindern auf der einen und die verschämte, oft schreckliche Armuth auf der anderen Seite liefern hierzu den sprechendsten Beweis." Zitiert nach: Helbeck, Schwelmer Bürgerversammlung, S. 22.
[521] Ebd. S.18.
[522] Zitiert nach ebd., S.19.
[523] Bei den Juden handelte es sich um die Brüder David und Herz Meyer, die in der Synagogengemeinde als Manufacturwarenhändler und Lotterieeinnehmer gegenüber den Fleischern und Viehhändlern die führende Gruppe bildeten. Helbeck, Juden, S. 39.
[524] Statuten der Bürgerversammlung, § 3, zitiert nach Helbeck, Schwelmer Bürgerversammlung, S. 23.
[525] Ebd., S. 26f.
[526] Helbeck, Einwohnerliste, S. 1-17.

Generationen in Schwelm lebte. Auch die Berufe der Mitglieder machen deutlich, daß die *"permanente Commission"* kein Forum für Neubürger gewesen sein dürfte. Es finden sich vorwiegend die Berufszweige, die für Zuwanderer nur eine untergeordnete Rolle spielten. Stark vertreten waren Kaufleute, Ärzte, Bäcker und Wirte sowie die geistige Führungselite, die sich vorwiegend aus höheren Verwaltungsberufen rekrutierte. Lediglich in den administrativen Berufen dürften Zuwanderer vielleicht eine gewisse Bedeutung gehabt haben. Handwerker und Textilarbeiter, die das Gros der Zuwanderer bildeten, waren hingegen nicht vertreten.

Ähnliches gilt offenbar für die gesamte Versammlung, wie die Untersuchung der Stimmzettel vermuten läßt. Allerdings finden sich hier auch etliche Handwerker. Durchgängig scheint es sich um etablierte Schwelmer gehandelt zu haben, die an der politischen Willensbildung aktiv mitwirkten. Selbst Personen, deren Familiennamen 1738 noch nicht in Schwelm nachzuweisen sind, gehörten selten zur ersten Zuwanderergeneration, sondern entstammten häufig Familien, die vor Jahrzehnten zugewandert waren. Ein Beispiel hierfür sind die Brüder Richard und Hermann de Vivie.

5.5 Zuwanderer als Sündenböcke für Mißstände der Gesellschaft

Anfang des 19. Jahrhunderts kam der preußische Staat mit seiner bisher verfolgten Politik der geförderten Zuwanderung in Bedrängnis. War es nach den Worten des Geheimen Staatsrats von Schuckmann seit mehr als einem Jahrhundert *"Grundsatz unserer Regenten gewesen, unbescholtene geistiger oder körperlicher Tätigkeit fähige Ausländer aufzunehmen"*,[527] wurden nun Forderungen nach einer Beschränkung dieser großzügigen Regelung laut.

Die preußische Politik hatte nach dem Siebenjährigen Krieg besonders die Besiedelung des in weiten Teilen entvölkerten Landes zum Ziel gehabt. Anwerbungen von Kolonisten waren vom Staat erwünscht und durch zahlreiche finanzielle Vergünstigungen (z.B. Baugelder, Steuerbefreiung) und rechtliche Privilegien (z.B. Befreiung von der Militärpflicht) gefördert worden. In Ermangelung eines klar definierten Staatsbürgerrechtes war es zunächst den Gemeinden überlassen geblieben, über die Bedingungen für die Aufnahme zuziehender Personen zu entscheiden. Da das Allgemeine Landrecht weder ein geschlossenes Staatsgebiet noch eine Staatsgrenze kannte, definierte es nicht, wer Einwohner, Mitglied, Untertan oder Bürger des Staates war.[528] Es unterschied lediglich zwischen Untertanen und Ausländern und machte die Niederlassung der Fremden von ihrem Vermögen, Beruf und Leumund abhängig. Somit hatte allein der Wohnsitz die staatliche Zugehörigkeit begründet. Nach dem französischen Intermezzo knüpfte Preußen zunächst an diese Tradition an. 1826 beantwortete das Preußische Innenministerium die Frage, wodurch jemand Preuße werde:

---

[527] GStA PK, I. HA., Rep. 77, Ministerium des Innern, tit. 226b, Nr. 15, Bd. 2, Bl. 29 (M), Schreiben vom 22.3.1828.
[528] Vgl. hierzu Koselleck, Preußen, S. 52-61 sowie S. 660-662.

5. Auf dem Weg zur Industrialisierung (1816-1850)

> *"Die Beantwortung dieser Frage kann sich nach den bestehenden Gesetzen nur dahin ergeben, daß jeder, der im Preußischen einen Wohnsitz aufschläget, Unterthan desselben werde."* [529]

Diesen Zustand kommentierte ein Zeitgenosse mit der spöttischen Bemerkung:

> *"Preuße ist jeder, den die Lust anwandelt, es zu sein."* [530]

Da die Aufnahme in Preußen von der subjektiven Einschätzung der Nützlichkeit und Ehrbarkeit des Fremden abhing, kam es immer wieder zu Schwierigkeiten im Aufnahmeverfahren. Untertanen des preußischen Staates hatten im gesamten preußischen Staatsgebiet ihre Heimat und konnten von einer Gemeinde nur bei *"erwiesener Armuth"* und Bescholtenheit abgewiesen werden; Ausländer der deutschen Bundesstaaten unterstanden der Einzelfallprüfung.[531] Sie sollte verhindern, daß sich Ausländer an einem Ort niederließen, an dem sie sich nicht ernähren konnten und verarmten. Im Falle eines preußischen Untertanen reichte die bloße Annahme künftiger Armut am neuen Wohnort zur Ablehnung hingegen nicht aus.[532] Bei Ausländern hatte der Gemeinderat als gesetzlicher Vertreter der Gemeinden ein Anhörungsrecht bei der Entscheidung, ob sich der Fremde in der Stadt niederlassen durfte. Dennoch hatte hier die Bezirksregierung in Arnsberg das letzte Wort.[533] Um niemanden aufzunehmen, der dem Staat am Ende lästig fiel, mußte im Heimatort nachgeforscht werden, ob der Betreffende einen guten Ruf hatte. Eine Ausnahme galt nur, wenn der Zuwanderer schon seit Jahren in Preußen lebte.[534] Der Staat lehnte es jedoch zunächst noch ab, von Immigranten Entlassungsscheine ihrer Heimat oder Nachweise ihrer abgeleisteten Militärpflicht zu verlangen:

---

[529] GStA PK, I. HA., Rep. 77, Ministerium des Innern, tit. 226b, Nr. 15, Bd. 2, Bl. 3 (M), Schreiben vom 6.11.1826.

[530] Eduard Gans, Beiträge zur Revision der Preußischen Gesetzgebung, Berlin 1832, S. 289, zitiert nach Koselleck, Preußen, S 60.

[531] StAM Kreis Hagen, Landratsamt, Nr. 23, darin: Schreiben der Kgl. Regierung, Abt. des Innern, Arnsberg, vom 12.3.1827.

[532] So beanstandete das preußische Innenministerium die Entscheidung der Kreisbehörde Rees, die einen einwanderungswilligen Holländer aus Sevenaar abgewiesen hatte. Denn die Einwanderung sei durch Gesetze nicht beschränkt und obwohl das nicht daran hindere "daß der Staat Bettler, Müßiggänger und andero schlechtes Gesindel über die Grenze zurückweisen könne und dürfe, so ist doch dazu aus der bloßen Besorgniß einer künftigen Möglichkeit der Verarmung, welcher fast jedermann ausgesetzt ist, kein Grund zu entnehmen." GStA PK, I. HA., Rep. 77, Ministerium des Innern, tit. 226b, Nr. 15, Bd. 2, Bl. 18 (M), Schreiben vom 16.3.1828.

[533] StAM Kreis Hagen, Landratsamt, Nr. 23, darin: Schreiben der Kgl. Regierung, Abt. des Innern, Arnsberg, vom 12.3.1827.

[534] Ebd., darin: Schreiben der Kgl. Regierung in Arnsberg an den Landrat in Hagen vom 20.12.1840.

5. Auf dem Weg zur Industrialisierung (1816-1850)

"Die Preußischen Gesetze haben im Gefolge dieses Colonisirungs-Systems weder den Nachweis der Entlassung aus dem jenseitigen Unterthänigkeits-Verbande noch der Genehmigung der Militär-Pflicht im frühern Vaterlande von den Einwanderern allgemein gefordert." [535]

Die Begründung lieferte das Ministerium gleich nach:

"Ungeachtet der Staat jetzt keine Kolonisten-Prämien ertheilet, so ist es doch im Allgemeinen ganz seinem Interesse angemessen, die Volkszahl durch Einwanderung ordentlicher Leute zu vermehren. Dieses würde erschwert werden, wenn nur diejenigen aufgenommen werden sollten, die von ihrer vorigen Landesherrschaft einen ordentlichen Auswanderungsconsens vorzuzeigen haben [...]." [536]

Mit anwachsender Mobilität der Bevölkerung stießen die althergebrachten Formen des Heimatrechtes und der Armenpflege jedoch zunehmend an ihre Grenzen. Als im Vormärz Scharen wandernder Gesellen, Tagelöhner, Knechte und Mägde die herkömmlichen Lebensweisen zerstörten und zunehmend die soziale Frage im Raum stand, wer bei Hilfsbedürftigkeit dieser wenig seßhaften Menschen für deren Existenzsicherung zuständig war, ergab sich die Notwendigkeit, das Staatsbürgertum klar zu definieren.[537] Wie dringend ein preußisches Einwohnergesetz, das schließlich 1842 erlassen wurde, gefordert wurde, zeigen die Beschwerdeschreiben, mit denen allerorten in Preußen gegen die bis dato kaum geregelte Ausländerfrage Sturm gelaufen wurde.[538] Die Königlich Preußische Regierung in Erfurt beispielsweise führte Klage darüber, daß in den Nachbarstaaten strengere Aufnahmekriterien für Fremde bestünden. Die Folgen seien für Preußen in doppelter Hinsicht negativ:

"Dadurch stehen aber die hiesigen Unterthanen im Nachtheil gegen auswärtige Unterthanen, indem jene verhindert sind, von ihren körperlichen oder geistigen Kräften, bei Mangel an Gelegenheit und Nahrung im Inlande, im Auslande ihr Fortkommen zu finden, Gebrauch zu machen, während in das Inland mehrere Ausländer einwandern, die unter der Benennung Gesindel begriffen werden, wodurch besonders die nahrungslosen Gegenden sehr belästigt werden, mit denen auch dem Staate unmöglich gedient sein kann." [539]

---

[535] GStA PK, I. HA., Rep. 77, Ministerium des Innern, tit. 226b, Nr. 15, Bd. 2, Bl. 3 (M), Schreiben des Innenministeriums vom 6.11.1826.
[536] Ebd.
[537] Koselleck, Preußen, S. 60f.
[538] Vgl. dazu auch Matzerath, Urbanisierung, S. 73.
[539] GStA PK, I. HA., Rep. 77, Ministerium des Innern, tit. 226b, Nr. 15, Bd. 2, Bl. 36 u. 37 (M), Schreiben der Provinzregierung in Erfurt vom 26.1.1829. De facto gab es aber bereits internationale Vereinbarungen, die die Aus- und Einwanderung kanalisieren sollten. So war es 1835 im Regierungsbezirk Arnsberg in Absprache mit den Nachbarstaaten Kurhessen, Hessen-Darmstadt und Nassau üblich, daß diese Staaten erst eine Auswanderungserlaubnis

5. Auf dem Weg zur Industrialisierung (1816-1850)

Die Einwanderer kämen nach Preußen, so die verbreitete Ansicht, weil in manchen Staaten Ehen nur mit obrigkeitlicher Erlaubnis geschlossen werden dürften, weil sich die Immigranten der Militärpflicht entziehen wollten, oder weil sie im Falle von Handwerkern den Innungsvorschriften ihres Gewerkes in der Heimat nicht genügten und nun von der preußischen Gewerbefreiheit profitieren wollten. Es komme vor, daß die Fremden arbeitsscheu seien oder ihre Familie verließen, für die dann die Gemeinde des neuen Wohnsitzes aufkommen müsse. Zuweilen würden die Männer auch vom Heimatstaat wegen Nicht-Erfüllung der Militärpflicht zurückbeordert. Auch dann falle seine Familie dem neuen Wohnort zur Last, weil die Heimatländer meist die im Ausland geschlossenen Ehen als ungültig betrachteten. Gerade Grenzprovinzen, so die Erfurter, müßten daher in die Lage versetzt werden, nach eigenem Ermessen die Ansiedlung zu verhindern.[540]

Im Laufe des Vormärz, als wachsende Mobilität der Gesellschaft die überkommenen Gesellschafts- und Rechtsstrukturen zerstörten, Armenhilfe und Heimatrecht Probleme in völlig neuen Dimensionen schufen, ließ sich ein allgemeines Einwohnergesetz nicht mehr umgehen. Ein halbes Jahrhundert nach dem Allgemeinen Landrecht wurde die Frage der Staatsbürgerschaft und das damit verbundene Recht der Freizügigkeit durch zwei Gesetze vom 31. Dezember 1842 verbindlich geklärt.[541] Preußischer Untertan wurde man demnach entweder durch Abstammung, Legitimation, Verheiratung oder Verleihung.[542]

Jeder Preuße konnte sich nun auch im Staat frei niederlassen.[543] Beschränkungen galten nur noch für straffällig gewordene Personen, die unter Auflagen freigelassen worden waren sowie für Ausländer. Das in früheren Jahren oft angeführte Argument der Armut eines zuziehenden Preußen konnte nun nur noch dann als Grund für dessen Abweisung geltend gemacht werden, wenn es gelang, nachzuweisen, daß der Betreffende auch schon in seinem bisherigen Wohnort auf öffentliche Unterstützung angewiesen war oder dauerhaft seinen Lebensunterhalt nicht würde verdienen können. Für Ausländer galt allerdings immer noch, daß sie abgewiesen werden konnten, wenn nur der Verdacht bestand, daß ihre finanzielle Situation nicht allzu rosig sei, ein selbständiges Leben ohne Hilfe der Allgemeinheit nicht möglich sein würde. Da diese Bedenken oft rein subjektiver Natur waren, fanden etliche von ihrer Wunschgemeinde abgelehnte Ausländer bald einen Ausweg. Sie bewarben sich an einem anderen Ort in Preußen um die Aufnahme in den Untertanenverband. Fiel hier das Urteil günstiger aus, konnten sie nun - mit entsprechenden Papieren versehen, die sie als Preußen auswiesen - an den eigentlichen Ort ihrer Wahl zurückkehren, ohne daß die Behörden rechtliche Mittel gehabt hätten, dies zu verhindern. Erst 1848 schob man

---

ausstellten, wenn die Regierung in Arnsberg die Aufnahme zusagte. Umgekehrt nahmen die Nachbarstaaten keine preußischen Untertanen aus dem Regierungsbezirk Arnsberg auf, solange keine Auswanderungserlaubnis vorlag. Ebd., Bl. 154 (M).
[540] Ebd., Bl. 37 u. 38, Schreiben der Provinzregierung in Erfurt vom 26.1.1829.
[541] GS 1843: "Gesetz über die Erwerbung und den Verlust der Eigenschaft als Preußischer Unterthan, so wie über den Eintritt in fremde Staatsdienste" vom 31. 12.1842.
[542] Ebd., § 1.
[543] GS 1843: "Gesetz über die Aufnahme neu anziehender Personen" vom 31.12.1842, § 1.

dem einen Riegel vor.⁵⁴⁴ Nun galt für Ausländer, die in den preußischen Untertanenverband aufgenommen wurden, ein dreijähriges Verbot, den Wohnsitz zu wechseln. Vor dem Hintergrund der wirtschaftlichen Krise hatten sich auch zahlreiche Handwerker in Schwelm gegen die unliebsame Konkurrenz von auswärts empört. Das Schreiben des Tischlermeisters Carl Middeldorff spricht eine deutliche Sprache. Er und weitere 94 Schwelmer Bürger richteten 1835 eine Beschwerde an Bürgermeister, Landrat und Bezirksregierung in Arnsberg. Sie forderten, die Ansiedlung nichtpreußischer Untertanen einzuschränken, weil durch den zu starken Zuzug "*der gänzliche Ruin manches einheimischen Bürgers herbeigeführt wird*".⁵⁴⁵ Die ortsansässigen Handwerker sahen sich als Opfer der Gewerbefreiheit, die jedem die Ausübung eines Gewerbes erlaubte, der einen Gewerbeschein löste und Gewerbesteuer zahlte. Besondere Sündenbock-Funktion nahmen dabei ausländische Handwerker ein. Middeldorff und seine Kollegen protestierten dagegen, daß sich Ausländer in preußischen Landen niederlassen und als Meister ein Gewerbe betreiben dürften, ohne die preußische Staatsangehörigkeit erwerben zu müssen.

"*Dadurch werden nun diejenigen Einheimischen, welche bereits als Meister existiren, in dem Betriebe ihrer Geschäfte dergestalt eingeschränkt, daß es ihnen fast nicht mehr möglich ist, selbst bei der größten Anstrengung ihrer Kräfte, ihre Subsistenz länger sichern zu können*", klagte Middeldorff.⁵⁴⁶ Doch nicht nur die Handwerker, sondern alle übrigen Bürger litten unter "*dem überhäuften Ansiedeln der Ausländer [...], indem häufige Verarmung da eintritt, wo das leichtfertige Heirathen, ohne Aussicht auf die Zukunft, ohne alles mitgebrachte Vermögen vor sich geht, und so mit nothwendiger Weise dergleichen Ausländer den Armen Cassen, folglich allen übrigen Bürgern zur Last fallen.*" ⁵⁴⁷ Der Zustrom von Ausländern nehme mit jedem Tag zu, darunter seien fast nur unvermögende Leute, die nur das besäßen, was sie am Leibe trügen und in der "*drückendsten Armuth*" ⁵⁴⁸ lebten. Die Fremden, so Middeldorff, kämen unter falschen Voraussetzungen in die Stadt:

> "*Die Ausländer werden vielleicht durch die hohen Löhne in den Fabrikgegenden zur Niederlassung gereitzt und lassen die theuren Lebensmittel, hohe Miethpreise und dergleichen außer Betracht, verderben dabei den Lohn, um vorläufig Kundschaft zu bekommen und ruiniren so sich selbst und uns mit.*" ⁵⁴⁹

Das Ergebnis dieses aggressiven Wettbewerbs sei ein allgemeiner Preisverfall und damit sinkender Verdienst. Die Einheimischen würden gleich in mehrfacher Hinsicht

---

⁵⁴⁴ GS 1848: "Allerhöchste Kabinettsorder vom 10. Januar 1848, betreffend das Verfahren bei der Aufnahme von Ausländern in den diesseitigen Unterthanenverband" vom 10. 1.1848.
⁵⁴⁵ GStA PK, I. HA., Rep. 77, Ministerium des Innern, tit. 226b, Bd. 2, Bl. 187 (M), Schreiben des Tischlermeisters Carl Middeldorff an das Innenministerium in Berlin, vom 20.9.1835.
⁵⁴⁶ Ebd.
⁵⁴⁷ Ebd., Bl. 187f.
⁵⁴⁸ Ebd., Bl. 189, Schreiben von 95 Schwelmer Bürgern an Bürgermeister Sternenberg, vom März 1835.
⁵⁴⁹ Ebd.

benachteiligt. Sie müßten sinkende Löhne und steigende Ausgaben der Armenmittel hinnehmen, fänden oft in den überfüllten Gewerben keinen Arbeitsplatz für sich und seien im Gegensatz zu den Ausländern militärpflichtig. Wenn die Schwelmer zu den Waffen eilen müßten, *"so bleiben die Ausländer hübsch bei ihren Frauen an ihren Geschäften und lachen in ihr Fäustchen, daß sie es so gut haben"*,⁵⁵⁰ empörten sich Middeldorff und seine Kollegen. Bei der Rückkehr seien die Vaterlandsverteidiger dann gezwungen, wieder von vorn zu beginnen. Zudem konstatierte Middeldorff bei den Fremden einen bedenklichen Sittenverfall, denn viele Ausländer lebten mit *"Frauenzimmern in unehelichen Verhältnissen"*.⁵⁵¹ Wenn die Männer aber wieder in ihre Heimat zurückkehrten, müsse die Allgemeinheit die *"Concubine und Kinder"* ⁵⁵² ernähren.

Der Landrat sah die Sache jedoch anders. Unter Verweis darauf, daß die Beschränkung des Zuzugs nur auf dem Wege der Gesetzgebung erfolgen könne, stellte er fest, daß er derartige Klagen über Ausländer bisher nur aus Schwelm und Umgebung gehört habe. In Hagen beispielsweise sei man der Ansicht, *"daß die Ausländer als Dienstboten und Tagelöhner für unsere Gegend durchaus nicht zu entbehren seien."* ⁵⁵³ Der stichhaltigste Beweis für die Richtigkeit dieser Ansicht sei die Tatsache, daß gute Dienstboten und Tagelöhner immer teurer würden. An Bauschreinern und Zimmerleuten herrsche sogar ein akuter Mangel.

Die Bezirksregierung in Arnsberg schloß sich den Ausführungen des Landrats an und betonte, daß nach Artikel 18 der deutschen Bundesakte der Umzug der Untertanen aus anderen Bundesstaaten möglichst erleichtert werden solle, wenn nicht schlechter Ruf, Erwerbslosigkeit oder Armut dagegen sprächen.⁵⁵⁴

All diese negativen Eigenschaften brachten die meisten Zuwanderer nach Ansicht des Langerfelder Bürgermeisters aber mit. In einem Schreiben an den Landrat in Hagen stellt Bürgermeister Dieckerhoff einen direkten Zusammenhang zwischen Zuwanderung und Kriminalität her. So argumentiert er, *"daß der Keim darin zu finden sein dürfte, daß fast aus der ganzen Welt Menschen aller Classen und Stände hier zusammen strömen, welche glauben in hiesiger Gegend / der hiesige Bezirk liegt bekanntlich mitten zwischen den bedeutenden Fabrikstätten Elberfeld, Barmen, Ronsdorf, Lennep und Schwelm / Arbeit und Brod zu finden,*

---

⁵⁵⁰ Ebd.
⁵⁵¹ Ebd., Bl.190.
⁵⁵² Ebd.
⁵⁵³ Ebd., Bl.191, Schreiben des Landrats in Hagen an Bürgermeister Sternenberg vom 22.3.1835. Aber auch in Hagen gab es durchaus Leute, die für strikte Auflagen für Ausländer waren. 1839 beschweren sich hier sechs Schuster- und Schneidermeister schriftlich beim Landrat darüber, daß alljährlich Fremde in der Bürgermeisterei Hagen als Meister aufgenommen würden, die in Schwelm abgewiesen worden seien. Obwohl die Regierung bestimmt habe, daß Handwerker verschiedener Professionen zunächst ein Examen in ihrem Fach ablegen müßten, bevor sie sich als Meister niederlassen dürften, werde diese Vorschrift bei den Schustern und Schneidern mißachtet. Um die Folgen schädlicher Konkurrenz zu vermeiden, forderten die Hagener Handwerksmeister, von Fremden eine Kaution zu verlangen. StAM Kreis Hagen, Landratsamt, Nr. 23, Schreiben vom 27.10.1839.
⁵⁵⁴ GStA PK, I. HA., Rep. 77, Ministerium des Innern, tit. 226b, Nr. 15, Bd.2, Bl. 194 (M), Schreiben der Bezirksregierung in Arnsberg an Carl Middeldorff vom 16.4.1835.

5. Auf dem Weg zur Industrialisierung (1816-1850)

sich in dieser Beziehung jedoch vielseitig täuschen, alsdann aller Subsistenz Mittel beraubt sind, doch leben wollen und müssen und um ihr Leben zu fristen endlich zu Verbrechen übergehen. Ich glaube dies wohl mit Grund behaupten zu dürfen als ich während meiner 14jährigen Amtsführung hier bemerkt habe, daß fast jeder ermittelt werdende Verbrecher ein Fremder und kein Einheimischer ist." [555]

Modifizierter und mit Blick auf soziale Zusammenhänge äußerte sich der Schwelmer Bürgermeister Sternenberg,[556] der aber im Grundsatz die gleiche Klage führte:

"In der in hiesiger Fabrickgegend allzusehr zunehmende Bevölkerung und große Verarmung dürfte ein Grund mit zur Vermehrung der Verbrechen zu suchen sein, die häufige Einwanderung armer Ausländer aus allen benachbarten Staaten, welche zu Hause kein Verdienst und hier Reichthum zu erwerben vermeinen, sich aber bald getäuscht finden, benehmen den Einheimischen die Arbeit durch Herunterdrückung der ohnehin kleinen Löhne und verschaffen dadurch sich und den Anderen ein sehr kärgliches Brod, lassen somit unter der arbeitenden Klasse keinen Wohlstand aufkommen - dadurch geht die Lust und Liebe zur anhaltenden Thätigkeit verloren, und es tritt an deren Stelle Trägheit und Neigung zu betäubenden geistigen Getränken, und Krankheit oder meist [?] ein kleiner Unfall führt sie dann zur Armenkasse." [557]

Reichten deren Mittel nicht aus, seien Bettelei und Verbrechen die Folge. Daher forderte Sternenberg ein Mitspracherecht der Kommune bei der Aufnahme mitteloser Ausländer, da der Wohnort ja auch die Verpflichtung habe, später für die in Not geratenen Fremden aufzukommen.[558] Allerdings wollte Sternenberg auch einen weiteren Grund für *"Mangel an guter Erziehung und Sittenverderbnis"* [559] nicht verschweigen: Durch die geringen Löhne seien Eltern darauf angewiesen, ihre Kinder früh in die Fabriken zu schicken, so daß sie für den Unterricht an den Bildungsanstalten verloren seien.[560]

Eine Überprüfung der Ausgaben der Armenfürsorge in den vierziger Jahren zeigt, daß zwischen 1843 und 1850 die Ausgaben für die Armenfürsorge auf einem Niveau

---

[555] StAS B 61, Reg. II, Cap. 6, Nr. 1181, Schreiben des Langerfelder Bürgermeisters an den Landrat, Langerfeld, 15.2.1837.
[556] Johann Theodor Melchior Sternenberg, geb. in Schwelm am 21.8.1783, gestorben ebenda am 10.9.1852, Bürgermeister von 1831 bis 1849. Zuvor seit 1812 Beigeordneter der Stadt Schwelm, Mitinhaber der Weberei Theodor & Konstanz Sternenberg in Schwelm, Mitglied des Westfälischen Provinziallandtages 1830/31 und 1841 sowie Mitglied des Vereinigten Landtags in Berlin 1847. Helbeck, Bürgermeisterliste, S. 72.
[557] StAS B 61, Reg. II, Cap. 6, Nr. 1181, Schreiben des Schwelmer Bürgermeisters an die Landrats-Kommission in Hagen, Schwelm, 24.2.1837.
[558] Ebd.
[559] Ebd.
[560] Ebd.

zwischen 2.429 und 2.755 Talern blieben.⁵⁶¹ Allerdings mußten die Armenmittel 1846/47 wegen der großen wirtschaftlichen Not vorübergehend aufgestockt werden.⁵⁶² In dieser Zeit erreichte auch die Zahl der Hilfsbedürftigen einen Höchststand. Die Zahl der Bürger, die auf wöchentliche Unterstützung angewiesen waren, schwankte zwischen 35 und 60 Personen. Pro Kopf wurde 1845 der geringste, 1848 der höchste Betrag ausgezahlt. Im Jahr erhielten die Armen zwischen 9,4 und 15,8 Taler. Angesichts steigender Preise für Nahrungsmittel dürften diese Beträge kaum zum Leben ausgereicht haben.⁵⁶³ Welchen Anteil Zuwanderer an den unterstützungsbedürftigen Einwohnern hatten, kann aufgrund der Quellenlage nicht bestimmt werden. Doch war die Belastung der Armenkasse in erster Linie abhängig von der allgemeinen wirtschaftlichen Lage in Schwelm, weniger vom Zustrom fremder Menschen. Allerdings konnten die zusätzlichen Arbeitskräfte eine bestehende Krise verschärfen.

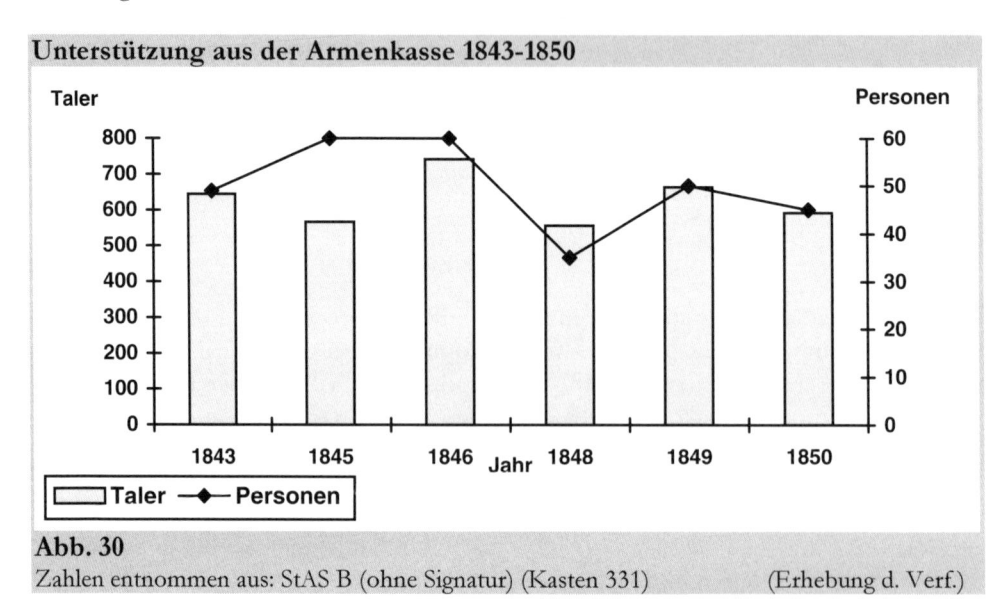

Unterstützung aus der Armenkasse 1843-1850

Abb. 30
Zahlen entnommen aus: StAS B (ohne Signatur) (Kasten 331)   (Erhebung d. Verf.)

Auch das Vorurteil, daß sich kriminelle Delikte durch Fremde häuften, scheint der Grundlage zu entbehren. Schon die Zeitungsberichte haben wenig über kriminelle Handlungen in Schwelm zu berichten. Die polizeilichen Untersuchungen beschränkten sich im wesentlichen auf Unglücksfälle, Brände, Selbstmorde und kleinere Diebstähle. Im Sommer 1848 wurde in Schwelm ein Eisenbahnarbeiter aus Iserlohn getötet. Der Täter, dessen Motiv unbekannt blieb, war allerdings ein Einheimischer aus Möllenkotten.⁵⁶⁴

---

⁵⁶¹ Abb. 30.
⁵⁶² StAS B (ohne Signatur) Kasten 380): "Acta über Erstattung des Zeitungsberichts", Bericht für die Monate Dezember 1846 und Januar 1847.
⁵⁶³ Ein Pfund Brot kostete 0,8 Silbergroschen, ein Pfund Rindfleisch drei Silbergroschen. Liesegang, Unruhen, S. 156.
⁵⁶⁴ StAS B (ohne Signatur) (Kasten 380): "Acta über die Erstattung des Zeitungsberichts",

5.6 Heimatscheine und Naturalisationen

Der Druck der zunehmenden Einwanderung, die schlechte wirtschaftliche Lage und der Widerstand in der ortsansässigen Bevölkerung wuchsen offenbar so stark, daß nicht nur 1845 die Gewerbeordnung die Meisterprüfungen wieder vorschrieb,[565] sondern wie erwähnt 1842 das staatliche Aufnahmeverfahren geändert wurde. Nun begründete nicht mehr allein der Wohnsitz im Lande "die Eigenschaft als Preuße". Die preußische Staatsbürgerschaft sollte nur erwerben, wer nach den Gesetzen seiner Heimat heiratsfähig war, einen unbescholtenen Lebenswandel führte, eine Wohnung nachwies und seine Familie ernähren konnte. Falls der Betreffende Untertan eines deutschen Bundesstaates war, mußte er zusätzlich nachweisen, daß er die Militärpflicht erfüllt hatte oder von ihr befreit war.[566]

Für preußische Untertanen blieb es bei der Bestimmung, daß sie in ganz Preußen aufgenommen werden mußten, sofern sie einen Broterwerb nachweisen konnten und nicht polizeilichen Auflagen unterstanden.[567] Der Wohnsitz wurde dann auch entscheidend für den Anspruch auf Armenunterstützung.[568] Ein Hintertürchen ließ sich der Gesetzgeber allerdings offen, um die Städte und Gemeinden vor einer allzu starken Belastung der Armenkasse zu schützen.[569] War der Neuankömmling schon im ersten Jahr am neuen Wohnort auf öffentliche Unterstützung angewiesen und konnte nachgewiesen werden, daß seine Verarmung schon vorher bestanden hatte, so konnte der Betreffende an seinen alten Wohnort zurückgewiesen werden.[570]
Für Dienstboten, Handwerksgesellen und Fabrikarbeiter, die ihren Unterhalt aus unselbständiger Arbeit bezogen, galt nicht, daß der Arbeits- und Wohnort auch zur Unterstützung verpflichtet war. Hier blieb - in Anlehnung an den alten Gedanken des Haushaltsvorstandes - in erster Linie der Dienstherr verpflichtet.[571] Weil sich diese abhängig Beschäftigten durch ihr Dienstverhältnis keinen festen Wohnsitz erarbeiten konnten, wurden sie im Notfall zuerst auf die Hilfe ihres Herkunftsortes verwiesen. Dessen Verpflichtung zur Unterstützung erlosch jedoch, wenn jemand länger als drei Jahre abwesend gewesen war. Damit konnten Dienstboten, Handwerksgesellen und Fabrikarbeiter schnell durch die Maschen des Gesetzes fallen und heimatlos werden.[572]

Bericht über die Monate August und September 1848.
[565] Wischermann, Industrialisierung, S. 75.
[566] GS 1843, "Gesetz über Erwerb und Verlust der preußischen Staatsangehörigkeit. Vom 31. Dezember 1842", S. 16.
[567] GS 1843, "Gesetz über die Aufnahme neu anziehender Personen. Vom 31.12.1842", S. 5-6.
[568] GS 1843, "Gesetz über die Verpflichtung zur Armenpflege". Vom 31.12.1842, S. 8.
[569] Um die Jahrhundertmitte gaben die Kommunen in Westfalen rund 30 bis 40 Prozent aller Ausgaben für Armenmittel aus. Wischermann, Industrialisierung, S. 55.
[570] GS 1843, "Gesetz über die Aufnahme neu anziehender Personen. Vom 31. Dezember 1842", § 5, S. 6.
[571] Ebd., S. 8.
[572] Koselleck, Preußen, S. 633.

5. Auf dem Weg zur Industrialisierung (1816-1850)

Obwohl sich viele Ausländer, besonders aus Waldeck und aus Kurhessen, in Schwelm und im ehemaligen Gogericht aufhielten, war die Zahl der Naturalisationen gering. Von 49 Männern und fünf Frauen, die im Kreis Hagen 1844/45 als preußische Untertanen anerkannt wurden, ließen sich acht Männer in Schwelm, zwei in Nächstebreck, drei in Langerfeld, zwei in Mylinghausen, zwei in Oelkinghausen und elf Männer sowie drei Frauen in Haßlinghausen nieder.[573] Bei den Frauen handelte es sich um Ausländerinnen, die einen Preußen heirateten. Anders als Ausländer, die eine Preußin heirateten, wurden Ausländerinnen, die die Ehe mit einem preußischen Untertan eingingen, durch die Trauung zu Preußinnen. Die Ausfertigung einer Naturalisationsurkunde unterblieb in diesen Fällen. Bei den elf in Haßlinghausen naturalisierten Männern handelte es sich um Handwerker und Ackerknechte.[574] Zwischen Oktober 1846 und Oktober 1849 wanderten in den Kreis Hagen offiziell 116 Personen ein.[575] Obwohl diese Zahl nur einen Bruchteil der tatsächlichen Ausländer im Kreisgebiet erfaßt haben dürfte, hat der Kreis Hagen die höchste Naturalisationsquote aller Kreise im Regierungsbezirk. Insgesamt wurden in besagtem Zeitraum 359 Personen als preußische Untertanen anerkannt.[576] Nach einer Liste, in der die Schwelmer Behörden Zahl und Herkunft der naturalisierten ausländischen Gewerbetreibenden in der Stadt und Landgemeinde festgehalten haben,[577] werden bis 1850 als Heimatstaaten der Fremden ausschließlich das Fürstentum Waldeck, das Kurfürstentum Hessen, das Königreich Hannover und das Herzogtum Braunschweig genannt.

Für Ausländer gab es neben der Naturalisation aber noch eine weitere - von der Mehrheit der Ausländer genutzte - Möglichkeit, legal in Preußen zu leben. Ausländer, die vorhatten, ihre Heimat nur vorübergehend zu verlassen oder aus anderem Grund ihre Staatsbürgerschaft nicht aufgeben wollten, waren seit 1842 verpflichtet, sich bei der Polizeibehörde melden. Hier mußten sie über ihre persönlichen Verhältnisse Auskunft geben. Anschließend wurde eine Meldebescheinigung ausgefüllt, die den Zweck einer Aufenthaltserlaubnis erfüllte. Ohne diese Meldung verwirkte der Zuwanderer den Anspruch auf Armenunterstützung. Die Aufenthaltserlaubnis hatte auf andere Rechtsverhältnisse keinen Einfluß.[578] Wollte ein Ausländer eine Preußin heiraten, war er seit 1841 verpflichtet, einen sogenannten Heimatschein beizubringen.

---

[573] StAM Kreis Hagen, Landratsamt, Nr. 23, darin: "Uebersicht der im Kreise Hagen im Laufe des Jahres 1844/45 vorgekommenen Ein- und Auswanderungen" vom 23.10.1845.

[574] Ebd., darin: "Uebersicht der im Amt Hasslinghausen im Laufe des Jahres 1844/45 vorgekommenen Ein- und Auswanderungen" vom 10.10.1845.

[575] StAM Regierung Arnsberg, Nr. 323, Liste der Eingewanderten im Kreis Hagen.

[576] Ebd.

[577] StAS B, Abt. A, Nr.41, Vol. II, darin: "Nachweise der seit Verkündigung der allgemeinen Gewerbe-Ordnung vom 17. Januar 1845 bis zum 1. Juli 1860 in der Stadt und Landgemeinde Schwelm stattgefundenen Naturalisationen ausländischer Gewerbetreibenden" vom 19.10.1860. Die Zahl der verzeichneten Naturalisationen stimmt nicht mit der Statistik des Kreises überein (!).

[578] GS 1843, "Gesetz über die Aufnahme neu anziehender Personen. Vom 31. Dezember 1842", S. 6-7.

Er diente der Absicherung des Aufnahmelandes. Verarmte der zugezogene Ausländer oder fiel er anderweitig der Allgemeinheit zur Last, war die Heimat verpflichtet, ihn samt Familie wieder aufzunehmen, da er ja nie aus dem heimischen Untertanenverband entlassen worden war. Andererseits wollten die den Schein ausstellenden Heimatbehörden das für sie bestehende "Rücknahmerisiko" vermindern, indem sie im Ausland geschlossene Ehen im Regelfall nicht anerkannten. Das Beispiel des 20 Jahre alten Friedrich Bangert aus Vasbeck in Waldeck zeigt, daß Zuwanderer die rechtliche Loslösung von der Heimat meist nicht sofort mit ihrer Abreise vollzogen.[579] In vielen Fällen war die beabsichtigte Eheschließung mit einer Preußin, die Männern ja nicht automatisch die Naturalisation einbrachte, sondern im Gegenteil die Partnerin aus der preußischen Untertanenschaft entließ, Anlaß für den Wechsel der Staatsbürgerschaft.

5.7 Gelungene Ansiedlung

Eine Erfolgsgeschichte ist die Firmengründung des Zuwanderers Jean Marie Caron aus Frankreich. 1786 in Paris als achtes Kind des Pariser Metallknopf- und Papiermaché-Fabrikanten Guillaume Caron de Beaumarchais geboren, war Jean Marie Caron 1814 als *"mecanicien"*, als Ingenieur und Spezialist für die Fabrikation von Metallknöpfen, von der Firma Ehrenberg & Leuschner in Barmen angeworben worden, um im Wuppertal eine Metallknopffabrik englischen bzw. französischen Musters aufzubauen. Nachdem Caron dieses Projekt fertiggestellt und Elisabeth Wilhelmine Klein, Tochter eines in Wupperfeld ansässigen Kupferschmieds und Pumpenfabrikanten geheiratet hatte sowie zur lutherischen Kirche übergetreten war, errichtete er 1819 in Langerfeld eine eigene Fabrik für Metallknöpfe, die schon bald sehr erfolgreich war. Produziert wurden die Waren mit Maschinen, die im Hand- oder Fußbetrieb arbeiteten. Mechanische Antriebe waren hier noch unbekannt.[580] Die in Langerfeld erzeugten Waren fanden nicht nur im Inland Abnehmer, sondern wurden auch nach Frankreich, England, Nordamerika und Ostasien exportiert.[581] Als der erst 44 Jahre alte Firmengründer 1830 unerwartet starb, hinterließ er seiner Familie eine schuldenfreie Firma und ein Barvermögen von umgerechnet 100.000 Talern.[582]

---

[579] Bangert gab bei der Schwelmer Behörde einen Heimatschein aus Arolsen ab, mit dem die waldeckischen Behörden Bangert attestierten, daß er weiterhin Heimat- und Wohnrecht in Vasbeck habe, so lange er keine andere Staatsbürgerschaft erwerbe. In diesem Falle galt das waldeckische Heimatrecht als verwirkt. Eine Ehe, die ohne Erlaubnis aus Waldeck geschlossen wurde, wurde in Waldeck nicht anerkannt. Der Heimatschein gab den preußischen Behörden die Sicherheit, daß der waldeckische Staat Bangert wieder aufnehmen mußte, falls er in Schwelm scheiterte. StAS B (ohne Signatur) Reisepässe, Heimatschein des Fürstentums Waldeck, ausgestellt in Arolsen am 19.5.1846.
[580] Kolbe, Caron, S. 146.
[581] Ebd.
[582] Ebd. S. 147.

Caron stellte den Typ des Zuwanderers dar, den der preußische Staat vorrangig im Blick hatte, wenn er die gesetzlichen Hürden für Einwanderer so niedrig wie möglich halten wollte. Mit Caron stand nicht der Armutswanderer vor der Tür, der über keine besondere berufliche Qualität verfügte und im Grunde nur seine Arbeitskraft anbieten konnte - eine "Ware", die zu jener Zeit in Schwelm reichlich auf dem Markt war. Caron war hochspezialisiert in einem Gewerbe, das zur Wirtschaftsstruktur des Schwelmer Raumes paßte und es ideal ergänzte. Daher wurde er gezielt angeworben und konnte sich schnell eine finanzielle Grundlage schaffen, die es ihm erlaubte, sich selbständig zu machen. Zur Etablierung fügte sich die Einheirat in eine Familie, die seit einer Generation in Wupperfeld lebte, aber aus dem Westfälischen stammte. Der Vorsprung, den Caron durch seine berufliche Qualifikation besaß, erlaubte es ihm, schnell wirtschaftlich Fuß zu fassen und ein Gewerbe im Schwelmer Raum anzusiedeln, das bisher nicht in dieser Weise vertreten war. Mit der Gründung seines Betriebes schuf Caron Arbeitsplätze, die hochwillkommen waren.

5.8 Auswärtige Juden

Die erste Hälfte des 19. Jahrhunderts war für die Juden in Preußen von vielen Erleichterungen gekennzeichnet. Vielen gelang der berufliche und gesellschaftliche Aufstieg.[583] Das Emanzipationsedikt vom März 1812 hatte die Juden endlich - wenn auch mit gewissen Einschränkungen - zu Staatsbürgern gemacht, ihnen die rechtliche Gleichstellung beschert und damit auch (fast) alle Berufssparten geöffnet. Trotz der Versuche, die Reformen nach und nach wieder zu beschneiden, profitierten viele Juden von den neuen Freiheiten. 1816 lebten in Preußen 124.000 Juden, etwa 1,2 Prozent der Gesamtbevölkerung. 1817 lebten unter 380.182 Einwohnern im Regierungsbezirk Arnsberg 3.489 Juden,[584] was einem Anteil von 0,9 Prozent an der Gesamteinwohnerschaft entspricht. In Schwelm hatten um 1830 13 jüdische Familien mit 70 Personen einen Anteil von 1,9 Prozent an der Stadtbevölkerung.

Die Berufsstruktur der Juden unterschied sich stark von der der übrigen Bevölkerung in Preußen. Dies war das Ergebnis jahrhundertelanger Reglementierung. Während sich Juden in Handelsberufen konzentrierten, waren sie im Handwerk unterrepräsentiert, da ihnen durch den in der Vergangenheit herrschende Zunftzwang die meisten Tätigkeiten verschlossen geblieben waren. Auch in der Landwirtschaft waren sie kaum vertreten, weil Juden in Preußen früher kein Land besitzen durften.[585] Die späten Versuche des Staates, Juden stärker für Handwerksberufe zu interessieren, scheiterten, da das Handwerk übersetzt war und die Arbeitsbedingungen für Lehrlinge mit jüdischen Religionsvorschriften kaum in Einklang zu bringen waren.[586] Allerdings drängten Juden nun stärker ins Textilgewerbe, das dem Handel nicht gänzlich fern

---

[583] Bruer, Juden in Preußen, S. 343.
[584] Ebd., S. 346f.
[585] Vgl. Berufsstruktur der preußischen Juden um 1800, ebd., S. 349.
[586] Ebd., S. 353.

lag.⁵⁸⁷ Viele blieben den kaufmännischen Berufen treu, schafften jedoch nun zunehmend den sozialen Aufstieg vom Hausierer und Trödler zum angesehenen Geschäftsmann. Damit durchlebten die Juden in Preußen einen Prozeß der Verbürgerlichung.⁵⁸⁸ Aus den jüdischen Händlern am Rande der Gesellschaft wurde ein kaufmännischer Mittelstand, aus dem einzelnen der Aufstieg in das Großbürgertum gelang. Das jüdische Bürgertum näherte sich dem christlichen an, da die wirtschaftlichen, sozialen und politischen Ziele der beiden Gruppen fast identisch wurden.⁵⁸⁹ Neben dem Handel wurden die sogenannten freien Berufe wie Arzt, Rechtsanwalt, Journalist oder Künstler zum zweiten wichtigen Bereich für Juden.⁵⁹⁰

Doch trotz dieser Entwicklungen waren längst nicht alle Schwierigkeiten und Ungerechtigkeiten für Juden ausgeräumt. Gerade in den westlichen Provinzen litten die Juden unter der Rechtsunsicherheit, die aus der Tatsache entstand, daß das Emanzipationsedikt von 1812 in einer Zeit entstanden war, als große Teile des späteren Staatsgebietes nicht zu Preußen gehörten, sondern unter französischer Herrschaft gestanden hatten. Für den westfälischen Teil des ehemaligen Großherzogtums Berg - und damit auch für Schwelm - galt de facto der rechtliche Status Quo, der vor der französischen Inbesitznahme bestanden hatte.⁵⁹¹ Die Rechtsunsicherheit, die bis 1848 währte, führte besonders bei der Niederlassung ausländischer Juden zu Schwierigkeiten. So konnte der Jude Lesmann Lazarus in der Nachbarstadt Breckerfeld nur durch Fürsprache von höchster Stelle seine Abschiebung aus Preußen verhindern. Lazarus aus Gemünd in Hessen war 1816 vom Bürgermeister von Breckerfeld vorläufig aufgenommen worden und hatte vier Jahre später beantragt, sich mit seiner Frau Naetha Nagel aus Battenberg offiziell am Ort niederlassen und einen Handel mit Ellenwaren betreiben zu dürfen.⁵⁹² Bürgermeister und Gemeinderat von Breckerfeld befürworteten die Niederlassung ebenso wie die Provinzialbehörde in Arnsberg. Doch das preußische Innenministerium stellte sich unter dem Hinweis quer, daß der Bürgermeister von Breckerfeld vor vier Jahren vorschriftswidrig gehandelt habe, als er die Aufnahme des Lazarus gestattet habe, da die übergeordnete Behörde nicht informiert worden sei. Daher müsse der Jude Preußen verlassen.⁵⁹³ Doch Lazarus

---

587 Ebd., S. 355.
588 Rürup, Deutschland, S. 107.
589 Bruer, Juden in Preußen, S. 374.
590 Rürup, Deutschland, S. 108.
591 Vgl. die unterschiedlichen Regelungen im Regierungsbezirk Arnsberg, Bruer, Juden in Preußen, S. 326. 1847 sollte ein Gesetz die zersplitterten Judengesetze in Preußen vereinheitlichen. Bei den Abstimmungen des Vereinigten Landtages, an denen der Schwelmer Bürgermeister Sternenberg teilnahm, behielten die konservativen Abgeordneten die Oberhand. Sternenberg enthielt sich in der Frage nach völliger Emanzipation der Stimme, votierte gegen die Zulassung von Juden zu Staatsämtern und bejahte lediglich die Zivilehe zwischen Christen und Juden. Helbeck, Juden, S. 38.
592 GStA PK, I. HA, Rep. 77, Ministerium des Innern, tit. 1012, Nr. 5, Bl. 9 (M), Schreiben der Bezirksregierung Arnsberg an das Innenministerium in Berlin, 28.3.1820.
593 Ebd., Bl.10, Schreiben des Innenministeriums Berlin an die Bezirksregierung in Arnsberg, 2.5.1820.

5. Auf dem Weg zur Industrialisierung (1816-1850)

kämpfte weiter um seine Aufnahme in Preußen. Ein Jahr später schaltete sich sogar der Staatskanzler Fürst v. Hardenberg in die Affäre ein. Er argumentierte, daß hier zwar eine Pflichtverletzung vorliege, aber dem vermögenden und gut beleumdeten Lazarus auch nach den Gesetzen des ehemaligen Großherzogtums Berg zweifellos die Niederlassung erlaubt worden wäre. Lazarus habe bereits vier Jahre in Breckerfeld gelebt und gearbeitet und es *"würde hart erscheinen, ihn jetzt aus dem Lande zu weisen"*.[594] Hardenbergs Einsatz für den Juden aus Breckerfeld, der schließlich in Preußen bleiben durfte,[595] ist vor dem Hintergrund der Bemühungen des Staatskanzlers zu sehen, die jungen bürgerlichen Rechte der Juden in Preußen als Vorbild für eine einheitliche Regelung in ganz Deutschland zu nehmen. Denn hier herrschte ein wildes Durcheinander von Judengesetzen.[596] Die Abschiebung des Lazarus als Ergebnis der unheitlichen Gesetzgebung innerhalb Preußens hätte diese Absicht konterkariert.

Ausländische jüdische Dienstboten waren allerdings nach wie vor in Preußen ungern gesehen. So lassen sich zahlreiche Fälle in Schwelm nachweisen, in denen Knechte und Mägde ausgewiesen wurden. Etwas einfacher war es für jüdische Handwerker, eine zumindest befristete Aufenthaltsgenehmigung zu bekommen. So durfte der Maurergeselle Ruben Katz aus dem hessischen Gilsa 1842 zwei Jahre in Schwelm arbeiten, während der vermutlich mit ihm verwandte Ackerknecht Mentel Katz aus dem gleichen Ort zwei Jahre später abgelehnt wurde, weil es, so der Schwelmer Magistrat, genug inländische Dienstboten gebe.[597] Mentel wurde gemeinsam mit Ruben Katz, dessen zweijährige Aufenthaltsgenehmigung inzwischen abgelaufen war, in seine Heimat abgeschoben.[598]
Auch die Dienstmagd Johanna Levy aus Sachsenhausen im Fürstentum Waldeck, die bei dem jüdischen Kaufmann Meyer Herz in Stellung war, hatte 1846 wenig Glück. Obwohl der Magistrat - offensichtlich auf Bitten von Meyer Herz - die Aufnahme der Magd befürwortete, lehnte der Landrat das Gesuch ab.[599] Einzig die Heirat in eine ortsansässige jüdische Familie scheint es ausländischen Juden ohne Schwierigkeiten möglich gemacht zu haben, nach Preußen einzuwandern. 1846 lebten in Schwelm insgesamt 67 Juden, von denen 52 (78 Prozent) in Schwelm und 15 (22 Prozent) an anderen Orten geboren waren.[600]

---

[594] Ebd., Bl.11, Schreiben des Staatskanzlers v. Hardenberg an Staatsminister Schuckmann in Berlin, 16.3.1821.
[595] Ebd., Bl.14, Schreiben des Innenministeriums in Berlin an die Bezirksregierung in Arnsberg, 31.3.1821.
[596] Vgl. Übersicht über die Judengesetze in den nicht-preußischen deutschen Staaten, Bruer, Juden in Preußen, S. 319f.
[597] StAS B, Abt. B, Nr. 14, Schreiben des Schwelmer Magistrats vom 27.6.1844.
[598] Ebd., Schreiben des Schwelmer Magistrats vom 7.7.1844.
[599] Ebd, Schreiben des Landrats vom 13.6.1846.
[600] StAS B, Abt. B, Nr. 15, "Verzeichnis der in Schwelm wohnenden Juden, die Wahl ihres Familiennamens betreffend" vom 17.2.1846.

5. Auf dem Weg zur Industrialisierung (1816-1850)

Bei den Auswärtigen handelte es sich um:

- Amalie Meyer aus Bochum, Ehefrau von Herz Meyer
- Rebecca Anschel aus Leitorf bei Koblenz, Ehefrau des Joseph Anschel
- Frommet Calm aus Grimlinghausen bei Neuss, Ehefrau von Marcus Calm
- Regine Marcus aus Grimlinghausen bei Neuss
- Rechele Marcus aus Canstein bei Brilon, Ehefrau von Juda Marcus
- Bernhardine Herz Sohn aus Schwerte, Ehefrau von Joseph Herz Sohn
- Michael Rosendahl aus Westhofen, von Beruf Fleischer
- Henriette Rosendahl aus Witten, Ehefrau von Michael Rosendahl
- Selig Isaac aus Schmalnau bei Fulda, ohne Gewerbe
- Geneitel Isaac aus Niederwessen in der Pfalz, Ehefrau des Selig Isaac
- Pauline Herz aus Steele, Ehefrau des Metzgers Marcus Herz
- Witwe Lambertus Beer (Behr) aus Remagen
- Joseph Levy aus Lissa im Großherzogtum Posen, Lehrer
- Caroline Sternberg aus Herdecke, Dienstmädchen
- Henriette Ernst aus Lüttringhausen, Dienstmagd.

Dabei zeigt sich, daß selbst die wenigen Mitglieder der jüdischen Gemeinde, die nicht aus der unmittelbaren Nachbarschaft stammten, in der Mehrzahl keine Ausländer waren, sondern aus preußischen Gebieten stammten. Selbst im Fall der 66 Jahre alten Geneitel Isaac, deren Heimat 1846 zu Hessen-Kassel gehörte, ist nicht auszuschließen, daß sie just um 1815 nach Schwelm kam, als Fulda noch zu Preußen gehörte.

Die Berufsstruktur der Schwelmer Judenschaft war 1846, als der preußische Staat die Annahme verbindlicher Familiennamen erzwang, im Vergleich zur napoleonischen Zeit fast unverändert. Immer noch waren Handel (besonders mit Vieh) und das Metzgerhandwerk die vorherrschenden Berufe, kein anderes Handwerk wurde von Schwelmer Juden ausgeübt.[601] Daneben lebten in Schwelm etliche jüdische Dienstmädchen beziehungsweise -mägde und mit Joseph Levy auch ein Lehrer der jüdischen Gemeinde. Obwohl die Vorurteile gegen Juden auch in Schwelm weit verbreitet waren,[602] scheint sich die gesellschaftliche Stellung der Juden am Ort in der ersten Hälfte des 19. Jahrhunderts gefestigt zu haben. Familien, die sich zuvor vom Vieh-

---

[601] Ebd.
[602] So schreibt der Schwelmer Bürgermeister Johann Peter Adriani 1818 in einem Bericht über die örtliche Judenschaft: "[...] Einfältige und auch leichtsinnige Personen, welche in ihrem Verkehr mit den Juden so lange kaufen, als ihnen Waaren auf Credit angebothen werden, sind in hiesiger Gegend häufig von der Habsucht der Juden verschlungen worden, [...]. In Rücksicht der öffentlichen Sicherheit sind die hiesigen Juden nicht eigentlich gefährlich; doch stehen einige derselben in Verdacht, daß sie auch wol mit gestohlenen Waaren hausiren, obgleich dieserhalb bisher noch keiner hat überführt werden können." Zitiert nach Helbeck, Juden, S. 34.

handel ernährt hatten, brachten in den folgenden Jahrzehnten Kaufleute, Ärzte und Bankiers hervor. 1819 wurde die jüdische Synagoge in Anwesenheit "angesehener Bürger" eingeweiht, und mit den Brüdern David und Herz Meyer gehörten 1848 auch zwei Juden der Schwelmer Bürgerversammlung an und nahmen an der politischen Willensbildung teil.

Nur drei der insgesamt 15 zugewanderten Juden waren Männer, darunter ein Fleischer, ein Lehrer und ein Mann ohne Gewerbe. Das dokumentiert die Seßhaftigkeit der jüdischen Männer, die durch zahlreiche Mobilitäts- und Berufsbeschränkungen in der Vergangenheit begründet sein dürfte. Angesichts der kleinen jüdischen Gemeinde in Schwelm, deren Mitglieder nicht selten miteinander verwandt waren, verwundert nicht, daß die Mehrzahl der zugewanderten Frauen zum Zwecke der Eheschließung nach Schwelm kamen. Die Ausnahme bilden nur zwei Dienstmädchen. Unter dem Gesinde gab es eine stärkere Fluktuation - wenn auch die wenigsten aus dem Ausland kamen, da der preußische Staat diese Zuwanderung nach Möglichkeit unterband.

5.9 Zusammenfassung

Das Wachstum der Schwelmer Einwohnerschaft im untersuchten Zeitraum war nicht nur Ergebnis des Geburtenüberschusses, sondern auch eines Wanderungsgewinns. Allerdings übertraf das Wanderungsvolumen den Wanderungsgewinn erheblich, da die Zahl der Abwanderer groß war. Die Aufenthaltsdauer vieler Migranten in Schwelm war gering: Nicht selten waren die Zuziehenden mit den Fortziehenden identisch. Im Durchschnitt wuchs die Bevölkerung jährlich um 1,7 Prozent, also etwas langsamer als in den Jahrzehnten zuvor. Für die Zuwanderung jener Jahre sind mehrere Faktoren von Bedeutung:

1. Durch das nach dem Wiener Kongreß deutlich vergrößerte preußische Territorium fielen viele zuvor bestehende Grenzbarrieren und rechtliche Unterschiede fort. Zudem erleichterte auch die bessere Verkehrsanbindung durch den Chausseebau die Mobilität. Wirtschaftlich steckte die Schwelmer Textilindustrie, bisher bevorzugtes Arbeitsfeld für Migranten, in der Krise.
2. Durch die zunehmende Mobilität stieß die bisherige preußische Politik der geförderten Zuwanderung an ihre Grenzen und verlangte nach einer Neudefinition der Staatsbürgerschaft. Seit 1842 begründete daher nicht mehr allein der Wohnsitz die Eigenschaft als Preuße, sondern in erster Linie Abstammung oder Naturalisierung. Letztere war u.a. abhängig vom Nachweis eines Broterwerbs, der Unbescholtenheit, der Ableistung des Militärdienstes. Fremde unterstanden nun grundsätzlich der Meldepflicht.

Die Migration nach Schwelm speiste sich vorherrschend aus Einzelwanderern, Familienwanderung blieb die Ausnahme. Dieser Faktor beeinflußte die Integration der Fremden am Ort nicht unerheblich. Die Gefahr der Absonderung war daher gering. Die Chance, durch Einheirat in eine ansässige Familie in kurzer Zeit die Akzeptanz am neuen Wohnort zu erreichen, war besonders hoch. In den Traubüchern sind etwa 3.000 Zuwanderer verzeichnet. Im Jahr 1845 stammte bei jeder zweiten Eheschließung mindestens einer der Partner von auswärts - Zeichen für eine durchweg integrationswillige Bevölkerung. Dennoch darf diese Tatsache nicht darüber hinwegtäuschen, daß in wirtschaftlichen Krisenjahren auch starke Ressentiments in Teilen der Bevölkerung gegen die Zuwanderung besonders aus dem Ausland bestanden. Insbesondere die Handwerkerschaft protestierte aus Angst vor wirtschaftlicher Konkurrenz.

Die meisten Zuwanderer kamen aus märkischen und bergischen Gebieten. 25 Prozent der Fremden waren Ausländer, meist aus Waldeck und aus Kurhessen. Frauen legten vergleichsweise kürzere Wanderungsdistanzen zurück. Arbeitsplätze und höhere Löhne als in der Heimat waren die verbreitetsten Motive der Zuwanderung. Die Zahl der Zuwanderer im Textilgewerbe war bis zur Jahrhundertmitte leicht rückläufig, neue Arbeitsmöglichkeiten fanden Zuwanderer im Chaussee- und Eisenbahnbau. Zuwächse verzeichneten besonders Berufssparten mit kurzen Ausbildungszeiten und geringem Kapitalbedarf. Frauen arbeiteten fast ausschließlich als Dienstpersonal. Der Kreis Hagen zog hauptsächlich wenig bemittelte Ausländer an.

6. Schwelm zu Beginn des industriellen Zeitalters (1851-1870)
6.1 Bevölkerungsentwicklung

Im untersuchten Zeitraum lebten in der Stadt Schwelm erstmals mehr als 5.000 Menschen. Auch die Bevölkerung der Landgemeinde[603] wuchs weiter.

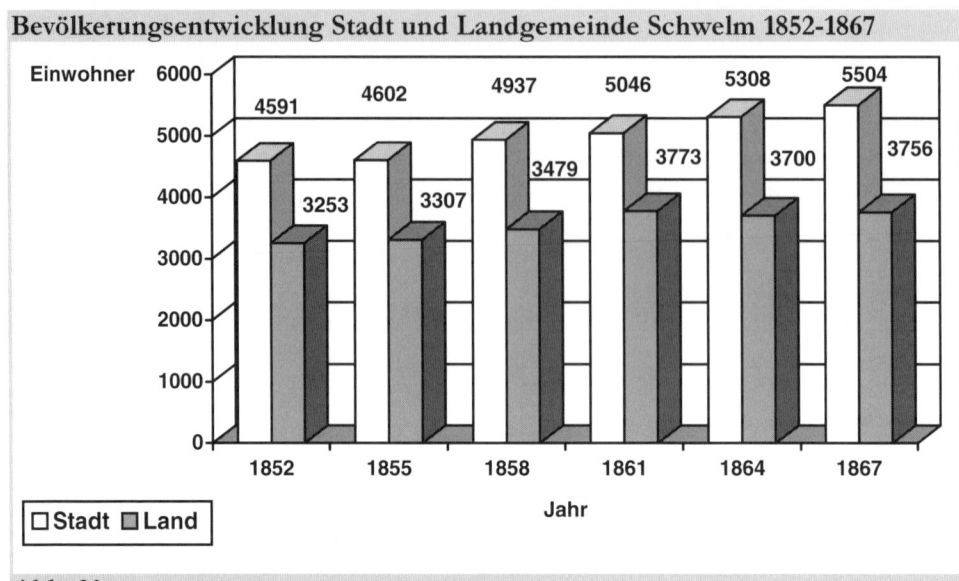

Bevölkerungsentwicklung Stadt und Landgemeinde Schwelm 1852-1867

Jahr	Stadt	Land
1852	4591	3253
1855	4602	3307
1858	4937	3479
1861	5046	3773
1864	5308	3700
1867	5504	3756

Abb. 31
Zahlen entnommen aus: StAS B, Abt. A, Nr. 36; Nr. 38 sowie StAS B, Landgemeinde Schwelm, I, Nr. 21 (Erhebung d. Verf.)

Das durchschnittliche jährliche Wachstum der Stadt Schwelm betrug zwischen 1852 und 1867 1,3 Prozent, das der Landgemeinde zwischen 1852 und 1867 allerdings nur ein Prozent. Gerade in der Landgemeinde war das natürliche, also auf einen Geburtenüberschuß zurückgehende Wachstum der Bevölkerung zwischen 1855 und 1858 minimal. Daß die Bevölkerung in diesem Zeitraum überhaupt um 5,2 Prozent zugenommen hat, geht überwiegend auf Zuwanderung (84,3 Prozent des Wachstums) zurück.

Im Zeitraum zwischen 1852 und 1861 schwankte das natürliche Wachstum der Stadt Schwelm zwischen 8,6 und zwölf Promille. Das reale Bevölkerungswachstum lag jedoch darüber. Zwischen 1852 und 1867 betrug es durchschnittlich 13,2 je tausend Einwohner und Jahr. Zwischen 1852 und 1863 entstand ein Geburtenüberschuß von 531 Personen, real wuchs die Stadtbevölkerung allerdings im gleichen Zeitraum um 717 Personen. Mithin wanderten 186 Personen mehr zu als ab. Der Wanderungsge-

---

[603] Abb. 31. Die Landgemeinde bestand aus der Bauerschaft Schwelm mit dem vor den Toren der Stadt Schwelm gelegenen Dorf Möllenkotten. 1843 wurde die Landgemeinde als eigenständige Verwaltungseinheit geschaffen. Sie bestand bis 1879, als sie mit der Stadt Schwelm vereinigt wurde.

winn betrug somit im Durchschnitt jährlich 3,4 je 1.000 Einwohner und 26 Prozent des Gesamtwachstums. Im Vergleich zu den umgebenden Kreisen wie bspw. dem Landkreis Bochum war dieser Wanderungsgewinn gering.[604]

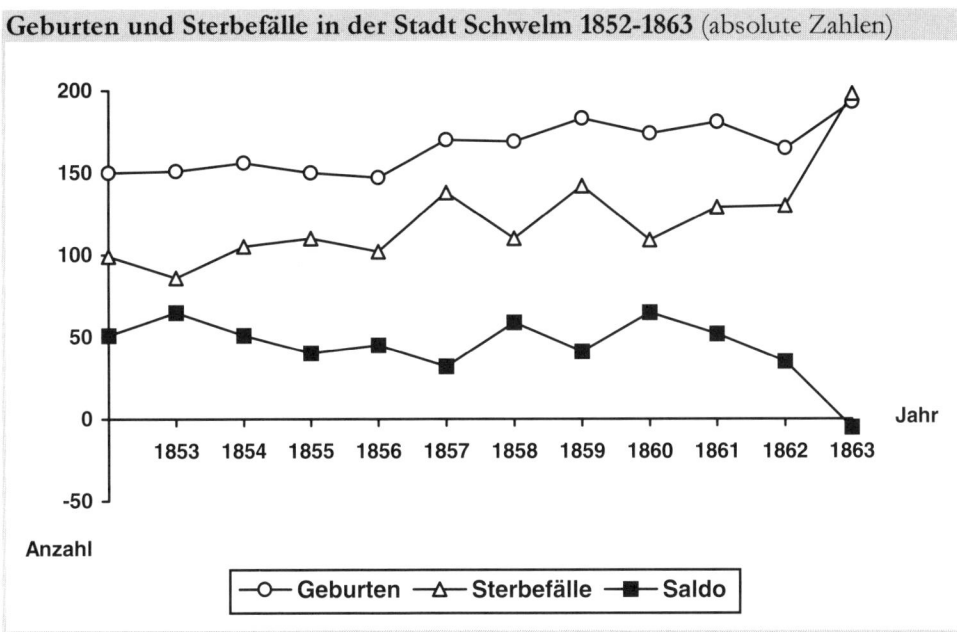

Geburten und Sterbefälle in der Stadt Schwelm 1852-1863 (absolute Zahlen)

Abb. 32
Zahlen entnommen aus: StAS B, Abt. A, Nr. 37   (Erhebung d. Verf.)

Daß die Region ein Zuwanderungsgebiet mit hohem Wanderungsvolumen blieb, zeigt auch eine Statistik des benachbarten Amtes Böhle. Hier zogen zwischen 1859 und 1861 zwar 3.044 Personen fort, eine Person wanderte aus, aber gleichzeitig wanderten 3.513 Menschen zu.[605] Im Vergleich zur Nachbarstadt Hagen, die zu einem bedeutenden Standort der Eisenverarbeitung wurde, blieb die Entwicklung Schwelms, Ende des 18. Jahrhunderts noch eines der bedeutendsten Gewerbezentren des märkischen Raumes, hinsichtlich des Bevölkerungs- und Wirtschaftswachstums jedoch deutlich zurück.

Im Vergleich zur Provinz Westfalen[606] wies Schwelm eine geringere Geburtenziffer auf.[607] Da allerdings auch die Sterbeziffer unterdurchschnittlich war, entsprach das natürliche Wachstum dennoch dem Durchschnitt in Westfalen. Das Gesamtwachstum der Bevölkerung vollzog sich in Schwelm allerdings schneller als in der Provinz Westfalen: das Ergebnis eines erheblichen Wanderungsgewinns.

---

[604] Reekers, Westfalens Bevölkerung, S. 331.
[605] Stadtarchiv Hagen, L.L.L. 11, Aufstellung vom 24.3.1864, zitiert nach Neuhaus, Go West, S. 110.
[606] Marschalck, Bevölkerung, S. 47.
[607] Abb. 32

6.2 Unter Dampf: Wirtschaftsentwicklung in Schwelm

Um die Jahrhundertmitte war Schwelm an die Eisenbahnlinien Richtung Düsseldorf im Westen und Hagen im Osten angeschlossen,[608] und in einigen Textilfabriken arbeiteten die ersten Dampfmaschinen. Immer noch beherrschte die Textilproduktion die gewerbliche Wirtschaft am Ort. In fünf Bandfabriken standen 1855 insgesamt sechs mechanische und 372 Handstühle, mit denen die Beschäftigten, die noch meist außerhalb der Stadt arbeiteten, Produkte im Wert von 500.000 Talern herstellten.[609] Die Firma "D. Braselmann u. Sohn" arbeitete bereits mit einer Dampfmaschine. Zudem wurden in vier Manufakturwarenfabriken Zwillich, Garn und Siamosen im Wert von 150.000 Talern produziert. Auch hier stand bereits eine Dampfmaschine; es wurde auf 184 Handstühlen und zehn mechanischen Stühlen gefertigt.[610] In der einzigen Seidenfabrik der Stadt wurden auf einem mechanischen Stuhl und zehn Handstühlen gearbeitet und Waren im Wert von 15.000 bis 20.000 Talern hergestellt.[611] Eine weitere Fabrik verarbeitete Baumwolle. Für die Produktion im Wert von 400 Talern reichten ein Handstuhl und zwei Beschäftigte.[612] 1867 beschäftigte die Firma Sternenberg 78 Fabrikarbeiter, die auf 60 Webstühlen Artikel aus Leinen und Halbleinen produzierten, zudem arbeiteten für Sternenberg rund 200 Weber heimgewerblich.[613] Die hohe Zahl der Handstühle und der mitarbeitenden Familienmitglieder läßt darauf schließen, daß immer noch hauptsächlich dezentral und im Verlagssystem produziert wurde, folglich das Charakteristikum der vorindustriellen Produktionsweise in Schwelm zunächst weiter erhalten blieb.

Mit zunehmender technischer Entwicklung und verbesserten Verkehrsbedingungen, besonders durch die Eisenbahn, gewann die Eisen- und Metallindustrie im Schwelmer Raum an Bedeutung. Allerdings konnte das Textilgewerbe seine Vorrangstellung noch behaupten, die erst mit Beginn der Hochindustrialisierung beendet wurde.[614] Seit Ende der sechziger Jahre wurden zu beiden Seiten der Bergisch-Märkischen Eisenbahnstrecke Industriebetriebe gegründet. Als ein bedeutender Produktionszweig der eisenverarbeitenden Industrie bildete sich die Schraubenfabrikation, später besonders die Eisengießerei heraus. Ein bedeutender Hersteller auf dem Gebiet der Metallproduktion war auch die seit 1858 in Schwelm ansässige Firma Schmidt & Co., die zunächst Drahtstifte und Nägel, in den sechziger Jahren *"Stiefeleisen mit Absatz- und Sohlenstiften"* herstellte.[615]

Um die Jahrhundertmitte waren besonders die Bandfabriken von einem ständigen Auf und Ab der Konjunktur betroffen, während die Eisenproduktion weniger Pro-

---

[608] Die Daten der Streckeneröffnungen vgl. bei Belz, Eisenbahnen, S. 91.
[609] StAS B, Abt. A, Nr. 44, darin: "Uebersicht der Production des Fabriken Betriebs in der Stadt Schwelm" vom 23.3.1855.
[610] Ebd.
[611] Ebd.
[612] Ebd.
[613] Becker, Wirtschaftliche Entwicklung I, S. 73.
[614] Ders., Wirtschaftliche Entwicklung II, S. 117.
[615] Ebd., S. 123.

6. Schwelm zu Beginn des industriellen Zeitalters (1851-1870)

bleme hatte. Während es 1849 noch hieß, *"[Der] Gewerbebetrieb hat sich im Allgemeinen gehoben. Klagen über Mangel an Arbeit hört man nicht mehr, im Gegentheil klagen die Bandwirker über die vielen Bestellungen, die sie rechtzeitig auszuführen außer Stande sind"*,[616] klagten die Schwelmer im Sommer 1854:

> *"Viele Bandwirker suchen wegen Mangel an Arbeit Beschäftigung u. Verdienst bei auswärtigen Etablissements u. Unternehmungen als Tagelöhner."* [617]

Das Dorf Möllenkotten vor den Toren der Stadt nahm am industriellen Aufbruch teil. Auch hier qualmten in den sechziger Jahren des 19. Jahrhunderts die ersten Schlote. Viele metallverarbeitende Unternehmen zogen aus den östlichen Teilen des ehemaligen Gogerichts an die Bahnlinie.

---

[616] StAS B, Landgemeinde Schwelm, II, Nr. 3, Zeitungsbericht vom 27.11.1849.
[617] Ebd., Zeitungsbericht vom August/September 1854.

6.3 Zuwanderung nach Schwelm

Nach der Jahrhundertmitte hielt der Strom der Zuwanderer nach Schwelm unvermindert an. Die Auswertung der Schwelmer Kirchenbücher[618] ergibt, daß zwischen 1850 und 1870 an jeder zweiten geschlossenen Ehe mindestens ein Zuwanderer beteiligt war. Am höchsten war dieser Anteil von Fremden unter den Heiratenden in der katholischen (74,5%), am geringsten in der lutherischen Kirchengemeinde (44%). In der reformierten Gemeinde lag der Anteil mit 57,1 Prozent knapp über dem Durchschnitt.

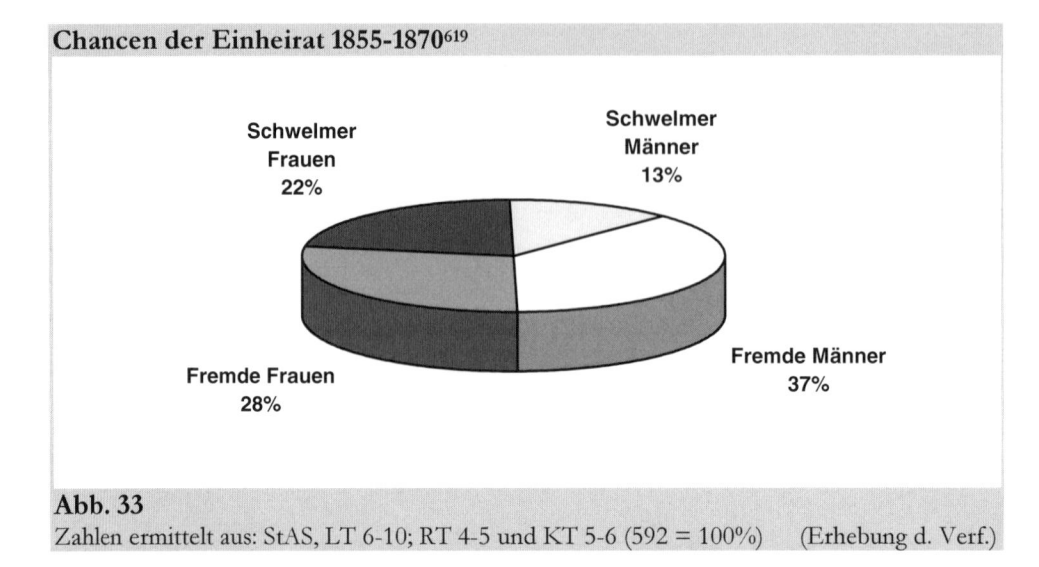

Chancen der Einheirat 1855-1870[619]

- Schwelmer Frauen 22%
- Schwelmer Männer 13%
- Fremde Frauen 28%
- Fremde Männer 37%

Abb. 33
Zahlen ermittelt aus: StAS, LT 6-10; RT 4-5 und KT 5-6 (592 = 100%)   (Erhebung d. Verf.)

Immer noch bildeten Männer die Mehrheit der Zuwanderer nach Schwelm, die - auch relativ betrachtet - deutlich bessere Chancen der Einheirat in ansässige Familien hatten als Frauen.

---

[618] Abb. 33. Herangezogen wurden die Traubücher der lutherischen (LT6-10), der reformierten (RT4-5) und der katholischen Kirchengemeinde Schwelm (KT5-6). Untersucht wurden die Jahre 1855, 1860, 1865 und 1870. In diesen Stichjahren wurden insgesamt 619 vollzogene Trauungen verzeichnet. Bei 311 Trauungen (50,2%) stammte mindestens ein Partner von auswärts. Es ist daher davon auszugehen, daß im gesamten Untersuchungszeitraum knapp 3.100 Ehen geschlossen wurden, von denen rund die Hälfte mit Partnern von auswärts stattfanden.

[619] Die in der Grafik verzeichneten einheimischen Frauen und Männer sind ausschließlich Personen, die eine Ehe mit einem ortsfremden Partner eingingen, da Trauungen zwischen zwei einheimischen Brautleuten nicht erfaßt wurden. 30 Personen waren nicht eindeutig zuzuordnen.

6.3.1 Herkunftsgebiete

Die Mehrheit der Zuwanderer stammte aus Gebieten, die zum preußischen Staatsgebiet gehörten. Nur etwa ein Viertel der Fremden waren Ausländer.

Tab. 8 Herkunftsgebiete der Zuwanderer 1850-1871

Territorium/Staat	Männer	Frauen	Summe	Prozent
Berg	54	48	102	**25,5**
Essen (Stift)	3	1	4	**1**
Gimborn	2	0	2	**0,5**
Homburg	2	1	3	**0,6**
Köln (Erzbistum)	2	1	3	**0,6**
Mark	36	34	70	**17,5**
Münster (Bistum)	2	2	4	**1,0**
Nassau	2	3	5	**1,3**
Paderborn (Bistum)	8	5	13	**3,3**
Ostpreußen	0	1	1	**0,3**
Ravensberg	3	0	3	**0,6**
Schlesien	1	0	1	**0,3**
Westfalen (Hzgt.)	11	3	14	**3,5**
Wittgenstein-Berleburg	1	3	4	**1,0**
Wittgenstein (unklar)	1	2	3	**0,6**
übriges Preußen	19	10	29	**7,3**
Preußen gesamt	**149**	**112**	**261**	**65,3**
Anhalt-Köthen	1	0	1	**0,3**
Bayern	2	0	2	**0,5**
Belgien	2	0	2	**0,5**
Thüringen	2	0	2	**0,5**
Hessen	1	3	4	**1,0**
Hessen-Darmstadt	4	2	6	**1,5**
Hessen-Kassel[620]	23	22	45	**11,3**
Lippe (Fürstentum)	4	0	4	**1,0**
Niederlande	2	0	2	**0,5**
Sachsen-Weimar	2	1	3	**0,6**
Waldeck	25	19	44	**11,0**
Sonstige	19	5	24	**6,0**
Summe	**234**	**166**	**400**	**100**

---

[620] Hessen-Kassel wurde 1866 von Preußen annektiert und zur Provinz Hessen-Nassau gemacht.

6. Schwelm zu Beginn des industriellen Zeitalters (1851-1870)

Die preußischen Gebiete Berg und Mark gaben nach wie vor die meisten Menschen an den Schwelmer Raum ab, gefolgt von Waldeck und Hessen-Kassel (Kurhessen). Weniger stark vertreten war nun allerdings das ehemals Kurkölnische Sauerland (Hzgt. Westfalen). Hier dürften viele Menschen von der prosperierenden Stadt Hagen angezogen worden sein, die in früheren Jahrzehnten möglicherweise nach Schwelm oder ins Wuppertal abgewandert wären.

Bei den Frauen lag der Ausländer-Anteil mit 26,9 Prozent etwas höher als bei den Männern (25,4%). Verantwortlich hierfür sind die zahlreichen Frauen aus Hessen und dem Fürstentum Waldeck. Einzelne Ausländer stammten aber auch aus dem Königreich Belgien, aus Luxemburg, Sachsen, Bayern oder den Thüringischen Staaten. Für einige Ausländer, allen voran die Kurhessen, erledigte sich 1866 die Staatsbürgerschaftsfrage von selbst. Nach der Annektion ihrer Heimat durch Preußen, die nun zur preußischen Provinz Hessen-Nassau erklärt wurde, wurden diese Zuwanderer unverhofft zu preußischen Untertanen.

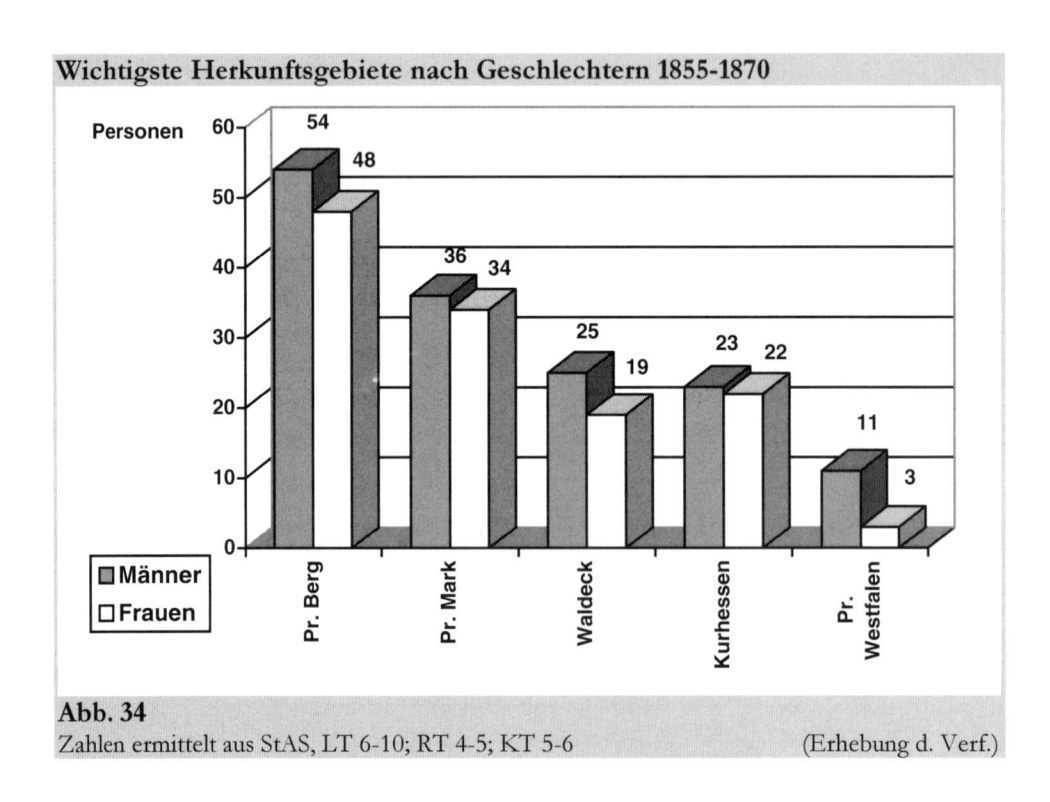

Wichtigste Herkunftsgebiete nach Geschlechtern 1855-1870

Herkunft	Männer	Frauen
Pr. Berg	54	48
Pr. Mark	36	34
Waldeck	25	19
Kurhessen	23	22
Pr. Westfalen	11	3

Abb. 34
Zahlen ermittelt aus StAS, LT 6-10; RT 4-5; KT 5-6 (Erhebung d. Verf.)

6. Schwelm zu Beginn des industriellen Zeitalters (1851-1870)

Waldecker und Hessen trugen in starkem Maße dazu bei, daß die gemäßigte Fernwanderung stark zunahm.[621] Seit der Jahrhundertmitte legte die Migration aus 50 bis 250 Kilometer entfernten Gebieten um zehn Prozent zu. Vergleicht man die Entfernungen, die die Zuwanderer von ihrer Heimat bis nach Schwelm zurücklegten, so fällt auf, daß die Männer deutlich weitere Wanderungsdistanzen überwanden. Im Vergleich zum Jahrhundertbeginn veränderte sich die Rangfolge der Heimatländer nicht.

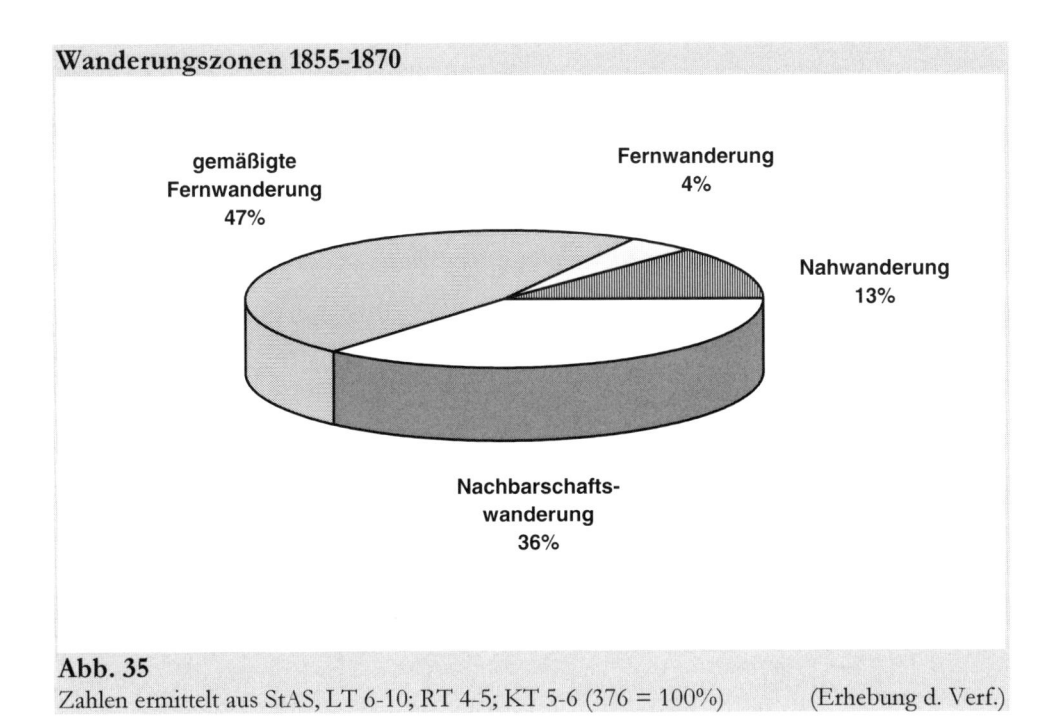

Wanderungszonen 1855-1870

- gemäßigte Fernwanderung 47%
- Fernwanderung 4%
- Nahwanderung 13%
- Nachbarschaftswanderung 36%

Abb. 35
Zahlen ermittelt aus StAS, LT 6-10; RT 4-5; KT 5-6 (376 = 100%)   (Erhebung d. Verf.)

---

[621] Abb. 34 und 35.

6.3.2 "Arbeitslosigkeit und andere widrige Verhältnisse": Motive der Zuwanderung

"Vor etlichen Jahren zwangen mich Arbeitslosigkeit und andere widrige Verhältnisse meine Heimath (Kerstenhausen im Kreis Fritzlar) zu verlassen, um in der Fremde ein freundlicheres Domizil und lohnender Arbeit zu suchen. Ich fand beides, da es an rüstigen Arbeitern hier mangelte, recht bald [...]".[622]

So schilderte der Feldarbeiter Friedrich Amert aus dem Kurfürstentum Hessen die Motive seiner Auswanderung. Seine Gründe dürfen als typisch angesehen werden. Spätestens seit den Mißerntejahren 1846/47 hatten immer mehr Leute in arbeitsfähigem Alter Kurhessen verlassen, weil sie in der Heimat keine berufliche Perspektive für sich sahen. In einer Stellungnahme zu den starken Bevölkerungsverlusten Kurhessens führte die dortige Statistische Kommission 1860 aus:

"Viele Nachrichten weisen denn auch übereinstimmend darauf hin, daß die Zahl der Kurhessen - sowohl unverheiratheter, wie verheiratheter Personen und ganzer Familien - welche wegen Mangels genügender und hinreichend lohnender Beschäftigung im Auslande (Preußen, Jütland etc.) insbesondere in Fabrikstädten, bei Eisenbahnbauten, Bergwerks-Unternehmungen und dergl. Arbeit und Erwerb suchen, in neuerer Zeit sehr beträchtlich zugenommen hat, [...]".[623]

Der Verlust an Einwohnern sei aber nur vorübergehender Natur, zeigte sich die Kommission überzeugt:

"Der Abgang an der Bevölkerung ist übrigens hiernach nur als ein zeitweiliger nicht bleibender Verlust anzusehen, da die überwiegende Mehrzahl der auswärts verweilenden Inländer in ihr Vaterland zurückkehren wird, wenn der Fall eintritt oder die Ueberzeugung entsteht und allgemeiner wird, daß das Ausland nicht mehr und günstigere Gelegenheiten zur Arbeit und Erwerb darbietet, als auch im Inlande zu finden sind." [624]

---

[622] StAM Amt Ennepe, Nr. 6, Bd. 2, Bl. 507, Schreiben des Friedrich Amert an die Gemeinde Mühlinghausen vom 19.2.1859, Gesuch um Aufnahme in den preußischen Untertanenverband.
[623] Möker, Nordhessen, S. 41.
[624] Ebd.

6. Schwelm zu Beginn des industriellen Zeitalters (1851-1870)

Bis dahin allerdings waren höhere Löhne bei Eisenbahn- und Chausseebauten im Ausland das für viele unwiderstehliche Argument, der Heimat den Rücken zu kehren. Das wirtschaftliche Motiv stand auch bei Heinrich Beier im Vordergrund, der erklärte:

> *"Mein Name ist Heinr. Beier, 41 Jahr alt, von Profession Weber und wohnhaft zu Vosshövel in der Landgemeinde Schwelm. Vor ungefähr 5 Jahren zog ich aus Sickendorf im Großherzogthum Darmstadt, meinem Geburtsorte, nach Preußen, und habe mich seit der Zeit zum größten Teil in der Gemeinde Oelkinghausen aufgehalten. Vor etwa 2 Monaten zog ich in hiesige Gemeinde. Ich arbeite für den Kaufmann Herrn Wilh. Sternenberg, der mir fortwährend die reichlichste u. auch lohnende Arbeit gibt. Derhalb wird dieser gewiß gern bescheinigen. was mein Verhalten im Leben anbetrifft, so habe ich mich stets befleißigt dahin zu streben, durch gute Arbeit das Vertrauen meines Herrn Arbeitgebers und durch meine moralische Führung die Achtung meiner Mitmenschen zu erlangen."* [625]

Die Lebensläufe von Friedrich Amert und Heinrich Beier dürfen als typisch für die Schwelmer Zuwanderer angesehen werden, die fast ausschließlich wirtschaftliche Motive als Grund des Wohnortwechsels nannten. Die zugewanderten Fremden zog es häufig zunächst in die Bauerschaften, weil es hier besonders für ungelernte Kräfte Arbeitsmöglichkeiten in Landwirtschaft und gewerblichen Produktionsstätten[626] gab - und hier zudem die Mieten wesentlich niedriger waren als in der Stadt. Ferner erhoben die Landgemeinden zunächst keine "Einzugsgelder" wie die Stadt Schwelm,[627] die mit dieser Zwangsabgabe den Zustrom finanzschwacher Leute einzudämmen hoffte, sehr zum Leidwesen der Schwelmer Landgemeinde, die sich dadurch um so stärker belastet fühlte und das Problem der Eintrittsgelder schon bald als Schicksalsfrage empfand:

> *"Die Mehrzahl der Einwohner besteht aus armen Bandwirker- und Weberfamilien, denen das Leben in der Stadt zu theuer fiel und die sich deshalb*

---

[625] StAS B, Landgemeinde Schwelm, Abt. I, Nr. 25, Schreiben an den Schwelmer Bürgermeister vom 29.10.1856.
[626] In der Schwelmer Landgemeinde existierten 1860 etliche größere Betriebe mit mehreren Beschäftigten: Kalkbrennerei Loh (11 Arbeiter/39 mitarbeitende Familienangehörige), Peitschen- und Pfeifenschlauchfabrik (40/127), Glanzgarnfabrik an der Beienburger Brücke (76/287), Papierfabrik Erfurt in Dahlhausen (42/126), Mechanische Werkstätte Möllenkotten (13/19), Holzschraubenfabrik Möllenkotten (60/104) und die Eisengießerei Möllenkotten (11/21). StAS B, Landgemeinde Schwelm, I, Nr. 21, darin: Liste der produzierenden Betriebe 1860.
[627] Grundlage für die Erhebung von Eintrittsgeldern in der Stadt Schwelm war das "Gesetz wegen der Befugnis der Städte der Provinz Westphalen zur Erhebung von Eintrittsgeldern. Vom 24. Januar 1845", GS 1845, S. 39f. Eine der Bedingungen war allerdings, daß der Ort über eine Unterstützungskasse verfügte.

6. Schwelm zu Beginn des industriellen Zeitalters (1851-1870)

von jeher nach der Landgemeinde übergesiedelt haben. Aus diesem Grunde [Randbemerkung: herrscht in derselben große Armuth, zumal seit die Weberlöhne in neuerer Zeit sehr heruntergedrückt sind] ist die Lage der Landgemeinde, welche die Stadt an allen Seiten einschließt, eine unglückliche, besonders seit Einführung der Einzugsgelder in der Stadt und den angrenzenden Gemeinden, weil wenn Fabrikarbeiter, selbst subalterne Beamte, denen die Aufnahme nach den bestehenden Gesetzen nicht verweigert werden kann, dahin fortwährend übersiedeln und sich in dem ferneren freien Umzuge durch die von ihm nicht aufzubringenden Einzugsgelder beschränkt sehen. Hier sei bemerkt, daß die Einzugsgelder nicht nur eine Ungerechtigkeit gegen ärmere Gemeinden, sondern durch die Art und Weise, wie sie erhoben werden, auch gegen die arbeitende Klasse sind. Die Stadt Schwelm erhebt z. B. ein Einzugsgeld von Thlr. 12,-. [...] Der Einzugsgelder ist hier Erwähnung gemacht, weil solche für die Landgemeinde auf die Dauer zur Lebensfrage werden." [628]

Verschärft wurde die Lage noch, als das benachbarte Barmen ebenfalls ein Einzugsgeld erhob und die Landgemeinde wohl nicht zu Unrecht befürchten mußte, von Leuten überschwemmt zu werden, die nicht in der Lage waren, die Einzugsgelder in Schwelm oder Barmen zu zahlen:

"Die Landgemeinde Schwelm schließt die Stadt rund umher ein und gränzt von einer Seite ans Bergische. Diese Lage des Amts Schwelm ist Veranlaßung, daß die Fabrikarbeiter der märkischen und bergischen Fabrikanten sich häufig darin einmiethen, ja sogar daß subalterne Beamte des Gerichts, der billigeren Miethe wegen, dahin zogen." [629]

Damit aber oblag der Landgemeinde nach entsprechender Frist auch die Verpflichtung zur Armenfürsorge für die Zugezogenen. Deren Kosten, so klagte die Landgemeinde, seien kaum zu tragen.[630] Obwohl die Forderung der Landgemeinde nach einem eigenen *"Eintrittsgeld"* zunächst abgelehnt wurden, da ihr Vermögen und ihre Einkünfte zu gering waren, um damit als Gegenleistung den Neubürgern unter die Arme greifen zu können,[631] durfte seit 1854 doch ein Einzugsgeld von jeder neuzuziehenden Person oder Familie erhoben werden.[632] Allerdings betrug die zulässige Abgabe nur fünf Taler, während Schwelm zwölf, Barmen sogar 20 Taler verlangte.[633]

---

[628] StAS B, Landgemeinde Schwelm I, Nr. 20, undatierte Beschreibung der Landgemeinde, vermutlich um 1854 verfaßt.
[629] StAS B, Landgemeinde Schwelm, VI, Nr. 8, Schreiben des Amtmannes Langewiesche an den Landrat v. Holzbrinck in Hagen, vom 5.7.1854.
[630] Ebd.
[631] Ebd., Schreiben der Grundeigentümer in der Landgemeinde Schwelm vom 11.5.1852.
[632] Ebd., Schreiben des Landrats v. Holzbrinck in Hagen an den Amtmann der Landgemeinde Schwelm vom 4.10.1854.
[633] Ebd., Schreiben des Amtmanns Langewiesche an Landrat v. Holzbrinck in Hagen vom

1866 hob der Schwelmer Magistrat das Einzugsgeld auf und begründete diesen Schritt mit der geringen Effektivität der Abgabe:

> *"Der früher beabsichtigte Zweck, das Einziehen mitteiloser Personen einigermaßen vorzubeugen und die Stadt gegen größere Armen- und Krankenpflege zu schützen, ist wie auch in anderen Städten sich herausgestellt hat, nur in mangelhafter Weise erreicht worden. Es hat sich vielmehr bestätigt, daß das Einzugsgeld öfter den soliden und tüchtigen Arbeiter von dem Einzuge abhält, als den unstäten und leichtsinnigen Arbeiter, der es auf Execution und Ausweisungen ankommen läßt und gerade für den sparsamen Mann ist das Einzugsgeld eine drückende Last."* [634]

1867 untersagte Preußen in den Provinzen Preußen, Brandenburg, Pommern, Schlesien, Posen, Sachsen, Westfalen und der Rheinprovinz die Erhebung von Einzugsgeldern oder gleichartiger Kommunalabgaben.[635]

6.3.3 Berufe

Knechte, Lehrlinge, Gesellen und Gehilfen - sie stellten im untersuchten Zeitraum die Masse der Zuwanderer dar. Von 120 im Zugangsregister von 1853[636] genannten Männern waren 82 (68 Prozent) Handwerksgesellen, weitere 16 übten Hilfstätigkeiten im Handel oder im Handwerk aus, acht waren Lehrlinge, sieben Knechte. Demzufolge entstammten 113 (94 Prozent) der Zugereisten der untersten beruflichen Schicht, lebten von unselbständiger Arbeit oder befanden sich noch in der Ausbildung. Die übrigen sieben Männer waren Angestellte, Beamte oder Selbständige, standen im Dienste von Militär, Post oder Eisenbahngesellschaft, waren als Kaufleute tätig oder verfügten als Rechtsanwalt über eine akademische Ausbildung.

Damit weicht die Berufsstruktur der Zuwanderer stark von der beruflichen Gliederung der Gesamtgesellschaft ab. Zwar lassen die Quellen einen Gesamtvergleich der Sozialstruktur nicht zu, doch zeigen schon Teilbereiche große Unterschiede zwischen Einheimischen und Fremden. Untersucht wurde die Zahl der ungelernten Arbeiter, der Gesellen und Gehilfen sowie der Meister.

5.7.1854.
[634] StAS B, Abt. G., Nr. 35, Schreiben des Schwelmer Magistrats vom 28.3.1866.
[635] GS 1867: "Gesetz betreffend die Aufhebung der Einzugsgelder und gleichartigen Kommunal-Abgaben. Vom 2. März 1867."
[636] Abb. 36. StAS B (ohne Signatur) (Kasten 383, Nr. 31), "Acta Specialia betreffend Klassensteuer und Zugangsliste" sowie StAS B, Abt. A, Nr. 42, "Acta betr. Gewerbetabellen".

Mobile Berufsgruppen 1853/1855[637]

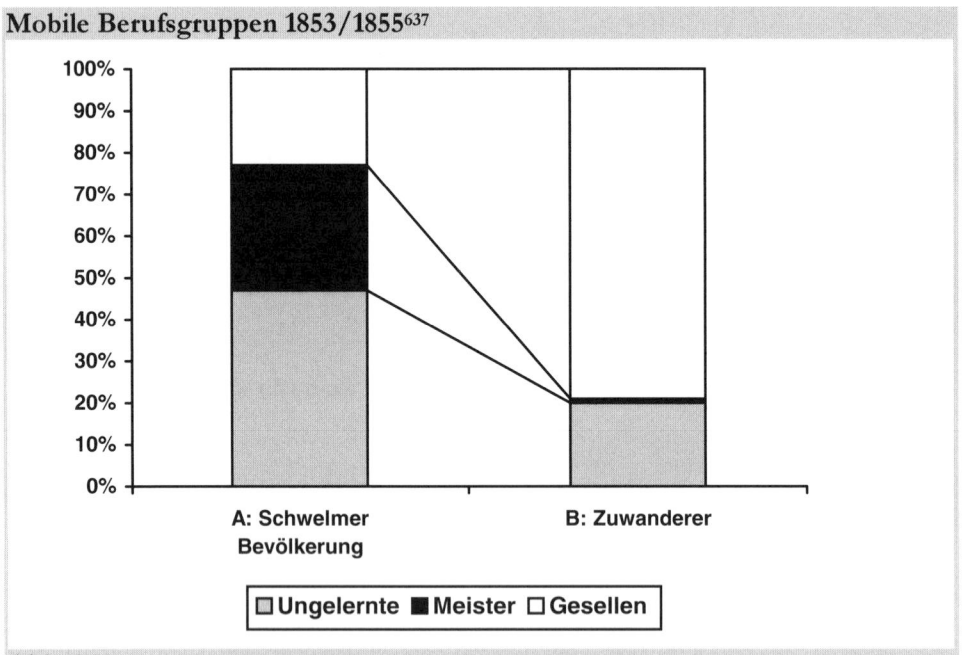

Abb. 36
Zahlen ermittelt aus: StAS B, Abt. A, Nr. 42 und StAS B, (ohne Signatur)(Kasten 383, Nr. 31)
(A: 1.178 = 100%; B: 120 = 100%) (Erhebung d. Verf.)

Die mobilen Gruppen der Bevölkerung in Schwelm waren demnach weder die ungelernten Arbeiter noch die Handwerksmeister. Während für erstere ein Wohnortwechsel mangels beruflicher Qualifikation vermutlich keine Verbesserung ihrer Lage bedeutet hätte, gehörten die Handwerksmeister schon deshalb zu den seßhaften Teilen der Bevölkerung, da sie als selbständige Unternehmer ihre berufliche Existenz aufs Spiel gesetzt hätten. Aber selbst wenn sie unselbständig im Verlagssystem ihre Arbeit fanden, fehlte der Anreiz zur räumlichen Veränderung. Denn die Abhängigkeit vom Verleger - und besonders bei Webern - von Haus und Arbeitsgeräten, hemmte die Mobilität. Anders war die Lage der Handwerksgesellen, die traditionell als mobil galten. Sie hatten einen Beruf erlernt, der sie nicht an die Scholle band. Da die Handwerke aber im Regelfall personell übersetzt waren, waren sie häufig gezwungen, ihre Arbeitsstellen mehrfach zu wechseln. Für viele bestand das Leben damit aus ständigen Wohnortwechseln - immer in der Hoffnung, sich doch noch eines Tages an einem Ort als Meister etablieren zu können.

---

[637] Zur Gruppe der Gesellen wurden auch die in Ausbildung befindlichen Lehrlinge gerechnet, zu den ungelernten Kräften Hand- und Hilfsarbeiter, Gehilfen und Handlungsdiener. Nicht in die Untersuchung einbezogen wurden die im gleichen Zeitraum zugezogenen Frauen. Von 47 weiblichen Personen werden 45 als Mägde, zwei als Haushälterinnen bezeichnet.

Die entscheidenden Weichen für die berufliche Zukunft wurden oft schon mit der Lehrstelle gestellt. Dabei zeigen die *"Handwerker-Lehrcontracte"* [638] - bei aller Vorsicht, die wegen der geringen Zahl der analysierten Fälle angebracht ist -, daß gerade Lehrstellen in lukrativen und angesehenen Gewerken wenn schon nicht mit jungen Leuten aus der Stadt, dann doch wenigstens aus der Umgebung besetzt wurden. Lehrlinge aus entfernteren Gebieten wie Kurhessen und Waldeck mußten mit weniger aussichtsreichen Berufen vorliebnehmen. So wurden alle fünf Lehrverträge im Konditor- bzw. Bäcker- sowie im Metzgerhandwerk an Leute aus dem bergisch-märkischen Raum vergeben, die fünf Schneider- und Schuhmacherstellen hingegen ausschließlich mit Hessen und Waldeckern besetzt. Während ausgelernte Bäcker durchschnittlich 25 Silbergroschen, Fleischer und Schuhmacher immerhin noch 20 Silbergroschen täglich verdienten, mußten sich die Schneider mit 17 Silbergroschen und sechs Pfennigen begnügen. Damit verdienten sie aber immer noch mehr als ein "Handarbeiter" in der Landwirtschaft, der bei eigener Beköstigung nur zehn Silbergroschen täglich erhielt. Fabrikarbeiter waren wesentlich besser gestellt. In der Papierfabrik Erfurt in Dahlhausen verdienten sie sogar durchschnittlich einen Taler und zwölf Silbergroschen.[639]

Zahlreiche Zuwanderer versuchten daher nun, das in den Jahren zuvor offenbar als zu fremd angesehene und daher gemiedene Arbeitsfeld der Fabrik zu erobern und hier Beschäftigung zu finden. Daher arbeiteten bald - relativ betrachtet - fast genauso viele Zuwanderer wie Einheimische in den Fabriken, obwohl die Einheimischen zu Beginn der fabrikmäßigen Produktion das Feld beherrscht hatten. Der Vergleich[640] zeigt, daß sich die Berufe der Zuwanderer und der Gesamteinwohnerschaft einander annäherten. Eine Angleichung fand besonders in den Nahrungsmittelberufen statt, in denen Zuwanderer früher stark unterrepräsentiert waren. Weiterhin sind Zuwanderer stärker in den Textilberufen vertreten, hier besonders als Schneider, Weber und Bandwirker, zudem im Metallsektor, der wirtschaftlich an Bedeutung gewann. Dennoch ging der Anteil der im Textilgewerbe tätigen Zuwanderer seit Jahrhundertbeginn stetig zurück. Unterrepräsentiert waren Fremde noch in Handels- und Verwaltungsberufen. Stark vertreten waren Zuwanderer hingegen im Sektor Bergbau und Verkehr. Hier dürften die Zechen an der Nordgrenze des ehemaligen Gogerichts und der Aufschwung des Schwelmer Erzbergbaus eine Rolle gespielt haben. Nachdem beim Bau der Bergisch-Märkischen Eisenbahnstrecke Schwefelkies in großen Mengen gefunden worden war, betrieb Friedrich Harkort ab 1850 die "Zeche Schwelm". 1863 förderten hier zehn Bergleute 6.000 Zentner Schwefelkies im Wert von 1200 Talern.[641] Die bedeutende Stellung der Kohlentreiber, besonders in Haßlinghausen, schwand hingegen durch die Konkurrenz der Eisenbahn.[642]

---

[638] StAS B, Abt. B, Nr. 59. Untersucht wurden insgesamt 29 Lehrkontrakte, von denen 19 mit Lehrlingen von auswärts geschlossen wurden.
[639] StAS B, Landgemeinde Schwelm, I, Nr. 21, Tabelle über die durchschnittlichen Arbeitsverdienste in der Landgemeinde Schwelm vom 24.5.1859.
[640] Vgl. Graphischer Anhang, Abb. 60.
[641] Becker, Wirtschaftliche Entwicklung II, S. 114.
[642] Hockamp, Haßlinghausen, S. 103.

6. Schwelm zu Beginn des industriellen Zeitalters (1851-1870)

6.3.4 Frauen und Zuwanderung

Mit zunehmenden Arbeitsmöglichkeiten und verbesserter Infrastruktur stieg auch die Zahl der Frauen, die aus größeren Entfernungen nach Schwelm kamen. Waren in den Jahrzehnten zuvor Frauen aus Gebieten, die weiter als 50 Kilometer vom Wanderungsziel Schwelm entfernt lagen, in der Minderheit, wuchs ihre Zahl nun stark. Der Vergleich der Zugangslisten der Jahre 1829 und 1853 zeigt dies deutlich.[643] Stammten 1829 lediglich 15 Prozent der zugewanderten Frauen aus Gebieten, die weiter als 50 Kilometer entfernt liegen, waren es 1853 rund 58 Prozent. Diese Frauen stammten in erster Linie aus Hessen (60 Prozent), gefolgt vom Fürstentum Waldeck (15 Prozent). Gering hingegen waren preußische Gebiete vertreten.

Vermutlich zwangen Armut und Not viele Frauen aus Hessen zur Auswanderung. Geldmangel dürfte besonders unverheiratete Frauen veranlaßt haben, nicht wie viele ihrer Landsleute nach Amerika auszuwandern, sondern in Deutschland zu bleiben.

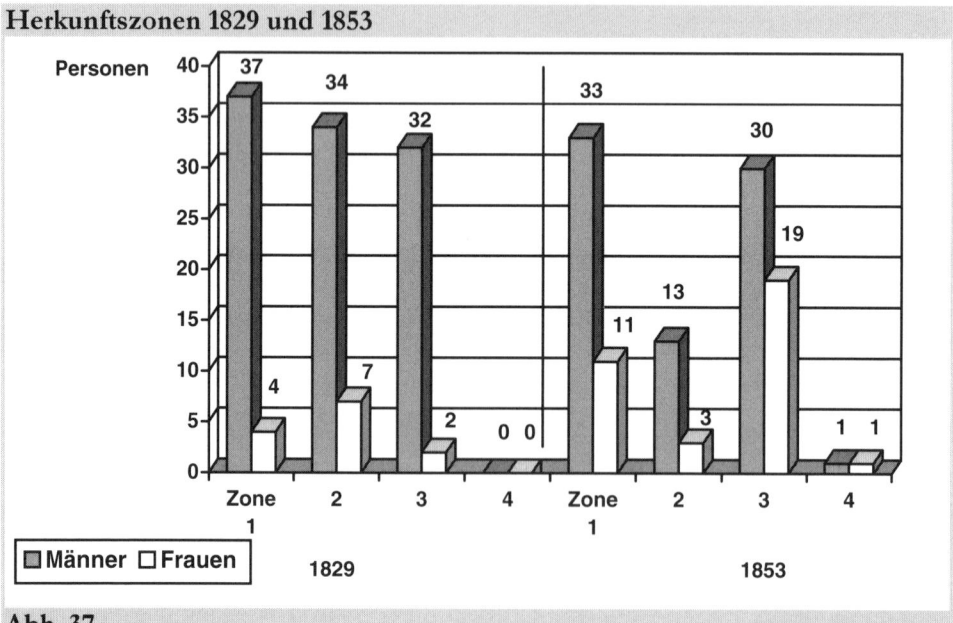

Herkunftszonen 1829 und 1853

Abb. 37
Zahlen ermittelt aus: StAS B, R. III, C8, Nr. 6 u. StAS B (ohne Signatur)(Kasten 383, Nr. 31) (Erhebung d. Verf.)

Für die Binnenwanderung sprachen objektive Faktoren wie beispielsweise geringere Reisekosten, aber auch subjektive Einschätzungen. Das Risiko des Wohnortwechsels innerhalb Deutschlands wird von vielen Frauen geringer eingeschätzt worden sein als

---

[643] Abb. 37.

das einer Auswanderung nach Amerika. Etliche Frauen, das verraten die Zugangslisten, zogen die Gruppenwanderung der Einzelwanderschaft vor.[644]

Die Qualität und Quantität der Berufstätigkeit von zugezogenen Frauen läßt sich durch fehlende Eintragungen in den Quellen kaum beurteilen. Nur wenige Frauen wurden ausdrücklich als berufstätig bezeichnet, obwohl davon auszugehen ist, daß die Mehrheit der Migrantinnen darauf angewiesen war, sich selbst durch Arbeit zu ernähren. Sie dürften als Mägde, Dienstmädchen, Haushälterinnen oder Näher- und Spulerinnen ihr Auskommen gefunden haben. Hingegen geben die Quellen recht deutlich Aufschluß darüber, aus welchen Familienverhältnissen die Frauen stammten. Nach den Berufen der Väter dieser Frauen zu urteilen, waren die meisten heiratenden Zuwanderinnen in Tagelöhnerfamilien (8,7%) aufgewachsen. Viele hatten einen Vater, der im Bau- (7,5%) oder im Textilgewerbe tätig war (6,4%), oder entstammten Bauernfamilien (4%).

Zu welch harten Konditionen gerade auch Frauen ihr Brot verdienen mußten, zeigt das Beispiel der Magd Elisabeth Fischer, die aus dem Kurfürstentum Hessen stammte und bei dem Schwelmer Wirt Heinrich Prümer in Stellung war. Wegen der schlechten Behandlung, die ihr im Hause des Wirtes widerfuhr, beklagte sie sich öffentlich. Die Verwaltung nahm ihre Aussage zu Protokoll, daß sie wegen eines irrtümlichen Einkaufs mißhandelt worden sei. Sie schilderte den Hergang folgendermaßen:

> *"Kurze Zeit später sagte die Frau Prümer zu mir, daß ich keine Gerste, sondern Grütze habe kaufen sollen und als ich ihr erwiederte, daß sie mir Gerste gesagt habe, schlug mich meine Dienstherrin Prümer ohne Weiteres derartig in das Gesicht, daß mir Blut aus Nase und Mund floß."* [645]

Die schlechten Arbeitsbedingungen, unter denen ein Großteil der Zuwanderer litt, waren allerdings nicht ausschließlich auf fremde Arbeitskräfte beschränkt, sondern vielmehr typisch für schlechtbezahlte und wenig qualifizierte Arbeiter, wie sie besonders für Hilfsdienste im Textilgewerbe eingesetzt wurden. Ein Beispiel ist das Spulen und Haspeln von Garn, das schlecht bezahlt und somit vor allem von Zuwanderern, Frauen oder Kindern[646] übernommen wurde, den klassischen Niedriglohn-Empfängern. Das Interesse, die soziale und wirtschaftliche Stellung durch eine Heirat zu verbessern und damit der Abhängigkeit vom Diensthernn zu entkommen, dürfte für Frauen unter diesen Umständen recht groß gewesen sein.

---

[644] So kamen z. B 1853 vier aus Hessen stammende Mägde nach Schwelm und meldeten sich am selben Tag bei der örtlichen Behörde an. StAS B (ohne Signatur) (Kasten 383, Nr. 31), Zugangsliste 1853.

[645] StAS B, Nr. 33, Klage vom 1.4.1853.

[646] Zu den Arbeitsbedingungen von Kindern vgl. das Schicksal des Hermann Enters im benachbarten Wuppertal. Goebel, Hermann Enters, S. 59-69.

6.3.5 Akzeptanz

Immer noch war die Akzeptanz der Zuwanderer von ihrer wirtschaftlichen Lage und der ökonomischen Situation in Schwelm abhängig. 1850 gab die Bezirksregierung in Arnsberg eine Warnung vor der ungewöhnlich großen Zahl von Bettlern und Landstreichern heraus, die das Land durchstreiften und die *"Mildthätigkeit in Anspruch nehmen"*.[647] Die Polizeibehörden wurden angewiesen, besonders auf einen bestimmten Personenkreis zu achten:

> *"Es geben diese Personen sich meistens für reisende Handwerksgesellen aus, sie sind häufig Ausländer [...]."* [648]

Einbürgerungsanträge *"der gewerbetreibenden oder arbeitenden Klasse"* [649] seien daher mit besonderer Vorsicht zu bearbeiten.

> *"Es ist diese Vorsicht in der That auch um so nöthiger, als die in vielen deutschen Staaten bestehenden Beschränkungen des selbständigen Gewerbebetriebs und der Verheirathung erfahrungsgemäß einen großen Andrang von Ausländern nach Preußen zur Folge haben [...]."* [650]

In Preußen versuchten diese Ausländer mit allen Mitteln das zu erreichen, was ihnen in der Heimat verwehrt bleibe, vermuteten die Behörden. Dementsprechend wachsam war das Auge der Obrigkeit bei jedem Fremden, der sich in der Stadt niederlassen wollte. Ausländer mußten nicht nur einen Heimatschein vorweisen können, sondern auch einen gültigen Paß besitzen. Ausnahmen wurden nur bei Ausländern geduldet, die in einem festen Dienstverhältnis standen. Wurde ihr Arbeitsverhältnis jedoch beendet, mußten sie mit der Ausweisung rechnen.[651] Wie problematisch die Heimatschein-Regelung im Einzelfall sein konnte, beweist der Fall der Allwina Steffens, geb. Balde aus Kurhessen. Sie hatte 1854 in New York den Schwelmer Heinrich Steffens geheiratet, sich aber bereits zwei Jahre später von ihm getrennt und war nach Deutschland zurückgekehrt. Durch ihre Heirat mit einem Preußen hatte Allwina Steffens jedoch ihre kurhessische Staatsangehörigkeit verloren und war nun gezwungen, in Schwelm um die Erteilung eines *"Heimatscheins"* nachzusuchen, um wieder in Hessen leben zu können.[652]

---

[647] StAS B, Sicherheitspolizei, Nr. 58, Schreiben der Kgl. Regierung, Abt. d. Innern, Arnsberg, an die Polizeibehörden des Regierungsbezirks vom 15.6.1850.
[648] Ebd.
[649] StAM Kreis Hagen, Landratsamt, Nr. 23, Schreiben der Kgl. Regierung in Arnsberg, Abt. d. Innern, vom 19.5.1853 an alle Landräte.
[650] Ebd.
[651] StAS B, Abt. B, Nr. 22, Schreiben der kgl. Regierung, Abt. des Innern in Arnsberg, vom 27.4.1854 an alle Landräte.
[652] Ebd., Schreiben vom 15.2.1860 an den Schwelmer Magistrat.

Um das finanzielle Risiko für die Armenkasse zu vermindern, verfielen die Behörden bei Ausländern schon bald auf die Möglichkeit, deren Niederlassungserlaubnis an Sicherheiten zu knüpfen. Sie verlangten persönliche Unterlagen wie Taufschein und Leumundszeugnis, den Nachweis wirtschaftlicher Unabhängigkeit und forderten wie die Stadt Schwelm ein *"Einzugsgeld"*.[653] So wurde dem Tagelöhner und Eisenbahnarbeiter Eduard Gustav Becker aus Boffzen im Herzogtum Braunschweig die Auflage gemacht, entweder eine Kaution von 100 Talern oder einen Bürgen zu stellen, damit er in den ersten fünf Jahren nicht der Armenkasse zur Last falle.[654] Als sich mit dem Metzgermeister Heinrich Becker aus Hilden ein Bürge fand, erhielt Eduard Gustav Becker die Aufnahmebestätigung der Schwelmer Behörde.[655]

Kein Glück hatte hingegen der Schustergeselle Carl Mollenhauer aus Duderstadt im Königreich Hannover. Der 26jährige beabsichtigte zu heiraten und war zuversichtlich, sich in der dichtbevölkerten Gegend von Schwelm ernähren zu können.[656] Doch der Schwelmer Rat war anderer Ansicht. Die Stadt sei mit Schustermeistern überfüllt, und es stehe zu erwarten, daß Mollenhauer sein Auskommen nicht finden könne, hieß es ablehnend.[657] Tatsächlich arbeiteten 1855 im Stadtbezirk Schwelm 52 Schuhmachermeister, 37 Gesellen und Lehrlinge.[658] Statistisch gesehen kam somit auf 51 städtische Einwohner ein Schuhmachermeister. Damit stellten sie mit Abstand die stärkste Berufsgruppe dar.

Bei der Beurteilung der wirtschaftlichen Lage eines Ausländers scheute man sich auch nicht, den Besitz des Fremden genau unter die Lupe zu nehmen. Bei Philipp Gohl aus dem Fürstentum Waldeck, der in Schwelm seine Lebensgefährtin heiraten wollte, mit der er bereits zwei Kinder gezeugt hatte, begutachtete ein Gerichtstaxator den Wert seines Mobiliars und kam auf Gegenstände im Wert von 77 Talern. Zu den Habseligkeiten Gohls zählten ein Kirschbaumtisch, ein Ofen mit Zubehör, eine Kaffeemühle und ein vollständiges Bett.[659]

Doch weit kritischer als die Behörden wachten die am Ort ansässigen Gewerbetreibenden über den unerwünschten Zuzug konkurrierender Handwerker. Der Konkurrenzkampf nahm noch an Härte zu, nachdem die in Betrieb genommene Bergisch-Märkische Eisenbahn für den problemlosen Zuzug von unerwünschten Wett-

---

[653] 1858 wurden Formulare eingeführt, die von der Gemeinde für den Antragsteller ausgefüllt werden mußten und denen beizufügen waren: Taufzeugnis (auch von Frau und Kindern), Bescheinigung der Dispositionsfähigkeit, Leumundszeugnis der Heimatbehörde, eine amtliche Bescheinigung über die Erfüllung der Militärpflicht, sofern der Antragsteller Untertan eines deutschen Bundesstaates war. Die Stadtverordnetenversammlung konnte die Höhe des Einzugsgeldes bestimmen. StAM Kreis Hagen, Landratsamt, Nr. 23, Schreiben vom 18.2.1858.
[654] StAS B, Abt. A, Nr. 41, Vol. I, Schreiben des Gemeindevorstands vom 13.9.1851.
[655] Ebd., Schreiben des Gemeindevorstands vom 29.5.1852.
[656] Ebd., Aufnahmegesuch vom 31.12.1851.
[657] Ebd., Schreiben vom 4.10.1852.
[658] StAS B, Abt. A, Nr. 42, Gewerbetabelle des Stadtbezirks Schwelm 1855.
[659] StAS B, Abt. A, Nr. 41, Vol. I, Liste vom 11.6.1852.

6. Schwelm zu Beginn des industriellen Zeitalters (1851-1870)

bewerbern sorgte.[660] Das örtliche Gewerbe schloß sich zu Gewerberäten[661] zusammen, die bei der Entscheidung über Naturalisationsgesuche eine beratende Stimme hatten. Das Votum des Gewerberates fiel aus naheliegenden Motiven nur allzu häufig negativ aus. Da die Verordnung zur Einrichtung von Gewerberäten[662] vorgeschrieben hatte, daß Ausländer nur in Ausnahmefällen zum Betrieb eines stehenden Gewerbes zugelassen werden durften, wenn nicht bilaterale Abkommen etwas anderes vorsahen, versuchten die Gewerberäte, die Einbürgerung ausländischer Handwerker nach Möglichkeit zu verhindern. So stellte der Landrat in Hagen bereits 1850 fest, daß bei fast allen Naturalisationsverfahren im Kreisgebiet der jeweilige Gemeinderat zugestimmt, der Gewerberat aber abgelehnt habe.[663] Obwohl die Gewerberäte ausdrücklich nur beratende Funktion haben sollten, versuchten sie auch in der Folgezeit immer wieder, die Hürden für Ausländer so hoch wie möglich aufzubauen. Der Schwelmer Gewerberat versuchte dem Gemeinderat sogar vorzuschreiben, nach welchen Kriterien dieser die Begutachtung eines um Naturalisation nachsuchenden Gewerbetreibenden durchzuführen habe und forderte, ausländische Gesellen erst nach der Meisterprüfung aufzunehmen.[664]

Dabei ist zu vermuten, daß die Gewerberäte nicht nur Ausländern, sondern grundsätzlich jedem Fremden kritisch gegenüberstanden, der eine potentielle Konkurrenz für die Geschäfte der Einheimischen darstellte. Daß sich die Ablehnung im Falle von Ausländern so massiv zeigte, dürfte allein in der Tatsache ihre Ursache haben, daß bei Inländern kaum eine rechtliche Handhabe der Zuzugsbeschränkung bestand.

Gleichzeitig versuchte der Staat, die Ortsarmenverbände vor den Folgen einer zunehmend mobiler werdenden Gesellschaft zu schützen. Daher wurde die Armenfürsorge, die 1842 an den Unterstützungswohnsitz gebunden worden war, im Jahr 1855 abgeändert. Nun waren die Ortsarmenverbände nicht sofort zur Unterstützung einer

---

[660] "In welchem Grade die Zeitereignisse, namentlich die Eröffnung der Bergisch-Märkischen Eisenbahn und die Verlegung des Gerichtes nach Hagen, auf den hiesigen Gewerbe- und Handwerker-Stand nachtheilig und vernichtend eingewirkt haben, ist E(uer) Wohlgeboren genügend bekannt [...]." StAK, Bestand Haus Heide (unverzeichnet), Nachlaß (Minister) Ernst v. Bodelschwingh, darin: Schreiben der Schwelmer Richter, Klein und W. Sternenberg an den Deputierten der II. Kammer in Berlin F. D. Bever. Schwelm, 15.9.1849.

[661] GS 1849: "Verordnung, betreffend die Einrichtung von Gewerberäthen und verschiedene Abänderungen der allgemeinen Gewerbeordnung. Vom 9. Februar 1849." Die Gewerberäte sollten die allgemeinen Interessen des Handwerks- und Fabrikbetriebes in seinem Bezirk vertreten. Das Gremium setzte sich zu gleichen Teilen aus dem Handwerker-, dem Fabriken- und dem Handelsstand zusammen.

[662] Die Gewerberäte bezogen sich besonders auf Paragraph 67: "Ausländer sind zum Betriebe eines stehenden Gewerbes, soweit ihnen nicht die Erlaubnis dazu in Erwiederung der im Auslande den diesseitigen Gewerbetreibenden entgegenstehenden Beschränkungen überhaupt zu versagen ist, nur aus erheblichen Gründen zuzulassen. Ueber diese Gründe ist vor der Zulassung eines Ausländers jederzeit die Gemeinde des Ortes, wo das Gewerbe betrieben werden soll, ingleichem die betheiligte Innung und der Gewerberath zu hören." Ebd.

[663] StAM Kreis Hagen, Landratsamt, Nr. 23, Schreiben vom 15.10.1850 an die Kgl. Regierung, Abt. des Innern in Arnsberg.

[664] Ebd., Schreiben der Kgl. Regierung, Abt. des Innern in Arnsberg an alle Landräte, 4.2.1852.

Person verpflichtet, die in die Gemeinde aufgenommen worden war, sondern erst nach einer Zeitspanne von einem Jahr. Wurde ein Zuwanderer vor Ablauf dieses Jahres am neuen Wohnort hilfsbedürftig, so blieb der Armenverband am vormaligen Wohnsitz in der Pflicht.[665] Mit der Änderung wurden die Behörden von der kaum praktikablen Verpflichtung befreit, in jedem Einzelfall nachzuweisen, daß der hilfsbedürftige Fremde bereits vor seiner Niederlassung verarmt war. So hatte es das Gesetz von 1842 vorgeschrieben.

Während der Zuzug fremder Menschen nach Schwelm anhielt, blieb die Zahl der Naturalisationen gering. Zwischen 1851 und 1859 wurden lediglich 21 selbständige Gewerbetreibende aus dem Ausland, die einen preußischen Paß erworben hatten, in der Stadt Schwelm aufgenommen, unselbständig Beschäftige sogar nur fünf. In der Landgemeinde[666] verhielt es sich ähnlich:

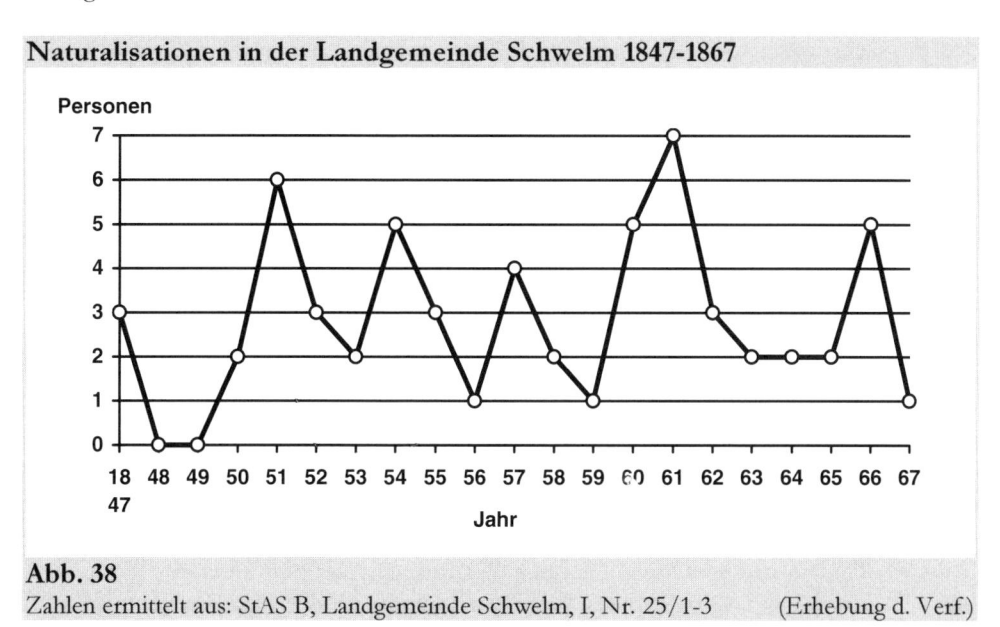

Naturalisationen in der Landgemeinde Schwelm 1847-1867

Abb. 38
Zahlen ermittelt aus: StAS B, Landgemeinde Schwelm, I, Nr. 25/1-3 (Erhebung d. Verf.)

Deutlich zeigen sich die Folgen der Wirtschaftskrise Ende der vierziger Jahre: Während der konjunkturellen Schwächephase sanken Naturalisationen und Niederlassung auf den Nullpunkt. Die von der Untersuchung erfaßten 60 naturalisierten Ausländer stammten hauptsächlich aus dem Fürstentum Waldeck (40%) sowie aus dem Kurfürstentum (33,3%) und dem Großherzogtum Hessen (15%). Im gesamten Kreis Hagen entwickelte sich die behördlicherseits registrierte Ein- und Auswanderung in den sechziger Jahren des vorigen Jahrhunderts folgendermaßen:

---

[665] GS 1855: "Gesetz zur Ergänzung der Gesetze vom 31. Dezember 1842. Über die Verpflichtung zur Armenpflege und die Aufnahme neu anziehender Personen. Vom 21. Mai 1855." Artikel 1.
[666] Abb. 38.

6. Schwelm zu Beginn des industriellen Zeitalters (1851-1870)

Ein- und Auswanderungen Kreis Hagen 1862-1868

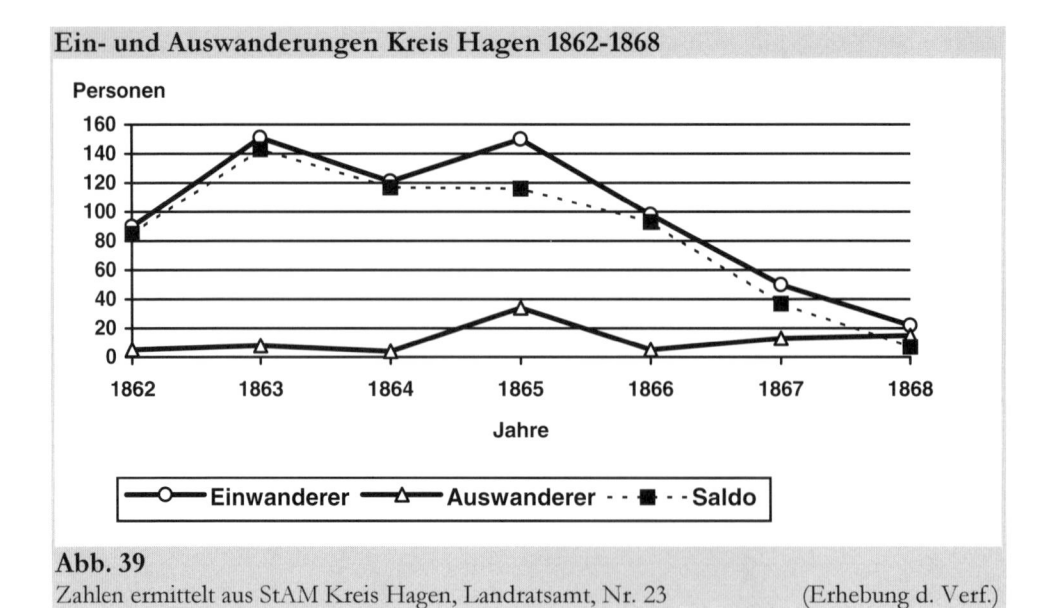

Abb. 39
Zahlen ermittelt aus StAM Kreis Hagen, Landratsamt, Nr. 23 (Erhebung d. Verf.)

Dabei ist zu beachten, daß die Grafik nur Ausländer verzeichnet, die per Naturalisation in den preußischen Untertanenverband aufgenommen wurden und das aufwendige Antragsverfahren erfolgreich durchlaufen hatten. Dies aber betraf nur einen kleinen Teil der Zuwanderer nach Schwelm, die in ihrer Mehrheit keine Ausländer, sondern Preußen waren. Überdies beantragte nicht jeder Ausländer die Einbürgerung. Gerade unselbständig Beschäftigte, so Knechte und Handwerksgesellen, waren gesetzlich nicht verpflichtet, sofort die preußische Staatsbürgerschaft zu erwerben, sondern wurden - sofern sie ein festes Dienstverhältnis nachweisen konnten - im Lande geduldet. Bei Aufhebung ihres Arbeitsverhältnisses mußten sie jedoch mit der Ausweisung rechnen.[667] Diese Personen beantragten die Einbürgerung häufig erst dann, wenn sie ein selbständiges Gewerbe betreiben oder eine Preußin heiraten wollten, die andernfalls durch die Eheschließung mit einem Ausländer ihren Status als Preußin verloren hätte. Die geringe Zahl der Emigranten darf nicht verwundern. Zwar hatte der Regierungsbezirk Arnsberg in Westfalen stets die niedrigste Auswanderungsquote,[668] doch sind in den offiziellen Verzeichnissen nur legale Auswanderer erfaßt. Personen, die heimlich ihr Bündel schnürten und ohne große Formalitäten in die Fremde, oft nach Nordamerika zogen, entgingen häufig der Wachsamkeit der Behörden. Die Einwanderungswelle Anfang der sechziger Jahre[669] dürfte eine Folge des amerikanischen Bürgerkriegs gewesen sein. Der Sezessionskrieg wird etliche aus-

---
[667] StAS B, Abt. B, Nr. 22, darin: Schreiben der Kgl. Regierung, Abt. d. Innern, Arnsberg, an alle Kgl. Landräte, 27.4.1854.
[668] Teuteberg, Vom Agrar- zum Industriestaat, S. 171.
[669] Abb. 39 und Abb. 40.

wanderungswillige Deutsche von der Fahrt nach Nordamerika abgehalten haben.[670]
Die Freizügigkeit innerhalb des Deutschen Bundes wurde durch Artikel 3 der Verfassung des Norddeutschen Bundes und der Reichsverfassung vorbereitet. Danach waren jedem Angehörigen eines Bundesstaates in jedem anderen Bundesstaat der feste Wohnsitz und alle bürgerlichen Rechte unter denselben Voraussetzungen zu gewähren wie dem Einheimischen. Dies war allerdings noch nicht gleichbedeutend mit völliger Freizügigkeit, denn die Klausel besagte nur, daß für Einheimische und Angehörige anderer Bundesstaaten gleiche Bedingungen herrschen mußten. Eventuell bestehende Beschränkungen der Freizügigkeit bestanden also weiter, durften nur für Angehörige anderer Bundesstaaten nicht strenger angewandt werden als für Einheimische. Die Einführung der vollständigen Freizügigkeit in allen Bundesstaaten erfolgte erst mit dem Bundesgesetz vom 1. November 1867, dessen Inhalt am 1. Januar 1871 auch im Deutschen Reich[671] in Kraft trat. Als Ablehnungsgründe blieben nur die bereits erwähnten armen- und sicherheitspolizeilichen Aufenthaltsbeschränkungen bestehen. Die Gemeinden durften nun von den neu Hinzuziehenden keine besonderen Aufnahmegelder verlangen und sie auch nicht zu den üblichen Gemeindelasten heranziehen, sofern der Aufenthalt der Fremden drei Monate nicht überstieg.
Die in Preußen herrschende Freizügigkeit stieß allerdings auch immer wieder auf Kritik. Im Mittelpunkt der Bedenken stand die Sorge, daß die bereits stark bevölkerten Gebiete im Westen Deutschlands durch Zuzüge noch stärker belastet und die schwächer entwickelten Gebiete im Osten entvölkert werden könnten. Auch die Anziehungskraft der Städte, die zu Lasten des platten Landes gehe, wurde gegen die Freizügigkeit angeführt.

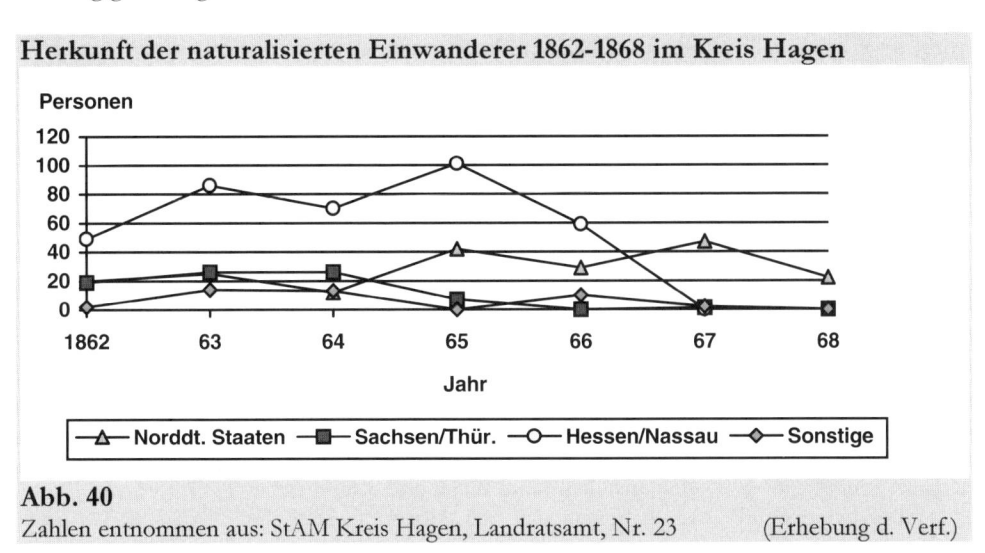

Herkunft der naturalisierten Einwanderer 1862-1868 im Kreis Hagen

Abb. 40
Zahlen entnommen aus: StAM Kreis Hagen, Landratsamt, Nr. 23 (Erhebung d. Verf.)

---

[670] Wie stark die Migration auf die wirtschaftlichen und politischen Verhältnisse am Heimat- wie am Zielort reagierte, zeigen die Zahlen der europäischen Überseewanderung deutlich. Vgl. Körner, Internationale Mobilität, S. 30f.
[671] In Bayern erst am 22.4.1871, in Elsaß-Lothringen erst 1873.

6. Schwelm zu Beginn des industriellen Zeitalters (1851-1870)

Bis 1866 hatten hessische Zuwanderer im Kreis Hagen am häufigsten die Naturalisationsurkunde des preußischen Staates erhalten. Auch in der Folgezeit dürften Hessen weiterhin nach Schwelm zugezogen sein, doch entfielen für sie mit der preußischen Annektion von Kurhessen und dem Herzogtum Nassau 1866 die staatsbürgerlichen Aufnahmeformalitäten. Aus den hessischen Ausländern waren Preußen der Provinz Hessen-Nassau geworden.

Die Berufe der naturalisierten Zuwanderer[672] zeigen für Schwelm und das ehemalige Gogericht im Vergleich zum gesamten Kreis Hagen eine geringere Zahl von Fabrikarbeitern und Gesellen (Berufsfelder, die in den damals geführten Tabellen nicht voneinander abgegrenzt wurden) und eine weit höhere Zahl von Handwerksmeistern, aber auch Dienstboten.

Schwelm zeigt sich hiermit immer noch als kleinstädtisches Zentrum seines Umlandes, das stark kleingewerblich strukturiert war. Offenbar wurden die Fabrikarbeiter und Gesellen stärker von der im Umland der Stadt Hagen hauptsächlich betriebenen Eisen- und Stahlproduktion angezogen, die besonders mit dem Eisenbahn- und Maschinenbau eine Blüte erlebte. Die große Zahl der Dienstboten, die in Schwelm aufgenommen wurde, findet ihre Erklärung durch die in der Stadt ansässige Kaufmannschaft, die die Arbeitgeber gewesen sein dürften. Die Landarbeiter haben vermutlich auf den Höfen und Kotten in den umliegenden Bauerschaften Arbeit gefunden. Deutlich bevorzugt wurden Meister, die in der Stadt wie auch im ehemaligem Gogericht ihre Einbürgerung beantragten. 24 Prozent der naturalisierten Ausländer waren Handwerksmeister, obwohl nur ein Prozent der Zuwanderer, die in den Schwelmer Zugangslisten verzeichnet wurden, Meister waren.[673] Allerdings dürften Handwerksmeister zum Zwecke ihrer Etablierung und Integration auch häufiger Naturalisierungsanträge gestellt haben als Gesellen. Auch machte die Schwelmer Landgemeinde ihre Zustimmung zur Einbürgerung häufig davon abhängig, daß der Bewerber zuvor die Meisterprüfung bestand.[674] Ungelernte Kräfte hatten geringere Aussichten auf Einbürgerung. Entweder mußten sie ihre berufliche Qualifizierung nachweisen oder anderweitig belegen können, daß sie ein wertvolles Mitglied der preußischen Gesellschaft sein würden. Zu den überzeugendsten Argumenten gehörte in diesem Zusammenhang der Nachweis von Vermögen oder die Bereitstellung eines Bürgen.[675]

---

[672] Vgl. Graphischer Anhang, Abb. 61.

[673] Vgl. Abb. 36

[674] So mußte der 28 Jahre alte Schneidergeselle Johann Heinrich Carl Knüppel aus Odershausen im Fürstentum Waldeck 1862 nachweisen, daß er über die Qualifikation zum selbständigen Betrieb seines Handwerks verfügte, bevor er die preußische Staatsangehörigkeit erhielt. Ganz ähnlich erging es dem Schneidergesellen Wilhelm Michel (1860), der ebenfalls aus Waldeck stammte, oder auch dem Landsmann und Schuhmachergesellen Friedrich Hollenstein (1860). StAS B, Landgemeinde Schwelm, I, Nr. 25/2.

[675] Der Naturalisationsantrag des Schuhmachergesellen Peter Kampmann aus Fritzlar wurde 1865 zunächst abgelehnt. Als er aber Ersparnisse von 50 Talern nachweisen und für die drei kommenden Jahren einen Bürgen stellen konnte, empfahl die Gemeindeversammlung dann doch die Aufnahme in den Untertanenverband. Ebd., Schreiben des Peter Kampmann vom 27.3. und 10.7.1865. Die Naturalisationsurkunde wurde am 16.1.1866 in Arnsberg ausgestellt. Auch dem Schneidergesellen Heinrich Huhn aus Kurhessen gelang es 1853

Aber auch von der Landgemeinde wohlwollend beschiedene Anträge stießen oft auf Kritik des örtlichen Gewerberates, der gehört werden mußte. Die Ansichten über die wirtschaftliche Situation und die Lage des Arbeitsmarktes gingen weit auseinander. Der Gewerberat versuchte die Interessen der in ihm vertretenen örtlichen Handwerker, Kaufleute und sonstigen Gewerbetreibenden zu schützen und den örtlichen Raum gegen unliebsame Konkurrenz abzuschotten. Ein Beispiel hierfür ist der Fall des Schuhmachers Johann Jacob Gans aus Haina im Kurfürstentum Hessen. Er wollte in den preußischen Untertanenverband aufgenommen werden und sich in der Landgemeinde Schwelm niederlassen.[676] Dort, so prophezeite der Gewerberat pessimistisch, werde Gans sein Auskommen aber nicht finden. Daß es dem Gremium aber weniger um das persönliche Wohlergehen des Hessen als vielmehr um handfeste wirtschaftliche Interessen der Eingesessenen ging, verriet der Gewerberat mit der Bemerkung, daß nur die städtischen Schuhmachermeister für die ländliche Bevölkerung arbeiten dürften.[677] Dieser Versuch, ein Monopol der städtischen Schuhmacher aufzubauen, mochte die Landgemeinde nicht hinnehmen. Wo Gans wohne, lebten 233 Seelen, aber kein einziger Schuhmacher, so der Amtmann Langewiesche:

> *"Von den Eingesessenen der Landgemeinde Schwelm kann nicht wohl verlangt werden, daß sie bei städtischen Schustern arbeiten lassen und das Interesse dieser Schuster ist meines Erachtens im vorliegenden Falle ohne alle Bedeutung."* [678]

Vielmehr wünschten die Landbewohner einen tüchtigen Schuhmacher ganz in ihrer Nähe. Hilfreich für einen positiven Bescheid war es in jedem Fall, wenn sich ein ansässiger Bürger für den Ausländer verbürgte. Das konnte wie im Falle des Damastwebers Johannes Aab aus Kurhessen der künftige Schwiegervater,[679] oder wie bei dem Fuhrknecht Johann Gerhard aus Usseln im Fürstentum Waldeck der Arbeitgeber, in diesem Falle die Papierfirma Erfurt und Sohn in Dahlhausen sein.[680]

Der Streit zwischen Landgemeinde und Gewerberat wurde besonders heftig in der Frage zuziehender Weber und Bandwirker ausgetragen, da die heimischen Weber eine

---

durch die Intervention seines zukünftigen Schwagers und den Nachweis der Meisterprüfung, eingebürgert zu werden. Der Schwager Ferdinand Stegelmann aus Elberfeld hatte für Huhn gebürgt, damit dieser endlich seine Schwester heirate und damit "die so anstößige Lage" der Frau, die bereits zwei Kinder hatte, beende. StAS B, Landgemeinde Schwelm, I, Nr. 25/1, Schreiben vom 15.9.1853, 7.3.1854 und 13.4.1854. Die Naturalisationsurkunde wurde am 22.8.1854 ausgestellt.

[676] Ebd., Naturalisationsantrag vom 19.11.1851.
[677] Ebd., Stellungnahme des Gewerberates zum Naturalisationsantrag vom 19.11.1851.
[678] Ebd., Stellungnahme des Amtmannes Langewiesche zum Naturalisationsantrag vom 19.11.1851 und nachfolgender Stellungnahme des Gewerberates.
[679] StAS B, Landgemeinde Schwelm, I, Nr. 25/2, wiederholtes Aufnahmegesuch vom 13.5.1860. Die Naturalisationsurkunde wurde am 5.3.1861 ausgestellt.
[680] Ebd., Aufnahmegesuch vom 10.10.1860. Am 2.9.1860 schrieb die Firma Erfurt, Gerhard wolle heiraten, "ist aber als Ausländer dabei sehr behindert". Die Intervention hatte Erfolg. Die Naturalisationsurkunde wurde am 3.1.1861 ausgestellt.

wichtige Klientel des Gewerberates waren. Der Bandwirkergeselle Jacob Gross aus Rosenthal im Kurfürstentum Hessen, bereits seit 15 Jahren bei einem Bandwirker im Wildeborn beschäftigt, hatte 1852 beantragt, die preußische Staatsbürgerschaft verliehen zu bekommen.[681] Während der Gemeinderat einstimmig zu einer positiven Empfehlung kam, weil Gross ein fleißiger Mann sei, der sein Geschäft verstehe, sprach sich der Gewerberat mit acht gegen eine Stimme gegen die Aufnahme aus und begründete die Entscheidung damit, daß nach § 67 der Gewerbeordnung Ausländer nur zum Betrieb eines am Ort fehlenden Gewerbes zugelassen werden dürften oder wenn der Betreffende *"vorzügliche Kenntnisse"* nachweisen könne.[682] Beides treffe bei Gross nicht zu. *"Derselbe ist simpler Bandwirker und versteht von seinem Geschäft nicht mehr wie die Einheimischen"*,[683] so der Gewerberat. Zudem arbeiteten *"in hiesiger Gegend eine solche Unmasse von Bandwirkern, daß die vorhandenen lange nicht volle Beschäftigung haben, dem größten Theil sogar wegen Mangel an Aufträgen das trokene Brod fehlt."* [684] Die örtlichen Arbeitskräfte reichten völlig aus, meinte der Gewerberat:

> *"Die im Bezirke vorhandenen [...] 2500 Meister bestehen zum dritten Theil aus Bandwirkern, eben so viele verheirathete und unverheirathete Gesellen sind vorhanden."* [685]

Jede weitere Ansiedlung gehe somit *"auf Kosten der hiesigen Eingesessenen"*,[686] befand das Gremium. Demgegenüber setzte der Gemeinderat eher auf Konkurrenz als Mittel zur Belebung des Geschäfts, und der Amtmann konterte:

> *"Woher der Gewerberath die Ueberzeugung gewonnen hat, daß es an Bandwirkern nicht fehle und daß die vorhandenen den Anforderungen ihrer Arbeitgeber entsprächen ist mir nicht bekannt."* [687]

Im Gegensatz zum Konkurrenzdenken des Gewerberates fanden sich für die Ablehnung eines Bewerbers durch die Landgemeinde nur zwei Motive: wirtschaftliche und moralische Bedenken. Finanzschwache Bewerber, die zudem noch einem Beruf nachgingen, der wenig Ertrag versprach, hatten wenig Chancen auf Einbürgerung. Davon betroffen waren in Schwelm besonders häufig Schneidergesellen und Tagelöhner. Andererseits wurden Männer gefördert, die Berufe ausübten, die am Ort gefragt waren. So hatten Damastweber um die Jahrhundertmitte gute Chancen der Aufnahme, da ein Gutachten festgestellt hatte, *"daß die Damastweberey hier erst im Ent-*

---

[681] StAS B, Landgemeinde Schwelm, I, Nr. 25/1, Naturalisationsantrag vom 8.1.1852.
[682] Ebd., Stellungnahme des Gewerberates vom 3.3.1852.
[683] Ebd.
[684] Ebd.
[685] Ebd.
[686] Ebd.
[687] Ebd., Stellungnahme des Amtmannes Langewiesche im Falle des Bandwirkergesellen Werner Hassenpflug, vom 11.8.1851.

stehen sey u. bedeutend werden könne, wenn nur gute Damastweber angezogen würden". [688]
Hingegen war ein anstößiger Lebenswandel fast immer ein Kriterium, die Ablehnung des Naturalisationsantrages zu empfehlen. So legte die Landgemeinde der Bezirksregierung in Arnsberg nahe, dem Zimmermanngesellen Adam Schaefer die preußische Staatsbürgerschaft zu versagen, weil er in wilder Ehe lebte.[689] Auch der Maurer Peter Meurer aus Nassau erfüllte die strengen Kriterien nicht:

> *"Das Leben, in wilder Ehe mit der Joha[nna] Hülsenbeck kann nicht länger geduldet werden, um so weniger, da deren Kind gestorben ist, und daher der Vorwand, daß er die Mutter und Tochter unterhalten müßte, ohne allen Grund erscheint."* [690]

Heinrich Becker, Schachtmeister bei der Bergisch-Märkischen Eisenbahn, erfüllte gleich beide Ablehnungsgründe. Becker stammte aus dem Herzogtum Braunschweig und gab an, daß er *"in dem verhältnismäßig geringen Umfange"* seines Heimatlandes keine dauerhafte Beschäftigung finden könne.[691] Und weiter:

> *"Dazu bin ich in den Jahren daß ich wünschen muß einen eigenen Hausstand zu begründen, welches mir nur dann möglich wird, wenn ich als diesseitiger Unterthan aufgenommen werde."* [692]

Doch die Ortsbehörde winkte ab und begründete ihre Ablehnung: *"[...] weil bei dem großen Ueberfluß von Handarbeitern es sehr zweifelhaft erscheint, ob Sie Ihre Existenz auf die Dauer zu sichern im Stande sind."* [693] Zudem wurde Becker, der offenbar ein Verhältnis mit einer Ausländerin hatte, angewiesen, seine *"Braut, mit der Sie in wilder Ehe leben, bei Strafe der Ausweisung sofort zu entfernen."* [694]

Ähnliche Kriterien scheinen im benachbarten und zum ehemaligen Gogericht gehörenden Amt Ennepe zugrunde gelegt worden zu sein. Hier sprach sich der Gemeindevorsteher gegen die Einbürgerung des bereits erwähnten Feldarbeiters Friedrich Amert aus dem Kurfürstentum Hessen aus. Denn obwohl es im Amt an Landarbeitern fehlte, disqualifizierte sich Amert durch seine Lebensumstände. Amert besitze nichts, sei nur dürftig gekleidet und habe zudem *"ein Frauenzimmer beschwängert"*,[695] kritisierte der Gemeindevorsteher.

Eine schnelle Akzeptanz und Integration ließ sich unter den aufgezeigten Umständen

---

[688] Ebd., Stellungnahme des Amtmannes Langewiesche zum Naturalisationsantrag des Damastwebers Franz Jasper aus dem Königreich Hannover vom 7.6.1851.
[689] Ebd., abgelehntes Naturalisationsgesuch vom 14.2.1853.
[690] Ebd., wiederholtes und von Amtmann Langewiesche wiederum abgelehntes Naturalisationsgesuch vom 10.2.1851.
[691] Ebd., Naturalisationsantrag vom 8.4.1848.
[692] Ebd.
[693] Ebd.
[694] Ebd.
[695] StAM Amt Ennepe, Nr. 6, Bd. 2, Bl. 505.

6. Schwelm zu Beginn des industriellen Zeitalters (1851-1870)

daher am ehesten durch einen soliden Beruf und die beabsichtigte Einheirat in eine ansässige Familie erreichen. Diesen Weg beschritten dann auch viele Zuwanderer. Die Bereitschaft der ansässigen Bevölkerung, diese Ehen einzugehen, war offenbar groß - eine Tatsache, die angesichts der Hindernisse, die Zuwanderern bei der Naturalisation beispielsweise vom Gewerberat in den Weg gelegt wurden, überrascht. Ein Rückzug auf Landsmannschaften scheint kaum stattgefunden zu haben. Von 28 hessischen Männern heirateten beispielsweise 20 Männer Frauen aus Schwelm, nur zwei verbanden sich mit hessischen Frauen.[696]

6.4 Zusammenfassung

Die Stadt Schwelm und ihr Umland verzeichneten im Untersuchungszeitraum weiterhin Wanderungsgewinne. Das durchschnittliche jährliche Bevölkerungswachstum betrug 1,3 Prozent. Noch konnte sich das Textilgewerbe als traditioneller Führungssektor der Schwelmer Wirtschaft gegen das stärker wachsende Eisengewerbe behaupten. Trotz der industriellen Entwicklung blieb die dezentrale Fertigung - Charakteristikum vorindustrieller Produktionsweise - in Schwelm weiter erhalten. Der Wirtschaftsraum Schwelm verlor im Vergleich zu Hagen an Bedeutung und blieb als Folge auch in der Bevölkerungsentwicklung zurück. Dennoch hielt der Strom der Zuwanderer an. Allerdings war für viele Schwelm nur eine Zwischenstation, wie das vergleichsweise hohe Wanderungsvolumen zeigt. Trotzdem wurden im untersuchten Zeitraum mehr als 50 Prozent der Ehen nicht zwischen zwei Einheimischen geschlossen.

Männer waren unter den Zuwanderern stärker vertreten als Frauen, legten weitere Wanderungsdistanzen zurück und hatten bessere Chancen der Einheirat. Dennoch erhöhte sich durch die verbesserten Verkehrsverbindungen auch die Zahl zuwandernder Frauen. Sie stammten häufig aus Tagelöhnerfamilien. Nur etwa ein Viertel der Zuwanderer waren Ausländer.

Der Migration lagen fast ausschließlich wirtschaftliche Motive zugrunde. Die meisten Zuwanderer ernährten sich von unselbständiger Arbeit. Die Berufsbilder von Zuwanderern und Einheimischen näherten sich an. Die Akzeptanz der Fremden war stark von ihrer wirtschaftlichen Lage und der ökonomischen Situation in Schwelm abhängig. Die zur Unterstützung verpflichteten Gemeinden verfolgten das Ziel, sich gegen finanzielle Risiken abzusichern. Die Gewerberäte wiederum versuchten, Naturalisationen von ausländischen Gewerbetreibenden mit Macht zu verhindern, um unerwünschte Konkurrenz auszuschalten.

---

[696] StAS, LT 6-10, RT 4-5, KT 5-6.

7. Schwelm während der Hochindustrialisierung (1871-1914)
7.1 Bevölkerungsentwicklung

Zwischen 1870 und 1914 erhöhte sich die Schwelmer Bevölkerung um 11.216 Personen.[697] Damit vermehrte sich die Einwohnerschaft um mehr als das Doppelte. Zu diesem Wachstum trug auch die 1879 erfolgte Zusammenlegung der Bauerschaft Schwelm mit dem Stadtgebiet bei. Im Durchschnitt wuchs die Bevölkerung um 2,6 Prozent jährlich.[698]

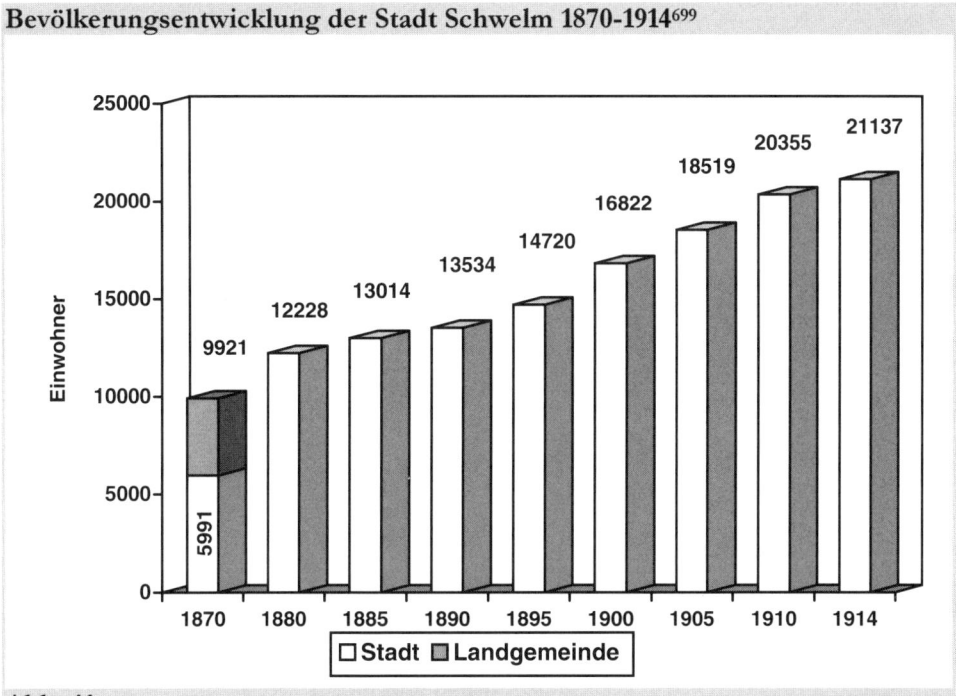

Bevölkerungsentwicklung der Stadt Schwelm 1870-1914[699]

Jahr	Stadt	Landgemeinde / Gesamt
1870	5991	9921
1880		12228
1885		13014
1890		13534
1895		14720
1900		16822
1905		18519
1910		20355
1914		21137

Abb. 41
Zahlen entnommen aus: StAS B, Abt. A, Nr. 37 sowie StAS B (ohne Signatur), Verwaltungsberichte der Stadt Schwelm 1885, 1890, 1895, 1900, 1905, 1910, 1914 (Erhebung d. Verf.)

Im Vergleich zu anderen Städten blieb die Entwicklung Schwelms allerdings deutlich zurück. Zwischen 1905 und 1910 wuchs die Schwelmer Bevölkerung lediglich um 9,9 Prozent, während die meisten Orte in Westfalen in jenen Jahren mehr als zehn Prozent zulegten. Das Wachstum von Ruhrgebietsstädten wie Bochum, Holzwickede

---

[697] Abb. 41.
[698] Das entspricht dem Wachstum der Stadt Witten zwischen 1871 und 1905. Köllmann/Hoffmann/Maul, Bevölkerungsgeschichte, S. 163.
[699] Im Jahr 1879 wurde die Landgemeinde Schwelm (Bauerschaft Schwelm und das Dorf Möllenkotten) mit der Stadt Schwelm vereinigt. Daher wurden in Abb. 41 für das Jahr 1870 die Einwohnerzahlen von Stadt (5.991) und Landgemeinde (3.930) angegeben.

7. Schwelm während der Hochindustrialisierung (1871-1914)

und Wattenscheid lag zur selben Zeit zwischen 15 und 20 Prozent, Bottrop wuchs gar um 37, Datteln um 158 (!) Prozent.[700]

Wie stark war nun das aufgezeigte Bevölkerungswachstum der Stadt Schwelm Ergebnis von Zuwanderung? Darüber geben das natürliche Bevölkerungswachstum und die Wanderungssalden Auskunft. Danach ergibt sich für die Bevölkerungsentwicklung von Schwelm folgendes Bild:

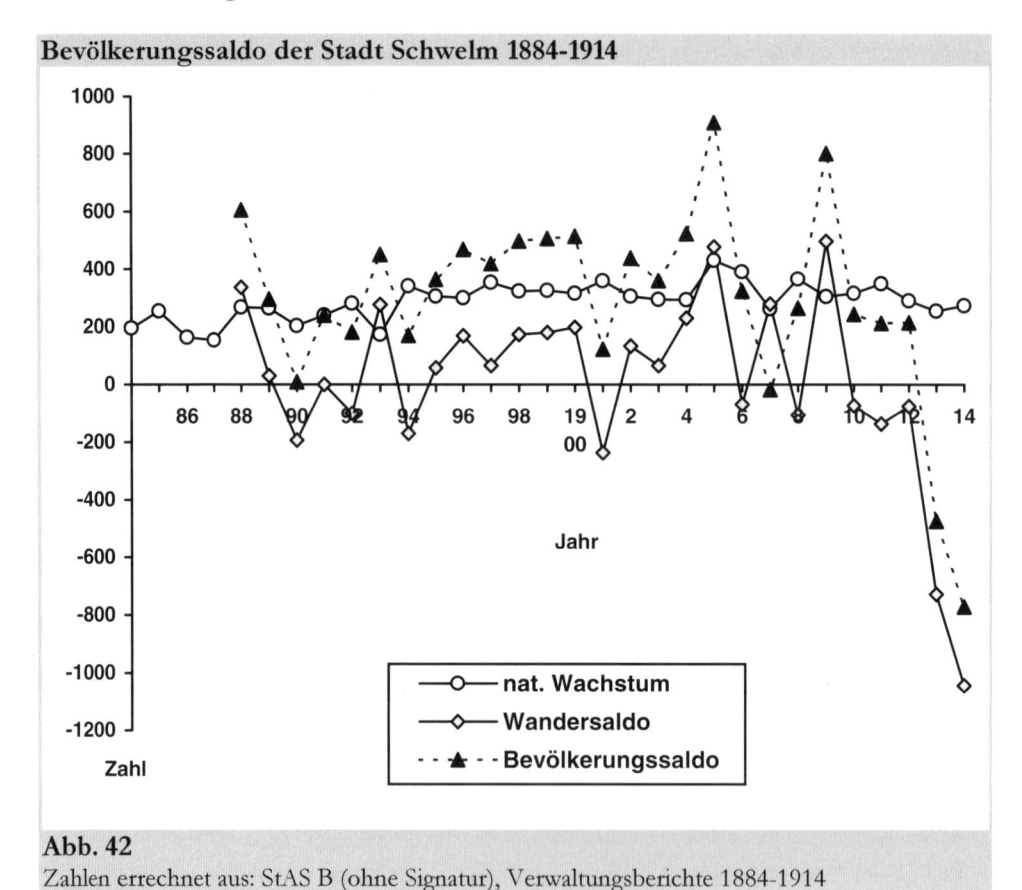

Abb. 42
Zahlen errechnet aus: StAS B (ohne Signatur), Verwaltungsberichte 1884-1914 (Erhebung d. Verf.)

Der Bevölkerungszuwachs in Schwelm zwischen 1884 und 1914 war vor allem Ergebnis des deutlichen Geburtenüberschusses dieser drei Jahrzehnte.[701] Zwischen 1885 und 1890 betrug dieser Überschuß knapp 19 Promille, während er in ganz Westfalen

---

[700] StAS B, Abt. I., Fach R., Nr. 1 (Kasten 100): "Stadt Schwelm. Acten betreffend die Volkszählung", hier die Volkszählung von 1910 im Vergleich zu 1905.
[701] Abb. 42

in dieser Zeit noch bei 15,6 Promille,[702] im Deutschen Reich bei zwölf Promille[703] lag. Der überdurchschnittliche Geburtenüberschuß ist typisch für Gegenden, die industriell entwickelt waren. Denn die Geburtenentwicklung wurde stark von der jeweiligen Wirtschaftsstruktur beeinflußt: Je industriereicher ein Gebiet, desto höher war die Zahl der Geborenen bezogen auf die ansässige Bevölkerung.[704]

Der Gewinn durch Geburtenüberschuß war in Schwelm zwischen 1880 und 1914 mit wenigen Ausnahmen stets größer als der Wanderungsgewinn. Zwar war das Wanderungsvolumen in diesen Jahren enorm groß,[705] doch war die Abwanderung stets fast ebenso stark wie die Zuwanderung. In etlichen Jahren entstand sogar vorübergehend ein negatives Wanderungssaldo, das den Geburtenüberschuß aufhob und so zur Stagnation der Einwohnerentwicklung oder sogar zum Rückgang der Einwohnerzahl führte. Zu der negativen Wanderungsbilanz hat vermutlich auch die (überseeische) Auswanderungswelle beigetragen, die zwischen 1880 und 1894 in Rheinland-Westfalen ihren Höhepunkt fand.[706]

Die größten Wanderungsverluste entstanden in Schwelm 1890 und 1894, zur Jahrhundertwende und besonders stark kurz vor Ausbruch des Ersten Weltkrieges. Das natürliche Wachstum zeichnete sich durch eine wenig stürmische, dafür aber kontinuierliche Entwicklung ohne große Einbrüche aus. Der Geburtenüberschuß war 1905 am größten - ein Jahr in dem auch ein erheblicher Wanderungsgewinn erzielt wurde, so daß die Bevölkerung in diesem Jahr besonders stark wuchs. Das Verhältnis von Geburten und Todesfällen blieb aber auch in den anderen Jahren stets im Plus.

Einen Beitrag zu den anhaltend hohen Geburtenraten dürfte geleistet haben, daß Schwelm seit Jahrzehnten Zuwanderungsgebiet war und - wie gezeigt - vor allem junge, unverehelichte Leute anzog, die an ihrem neuen Wohnort eine Familie gründeten und so zum natürlichen Wachstum beitrugen. Insgesamt gingen nur noch 2,9 Prozent der Bevölkerungsvermehrung auf einen Wanderungsgewinn zurück. Es wäre jedoch falsch, von dem geringen Wanderungsgewinn auf eine geringe Zahl von Wanderungsbewegungen zu schließen.

Insgesamt 132.197 Menschen meldeten sich zwischen 1888 und 1914 in Schwelm an (67.236) beziehungsweise ab (64.961), das sind durchschnittlich 4.896 An- und Abmeldungen pro Jahr.[707] Damit war in Schwelm ein Wanderungsvolumen von 58.108

---

[702] Teuteberg, Vom Agrar- zum Industriestaat,.S. 165.
[703] Burgdörfer, Wanderungen, S. 282.
[704] Teuteberg, Vom Agrar- zum Industriestaat, S. 165.
[705] Abb. 43.
[706] Beine, Tabellen und Graphiken, S.274.
[707] Die von der Verwaltung geführten Statistiken wurden allerdings nicht stets fehlerfrei geführt. Kleinere Abweichungen der Wanderungs- wie auch der Bevölkerungssalden ergeben Unstimmigkeiten der Gesamtbilanzen. Größere Genauigkeit hielt erst 1888 mit der Umwandlung des bis dahin geführten Melderegisters in ein Zählkartensystem Einzug.

7. Schwelm während der Hochindustrialisierung (1871-1914)

Menschen nötig, um einen Wanderungsgewinn von 1.000 Menschen zu erzielen. Das ist ein extrem hohes Volumen, das aufzeigt, daß Schwelm vielfach nur Zwischenstation, nicht Ziel der Wanderung war.

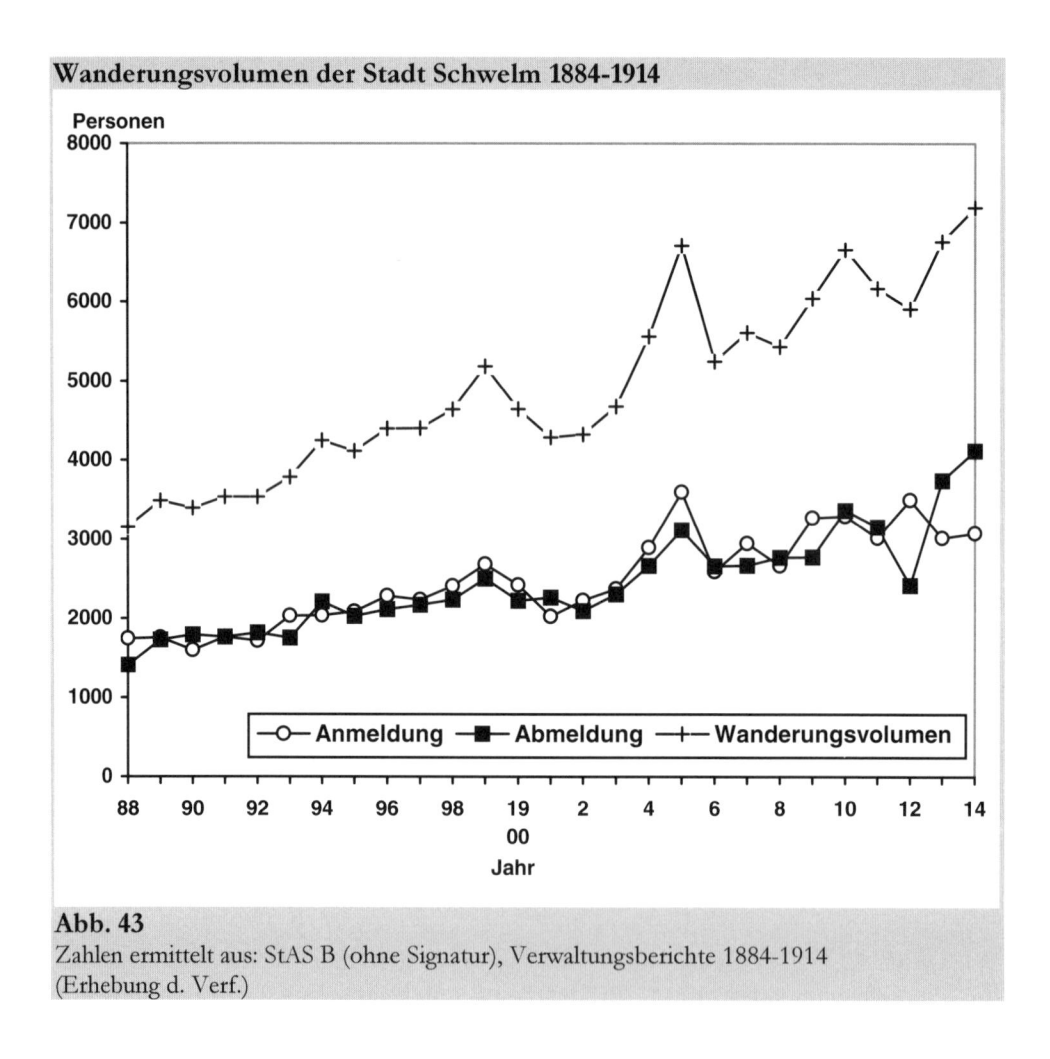

Wanderungsvolumen der Stadt Schwelm 1884-1914

Abb. 43
Zahlen ermittelt aus: StAS B (ohne Signatur), Verwaltungsberichte 1884-1914 (Erhebung d. Verf.)

Selbst in jüngster Zeit, da die Schwelmer Einwohnerzahl keine erheblichen Änderungen mehr erfahren hat und zwischen 1985 und 1995 nur noch um 0,2 Prozent jährlich gewachsen ist,[708] fiel die Wanderungsbilanz für Schwelm günstiger aus: Die Stadt wies in diesem Zeitraum einen Wanderungsgewinn von 1.897 Personen auf. Um einen Wanderungsgewinn von 1.000 Menschen zu erzielen, wurde in diesem Jahrzehnt nur noch ein Wanderungsvolumen von 14.823 Menschen benötigt, ein Viertel

---

[708] Landesamt für Datenverarbeitung und Statistik Nordrhein-Westfalen, Landesdatenbank, darin: Bevölkerungsstand und Bewegung der Stadt Schwelm 1962-1996.

des Wertes, der vor hundert Jahren nötig war. Allerdings sorgte in aktueller Zeit der starke Sterbeüberschuß dafür, daß die Einwohnerzahl nur geringfügig von 30.021 (1985) auf 30.750 (1995)[709] zugenommen hat.

Aber auch für die Zeit um 1900 war das Schwelmer Wanderungsvolumen im Verhältnis zum Wanderungsgewinn enorm. Langewiesche[710] hat für das ebenfalls von starker Fluktuation gekennzeichnete Dortmund zwischen 1880 und 1910 immerhin noch einen Wanderungsgewinn von 1.000 Einwohnern bei einem Wanderungsvolumen von jeweils 10.000 Menschen festgestellt, und in Chemnitz war im Jahrzehnt nach 1880 ein Wanderungsvolumen von 11.089 Menschen nötig, um einen Bevölkerungszuwachs von 1.000 Menschen zu erzielen. Im gleichen Zeitraum war im amerikanischen Boston ein Wanderungsvolumen von 22.923 Menschen nötig, um die Bevölkerung um 1.000 Personen zu erhöhen.[711]

Der temporäre Aufenthalt war demnach in jener Zeit wichtigstes Merkmal der Zuwanderung nach Schwelm. Kamphoefner vermutet, daß die temporäre Wanderung in vielen Fällen als Vorstufe für eine spätere dauerhafte Ansiedlung diente.[712] Das Risiko des Wohnortwechsels konnte auf diese Weise minimiert werden. Bezieht man in die Untersuchung der Bevölkerungsbewegung auch die Umzüge innerhalb der Stadt ein, so wechselte beispielsweise im Jahr 1913 knapp die Hälfte der Schwelmer Einwohnerschaft ihr Domizil.

Die innerstädtische Mobilität lag in Schwelm mit knapp 17 Prozent aller Einwohner allerdings weit unter dem Wert einer Großstadt wie Frankfurt/Main. Für die hessische Stadt hatte Kamphoefner für 1891/92 knapp 44 Prozent innerstädtische Umzüge festgestellt.[713] Dennoch war die große Fluktuation in Schwelm wesentlicher Grund dafür, das seit langer Zeit geführte, aber fehleranfällige Meldewesen zu reformieren. Die Zeitgenossen argumentierten:

> *"In einer Industriestadt von nahezu 14.000 Seelen mit stark flukturierender Arbeiter-Bevölkerung muß schon im finanziellen Interesse der Stadt scharf auf ein geordnetes Meldewesen gehalten werden, [...]."* [714]

---

[709] Ebd.
[710] Langewiesche, Wanderungsbewegungen, S. 13.
[711] Ebd., S. 4.
[712] Kamphoefner, Soziale und demographische Strukturen der Zuwanderung, S. 96.
[713] Ebd., S. 110.
[714] StAS B (ohne Signatur), Verwaltungsbericht 1888, S. 6.

7. Schwelm während der Hochindustrialisierung (1871-1914)

7.2 Wirtschaftliche Lage

Nach der Gründung des Deutschen Reiches profitierte Schwelm von der prosperierenden Wirtschaft. Besonders die Metallindustrie erlebte einen Aufschwung, die Beschäftigungslage in diesem Sektor der Wirtschaft war sehr gut. In die Phase der Hochindustrialisierung fiel das Ende der Textilindustrie als führender Sektor der Schwelmer Wirtschaft. Hier stockte die Fabrikation, die immer stark von Exporten gelebt hatte, da sie nicht mehr konkurrenzfähig war. Absatzmärkte gingen verloren. Besonders die Bandfabrikanten aus dem Königreich Sachsen drängten auf den Markt.[715] Die Schwelmer Exporte gingen zurück, Arbeitsplätze verloren, die Löhne sanken.[716] Auch für die Hausbandweber stieg nun der Druck zur Konzentration, da die Handkraft immer häufiger durch Gas- und Dampfmotoren ersetzt wurde. Die dafür nötige Energie zwang viele Heimarbeiter, sich in größeren Arbeitsräumen oder Mietfabriken zusammenzuschließen.[717] Erst mit dem Ausbau des privaten Stromnetzes wurde die Hausindustrie wieder in die Lage versetzt, wie früher in den eigenen vier Wänden zu arbeiten.

Die bisher beherrschende Stellung der Textilindustrie wurde nun von der Eisen- und Metallindustrie eingenommen. Die Wasserkraft, früher standortbestimmender Faktor für das Eisengewerbe, trat durch technischen Fortschritt in den Hintergrund und erleichterte die Standortwahl. Zunehmende Bedeutung für die Betriebe erhielt nach der Jahrhundertmitte die Eisenbahn, die als Magnet für die Ansiedlung von Betrieben wirkte. In der Folge verlagerte sich der Schwerpunkt der Eisen- und Metallindustrie aus dem Osten des Schwelmer Raumes nach Westen. Davon profitierte besonders das Dorf Möllenkotten in der Landgemeinde Schwelm. Ab Ende der sechziger Jahre wurden zu beiden Seiten der Bergisch-Märkischen Eisenbahnlinie in rascher Folge Industriebetriebe gegründet.[718]
1878 wurde mit der Rheinischen Bahn von Düsseldorf nach Hörde die zweite Eisenbahnlinie durch Schwelm gebaut.[719] Die Topographie stellte hohe Ansprüche an die

---

[715] StAS B (ohne Signatur), Verwaltungsbericht 1893, S. 22.
[716] "Die [...] Stockung in der Fabrikation von Bändern, Kordeln und Besatz-Artikeln, sowie in der Eisengarn-Branche hat sich im Laufe des Jahres in der Kordel-, Besatz- und Eisengarn-Fabrikation nicht nur nicht gehoben, sondern ist Letztere ganz eingegangen und hat sich bei den Ersteren die Stockung noch vergrößert, so daß diese Gegenstände hier nur noch in einem unbedeutenden Umfange fabriciert werden. Die Bandfabrikation hat sich wohl gehoben; indessen ist der Arbeitsverdienst hierin durch die große Konkurrenz, die das Ausland macht, wobei auch Twist- und Garnzölle in Betracht kommen, ein ungewöhnlich kleiner. [...]" StAS B (ohne Signatur), Verwaltungsbericht für das Jahr 1882.
[717] "Das Kleingewerbe, bisher als Hausindustrie weit verbreitet, befindet sich im Umbruch, da statt Handkraft Gas- und Dampfmotoren verwendet werden und sich die Arbeit in größeren Arbeitsräumen konzentriert, entweder für eigene Rechnung der Arbeiter oder gegen Miete an den Unternehmer." StAS B (ohne Signatur), Verwaltungsbericht 1888, S. 14.
[718] Becker, Wirtschaftliche Entwicklung II, S. 117.
[719] Die Rheinische Strecke wurde am 16. September 1879 dem Betrieb übergeben. Frielingsdorf, Ottenbruch und Mirke, S. 42.

7. Schwelm während der Hochindustrialisierung (1871-1914)

Arbeiter, so daß hier auch Spezialisten aus dem Ausland tätig wurden. Durch den Tunnelbau für die Eisenbahn versiegte allerdings der Schwelmer Brunnen,[720] der in früheren Jahren Anziehungspunkt gewesen war. Im Norden des ehemaligen Gogerichts Schwelm wurde Anfang der 80er Jahre die Bahnstrecke von Wichlinghausen über Schee nach Hattingen an der Ruhr gebaut und im Mai 1884 dem Verkehr übergeben.[721]

Auch auf anderen Gebieten setzte eine rege Bautätigkeit ein. Die Altstadt wuchs endgültig über ihre alten Grenzen hinaus. 1878 beschlossen die Stadtverordneten die Eingemeindung von Schwelm Land nach Schwelm Stadt, die mit dem 1. Januar 1879 wirksam wurde.[722] Die Einwohnerzahl von Schwelm schnellte dadurch sprunghaft nach oben. Sie wuchs um rund ein Drittel.

Außerhalb der alten Stadtmauern entstanden ganz neue Wohnviertel. Rund um den Neumarkt (hier ein Bild aus den dreißiger Jahren des 20. Jahrhunderts) wuchs die Neustadt.

---

[720] StAS, Nachlaß Böhmer, Zeittafel.
[721] Dumjahn, Handbuch der deutschen Eisenbahnstrecken, S. 156.
[722] StAS, Nachlaß Böhmer, Zeittafel.

7. Schwelm während der Hochindustrialisierung (1871-1914)

Im Gegensatz zum Textil- zeichnete sich das Eisengewerbe durch eine breitere Differenzierung der Produkte aus.[723] Einen bedeutenden Produktionszweig stellte die Fabrikation von Schrauben dar, die bereits 1857 mit der Gründung der Firma Falkenroth & Kleine im Schwelmer Raum ansässig wurde. 1873 entstand die Schraubenfabrik Gerdes & Co, die noch im gleichen Jahr 50 Mitarbeiter anstellte.[724] Bereits um die Jahrhundertwende gehörte das Unternehmen nach eigenen Angaben zu den bedeutendsten Schraubenherstellern Deutschlands.

Den internationalen Ruf der Schwelmer Eisenindustrie begründete jedoch nicht die Schraubenfabrikation, sondern die Eisengießerei, besonders die Herstellung von eisernen Fässern.[725] In den 70er Jahren wurde das Schwelmer Eisenwerk Isert & Co. gegründet, aus dem 1885 das Werk Müller & Co. wurde, da der Besitzer gewechselt hatte. Als erste deutsche Eisengießerei ging Müller & Co. zur Produktion von Eisenfässern über und bekam Ende der 80er Jahre die Erlaubnis, die in Schwelm hergestellten Eisenfässer mit der Bahn zu transportieren. In den folgenden Jahren wurden weitere Firmen gegründet, die sich auf die Herstellung von Eisenfässern spezialisierten, und mit den Unternehmen stieg auch die Zahl der Beschäftigten. Die Zahl der in diesem Industriezweig arbeitenden Menschen wuchs zwischen 1895 und 1907 von 820 auf 2.745. Insgesamt existierten 1907 32 Eisengießereien im Schwelmer Kreisgebiet.[726] Aber auch Drahtziehereien und andere metallverarbeitende Firmen produzierten in Schwelm.

Auch von außerhalb erhielt die Schwelmer Wirtschaft neue Impulse. Aus der 1847 in Radevormwald gegründeten Schloßschmiede der Gebrüder Betz entwickelte sich in den siebziger Jahren in Schwelm eine Schloßfabrik, nachdem sich die Söhne Betz in Schwelm niedergelassen hatten.[727] Ebenfalls in den siebziger Jahren verlegte die Firma Robert Zassenhaus ihre Produktion von Tönisheide nach Schwelm und fertigte fortan Haushaltsgeräte, insbesondere Kaffeemühlen.[728] 1885 zog auch die bis dahin in Barmen ansässige Pianofabrik Rudolf Ibach nach Schwelm.[729]

Wie stark die Textilindustrie nun hinter der Metallproduktion zurücktrat, belegen auch folgende Zahlen: Vor dem Ersten Weltkrieg existierten in Schwelm 34 metallverarbeitende Fabriken. Mit 21 Unternehmen spielte die Kleineisenindustrie die dominierende Rolle. Desweiteren existierten fünf Eisengießereien, zwei Drahtziehereien, vier Maschinenfabriken, ein Emaillierwerk und eine Herdfabrik. Während in der Textilindustrie insgesamt 621 Fabrikarbeiter tätig waren, beschäftigten allein die drei bedeutendsten Schwelmer Unternehmen der Eisenbranche 1.500 Arbeiter.[730]

---

[723] Becker, Wirtschaftliche Entwicklung II, S. 117.
[724] Ebd., S. 118.
[725] Ebd., S. 119.
[726] Ebd., S. 121.
[727] Ebd., S. 122.
[728] Ebd., S. 123.
[729] Ebd.
[730] Becker, Wirtschaftliche Entwicklung II, S. 126.

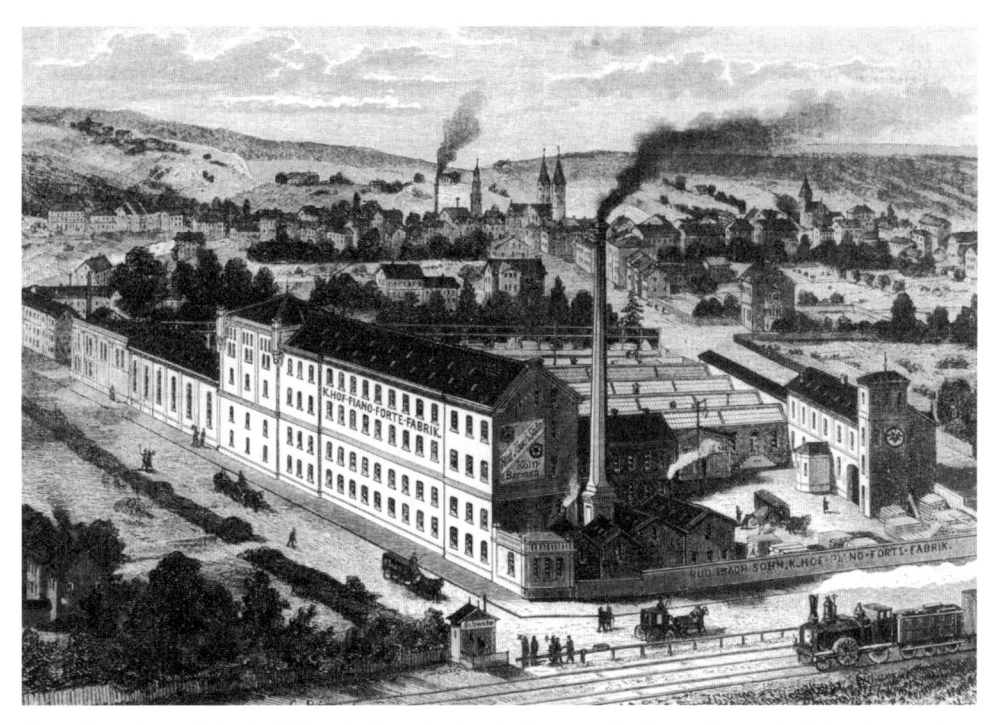

7. Schwelm während der Hochindustrialisierung (1871-1914)

Neue Impulse erhielt die Wirtschaft auch durch Firmen, die ihren Sitz nach Schwelm verlegten. So ließ sich in den achtziger Jahren des 19. Jahrhunderts die Pianoforte-Fabrik Ibach in Schwelm nieder (oben). Die Fabrik für Schlösser der Gebr. Betz (unten) war ursprünglich in Radevormwald beheimatet.

7. Schwelm während der Hochindustrialisierung (1871-1914)

7.3   Zuwanderung nach Schwelm
7.3.1   Struktur und Herkunft

Die Zuwanderung wurde weiterhin von Einzelpersonen getragen, die sich allerdings oft in Gruppen zusammenschlossen. Migranten im Familienverband waren stets unterrepräsentiert. Zwischen 1888 und dem Ausbruch des Ersten Weltkrieges wanderten nie mehr als ein Drittel der Zuwanderer im Familienverband zu.[731] Familienwanderer traten nur dort verstärkt auf, wo sie - wie im Fall der Firmenverlegung Ibach - ihrem bisherigen Arbeitgeber an den neuen Produktionsort folgten. Gleiches gilt ebenso für die Abwanderung.

Auch die Geschlechterverteilung ist eindeutig. Von insgesamt 8.573 erfaßten Zuwanderern zwischen 1874 und 1899[732] waren rund Dreiviertel männlich und nur knapp ein Viertel weiblichen Geschlechts. Dieses Verhältnis war unabhängig davon, ob sich die Fremden in den Bauerschaften oder in der Stadt niederließen.

Nach den Ergebnissen der Volkszählung 1880[733] lebten am Stichtag 12.230 Menschen in der Stadt Schwelm.[734] Von ihnen waren 7.504 Männer und Frauen auch hier geboren, 4.726 stammten von außerhalb. Während es geringfügig mehr ortsgebürtige Männer als Frauen gab, war das Verhältnis bei den von auswärts stammenden Einwohnern umgekehrt: Hier dominierten die Frauen.[735] Da aber - wie bereits aufgezeigt - Frauen bei der Zuwanderung unterrepräsentiert waren, läßt die große Zahl der 1880 in Schwelm erfaßten Frauen, die von auswärts stammten, darauf schließen, daß weibliche Migranten weniger zur Ab- bzw. Weiterwanderung neigten als Männer. Einmal zugewandert, scheinen Frauen relativ ortsgebunden gewesen zu sein.

---

[731] StAS B (ohne Signatur), Verwaltungsberichte 1888-1914. Der Prozentsatz lag stets zwischen 18 und 31 Prozent.

[732] StAS B (ohne Signatur) (Kasten 362) Melderegister der Jahre 1874-1893 und 1899. 6.544 der 8.571 erfaßten Zuwanderer (76,35%) waren männlich, 2.027 (23,65%) weiblich. In zwei Fällen war eine Zuordnung nicht möglich. Das Bild wird allerdings dadurch etwas zugunsten der Männer verzerrt, daß in den Melderegistern Familien unter dem Namen des männlichen Familienvorstandes geführt werden. Ausnahme: verwitwete Frauen mit Familie. Dennoch darf die Tendenz als richtig angesehen werden, da die Familienmigration, wie bereits beschrieben, in Schwelm eine untergeordnete Rolle gespielt hat. So zogen 1888 nur 19,7 Prozent der Zuwanderer im Familienverband zu, im Jahr 1900 22,8 Prozent. StAS B (ohne Signatur), Verwaltungsberichte 1888, S. 6, und 1900, S. 5.

[733] Am 1.12.1880 gaben die 6.068 Männern und 6.160 Frauen, die in Schwelm lebten, als Geburtsort an: Schwelm (3.766 Männer und 3.738 Frauen), Kreis (754 Männer und 1.036 Frauen), Provinz Westfalen (418 Männer und 464 Frauen), Preußen (873 Männer und 755 Frauen), Deutsches Reich (230 Männer und 160 Frauen), außerhalb des Deutschen Reiches (27 Männer und neun Frauen). StAS B, Abt. A, Nr. 37, Bevölkerungszählung vom 1.12.1880.

[734] Abb. 44.

[735] Abb. 45.

Allerdings geht diese Überzahl lediglich auf den hohen Anteil von Frauen zurück, die aus dem Kreisgebiet oder der Provinz Westfalen nach Schwelm gekommen sind. Zuwanderung, die über die Provinzgrenzen hinausging, war immer noch vor allem eine Sache der Männer.[736] Mit der Entfernung nahm die Zahl zuwandernder Frauen ab, die der Männer zu.

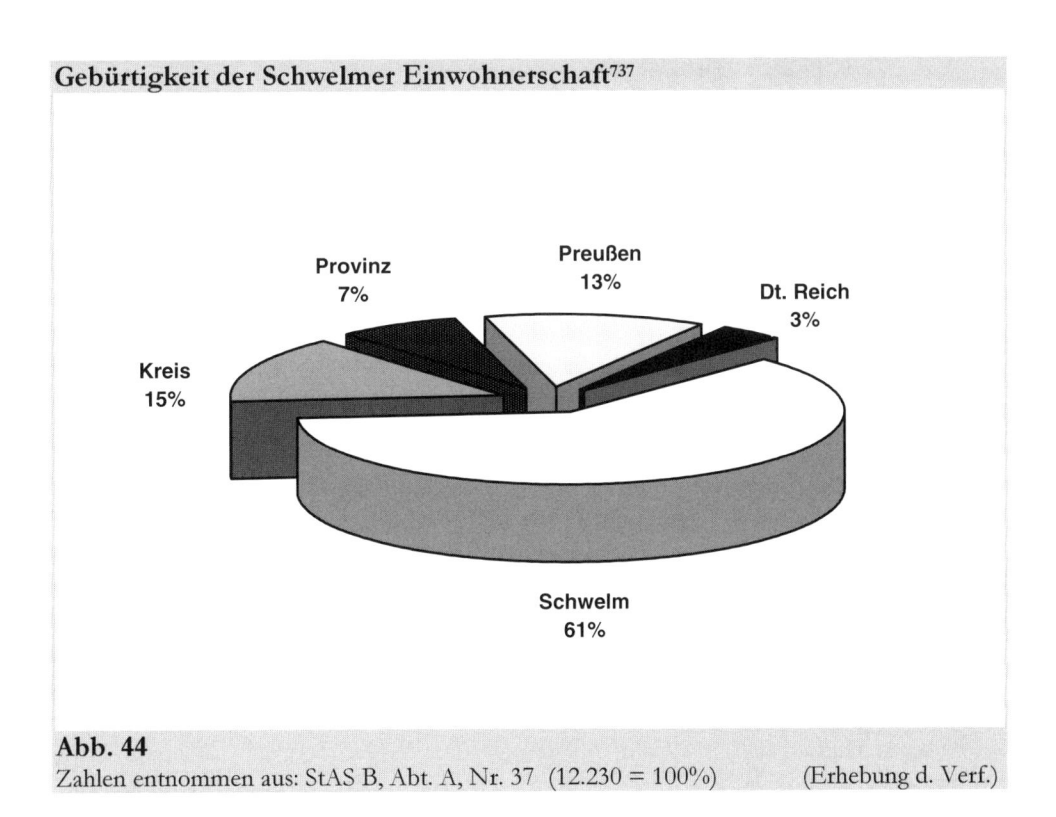

Gebürtigkeit der Schwelmer Einwohnerschaft[737]

- Provinz 7%
- Preußen 13%
- Dt. Reich 3%
- Kreis 15%
- Schwelm 61%

Abb. 44
Zahlen entnommen aus: StAS B, Abt. A, Nr. 37 (12.230 = 100%)   (Erhebung d. Verf.)

Schwelm ist somit ein typisches Beispiel für eine Stadt, die seit langem industriell geprägt ist. Köllmann hatte bereits bei einem Vergleich der Bevölkerungsentwicklung mehrerer deutscher Großstädte festgestellt, daß sich eine ältere Industriestadt wie Krefeld durch einen hohen Grad der Seßhaftigkeit ihrer Bevölkerung bei relativ geringer Zuwanderung auszeichnet. Hingegen weise eine jüngere Industriestadt wie Dortmund zwar einen ebenfalls hohen Grad der Seßhaftigkeit auf, zeichne sich aber gleichzeitig durch starke Zuwanderung aus.[738]

---

[736] So waren nur 17,3 Prozent der Personen, die 1872 mit offizieller Entlassungsurkunde Hessen-Kassel verließen, Frauen. Möker, Nordhessen, S. 36.
[737] Die Differenz zu 100 Prozent entsteht durch Auf- bzw. Abrundungen.
[738] Köllmann, Zur Bevölkerungsentwicklung ausgewählter deutscher Großstädte, S. 262.

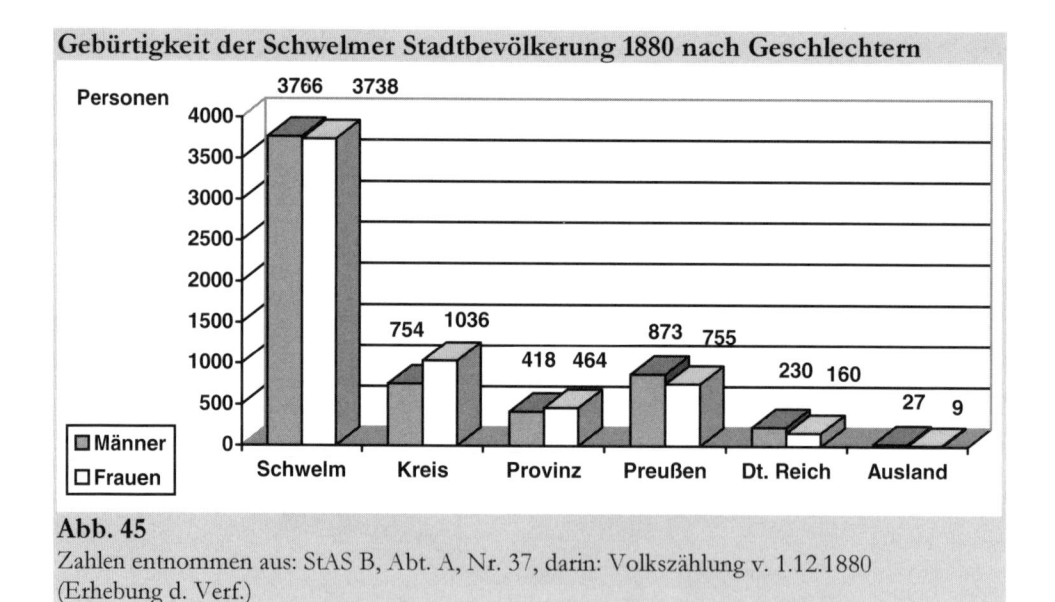

7. Schwelm während der Hochindustrialisierung (1871-1914)

Gebürtigkeit der Schwelmer Stadtbevölkerung 1880 nach Geschlechtern

	Schwelm	Kreis	Provinz	Preußen	Dt. Reich	Ausland
Männer	3766	754	418	873	230	27
Frauen	3738	1036	464	755	160	9

Abb. 45
Zahlen entnommen aus: StAS B, Abt. A, Nr. 37, darin: Volkszählung v. 1.12.1880 (Erhebung d. Verf.)

Dennoch profitierte Schwelm immer noch stärker von der Binnenwanderung[739] als der Durchschnitt aller westfälischer Städte. Während 1880 in der gesamten Provinz Westfalen 9,2 Prozent der rund zwei Millionen Einwohner nicht in der Provinz geboren waren, waren es in Schwelm bereits 16,8 Prozent - ein Wert, der in Westfalen erst um die Jahrhundertwende erreicht wurde.[740] Zu den Binnenwanderern kam in Schwelm nur eine geringe Zahl von Außenwanderern (0,3%) hinzu.[741]
Mehr als 99 Prozent aller Schwelmer gaben an, die preußische Staatsangehörigkeit zu besitzen, als Reichsinländer wurden 28 Männer und 13 Frauen (0,3%), als Reichsausländer neun Männer und vier Frauen (0,1%) geführt[742] - im Vergleich zum Jahr 1808 ein minimaler Wert. Damals lebten noch 8,7 Prozent Ausländer in Schwelm. Zu diesem Zeitpunkt galten allerdings auch noch Personen als Ausländer, die 70 Jahre später längst durch das größer gewordene preußische Territorium bzw. durch die Gründung des Deutschen Reiches, zu Reichsinländern geworden waren.
Die Ergebnisse dieser Stichtagserhebung werden durch die Auswertung der Melderegister gestützt. Auch von den hier genannten Personen[743] stammte die überwiegende Mehrheit (91%) aus dem preußischen Territorium. Die restlichen neun Prozent

---

[739] Binnenwanderung wird hier verstanden als Zuwanderung aus Gebieten außerhalb der Provinz Westfalen.
[740] Marschalck, Bevölkerung, S. 49, nach Köllmann, Bevölkerung in der Industriellen Revolution, S. 232.
[741] Außenwanderung wird hier verstanden als Zuwanderung aus Gebieten, die nicht zum Deutschen Reich gehörten.
[742] StAS B, Abt. A, Nr. 37, Bevölkerungszählung vom 1.12.1880.
[743] StAS B (ohne Signatur) (Kasten 362), Anmelderegister 1874-1893, 1899. Erfaßt wurde insgesamt 8.573 Fälle. In 697 Fällen war keine eindeutige Zuordnung möglich.

stammten überwiegend aus Ländern des Deutschen Reiches (8,3%) und nur selten aus dem Ausland (0,8%). Dabei spielt das nicht-europäische Ausland so gut wie keine Rolle.

Bis 1905 sank der Anteil der Ortsgebürtigen. Nun waren nur noch 52,8 Prozent in Schwelm und 13,6 Prozent im Landkreis Schwelm geboren. 33,6 Prozent kamen von auswärts (12,3% aus der Provinz, 20,1% aus dem übrigen Deutschen Reich und immerhin 1,2% aus dem Ausland).[744]

7.3.2 Binnenwanderung

Die Zuwanderung nach Schwelm war eine Binnenwanderung. Sie wurde getragen von Menschen aus dem rheinisch-westfälischen Gebiet.[745] Dabei war der Zustrom aus den rheinischen Gebieten größer als der aus den westfälischen. In Westfalen machte sich offenbar der Einfluß der aufstrebenden Ruhrindustrie bemerkbar. Viele Zuwanderer aus dem märkischen Raum, aus dem sich früher die Zuwanderung nach Schwelm stark speiste, zog es in diesen Jahren in das Ruhrgebiet, das sich in der Folge der Umwandlung vom agrarischen zum industriellen Raum zum Zuzugsgebiet erster Ordnung entwickelt hatte.

Die starke rheinisch-westfälische Prägung der Zuwanderung nach Schwelm spiegelt sich auch in den zurückgelegten Entfernungszonen wider. Fast Zweidrittel der Fremden verlegten ihren Wohnsitz nicht weiter als 50 Kilometer, sind also als Nah- bzw. Nachbarschaftswanderer zu bezeichnen. Mit zunehmender Distanz büßte Schwelm stark an Anziehungskraft ein.

Der Zuzug aus Waldeck verlor seine vorherrschende Stellung, während die Hessen weiterhin stark vertreten waren. Hatten die Waldecker zwischen 1816 und 1850 noch 11,2 Prozent der Binnenzuwanderer gestellt, ging ihr Anteil nun auf 1,4 Prozent zurück. Die Zuwanderung aus den deutschen Ostgebieten blieb in Schwelm gering, ist jedoch einer der auffallendsten Neuerscheinungen des Wanderungsprozesses nach Schwelm. Die stärksten Landsmannschaften waren die Schlesier, sowohl aus Nieder- wie aus Oberschlesien, und die Posener. Doch zeigt sich schon hier, daß die Stadt und ihr Umland nur marginal von der großen Ost-West-Wanderung profitierten, die die Binnenwanderung zwischen 1880 und Erstem Weltkrieg in Westfalen geprägt hat.[746] Die Arbeitskräfte aus den ostelbischen Gebieten kamen zunächst als saisonale Wanderarbeiter, bevor sie sich dauerhaft im Ruhrgebiet niederließen. Spätestens ab 1890 war die Bewegung zur Massenwanderung geworden.[747]

Der starke Anstieg der Zuwanderer aus sächsischen und thüringischen Gebieten war Folge der Saisonarbeit. Insgesamt dürfte der Anteil der Sachsen und Thüringer, die

---

[744] Reekers, Westfalens Bevölkerung, S. 334.
[745] Abb. 46.
[746] Zwischen 1880 und 1907 stieg der Zuzug aus Ost- und Westpreußen, Posen und Schlesien ins Ruhrgebiet absolut betrachtet um das Fünfzehnfache an, relativ verdoppelte sich die Zahl. Teuteberg, Vom Agrar- zum Industriestaat, S. 171.
[747] Ebd., S. 172.

7. Schwelm während der Hochindustrialisierung (1871-1914)

dauerhaft in Schwelm blieben, weiterhin sehr gering gewesen sein. Hier täuschen die Saisonarbeiter, die sich jedes Jahr erneut in der Stadt anmeldeten, weil sie im Winter in ihre Heimat zurückkehren, eine zahlenmäßige Stärke vor, die über einen kontinuierlichen Zeitraum nie bestanden hat.

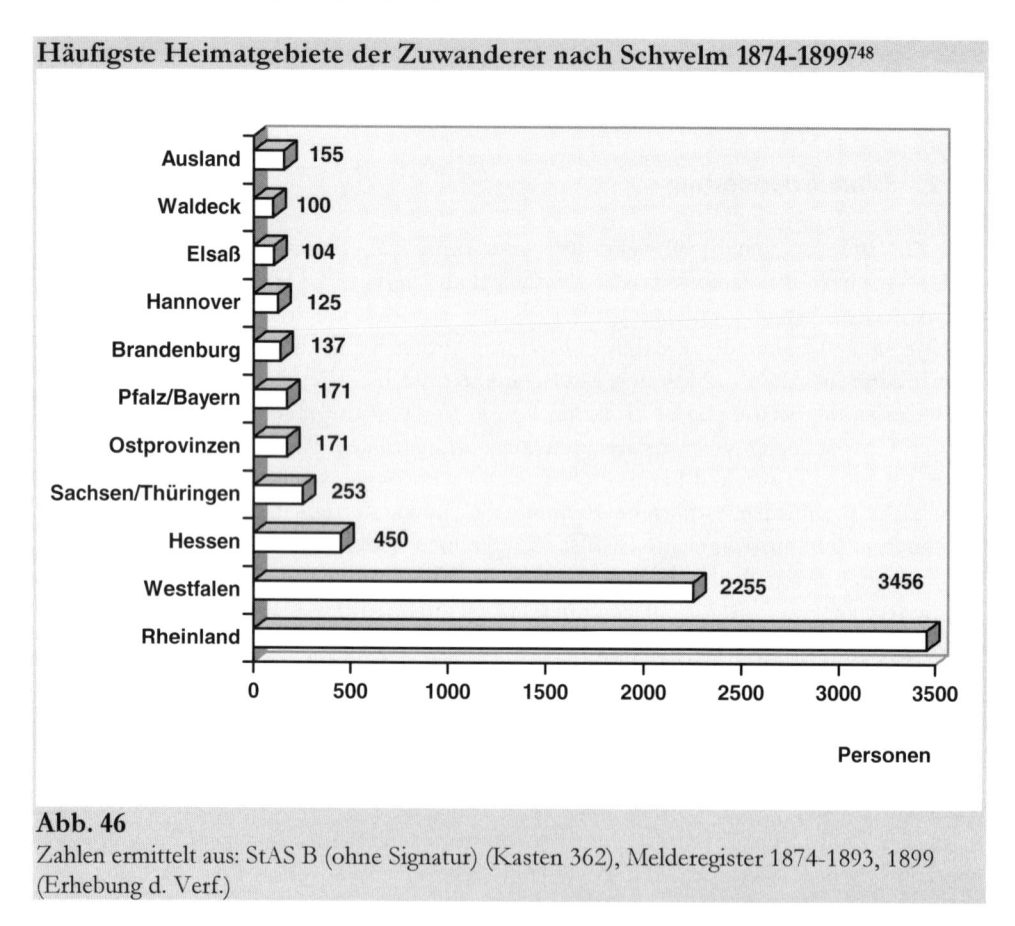

Häufigste Heimatgebiete der Zuwanderer nach Schwelm 1874-1899[748]

Heimatgebiet	Personen
Ausland	155
Waldeck	100
Elsaß	104
Hannover	125
Brandenburg	137
Pfalz/Bayern	171
Ostprovinzen	171
Sachsen/Thüringen	253
Hessen	450
Westfalen	2255
Rheinland	3456

Abb. 46
Zahlen ermittelt aus: StAS B (ohne Signatur) (Kasten 362), Melderegister 1874-1893, 1899 (Erhebung d. Verf.)

Strukturell hat die Zuwanderung nach Schwelm kaum Gemeinsamkeiten mit der aufstrebender Ruhrgebietsstädte im gleichen Zeitraum. So zeigt eine Untersuchung

---

[748] Unter Rheinland wurden Zuwanderer aus dem ehemaligen Hzgt. Berg und aus übrigen Gebieten der preuß. Provinz Rheinland verstanden. Westfalen: Provinz Westfalen und Lippe; Sachsen: Sachsen, Thüringen und Anhalt; Hessen: Hessen-Kassel, Hessen-Darmstadt, Hessen-Nassau; Hannover: Hannover, Braunschweig, Schaumburg-Lippe, Bremen, Oldenburg und Hansestädte; Pfalz/Bayern: Pfalz, Saarland, Bayern; Elsaß: Elsaß und Lothringen; Brandenburg: Brandenburg, Mecklenburg, Berlin; Ostprovinzen: Ober- und Niederschlesien, West- und Ostpreußen, Pommern und Posen. Der Zuzug aus dem Reichsland Elsaß-Lothringen ist durch das dort stationierte Militär zu erklären. Die von dort zuwandernden Soldaten stammen vermutlich aus allen Teilen des Deutschen Reiches, wurden aber mit ihrem letzten Meldeort angeführt.

7. Schwelm während der Hochindustrialisierung (1871-1914)

von Bottrop, daß dort nahezu jeder fünfte Zuwanderer im Ausland geboren war.[749] Sie kamen vorwiegend aus dem russischen Teil Polens oder den slawisch besiedelten Gebieten des Habsburger Reiches. Arbeiter aus dem deutschen Osten stellten in Bottrop rund die Hälfte der Zuwanderer.[750] Aus den unmittelbar benachbarten Orten des Ruhrgebiets zogen nur etwa neun Prozent zu - einem Bereich der Nah- und Nachbarschaftswanderung, aus dem sich die Schwelmer Zuwanderung zu Zweidritteln speiste. Die große Nachfrage nach Arbeitskräften im gesamten Ruhrgebiet dürfte sich für die regionale Binnenwanderung Bottrops hemmend ausgewirkt haben.[751]
Auch im Vergleich zur gesamten Provinz Westfalen weichen die Herkunftsregionen der Binnenwanderer, die in Schwelm registriert wurden, stark ab.

Tab. 9 Anteile der Zuwanderungsregionen an der Binnenwanderung 1874-1899 (je 100 Binnenwanderer)				
Ziel Herkunftsregion	Westfalen 1880[752]	Westfalen 1890[753]	Westfalen 1900[754]	Schwelm 1874-1899[755]
Rheinland	35,7	28,4	21,3	67,6
Hessen/Waldeck[756]	21,2	17,0	12,2	10,8
Nordostdeutschland[757]	8,5	21,2	33,6	1,8
Ostmitteldeutschland[758]	8,8	9,9	10,5	4,2
Nordwestdeutschland[759]	15,6	14,0	12,7	4,2
Mitteldeutschland[760]	8,4	7,4	7,6	5,2
Süd-/Südwestdeutschland[761]	1,8	2,1	2,1	6,1

---

[749] Murphy, Gastarbeiter, S. 32.
[750] Ebd., S. 33.
[751] Ebd., S. 32.
[752] Zahlen entnommen aus: Köllmann/Hoffmann/Maul, Bevölkerungsgeschichte, S. 166.
[753] Zahlen entnommen aus: ebd.
[754] Zahlen entnommen aus: ebd.
[755] Eigene Erhebung d. Verf. Zahlen ermittelt aus: StAS B (ohne Signatur) (Kasten 362), Melderegister 1874-1893, 1899.
[756] Ghzt. Hessen, Provinz Hessen-Nassau, Fstm. Waldeck.
[757] Provinzen Ostpreußen, Westpreußen, Posen.
[758] Provinzen Pommern, Schlesien, Brandenburg und Berlin.
[759] Mecklenburg-Schwerin, und -Strelitz, Provinzen Schleswig-Holstein und Hannover, Oldenburg. Lübeck, Hamburg, Bremen, Schaumburg-Lippe, Lippe-Detmold.
[760] Provinz Sachsen, Kgr. Sachsen, Thüringische Länder. Braunschweig, Anhalt.
[761] Bayern, Württemberg, Baden, Elsaß-Lothringen, Hohenzollern.

7. Schwelm während der Hochindustrialisierung (1871-1914)

Auffallend ist in Schwelm der überaus starke Zuzug aus der Nachbarprovinz Rheinland, der doppelt bis dreimal so groß war wie in der gesamten Provinz Westfalen. Dementsprechend unterrepräsentiert waren die übrigen Regionen. Selbst die Hessen und Waldecker, stets neben den bergisch-märkischen Fremden zwei der stärksten Zuwanderergruppen, sind deutlich geringer vertreten als im übrigen Westfalen, obwohl auch hier der Anteil kontinuierlich schrumpfte.

Am sprunghaften Anstieg der Zuwanderer aus Nordostdeutschland nach Westfalen hatte Schwelm keinen Anteil. Hier fehlten gerade die industriellen Arbeitsplätze, die von den Arbeitskräften aus dem Osten im Ruhrgebiet gesucht und gefunden wurden. Der Anteil der Fernwanderer, der seit Jahrzehnten in Schwelm immer nur etwa drei Prozent betragen hatte, stieg in den Jahren der Hochindustrialisierung allerdings auch in Schwelm deutlich an, konnte sich aber keinesfalls mit den Verhältnissen im Ruhrgebiet oder anderen industriellen Ballungszonen messen. Der Zuwachs ist Zeichen einer mobiler gewordenen Gesellschaft, die die Möglichkeiten der Technik nutzte, um dorthin zu wandern, wo sich Arbeit bot. Der Zuwachs der Fernwanderer schmälerte den Anteil der Nahwanderung allerdings nicht.[762] Er blieb, weithin unabhängig von modernen Fortbewegungsmitteln, konstant.

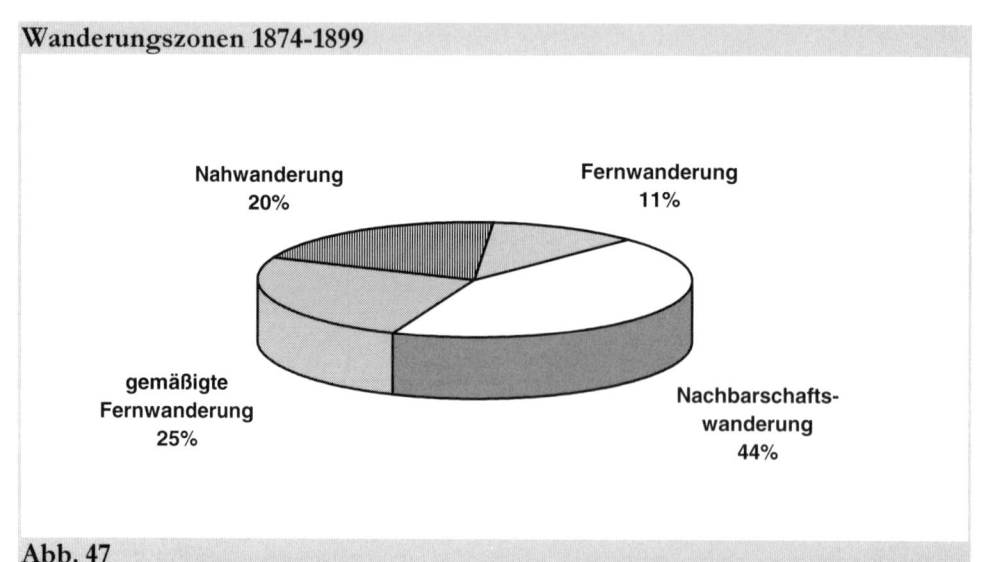

Wanderungszonen 1874-1899

- Nahwanderung 20%
- Fernwanderung 11%
- gemäßigte Fernwanderung 25%
- Nachbarschaftswanderung 44%

Abb. 47
Zahlen ermittelt aus: StAS B (ohne Signatur) (Kasten 362), Melderegister der Familien 1874-1888, 1876-1888 und Melderegister 1889-1893, 1899 (7.953 = 100%)   (Erhebung d. Verf.)

Die Nahwanderung rekrutierte sich vorzugsweise aus Land-Stadt-Wanderern, aber auch aus Bewohnern des stark bevölkerten Wuppertals, der Enneper Straße und Hagen. Hingegen sank der Anteil der gemäßigten Fernwanderer aus einer Entfernung bis 250 Kilometern. Offensichtlich veränderten sich ihre Wanderungsziele mit dem Bau der Eisenbahnstrecken am stärksten. Besonders für Zuwanderer aus dem hessi-

---

[762] Abb. 47.

schen und waldeckschen Bergland, auch aus dem Wittgensteinschen, waren die Städte der ehemaligen Grafschaft Mark jahrzehntelang wichtige Anlaufstellen gewesen, weil sie als industriell früh entwickelte Orte Arbeitsplätze geboten hatten und durch eine Anzahl überschaubarer Tageswanderungen zu erreichen gewesen waren. Damit bot diese Region für viele Zuwanderer die Chance, ihre Lebensbedingungen deutlich zu verbessern, ohne daß die Migration mit einem großen Risiko verbunden gewesen wäre. Denn im Gegensatz zu Fernwanderern war hier jederzeit die Möglichkeit der Rückkehr gegeben. Diese Standortvorteile verlor Schwelm um die Jahrhundertwende: Mit dem Aufstieg des Ruhrgebiets und der Verlagerung des wirtschaftlichen Schwerpunkts nach Norden wurde Schwelm zur industriellen Randzone. Zugleich war das Ruhrgebiet für Waldecker oder Hessen durch die Eisenbahn nun ebenso schnell und einfach zu erreichen wie Hagen oder Schwelm. Diese Faktoren spielten offenbar auch für Frauen eine starke Rolle. Die Zahl der gemäßigten Fernwanderinnen schrumpfte besonders stark.[763]

Die Abwanderung, stets fast so stark wie die Zuwanderung, war noch stärker als diese durch Nahwanderung geprägt. Im Jahr 1890[764] verzogen von 1.295 Männern und Frauen nur rund 16 Prozent in Orte, die weiter als 250 Kilometer entfernt lagen. Die überwiegende Mehrheit legte also nur kurze Distanzen zurück, 20 Prozent verlegten ihren Wohnsitz in die unmittelbare Nachbarschaft des ehemaligen Gogerichts. Besonders beliebt waren die industriereichen Orte Milspe und Langerfeld. Die umgekehrte Richtung wählten im gleichen Zeitraum 249 von 1.462 Personen, mithin 17 Prozent. Nur 1,5 Prozent verzogen ins Ausland.

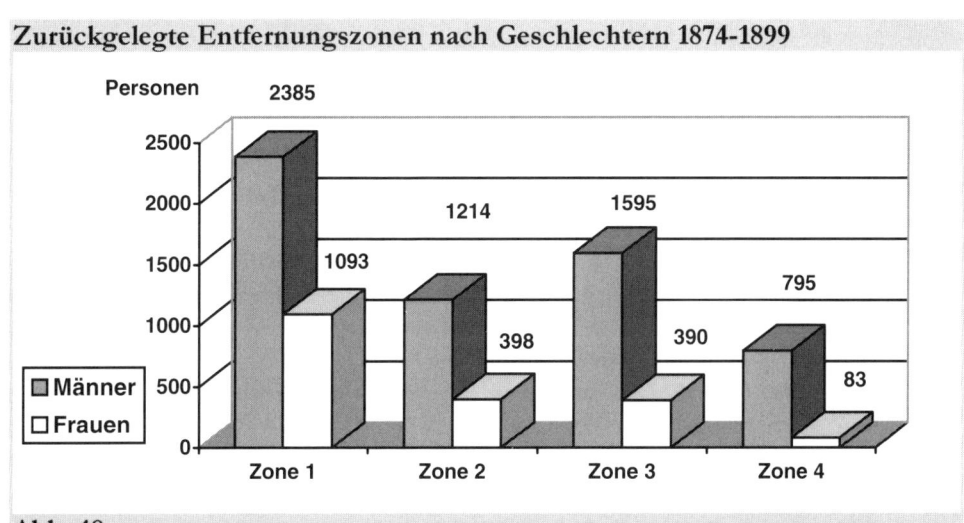

Zurückgelegte Entfernungszonen nach Geschlechtern 1874-1899

Zone	Männer	Frauen
Zone 1	2385	1093
Zone 2	1214	398
Zone 3	1595	390
Zone 4	795	83

Abb. 48
Zahlen ermittelt aus: StAS B (ohne Signatur) (Kasten 362), Melderegister der Familien 1874-1888, 1876-1888 sowie Melderegister 1889-1893, 1899 (Erhebung d. Verf.)

---

[763] Abb. 48.
[764] StAS B (ohne Signatur) (Kasten 362): "Abmelde-Register vom 1. Januar 1890 bis 31. Dezember 1890"

7. Schwelm während der Hochindustrialisierung (1871-1914)

Die nahen Ruhrgebietsorte hatten für die Menschen aus dem Schwelmer Raum nicht die Anziehungskraft wie für viele Bewohner östlicher Provinzen: Nur 6,5 Prozent wählten das Ruhrgebiet als neuen Aufenthaltsort. Das Wanderungsverhalten zeigt, daß Schwelm zwar ein großes Wanderungsvolumen aufweist, aber - anders als die Ruhrgebietsstädte jener Zeit - keinen großen Bevölkerungszuwachs dadurch erzielte. Im Gegensatz zur aufstrebenden Ruhrregion wirkte Schwelm für die Zuwanderer nicht mehr als Magnet, der Menschen anzog und am Ort hielt, sondern eher als Drehscheibe. Von hier aus wanderten Migranten weiter, vornehmlich in die benachbarten Wupperstädte, nach Haspe und Hagen oder füllten vorübergehend die Lücken aus, die Abwanderer am Ort hinterlassen hatten. Dieses Wanderungsverhalten erklärt, warum die Stadt Schwelm, deren Bevölkerungswachstum nur zu sehr geringen Teilen auf einen Wanderungsgewinn zurückgeht, dennoch 1880 im westfälischen Vergleich einen überdurchschnittlich hohen Bevölkerungsanteil aufweist, der nicht am Ort geboren worden war.

7.3.3 Außenwanderung

Der Anteil der Ausländer blieb über die Jahrzehnte hinweg verschwindend gering. Als 1899 erstmals im jährlichen Verwaltungsbericht dezidiert die Zahl der in Schwelm lebenden Ausländer aufgeführt wurde, wurden 71 Ausländer genannt, von denen im laufenden Jahr 31 verzogen und am Ende des Jahres noch 40 am Ort lebten.[765] Ein Jahr später war die Fluktuation noch größer: 176 Ausländer meldeten sich an, 142 ab, 34 blieben am Ort.[766] Auch in den folgenden Jahren wandelte sich das Bild nicht. Mehr als ein paar Dutzend ausländische Menschen lebten nicht dauerhaft in der Stadt. Allerdings war der Anteil ausländischer Wanderarbeiter, die nur für eine Saison in der Stadt blieben, wesentlich größer. Von 53 Ausländern, die zwischen 1896 und 1898 in Schwelm registriert wurden,[767] zogen mehr als 41 Prozent innerhalb von einem Jahr weiter. Wenigstens zwei Jahre am Ort waren lediglich ein Drittel; und nur der Fabrikarbeiter Adelrich Källin aus der Schweiz lebte seit 26 Jahren in Schwelm.
Die größte Gruppe unter den Ausländern waren die Österreicher, gefolgt von Italienern und Schweizern.[768] Nur drei Personen besaßen die niederländische Staatsangehörigkeit. Als Exoten unter des Ausländern dürfen ein Schwede, ein Amerikaner und ein Brasilianer gelten. Von den Migranten mit österreichischer Staatsangehörigkeit waren elf in Böhmen und zwei in Galizien geboren. Das Durchschnittsalter der Ausländer zum Zeitpunkt der Zuwanderung betrug 31,9 Jahre. Der jüngste Migrant war 17, der älteste 60 Jahre alt. Die stärkste Altersgruppe war die der 25- bis 34jährigen. Bis 1913 hatte sich die Zahl der Ausländer stark erhöht: 352 Männer und Frauen lebten nun hier.[769] Damit erreichte der Ausländeranteil unter den Zuwanderern wohl

---

[765] StAS B (ohne Signatur), Verwaltungsbericht 1899, S. 54.
[766] StAS B (ohne Signatur), Verwaltungsbericht 1900, S. 56.
[767] StAS B, Abt. L, Nr. 1
[768] Vgl. Graphischer Anhang, Abb. 62.
[769] StAS B (ohne Signatur), Verwaltungsbericht 1913-1915, S. 153.

den höchsten Stand vor Ausbruch des Ersten Weltkrieges. Die stärkste Gruppe wurde nun von den Italienern gebildet. Ein Jahr später hatte sich die Zahl der Ausländer in der Stadt mehr als halbiert. Dieser Rückgang wurde besonders durch die sinkende Zahl der aus Österreich und Italien stammenden Ausländer verursacht, während der Anteil der Russen und der Niederländer sowohl relativ als auch absolut zunahm.[770] Nach Ausbruch des Ersten Weltkriegs wurden in Schwelm nur noch zehn Russen geduldet. Bei ihnen handelte es sich um zwei wohl minderjährige *"Zöglinge"*, einen Gärtner, drei Fabrikarbeiter, einen Arbeiter, einen Bandwirker und eine Person ohne Beruf.[771] Über die Berufe, die die Ausländer in Schwelm ausübten, gibt die Ausländerstatistik in den Jahren 1896 bis 1898 eine Antwort.[772] Die beiden einzigen ausländischen Frauen verdienten ihren Lebensunterhalt in traditionellen Frauenberufen: als Magd und als Amme. Männern diente das Bauhandwerk, hier besonders die Arbeit als Maurer, als bevorzugtes Arbeitsgebiet. Auch als Erdarbeiter und als Fabrikarbeiter und Tagelöhner verdienten etliche ihr Brot. Insgesamt stellten ungelernte Kräfte, Gesellen und Lehrlinge 58 Prozent der Ausländer, in ihrer Profession ausgebildet waren knapp 42 Prozent. Hier finden sich Porzellan- und Rietmacher, ein Volontär oder auch ein Kuhschweizer, der Käse herstellte und aus der Schweiz stammte. Im kaufmännischen Bereich waren nicht selten familiäre Kontakte für den Aufenthalt in Schwelm verantwortlich. Das scheint der Fall des belgischen Handlungslehrlings mit dem alten Schwelmer Familiennamen Leveringhaus zu beweisen. Friedrich Ferdinand Leveringhaus war zwar 1879 in St. Gilles in Belgien geboren worden, seine Familie stammte aber mit großer Wahrscheinlichkeit aus dem Schwelmer Raum. In Kaufmannsfamilien war es durchaus üblich, den Nachwuchs im Ausland in die Lehre zu schicken - und was lag näher, als private oder geschäftliche Kontakte zu nutzen?

Die in Schwelm arbeitenden ausländischen Erdarbeiter besaßen die österreichische oder die italienische Staatsangehörigkeit. Sie wurden zum Straßen-, Kanal- und Stollenbau eingesetzt.[773] Schwere körperliche Arbeit verrichteten auch die im Amtsbezirk Haßlinghausen lebenden Ausländer. Steinbrüche und Zechen boten ihnen Beschäftigung. Die Männer stammten häufig aus Italien, einige auch aus Böhmen und Rußland. 1892 lebten im Amtsbezirk zwölf Italiener im Alter zwischen 15 und 48 Jahren, die alle als Steinbrecher bzw. Steinhauer arbeiteten.[774] Elf Jahre später arbeiteten allein in zwei privaten Steinbrüchen in Schee und Haßlinghausen 42 Italiener.[775] Der Aufschwung der Steinkohlezechen sorgte in der Folgezeit für weitere Zuzüge. 1909 arbeiteten auf der *"Zeche Deutschland"* zahlreiche Fremde.[776] Sie stammten vorzugsweise aus Italien oder dem europäischen Osten.

---

[770] Ebd.
[771] StAS B, Abt. L, Nr. 1.
[772] Ebd.
[773] Vgl. Kap. 7.3.4.
[774] StASpr AHS 14.8.1, darin: Verzeichnis der im Amtsbezirk Haßlinghausen wohnenden Italiener aus dem Jahr 1892.
[775] Ebd., darin: Verzeichnis der in den Steinbruchbetrieben von Otto Schultz beschäftigten Italiener, 17.5.1909.
[776] Ebd., darin: Arbeiterverzeichnis der "Zeche Deutschland" aus dem Jahr 1909.

7.3.4 Berufe der Zuwanderer

In den Jahrzehnten nach der Reichsgründung mangelte es in Schwelm trotz mancher Rückschläge - besonders in der Textilfabrikation - nicht an Arbeit. Dies mag der wichtigste Grund dafür gewesen sein, warum in dieser Zeit im Gegensatz zu vorausgegangenen Jahrzehnten die Klage über die unliebsame Konkurrenz der fremden Arbeitskräfte ausblieb. Ganz im Gegenteil bestand in Schwelm durch die zunehmende Fabrikarbeit nun ein anhaltender Mangel an Dienstboten, insbesondere weiblichen Geschlechts. Der Grund hierfür liegt auf der Hand. Hatten die ungelernten weiblichen Arbeitskräfte in früheren Jahren kaum eine Alternative zur Beschäftigung als Dienstmädchen oder Magd, bot nun die Fabrikarbeit ein neues Beschäftigungsfeld. Viele Frauen zogen diese Art der Beschäftigung dem Gesindedienst vor, da die Löhne in den Fabriken höher und die Arbeitszeiten kürzer waren. 18,6 Prozent aller 1.008 Frauen, die 1891 in Schwelm als berufstätig angegeben wurden,[777] verrichteten Fabrikarbeit. Die größte Gruppe stellten allerdings immer noch die Mägde (45,9%). Die Zahl der gehobenen Dienstboten, zu denen Kindermädchen, Haushälterinnen und Gesellschafterinnen zählten, war hingegen mit 2,2 Prozent verschwindend gering. Als Händlerinnen arbeiteten 4,4 Prozent der Schwelmerinnen. Hier sind besonders stark verwitwete Frauen vertreten, die nach dem Tod ihres Mannes das Geschäft weiterführten. Im Textilsektor arbeiteten rund 10,2 Prozent der Frauen - allerdings kaum im produzierenden Gewerbe als Bandwirkerinnen, Spuler- oder Haslerinnen, sondern vor allem in der Weiterverarbeitung der Textilien, insbesondere als Näherinnen.

Der Trend zur Fabrik galt auch für ungelernte männliche Arbeitskräfte, die früher ihr Brot als Tagelöhner, Knechte in der Landwirtschaft oder Fuhrmänner verdient hatten und nun lieber in die Fabriken gingen. So stellt die Schwelmer Verwaltung für das Jahr 1889 fest:

> *"Die hiesigen Arbeiter haben gute Löhne und fehlt denselben Arbeitsgelegenheit nicht. Es macht sich im Gegentheil oft ein Mangel an tüchtigen Arbeitskräften, insbesondere an Arbeitern in der Land- und Forstwirthschaft bemerkbar. Namentlich herrscht hier aber ein Mangel an weiblichen Dienstboten."* [778]

Um offene Stellen zu besetzen, gingen einige Unternehmer daher dazu über, nicht nur in Schwelm und Umgebung, sondern auch in den traditionellen Zuzugsgebieten Arbeitskräfte per Zeitungsannonce zu werben.[779]

---

[777] Adreßbuch/Geschäftsanzeiger 1891.
[778] StAS B (ohne Signatur), Verwaltungsbericht 1889, S. 23.
[779] So schaltete der Schwelmer Fuhrunternehmer August Peine für sein Eisenbahn-Rollfuhrgeschäft 1888 nicht nur in der Schwelmer Zeitung eine Anzeige, in der er zwei "tüchtige solide Fuhrknechte" suchte, sondern annoncierte auch in der einen Tag später erscheinenden Waldeckschen Zeitung. Gesucht wurde hier ein Fuhrknecht für eine "dauerhafte Stellung" mit guten Zeugnissen, der des Schreibens und Rechnens kundig sein

Die Zahl der Einwohner, die in der Textilbranche arbeiteten, sank seit der Jahrhundertmitte von 15 auf elf Prozent.[780] Dennoch waren die Textilberufe immer noch stärker vertreten als die Metallberufe; eine Reaktion der Schwelmer Bevölkerung auf den wirtschaftlichen Umbruch im Raum Schwelm läßt sich damit nicht deutlich erkennen. Allerdings nahmen die Fabrikarbeit (oft in metallverarbeitenden Betrieben) sowie Tätigkeiten im Sektor Transport und Verkehr stark zu.

Anders war die Situation in der Gruppe der Migranten. Zuwanderer, die früher stets in der Textilindustrie Arbeit gefunden hatten, suchten sich zunehmend andere Arbeitsfelder. Das ist das auffallendste Ergebnis der Berufswahl. Innerhalb weniger Jahrzehnte wurde die Textilindustrie als Arbeitgeber für Zuwanderer fast bedeutungslos. Von 21 Prozent vor 1871 sank der Anteil nun auf fünf Prozent und lag damit auch weit unter dem Anteil in der gesamten städtischen Bevölkerung. Vor der Reichsgründung waren Zuwanderer in Textilberufen im Vergleich zur Gesamtbevölkerung noch überrepräsentiert gewesen. Da die Mechanisierung und Zentralisierung stärker in der Metall- als in der Textilindustrie Fuß gefaßt hatte, dürften sich in der Gruppe der Fabrikarbeiter, deren Zahl sich im gleichen Zeitraum verdoppelt hatte, mehr Metall- als Textilarbeiter verbergen. Mit sinkender Bedeutung der Textilberufe für die Migranten stieg die der Metallbranche. Offenbar gelang es den Zuwanderern weit schneller als den Einheimischen, sich auf den in den Jahrzehnten nach der Reichsgründung erfolgten Umbruch der Schwelmer Wirtschaft einzustellen und die zunehmende Bedeutung des Metallsektors früh zu nutzen. Die Gesamteinwohnerschaft reagierte weniger flexibel auf die wirtschaftlichen Veränderungen. Ihnen standen offenbar berufliche Traditionen, überkommene Produktionsverfahren und besonders bei den Hausbandwebern der Besitz entsprechender Produktionsmittel im Wege. Zunehmend übten gerade Zuwanderer im Handwerk diejenigen Berufe aus, die höhere Löhne versprachen. Mit Ausnahme des Tischlerberufs, der wenig lukrativ, aber dennoch häufig unter Migranten vertreten war, wurden oft die einnahmesicheren Berufe Schlosser und Bäcker gewählt. Eine vornehmlich proletarische Angelegenheit war die Zuwanderung nach Schwelm damit nicht. Die Berufswahl der Gesamtbevölkerung zeigt, daß hier mit dem Schuhmacher-, Tischler- und Schneiderberuf gerade die Handwerker am stärksten vertreten waren, die sich im Zuge zunehmender industrieller Fertigung als immer weniger konkurrenzfähig erwiesen und ihre Selbständigkeit mehr und mehr verloren.[781]

Bis 1888 legten vor allem beruflich hochqualifizierte Männer wie Ingenieure und Techniker, Angehörige gehobener Verwaltungsberufe und Pfarrer sowie in einem Handwerk ausgebildete Personen weite Entfernungen zurück und bestimmten so die Fernwanderung. Ungelernte waren die Ausnahme. Erst in den folgenden Jahrzehnten drängten besonders mit der Zunahme der ostelbischen Migranten zunehmend Fernwanderer in das Schwelmer Gebiet, die als Hilfskräfte vor allem die schweren körper-

---

sollte, um die Frachtgelder einziehen zu können. Schwelmer Zeitung, 26.3.1888, sowie Waldecksche Zeitung, 27.3.1888.
[780] Vgl. Graphischer Anhang, Abb. 63.
[781] Reininghaus, Entwicklung des Handwerks, S. 412.

7. Schwelm während der Hochindustrialisierung (1871-1914)

lichen Arbeiten im Bau und Bergwerk übernahmen.[782] Technische Berufe wie Maschinist, Ingenieur, Monteur und Maschinenbauer wurden auch von Zuwanderern ausgeübt. Sie waren gesuchte Fachleute, deren Spezialkenntnisse gefragt waren. Die noch junge Eisenbahn wurde ebenfalls schnell als Arbeitsfeld von Zuwanderern erkannt, die nicht nur als Bremser, Rangierer und Weichensteller arbeiteten, sondern auch die wachsende Zahl von Verwaltungs- und Kontrollberufen bei der Bahn für sich nutzten und als Stationsvorsteher, Bahnhofsinspektor oder -assistent tätig waren. Unterrepräsentiert blieben die Zuwanderer allerdings in den Handelsberufen. Fehlendes Startkapital für Waren und Geschäftsräume mögen hierfür wichtige Gründe gewesen sein.

Es ist wahrscheinlich, daß der Mangel an landwirtschaftlichen Arbeitskräften und Hilfsarbeitern, der in den Verwaltungsberichten vehement beklagt wurde, durch Wanderarbeiter - zunächst aus dem deutschen Osten - behoben wurde. Ein großer Teil der Wanderarbeiter stammte aus der 1815 preußisch gewordenen Provinz Posen. Sie galten als besonders genügsam und füllten in Preußen die Lücken, die durch Auswanderung und Abwanderung der Landarbeiter in die Städte entstanden waren. Sie strebten von Saison zu Saison immer weiter nach Westen.[783] Dabei wurden diese Arbeitskräfte selbst dann noch als *"Sachsengänger"* bezeichnet, als sie schon lange nicht mehr ausschließlich nach Sachsen, sondern in alle Teile Deutschlands wanderten.[784]

In der Stadt bot in jenen Jahren nicht nur die Fabrik Beschäftigung, sondern gesucht waren Arbeiter auch bei den zahlreichen Projekten zur Verbesserung städtischer Infrastruktur. Zwischen 1870 und 1914 wurden etliche größere Vorhaben im Hoch- und Tiefbau verwirklicht. Es entstanden zahlreiche Wohnhäuser, die ganz neue Viertel bildeten. Schulen und Fabriken sowie der Schwelmer Schlachthof wurden gebaut. Besonders zahlreich schossen Mietshäuser aus dem Boden, die die Wohnungsnot der Arbeiter[785] beheben sollten.[786] Im Tiefbau wurde das städtische Abwas-

---

[782] Für das Ruhrgebiet um 1907 stellte Köllmann fest, daß das Gros der nordostdeutschen Zuwanderer ohne besondere Qualifikation nur durch die heimatliche Armut zur Wanderung gedrängt worden war und im Ruhrgebiet mit Berufen im Bergbau und anderen Industriezweigen, vermutlich in Hilfsarbeiterpositionen, vorliebnehmen mußte. Köllmann/Hoffmann/Maul, Bevölkerungsgeschichte, S. 180.
[783] Thomsen, Landwirtschaftliche Wanderarbeiter, S. 51.
[784] Ebd., S. 49.
[785] "Die Wohnungsverhältnisse sind gut; nur ist Mangel insbesondere an Arbeiterwohnungen vorhanden. Dieser Mangel ist in den letzten Jahren durch den Zuwachs an Arbeiterbevölkerung, in Folge Anlage mehrerer größeren industriellen Etablissements, besonders fühlbar geworden." StAS B (ohne Signatur), Verwaltungsbericht 1888, S. 8. In der Folge stiegen die Mietpreise.
[786] 1889 hatte sich in Schwelm eine Wohnungsgenossenschaft gegründet, "welche in der hiesigen Kaiserstraße Grundstücke erworben hat und demnächst mit dem Bau von Wohnhäusern, in denen namentlich Arbeiterfamilien Aufnahme finden sollen, beginnen wird." StAS B (ohne Signatur), Verwaltungsbericht 1889, S. 9. Im Jahr 1900 erteilte die Stadtverwaltung insgesamt 118 Bau-Erlaubnisscheine. Geplant waren 10 neue Wohnhäuser, 18 Hinterhäu-

sernetz Jahr für Jahr erweitert,[787] Straßen und Trottoire gepflastert, die Trasse für die elektrische Straßenbahn nach Barmen gebaut[788] und die städtische Trinkwasserversorgung, die lange Zeit ein Problem dargestellt hatte, durch in den Berg getriebene Stollen und den Einbau von Pumpen verbessert.

In den achtziger und neunziger Jahren des 19. Jahrhunderts wurden in Schwelm zahlreiche Projekte im Hoch- und Tiefbau verwirklicht. Auch das "Feierabendhaus" entstand 1891. Die Arbeit zog Maurer aus allen Gegenden an.

Auch der Bau der Heilenbecker Talsperre - 1896 als eine der ersten Trinkwassertalsperren Deutschlands vollendet - ist beispielhaft für diese Zeit. Bei all diesen Projekten wurde eine große Zahl von Maurern, Bau- und Erdarbeitern benötigt. Allerdings

---

ser, 15 Fabrikbauten, 36 kleinere Fabrikerweiterungen, 37 bauliche Veränderungen an Wohnhäusern sowie ein Festzelt und 2 Schießstände mit Halle. StAS B (ohne Signatur), Verwaltungsbericht 1900, S. 17.

[787] Hatte das städtische Kanalnetz 1891 gerade einmal eine Länge von 3.500 Metern, waren es 1895 bereits 8.030 Meter plus 3.090 Meter Zweigleitungen. StAS B (ohne Signatur), Verwaltungsbericht 1891, S. 10 und 1895, S. 67.

[788] Der Bau der Straßenbahntrasse wurde im Oktober 1896 begonnen. Zunächst wurde der Bahnkörper westlich der Stadt bis Langerfeld gebaut. StAS B (ohne Signatur), Verwaltungsbericht 1896, S. 9. Im August 1897 wurde die Strecke Barmen - Schwelmer Brunnen dem Verkehr übergeben. StAS B (ohne Signatur), Verwaltungsbericht 1897, S. 9.

7. Schwelm während der Hochindustrialisierung (1871-1914)

waren diese Arbeiten nur während der frostfreien Jahreszeit möglich. Am Bauboom der Jahrzehnte um die Jahrhundertwende partizipierten überproportional die Zuwanderer. Dies besonders, da auf den Baustellen nicht nur gelernte Kräfte, sondern auch ungelernte Arbeiter gefragt waren. Im Vergleich zur Gesamteinwohnerschaft war der Anteil der Baugewerke bei den Zuwanderern viel stärker vertreten. Nicht alle ließen sich jedoch dauerhaft am Ort nieder. Vielfach handelte es sich um Saisonarbeiter. In Scharen meldeten sich die Wanderarbeiter im März oder April in der Stadt an und zogen je nach Witterung spätestens Ende November, Anfang Dezember wieder in ihre Heimat zurück. Beispielhaft für diese Saisonarbeiter sind die Männer aus dem thüringischen Buttlar/Rhön. Aus dem im Jahr 1880 nur rund 400 Einwohner zählenden Ort in Sachsen-Weimar-Eisenach kamen Jahr für Jahr rund 20 Männer[789] in arbeitsfähigem Alter nach Schwelm und arbeiteten hier als Maurer.[790] Nach den Familiennamen zu urteilen, waren etliche der Männer miteinander verwandt. Einer der Männer war Eduard Falkenhahn, dessen Verhalten typisch für hochmobile Saisonarbeiter gewesen sein dürfte. Falkenhahn meldete sich im März 1890 in Schwelm an, im November des selben Jahres wieder ab, war ein halbes Jahr später wieder in der Stadt, meldete sich im Dezember 1891 erneut ab, findet sich aber bereits im März 1892 wieder in den Anmelderegistern. Die weiteren Jahre sind nicht zu belegen, da die Register aus dieser Zeit fehlen, doch 1899 tauchte Falkenhahn wieder in Schwelm auf, nachdem er sich zuvor in Gelsenkirchen aufgehalten hatte.[791] Die Herkunftsregion Rhön galt damals als eine der ärmsten Gegenden Deutschlands und bot außerhalb der Landwirtschaft nur wenig Arbeit. Die Männer aus Buttlar wohnten in Schwelm stets in einem Haus an der Döinghauser Straße, gemeinsam mit Saisonarbeitern aus dem von Buttlar nur wenige Kilometer entfernten Ort Grüsselbach, der allerdings bereits im Hessischen lag. Auch die Grüsselbacher Josef Baumbach, Franz Henkel und Franz Richter arbeiteten als Maurer in Schwelm.[792] Vermutlich sind die Männer aus Buttlar nicht zufällig nach Schwelm gekommen. Wie so oft dürften auch hier persönliche Kontakte eine große Rolle bei der Wahl des Aufenthaltsortes gespielt haben. Für diese Annahme spricht, daß 1882 der 27 Jahre alte Maurer Gregor Stockert aus Buttlar in Schwelm heiratete. Neun Jahre später gehörte eben dieser Stockert zu den sechs in der Stadt tätigen Bauunternehmern. Es liegt nahe, daß Stockert zur Umsetzung etlicher in dieser Zeit ausgeführter Bauprojekte die Maurerkolonne aus seinem Heimatdorf einsetzte.

Möglicherweise war bereits die Niederlassung von Stockert in Schwelm kein Zufall, sondern Teil einer Kettenwanderung, die auf Johann Friedrich Dittmar zurückgeht.

---

[789] Aus Buttlar kamen u.a.: Johann Abel, Eduard Falkenhahn, Julius Göllner, Eduard Greulich, Joseph Heidrich, Blasius und Johann Hohmann, August und Joseph Kircher, Anton Kissler, August Mannel, Joseph und Valentin Nensel, Ferdinand Niebel, Anton und Karl Ruhl, Johannes und Joseph Schreiber und Johannes und Joseph Vogel. StAS B (ohne Signatur) (Kasten 362), An- und Abmelderegister 1890-93 und 1899.

[790] Adreßbuch/Geschäftsanzeiger 1891.

[791] StAS B (ohne Signatur) (Kasten 362) An- und Abmelderegister 1890 bis 1892; Anmelderegister 1899.

[792] Adreßbuch/Geschäftsanzeiger von 1891.

Der Buttlarer, ebenfalls Maurer von Beruf, hatte sich schon 1866 in Schwelm angesiedelt. Dittmar beantragte in diesem Jahr die preußische Staatsangehörigkeit, weil er sich mit der Tochter eines Schwelmer Bürgers verheiraten wollte.[793] 1891 betrieb Dittmar in der Schwelmer Bahnhofstraße eine Wirtschaft.[794] Und noch eine Verbindung weist nach Buttlar: 1890 heiratete in Schwelm Leo Jacobi die Schwelmer Dienstmagd Pauline Hubert. Auch Jacobi stammte aus Buttlar und gab als Beruf Maurer an.[795]

Während die Männer aus Hessen und Thüringen Arbeit im Hochbau fanden, waren die in Schwelm wohnenden Arbeiter aus Italien vor allem auf den Tiefbau spezialisiert. Auch sie bildeten eine recht geschlossene Gruppe und wohnten gemeinsam an der Kanalstraße 20 (heute Weststraße). 1891 waren hier 21 Italiener gemeldet, 18 von ihnen verdienten ihr Geld als *"Erdarbeiter"*,[796] jeweils einer als Tagelöhner[797] und Maurer[798] sowie Antonio Feroli als Schachtmeister.[799] Die italienischen Bauarbeiter dürften an der städtischen Kanalisation mitgebaut haben, die in den 80er und 90er Jahren eines der wichtigsten öffentlichen Bauprojekte in Schwelm darstellte.[800]

Der Bauboom kurbelte aber auch andere Wirtschaftszweige an. So partizipierten beispielsweise auch die Ziegeleien von der Entwicklung. Auch in ihren Belegschaften finden sich Arbeiter von auswärts. So waren in der Ringofenziegelei im Uhlenbruch im Amtsbezirk Haßlinghausen *"annähernd 40 Arbeiter beschäftigt, größtenteils Lippische Ziegler."* [801] Auch sie waren Wanderarbeiter, da die Ziegeleien im Winter häufig ihren Betrieb einstellten.[802]

---

[793] StAS B, Abt. A, Nr. 41, Aufnahmegesuch vom 4.7.1866.
[794] Adreßbuch/Geschäftsanzeiger von 1891.
[795] StAS Kath. Traubuch Schwelm, 11.1.1890.
[796] Guis. Bernardini; Giovanni Berzotti; Luigi Bidoli; Mattias Borgehe; Giovanni Bundiera; Livio Cilin; Angelo und Vincenzo Cossuto; Angelo, Bernardo, Giovanni und Luigi Favetta; Angelo Feroli; Giovanni Moroni; Fortunato de Nardo; Angelo di Nol; Giuseppe Tomasina und Giovanni Vahl. StAS, Schwelmer Adreßbuch 1891.
[797] Luigi Maroni. Schwelmer Adreßbuch 1891.
[798] Antonio Cilin. Ebd.
[799] Ebd.
[800] 1885/86 hatte der bekannte Stadtplaner Hermann Josef Stübben, damals als Stadtbaumeister in Köln tätig, einen "Nivellements-Plan zur Canalisation der Stadt Schwelm" angefertigt, der nicht nur das Kanalnetz, sondern auch die Anlegung neuer Straßen vorsah. Als 1898 der Dresdner Feldmesser Emil Ueberall einen neuen Bebauungsplan für Schwelm aufstellte, griff er weitgehend auf Stübbens Straßenplanung zurück. Karnau, Stübben, S. 305.
[801] StASpr AHS 1.1.8. Bd. 3, Zeitungsbericht des Amtes Haßlinghausen vom 18.6.1895, zitiert nach Hockamp, Haßlinghausen, S. 6.
[802] Bereits Mitte des 19. Jahrhunderts waren rund 8.000 Menschen aus Lippe auf Wanderarbeit gegangen. Bis zur Jahrhundertwende stieg die Zahl auf 14.000 jährlich an und erreichte 1910 mit 15.000 ihren absoluten Höhepunkt. Das bedeutete, daß jeder dritte männliche Bewohner Lippes sein Brot zeitweise in der Fremde verdiente. Waren die lippischen Ziegler zunächst Hollandgänger, wandten sie sich nach und nach auch dem Ruhrgebiet zu, das zunehmend gute Verdienstmöglichkeiten bot, so daß aus der saisonalen Auswanderung all-

7. Schwelm während der Hochindustrialisierung (1871-1914)

Metallverarbeitende Firmen (wie hier Bever & Klophaus) gewannen als Arbeitsfeld für Migranten von Jahr zu Jahr an Bedeutung. Die Zuwanderer reagierten damit sehr flexibel auf die Umgestaltung des Schwelmer Wirtschaftsraumes.

Lohnarbeiter aus Posen und Schlesien waren auch beim Bau der Eisenbahnstrecke von Wichlinghausen nach Hattingen an der Ruhr gefragt. Da sie billige und anspruchslose Arbeiter waren, wurden sie von den beauftragten Bauunternehmern gern eingesetzt - nicht immer unter Einhaltung der gesetzlich vorgeschriebenen Formalitäten. So beschwerte sich der Haßlinghauser Amtmann über mehr als 50 fremde Arbeiter, die auf der Baustelle ohne die nötigen Arbeitspapiere angetroffen worden waren.[803] Im Auftrag der Kgl. Eisenbahndirektion zu Köln rechtfertigte Baurat Alexander Menne den Einsatz der fremden Kräfte aus Posen und Schlesien, die neben 25 bis 30 Arbeitern aus dem *"engeren Baubezirke"* eingestellt worden waren, mit ihrer besonderen Eignung zur Ausführung der *"schweren Erd- und Felsarbeiten"*, für die es vor Ort keinen Ersatz gebe. Werde man gezwungen, die illegalen Arbeiter auf der Stelle zu entlassen, so Menne, drohten dem Streckenbau erhebliche Verzögerungen

---

mählich eine Binnenwanderung mit Rückkehr wurde. Teuteberg, Vom Agrar- zum Industriestaat, S. 169. Zu Ziegelarbeitern im Bergischen vgl. Battenfeld, Ziegelindustrie, S 58-61.
[803] StASpr AHS 12.2.4.e, Schreiben des Haßlinghauser Amtmannes an das Landratsamt in Hagen vom 15.10.1881.

7. Schwelm während der Hochindustrialisierung (1871-1914)

und Regreßforderungen der Unternehmer: *"denn einen alsbaldigen Ersatz für die entlassenen Arbeiter zu bewirken, begegnet um so größeren Schwierigkeiten, als die aus der Baugegend und den dieser benachbarten Kreise stammenden Arbeiter, welche sich zu den schweren Arbeiten eignen, durch den Bergbau absorbiert sind."* [804] Die Arbeit in den Steinkohle-Zechen wurde wesentlich besser bezahlt.

Nicht in jedem Fall der Migration ging die Initiative von den Zuwanderern selbst aus, entsprach der Wohnortwechsel einem frei gefaßten Entschluß des Einzelnen. In einigen Fällen reagierten Beschäftigte notgedrungen auf den Standortwechsel ihres Unternehmens. Mit neuen Industriezweigen wurden somit oft auch Arbeitskräfte an die neue Produktionsstätte verpflanzt. Ein Beispiel hierfür ist die Pianofortefabrik Rudolf Ibach. Als die Firma 1885 ihren Sitz von Barmen nach Schwelm an die bergisch-märkische Eisenbahnlinie verlegte, da bot sich in der Instrumentenwerkstatt nicht nur Arbeit für etliche Dutzend Schwelmer, die neu in das Unternehmen eintraten. Auch bewährte Fachkräfte, die der Belegschaft schon vor dem Umzug angehört hatten, folgten dem Unternehmen aus dem Wuppertal nach Schwelm und meldeten hier ihren neuen Wohnsitz für sich und ihre Familien an.

Als die Pianofortefabrik Rudolf Ibach 1885 ihren Firmensitz von Barmen nach Schwelm verlegte, folgten viele Fachkräfte ihrem Arbeitgeber an den neuen Standort. So auch der Instrumentenmacher Paul Hoffmann aus Barmen (3. Reihe, Mitte) und der Schreiner Chr. Henrici aus Bockenheim in der Pfalz (3. Reihe links).

---

[804] Ebd., Schreiben des Baurates Alexander Menne, Köln, vom 9.11.1881

7. Schwelm während der Hochindustrialisierung (1871-1914)

Dies galt besonders für die hochspezialisierten Arbeitnehmer, wie Instrumentenmacher und -bezieher. So melden zwischen Februar und Mai 1885 die Barmer Instrumentenmacher Paul Hoffman, Otto Finger, Robert Nespeda und Rudolf Göllner sowie der Instrumentenbezieher Ewald Neuhaus und ihre Familien ihren neuen Wohnsitz in Schwelm an.[805] Auch Fritz Schöttner aus Hannover, der drei Jahre später nach Schwelm kam, arbeitete für Ibach.[806] Er war blind und verdiente seinen Unterhalt als Klavierstimmer.[807]

Mit den veränderten Arbeitsmarktbedingungen wandelt sich also auch die berufliche Zusammensetzung der Migranten.

Auch Konstantin Viemann aus Gütersloh in Westfalen folgte seinem Arbeitgeber an den neuen Produktionsort (2. Reihe links).

---

[805] StAS B, (ohne Signatur) (Kasten 362) "Melderegister der Familien von 1876-1888".
[806] Ebd., "Anmelde-Register vom 1. Nov. 1888 - 31. Dez. 1889".
[807] Adreßbuch/Geschäftsanzeiger 1891.

7.3.5 Akzeptanz der Zuwanderer

Die in weiten Teilen florierende Wirtschaft und der Mangel an Arbeitskräften sorgten in der industriellen Hochphase für ein soziales Klima, das einer Integration von Zuwanderern aus deutschen Landen in Schwelm förderlich war. Zahlreiche Eheschliessungen mit Einheimischen - immer noch eines der deutlichsten Zeichen der Akzeptanz - sowie erfolgreiche Existenzgründungen belegen dies. Das geringe Bedürfnis zur Abschottung zeigte sich auch darin, daß nur zwei der in Schwelm lebenden Landsmannschaften Heimatvereine gründeten.[808] Es waren dies die Waldecker und die Hessen, die jahrzehntelang zwei der größten Zuwanderungsgruppen stellten.

Einer Einbindung der Fremden in die Schwelmer Gesellschaft standen im Einzelfall weniger Vorurteile in der Bevölkerung entgegen als vielmehr konkrete Lebensbedingungen der Fremden. Es ist einleuchtend, daß Wanderarbeiter, die nur wenige Monate am Ort blieben und in dieser Zeit in Gemeinschaftsunterkünften lebten, kaum Chancen und vermutlich auch kein Interesse an Integration hatten. Sie blieben Fremdkörper innerhalb der Schwelmer Gesellschaft. Die meisten dieser Arbeiter dürften in der Heimat bereits eine Familie gehabt haben, so daß sich die Heirat als einfachster Weg der Integration ohnehin verschloß.

Für Ausländer, die keine Freizügigkeit genossen, vor allem für Fremde aus Rußland und Galizien, war die Ausländerpolitik Ende des 19. Jahrhunderts restriktiv. Zwar hatte sich Preußen nach 1890 entschließen müssen, Saisonarbeiter aus dem früheren Kongreßpolen ins Land zu lassen, um den Mangel an landwirtschaftlichen Arbeitskräften zu lindern, und hatte für eine dreijährige Probezeit Kongreßpolen, Galizier und Ruthenen als saisonale Landarbeiter zunächst in den östlichen Grenzprovinzen, etwas später auch in den übrigen preußischen Provinzen zugelassen. Doch blieb die Erlaubnis strikt auf landwirtschaftliche Tätigkeiten und deren Nebengewerbe beschränkt.[809] Um zu verhindern, daß die ausländischen Arbeiter seßhaft wurden, blieb zudem die Aufenthalts- und Arbeitsgenehmigung befristet. Nach Ablauf der Frist hatten sie das Staatsgebiet wieder zu verlassen. Um die Umsetzung dieser Vorschrift besser kontrollieren zu können, mußten entsprechende Listen angefertigt werden. Zudem sollte die genaue Buchführung ermöglichen, *"daß unerwünschte Elemente des Auslandes schon bei ihrem Zuzuge, bevor sie sich hier dauernd niedergelassen haben, fortgewiesen werden."* [810] Als weiteres Argument wurde genannt, daß nur mit einer entsprechenden Kontrolle gewährleistet sei, daß Ausländer die nötigen Ausweispapiere vorweisen könnten und ihre Wiederaufnahme durch ihren Heimatstaat gesichert sei. Auch verhindere eine geordnete Buchführung Fehler, wie sie bereits in der Vergangenheit

---

[808] In Bottrop schossen derartige Vereine aus dem Boden. Allerdings waren hier die Verhältnisse auch umgekehrt: Hier war die einheimische Bevölkerung längst zur Minderheit geworden. Murphy, Gastarbeiter, S. 185f.

[809] Thomsen, Landwirtschaftliche Wanderarbeiter, S. 52.

[810] StAS B, Abt. L, Nr. 1, Schreiben des Oberpräsidenten der Provinz Westfalen, Münster, 22.1.1896.

7. Schwelm während der Hochindustrialisierung (1871-1914)

vorgekommen seien: Ausländer seien irrtümlich in Wählerlisten eingetragen oder zum Militärdienst herangezogen worden.

Ausländer aus Westeuropa und Italien unterlagen den erwähnten Arbeitsbeschränkungen und Aufenthaltsfristen nicht. Gegen die Ausweitung der Auflagen, die für russische und galizische Arbeiter galten, auf alle anderen im Lande lebenden Ausländer sprach sich die Stadt Schwelm wenige Jahre später entschieden aus:

> *"Es sind hier Ausländer seit längeren Jahren ansässig, ohne dass dieselben sich bis jetzt haben etwas zu Schulden kommen lassen."* [811]

Der Ausbau der städtischen Kanalisation gab vielen Wanderarbeitern Arbeit und Brot. Besonders Arbeiterkolonnen aus Italien wurden wegen ihrer Fertigkeiten gerne als *"Erdarbeiter"* eingesetzt.

---

[811] Ebd., Schreiben der Stadt Schwelm an den Landrat, 1.11.1900.

7.4 Zusammenfassung

Zwischen 1870 und 1914 wuchs die Einwohnerschaft von Schwelm um mehr als das Doppelte. Das Wachstum von durchschnittlich 2,6 Prozent im Jahr ging vorwiegend auf starke Geburtenüberschüsse zurück; der Wanderungsgewinn machte nur noch etwa drei Prozent vom Gesamtwachstum aus. Das Wanderungsvolumen war allerdings nach wie vor sehr groß. Die Metallindustrie wurde in Schwelm zum bestimmenden Sektor der Wirtschaft und verdrängte die Textilindustrie, die nicht länger konkurrenzfähig war. Zahlreiche Betriebe wurden durch die Eisenbahnlinien, die durch die Stadt führten, angezogen. Dennoch geriet Schwelm, einst gewerbliches Zentrum im südmärkischen Raum, durch den Aufschwung des Ruhrgebiets in eine wirtschaftliche Randlage, die auch die Zuwanderung beeinflußte.

Die Zuwanderung wurde weiterhin von Einzelpersonen getragen. Rund Dreiviertel der Zuwanderer waren männlich. Doch erwiesen sich die hinzuziehenden Frauen als wesentlich seßhafter. Sie neigten weniger zur Etappenwanderung. Mit der Entfernung nahm der Anteil zugewanderter Frauen ab, der Anteil der Männer zu. 39 Prozent der Menschen, die 1880 in Schwelm wohnten, waren nicht in der Stadt geboren. Somit profitierte Schwelm stärker von der Binnenwanderung als der Durchschnitt westfälischer Städte.

Mit einer Zuwanderung, die sich besonders aus dem Nahbereich, also vornehmlich aus Binnenwanderern speiste, verlief die Entwicklung in Schwelm entgegengesetzt zum Trend der in diesen Jahrzehnten enorm wachsenden Ruhrgebietsstädte. Die Zahl von Wanderarbeitern, besonders aus Hessen und Thüringen, wuchs. Der Anteil der Ausländer unter den Zuwanderern war gering, ihre Aufenthaltsdauer am Ort meist kurz. Der Grund hierfür lag bei einigen Ausländern wie Polen und Galiziern in gesetzlichen Bestimmungen des preußischen Staates. Sie genossen keine Freizügigkeit. Aufenthaltsdauer und Arbeitsmöglichkeiten waren eingeschränkt. Ungelernte Kräfte, die besonders auf dem Bau und in der Fabrik ihr Geld verdienten, machten 58 Prozent der Ausländer aus. Die zunehmende Fabrikarbeit sorgte in Schwelm für Mangel an Dienstboten und landwirtschaftlichen Kräften. Letztere wurden durch Wanderarbeiter aus dem Osten ersetzt. Während der Mangel an Arbeitskräften die Akzeptanz der Zuwanderer in Schwelm verbesserte, erschwerte das zunehmende Phänomen der Wanderarbeiter eine Integration.

Der Ausbau der städtischen Infrastruktur, besonders des Hoch- und Kanalbaus, gab auch Zuwanderern, besonders Wanderarbeitern, Beschäftigung. Die Textilbranche, einst bevorzugtes Arbeitsgebiet der Migranten, verlor ihre Bedeutung fast gänzlich. Dafür besetzten Zuwanderer zunehmend die finanziell lukrativen Berufe im Handwerk. Technische Berufe, auch im Zusammenhang mit der noch jungen Eisenbahn, wurden auch von Zuwanderern ausgeübt.

8. Nahrungsdiebe, Kostgänger und nützliche Professionisten
Die Zuwanderung nach Schwelm im Industriezeitalter
Eine Zusammenfassung

Die vorliegende Arbeit hat den Versuch unternommen, das Phänomen der Zuwanderung am Beispiel der Kleinstadt Schwelm in Westfalen und ihres Umlandes zu untersuchen. Gleichsam als Mikro-Studie wurden auf der Grundlage von etwa 22.000 Personendaten rund 150 Jahre der Zuwanderung beschrieben, fördernde und hemmende Einflüsse, Strukturen, Motive und Ziele der Zuwanderer untersucht und ihre Chancen am neuen Wohnort aufgezeigt. Insbesondere wurde der Frage nachgegangen, wie stark die Zuwanderung von der jeweiligen Situation abhängig war, die in Schwelm vorgefunden wurde; ob die Industrielle Revolution einen Bruch im Wanderungsverhalten darstellte oder ob vorhandene Wanderungsmuster kontinuierlich fortgesetzt wurden.

Mit Schwelm fiel die Wahl auf eine Kleinstadt, die wirtschaftlich früh entwickelt war und auf dem Gebiet der Textilverarbeitung bereits in der zweiten Hälfte des 18. Jahrhunderts ein regionales Zentrum in der südlichen Grafschaft Mark darstellte. Heimgewerblich wurden hier im Verlagssystem hauptsächlich Bänder und Heimtextilien wie Bettziechen und Siamosen hergestellt. Im Osten des Gogerichts lag der wirtschaftliche Schwerpunkt stärker auf der Metallverarbeitung, da hier die zur Produktion benötigte Wasserkraft vorhanden war. Die wirtschaftliche Entwicklung von Stadt und Umland, die als Beispiele der Protoindustrialisierung gelten dürfen, nahm aber ungeachtet dieser Ausgangsposition im Laufe des 19. Jahrhunderts nicht den stürmischen Verlauf, den vor allem die nahegelegenen Ruhrgebietsorte und das benachbarte Wuppertal erlebten. Weil die wirtschaftliche Entwicklung der Stadt eine völlig andere Richtung erhielt als die in vielen Orten im späteren Ruhrgebiet,[812] entwickelte sich in Schwelm auch die Migration gänzlich anders.

Da die Zuwanderung entscheidend von den jeweils herrschenden politischen, wirtschaftlichen und sozialen Rahmenbedingungen am Herkunfts- und am Zielort beeinflußt war, wurde die Migration zwischen Siebenjährigem Krieg und Erstem Weltkrieg in der vorliegenden Arbeit chronologisch untersucht. Die jeweiligen zeitspezifischen Ergebnisse der Analysen wurden am Ende jedes Kapitels der vorliegenden Arbeit gesondert zusammengefaßt. Dennoch lassen sich darüber hinaus epochenübergreifend auch einige grundsätzliche Faktoren der Zuwanderung nach Schwelm festhalten.

---

[812] Im 18. Jahrhundert war das Gebiet territorial zersplittert und gehörte politisch teils zur Grafschaft Mark, teils zum Herzogtum Berg sowie zum Bistum Münster und zum Vest Recklinghausen.

8. Nahrungsdiebe, Kostgänger und nützliche Professionisten. Eine Zusammenfassung

• Politische Rahmenbedingungen

Die staatlich geförderte Zuwanderungspolitik und die exponierte Lage Schwelms als Grenzstadt zum Herzogtum Berg bestimmten bis zum ersten Jahrzehnt des 19. Jahrhunderts die Situation, bevor die auf diesem Gebiet relativ liberale Politik des Staates, die nicht selten in scharfem Gegensatz zur Auffassung des städtischen Magistrats stand, unter dem Druck der mobiler werdenden Gesellschaft zunehmend eingeschränkt wurde.

Als Teil der Grafschaft Mark gehörte Schwelm seit dem 17. Jahrhundert zum preußischen Territorium und unterstand somit auch der preußischen Steuer- und Militärpolitik. Die brachte für die Stadt manche Nachteile, besonders da das Schwelmer Gebiet unmittelbar an das Herzogtum Berg mit weit liberalerer Wirtschaftsordnung grenzte. Zahlreiche Sondervergünstigungen des preußischen Staates, der die Anwerbung von Kolonisten zur Wirtschaftsförderung betrieb, waren besonders für Schwelm wichtig, um den Standortnachteil abzumildern und die starke Abwanderung von preußischen Untertanen ins Bergische wenn schon nicht zu verhindern, so doch wenigstens einzudämmen. Befreiung vom Militärdienst, Steuererleichterungen, Baugelder und andere Leistungen sollten gleichzeitig die Zuwanderung fördern, zeigten aber nur begrenzte Wirkung. Sie zogen nicht halb so viele begüterte Ausländer[813] an wie vom Staat erhofft. Dafür verursachten die versprochenen Privilegien aber einen erheblichen Verwaltungsaufwand auf lokaler Ebene und waren zudem geeignet, Ressentiments der Einheimischen gegen die Fremden am Ort zu schüren.

Mit der französischen Fremdherrschaft fiel die trennende Grenze fort. Die größten Unterschiede zwischen den Territorien wurden aufgehoben. Damit verschwanden auch die zahlreichen staatlichen Benefizien für bergische Zuwanderer.

Auch nach der Rückübertragung der Grafschaft Mark an Preußen änderte sich daran nichts mehr, da die benachbarten westlichen Gebiete nun ebenfalls preußisch wurden. Durch die zunehmende Mobilität stieß die von Preußen ursprünglich als Instrument der Wirtschaftsbelebung verfolgte Politik der protegierten Zuwanderung an ihre Grenzen. 1842 mußte Preußen auf die anwachsenden Wanderungsströme reagieren und legte erstmals die Grundlagen für ein einheitlich geregeltes Staatsbürgerrecht.

---

[813] Wie sich die Definition des Begriffs "Ausländer" im Untersuchungszeitraum mehrfach veränderte, wurde aufgezeigt.

8. Nahrungsdiebe, Kostgänger und nützliche Professionisten. Eine Zusammenfassung

• Wirtschaftliche Entwicklung

Schwelm war nach dem Siebenjährigen Krieg eine Kleinstadt, deren Gewerbe früh entwickelt war und die zahlreiche Arbeitskräfte aus der näheren und weiteren Umgebung anzog. Besonders das Textilgewerbe bestimmte die örtliche Wirtschaft. Schmal- und Breitweberei wurden von zahlreichen Familien in der Stadt und im Gogericht im Voll- oder im Nebenerwerb ausgeübt und boten auch ungelernten Arbeitern Beschäftigung. Fast ausschließlich arbeiteten diese Familien heimgewerblich, stellten aus den vom Verleger gelieferten Rohstoffen fertige Waren her, die ihnen der Verleger dann wieder abkaufte und weitervermarktete. Daher war die Stadt auch Sitz zahlreicher Textilkaufleute, die internationale Handelsbeziehungen unterhielten. Zudem wurde im Osten des Gogerichts - abhängig von der dortigen Wasserkraft - auch Metallgewerbe betrieben. Die Landwirtschaft spielte eine so untergeordnete Rolle, daß Schwelm stets von Nahrungsmittelimporten abhängig blieb. Als regionales Zentrum verfügte die Stadt zudem über eine große Zahl von Kleinhändlern aller Art und über ein florierendes Gaststätten- und Beherbergungsgewerbe.

Neue Chancen der Entwicklung brachte in der Zeit der napoleonischen Herrschaft die Aufhebung der Grenze zum Herzogtum Berg. Gleiche Wirtschaftsgesetze erleichterten nun den Verkehr von Waren und Arbeitskräften. Nachdem die Grafschaft Mark wieder an Preußen zurückgefallen war, blieb das für den überregionalen Markt produzierende Textilgewerbe zunächst weiterhin der dominierende Faktor der örtlichen Wirtschaft. Bis zur Mitte des 19. Jahrhunderts erlebte die Schwelmer Wirtschaft Jahrzehnte der Rezession. Mißernten und eine Absatzkrise des Textilgewerbes führten zum wirtschaftlichen Niedergang. Sinkende Löhne, steigende Preise, Arbeitslosigkeit und Wohnungsnot kennzeichneten die Misere, von der in starkem Maße auch Zuwanderer betroffen waren. Technische Neuerungen fanden nur zögernd Eingang in die Schwelmer Wirtschaft, die nun weit hinter der im benachbarten Wuppertal zurückblieb. Ein Grund für die Stagnation dürfte die dezentrale Struktur der Textilproduktion gewesen sein. Erst 1845 nahm die erste Dampfmaschine in Schwelm ihren Betrieb auf; Jahre nachdem diese Technik im Wuppertal längst Einzug gehalten hatte. Neuen Schwung erhielt die örtliche Wirtschaft erst wieder mit dem Bau der Eisenbahnstrecke Elberfeld - Schwelm, die 1847 für den Verkehr freigegeben wurde und zwei Jahre später schon bis nach Dortmund bzw. Düsseldorf führte. Die schweren Erdarbeiten für die Eisenbahntrasse wurden damals überwiegend von ortsfremden Arbeitern ausgeführt, die der Baustelle von Ort zu Ort folgten. Ähnlich verhielt es sich beim Bau der Bahnstrecke Wichlinghausen - Schee Anfang der achtziger Jahre des 19. Jahrhunderts, die maßgeblich von Arbeitskräften aus Posen und Schlesien erstellt wurde.

Technischer Fortschritt machte das örtliche Eisengewerbe zunehmend unabhängig von der bisher standortbestimmenden Wasserkraft. Metallbetriebe drängten nun vermehrt an die Eisenbahnstrecke. Bis zur Reichsgründung konnte das Textilgewerbe dennoch seine traditionelle Vormachtstellung behaupten. Trotz der industriellen Entwicklung blieb in Schwelm die dezentrale und handwerkliche Fertigung - Charakteristikum vorindustrieller Produktionsweise - bestimmend. Nach 1871 war der

Aufschwung der Metallindustrie aber nicht mehr aufzuhalten. Weit mehr Beschäftigte - unter ihnen auch viele Zuwanderer - arbeiteten nun im Metall- als im Textilgewerbe, das immer weniger konkurrenzfähig war. Der Umbau der Schwelmer Wirtschaft vom Zentrum eines dezentralen Textilgewerbes zum Standort einer zentralen Metallindustrie war damit im wesentlichen abgeschlossen.

Dennoch blieb die Entwicklung von Schwelm deutlich hinter Städten wie Hagen oder Bochum zurück. Schwelm verlor in der zweiten Hälfte des 19. Jahrhunderts die einstige zentrale Wirtschaftsposition in der südlichen Mark. Schon vor dem Aufstieg des Ruhrgebiets zeichnete sich diese Entwicklung ab, die sich mit der stürmisch verlaufenden ökonomischen Entwicklung an der Ruhr immer drastischer vollzog. Damit verlor Schwelm auch an Attraktivität als Wanderungsziel.

• **Bevölkerungsentwicklung**

Die Bedeutung der Zuwanderung für das Schwelmer Bevölkerungswachstum war - in der Entwicklung der relativen Zahlen betrachtet - in den Jahren nach dem Siebenjährigen Krieg größer als in der Zeit vor dem Ersten Weltkrieg. Der Anreiz für Zuwanderer nach Schwelm zu kommen und am Ort zu bleiben, wurde zunehmend schwächer. Vielmehr entwickelte sich die Stadt zur Durchgangsstation auf dem Weg ins prosperierende Ruhrgebiet.

Zu Beginn des vorliegenden Untersuchungszeitraums lebten in der Stadt Schwelm 1.363 Einwohner. Diese Zahl stieg in den folgenden Jahrzehnten kontinuierlich an. Die jährliche Zuwachsrate[814] lag zwischen 1764 und 1806 durchschnittlich bei zwei Prozent. Zwischen 1870 und 1914 wuchs die Schwelmer Einwohnerschaft - auch dank einer Eingemeindung - um mehr als das Doppelte und betrug 1914 mehr als 21.000 Einwohner. Dennoch konnte sich das Wachstum mit dem der nahen Ruhrgebietsstädte in keiner Weise messen.

Diese Bevölkerungszunahme war zwischen 1764 und 1806 maßgeblich auf Zuwanderung zurückzuführen, da der Geburtenüberschuß noch gering war. Doch schon 1816 hatte sich das Bild gewandelt. Nun wurde das Bevölkerungswachstum stärker vom Geburten- als vom Wanderungsüberschuß getragen - eine Entwicklung, die sich bis zum Ersten Weltkrieg von Jahrzehnt zu Jahrzehnt verstärkt fortsetzte, bis schließlich der Wanderungsgewinn zwischen Reichsgründung und Erstem Weltkrieg nur noch knapp drei Prozent des Bevölkerungszuwachses ausmachte.

Das Wanderungsvolumen war allerdings um ein Vielfaches größer als der erzielte Wanderungsgewinn. Kurz vor der Wende zum 20. Jahrhundert betrug das Verhältnis von Wanderungsvolumen zu Wanderungsgewinn 58 zu 1. Zum Vergleich: In Dortmund betrug es im gleichen Zeitraum nur 10 zu 1. Dies zeigt, daß Schwelm um die Jahrhundertwende für die meisten Zuwanderer zur Zwischenstation auf ihrer Etappenwanderung geworden war. Die Stadt diente als Drehscheibe der Zu- und Abwanderung - ein Faktor, der die Verwaltung vor große bürokratische Probleme stellte.

---

[814] Zur Entwicklung der Schwelmer Bevölkerungszahl vgl. Abb. 49.

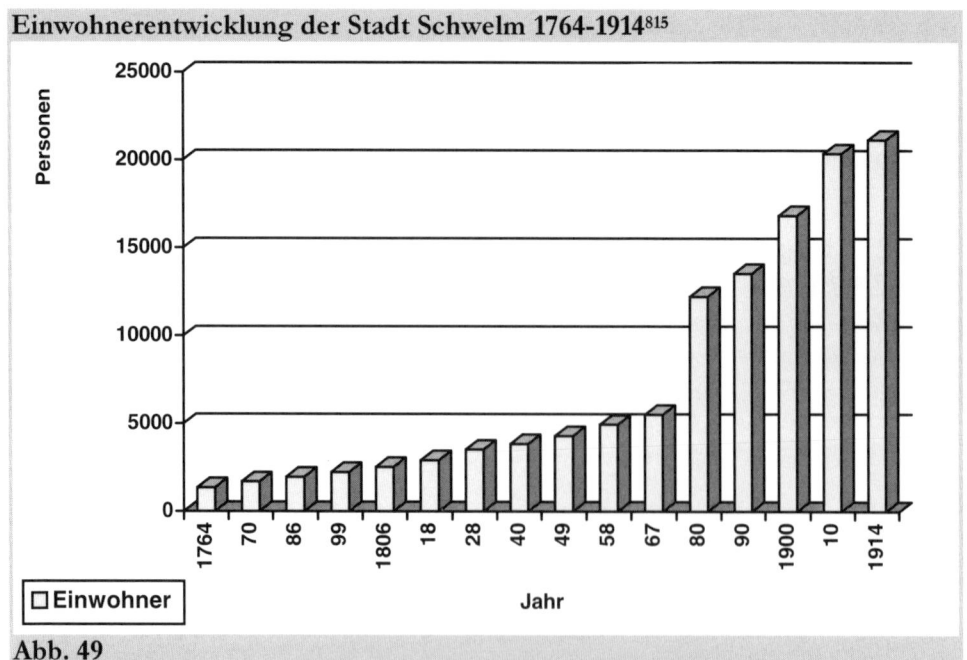

8. Nahrungsdiebe, Kostgänger und nützliche Professionisten. Eine Zusammenfassung

Einwohnerentwicklung der Stadt Schwelm 1764-1914[815]

Abb. 49
Zahlen ermittelt aus: StAS A 26b; 31; 51; 64; 67; 929; StAS B, Reg. II, Cap. 7, Nr. 708; StAS B, Abt. B, Abt. A, Nr. 36-38; StAS, Nachlaß Böhmer, Zeittafel; StAS B, Landgemeinde Schwelm I, Nr. 21; StAS B (ohne Signatur), Verwaltungsberichte 1885-1914; StAM Nachlaß Romberg, A, Nr. 7
(Erhebung d. Verf.)

- **Entwicklung der Zuwanderung**

Die veränderten Wirtschaftsbedingungen, aber auch die verbesserte Infrastruktur führten zu Veränderungen im Wanderungsverhalten. Zwar wurde die Zuwanderung stets hauptsächlich von Einzelwanderern gespeist, die anders als die Fremden im Ruhrgebiet hauptsächlich aus der näheren Umgebung stammten, doch wandelte sich Schwelm zunehmend vom Wanderungsziel zur Wanderungsetappe.
Die Zuwanderung nach Schwelm war vor allem eine Einzelwanderung. Wanderung im Familienverband - wie häufig bei Auswanderern nach Amerika festzustellen - war hier eher die Ausnahme. Alleinstehende Frauen bevorzugten geringere Wanderungsdistanzen als Männer, da sie weder beruflich noch durch die gesellschaftlichen Rahmenbedingungen die Voraussetzungen für weite Reisen mitbrachten.
Die meisten Zuwanderer kamen aus dem bergisch-märkischen Raum. Sie stellten stets 40 bis 70 Prozent der Fremden.[816] Mit weitem Abstand folgten die Herkunftsregionen Waldeck, Hessen-Kassel und das Herzogtum Westfalen. Alle übrigen Territorien stellten zusammen nie mehr als ein Viertel aller Fremden am Ort. Die kleinräu-

---

[815] 1879 wurden Stadt und Landgemeinde Schwelm zusammengelegt.
[816] Vgl. Abb. 50.

mige Zuzugsstruktur korrespondierte mit der Stellung Schwelms als regionalem Wirtschaftszentrum, das jedoch darüber hinaus zu wenig Bedeutung besaß, um aus entfernteren Gebieten nennenswerte Wanderungsströme anzuziehen.

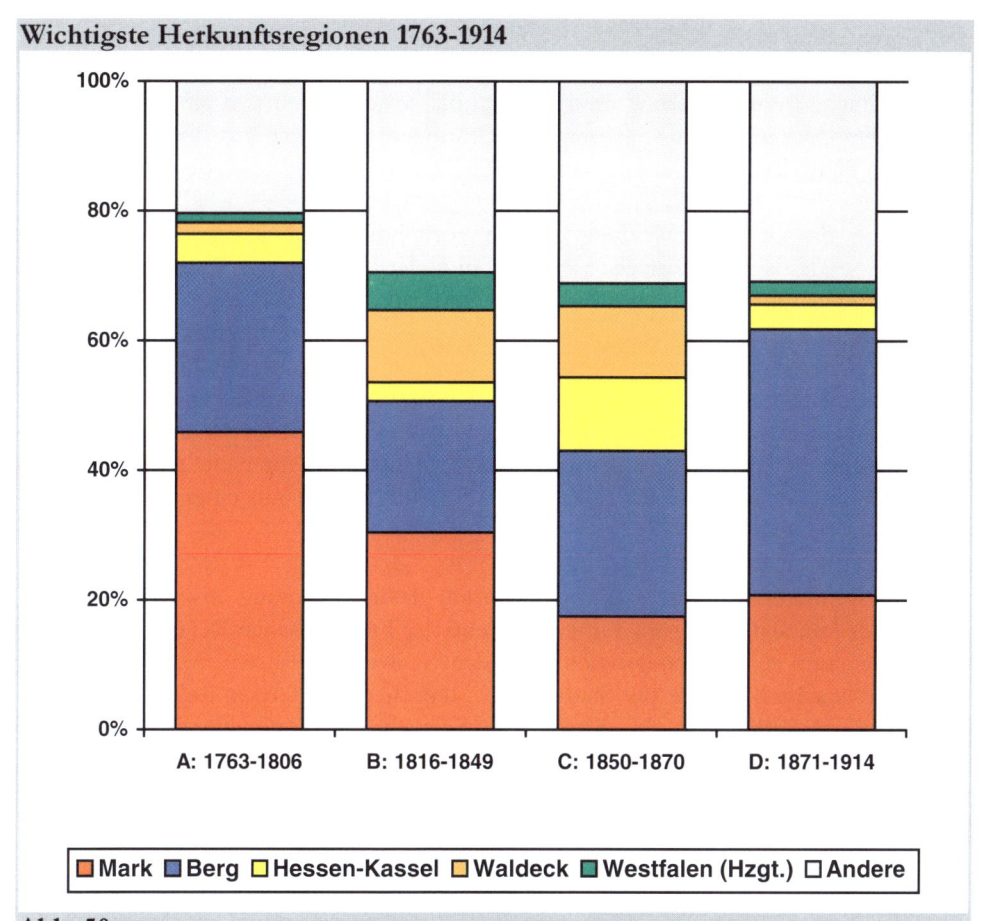

Wichtigste Herkunftsregionen 1763-1914

[Bar chart showing Mark, Berg, Hessen-Kassel, Waldeck, Westfalen (Hzgt.), Andere for periods A: 1763-1806, B: 1816-1849, C: 1850-1870, D: 1871-1914]

Abb. 50
Zahlen ermittelt aus: StAS,LT 1-4, 6-10; RT 1-5; KT 1-6; StAS B (ohne Signatur) (Kasten 362), Melderegister 1874-1893, 1899
(A: 1919 = 100%; B: 588 = 100%; C: 400 = 100%; D: 7377 = 100%)   (Erhebung d. Verf.)

Zwischen 1763 und 1871 sank der Anteil der Nachbarschafts- und der Nahwanderer kontinuierlich von anfangs zusammen 76 auf 48 Prozent.[817] Besonders die Zuwanderer aus der märkischen Umgebung blieben immer mehr aus. Die gemäßigte Fernwanderung in einem Umkreis von bis zu 250 Kilometern stieg im gleichen Zeitraum von 20 auf 47 Prozent an. Der Zuwachs wurde besonders vom Zuzug aus Waldeck und Hessen-Kassel getragen, der bis zur Reichsgründung seinen Höhepunkt erlebte

---

[817] Zu den Wanderungsdistanzen vgl. Abb. 51.

8. Nahrungsdiebe, Kostgänger und nützliche Professionisten. Eine Zusammenfassung

und anschließend an Bedeutung verlor. Die Fernwanderung - besonders aus Territorien in Süddeutschland, aus Sachsen und Brandenburg sowie zur Zeit der Französischen Revolution aus Frankreich, Flandern und Brabant - lag konstant bei drei bis vier Prozent. Erst in der Phase der Hochindustrialisierung ab 1872 ist ein Bruch dieser Entwicklung festzustellen. Die Nachbarschafts- und Nahwanderung stieg nun wieder auf 64 Prozent an, die gemäßigte Fernwanderung ging erheblich zurück, und die eigentliche Fernwanderung erreichte erstmals einen Anteil von elf Prozent. Viele Zuwanderer kamen nun aus Sachsen und Thüringen, aber auch aus Posen und Schlesien nach Schwelm.

Ursächlich für diese Entwicklung dürften vornehmlich die Umstrukturierung des märkisch-westfälischen Wirtschaftsraumes und der Ausbau des Verkehrsnetzes im Untersuchungszeitraum gewesen sein. Mit verbesserter Infrastruktur seit Mitte des 18. Jahrhunderts wuchs zunächst der Zuzug aus entfernteren Gebieten nach Schwelm an. Die Wirtschaftskraft der Stadt und ihres Umlandes reichte noch aus, um auch Zuwanderer aus angrenzenden Regionen, besonders aus Hessen und dem Fürstentum Waldeck, anzuziehen. Gleichzeitig nutzten die bisherigen Nahwanderer aus dem Umland die verbesserte Infrastruktur und suchten nun ihrerseits auch entferntere Wanderungsziele als die benachbarte Stadt Schwelm, die mit einem Tagesmarsch zu erreichen war.

Für Fernwanderer hatte die Stadt Schwelm nie große Bedeutung besessen. Mit Ausnahme der französischen Emigranten während der Französischen Revolution, die aus politischen und militärstrategischen Gründen Schwelm zu ihrem vorübergehenden Wohnsitz machten, lockte die Stadt kaum Menschen aus fernen Regionen an. Die Anziehungskraft des Wirtschaftsstandortes Schwelm war regionaler Natur. Um als Magnet auf Fremde zu wirken, fehlte der Kleinstadt die Bedeutung. Weder Residenzstadt noch Verwaltungssitz, auch nicht Kaufmannsstadt von internationalem Rang, vermochte sie als kleingewerbliches Zentrum nicht in die Ferne auszustrahlen. Nach der Reichsgründung setzte das aufstrebende Ruhrgebiet den südlichen Teil des märkischen Raumes in seiner wirtschaftlichen Bedeutung immer weiter herab. Insbesondere der Raum Schwelm, der nicht schnell und umfassend genug vom Textil- auf das Eisengewerbe umstellte und am äußersten südlichen Rand der Steinkohlevorkommen lag, konnte seine Stellung als wirtschaftliches Zentrum der Region nicht mehr behaupten. Somit ging auch die im wesentlichen wirtschaftlich bestimmte Zuwanderung zurück. Lediglich die Fernwanderung, die in jenen Jahrzehnten um das Drei- bis Vierfache wuchs, machte eine Ausnahme. Doch ihr Ursprung lag nun nicht mehr in Frankreich, Belgien oder Süddeutschland, sondern in den Ostgebieten. Schwelm partizipierte hier am Zuzug aus dem Osten, der eigentlich das Ruhrgebiet zum Ziel hatte. Zudem handelte sich bei diesen Fernwanderern nicht wie früher um die Zuwanderung von Spezialisten, sondern vorherrschend um ungelernte Arbeitskräfte.

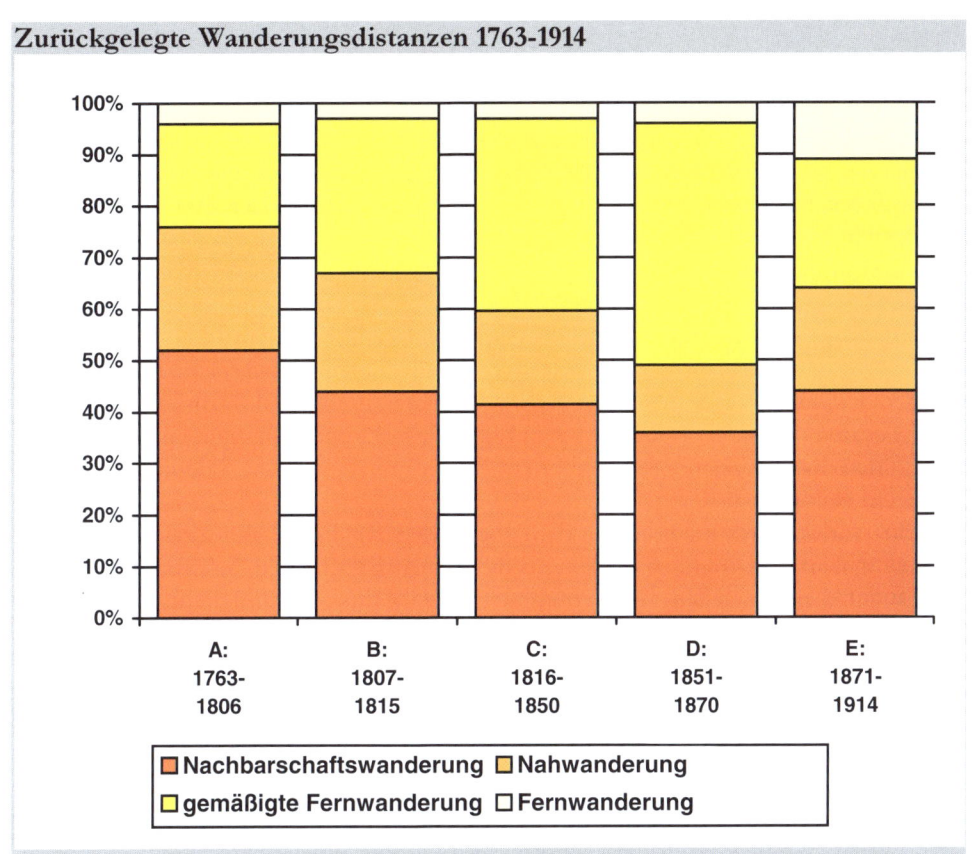

8. Nahrungsdiebe, Kostgänger und nützliche Professionisten. Eine Zusammenfassung

Zurückgelegte Wanderungsdistanzen 1763-1914

	A: 1763-1806	B: 1807-1815	C: 1816-1850	D: 1851-1870	E: 1871-1914

Legende: ■ Nachbarschaftswanderung ■ Nahwanderung ☐ gemäßigte Fernwanderung ☐ Fernwanderung

Abb. 51
Zahlen ermittelt aus: StAS, LT 1-10; RT 1-5; KT 1-6; StAS B (ohne Signatur) (Kasten 362)
(A: 2.076 = 100%; B: 545 = 100%; C: 588 = 100%; D: 376 = 100%; E: 7.953 = 100%)
(Erhebung d. Verf.)

Mit fortschreitender Industrialisierung verlor Schwelm zwar nicht generell an Anziehungskraft auf Migranten, doch konnte die Stadt die Fremden nicht wie in früheren Jahrzehnten dauerhaft am Ort halten. Dies beweist die Zahl der Abwanderer, die nun fast stets ebenso groß war wie die der Zuwanderer. Die meisten Ankömmlinge nutzten die Stadt als Zwischenstation, als ersten Orientierungspunkt zu Beginn ihrer Wanderung. Damit wurde Schwelm vor den Toren des interessanten Wirtschaftsraumes als "Sprungbrett" ins ökonomisch attraktivere Ruhrgebiet oder ins nahe Wuppertal genutzt. Es steht zu vermuten, daß noch weitere Orte im Einzugsbereich der prosperierenden Wirtschaftsräume Ruhrgebiet und Wuppertal diese "Brückenkopffunktion" aufweisen. Allerdings stehen für ähnliche Kleinstädte entsprechende Mikrostudien bisher aus.

8. Nahrungsdiebe, Kostgänger und nützliche Professionisten. Eine Zusammenfassung

- **Berufsstruktur**

Die Zuwanderung nach Schwelm war hauptsächlich wirtschaftlich motiviert und somit stark abhängig von den am Ort vorgefundenen Arbeits- und Lebensbedingungen. Die Erwartung von besseren Arbeitsplätzen und höheren Löhnen als in der Heimat waren die Motive, die den meisten Wanderungen zugrunde lagen. Mit der Industriellen Revolution veränderte sich auch die Berufswahl der Zuwanderer,[818] die oft flexibler reagierten als die ansässige Bevölkerung und neue Chancen am Arbeitsmarkt stärker nutzten.

Zunächst fanden fremde Arbeitskräfte besonders im Textilgewerbe ein Betätigungsfeld. Es bot reichlich Arbeit - vor allem für Frauen und ungelernte Kräfte. Hier waren Zuwanderer zunächst stärker vertreten als einheimische Arbeitskräfte. Da das Gros der Zuwanderer unvermögend war, blieben Fremde in Handels- und Nahrungsberufen, die eine solide Finanzausstattung voraussetzten, stark unterrepräsentiert. Zuwächse verzeichneten besonders Berufe mit kurzen Ausbildungszeiten und geringem Kapitalbedarf.

Um die Jahrhundertmitte erhielten daher besonders der Eisenbahn- und Chausseebau starken Zulauf von fremden Arbeitern, die sich nicht scheuten, schwere körperliche Arbeit auf den Baustellen zu übernehmen. Gerade hier bestand Bedarf. Denn einheimische Arbeiter, die die körperlichen Voraussetzungen für Schwerstarbeit mitbrachten, zogen den wesentlich lukrativeren Bergbau im Norden des ehemaligen Gogerichts dem Straßen- und Eisenbahnbau vor. Frauen arbeiteten zunächst fast ausschließlich als Dienstpersonal.

Bis zur Reichsgründung näherten sich die Berufsbilder von Einheimischen und Zuwanderern immer stärker einander an. In der Zeit bis zum Ausbruch des Ersten Weltkriegs sorgte die finanziell lohnendere Fabrikarbeit für einen Mangel an Dienstboten und landwirtschaftlichen Kräften. Die Textilbranche, zuvor das bevorzugte Arbeitsgebiet der Migranten, verlor ihre Bedeutung für die Arbeitskräfte von auswärts fast gänzlich. Die Abkehr vom einstigen Hauptbeschäftigungsfeld wurde vor allem auch dadurch erleichtert, daß die fremden Textilarbeiter nicht wie viele Einheimische durch berufliche Tradition oder den Besitz von Produktionsmitteln in der freien Berufswahl behindert wurden. Statt dessen erschlossen sich die Zuwanderer weit schneller als der Durchschnitt der einheimischen Bevölkerung neue zukunftsträchtige Arbeitsmöglichkeiten. So wurden auch technische Berufe - besonders im Zusammenhang mit der noch jungen Eisenbahn - zunehmend von Zuwanderern übernommen. Auch der Ausbau der städtischen Infrastruktur, namentlich im Hoch- und Tiefbau, gab Zuwanderern Arbeit. Hier wurden besonders Wanderarbeiter tätig, die zu Beginn der frostfreien Monate in Kolonnen aus ihrer Heimat nach Schwelm kamen und hier in Sammelunterkünften lebten.

---

[818] Vgl. Abb. 52.

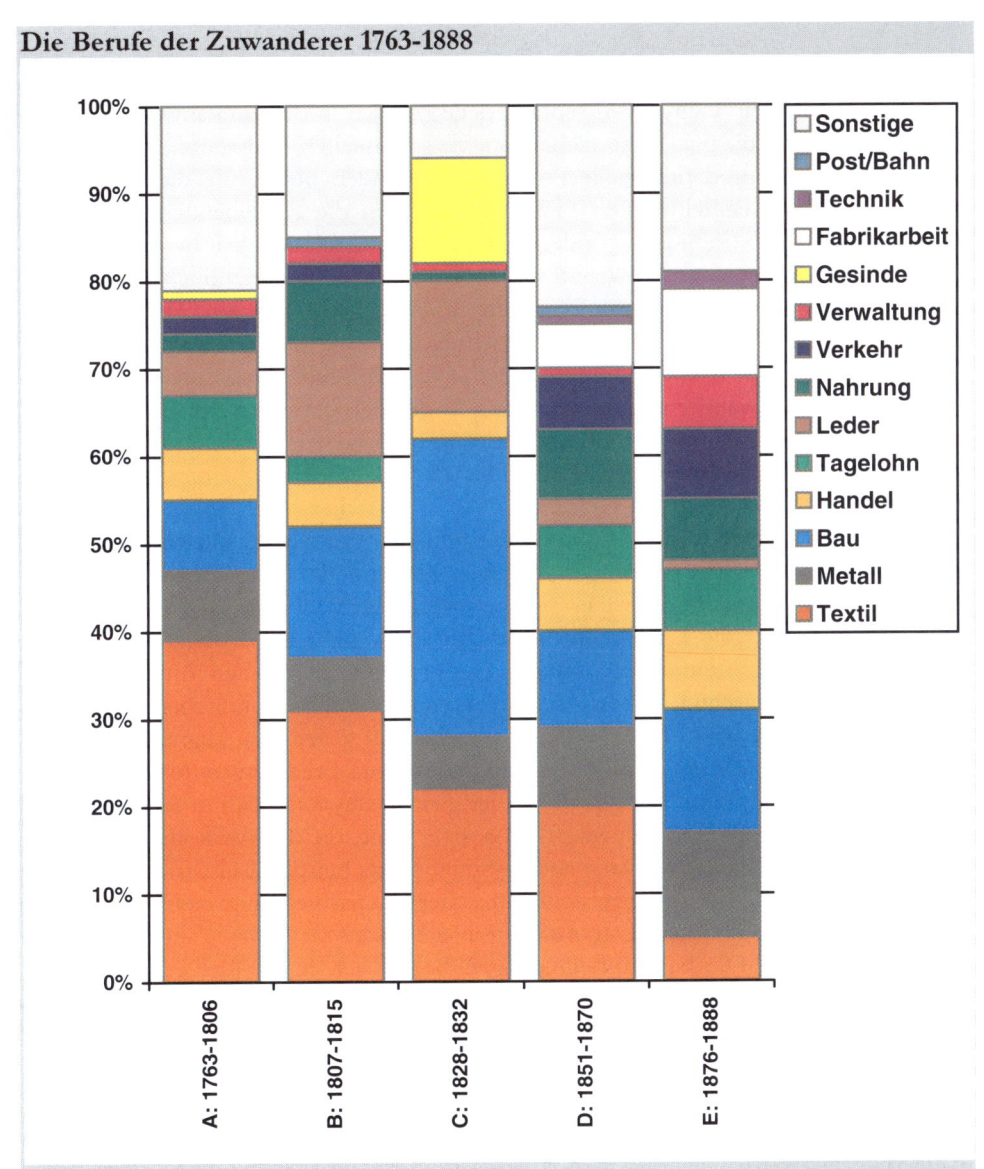

8. Nahrungsdiebe, Kostgänger und nützliche Professionisten. Eine Zusammenfassung

Die Berufe der Zuwanderer 1763-1888

Abb. 52
Zahlen ermittelt aus: Zahlen ermittelt aus: StAS A 25, 31, 31b, 34, 35, 41, 46-48, 51-54, 55a, 64, 65, 67, 910, 914, 960, 978, 1131, 1268, 1610, 1617, 1623, 1626, 1638a, 1647, 1713, 2024, 2029, 2032, 2049, 2058, 2112, 2123; StAS, LT3, LT6-10, KT2-3, KT5-6, RT2-5; StAS B, Reg. III, Cap. 8, Nr. 6; StAS B (ohne Signatur) (Kasten 362); StAM Mscr. I, 257, A6;
(A: 1195 = 100 %; B: 142 = 100 %; C: 788 = 100 %; D: 220 = 100 %; E: 459 = 100 %)
(Erhebung d. Verf.)

8. Nahrungsdiebe, Kostgänger und nützliche Professionisten. Eine Zusammenfassung

• Akzeptanz der Fremden

Da die Zuwanderung nach Schwelm im wesentlichen von wirtschaftlichen Motiven bestimmt wurde, war auch die Akzeptanz der Fremden in der einheimischen Bevölkerung deutlich an die gerade herrschenden wirtschaftlichen Bedingungen gekoppelt. Die wirtschaftliche und finanzielle Potenz der Fremden bestimmte die Akzeptanz. Ressentiments der einheimischen Bevölkerung gegen die Zuziehenden lassen sich daher auch kaum als Fremden-, sondern eher als Armutsfeindlichkeit bezeichnen.
In Zeiten prosperierender Wirtschaft waren Zuwanderer die unabdingbare Voraussetzung weiteren Aufschwungs und wurden entsprechend begrüßt. Anders als der preußische Staat allerdings, der viele Jahrzehnte an der durch Privilegien gestützten Zuwanderungspolitik festhielt, fürchtete die ansässige Bevölkerung auch die Risiken der geförderten Zuwanderung, die vor allem in der Belastung der Armenkasse und - sobald der Schwung der Wirtschaft abnahm - in der unerwünschten Konkurrenz der fremden Arbeitskräfte lagen. Als Idealfall der Zuwanderung mußte daher der Zuzug französischer Emigranten im Gefolge der Französischen Revolution empfunden werden. Welch geringe Rolle politische oder religiöse Vorbehalte spielten, zeigt auch das Schwelmer Verhalten gegenüber jüdischen Zuwanderern. Ihre Ansiedlungspläne wurden stets unterstützt, sofern es sich um vermögende Personen handelte. Mit ihrer Haltung stand die Lokalbehörde bis zur Lockerung der Auflagen für Juden Anfang des 19. Jahrhunderts in starkem Gegensatz zu staatlichen Interessen. Die hohe Zahl der "gemischten" Ehen zwischen Fremden und Einheimischen zeigt ebenfalls die große Akzeptanz der Schwelmer Gesellschaft gegenüber Migranten. Bereits in der ersten Zuwanderergeneration gelang zahlreichen Fremden mittels einer Eheschließung die Integration. Dies beweist aber gleichzeitig auch, daß in Schwelm stets eine ausreichend große Zahl dauerhaft Ansässiger lebte, die die überkommene städtische Struktur erhielt. Dies war eine andere Situation als beispielsweise in Bottrop, wo Ende des 19. Jahrhunderts mangels einheimischer Ehepartner kaum noch Mischehen geschlossen werden konnten. Der Aufstieg in die städtische Elite gelang den wenigsten Zuwanderern. Die besten Bedingungen boten sich Kaufleuten, Akademikern und Beamten. Die geographische Mobilität bedingte also nur im seltensten Fall auch die soziale Mobilität. Dennoch dürfte Schwelm für viele Zuwanderer allein schon deshalb eine Verbesserung ihrer konkreten Lebensbedingungen dargestellt haben, weil hier die wirtschaftliche Existenz nicht mehr von Grund und Boden abhängig war. Insofern konnte der Wandel vom besitzlosen Land- zum städtischen Lohnarbeiter von den Betroffenen durchaus als sozialer Fortschritt betrachtet werden.
Es konnte gezeigt werden, daß Schwelm trotz hervorragender wirtschaftlicher Ausgangsposition diese Stellung nicht ausbauen konnte. Die Migration zeichnet im Untersuchungszeitraum fast seismographisch die veränderten Standortbedingungen auf. Während Zuwanderer zu Beginn die Stadt Schwelm wegen ihrer ökonomischen Attraktivität ansteuerten, nutzten sie die Kleinstadt später oft nur noch als Etappe, als "Sprungbrett" auf dem Weg in attraktivere Industriezentren. Die beschaulichere Entwicklung von Stadt und Umland macht aber ihre heutige Anziehungskraft auf viele Zuwanderer aus, die aus den nahen Ballungsgebieten nach Schwelm kommen.

9.1 Graphischer Anhang

9. Anhang
9.1 Graphischer Anhang

Berufsstruktur Gesamteinwohnerschaft/Zuwanderer 1797/98 [819]

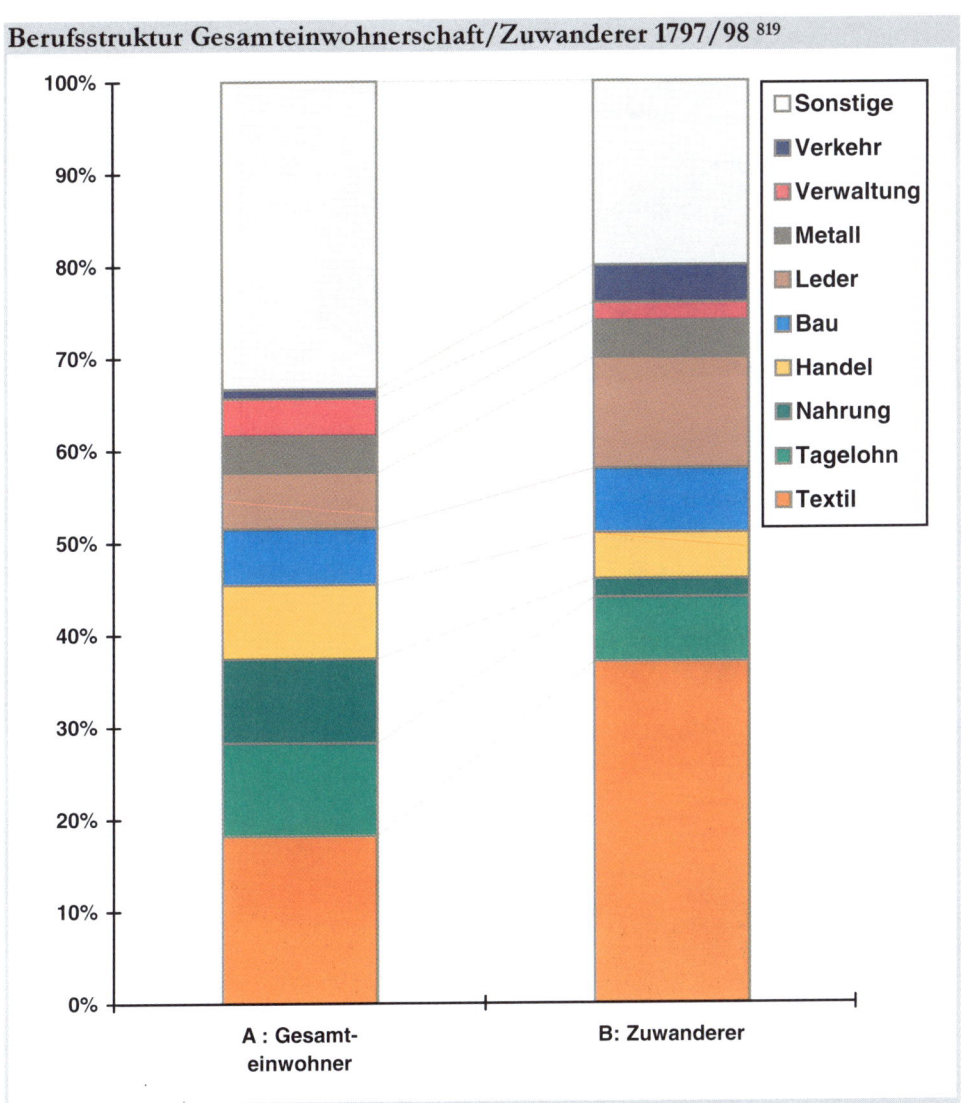

A : Gesamteinwohner

B: Zuwanderer

Legende: Sonstige, Verkehr, Verwaltung, Metall, Leder, Bau, Handel, Nahrung, Tagelohn, Textil

Abb. 53
Zahlen ermittelt aus STAS A 50; A 1626 (A: 806 = 100%) (B: 103 = 100%)
(Erhebung d. Verf.)

---

[819] Die Gruppe "Sonstige" umfaßt bei der Gesamteinwohnerschaft 23 Prozent Gesinde, eine Berufsgruppe, die in den Quellen für die Zuwanderer nicht extra ausgewiesen worden ist.

9.1 Graphischer Anhang

Sozialstruktur der Gesamteinwohnerschaft 1797

- Gelernte/Meister: 32%
- Gesellen/Knechte: 26%
- Ungelernte/Arbeiter: 26%
- Angestellte/Beamte: 5%
- Kleinunternehmer: 4%
- Großunternehmer: 2%
- Freiberufler: 1%
- unklar: 4%

Abb. 54
Zahlen ermittelt aus: StAS A 50 (890=100%) (Erhebung d. Verf.)

Berufsstruktur der Zuwanderer 1763-1806

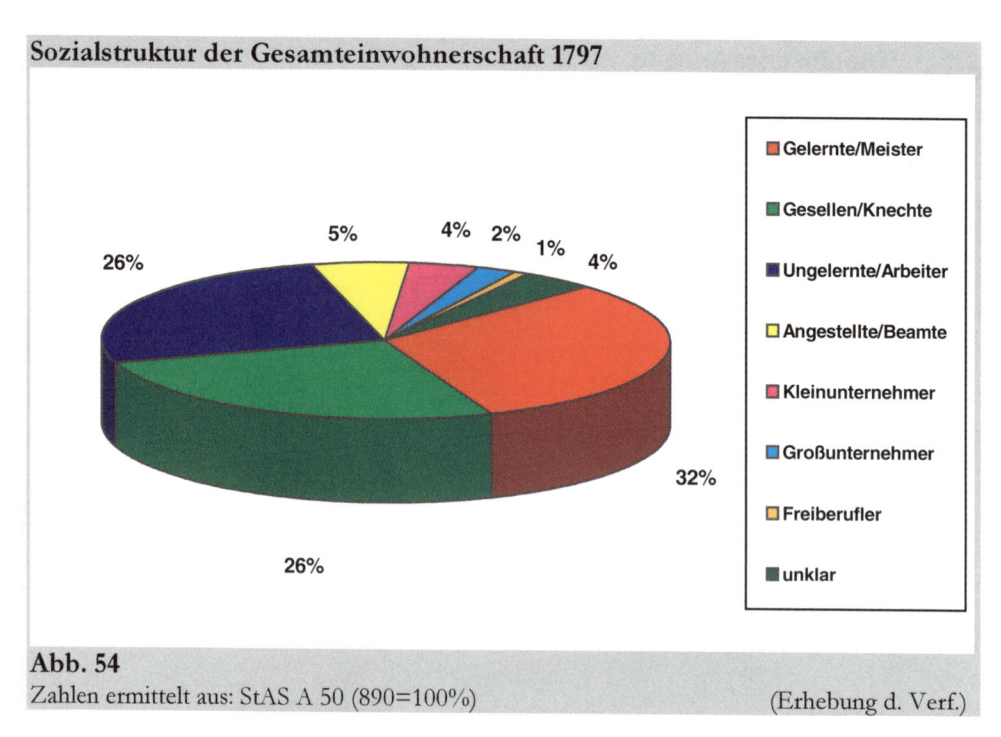

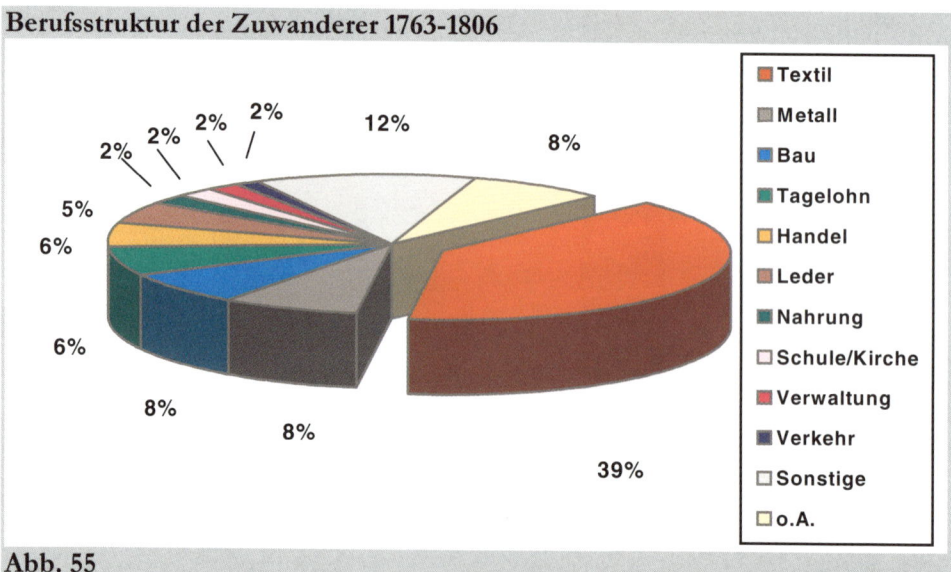

- Textil: 39%
- Metall: 8%
- Bau: 6%
- Tagelohn: 6%
- Handel: 5%
- Leder: 2%
- Nahrung: 2%
- Schule/Kirche: 2%
- Verwaltung: 2%
- Verkehr: 8%
- Sonstige: 12%
- o.A.: 8%

Abb. 55
Zahlen ermittelt aus: StAS A 25; 31; 31b; 34; 35; 41; 46-48; 51-54; 55a; 64; 65; 910; 914; 960; 978; 1131; 1268; 1610; 1617; 1623; 1626; 1638a; 1647; 1713; 2024; 2029; 2032; 2049; 2058; 2112; StAM Mscr. I, 257; StAM Nachlaß Giesbert von Romberg, Teil A, Nr. 6 (1.195=100%) (Erhebung d. Verf.)

9.1 Graphischer Anhang

Zuwanderer im Textilgewerbe 1763-1806

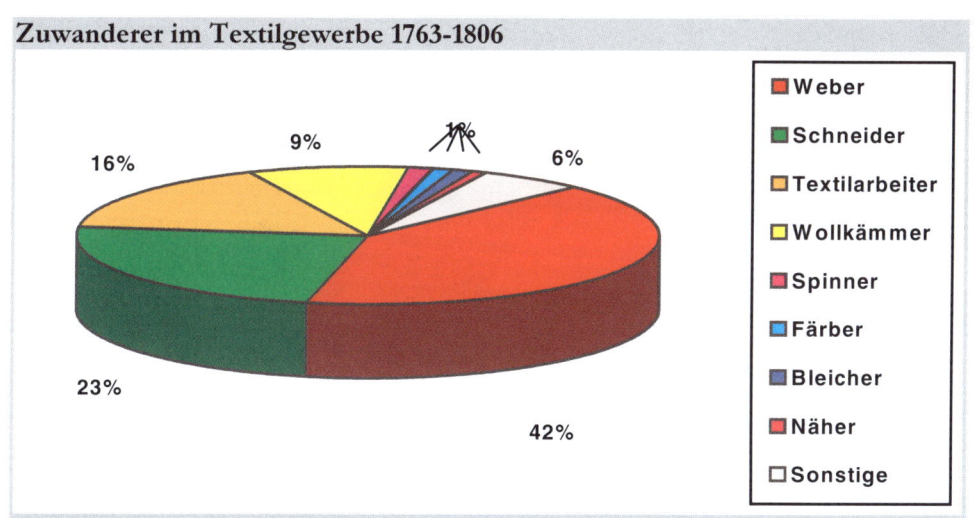

- Weber
- Schneider
- Textilarbeiter
- Wollkämmer
- Spinner
- Färber
- Bleicher
- Näher
- Sonstige

Abb. 56
Zahlen ermittelt aus: StAS A 25; 31; 31b; 34; 35; 41; 46-48; 51-54; 55a; 64; 65; 910; 914; 960; 978; 1131; 1268; 1610; 1617; 1623; 1626; 1638a; 1647; 1713; 2024; 2029; 2032; 2049; 2058; 2112 sowie StAM Mscr. I, 257 und StAM Nachlaß Giesbert von Romberg, Teil A, Nr. 6 (491 = 100%) (Erhebung d. Verf.)

Berufsstruktur der Gesamteinwohnerschaft/Zuwanderer 1807-1815

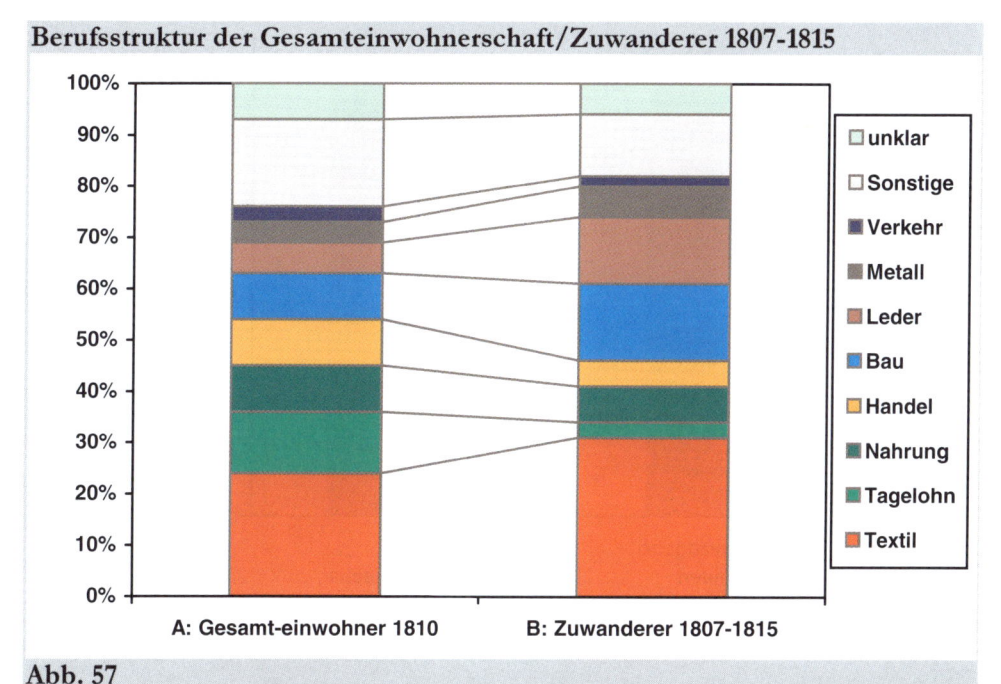

A: Gesamt-einwohner 1810
B: Zuwanderer 1807-1815

- unklar
- Sonstige
- Verkehr
- Metall
- Leder
- Bau
- Handel
- Nahrung
- Tagelohn
- Textil

Abb. 57
Zahlen ermittelt aus: Siepmann, Zentraler Ort, S. 83f sowie StAS A 65; A 67; A 1647; A 2123; LT 3; KT 2-3; RT 2-3 (A: 772 = 100%; B: 142 = 100 %) (Erhebung d. Verf.)

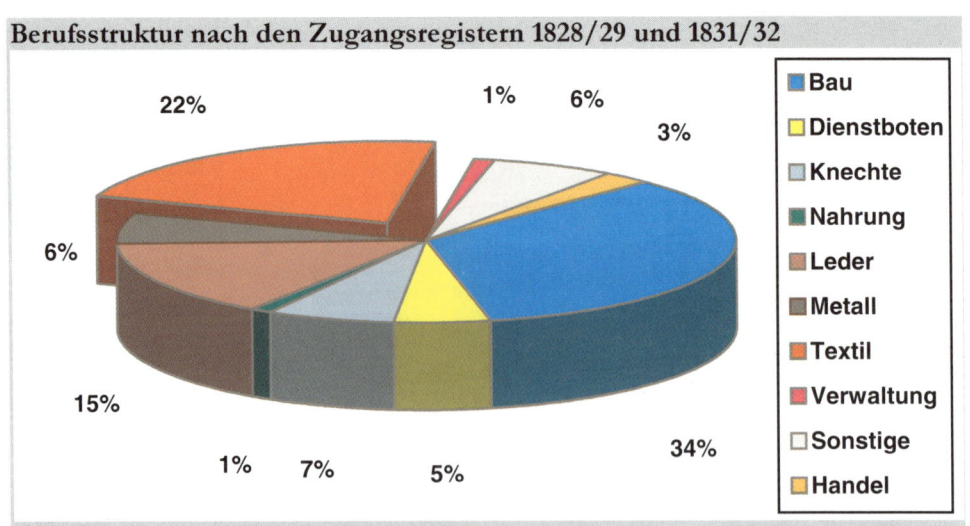

9.1 Graphischer Anhang

Berufsstruktur nach den Zugangsregistern 1828/29 und 1831/32

Werte: 22%, 1%, 6%, 3%, 6%, 15%, 1%, 7%, 5%, 34%

Legende: Bau, Dienstboten, Knechte, Nahrung, Leder, Metall, Textil, Verwaltung, Sonstige, Handel

Abb. 58
Zahlen ermittelt aus: StAS B, Reg. III, Cap. 8, Nr. 6 und StAS B (ohne Signatur) (Kasten362)
(788 = 100%) (Erhebung d. Verf.)

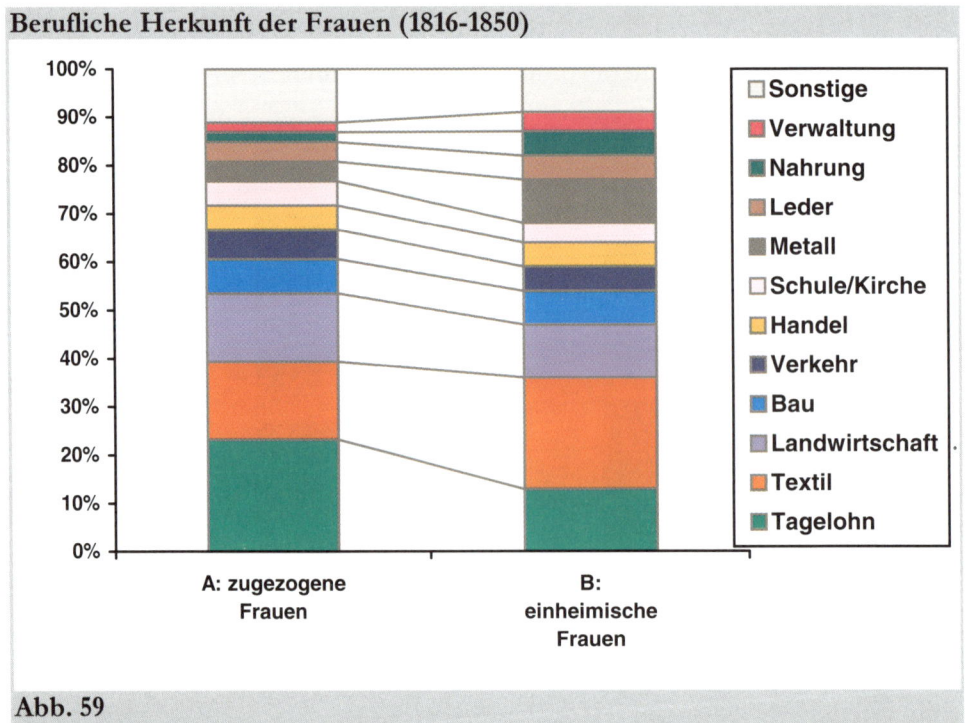

Berufliche Herkunft der Frauen (1816-1850)

A: zugezogene Frauen
B: einheimische Frauen

Legende: Sonstige, Verwaltung, Nahrung, Leder, Metall, Schule/Kirche, Handel, Verkehr, Bau, Landwirtschaft, Textil, Tagelohn

Abb. 59
Zahlen ermittelt aus: StAS, LT 3-5, RT 3, KT 3-5 (A: 81 = 100%; B: 56 = 100%)
(Erhebung d. Verf.)

9.1 Graphischer Anhang

Berufsstruktur 1855-1870 [820]

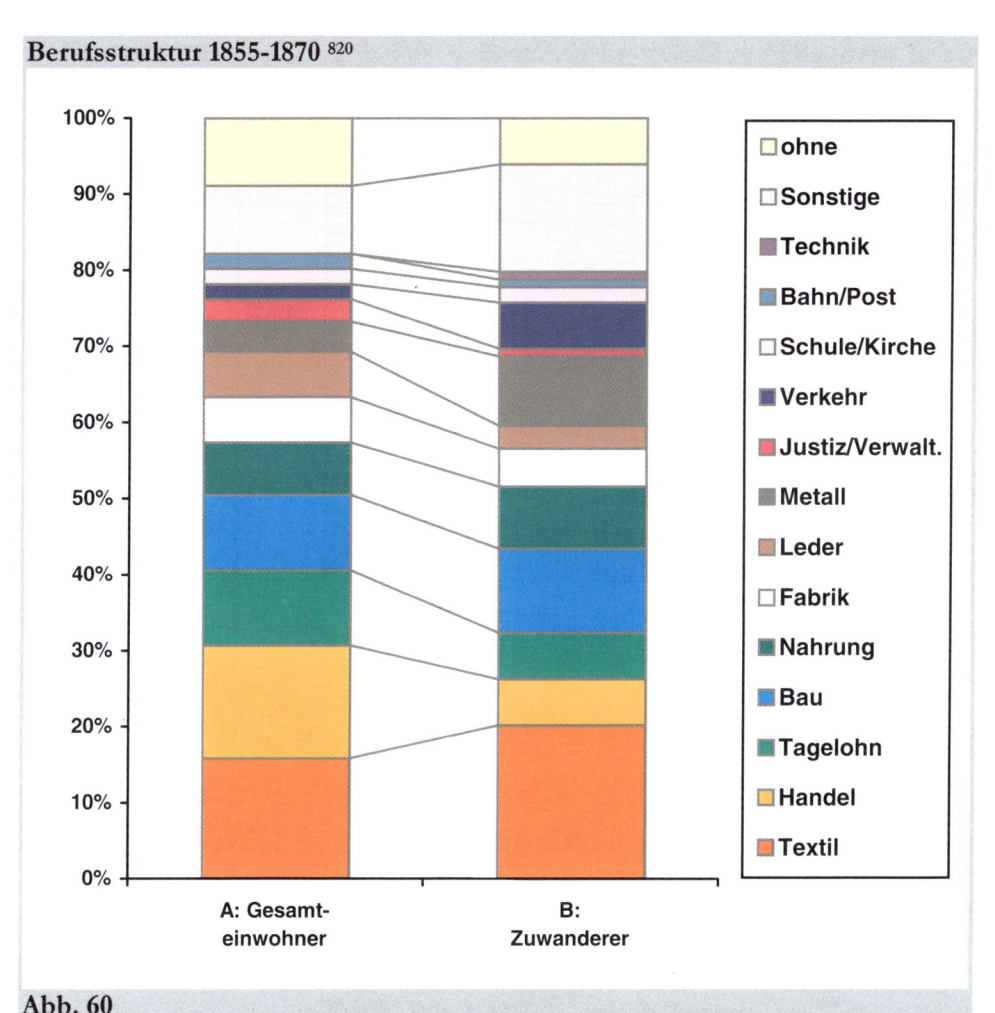

Abb. 60
Zahlen ermittelt aus: StAS B (ohne Signatur), Communalsteuerliste der Stadt Schwelm 1865 sowie StAS LT 6-10; RT 4-5; KT 5-6 (A: 1.153 = 100%; B: 220 = 100%)   (Erhebung d. Verf.)

---

[820] Das Einwohnerverzeichnis gibt leider nur annäherungsweise die wahre Berufsstruktur der Stadt wieder, da nur steuerpflichtige Personen und Haushalte mit ihrem Haushaltsvorstand erfaßt wurden. Damit entzieht sich die Gruppe der Dienstboten leider der Untersuchung.

9.1 Graphischer Anhang

Berufsgruppen naturalisierter Einwanderer 1864-1866

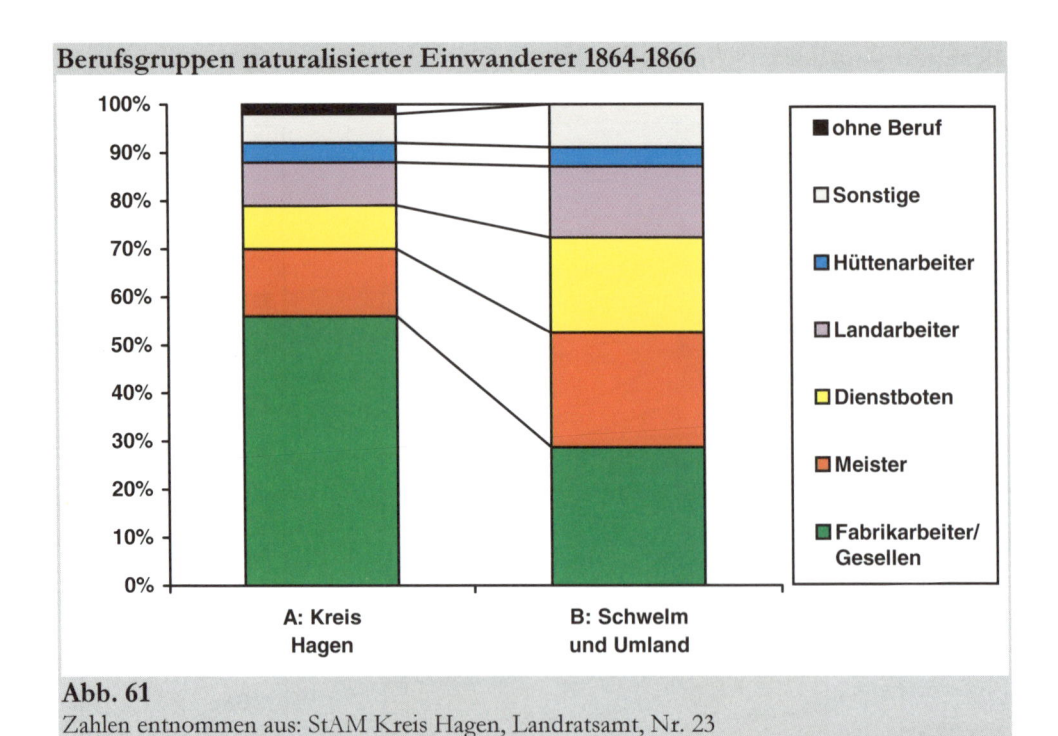

Legende: ohne Beruf, Sonstige, Hüttenarbeiter, Landarbeiter, Dienstboten, Meister, Fabrikarbeiter/Gesellen

A: Kreis Hagen
B: Schwelm und Umland

Abb. 61
Zahlen entnommen aus: StAM Kreis Hagen, Landratsamt, Nr. 23
(A: 369 = 100%; B: 82 = 100%) (Erhebung d. Verf.)

Herkunftsländer der Ausländer 1896-1898

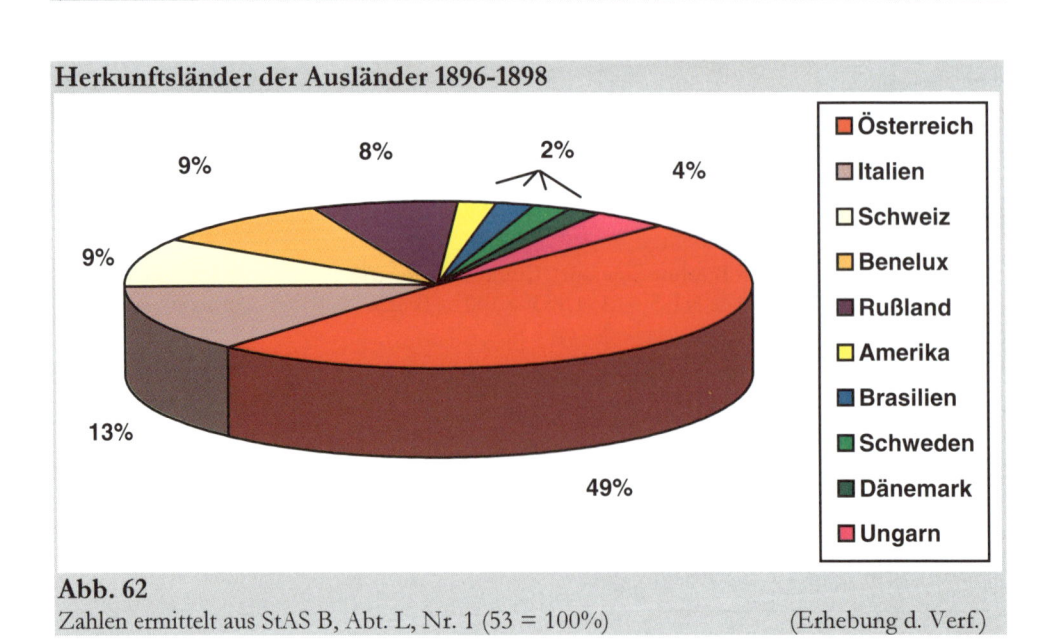

- Österreich: 49%
- Italien: 13%
- Schweiz: 9%
- Benelux: 9%
- Rußland: 8%
- Amerika: 2%
- Brasilien, Schweden, Dänemark, Ungarn: 4%

Abb. 62
Zahlen ermittelt aus StAS B, Abt. L, Nr. 1 (53 = 100%) (Erhebung d. Verf.)

9.1 Graphischer Anhang

Berufsstruktur 1876-1888

[Stacked bar chart with two columns: A: Gesamteinwohner 1880/81 and B: Zuwanderer 1876-1888. Categories from top to bottom in legend: o.A., Sonstige, Technik, Verwaltung, Leder, Verkehr, Tagelohn, Metall, Nahrung, Bau, Fabrikarbeit, Textil, Handel.]

Abb. 63
Zahlen ermittelt aus: StAS B (ohne Signatur), (Kasten 415, Nr. 185): "Communal-Einkommenssteuer-Liste" [821] und StAS B (ohne Signatur) (Kasten 362), "Melderegister der Familien von 1876-1888" [822] (A: 1.755 = 100%; B: 459 = 100%) (Erhebung d. Verf.)

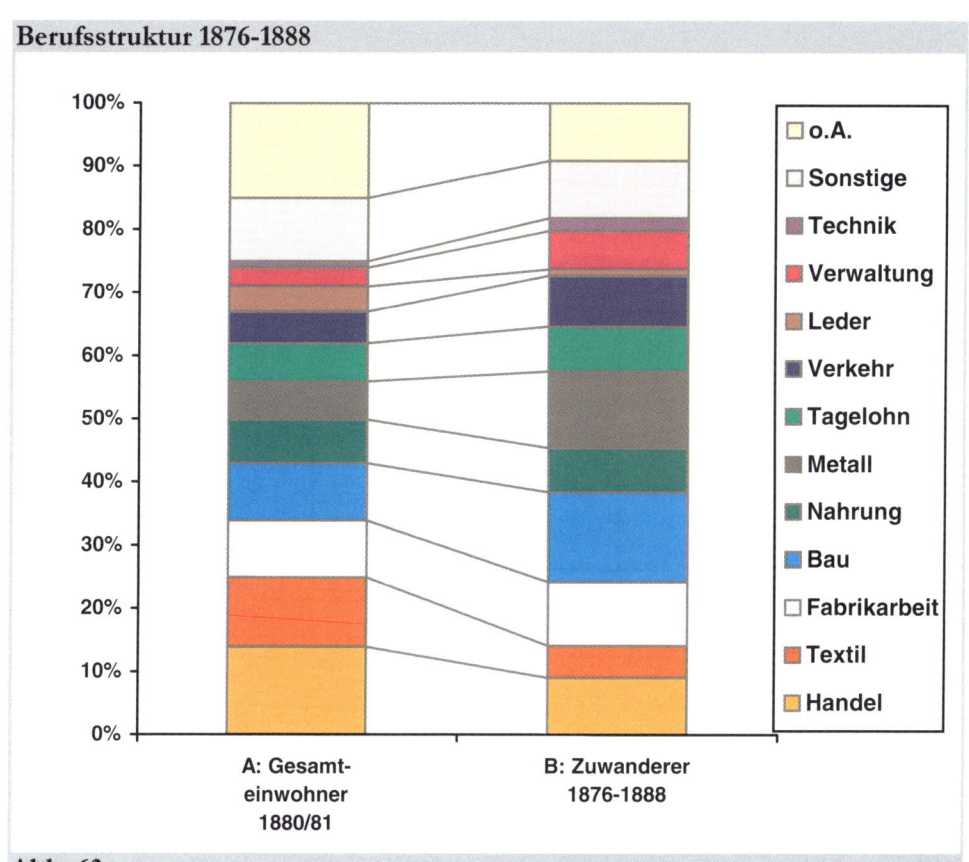

---

[821] StAS B (ohne Signatur) (Kasten 415, Nr. 185). Zur Untersuchung herangezogen wurden insgesamt 1.755 Fälle aus dem Stadtbezirk Schwelm. Nicht berücksichtigt wurde der Außenbezirk, der mit der früheren Landgemeinde Schwelm übereinstimmte. Da die Akte im wesentlichen Haushaltsvorstände mit ihren Berufen nennt, bietet sich ein Vergleich mit dem Melderegister der Familien an, in dem ebenso verfahren wird. Gleichzeitig macht die Art der Registerführung eine Schwäche der Untersuchung aus: Weibliche Arbeitskräfte werden nur lückenhaft erfaßt, das Dienstbotenwesen ist damit stark unterrepräsentiert.

[822] StAS B (ohne Signatur) (Kasten 362), Melderegister der Familien von 1876-1888. Untersucht wurden 459 Fälle. Da das Register fast ausschließlich die Berufe der Haushaltsvorstände nennt, muß beachtet werden, daß auch hier die bevorzugten Arbeitsfelder von zuwandernden Frauen, insbesondere das Dienstbotenwesen, weitgehend unberücksichtigt bleiben mußten. Auch mußte auf die Untersuchung der Sozialstruktur verzichtet werden, da die Angaben in vielen Fällen zu ungenau sind, um ungelernte, gelernte und akademische/nicht-manuelle Tätigkeiten zu unterscheiden.

9.2 Abkürzungen

BHS	Beiträge zur Heimatkunde der Stadt Schwelm und ihrer Umgebung
EKS	Archiv der evangelischen Kirchengemeinde Schwelm
EKS, L	Archiv der evangelischen Kirchengemeinde, lutherisch
EKS, R	Archiv der evangelischen Kirchengemeinde, reformiert
GStA PK	Geheimes Staatsarchiv Preußischer Kulturbesitz Berlin
GS	Gesetzsammlung für die Königlich-Preußischen Staaten
HStAD	Hauptstaatsarchiv Düsseldorf
KT	Katholisches Traubuch Kirchengemeinde Schwelm
LT	Lutherisches Traubuch Kirchengemeinde Schwelm
LTLF	Lutherisches Traubuch Kirchengemeinde Langerfeld
RT	Reformiertes Traubuch Kirchengemeinde Schwelm
StAK	Stadtarchiv Kamen
StAM	Staatsarchiv Münster
StAS	Stadtarchiv Schwelm
StASpr	Stadtarchiv Sprockhövel
StAW	Stadtarchiv Wuppertal
VSWG	Vierteljahresschrift für Sozial- und Wirtschaftsgeschichte
ZBGV	Zeitschrift des Bergischen Geschichtsvereins
ZWLG	Zeitschrift für württembergische Landesgeschichte

9.3 Zeitungen

Schwelmer Zeitung. Amtliches Kreisblatt für den Kreis Schwelm:
Nr. 12/13 (1865); Nr. 79 (1865); Nr. 5 (1866); Nr. 10 (1867); Nr. 81 (1868); Nr. 8 (1869); Nr. 12 (1871); Nr. 10 (1872); Nr. 29, 56/57 (1873); Nr. 56 (1874); Nr. 1-25 (1881); Nr. 73 (1888);
Standort: Stadtarchiv Schwelm.

Waldecksche Zeitung. Organ für die öffentlichen Angelegenheiten der Fürstentümer Waldeck-Pyrmont. Nr. 37 (27.3.1888);
Standort: Privatarchiv Dr. Gerhard Peine, Wuppertal.

9.4 Ungedruckte Quellen

Berlin:
Geheimes Staatsarchiv Preußischer Kulturbesitz (GStA PK)
(M = Bestand des ehemaligen Staatsarchivs Merseburg):

GStA PK, I. HA, Rep. 74, Registratur des Staatskanzlers, Tit. JIX, Nr. 13 (M):
"Acta der geheimen Registratur des Staats-Kanzlers betreffend die Erlaubnis zu Einwanderung fremder Juden". (1815)

GStA PK, I. HA, Rep. 74, Registratur des Staatskanzlers, Tit. JXV, Nr. 54 (M):
"Acta der Geheimen Registratur des Staatskanzlers, betreffend: die vom statistischen Bureau herausgegebenen Übersichten der Bodenfläche und der Bevölkerung des Preußischen Staates". (1818)

GStA PK, I. HA, Rep. 74, Registratur des Staatskanzlers, Tit. PVI, Nr. 11 (M):
"Acta der Geheimen Registratur des Staats Kanzlers betreffend: die Grundsätze wegen Einwanderung und Niederlassung von Ausländern in den Preußischen Staaten". (1813)

GStA PK, I. HA, Rep. 77, Ministerium des Innern, Tit. 226a, Nr. 2, Bd. I (M):
"Acta betr. die Ansiedelung zurückgebliebener französischer Kriegsgefangener und anderer Franzosen in den Königlich Preußischen Staaten, besonders in den Städten der Rheinprovinz". (1813-1835)

GStA PK, I. HA, Rep. 77, Ministerium des Innern, Tit. 226a, Nr. 2, Bd. II (M):
"Acta betr. die Ansiedelung zurückgebliebener französischer Kriegsgefangener und anderer Franzosen in den Königlich Preußischen Staaten, besonders in den Städten der Rheinprovinz". (1835-1858)

GStA PK, I. HA, Rep. 77, Ministerium des Innern, Tit. 226b, Nr. 15, Bd. 2 (M):
"Acta gen. betr. das Verfahren gegen die aus fremden Staaten übertretenden Unterthanen überhaupt desgl.: die wegen der Niederlaßung von Ausländern in den Preußischen Staaten ergangenen Bestimmungen, ingl.: wegen der übertretenden Deserteurs aus fremdem Militaire". (1826-1836)

GStA PK, I. HA, Rep. 77, Ministerium des Innern, Tit. 226b, Nr. 41 (M):
"Acta betr. die um die Erlaubniß zur Einwanderung und Naturalisation in den Preußischen Staaten eingegangenen Gesuche". (ab 1820)

GStA PK, I. HA, Rep. 77, Ministerium des Innern, Tit. 1012, Nr. 5 (M):
"Acta spec. die Niederlassung und den Aufenthalt der Juden im Regierungs-Departement Arnsberg betr.". (1819-1831)

GStA PK, II. HA. Generaldirektorium Mark, Tit. C, Stadt Schwelm, Nr. 15 (M):
"Die Aufnahme des Dorfes Langerfeld im Gogericht Schwelm und daselbst zu introducirende Accise".

GStA PK, II. HA. Generaldirektorium Mark, Tit. CLVIIa (M):
"Acta wegen Etablirung des Fabricanten Johann Wilhelm Wylich in Schwelm, auch von demselben anzulegende Fabrique von wollenen Waaren". (1779/81)

GStA PK, II. HA Generaldirektorium Mark, Tit. CLVIII, Nr. 1 (M):
"Acta wegen des Gold-Wagen Fabricanten Abraham Kruse zu Wichlinghausen im Bergischen, Etablissemente zu Schwelm, auch derselben ertheilte Privilegium und Concession zu einer Gold-Wagen-Fabrique". (1771/1772)

9.4. Anhang: Ungedruckte Quellen

GStA PK, II. HA Generaldirektorium Mark, Tit. CLXXI, Nr. 1 (M):
"Acta wegen einiger von dem Cantzley Direktor Muller engagirten Bergischen Fabricanten, in specio Ansetzung eines Nahmens Broecking als Apothequer zu Langerfeld". (1765/66)

GStA PK, II. HA Generaldirektorium Mark, Tit. CLXXIII, Nr. 9 (M):
"Acta betr. das Gesuch des Apothekers Scherenberg zu Schwelm, wegen Ertheilung eines Privilegii". (1766/1767)

GStA PK, II: HA Generaldirektorium Mark, Tit. CLXXVI, Nr. 1 (M):
"Acta des Geheimen Staats-Archivs betreffend Project einer historischen Beschreibung von den Fabriken im Grafschaft Märkischen Kreise, südwärts der Ruhr".

GStA PK, II. HA Generaldirektorium Mark, Tit. CLXXVI, Nr. 6 (M):
"Acta betr. die von dem Bergischen Kaufmann Abraham Beckmann in der Gegend von Schwelm anzulegende Samet und Seiden Manufactur". (1787/89/90)

GStA PK, II. HA Generaldirektorium Mark, Tit. CLXXIX, Nr. 1 (M):
"Acta betr. Die eingesandten Listen derer in der Grafschafft Marck Getaufften, Getrauten, Gestorbenen und Communicanten". (1769-1788)

GStA PK, II. HA Generaldirektorium Mark, Tit. CLXXXIII, Nr. 6 (M):
"Acta wegen der von denen Juden in der Gr. Marck, bey ihrer Ansetzung zu nehmender Porcellaine". (1769/71).

GStA PK, II. HA Generaldirektorium Mark, Tit. CXCVa, Nr. 1 (M):
"Acta betr. die Beförderung der Bevölckerung der Grafschafft Marck". (1787/88)

Düsseldorf:
Hauptstaatsarchiv Düsseldorf (HStAD):

HStAD Großherzogtum Berg, Nr. 5474, Ministerium des Innern:
"Das Verziehen unbemittelter Familien aus einer Gemeinde in die andere und die Ausstellung der Armutszeugnisse. 1809-1813".

HStAD Großherzogtum Berg, Nr. 5486, Ministerium des Innern:
"Unruhen in der Grafschaft Mark".

HStAD Großherzogtum Berg, Nr. 5608, Ministerium des Innern:
"Bittschrift der Fabrikanten des Ruhrdepartements um Handelsanschluß an Frankreich (1812)".

HStAD Großherzogtum Berg, Nr. 5769, Ministerium des Innern:
Verhandlungen betreffend die Freizügigkeitsverhältnisse zwischen dem Herzogthum resp. Grossherzogtum Berg und anderen Staaten. 1799-1811".

HStAD Großherzogtum Berg, Nr. 5770, Ministerium des Innern:
"Das Niederlassen der Ausländer im Großherzogth. und das Auswandern hiesiger Unterthanen in's Ausland supl. Die Erlangung des Bürgerrechts betr. in Specie im Siegdept. 1810-1812".

HStAD Großherzogtum Berg, Nr. 5771, Ministerium des Innern:
"Etats der Bevölkerung des Großherzogtums 1810-1811".

HStAD Großherzogtum Berg, Nr. 5886, Ministerium des Innern:
"Special-statistische Bevölkerungs-Tabelle des Ruhr-Departements pro 1812".

HStAD Großherzogtum Berg, Nr. 10206, Vol. I, Praefektur des Rhein-Departements:
"Veränderungen in der Bevölkerung über Geburts- und Sterbefälle, sowie auch die Ein- und Auswanderungen. 1812-13".

9.4. Anhang: Ungedruckte Quellen

HStAD Großherzogtum Berg, Nr. 10206, Vol. II, Praefektur des Rhein-Departements:
"Die Veränderungen in der Bevölkerung im ersten Quartal 1813, der Geborenen, Gestorbenen, sowie Ein- und Ausgewanderten".

HStAD Großherzogtum Berg, Nr. 10206, Vol. III, Praefektur des Rhein-Departements:
"Die Veränderungen in der Bevölkerung im zweiten Quartal 1813".

HStAD Großherzogtum Berg, Nr. 10206, Vol. IV, Praefektur des Rhein-Departements:
"Die Veränderungen in der Bevölkerung im dritten Quartal 1813".

HStAD Großherzogtum Berg, Nr. 10217, Praefektur des Rhein-Departements:
"Die Aus- und Einwanderungen und Vermögens-Ex- und Importationen".

HStAD Großherzogtum Berg, Nr. 10218, Praefektur des Rhein-Departements:
"Auswanderungen und Einwanderungen im hiesigen Großherzogthum".

HStAD Großherzogtum Berg, Nr. 10529, Praefektur des Rhein-Departements:
"Das Bürger- und Eintrittsgeld betr., auch Nachbarschafts- und Verziehungs-Gelder genannt. 1809-1811".

HStAD Kleve Mark, Akten, Nr. 546:
"Acta die von den ausgewanderten der Vereinigten Niederlande nachgesuchte Erlaubniß zum Aufenthalt in hiesigen Provinzen betreffend". 1795.

HStAD Kleve Mark, Akten, Nr. 463:
"Die von französischen Emigrirten nachgesuchte Aufnahme betreffend".

HStAD Kleve Mark, Akten, Nr. 464:
"Acta wegen Aufnahme der Emigranten".

HStAD Kleve Mark, Akten, Nr. 465, Vol. III:
"Acta die von den Französischen, Brabandischen, und Lüttischen Emigrirten nachgesuchte Erlaubniß zum Aufenthalt in den hiesigen Provinzen betreffend".

HStAD Kleve Mark, Akten, Nr. 466, Vol. IV:
"Acta die von den Französischen, Brabandschen und Lüttischen Emigrirten nachgesuchte Erlaubniß zum Aufenthalt in hiesigen Provinzen betreffend".

HStAD Kleve Mark, Akten, Nr. 467, Vol. V:
"Acta die von den Französischen, Brabantischen und Lüttischen Emigrirten nachgesuchte Erlaubniß zum Aufenthalte in hiesigen Provinzen betreffend".

HStAD Kleve Mark Akten, Nr. 468, Vol. I:
"Acta Generalia die Französischen, Niederländischen, Lüttischen und Pohlnischen Ausgewanderten betreffend".

HStAD Kleve Mark Akten, Nr. 469, Vol. III:
"Acta Generalia die Französischen, Brabantischen, Lüttischen, Pohlnischen und Holländischen Emigranten und deshalb eingesandte Tabellen betreffend". (1799)

HStAD Kleve Mark Akten, Nr. 470, Vol. II:
"Acta Generalia die Französischen, Brabantischen, Lüttischen, Pohlnischen und Holländischen Emigranten und deshalb eingesandte Tabellen betreffend". (1796)

HStAD Kleve Mark, Akten, Nr. 528:
"Fernerer Verfolg (?) wegen Einsendung der Jahres Listen von den Getrauten, Gebornen, Gestorbenen und Communicanten pro 1791".

HStAD Kleve Mark, Akten, Nr. 529:
"Acta wegen Einsendung der Jahres-Listen von den Getrauten, Gebohrenen und Gestorbenen vom Jahr 1792 u. 1793".

HStAD Kleve Mark, Akten, Nr. 555, Vol. VI:
"Acta die von den Französischen, Brabantischen und Lüttischen Emigrirten nachgesuchte Erlaubniß zum Aufenthalt in den hiesigen Provinzen betreffend".

9.4. Anhang: Ungedruckte Quellen

HStAD Regierung Düsseldorf: Ruhreinzugsgebiet, Nr. 48280:
"Heilenbecketalsperre bei Milspe 1895-1918".

Kamen:
Stadtarchiv (StAK):

StAK Bestand Haus Heide (unverzeichnet):
Nachlaß (Minister) Ernst v. Bodelschwingh

Münster:
Staatsarchiv (StAM):

StAM Amt Ennepe, Nr. 6, Bd. 1:
(Naturalisationen)
StAM Amt Ennepe, Nr. 6, Bd. 2:
(Naturalisationen)
StAM Grafschaft Mark, Gerichte II, Schwelm Nr. 292
(ohne Titel)
StAM Kreis Hagen, Landratsamt, Nr. 23:
"Acta generalia. Die Einwanderung fremder Unterthanen betreffend".
StAM Kreis Hagen, Landratsamt, Nr. 24:
"Acta specialia betreffend die Einwanderung fremder Unterthanen von 1859 -[...]".
StAM Kreis Hagen, Landratsamt, Nr. 519:
(Titel überklebt)
StAM Kreis Hagen, Landratsamt, Nr. 361:
(Eisenbahnangelegenheiten)
StAM Kriegs- und Domänenkammer Hamm, Nr. 35:
"Königliche Rescripte und Reglements ab ao 1740 [verbessert: 1741] bis 1780 [1779]".
StAM Kriegs- und Domänenkammer Hamm, Nr. 36:
"Acta betreffend Königliche Rescripten und Verordnungen 1780/1797".
StAM Kriegs- und Domänenkammer Hamm, Nr. 38:
"Königliche Rescripten welche successive aus dem königlichen Hoflager eingegangen mit dem Monath Jannuario 1774 anfangend bis Ende 1774".
StAM Landesdirektion Dortmund, Nr. 26:
"Verzeichnisse der Munizipalitäten, Städte, Bauerschaften, Kirchdörfer, adligen Häuser u. Klöster in den Bezirken Dortmund und Hagen".
StAM MSCR. I, Nr. 256:
"Nachrichten vom Finanz- und Cameral-Zustande des Herzogthums Cleve und des Fürstenthums Meurs 1787/8" (darin auch statistische Angaben zur Grafschaft Mark).
StAM MSCR. I, Nr. 257:
"Zustand der Grafschaft Mark im Jahre 1797 nach ihren Bevölkerungs-, Gewerbs-, Abgaben- und Administrations-Verhältnissen in tabellarischen Uebersichten dargestellt".
StAM Nachlaß Giesbert von Romberg, Teil A, Nr. 6:
"Zustand der Grafschaft Marck im Jahr 1804 nach ihren Bevölkerungs-, Gewerbs-, Abgaben und Administrations-Verhältnissen in tabellarischen Uebersichten dargestellt".
StAM Nachlaß Giesbert von Romberg, Teil A, Nr. 7:
"Bevölkerung des Ruhrdepartements 1812".

StAM Oberpräsidium, Nr. 672:
(Statistik der Bevölkerungszählung 1831, 1834 und 1837 in den Regierungsbezirken Arnsberg, Minden und Münster)
StAM Oberpräsidium, Nr. 673:
(Statistik der Bevölkerungszählung 1840, 1843, 1846 und 1849 in den Regierungsbezirken Arnsberg, Minden und Münster)
StAM Regierung Arnsberg, Nr. 39:
Akte "betreffend die Nachweisungen der vorgekommenen Aus- und Einwanderungen".
StAM Regierung Arnsberg, Nr. 323:
"Acta Praesidialia betreffend die Aufnahme der Bevölkerungs-Listen. Statistik".
StAM Regierung Arnsberg, Nr. 325:
"Acta der Königlichen Regierung zu Arnsberg betreffend die dem Provinzial Steuer Direktor mitzutheilenden Nachrichten von der Bevoelkerung des Regierungs Bezirks de Anno 1832".
StAM Regierung Arnsberg, Nr. 327:
(überklebt) "[...] die Uebersicht von den persönlichen und gewerblichen Verhältnissen der Juden".
StAM Regierung Arnsberg, Nr. 20675:
"Statistische Nachrichten von den Preußischen Eisenbahnen".

Schwelm:
Archiv der evangelischen Kirchengemeinde (EKS):

EKS, L (= lutherisch), Nr. 1,66:
(Liste der zugezogenen Personen in den Landgemeinden des Kreises Schwelm, o. J.)
EKS, L, Nr. 3,17:
"Acta der evangelischen Gemeinde Schwelm. Verzeichnisse verschiedener Proclamationen, Geburts- und Sterbefälle. Bevölkerungslisten 1787-1835".
EKS, L, Nr. 3,19, Fasc. 3:
(Taufscheine, Aufgebote, Ehekonsense, Dimmissoriale, Beerdigungsscheine vom Gericht, Totenscheine, Verfügungen des Konsistoriums Münster wegen Einsegnung gemischter Ehen, Trauungen von Ausländern mit Ausländern). (1800-1871).
EKS, R (= reformiert), Nr. 1,40:
"Verzeichniss der zugezogenen Gemeindeglieder 1859".
EKS, R, Nr. 1,45:
(Populationslisten Schwelm)

Schwelm:
Stadtarchiv (StAS):

StAS A 21:
(Verschiedene Tabellen) (Tobien: 23d)
StAS A 23:
"Specification der in der Stadt Schwelm befindlichen Familien und Persohnen 1738". (Tobien: A 20). Veröffentlicht von Gerd Helbeck: Eine Einwohnerliste der Stadt Schwelm aus dem Jahre 1738 (= Quellen und Untersuchungen zur Geschichte der Stadt Schwelm, Heft 1). Schwelm 1975.

9.4. Anhang: Ungedruckte Quellen

StAS A 24:
"Acta die Colonisten-Tabellen betreffend de 1748 bis 1757". (Tobien: A 22e)
StAS A 24c:
"Allerhand Verordnungen und Circularia de Anno 1751".
StAS A 25:
"Tabellen-Sachen". (Tobien: A 23)
StAS A 25b1:
"Designation von den angekommenen fremden Familien in der Stadt Schwelm. 1754-1757"
StAS A 26:
"Classifications Register der Personellen Imposition in der Stadt Schwelm". (Tobien: A 24c)
StAS A 26b:
"Allerhand Verordnungen und Circularia de Anno 1764". (Tobien: T 73)
StAS A 27:
"Aufnahme-Buch zur Hist. Tabelle von der Stadt Schwelm de Anno 1764/65". (Tobien: A 24a)
StAS A 28:
"Tabellen wegen der Gebohrenen, Gestorbenen, Getrauten und Communicanten de ao 1764, 1775". (Tobien: A 24b)
StAS A 29a:
"Allerhand Verordnungen u. Circularia de Anno 1766". (Tobien: T 74)
StAS A 31:
"Allerhand Tabellen Sachen 1767, 1775, 1780". (Tobien: A 26a)
StAS A 31b:
"Acta wegen der Forensen Contribution und Bürger Gewinnung". (Tobien: ohne Signatur)
StAS A 32:
"Acta wegen der Gemeinheiten und der Colonisten Etablissements 1769-1775". (Tobien: A 27)
StAS A 33:
"Aufnahme Buch de Ao 1770". (Tobien: A 28)
StAS A 34:
"Acta wegen der Tabelle von denen Colonisten". (Tobien: A 29)
StAS A 35:
(Gewinnung der Bürgerschaft 1776-1789). (Tobien: A 26b)
StAS A 37:
"Acta wegen Gestorbenen, Gebohrenen, Communicanten. 1776. 1780". (Tobien: A 37)
StAS A 41
"Acta von der Bürgerschafts-Gewinnung und Forensen-Contribution". (Tobien: A 34)
StAS A 42:
"Acta von Getrauten, Gebohrenen und Gestorbenen de 1782 bis 1794". (Tobien: A 36)
StAS A 44:
(Zeitungsberichte 1787-1790). (Tobien: A 37b)
StAS A 46:
"Colonisten Tabellen Sachen 1795-1805". (Tobien: A 38)
StAS A 47:
"Special-Aufnahme der Personen-Zahl der Stadt Schwelm pro Anno 1797". (Tobien: A 39)
StAS A 48:
"Acta wegen der Bürgerschaftsgewinnung 1797/98/99/1800/1801/1802/1803". (Tobien: A 40a)

StAS A 50:
"Historisch-Statistische Tabellen-Sachen". (Tobien: A 41)
StAS A 51:
(Verzeichnis der Einwohner der Stadt Schwelm 1799). (Tobien: A 42)
StAS A 52:
"Acta betreffend die Heranziehung der sich neu etablirten Einwohner zu Gewinnung des Bürger-Rechts 1805". (Tobien: A 64)
StAS A 53:
"Special-Aufnahme der Personenzahl der Stadt Schwelm pro Anno 1801". (Tobien: A 43)
StAS A 54:
"Acta die Historischen Tabellen Sachen betreffend". (Tobien: A 44a)
StAS A 55a:
"Spezial-Aufnahme der Personen-Zahl der Stadt Schwelm".
StAS A 57:
"Acta die monatlich, jährlich und quartaliter einzusendende[n] Tabellen p.p. betreffend". (Tobien: A 46)
StAS A 59:
"Acta von allerhand Tabellen-Sachen". (Tobien: A 48)
StAS A 61:
"Acta wegen der Bürger-Gewinnung pro 1807/1808". (Tobien: A 54)
StAS A 64:
"Special-Aufnahme der Personenzahl der Stadt Schwelm pro Anno 1806". (Tobien: A 52)
StAS A 65:
"Colonisten-Tabellen-Sachen von den sich angesiedelten Fremden pro 1807". (Tobien: A 53a)
StAS A 67:
"Acta die Aufnahme der Historischen Tabellen pro 1808 betreffend". (Tobien: A 55)
StAS A 72:
(Aufnahme der Bevölkerung der Mairie Schwelm). (Tobien: A 59)
StAS A 73:
"Bevölkerungs-Tabelle der Munizipalität Schwelm. (1810)". (Tobien: ohne Signatur)
StAS A 216:
"Acta Generalia den Rathäuslichen Dienst betreffend 1733-1809". (Tobien: B 15)
StAS A 228:
"Bedienten Listen 1780 bis 1797". (Tobien: B 25)
StAS A 251:
"Acta betreffend die Aufhebung des Magistrats zu Schwelm, und die Organisation der Municipal-Verwaltung, an dessen Stelle imgleichen die succesiven Vorschläge, zu neuen Municipal-Beamten, und den Dienst. 1809 seqq.". (Tobien: B 47)
StAS A 910:
"Acta wegen aufgehobener Werbe Freyheit und sonstige Cantons Sachen vom 27. Jul. 1767 bis 17. Jul. 1770". (Tobien: D 84)
StAS A 914:
"Enrollierungs-Rolle oder Cantonisten-Buch von der Stadt Schwelm aufgenommen den 7ten und 8ten Dec. 1769". (Tobien: D 85)
StAS A 918:
"Militaria und Deserteur-S[achen]. 1771-1775". (Tobien: D 88)
StAS A 921:
"Acta wegen der Deserteurs, Cantonisten und Soldaten 1776-1779".

9.4. Anhang: Ungedruckte Quellen

StAS A 924:
"Wegen der Deserteurs de 1779 bis 1797, 1800". (Tobien: D 94)

StAS A 929:
"General-Tabelle aller in der Stadt Schwelm lebenden Seelen ohne Unterschied des Standes und Würde. Wer in selbiger vom Soldaten-Stande und Enrollement eximirt ist. Und wer dem Canton und dem Soldaten-Stande zur Einstellung verpflichtet bleibt. 1786". (Tobien: D 244)

StAS A 936:
"Acta von ausgehobenen Cantonisten 1792". (Tobien: D 105)

StAS A 942a:
(Französische Emigranten). (Tobien: D 114)

StAS A 948:
"Acta von den francoisischen, brabander und lütticher Emigranten 1794 bis 1801".

StAS A 960:
"Wegen der von den francoisischen Emigranten Joseph & Jacques du Vivier de Vivie nachgesuchten und erhaltenen Concession sich als Nahrungs- und Handlungstreibende Unterthanen in der Stadt Schwelm aufhalten zu dürfen. 1796/7".

StAS A 962:
"Acta wegen den franzoischen, brabandischen und lüttischen Emigranten de 1797-99".

StAS A 969:
(ohne Titel)

StAS A 978:
"Acta wegen der Emigranten 1804".

StAS A 1131:
"Acta wegen der Kopf-Steuer 1764, 1765". (Tobien: E 28)

Stas A 1134:
"Saltz Probe und Straf Register pro Trinitatis 1765/66 über die Stadt Schwelm pflichtmäßig aufgenommen. Schwelm d. 14ten Merz 1766". (Tobien: E 31)

StAS A 1146:
"Acta wegen der Tobacks-Fabrications Beytrags Gelder 1768, 1772".

StAS A 1148:
"Acta wegen Beeydigung der Nahrungstreibenden 1769". (Tobien: E 295)

StAS A 1157:
"Acta wegen wiedereingeführter Werbe Freyheit und Regulierung derer Werbe Gelder vom 4. Jun. 1771 bis 19.1.1772". (Tobien: E 67)

StAS A 1176:
"Fixirungs-Tabellen von denen Nahrungs-Treibenden des platten Landes". (Tobien: E 50).

StAS A 1268:
"Certifications Register de 1791/92". (Tobien: E 315)

StAS A 1329:
"Acta die von der Haupt Accise Casse der Cämmerey pro 1797/8 vergüteten Baufreiheits Gelder betreffend de 1797, 98, 99/1800, 1801,1802". (Tobien: E 339)

StAS A 1344:
"Acta die zum Ressort der Accise Casse gehörigen und dem Magistrat und dem Secretario aufgebürdete Expedirung und Mundirung der Historischen Tabelle betreffend. 1799". (Tobien: E 205)

StAS A 1405:
"Salz Probe Register für die Stadt Schwelm pro Anno 1806 vom 1ten Januar bis den 31ten December". (Tobien: E 324)

9.4. Anhang: Ungedruckte Quellen

StAS A 1601:
"Acta wegen Visitation der Vagabonden item wegen des Bettelns 1725. 1775". (Tobien: G 5)
StAS A 1609:
"Acta wegen der Juden Tabellen 1769-96". (Tobien: G 8)
StAS A 1610:
"Acta wegen Ansezung des Juden Marcus Juda 1771-1772". (Tobien: G 9)
StAS A 1612:
"Acta wegen der Vagabonden Visitationen und derer Rapport Zettel 1776 bis 1779". (Tobien: G 15)
StAS A 1617:
"Acta wegen Ansezung des Schuzjuden Anschel Jacob 1780". (Tobien: G 14)
StAS A 1621:
"Acta wegen der Vagabonden und des liederlichen Gesindels de 1783 bis 1799 wie auch wegen Verstärkung der Sicherheitsanstalten". (Tobien: G 19)
StAS A 1623:
"Acta wegen Ansezung des David Meyer 1790-1791". (Tobien: G 22)
StAS A 1624:
"Acta wegen der von den Wirthen alle Abend abzugebenden und einzufindenden Quartier-Listen 1792/3". (Tobien: G 23b)
StAS A 1626:
"Wegen der von den Gastwirthen täglich einzureichenden Nachtzettel oder Quartierlisten und wegen Aufnahme der fremden Bewohner pro 1798". (Tobien: G 24)
StAS A 1629:
"Acta wegen der Vagabonden und liederlichen Gesindels wie auch wegen Verstärkung der Sicherheits-Anstalten 1800. 1801". (Tobien: G 29)
StAS A 1638a:
"Acta von dem sich in der Stadt angesiedelten Gesindel - in Sachen wider Kneepper, Pathemann und Tuckert".
StAS A 1641:
"General Volumen wegen der jährlich am Ende Novbr. einzusendenen Liste von den etwa entwichenen Verbrechern". (Tobien: G 58)
StAS A 1647:
"Acta betreffend die Aufnahme der Fremden in der Mairie Schwelm 1806". (Tobien: G 41)
StAS A 1658:
"Polizeiberichte 1809-16". (Tobien: G 66)
StAS A 1659:
"Acta wegen der von den Wirthen zu führenden Fremden Register 1811". (Tobien: G 53)
StAS A 1713:
"Acta wegen der Heebammen und der aus dem Bergischen hiehin gezogenen Heebamme Ehefrau Hoffmann de 1784 bis 1787". (Tobien: H 11)
StAS A 2006:
(Beschwerde von Schwelmer Handwerkern wegen der Heranziehung auswärtiger Arbeiter zu Bauten in der Stadt Schwelm 1734). (Tobien: M 7)
StAS A 2024:
"Tabelle von denen in der Stadt Schwelm befindlichen Fabriquen und Manufacturen pro ao 1770". (Tobien: M 25)
StAS A 2029:
"Acta wegen der Tabelle von den Meistern und Professionisten. 1771-80".

9.4. Anhang: Ungedruckte Quellen

StAS A 2032:
"Acta wegen der Fabriquen Angelegenheiten. 1773-1775, Vol. II".

StAS A 2034:
"Acta wegen des sich etabliren wollenden Plüsch- und Zeugfabricanten Wylich 1774.". (Tobien: M 32)

StAS A 2037:
"Acta wegen der von Joh. Henr. Kalthoff und Frid. Hölterhoff gesuchten Concession zum Brodbacken de anno 1775". (Tobien: M 34)

StAS A 2043:
"Acta wegen der Strumpfwürcker und Glasemacher Zunft 1776-1780". (Tobien: M 124)

StAS A 2049:
"Acta in Ansehung des von dem Glasemacher Herckenrath nachgesuchten Monopoli 1781". (Tobien: M 47)

StAS A 2053:
"Acta die Auswanderung der Handwerks Burschen betreffend. (1782-84)". (Tobien: M 51)

StAS A 2056:
"Acta von wüsten Stellen und fehlenden Professionisten 1783-88". (Tobien: M 121)

StAS A 2058:
"Etablissements-Sachen des Peruquier Weichler - Peruquier Clemens 1784/85". (Tobien: M 55)

StAS A 2061:
(Die von dem Barmer Kaufmann Georg Melchior Overweg beantragte Anlegung einer Seifensiederei in Nächstebreck 1785). (Tobien: M 57)

StAS A 2061a:
"Acta den sich etablirten und schwachsinnig gewordenen Buchbinder Kalle betreffend. 1785-87".

StAS A 2065:
"Acta wegen der in der Stadt und Hochgericht Schwelm etablirten Seiden Fabriquen und Erteilung der Certificate 1787 & sequentibus". (Tobien: M 61)

StAS A 2081:
"Acta wegen eines neuen Armenwächters 1793". (Tobien: M 127)

StAS A 2085:
"Fabriquen-Tabellen-Sachen 1796/98". (Tobien: M 79)

StAS A 2092:
"Acta wegen Paraphirung der Handlungstreibenden in der Stadt Schwelm von 1798/99 ff.". (Tobien: M 85)

StAS A 2093:
"Acta wegen des Hausierens. 1799". (Tobien: M 88).

StAS A 2096:
"Acta betreffend die Einsendung der Fabriquen Tabellen von der Stadt Schwelm 1799/1800 bis 1804/05 et 1805/6". (Tobien: M 87)

StAS A 2112:
"Acta betreffend die Aufnahme der Fabrikanten und die denenselben bewilligten geringere Brod-Preise in der Stadt Schwelm 1805". (Tobien: M 106)

StAS A 2113:
"Acta Fabriquen und Gewerbe Sachen enthaltend 1805 u. ff.". (Tobien: M 130)

StAS A 2118:
"Special-Verzeichnis sämmtlicher Handelsleute, Gewerbetreibenden und Professionisten nebst den von ihnen als solche entrichteten Abgaben von der Stadt Schwelm". (1807-09) (Tobien: M 111)

StAS A 2123:
"Acta betreffend die Austheilung, Schirung und Siegelung der im Gesetzes-Bulletin des Jahres 1810 N° 4 vorgeschiebenen Büchelchens 1810". (Tobien: M 116)

StAS A 2223:
"Acta betreffend die Aufnahme der hülfsbedürftigen Fabricanten in der Stadt Schwelm, welche wegen des theuren Brodt Preises aus der Königl. Accise Casse Unterstüzzung genoßen haben pro 1805". (Tobien: N 24)

StAS A 2501:
"Tabellen von der studierenden Jugend" (1780- 82, 86-98).

StAS A 2845:
"Acta von verschiedenen Gegenständen mehrerer Jahre".

StAS B 61, Reg. II, Cap. 6, Nr. 1181:
"Acta Generalia. Polizeiliche Verordnungen betreffend Bürgermeisterey Schwelm. 1829".

StAS B 214, Reg. I, Cap. 22, Nr. 268:
"Acta die Anlegung und Führung einer Stadt-Chronik betreffend, Bezirk Schwelm 1820". (1820-1840) (Tobien: A 61a)

StAS B, A 222g (Kasten 50b):
"Protokoll-Buch des Gemeinderaths der Stadt Schwelm". (1850-1863)

StAS B, Abt. I, Fach R, Nr. 1 (Kasten 100):
"Stadt Schwelm. Acten betreffend die Volkszählung".

StAS B, Abt. I, Fach R, Nr. 2 (Kasten 100):
"Stadt Schwelm. Acten betreffend die Gewerbezählungen".

StAS B, Abt. A (Allgemeine Verwaltung), Nr. 36:
"Acta Generalia betreffend: Bevölkerungs-Aufnahme".

StAS B, Abt. A, Nr. 37:
"Acta-Specialia, betreffend: Bevölkerungs-Aufnahmen und Listen".

StAS B, Abt. A, Nr. 38:
"Acta Generalia, betreffend: Statistik".

StAS B, Abt. A, Nr. 39:
"Acta Specialia betreffend Statistische Tabellen".

StAS B, Abt. A, Nr. 40:
"Acta-Generalia, betreffend: Aus- und Einwanderungen incl. Naturalisationen".

StAS B, Abt. A, Nr. 41:
"Acta Spec: betreffend: Aus- und Einwanderungen incl. Naturalisationen".

StAS B, Abt. A, Nr. 41, Vol. I:
(ohne Titel)

StAS B, Abt. A, Nr. 41, Vol. II:
"Acta Specialia betreffend Aus- und Einwanderungen incl. Naturalisationen".

StAS B, Abt. A, Nr. 42:
"Generalia und Acta-Specialia, betreffend: Gewerbetabellen".

StAS B, Abt. A, Nr. 43:
"Acta-Generalia betreffend: Handel und Fabricken incl. der über letztere einzureichenden Nachweise".

9.4. Anhang: Ungedruckte Quellen

StAS B, Abt. A, Nr. 44:
"Acta-Specialia betreffend: Handel und Fabriken, so wie die über letztere einzureichenden Nachweise, auch Handelskammer überhaupt". (ab 1749)
StAS B, Abt. B, Nr. 4:
"Stadt Schwelm. Acta-Specialia, betreffend: Monatliche Zeitungsberichte". (1851-1888)
StAS B, Abt. B, Nr. 11:
"Acta-Generalia, betreffend: Wanderbücher der Handwerker".
StAS B, Abt. B, Nr. 12:
"Acta-Specialia, betreffend: Wanderbücher der Handwerker".
StAS B, Abt. B (Polizei), Nr. 14:
"Generalia + Acta-Specialia, betreffend: Fremde Juden".
StAS B, Abt. B, Nr. 15:
"Acta Specialia betreffend: die Judenschaft zu Schwelm".
StAS B, Abt. B, Nr. 16:
"Acta-Specialia, betreffend: Steckbriefe".
StAS B, Abt. B, Nr. 21:
"Acta-Specialia, betreffend die wegen verübter Verbrechen und Vergehen erlassenen Erkenntnisse". (1881-86)
StAS B, Abt. B, Nr. 22:
"Acta-Specialia, betreffend: Heimathscheine und Ertheilung sonstiger Legitimationen".
StAS B, Abt. B, Nr. 23:
"Acta Generalia + Specialia, betreffend: Sittenpolizei".
StAS B, Abt. B., Nr. 28:
"Acta-Spec.: betreffend: Verbrechen und Vergehen".
StAS B, Abt. B, Nr. 31:
"Stadt Schwelm. Special-Acten betreffend Vereinswesen u. öffentliche Versammlungen".
StAS B, Abt. B, Nr. 32:
"Acta-Generalia betreffend: Dienstbotenwesen".
StAS B, Abt. B, Nr. 33:
"Acta-Specialia, betreffend: Dienstbotenwesen, Gewerbe, Gehilfen".
StAS B, Abt. B, Nr. 33,2:
"Special-Acten betreffend Streitigkeiten zwischen Gesellen, Gehilfen, Arbeitern, Lehrlingen u. Dienstboten u. d. Arbeitgebern bzw. Dienstherren".
StAS B, Abt. B, Nr. 33,3:
"Special-Acten betreffend Streitigkeiten zwischen Gesellen, Gehilfen, Arbeitern, Lehrlingen u. Dienstboten u. d. Arbeitgebern bzw. Dienstherren".
StAS B, Abt. B, Nr. 34:
"Acta Generalia + Specialia, betreffend: Bettler u. arbeitsscheue Personen".
StAS B, Abt. B, Nr. 59:
"Acta-Specialia, betreffend: Handwerker-Lehrcontracte".
StAS B, Abt. B., Nr. 61:
"General-Acten betreffend Gewerbeordnung f. d. norddeutschen Bund, Gewerbewesen und Gewerbe-Polizei, Innungen".
StAS B, Abt. B, Nr. 63:
"Acta-gen. betreffend Arbeitsbücher und die Beschäftigung der Arbeiterinnen und jugendlichen Arbeiter in Fabriken".
StAS B, Abt. B, Nr. 66:
"Acta Generalia + Specialia betreffend: Beschäftigung jugendlicher Arbeiter in den Fabriken".

StAS B, Abt. B, Nr. 66a:
"Verzeichnisse der in den Fabriken der Stadt Schwelm beschäftigten jugendlichen Arbeiter".
StAS B, Abt. B, Nr. 99:
"Acta Specialia betreffend Eisenbahnen".
StAS B, Abt. C, Nr. 3:
"Acta-Generalia, betreffend: Vorschriften wegen Verpflegung der Ortsarmen".
StAS B, Abt. C, Nr. 24, Vol. I:
"Acta-Specialia, betreffend: Unterstützung fremder Personen und Erstattung der desfallsigen Kosten, auch Domizilfrage".
StAS B, C 24, Heft II:
"Acta betreffend Unterstützung fremder Personen und Erstattung der desfallsigen Kosten, auch Domizilfrage".
StAS B, Abt. F, Nr. 11; 14; 16; 16a; 17:
(Lehrer-Personalakten)
StAS B, Abt. G., Nr. 35:
"Acta Generalia, betreffend: Aufnahme und Wohnsitz-Veränderungen der Gemeindeglieder und Einzugsgeld".
StAS B, Abt. L, Nr. 1:
"Stadt Schwelm. General-Akten betreffend Ausländer".
StAS B, Abt. I, Fach A, Nr. 11:
"Acten betreffend die Chronik der Stadt. (1869-1918)".
StAS B, Reg. I, Cap. 14, Nr. 289:
"Acta die Organisation der Armen Verwaltungen in den nach Schwelm eingepfarrten politischen Gemeinden betreffend". (1829)
StAS B, Reg. I, Cap. 15, Nr. 270:
"Acta das Armen-Wesen der Stadt und Bauerschaft Schwelm so wie die desfalsige Rechnungs Ablage und deren Revision betreffend. Bezirk Schwelm 1819".
StAS B, Reg. I, Cap. 15. Nr. 279:
"Acta die Armen-Verwaltung der Bauerschaft Schwelm betreffend. Bezirk Schwelm 1825".
StAS B, Reg. I, Cap. 19, Nr. 289:
"Stammrolle der Stadt Schwelm pro 1819 behufs der Aushebung der Ersatzmannschaften zum stehenden Heere".
StAS B, Reg. II, Cap. 2, Nr. 1227:
"Acta die Concubinate betreffend".
StAS B, Reg. II, Cap. 5, Nr. 1212:
"Acta die Legitimation zu den ausgegebenen Pässen enthaltend. Bezirk Schwelm 1820".
StAS B, Reg. II, Cap. 6, Nr. 685:
"Acta die polizeyliche Beaufsichtigung der Kohlentreiber und Kohlenfuhrleute betreffend. Schwelm 1827".
StAS B, Reg. II, Cap. 6, Nr. 1215:
"Acta die Aufnahme und Ausweisung der ausländischen Juden betreffend (1831)".
StAS B, Reg. II, Cap. 7, Nr. 708:
"Special-Aufnahme behufs der anzufertigenden statistischen Tabelle pro 1816".
StAS B, Reg. II, Cap. 8, Nr. 715:
"Acta die Aufnahme der verschiedenen statistischen Tabellen betreffend. Bezirk Schwelm 1825".
StAS B, Reg. II, Cap. 8, Nr. 716:
"Acta betreffend die Erstellung des monatlichen Zeitungs Berichts".

9.4. Anhang: Ungedruckte Quellen

StAS B, Reg. II, Cap. 8, Nr. 720:
"Acta die Aufnahme der Bevölkerungs-Listen und die verschiedentlich vorkommenden statistischen und sonstigen Tabellen betreffend. Bürgermeisterey Registratur Schwelm 1841".

StAS B, Reg. II, Cap. 23, Nr. 906:
"Acta Handel und Fabriken betreffend. Bezirk Schwelm. 1823".

StAS B, Reg. II, Cap. 28, Nr. 982:
"Varia-Generalia". (1817)

StAS B, Reg. III, Cap. 7, Nr. 20:
"Stammrolle des Bezirks Schwelm pro 1824".

StAS B, Reg. III, Cap. 8, Nr. 6:
"Zugangs-Register der Stadt Schwelm pro 1828".

StAS B (ohne Signatur) (Kasten 193):
(Akte über den Bau von Wasserleitungen)

StAS B (ohne Signatur) (Kasten 195):
(Akte über den Umbau des Rathauses 1888/89)

StAS B (ohne Signatur) (Kasten 331):
"Armen-Rechnung pro 1843 über Einnahme und Ausgabe der Armen-Verwaltung der Stadt Schwelm (desgl. die Jahre 1845, 1846, 1848-1850)".

StAS B (ohne Signatur) (Kasten 362):
"Zugangs-Register der Stadt Schwelm pro 1829".

StAS B (ohne Signatur) (Kasten 362):
"Zugangs-Register der Stadt Schwelm pro 1832".

StAS B (ohne Signatur) (Kasten 362):
"Melderegister der Familien von 1876-1888 (Stadt Schwelm)".

StAS B (ohne Signatur) (Kasten 362):
"II. Melderegister der Familien von 1874-1888 (Landgemeinde Schwelm)".

StAS B (ohne Signatur) (Kasten 362):
"Anmelde-Register vom 1. Nov. 1888 - 31. Dez. 1889".

StAS B (ohne Signatur) (Kasten 362):
"Abmelde-Register vom 1. Nov. 1888 - 31. Dez. 1889".

StAS B (ohne Signatur) (Kasten 362):
"Anmeldeliste 1890".

StAS B (ohne Signatur) (Kasten 362):
"Abmelde-Register vom 1. Januar 1890 bis 31. Dezember 1891".

StAS B (ohne Signatur) (Kasten 362):
"Anmelde-[Register] vom 1. Januar [1891 bis 31. Dezember 1891]".

StAS B (ohne Signatur) (Kasten 362):
"Abmelde-Register vom 1. Januar - 31. Dezember 1891".

StAS B (ohne Signatur) (Kasten 362):
"Stadt Schwelm. Anmelde-Register vom 1. Januar - 31. Dezember 1892".

StAS B (ohne Signatur) (Kasten 362):
"Stadt Schwelm. Abmelde-Register vom 1. Januar - 31. Dezember 1892".

StAS B (ohne Signatur) (Kasten 362):
"Anmelde-Register des Einwohner-Meldeamts der Stadt Schwelm pro 1893".

StAS B (ohne Signatur) (Kasten 362):
"Anmelde-Register des Einwohner-Meldeamtes der Stadt Schwelm pro 1899".

StAS B (ohne Signatur) (Kasten 363):
"Beschreibungen und Taxen der in der Stadt Schwelm befindlichen Gebäulichkeiten, Bd. I und II".
StAS B (ohne Signatur) (Kasten 380):
"Acta über Erstattung des Zeitungs-Berichts".
StAS B (ohne Signatur) (Kasten 381):
"Acta den Chausseebau von Schwelm nach der Wittener Straße insbesondere die Beschäftigung brodloser Arbeiter betreffend".
StAS B (ohne Signatur) (Kasten 383, Nr. 31):
"Acta-specialia betreffend Klassensteuer und Zugangsliste". (1853)
StAS B (ohne Signatur) (Kasten 383, Nr. 40):
"Bausachen, Mühlen und Dampfmaschinen Anlagen".
StAS B (ohne Signatur) (Kasten 384, Nr. 54):
"Medicinalwesen. Practische Aerzte, Chirurgen, Hebammen und Apotheker. Medicinalbildungs- und Heil-Anstalten mit Einschluß der Hebammen Lehr-Anstalten".
StAS B (ohne Signatur) (Kasten 385, Nr. 58):
"Sicherheitspolizei. Niederlassung und Beaufsichtigung der Fremden, Feuerschutz-Ordnung, Verkehr mit Feuer und Licht, feuerfangenden Sachen, Betteln, Vagabondiren, Aufsicht über entlassene Verbrecher und verdächtige Personen, deren Fortschaffung, Liquidation der desfallsigen Kosten, Landes Visitationen, Personalien der Gendarmerie".
StAS B (ohne Signatur) (Kasten 385, Nr. 60):
"Stammrolle der Bauerschaft Schwelm für das Jahr 1817".
StAS B (ohne Signatur) (Kasten 389, Nr. 95):
"Stadt Schwelm. Akten betreffend Polenbewegung".
StAS B (ohne Signatur) (Kasten 392, Nr. 107):
"Aufbringung der Kommunalbedürfnisse, deren Verteilung, Liste der Beitragspflichtigen".
StAS B (ohne Signatur) (Kasten 392, Nr. 112):
"Stadt Schwelm. Berufs- und Gewerbezählung am 14. Juni 1895".
StAS B (ohne Signatur) (Kasten 394, Nr. 121):
(Straßenbau um 1831)
StAS B (ohne Signatur) (Kasten 401):
"Gemeinde-Etat der Bürgermeisterey Schwelm für das Jahr 1834".
StAS B (ohne Signatur) (Kasten 403, Nr. 164):
"Gewerbetabelle des Bezirks Schwelm für das Jahr 1831".
StAS B (ohne Signatur) (Kasten 403, Nr. 168 und 169):
(Marktpreise für Getreide in Herdecke)
StAS B (ohne Signatur) (Kasten 406):
(Umzugsnachweise und Pässe, 1866 ff)
StAS B (ohne Signatur) (Kasten 415, Nr. 185):
"Stadt Schwelm. Acta betreffend Communal-Einkommenssteuer-Liste pro 1880/81".
StAS B (ohne Signatur):
"Haushalts-Etat der Stadt Schwelm pro 1864 und Verwaltungs-Bericht pro 1863".
StAS B (ohne Signatur):
"Bericht über die Verwaltung und den Stand der Gemeinde-Angelegenheiten der Stadt Schwelm für das Jahr 1882 und Haushalts-Etat für das Jahr 1. April 1883/31. März 1884 nebst den Neben-Etats".

9.4. Anhang: Ungedruckte Quellen

StAS B (ohne Signatur):
"Bericht über die Verwaltung und den Stand der Gemeinde-Angelegenheiten der Stadt Schwelm für das Jahr 1884 und Haushalts-Etat für das Jahr 1. April 1885/31. März 1886 nebst den Neben-Etats".

StAS B (ohne Signatur):
"Bericht über die Verwaltung und den Stand der Gemeinde-Angelegenheiten der Stadt Schwelm für das Jahr 1885 und Haushalts-Etat für das Jahr 1. April 1886/31. März 1887 nebst den Neben-Etats".

StAS B (ohne Signatur):
"Bericht über die Verwaltung und den Stand der Gemeinde-Angelegenheiten der Stadt Schwelm für das Jahr 1886 und Haushalts-Etat für das Jahr 1. April 1887/31. März 1888 nebst den Neben-Etats".

StAS B (ohne Signatur):
"Bericht über die Verwaltung und den Stand der Gemeinde-Angelegenheiten der Stadt Schwelm für das Jahr 1887 und Haushalts-Etat für das Jahr 1. April 1888/31. März 1889 nebst den Neben-Etats".

StAS B (ohne Signatur):
"Bericht über die Verwaltung und den Stand der Gemeinde-Angelegenheiten der Stadt Schwelm für das Kalenderjahr 1888 und das Rechnungsjahr 1887/88".

StAS B (ohne Signatur):
"Bericht über die Verwaltung und den Stand der Gemeinde-Angelegenheiten der Stadt Schwelm für das Kalenderjahr 1889 und das Rechnungsjahr 1888/89. Nebst Haushaltsplan der Stadtgemeinde Schwelm für das Rechnungsjahr 1890/91 und den Special-Voranschlägen".

StAS B (ohne Signatur):
"Bericht über die Verwaltung und den Stand der Gemeinde-Angelegenheiten der Stadt Schwelm für das Kalenderjahr 1890 und das Rechnungsjahr 1889/90".

StAS B (ohne Signatur):
"Bericht über die Verwaltung und den Stand der Gemeinde-Angelegenheiten der Stadt Schwelm für das Kalenderjahr 1891 und das Rechnungsjahr 1890/91".

StAS B (ohne Signatur):
"Bericht über die Verwaltung und den Stand der Gemeinde-Angelegenheiten der Stadt Schwelm für das Kalenderjahr 1892 und das Rechnungsjahr 1891/92".

StAS B (ohne Signatur):
"Bericht des Magistrats zu Schwelm über die Verwaltung und den Stand der Gemeinde-Angelegenheiten der Stadt Schwelm für das Rechnungsjahr 1892/93 und das Kalenderjahr 1893".

StAS B (ohne Signatur):
"Bericht des Magistrats zu Schwelm über die Verwaltung und den Stand der Gemeinde-Angelegenheiten der Stadt Schwelm für das Rechnungsjahr 1893/94 und das Kalenderjahr 1894".

StAS B (ohne Signatur):
"Stadt Schwelm. Etats für das Rechnungsjahr 1896/97 sowie Verwaltungsbericht für das Rechnungsjahr 1894/95 und das Kalenderjahr 1895".

StAS B (ohne Signatur):
"Stadt Schwelm. Bericht über die Verwaltung und den Stand der Gemeinde-Angelegenheiten für das Rechnungsjahr 1895/96 und das Kalenderjahr 1896".

9.4. Anhang: Ungedruckte Quellen

StAS B (ohne Signatur):
"Stadt Schwelm. Bericht über die Verwaltung und den Stand der Gemeinde-Angelegenheiten für das Rechnungsjahr 1897/98 und das Kalenderjahr 1898".

StAS B (ohne Signatur):
"Stadt Schwelm. Bericht über die Verwaltung und den Stand der Gemeinde-Angelegenheiten für das Rechnungsjahr 1898/99 und das Kalenderjahr 1899".

StAS B (ohne Signatur):
"Stadt Schwelm. Bericht über die Verwaltung und den Stand der Gemeinde-Angelegenheiten für das Rechnungsjahr 1899/1900 und das Kalenderjahr 1900".

StAS B (ohne Signatur):
"Stadt Schwelm. Bericht über die Verwaltung und den Stand der Gemeinde-Angelegenheiten für das Rechnungsjahr 1901 und das Kalenderjahr 1902".

StAS B (ohne Signatur):
"Stadt Schwelm. Bericht über die Verwaltung und den Stand der Gemeinde-Angelegenheiten für das Rechnungsjahr 1902 und das Kalenderjahr 1903".

StAS B (ohne Signatur):
"Stadt Schwelm. Bericht über die Verwaltung und den Stand der Gemeinde-Angelegenheiten für das Rechnungsjahr 1903 und das Kalenderjahr 1904".

StAS B (ohne Signatur):
"Bericht über die Verwaltung und den Stand der Gemeinde-Angelegenheiten der Stadt Schwelm für die Zeit vom 1. Januar 1905 bis 31. März 1906".

StAS B (ohne Signatur):
"Bericht über die Verwaltung und den Stand der Gemeinde-Angelegenheiten der Stadt Schwelm für die Zeit vom 1. April 1906 bis 31. März 1909".

StAS B (ohne Signatur):
"Bericht über die Verwaltung und den Stand der Gemeinde-Angelegenheiten der Stadt Schwelm für die Zeit vom 1. April 1909 bis 31. März 1911".

StAS B (ohne Signatur):
"Bericht über die Verwaltung und den Stand der Gemeinde-Angelegenheiten der Stadt Schwelm für die Zeit vom 1. April 1911 bis 31. März 1913".

StAS B (ohne Signatur):
"Communalsteuer-Liste der Stadt Schwelm pro 1865" (masch.schr. Manuskript)

StAS B (ohne Signatur):
"Firmenarchiv Erfurt"

StAS B (ohne Signatur):
"Reisepässe"

StAS B, Landgemeinde Schwelm, I, Nr. 20:
"Acta Generalia, betreffend Statistik und Bevölkerungs-Aufnahme".

StAS B, Landgemeinde Schwelm, I, Nr. 21:
"Acta-Specialia, betreffend: Statistik u. Bevölkerungs-Aufnahme".

StAS B, Landgemeinde Schwelm, I, Nr. 22:
"Bevölkerungs-Listen der Landgemeinde Schwelm (aufgenommen 1861)".

StAS B, Landgemeinde Schwelm, I, Nr. 24:
"Acta-Generalia, betreffend: Naturalisationen, Auswanderungen, Heimatscheine".

StAS B, Landgemeinde Schwelm, I, Nr. 25/1:
"Acta Specialia betreffend Aus- und Einwanderungen".

StAS B, Landgemeinde Schwelm, I, Nr. 25/2:
"Acta Specialia betreffend Aus- und Einwanderungen".

9.4. Anhang: Ungedruckte Quellen

StAS B, Landgemeinde Schwelm I, Nr. 25/3:
"Acta-Specialia betreffend: Aus- und Einwanderungen. Heimatscheine".
StAS B, Landgemeinde Schwelm, II, Nr. 3:
Acta Anfertigung der Zeitungsberichte".
StAS B, Landgemeinde Schwelm, II, Nr. 36:
"Acta-Spec. betreffend: Dienstbotenwesen".
StAS B, Landgemeinde Schwelm, II, 66/2:
"Acta-Specialia, betreffend: Handwerker-Lehrlinge und Lehrverträge".
StAS B, Landgemeinde Schwelm, VI, Nr. 8:
"Acta-Specialia, betreffend: Einführung eines Einzugsgeldes".
StAS, Bibliothek, Sign. 42-1.5:
"Beschreibung des Regierungs-Bezirkes Arnsberg in der Königlich Preußischen Provinz Westfalen. Kreis Hagen". Arnsberg 1819.
StAS, Bibliothek, Sign. 42-35.5:
"Ortschafts- und Entfernungs-Tabelle des Regierungs-Bezirkes Arnsberg. Kreis Hagen". Arnsberg 1841.
StAS, Nachlaß Böhmer:
Zeittafel
StAS, KT 1:
1. Kirchenbuch der katholischen Gemeinde Schwelm, Trauungen 1683-1775 (Kopie).
StAS, KT 2:
3. Kirchenbuch der katholischen Gemeinde Schwelm, Trauungen 1776-1809 (Kopie).
StAS, KT 3:
4. Kirchenbuch der katholischen Gemeinde Schwelm, Trauungen 1810-1823 (Kopie).
StAS, KT 4:
Traubuch der katholischen Gemeinde Schwelm, 1824-1844 (Kopie).
StAS, KT 5:
Traubuch der katholischen Gemeinde Schwelm, 1845-1861 (Kopie).
StAS, KT 6:
Traubuch der katholischen Gemeinde Schwelm, 1862-1894 (Kopie).
StAS, LT 1:
Trauungen der lutherischen Gemeinde Schwelm, 1756-1790 (Register).
StAS, LT 2:
Traubuch der lutherischen Gemeinde Schwelm, 1790-1802 (Kopie).
StAS, LT 3:
Traubuch der lutherischen Gemeinde Schwelm, 1803-1824 (Kopie).
StAS, LT 4:
Traubuch der lutherischen Gemeinde Schwelm, 1824-1832 (Kopie).
StAS, LT 5:
Traubuch der lutherischen Gemeinde Schwelm, 1833-1851 (Kopie).
StAS, LT 6:
Traubuch der lutherischen Gemeinde Schwelm, 1851-1857 (Kopie).
StAS, LTLF 1:
Traubuch der evangelischen Gemeinde Langerfeld, 1819-1846 (Kopie).
StAS, LTLF 2:
Traubuch der evangelischen Gemeinde Langerfeld, 1846-1858 (Kopie).
StAS, RT 1:
Traubuch der reformierten Gemeinde Schwelm, 1684-1790 (Abschrift).

StAS, RT 2:
Traubuch der reformierten Gemeinde Schwelm, 1791-1809 (Kopie).
StAS, RT 3:
Traubuch der reformierten Gemeinde Schwelm, 1809-1853 (Kopie).
StAS, RT 4:
Traubuch der reformierten Gemeinde Schwelm, 1852-1864 (Kopie).
StAS, RT 5:
Traubuch der reformierten Gemeinde Schwelm, 1865-1874 (Kopie).

Sprockhövel:
Stadtarchiv (StASpr):

StASpr AHS 1.3.1:
"Amt Haßlinghausen. Spec. Acten betreffend: Volkszählung am 1. Dezbr. 1890".
StASpr AHS 1.3.2:
"Acta Generalia + Specialia. Bevölkerungsaufnahme".
StASpr AHS 11.1.2:
"Amt Haßlinghausen. Special-Acten betreffend Straßen-, Wege- und Wasserleitungsanlagen".
StASpr AHS 12.2.4e:
"Acta betreffend: Eisenbahn-Angelegenheiten. Specialia".
StASpr AHS 14.8.1:
(Heimatscheine)
StASpr AHS 14.8.2:
"Acta Generalia betreffend Domicil-Wechsel. 1824".
StASpr AHS 14.8.3:
"Acta Specialia betr. die Aufnahme von Ausländern als Preußische Unterthanen".

Wuppertal:
Stadtarchiv (StAW):

StAW A V 11:
"Verzeichnis der aus der Bürgermeisterei Barmen verzogenen Personen evang. und kath. Konfession (1845-1847)".
StAW A V 12:
"Verzeichnis der in die Bürgermeisterei Barmen zugezogenen Personen evang. und kath. Konfession (1845-1847)".
StAW O X 3:
"Special-Acten des Bürgermeister-Amts zu Barmen. Staatsangehörigkeits-Sachen. Betreffend: Einwanderungen (Naturalisationen) Bd. 1 (1855-1857)".
StAW O X 4:
"Special-Acten des Ober-Bürgermeister-Amts zu Barmen. Staatsangehörigkeits-Sachen. Betreffend: Einwanderungen (Naturalisationen) Bd. 2 (1857-1859)".

9.5 Gedruckte Quellen

Adreßbuch und Geschäfts-Anzeiger für die Stadt Schwelm. Schwelm 1891
= *Adreßbuch/Geschäftsanzeiger 1891*

Allgemeines Landrecht für die Preußischen Staaten von 1794: Textausgabe (mit einer Einführung von Hans Hattenhauer). Frankfurt am Main/Berlin 1970
= *Allgemeines Landrecht*

Deutsches Reich: Statistik. Bd. 98 (N. F.), Berlin 1894; Bd. 210 (N. F.), 2.Tl. Berlin 1910; Statistisches Jahrbuch, 33. Jg. Berlin 1912

Dieterici, Wilhelm: Über Auswanderungen und Einwanderungen, letztere in besonderer Beziehung auf den Preussischen Staat; vom statistischen Standpunkte. Eine am 9. Januar 1847 im Wissenschaftlichen Verein Berlin gehaltene Vorlesung. Berlin/Posen/Bemberg 1847
= *Dieterici, Auswanderungen und Einwanderungen*

Eiler, Klaus (Hg.): Hessen im Zeitalter der industriellen Revolution. Text- und Bilddokumente aus hessischen Archiven beschreiben Hessens Weg in die Industriegesellschaft während des 19. Jahrhunderts. Frankfurt/M. 1984

Gesetzsammlung für die Königlichen Preußischen Staaten. Berlin, Jg. 1806-1849

Hymmen, Reinhard v.: Geschichtlich-statistische Beschreibung des früheren Kreises Hagen, jetzt Stadt- und Landkreis Hagen sowie Kreis Schwelm. Hagen 1889

Kloosterhuis, Jürgen: Bauern, Bürger und Soldaten. Grundzüge der Sozialisation des Militärsystems im preußischen Westfalen, 1713-1803. Münster 1992
= *Kloosterhuis, Bauern, Bürger und Soldaten*

Königlich Statistisches Bureau (Hg.): Preussische Statistik, Bd. V (Die Ergebnisse der Volkszählung und Volksbeschreibung nach den Aufnahmen vom 3. December 1861, resp. Anfang 1862). Berlin 1864

Ders. (Hg.): Preussische Statistik, Bd. XVI (Die Ergebnisse der Volkszählung und Volksbeschreibung vom 3. December 1867, 1. u. 2. T.). Berlin 1869

Ders. (Hg.): Preussische Statistik, Bd. XVII (Die Bewegung der Bevölkerung des Preussischen Staats in den Jahren 1865, 1866 und 1867). Berlin 1870

Ders. (Hg.): Preussische Statistik, Bd. XXII (Vergleichende Uebersicht des Ganges der Industrie, des Handels und Verkehrs im Preussischen Staate 1868). Berlin 1870

Ders. (Hg.): Preussische Statistik, Bd. XXX (Die Ergebnisse der Volkszählung und Volksbeschreibung im Preussischen Staate vom 1. December 1871). Berlin 1875

Landau, Georg: Beschreibung des Kurfürstenthums Hessen. Kassel 1842
= *Landau, Hessen*

Landesamt für Datenverarbeitung und Statistik Nordrhein-Westfalen, Landesdatenbank. Düsseldorf (Stand: 1996)

Müller, Friedrich-Christoph: Chorographie von Schwelm. Anfang und Versuch einer Topographie der Grafschaft Mark 1789 (neu hrsg. v. Gerd Helbeck). Gevelsberg 1980
= *Müller, Chorographie*

Pauls, Emil: Eine statistische Tabelle des Herzogthums Berg aus dem Jahr 1797, ZBGV 39, 1906, S. 180-211

Pernoud, Georges/**Flaissier**, Sabine (Hg.): Die Französische Revolution in Augenzeugenberichten. München 1983[5]
= *Pernoud/Flaissier, Augenzeugenberichte*

Richtering, Helmut: Das Ruhrdepartement im Herbst 1809. Ein Reisebericht des Präfekten von Romberg, in: Beiträge zur Geschichte Dortmunds und der Grafschaft Mark, Bd. 55, 1958, S. 65-107

Scotti, J. J.: Sammlung der Gesetze und Verordnungen, welche in den ehemaligen Herzogthümern Jülich, Cleve und Berg und in dem vormaligen Großherzogtum Berg über Gegenstände der Landeshoheit, Verfassung, Verwaltung und Rechtspflege ergangen sind (1475-1815). Bd. 1, Düsseldorf 1821; Bd. 2, Düsseldorf 1822
= *Scotti, Berg*

Ders.: Sammlung der Gesetze und Verordnungen, welche in dem Herzogthum Cleve und in der Grafschaft Mark über Gegenstände der Landeshoheit, Verfassung, Verwaltung und Rechtspflege ergangen sind, vom Jahre 1418 bis zum Eintritt der königlich preußischen Regierungen im Jahre 1816, Bde 1-5. Düsseldorf 1826
= *Scotti, Mark*

Süßmilch, Johann Peter: Die göttliche Ordnung in den Veränderungen des menschlichen Geschlechts aus der Geburt, dem Tode und der Fortpflanzung desselben, 3. Teil. Berlin 1776
= *Süßmilch, Göttliche Ordnung*

Tobien, Wilhelm: Bilder aus der Geschichte von Schwelm nach den Überlieferungen in den Archiven. Festschrift zur 300jährigen Jubelfeier der Stadtprivilegien von Schwelm. Schwelm 1890 (Neudruck: Remscheid 1983)
= *Tobien, Bilder aus der Geschichte*

Veddeler, Peter: Französische Emigranten in Westfalen 1792-1802. Ausgewählte Quellen (= Veröffentlichungen der Staatlichen Archive des Landes NRW, Reihe C: Quellen und Forschung, Bd. 28). Münster 1989
= *Veddeler, Emigranten*

9.6 Forschungsliteratur

A

Abel, Wilhelm: Agrarkrisen und Agrarkonjunktur. Eine Geschichte der Land- und Ernährungswirtschaft Mitteleuropas seit dem hohen Mittelalter. Hamburg/Berlin 1966²
Ders.: Geschichte der deutschen Landwirtschaft vom frühen Mittelalter bis zum 19. Jahrhundert. Stuttgart 1967²
Ders.: Massenarmut und Hungerkrisen im vorindustriellen Europa, Versuch einer Synopsis. Hamburg/Berlin 1974
Albrecht, Günther: Soziologie der geographischen Mobilität. Stuttgart 1972
Allendorf, H.: Der Zuzug in die Städte, seine Gestaltung und Bedeutung für dieselben in der Gegenwart. Ein Beitrag zur Statistik der Binnenwanderung mit besonderer Berücksichtigung der Zuzugsverhältnisse der Stadt Halle/S. im Jahr 1899. Halle 1901
Anderson, Nils: The Industrial Urban Community. Historical and Comparative Perspectives. New York 1971
Annuaire (de la pairie et) de la noblesse de France: (bis 1891 hrsg. v. M. André Borel d'Hauterive), Bd. 1- 88ff (Jg. 1-114ff), Paris 1843-1957 ff. (Stammfolgenverzeichnis in Jg. 1890, 1904, 1928)
Aretin, v., Karl Otmar/**Härter**, Karl (Hg.): Revolution und konservatives Beharren. Das Alte Reich und die Französische Revolution. Mainz 1990
Arndt-Schug, Rosalinde/**Franger**, Gaby: Fremde Frauen. Migrantinnen im Lichte der neueren deutschen Migrationsforschung, in: Fieseler, Beate/Schulze, Birgit (Hg.): Frauengeschichte: gesucht - gefunden? Auskünfte zum Stand der historischen Frauenforschung. Köln/Weimar/Wien 1991, S. 257-275
Aschoff, Diethard: Kölner Juden in Westfalen, in: Köln/Westfalen 1180-1980, Bd. 1. Münster 1980, S. 276-280
Auerbach, Inge: Auswanderung aus Hessen. Ausstellung der Hessischen Staatsarchive zum Hessentag 1984 in Lampertheim. Marburg 1984, 1986²
= *Auswanderung aus Hessen*
Dies.: Hessische Auswanderer. Index nach Familiennamen, Bd. I, Auswanderer aus Hanau im 18. Jahrhundert. Marburg 1987 (= Veröffentlichungen der Archivschule Marburg, Institut für Archivwissenschaft, Nr. 11)
Dies.: Hessische Auswanderer. Index nach Familiennamen, Bd. II, Auswanderer aus Hessen-Kassel 1840-1850. Marburg 1988 (= Veröffentlichungen der Archivschule Marburg, Institut für Archivwissenschaft, Nr. 12)
Dies.: Auswanderung aus Kurhessen. Nach Osten oder Westen? Marburg 1993 (= Schriften des Hessischen Staatsarchivs Marburg, 10)
Auffenberg, Karl: Die französischen Emigranten im Hochstift Paderborn als Folge der Französischen Revolution des Jahres 1789, in: Die Warthe 66, 51. Jg. (1990), S. 37-39
Aust, Florian: Die Bevölkerung des Kreises Warendorf: demographische Situation vom Mittelalter bis zur Gegenwart, in: Heimatkalender des Kreises Warendorf 1991 (1990), S. 8-13

B

Bade, Klaus J.: Massenwanderung und Arbeitsmarkt im deutschen Nordosten von 1880 bis zum Ersten Weltkrieg (= Sonderdruck Archiv für Sozialgeschichte, Bd. XX). Bonn 1980
Ders. (Hg.): Auswanderer - Wanderarbeiter - Gastarbeiter. Bevölkerung, Arbeitsmarkt und Wanderung in Deutschland seit der Mitte des 19. Jahrhunderts, Bd. 2. Ostfildern 1984
Ders. (Hg.): Population, Labour and Migration in 19th and 20th Century Germany. New York 1987
Ders.: Deutsche im Ausland - Fremde in Deutschland. München 1992
Ballod, C.: Die Lebensfähigkeit der städtischen und ländlichen Bevölkerung. Leipzig 1897
Bassler, Gerhard: Auswanderungsfreiheit und Auswanderungsfürsorge in Württemberg 1815-1822. Zur Geschichte der südwestdeutschen Massenauswanderung nach Nordamerika, in: ZWLG 33, 1974, S. 117-160
Battenfeld, Beate: Die Ziegelindustrie im Bergischen Land. Ein wirtschaftshistorischer Beitrag zur Architekturgeschichte und Denkmalpflege. Solingen 1998
= *Battenfeld, Ziegelindustrie*
Bauks, Friedrich Wilhelm: Die evangelischen Pfarrer in Westfalen von der Reformationszeit bis 1945. Bielefeld 1980
= *Bauks, Evangelische Pfarrer in Westfalen*
Becker, Holger: Die wirtschaftliche Entwicklung Schwelms bis 1870, in: BHS, H. 36, Jg. 1986, S. 57-85
= *Becker, Wirtschaftliche Entwicklung I*
Ders.: Die wirtschaftliche Entwicklung Schwelms in der Epoche der Hochindustrialisierung, in: BHS, H. 37, Jg. 1987, S. 109-136
= *Becker, Wirtschaftliche Entwicklung II*
Becker, Otto: Die Regelung des ausländischen Arbeitswesens in Deutschland unter besonderer Berücksichtigung der Anwerbung und Ermittlung. Schriften der Deutschen Gesellschaft zur Bekämpfung der Arbeitslosigkeit, H. 4. Berlin 1918
Becker, Walter: Die Bedeutung der nicht-agrarischen Wanderungen für die Herausbildung des industriellen Proletariats in Deutschland unter besonderer Berücksichtigung Preußens von 1850-1870, in: Mottek, Hans (u. a.): Studien zur Geschichte der industriellen Revolution in Deutschland. Berlin/O. 1960, S. 209-240
Beckmann, Dieter: Die Hausindustrie der Bandwirkerei im westmärkischen Raum um Schwelm, in: BHS, H. 30, Jg. 1980, S. 78-117
Behre, Otto: Geschichte der Statistik in Brandenburg-Preussen bis zur Gründung des Königlichen Statistischen Bureaus. Berlin 1905
Beine, Jürgen: Tabellen und Graphiken zur Wirtschafts- und Gesellschaftsgeschichte Nordrhein-Westfalens 1815-1995, in: Briesen, Detlef/Brunn, Gerhard/Elkar, Rainer S./Reulecke, Jürgen: Gesellschafts- und Wirtschaftsgeschichte Rheinlands und Westfalens. Köln/Stuttgart/Berlin 1995, S. 269-291
= *Beine, Tabellen und Graphiken*
Belz, Karl-Wilhelm: Eisenbahnen in der Industriellen Revolution: Ein frühes Wuppertaler Projekt (= Beiträge zur Geschichte und Heimatkunde des Wuppertals, Bd. 27). Wuppertal 1979
= *Belz, Eisenbahnen*
Bergische Bibliographie: hg. v. Kreis Mettmann, Bd. I. bearb. von Max Josef Holthausen. Kastellaun 1977; Bd. II. bearb. von Ulrich Rautenbichler. Neustadt/Aisch 1986

Bergmann, Herbert: Bevor Schwelm Kreisstadt wurde. Historischer Querschnitt aus den Jahren 1869-1887 nach einer statistischen Kreisbeschreibung des Kreises Hagen von Landrat R. v. Hymmen, in: BHS, H. 12, Jg. 1962, S. 29-45
Ders.: Kopfsteuerliste der Einwohner der Stadt Schwelm von 1648, in: BHS, H. 14, Jg. 1964, S. 82-89
Bergmann, Klaus: Agrarromantik und Großstadtfeindschaft. Meisenheim 1970
Best, Heinrich/**Mann**, Reinhard (Hg.): Quantitative Methoden in der historisch-sozialwissenschaftlichen Forschung. Stuttgart 1977
Bleek, Stefan: Mobilität und Seßhaftigkeit in deutschen Großstädten während der Urbanisierung, in: Geschichte und Gesellschaft 15 (1989), 1, S. 5-33
Bodnar, John: The Transplated. A: History of Immigrants in Urban America. Indiana 1985
Böckenholt, F.: Zur Geschichte der Kgl. Preußischen Provinzialverwaltungsbehörde der ehemaligen Grafschaft Mark zu Hamm/Westf. (= Meister, Aloys (Hg.): Münsterische Beiträge zur Geschichtsforschung, N. F. XXVII). Münster 1912
= *Böckenholt, Provinzialverwaltungsbehörde*
Böhm, H.: Bevölkerungsstruktur und Bevölkerungsbewegungen in der zweiten Hälfte des 19. Jahrhunderts unter besonderer Berücksichtigung der Preußischen Rheinprovinz, in: Innsbrucker Geographische Studien 5, 1979, S. 173-198
Böhmer, Emil (Hg.): Der Landkreis Schwelm. Berlin 1928
Ders.: Bilder aus der Geschichte der Stadt Schwelm. (= Jahresgabe des Vereins für Heimatkunde, H. 1-5). Schwelm 1934, 1938
Ders.: Die Frühgeschichte der Schwelmer Garnindustrie. (= Jahresgabe des Vereins für Heimatkunde Schwelm, H. 2). Schwelm 1935
Ders.: Geschichte der Stadt Schwelm. Schwelm 1950
= *Böhmer, Stadt Schwelm*
Ders.: Das Neubürgerbuch der Stadt Schwelm, T. 1, 1595-1700, in: BHS, H. 9, Jg. 1959, S. 67-84
Ders.: Aus der Geschichte der evangelischen Kirchengemeinde Schwelm, in: BHS, H.15, Jg. 1965, S. 32-45
= *Böhmer, Evangelische Kirchengemeinde*
Bolte, Karl Martin/**Kappe**, Dieter/**Schmid**, Josef: Bevölkerung. Statistik, Theorie, Geschichte und Politik des Bevölkerungsprozesses. Opladen 1980[4]
Borchardt, Knut: Die Industrielle Revolution in Deutschland. München 1972
Borscheid, Peter: Textilarbeiterschaft in der Industrialisierung. Soziale Lage und Mobilität in Württemberg. Stuttgart 1978
= *Borscheid, Textilarbeiterschaft*
Ders.: Schranken sozialer Mobilität und Binnenwanderung im 19. Jahrhundert, in: Conze, Werner/Engelhardt, Ulrich (Hg.): Arbeiter im Industrialisierungsprozeß. Herkunft, Lage und Verhalten. Stuttgart 1979, S. 31-50
= *Borscheid, Binnenwanderung*
Ders.: Saison- und Etappenwanderung im Münsterland 1880-1900, in: Blaich, Fritz (Hg.): Entwicklungsprobleme einer Region: Das Beispiel Rheinland und Westfalen im 19. Jahrhundert (= Schriften des Vereins für Socialpolitik. Gesellschaft für Wirtschafts- und Sozialwissenschaften, N. F., Bd. 119). Berlin 1981, S. 9-45
Boyee, A. J.: Migration and Mobility. Biosocial aspects of human movement. London/Philadelphia 1984
Brammer, Annegret H.: Judenpolitik und Judengesetzgebung in Preußen 1812 bis 1847 (Diss.). Berlin 1987

Brandt, Peter/**Hofmann**, Thomas/**Zilkenat**, Reiner (Bearb.): Preußen. Zur Sozialgeschichte eines Staates. Eine Darstellung in Quellen. Hamburg 1981 (= Preußen. Versuch einer Bilanz. Eine Ausstellung der Berliner Festspiele GmbH, Bd. 3. Berlin 1981).
= *Brandt, Preußen*
Braubach, Max: Kurköln. Gestalten und Ereignisse aus zwei Jahrhunderten rheinischer Geschichte. Münster 1949
Ders.: Von der Französischen Revolution bis zum Wiener Kongreß (= Gebhardt Handbuch der deutschen Geschichte, Band 14). Stuttgart 1970^9
= *Braubach, Revolution*
Braun, Rudolf: Sozialer und kultureller Wandel in einem ländlichen Industriegebiet im 19. und 20. Jahrhundert. Erlenbach/Zürich 1965
Braun, Rudolf/**Fischer**, Wolfram (Hg.): Industrielle Revolution. Wirtschaftliche Aspekte. Köln/Berlin 1972
Braun, Rudolf/**Fischer**, Wolfram/**Großkreutz**, Helmut/**Volkmann**, Heinrich (Hg.): Gesellschaft in der Industriellen Revolution. Köln 1973
Brepohl, Wilhelm: Der Aufbau des Ruhrvolkes im Zuge der Ost-West-Wanderung. Beiträge zur deutschen Sozialgeschichte des 19. und 20. Jahrhunderts. O. O. 1948
Briesen, Detlef/**Brunn**, Gerhard/**Elkar**, Rainer S./**Reulecke**, Jürgen: Gesellschafts- und Wirtschaftsgeschichte Rheinlands und Westfalens. Köln/Stuttgart/ Berlin 1995
Brockstedt, Jürgen (Hg.): Regionale Mobilität in Schleswig-Holstein 1600-1900. Theorie, Fallstudien, Quellenkunde, Bibliographie (= Studien zur Wirtschafts- und Sozialgeschichte Schleswig-Holsteins, Bd. 17). Neumünster 1979.
Ders.: Regionale Mobilität, Wirtschaftsentwicklung und Sozialstruktur in Schleswig-Holstein (1800-1864), in: Schröder, Wilhelm Heinz (Hg.): Moderne Stadtgeschichte Stuttgart 1979, S. 179-216
Broesike, Max: Die Binnenwanderungen im preußischen Staate, in: Zeitschrift des Kgl.-Preuß. Statistischen Bureaus, Bde. 42 und 47. Berlin 1902, 1907
Broglie de, Dominique: Les Broglie, leur histoire. Paris 1972
= *De Broglie, Les Broglie*
Brüggemeier, Franz-Josef: Leben in Bewegung: Zur Kultur unständiger Arbeiter im Kaiserreich, in: van Dülmen, Richard (Hg.): Armut. Liebe. Ehre - Studien zur historischen Kulturforschung. Frankfurt am Main 1988, S. 225-257
Bruer, Albert A.: Geschichte der Juden in Preußen (1750-1820). Frankfurt am Main/ New York 1991
= *Bruer, Juden in Preußen*
Buchheim, Christoph: Industrielle Revolution. Langfristige Wirtschaftsentwicklung in Großbritannien, Europa und in Übersee. München 1994
Burgdörfer, Friedrich: Die Wanderungen über die deutschen Reichsgrenzen im letzten Jahrhundert, in: Köllmann, Wolfgang, Marschalck, Peter (Hg.): Bevölkerungsgeschichte. Köln, 1972, S. 281-322
= *Burgdörfer, Wanderungen*
Burmeister, Karl-Heinz/**Rollinger**, Robert (Hg.): Auswanderung aus dem Trentino - Einwanderung nach Vorarlberg. Die Geschichte einer Migrationsbewegung mit besonderer Berücksichtigung der Zeit von 1870/80 bis 1919. Sigmaringen 1994
Busch, Otto/**Neugebauer**, Wolfgang (Hg.): Moderne Preußische Geschichte 1648-1947. Eine Anthologie, Bd. 2. Berlin/New York 1981
Butfering, Elisabeth: Niederländische Exilanten in Frankenthal, Neu-Hanau und Altona: Herkunftsgebiete, Migrationswege und Ansiedlungsorte, in: Städteforschung R. A. 15 (1983), S. 347-417

C

Castries: La vie quotidienne des Émigrés. O.O., 1966

Caumanns, Ute: Technischer Fortschritt und sozialer Wandel in deutschen Ostprovinzen. Ein Vergleich mit ausgewählten Mittel- und Ostprovinzen. Bonn 1994.

Chenaye-Desbois, de la/**Badier**: Dictionnaire de la Noblesse de la France. Paris 1876, Nendeln/Lichtenstein 1969³.
 = *de la Chenaye-Desbois/Badier, Noblesse*

Claas, Wilhelm: Eisengewerbe und Familienname, in: Der Ennepe-Sträßer, Nr. 7/8. Gevelsberg 1959

Conrad, Hermann: Das Allgemeine Landrecht von 1794 als Grundgesetz des friderizianischen Staates. Berlin 1965

Cornelißen, Christoph: Wanderer zwischen den Welten: Neuere Forschungsergebnisse zur Migration aus und nach Deutschland im 19. Jahrhundert, in: Neue politische Literatur 40 (1995) 1, S. 30-61
 = *Cornelißen, Wanderer zwischen den Welten*

Crew, David: Regionale Mobilität und Arbeiterklasse. Das Beispiel Bochum 1880-1901, in: Geschichte und Gesellschaft 1, 1975, S. 99-120

Ders.: Bochum. Sozialgeschichte einer Großstadt. Frankfurt am Main/Berlin/Wien 1980

D

Damaschke, Sabine: Zwischen Anpassung und Auflehnung. Die Lage der Wuppertaler Textilarbeiterschaft in der Mitte des 19. Jahrhunderts (= Beiträge zur Geschichte und Heimatkunde des Wuppertals, Bd. 35), Wuppertal 1992

Debor, Herbert W.: Zuwanderungen in den Odenwaldkreis nach dem 30jährigen Krieg. Archiv für Heimatpflege. Erbach 1989

Del Fabbro, René: Italienische Industriearbeiter im wilhelminischen Deutschland 1890-1914, in: VSWG 76, 1989, S. 202-228

Ders.: Neuere Untersuchungen zur internationalen Migrationsforschung, in: Archiv für Sozialgeschichte 34, 1994, S. 476-488

Demandt, Karl E.: Geschichte des Landes Hessen. Kassel/Basel 1959
 = *Demandt, Hessen*

Deutsche Akademie für Bevölkerungswissenschaft an der Universität Hamburg (Hg.): Statistische Methoden und Materialien für Demographen, Bd. 1: Grundlegende allgemein demographische, demographisch-methodische und bevölkerungsstatistische Beiträge. (= Akademie-Veröffentlichung, Reihe A, Nr. 9). Hamburg 1966

Deutsche Verlagsgesellschaft (Hg.): Das Ortsbuch für das Deutsche Reich. Berlin 1930⁷

Diesbach de, Ghislain: Histoire de l'émigration 1789-1814. Paris 1975

Diezinger, Sabine: Französische Emigranten und Flüchtlinge in der Markgrafschaft Baden (1789-1800) (= Europäische Hochschulschriften, Reihe III, Geschichte und ihre Hilfswissenschaften, Bd. 500). Frankfurt am Main 1991
 = *Diezinger, Emigranten in Baden*

Ditt, Hildegard: Ältere bevölkerungs- und sozialstatistische Quellen in Westfalen. Methoden der Auswertung, in: W. Ehbrecht (Hg.): Voraussetzungen und Methoden geschichtlicher Städteforschung. Köln/Wien 1979

Dösseler, Emil: Inventar der Quellen zur westfälischen Geschichte im Hauptstaatsarchiv Düsseldorf unter besonderer Berücksichtigung der Personen- und Höfegeschichte. Düsseldorf 1952

Ders.: Die Aus- und Einwanderung Westfalens, in: Westfälische Forschungen, Bd. 19, 1966, S. 161-166

Ders.: Die Soester Einwanderung nach Herkunftsräumen (gemäß der Soester Bürgerbücher von 1302-1752). Münster 1986

Duden, Barbara/**Meyer-Renschhausen**, Elisabeth: Landarbeiterinnen, Näherinnen, Dienstmädchen, Hausfrauen. Frauenarbeit in Preußen, in: Brandt, Peter/Hofmann, Thomas/Zilkenat, Reiner (Bearb.): Preußen. Zur Sozialgeschichte eines Staates. Eine Darstellung in Quellen, Hamburg 1981. (= Preußen. Versuch einer Bilanz. Eine Ausstellung der Berliner Festspiele GmbH. Berlin 1981, Bd. 3), S. 265-285
= *Duden/Meyer-Renschhausen, Frauenarbeit*

Dülmen van, Richard (Hg.): Armut, Liebe, Ehre. Studien zur historischen Kulturforschung. Frankfurt am Main 1988

Dütschke, Gottfried: Abriß einer Heimatkunde des Kreises Schwelm (= Sonderabdruck aus den Baudenkmälern von Westfalen, hg. v. Provinzialverband der Provinz Westfalen). Schwelm 1911

Dumjahn, Horst-Werner (Hg.): Handbuch der deutschen Eisenbahnstrecken. Eröffnungsdaten 1835-1935, Streckenlängen, Konzessionen, Eigentumsverhältnisse. Mainz 1984 (= Dt. Reichsbahn (Hg.): Die deutschen Eisenbahnen in ihrer Entwicklung 1835-1935. Berlin 1935).
= *Dumjahn, Handbuch der deutschen Eisenbahnstrecken*

E

Ebel, Wilhelm: Der Bürgereid als Geltungsgrund und Gestaltungsprinzip des deutschen mittelalterlichen Stadtrechts. Weimar 1958
= *Ebel, Bürgereid*

Eckelt, Herbert: Französische Geistliche als Emigranten in Werne, in: Unna (Kreis-) Heimatbuch 12 (1991), S. 118-120

Ehbrecht, Wilfried (Hg.): Voraussetzungen und Methoden geschichtlicher Städteforschung. Köln/Wien 1979

Ehmer, Josef: Soziale Traditionen in Zeiten des Wandels. Arbeiter und Handwerker im 19. Jahrhundert. Frankfurt am Main 1994

Ders.: Heiratsverhalten, Sozialstruktur, ökonomischer Wandel. England und Mitteleuropa in der Formationsperiode des Kapitalismus. Göttingen 1991

Emsbach, Karl: Textilindustrie, in: Nordrhein-Westfalen, Landesgeschichte im Lexikon (= Veröffentlichungen der Staatlichen Archive des Landes Nordrhein-Westfalen, Reihe C: Quellen und Forschungen, Bd. 31). Düsseldorf 1993, S. 413-418

Engel, Gustav: Politische Geschichte Westfalens. Köln/Berlin 1968

Engel, Josef/**Zeeden**, Ernst-Walter (Hg.): Großer Historischer Weltatlas, III. Teil, Neuzeit. München 1981[4]

Engelbert, Günther (u. a.): Die Bestände des Staatsarchivs und Personenstandsarchivs Detmold. Detmold 1970

Engelbrecht, Jörg: Landesgeschichte Nordrhein-Westfalen. Stuttgart 1994
= *Engelbrecht, Landesgeschichte*

Engelhardt, Ulrich (Hg.): Handwerker in der Industrialisierung. Stuttgart 1984

9.6 Anhang: Forschungsliteratur

Engeli, Christian/**Matzerath**, Horst (Hg.): Moderne Stadtgeschichtsforschung in Europa, USA und Japan. Stuttgart 1989

Engelsing, Rolf: Zur Sozialgeschichte deutscher Mittel- und Unterschichten. Göttingen 1978[2]

Ders.: Sozial- und Wirtschaftsgeschichte Deutschlands. Göttingen 1983[3]

Esenwein-Rothe, Ingeborg: Einführung in die Demographie. Wiesbaden 1982

Evangelische Akademie Iserlohn (Hg.): Geschichte der Einwanderer in das Ruhrgebiet. Beispiel für das Leben von Migranten in Deutschland. Tagung der Evang. Akademie Iserlohn. Iserlohn 1988

F

Falke, Friedrich: Die Landflucht. Ihre Ursachen und Wirkungen. Leipzig 1929

Fenner, Wolfgang: Berg und Mark im Spiegel eines Reiseführers von 1823. Auszug aus Gottfried Peter Rauschnicks Rheinreise-Handbuch, in: BHS, H. 37, Jg. 1987, S. 109-136

Fey, Helmut: Flurnamen der Bauerschaft Schwelm nach dem Urkataster aus dem Jahre 1828, Flur 1 (Möllenkotten), in: BHS, H. 9, Jg. 1959, S. 24-26

Ders.: Flurnamen der Bauerschaft Schwelm nach dem Urkataster aus dem Jahre 1828, Fluren 7 (Winterberg), 8 (Ober-Winterberg), 9 (Vesterberg), 10 (Dahlhausen), in: BHS, H. 11, Jg. 1961, S. 91-97

Fiedler, Siegfried: Grundriß der Militär- und Kriegsgeschichte, Bd. 1: Die stehenden Heere im Zeitalter des Absolutismus 1640-1789. München 1972
 = *Fiedler, Militär- und Kriegsgeschichte*

Foerster, Erhard: Grundlagen der Demographie. München 1976

Franz, Peter: Soziologie der räumlichen Mobilität. Eine Einführung. Frankfurt am Main 1984

Fremdling, Rainer: Eisenbahnen und deutsches Wirtschaftswachstum 1840-1879. Ein Beitrag zur Entwicklungstheorie und zur These der Infrastruktur. Dortmund 1975

Friedeburg, Robert v.: Social structure and Migration: The Case of the Schwalm Valley, Hessen, 1840-1866, in: German History Vol. 10, 1992, S. 131-148

Frielingsdorf, Joachim: Ottenbruch und Mirke. Zur Geschichte der Rheinischen Eisenbahnstrecke des Wuppertals (= Beiträge zur Denkmal- und Stadtbildpflege des Wuppertals, Bd. 8). Wuppertal 1990
 = *Frielingsdorf, Ottenbruch und Mirke*

Frisch, Margarete: Die Grafschaft Mark. Der Aufbau und die innere Gliederung des Gebietes besonders nördlich der Ruhr. Münster 1937

Füchtner, Jörg (Bearb.): Die Zivilstandsregister im nordrhein-westfälischen Personenstandsachiv Rheinland. Eine Übersicht. (= Veröffentlichungen der staatlichen Archive des Landes Nordrhein-Westfalen, Reihe B: Archivführer und Kurzübersichten, Heft 8). Brühl 1985

G

Gerhard, Hans-Jürgen: Quantitative und qualitative Aspekte von Handwerkereinkommen in nordwestdeutschen Städten von der Mitte des 18. bis zur Mitte des 19. Jahrhunderts, in: Engelhardt, Ulrich (Hg.): Handwerker in der Industrialisierung. Stuttgart 1984, S. 51-77

Gerlinger, Heinz: Hugenotten-Kolonien in Westfalen, in: Roland zu Dortmund, 8. Jg., 1974, S. 6-13

Giese, Friedrich: Preußische Rechtsgeschichte. Übersicht über die Rechtsentwicklung der Preußischen Monarchie und ihrer Landesteile. Berlin/Leipzig 1920

Goebel, Klaus: Die homburgische Zuwanderung nach Wuppertal. Ein Beitrag zur Bevölkerungsgeschichte des Bergischen Landes. Wuppertal 1963

Ders.: Wuppertal - heimliche Hauptstadt von Waldeck. Wuppertal 1964
= *Goebel, Heimliche Hauptstadt*

Ders.: Zuwanderung zwischen Reformation und Franzosenzeit. Ein Beitrag zur vorindustriellen Bevölkerungs- und Wirtschaftsgeschichte des Wuppertals, 1527-1808. Wuppertal 1966

Ders., u. a. (Hg.): Die kleine, mühselige Welt des jungen Hermann Enters. Erinnerungen eines Amerika-Auswanderers an das frühindustrielle Wuppertal. Wuppertal 1985[4]
= *Goebel, Hermann Enters*

Ders.: So wurden sie Wuppertaler, Zuwanderungen seit 400 Jahren, in: Werden und Wachsen der Wuppertaler Wirtschaft. Von der Garnnahrung 1527 zur modernen Industrie. Wuppertal 1977, S. 94-109

Ders.: Historische Schauplätze in Wuppertal, Solingen und Remscheid. Wuppertal 1990[2]

Ders. (Hg.): Oberbergische Geschichte. Vom Westfälischen Frieden zum Ende der Monarchie, 1648-1918, Bd. 2. Wiehl 1998
= *Goebel, Oberbergische Geschichte*

Goebel, Klaus/**Wichelhaus**, Manfred (Hg.): Aufstand der Bürger. Revolution 1849 im westdeutschen Industriezentrum. Wuppertal 1977[3]

Goecke, Rudolf: Das Grossherzogthum Berg unter Joachim Murat, Napoleon I. und Louis Napoleon, 1806-1813. Köln 1877

Gorißen, Stefan/**Wagner**, Georg: Protoindustrialisierung in Berg und Mark? Ein interregionaler Vergleich am Beispiel des neuzeitlichen Eisengewerbes, in: Zeitschrift des Bergischen Geschichtsvereins, 92. Band, Jg. 1986, S. 163-171

Gregor, Bernd/**Krifka**, Manfred: Computerfibel für die Geisteswissenschaften. München 1986

Greim-Kuczewski, Peter: Die preußische Klassen- und Einkommenssteuergesetzgebung im 19. Jahrhundert. Eine Untersuchung über die Entwicklungsgeschichte der formellen Veranlagungsvorschriften. (= Wirtschafts- und Rechtsgeschichte, Bd. 18). Köln 1990

Gundlach, Rolf/**Lückerath**, Carl August: Historische Wissenschaften und elektronische Datenverarbeitung. Frankfurt am Main/Berlin/Wien 1976

H

Habakkuk, John: Bevölkerungsproblem und Wirtschaftswachstum Europas im späten achtzehnten und neunzehnten Jahrhundert, in: Braun, Rudolf/Fischer, Wolfram/Großkreutz, Helmut/Volkmann, Heinrich (Hg.): Gesellschaft in der Industriellen Revolution. Köln 1973, S. 207-218

Hacker, Werner: Auswanderungen aus Oberschwaben im 17. und 18. Jahrhundert archivalisch dokumentiert. Stuttgart/Aalen 1977

Haemmerle, Albert: Alphabetisches Verzeichnis der Berufs- und Standesbezeichnungen vom ausgehenden Mittelalter bis zur neueren Zeit. München 1933. (Nachdruck: Hildesheim 1966)

9.6 Anhang: Forschungsliteratur

Hantschke, Irmgard: Die Veränderung der politischen Landkarte am Niederrhein im Zeitalter der Französischen Revolution, in: Historischer Verein für Stadt und Stift Essen (Hg.): Beiträge zur Geschichte von Stadt und Stift Essen, H. 103, Jg. 1989/90, S. 87-118

Hartnack, Karl: Ein Beitrag zur Geschichte der bergischen Auswanderung nach Nordamerika. ZBGV 59, S. 120-212

Hausmann, Rolf: Die Stadtprivilegien und die ersten Ratsprotokolle des Magistrats der Stadt Schwelm, in BHS, H. 23, Jg. 1973, S. 54-78
= *Hausmann, Stadtprivilegien*

Heberle, Rolf: Migratory Mobility, in: Proceedings of the World Population Conference. Rom 1954

Heberle, Rudolf: Zur Typologie der Wanderungen, in: Köllmann, Wolfgang/Marschalck, Peter (Hg.): Bevölkerungsgeschichte. Köln 1972, S. 69-75
= *Heberle, Typologie der Wanderungen*

Heberle, Rudolf/**Meyer**, Fritz: Die Großstädte im Strome der Binnenwanderung: Wirtschafts- und bevölkerungswissenschaftliche Untersuchungen über Wanderung und Mobilität in deutschen Städten. Leipzig 1937

Heckmann, Karl: Geschichte der ehemaligen Reichsherrschaft Homburg an der Mark. Bonn 1939

Helbeck, Gerd: Zugewanderte und Dimittierte. Aus dem heutigen Großraum Remscheid und dem Beyenburger Gebiete, in: Die Heimat spricht zu Dir, H. 10ff, Jg. 35 (1968)

Ders., In oppido Swelme. Entstehung und Struktur der mittelalterlichen Kleinstadt Schwelm zwischen dem 10. Jahrhundert und 1496, in: BHS, H. 23, Jg. 1973, S. 5-53

Ders.: Aus den Akten der Schwelmer Bürgerversammlung - Ausgewählte Quellen zur politischen Willensbildung in Schwelm im Revolutionsjahr 1848, in: BHS, H. 24, Jg. 1974, S. 15-39
= *Helbeck, Schwelmer Bürgerversammlung*

Ders.: Eine Einwohnerliste der Stadt Schwelm aus dem Jahre 1738 (= Quellen und Untersuchungen zur Geschichte der Stadt Schwelm, H. 1). Schwelm 1975
= *Helbeck, Einwohnerliste*

Ders.: Die schriftlichen Quellen zur Geschichte der Stadt Schwelm und ihres Umlandes (= Quellen und Untersuchungen zur Geschichte der Stadt Schwelm und ihres Umlandes, Tl. I). Schwelm 1977

Ders.: Geschichte der Goldwaagenherstellung in der Grafschaft Mark, in: BHS, H. 30, Jg. 1980, S. 48-73
= *Helbeck, Goldwaagenherstellung*

Ders.: Bürgermeisterliste der Stadt Schwelm, 1678-1945, in: BHS, H. 32, Jg. 1982, S. 63-73
= *Helbeck, Bürgermeisterliste*

Ders.: Nächstebreck. Geschichte eines ländlichen Raumes an der bergisch-märkischen Grenze im Wirkungsbereich der Städte Schwelm und Barmen. Wuppertal 1984

Ders.: Juden in Schwelm. Geschichte einer Minderheit von den Anfängen im 17. Jahrhundert bis zum Nationalsozialismus. Schwelm 1988
= *Helbeck, Juden*

Ders.: "Gott gebe, daß ... auch unsere hiesige Westphälische Gegend von der Krieges Last möge befreyet ... werden". Stadt und Land Schwelm im Spiegel einer bislang unveröffentlichten Chronik des Siebenjährigen Krieges (1756-1763), in: BHS, H. 42, Jg. 1992, S. 49-65
= *Helbeck, Kriegschronik*.

Ders.: Von Schwelm nach Barmen. Flucht märkischer Untertanen ins Bergische, in: Romerike Berge. Zeitschrift für das Bergische Land, H. 2, 42. Jg., 1992, S. 21-26
 = *Helbeck, Von Schwelm nach Barmen*
Ders.: Schwelm und der frühe Steinkohlenbergbau, in: BHS, H. 44, Jg. 1994, S. 63-73
Ders.: Schwelm. Geschichte einer Stadt und ihres Umlandes, Bd. I. Schwelm 1995.
 = *Helbeck, Schwelm*
Henning, Friedrich-Wilhelm: Landwirtschaft und ländliche Gesellschaft in Deutschland, Bd. 2: 1750-1976. Paderborn 1978
Hense, Lothar: Als Schwelm einen Maire hatte, in BHS, H. 10, Jg. 1960, S. 27-31
 Ders.: Die Gehöftgruppe Auf dem Hagen, in: BHS, H. 10, Jg. 1960, S. 54-56
Herder, Hans (Hg.): Hessisches Auswandererbuch. Berichte, Chroniken und Dokumente zur Geschichte hessischer Einwanderer in die Vereinigten Staaten 1683-1983. Ein hessischer Beitrag zum 300. Jahrestag der ersten deutschen Einwanderung in Amerika. Frankfurt am Main 1983
Hershberg, Theodore/**Burstein**, Alan/**Dockhorn**, Robert: Verkettung von Daten. Record Linkage am Beispiel des Philadelphia Social History Project, in: Schröder, W. H. (Hg.): Moderne Stadtgeschichte. Stuttgart 1979, S. 35-73
Hershberg, Theodore (Hg.): Philadelphia. Work, Space, Family and Group Experience in the Nineteenth Century. New York/Oxford 1981
Herzig, Arno: Judentum und Emanzipation in Westfalen. Münster 1973
 = *Herzig, Judentum*
Heuser, Karl Wilhelm: Einwanderung in Remscheid. Perioden der Zuwanderung seit 300 Jahren, in: Die Heimat spricht 34 (1967), Nr. 6
Hinze, Kurt: Die Arbeiterfrage zu Beginn des modernen Kapitalismus in Brandenburg-Preußen 1685-1806. Berlin 1963 (Neudruck der ersten Auflage aus dem Jahr 1927)
 = *Hinze, Arbeiterfrage*
Hippel, Wolfgang v.: Regionale und soziale Herkunft der Bevölkerung einer Industriestadt. Untersuchungen zu Ludwigshafen am Rhein 1867-1914, in: Conze, Werner/Engelhardt, Ulrich (Hg.): Arbeiter im Industrialisierungsprozeß. Herkunft, Lage und Verhalten. Stuttgart 1979, S. 51-69
 = *Hippel, Herkunft*
Ders.: Auswanderung aus Südwestdeutschland. Stuttgart 1984
 = *Hippel, Südwestdeutschland*
Hirschberg, Hermann: Eine Geschichte des Siebenjährigen Krieges aus dem Archiv der evangelischen Kirchengemeinde Voerde in Ennepetal, in: BHS, H. 37, Jg. 1987, S. 86-100
 = *Hirschberg, Siebenjähriger Krieg*
Hockamp, Karin: Ackerwirtschaft, Kohlenfuhrwerk, Bergbau und Bandwirkerei. Eine Beschreibung des Bürgermeisterbezirks Haßlinghausen um 1854, in: BHS, H. 42, Jg.1992, S. 99-107
 = *Hockamp, Haßlinghausen*
 Dies.: "Im Ganzen mehr Gutes als Nachteiliges". Aus der "Chronick von Sprockhoevel", verfaßt von Thomas Noelle, Amtsbürgermeister von Sprockhövel, 1839-1847 in: BHS, H. 44, Jg. 1994, S. 99-111
Hömberg, Albert K.: Wirtschaftsgeschichte Westfalens. Münster 1968
Hoerder, Dirk/**Moch**, Leslie Page (Hg.): European migrants: global and local perspectives. Boston 1996
Hoerder, Dirk/**Nagler**, Jörg: People in transit: German migrations in comparative perspective 1820-1920. Cambridge 1995

Hoffmann, Walther G.: Angaben über Ortsgebürtigkeit in Volks- und Berufszählungen zwischen 1880 und 1907, in: Hoffmann, Walther G./Grumbach, F. u. a.: Das Wachstum der deutschen Wirtschaft seit der Mitte des 19. Jahrhunderts. Berlin/Heidelberg/New York 1965

Hoffmann, Walther G./**Grumbach,** F. u. a.: Das Wachstum der deutschen Wirtschaft seit der Mitte des 19. Jahrhunderts. Berlin/Heidelberg/New York 1965

Hohorst, Gerd: Wirtschaftswachstum und Bevölkerungsentwicklung in Preußen 1816 bis 1914 (Diss). Münster/Bielefeld 1977

Holeczek, Heinz: Die Judenemanzipation in Preußen, in: Martin, Bernd/Schulin, Ernst (Hg.): Die Juden als Minderheit in der Geschichte. München 1981, S. 131-160

Horst, Willy: Studien über die Zusammenhänge zwischen Bevölkerungsbewegung und Industrieentwicklung im niederrheinisch-westfälischen Industriegebiet. Essen 1937

Hubatsch, Walther: Friedrich der Große und die preußische Verwaltung. Köln/Berlin 1973

Ders.: Grundlinien preußischer Geschichte. Königtum und Staatsgestaltung 1701-1871. Darmstadt 1983

Hubbard, William H.: Binnenwanderung und soziale Mobilität in Graz um die Mitte des 19. Jahrhunderts, in: Teuteberg, Hans Jürgen: Urbanisierung im 19. und 20. Jahrhundert. Historische und geographische Aspekte. Köln/Wien 1983

Huber, Ernst Rudolf: Deutsche Verfassungsgeschichte seit 1789, Bd. I. Stuttgart 1967²

I

Imhof, Arthur E. (Hg.): Historische Demographie als Sozialgeschichte. Gießen und Umgebung vom 17. zum 19. Jahrhundert, 2 Tle. Darmstadt/Marburg 1975

Ders.: Einführung in die historische Demographie. München 1977

Imhof, Arthur E./**Kühn,** Thomas: Die Analyse kirchlich-administrativer Daten mit Hilfe der EDV, in: Best, Heinrich/Mann, Reinhard (Hg.): Quantitative Methoden in der historisch-sozialwissenschaftlichen Forschung. Stuttgart 1977, S. 11-64

J

Jackson, J. H.: Wanderungen in Duisburg während der Industrialisierung 1850-1910, in: Schröder, W. H. (Hg.): Moderne Stadtgeschichte. Stuttgart 1979

Janssen, Wilhelm: Territorien, in: Nordrhein-Westfalen. Landesgeschichte im Lexikon. (= Veröffentlichungen der Staatlichen Archive des Landes NRW, Reihe C: Quellen und Forschungen, Bd. 31). Düsseldorf 1993

Jarausch, Konrad H./**Arminger,** Gerhard/**Thaller,** Manfred: Quantitative Methoden in der Geschichtswissenschaft. Eine Einführung in die Forschung, Datenverarbeitung und Statistik, Darmstadt 1985

Jaritz, Gerhard/**Müller,** Albert: Historia Vaga. Ein computergestütztes Projekt zur Migrationsgeschichte des 15. und 16. Jahrhunderts, in: Thaller, Manfred (Hg.): Datenbanken und Datenverwaltungssysteme als Werkzeuge historischer Forschung. St. Katharinen 1986, S. 93-123

Dies. (Hg.): Migration in der Feudalgesellschaft. Frankfurt am Main/New York 1988

Jochem, Ulrich: Wanderungen ausländischer Arbeitskräfte an den Niederrhein 1830-1913, in: Der Niederrhein 54 (1987), S. 71-79

K

Kaelble, Hartmut (Hg.): Geschichte der sozialen Mobilität seit der industriellen Revolution. Königsstein/Taunus 1978
Ders.: Historische Mobilitätsforschung. Westeuropa und die USA im 19. und 20. Jahrhundert. Darmstadt 1978
Kaerger, Karl: Die Sachsengängerei auf Grund persönlicher Ermittlungen und statistischer Erhebungen dargestellt, in: Thiel, H. (Hg.): Landwirtschaftliche Jahrbücher, Zeitschrift für wissenschaftliche Landwirtschaft, Bd. XIX, Berlin 1890, S. 239-522
Kamphoefner, Walter Dean: Soziale und demographische Strukturen der Zuwanderung in deutsche Großstädte des späten 19. Jahrhunderts, in: Teuteberg, Hans Jürgen: Urbanisierung im 19. und 20. Jahrhundert. Historische und geographische Aspekte. Köln/Wien 1983, S. 95-116
= *Kamphoefner, Soziale und demographische Strukturen der Zuwanderung*
Karnau, Oliver: Hermann Josef Stübben, Städtebau 1876-1930. Braunschweig/Wiesbaden 1996
= *Karnau, Stübben*
Karpf, Ernst: "Und mache es denen hiernächst Ankommenden nicht so schwer". Kleine Geschichte der Zuwanderung nach Frankfurt am Main. Frankfurt am Main 1993
Kaufhold, Karl Heinrich: Das Metallgewerbe der Grafschaft Mark im 18. und frühen 19. Jahrhundert. Dortmund 1976
Ders.: Das Gewerbe in Preußen um 1800. Göttingen 1978
= *Kaufhold, Gewerbe*
Keil, Hartmut: Das Chicago-Projekt als sozial- und kulturgeschichtlicher Forschungsansatz, in: Amerikastudien 29, 1984, S. 114-132
Keinemann, Friedrich: Bemerkungen zur wirtschaftlichen Lage der Grafschaft Mark um 1800 nach einigen Zeugnissen der zeitgenössischen Publizistik, in: Beiträge zur Geschichte Dortmunds und der Grafschaft Mark, Bd. 65 (1969), S. 61-77
= *Keinemann, Wirtschaftliche Lage der Grafschaft Mark*
Kessler, Alexander: Die Bevölkerung der Stadt Radolfzell am Bodensee im 17. und 18. Jahrhundert. Demographische Strukturen einer Ackerbürgerstadt vor Beginn der Industrialisierung. Konstanz 1992
Kissel, Otto Rudolf: Neuere Territorial- und Rechtsgeschichte des Landes Hessen. Wiesbaden 1961
Kleßmann, Christoph: Polnische Bergarbeiter im Ruhrgebiet 1870-1945. Göttingen 1978
Kleuckert, E./**Donzelli**, D.: Computer und geisteswissenschaftliche Forschung. Darmstadt 1989
Kloosterhuis, Jürgen: Fürsten, Räte, Untertanen. Die Grafschaft Mark, ihre lokalen Verwaltungsorgane und ihre Regierung in Kleve, in: Der Märker 35 (1986), S. 3-25, 76-87, 104-117, 147-164
Knicke, August: Die Einwanderung in den westfälischen Städten bis 1400. Münster 1893
Knieriem, Michael: Zur Migration spezieller Berufsgruppen in das östliche Wuppertal 1740-1800 am Beispiel der dezentralen Manufaktur der Gebrüder Engels in Barmen, in: Assion, Peter (Hg.): Transformationen der Arbeiterkultur. Beiträge der 3. Arbeitstagung der Kommission "Arbeiterkultur" der Deutschen Gesellschaft für Volkskunde Marburg. Marburg 1986, S. 168-172

9.6 Anhang: Forschungsliteratur

Ders.: Arbeitsmigration in der Zeit der Frühindustrialisierung - Zu Forschungsproblemen, dargestellt am Beispiel des Wuppertales, in: Kuntz, Andreas/Pfleiderer, Beatrix (Hg.): Fremdheit und Migration. Hamburg 1987, S. 51-63
= *Knieriem, Arbeitsmigration*
Knodel, J. E.: The Decline of Fertility in Germany, 1871-1939. Princeton, N. J. 1974
Ders.: Stadt und Land im Deutschland des 19. Jahrhunderts. Eine Überprüfung der Stadt-Land-Unterschiede im demographischen Verhalten, in: Schröder, W. H. (Hg.): Moderne Stadtgeschichte. Stuttgart 1979, S. 238-265
Koch, C. F. (Hg.): Allgemeines Landrecht für die Preußischen Staaten, 4 Bde. Berlin 1884
Kocka, Jürgen: Theorien in der Sozial- und Gesellschaftsgeschichte. Vorschläge zur historischen Schichtungsanalyse, in: Geschichte und Gesellschaft 1, 1975, S. 9-42
Ders., (Hg.): Sozialgeschichte im internationalen Überblick. Ergebnisse und Tendenzen der Forschung. Darmstadt 1989
Köbler, Gerhard: Historisches Lexikon der deutschen Länder. München 1972
Köllmann, Wolfgang: Grundzüge der Bevölkerungsgeschichte Deutschlands im 19. und 20. Jahrhundert, in: Studium Generale, H. 6, Jg. 12, 1959, S. 381-392
Ders.: Industrialisierung, Binnenwanderung und "soziale Frage". Entstehungsgeschichte der deutschen Industriegroßstadt im 19. Jahrhundert, in: VSWG, Jg. 46, 1959, S. 45-70
Ders.: Wirtschaft, Weltanschauung und Gesellschaft in der Geschichte des Wuppertals. Wuppertal 1955
= *Köllmann, Wirtschaft, Weltanschauung und Gesellschaft*
Ders.: Sozialgeschichte der Stadt Barmen im 19. Jahrhundert. Tübingen 1960
= *Köllmann, Sozialgeschichte Barmen*
Ders.: Die Bevölkerung der westdeutschen Industriegroßstadt (Wuppertal-) Barmen vor und während der Industrialisierung, in: ZBGV 81 (1964/65), S. 152-174
Ders. (Hg.): Bevölkerungsgeschichte. Köln 1972
Ders.: Zur Bevölkerungsentwicklung ausgewählter deutscher Großstädte in der Hochindustrialisierungsperiode, in: Köllmann, Wolfgang/Marschalck, Peter (Hg.): Bevölkerungsgeschichte. Köln 1972, S. 259-274
= *Köllmann, Zur Bevölkerungsentwicklung ausgewählter deutscher Großstädte*
Ders.: Der Prozeß der Verstädterung in Deutschland in der Hochindustrialisierungsperiode, in: Braun, Rudolf/Fischer, Wolfram/Großkreutz, Helmut/Volkmann, Heinrich (Hg.): Gesellschaft in der Industriellen Revolution. Köln 1973, S. 243-258
Ders.: Demographische Konsequenzen der Industrialisierung in Preußen, in: Ders.: Bevölkerung in der industriellen Revolution. Studien zur Bevölkerungsgeschichte Deutschlands im 19. Jahrhundert. Göttingen 1974, S. 47-60
Ders.: Bevölkerung in der industriellen Revolution. Studien zur Bevölkerungsgeschichte Deutschlands. Göttingen 1974
= *Köllmann, Bevölkerung in der industriellen Revolution*
Ders.: Wirtschaftsentwicklung des bergisch-märkischen Raumes im Industriezeitalter. Remscheid 1974
Ders.: Bevölkerungsentwicklung im Industriezeitalter (in NRW), in: Raum und Politik. Köln/Berlin 1977, S. 9-30
Ders.: Die Bevölkerung des Regierungsbezirks Münster im 19. Jahrhundert, in: Westfälische Forschungen 40 (1990), S. 195-222
Ders.: Beginn der Industrialisierung, in: Köllmann, Wolfgang/Korte, Hermann/Petzina, Dietmar/Weber, Wolfhard: Das Ruhrgebiet im Industriezeitalter. Geschichte und Entwicklung, Bd. 1. Düsseldorf 1990, S. 11-80

Köllmann, Wolfgang/**Hoffmann**, Frank/**Maul**, Andreas E.: Bevölkerungsgeschichte, in: Köllmann, Wolfgang/Korte, Hermann/Petzina, Dietmar/Weber, Wolfhard: Das Ruhrgebiet im Industriezeitalter. Geschichte und Entwicklung, Bd. 1. Düsseldorf 1990, S. 111-198
= *Köllmann/Hoffmann/Maul, Bevölkerungsgeschichte*
Köllmann, Wolfgang/**Marschalck**, Peter (Hg.): Bevölkerungsgeschichte. Köln 1972
Königlich Statistisches Bureau (Hg.): Gemeindelexikon für das Königreich Preußen, Bd. X. Provinz Westfalen. Berlin 1897
Ders. (Hg.): Gemeindelexikon für das Königreich Preußen, Bd. XII. Provinz Rheinland. Berlin 1897
Körner, Heiko: Internationale Mobilität der Arbeit. Eine empirische und theoretische Analyse der internationalen Wirtschaftsmigration im 19. und 20. Jahrhundert. Darmstadt 1990
= *Körner, Internationale Mobilität*
Kohl, Wilhelm (Hg.): Westfälische Geschichte, Bd. 3: Das 19. und das 20. Jahrhundert. Wirtschaft und Gesellschaft. Düsseldorf 1984
Ders.: Kleine westfälische Geschichte. Düsseldorf 1994
Kolbe, Wilhelm: Bakterien und Brache im Haushalt der Natur: Leben und Wirken des Landwirts und Bodenbakteriologen Dr. h. c. Albert von Caron (1853-1933) im Spiegel der Naturforschung und Familiengeschichte. Ein Beitrag zur Wissenschaftsgeschichte der Bakteriologie und zur Wirtschafts-, Agrar- und Sozialgeschichte. Burscheid 1993
= *Kolbe, Caron*
Kortum, Gerhard: Räumliche Aspekte ausgewählter Theoriensätze zur regionalen Mobilität und Möglichkeiten ihrer Anwendung in der wirtschafts- und sozialhistorischen Forschung, in: Studien zur Wirtschafts- und Sozialgeschichte Schleswig-Holsteins, Bd. 1. Neumünster 1979
Koselleck, Reinhart: Preußen zwischen Reform und Revolution. Allgemeines Landrecht, Verwaltung und soziale Bewegung von 1791 bis 1848. München 1981³
= *Koselleck, Preußen*
Krabbe, Wolfgang R.: Die deutsche Stadt im 19. und 20. Jahrhundert. Göttingen 1989
= *Krabbe, Stadt*
Krieg, Helmut: Uhrmacher im Bergischen Land. Die Meister und ihre Werke. Köln 1994
= *Krieg, Uhrmacher*
Krins, Franz: Die ostdeutsche Einwanderung in das Ruhrgebiet vor 1945, in: Arbeit und Volksleben, Bd. 4, 1967, S. 389-398
Kromer, Wolfgang: Propagandisten der Großstadt. Die Bedeutung von Informationsströmen zwischen Stadt und Land bei der Auslösung neuzeitlicher Land-Stadt-Wanderungen, illustriert an Beispielen aus dem Hohenloher Land (Baden-Württemberg) und den benachbarten Zentren Frankfurt am Main, Mannheim, Nürnberg und Stuttgart. Frankfurt am Main 1985
Krus-Bonazza, Annette: "Da waren die Hessen, die Polen und noch eine Sorte". Arbeits-Einwanderer in Bochum-Dahlhausen zur Zeit des Kaiserreichs und der Weimarer Republik, in: Struktureller Wandel und kulturelles Leben: Politische Kultur in Bochum 1860-1990. Essen 1992, S. 178-188
Kuczynski, Jürgen: Die Geschichte der Lage der Arbeiter in Deutschland von 1800 bis in die Gegenwart, Bd. I. Berlin 1947
Kuczynski, R.: Der Zug nach der Stadt. Statistische Studien über Vorgänge der Bevölkerungsbewegung im Deutschen Reiche. Stuttgart 1897

Kürten, Wilhelm v.: Die Industrielandschaft von Schwelm, Gevelsberg und Milspe-Voerde. Emsdetten 1939
Ders.: Schwelm im Jahre 1840, in: BHS, H. 7, Jg. 1957, S. 12-25
Ders.: Die Entwicklung des Schwelmer Gewerbelebens von den Anfängen bis zur Gegenwart, in: 111 Jahre Städtische Sparkasse zu Schwelm. Schwelm 1957, S. 9-53
Ders.: Die Bauerschaften Mühlinghausen und Schweflinghausen im Jahre 1710, in: BHS, H. 10, Jg. 1960, S. 57-76
Ders.: Der Schwelmer Erzbergbau, in: BHS, H. 12, Jg. 1962, S. 16-28
Ders.: Die Bevölkerungsentwicklung im Bergisch-Märkischen Land und im Ruhrgebiet seit 1950. Schwelm 1977
Kuhnert, Herbert: Neuere Forschungen über Aus- und Rückwanderung alter deutscher Glasmachergeschlechter. Vortrag. Berlin 1936, in: Glastechnische Berichte, Jg. 14, 1936
Kuntz, Andreas/**Pfleiderer**, Beatrix (Hg.): Fremdheit und Migration. Berlin 1987

L

Lampp, Friedrich: Die Getreidehandelspolitik in der ehemaligen Grafschaft Mark während des 18. Jahrhunderts (= Münstersche Beiträge zur Geschichtsforschung, Neue Folge XXVIII, 40. Heft). Münster 1912
= *Lampp, Getreidehandelspolitik*
Landschaftsverband Westfalen-Lippe - Westfälisches Archivamt (Hg.): Die Amtssprache (= Nachdrucke zur Westfälischen Archivpflege 2). Münster 1991
Lange, Gisela: Das ländliche Gewerbe in der Grafschaft Mark am Vorabend der Industrialisierung (= Schriften zur rheinisch-westfälischen Wirtschaftsgeschichte, Bd. 29). Köln 1976
Langewiesche, Dieter: Mobilität in deutschen Mittel- und Großstädten: Aspekte der Binnenwanderung im 19. und 20. Jahrhundert, in: Conze, Werner/Engelhardt, Ulrich (Hg.): Arbeiter im Industrialisierungsprozeß: Herkunft, Lage und Verhalten. Stuttgart 1979
= *Langewiesche, Mobilität*
Ders.: Wanderungsbewegungen in der Hochindustrialisierungsperiode. Regionale interstädtische und innerstädtische Mobilität in Deutschland 1880-1914, in: VSWG 64, 1977, S. 1-40
= *Langewiesche, Wanderungsbewegungen*
Lassotta, Arnold/**Lutum-Lengler**, Paula: Textilarbeiter und Textilindustrie. Beiträge zu ihrer Geschichte in Westfalen während der Industrialisierung. Hagen 1989
Laux, Hans Dieter: Demographische Folgen des Verstädterungsprozesses, in: Teuteberg, Hans Jürgen: Urbanisierung im 19. und 20. Jahrhundert. Historische und geographische Aspekte. Köln/Wien 1983
Lee, Everett S.: Eine Theorie der Wanderung, in: Széll, György (Hg.): Regionale Mobilität. München 1972, S. 117-129.
Liesegang, Rolf: Landrat Georg v. Vincke und die Unruhen beim Bau der Bergisch-Märkischen Eisenbahn im ehemaligen Amt Ennepe im Jahre 1845, in: Der Märker 1991, H. 4, S. 155-162.
= *Liesegang, Unruhen*
Ders.: Amtmann Carl Sans (1797-1872). Versuch einer Biographie aus den Akten, in: BHS, H. 44, Jg. 1994, S. 74-91
Lütge, Friedrich: Geschichte der deutschen Agrarverfassung vom frühen Mittelalter bis zum 19. Jahrhundert. Stuttgart 1963

Lüthke, Folkert: Psychologie der Auswanderung. Weinheim 1989

M

Mackenroth, G.: Bevölkerungslehre. Theorie, Soziologie und Statistik der Bevölkerung. Berlin/Göttingen/Heidelberg 1953

Markow, Alexis: Das Wachstum der Bevölkerung und die Entwicklung der Aus- und Einwanderungen, Ab- und Zuzüge in Preußen und Preußens einzelnen Provinzen, Bezirken und Kreisgruppen von 1824 bis 1885. Tübingen 1889

Marschalck, Peter: Deutsche Überseewanderung im 19. Jahrhundert. Stuttgart 1973

   Ders.: Die Bevölkerungsentwicklung in Deutschland 1850-1980. Entwicklungslinien und Forschungsprobleme, in: Bade, Klaus J. (Hg.): Auswanderer - Wanderarbeiter - Gastarbeiter. Bevölkerung, Arbeitsmarkt und Wanderung in Deutschland seit der Mitte des 19. Jahrhunderts. Ostfildern 1984, S. 78-134

   Ders.: Bevölkerung, in: Nordrhein-Westfalen. Landesgeschichte im Lexikon (= Veröffentlichungen der Staatlichen Archive des Landes NRW, Reihe C: Quellen und Forschungen, Bd. 31). Düsseldorf 1993, S. 45-56
   = *Marschalck, Bevölkerung*

Matschoss, Conrad: Preussens Gewerbeförderung und ihre großen Männer. Dargestellt im Rahmen der Geschichte des Vereins zur Beförderung des Gewerbefleisses 1821-1921. Berlin 1921

Matzerath, Horst: Urbanisierung in Preußen 1815-1914. Stuttgart 1985
   = *Matzerath, Urbanisierung*

Mayer, Arthur v.: Geschichte und Geographie der deutschen Eisenbahnen von 1835 bis 1890. Moers 1984 (Faksimile der Ausgabe von 1891)

Mayer, Kurt: Einführung in die Bevölkerungswissenschaft. Stuttgart/Berlin/Köln/Mainz 1972

Meister, Alois: Die Förderung der Industrie durch die Hohenzollern in der Grafschaft Mark im 18. Jahrhundert. Vortrag 1907. O.O., 1907

Mendels, Franklin F.: Soziale Mobilität und Phasen der Industrialisierung, in: Kaelble, Hartmut (Hg.): Geschichte der sozialen Mobilität seit der industriellen Revolution. Königsstein/Taunus 1978, S. 13-34

Menger, Christian-Friedrich: Deutsche Verfassungsgeschichte der Neuzeit. Heidelberg 1988[6]

Meyer, Fritz: Probleme und Methoden der Binnenwanderungsforschung, in: Archiv für Bevölkerungswissenschaft und Bevölkerungspolitik 6, 1936, S. 225

Mieck, Ilja: Preussische Gewerbepolitik in Berlin 1806-1844. Berlin 1965

Mittenzwei, Ingrid: Preußen nach dem Siebenjährigen Krieg. Auseinandersetzungen zwischen Bürgertum und Staat um die Wirtschaftspolitik. Berlin (Ost) 1979

Mittenzwei, Ingrid/**Hertzfeld**, Erika: Brandenburg-Preußen 1648 bis 1789. Berlin (Ost) 1987

Moch, Leslie Page: Moving Europeans: Migrations in Western Europe since 1650. Bloomington/Ind. 1992

Möker, Ulrich: Nordhessen im Zeitalter der Industriellen Revolution. Köln/Wien 1977
   = *Möker, Nordhessen*

Morgenroth, Wilhelm: Binnenwanderungen, in: Handwörterbuch der Staatswissenschaften, 2. Bd., 1924, S. 909f

Mottek, Hans u. a. (Hg.): Studien zur Geschichte der industriellen Revolution in Deutschland. Berlin (Ost) 1960

Murphy, Richard C.: Gastarbeiter im Deutschen Reich. Polen in Bottrop 1891-1933. Wuppertal 1982
= *Murphy, Gastarbeiter*

N

Neuhaus, Rudolf: Go west! Eine Sozialgeschichte der Auswanderung aus den Ämtern Ennepe Haßlinghausen, Langerfeld, Schwelm und Sprockhövel, 1817-1871, in: BHS, H. 36, Jg. 1986, S. 100-119
= *Neuhaus, Go west!*
Niebling, Franz: Aus der Geschichte der katholischen Gemeinde Schwelm, in: BHS, H. 20, Jg. 1970, S. 32-41.
= *Niebling, Katholische Kirchengemeinde*
Niethammer, Lutz/**Brüggemeier**, Franz: Wie wohnten Arbeiter im Kaiserreich? In: Archiv für Sozialgeschichte 16, 1976, S. 61-134

O

Obermann, Karl: Die Arbeitermigrationen in Deutschland im Prozeß der Industrialisierung und der Entstehung der Arbeiterklasse in der Zeit von der Gründung bis zur Auflösung des Deutschen Bundes (1815-1867), in: Jahrbuch für Wirtschaftsgeschichte 1972 (1), S. 135-181, sowie in: Beiträge zur Geschichte Dortmunds und der Grafschaft Mark (1973), S. 237-246
= *Obermann, Arbeitermigrationen*
Ders.: Die deutsche Bevölkerungsstatistik und die Bevölkerungsstruktur des Deutschen Bundes in den Jahren um 1815, in: Köllmann, Wolfgang/Marschalck, Peter (Hg.): Bevölkerungsgeschichte. Köln 1972, S. 190-219
Ortsbuch für das Deutsche Reich: hg. in Verbindung mit der Dt. Reichsbahn und der Dt. Reichspost. Berlin 1930
Overkott, Franz: Gevelsberg, die Kleineisen-Industriestadt an der Ennepe. Ein Heimatbuch. Gevelsberg 1956
Overmann, A.: Die Stadtrechte der Grafschaft Mark (= Veröffentlichungen der Historischen Kommission für Westfalen, VIII: Rechtsquellen). Münster 1901ff
Ders.: Die Entwicklung der Leinen-, Woll- und Baumwollindustrie in der ehemaligen Grafschaft Mark unter brandenburgisch-preussischer Herrschaft (= Münsterischer Beitrag zur Geschichtsforschung, N. F. 19). Münster 1902

P

Paasch, Robert: Beziehungen Westfalens zu Westflandern. Ein Beispiel überregionaler Zusammenarbeit, in: Westfälischer Heimatkalender, Jg. 25, 1971 (1970), S. 162-165
Paillot, Pierre-Hippolyte-Leopold: Zuflucht Rhein/Ruhr: Tagebuch eines Emigranten. Essen 1988
Peter, Hans Wilhelm: Bevölkerungsentwicklung in einer agrarisch-heimgewerblichen Region: Kirchspiel Spenge 1768-1868, in: Kultur und Staat in der Provinz. Bielefeld 1992, S. 67-81

Pfister, Christian: Bevölkerungsgeschichte und historische Demographie 1500-1800 (= Enzyklopädie deutscher Geschichte Bd. 28). München 1994
   = *Pfister, Bevölkerungsgeschichte*
Pfister, Willy: Die Einbürgerung der Ausländer in der Stadt Basel im 19. Jahrhundert. Basel 1976
Pieper-Lippe, Margarete: Oberdeutsche Bauhandwerker in Westfalen, in: Westfälische Forschungen, Bd. 20, 1967, S. 119-193
Pletsch, Alfred: Hessen (= Wissenschaftliche Länderkunden, Bd. 8). Darmstadt 1989
Preuß, Hugo: Das städtische Amtsrecht in Preußen. Berlin 1902
   Ders.: Die Entwicklung des deutschen Städtewesens. Entwicklungsgeschichte der deutschen Städteverfassung. Leipzig 1906, Neudruck: Aalen 1965
Pröbsting, Günther: Zugewanderte in Lennep im 18. Jahrhundert, in: Jülich-Bergische Geschichtsblätter 16 (1939)

R

Rameil, Robert: Wallonische Einwanderer im Rheinland, in: Düsseldorfer Familienkunde 22 (1986), 3, S. 93-94
Ravenstein, E. G.: The Laws of Migration, in: Journal of Royal Statistical Society, Vol. 48, Part. II, 1885, S. 167-235; Vol. 52, Part. I., 1889, S. 241-305
   = *Ravenstein, The Laws of Migration*
   Ders.: Die Gesetze der Wanderung I und II, in: Széll, György (Hg.): Regionale Mobilität. München 1972, S. 41-69, 70-95
   = *Ravenstein, Gesetze der Wanderung*
Recker, Helga: Mobilität in der "offenen" Gesellschaft. Zur theoretischen Orientierung der vertikalen sozialen Mobilitätsforschung. Köln 1974
Reekers, Stephanie: Westfalens Bevölkerung 1818-1955. Münster 1956
   = *Reekers, Westfalens Bevölkerung*
   Dies.: Beiträge zur statistischen Darstellung der gewerblichen Wirtschaft Westfalens um 1800. Tl. 5: Grafschaft Mark, in: Westfälische Forschungen 21 (1968), S. 98-161
   = *Reekers, Gewerbliche Wirtschaft*
Reinhardt, Rüdiger: Die Besonderheiten der preußisch-städtischen Verwaltung in den Grafschaften Mark und Ravensberg im 18. Jahrhundert (Diss.). Münster 1967
   = *Reinhardt, Preußische Verwaltung*
Reininghaus, Wilfried: Zünfte, Städte und Staat in der Grafschaft Mark. Münster 1989
   = *Reininghaus, Zünfte*
   Ders.: Gewerbe in der frühen Neuzeit (= Enzyklopädie Deutscher Geschichte, Bd. 3). München 1990
   = *Reininghaus, Gewerbe*
   Ders.: Entwicklung und Struktur des Handwerks, in: Köllmann, Wolfgang/Korte, Hermann/Petzina, Dietmar/Weber, Wolfhard: Das Ruhrgebiet im Industriezeitalter. Geschichte und Entwicklung, Bd. 1. Düsseldorf 1990, S. 395-434
   = *Entwicklung des Handwerks*
Reith, Reinhold: Lexikon des alten Handwerks. Vom späten Mittelalter bis ins 20. Jahrhundert. München 1991²
   = *Reith, Handwerk*
Reulecke, Jürgen: Geschichte der Urbanisierung in Deutschland. Frankfurt am Main 1985

Ders.: Rheinland-Westfalen von den 1850er Jahren bis 1914: Der Aufbruch in die Moderne, in: Briesen, Detlef/Brunn, Gerhard/Elkar, Rainer S./Reulecke, Jürgen: Gesellschafts- und Wirtschaftsgeschichte Rheinlands und Westfalens. Köln/Stuttgart/Berlin 1995, S. 79-128

Reulecke, Jürgen/**Weber**, Wolfhard (Hg.): Fabrik. Familie. Feierabend. Beiträge zur Sozialgeschichte des Alltags im Industriezeitalter. Wuppertal 1978

Rieckenberg, Heinrich: Schaumburger Auswanderer 1820-1914. Rinteln 1988

Riegler, Claudius Helmut: Emigration und Arbeitswanderung aus Schweden nach Norddeutschland 1868-1914. Neumünster 1985

Roller, Otto Konrad: Die Einwohnerschaft der Stadt Durlach im 18. Jahrhundert in ihren wirtschaftlichen und kulturgeschichtlichen Verhältnissen dargestellt aus ihren Stammtafeln. Karlsruhe 1907

Rosenthal, Heinz: Solingen. Geschichte einer Stadt, 3. Bd. Duisburg 1975

Rürup, Reinhard: Deutschland im 19. Jahrhundert 1815-1871. Göttingen 1992²
= *Rürup, Deutschland*

S

Saalfeld, Diedrich: Kriterien für die quantifizierende Darstellung der sozialen Differenzierung einer historischen Gesellschaft - Das Beispiel Göttingen 1760-1860, in: Best, Heinrich/Mann, Reinhard (Hg.), Quantitative Methoden in der historisch-sozialwissenschaftlichen Forschung. Stuttgart 1977, S. 65-87

Sauermann, Dietmar (Hg.): Knechte und Mägde im Westfalen um 1900. Münster 1972

Schieder, Wolfgang/**Sellin**, Volker (Hg.): Sozialgeschichte in Deutschland. Entwicklungen und Perspektiven im internationalen Zusammenhang, Bd. II: Handlungsräume des Menschen in der Geschichte. Göttingen 1986

Schildt, Gerhard: Tagelöhner, Gesellen, Arbeiter. Sozialgeschichte der vorindustriellen und industriellen Arbeiter in Braunschweig 1830-1880. Stuttgart 1986
= *Schildt, Tagelöhner*

Schlenke, Manfred (Hg.): Preußen-Ploetz. Eine historische Bilanz in Daten und Deutungen. Freiburg/Würzburg 1983

Schlotter, o. N.: Tabellarische Übersichten über die Bevölkerungsbewegung in den Stadtkreisen Elberfeld, Barmen, Remscheid, Solingen, Hattingen und Schwelm. Elberfeld 1910

Schmidt, Georg: Kaiser Wilhelms Gastarbeiter: Die polnischen Erwerbsauswanderer in Gladbeck während der Jahre 1874-1914. Gladbeck 1990

Schmitt, Gerhard: Kraftquellen und Wirtschaft im Kreise Schwelm. Eine wirtschaftshistorische Studie (Diss.). Köln/Schwelm 1925

Schmoller, Gustav: Über Wesen und Verfassung großer Unternehmungen, in: Ders.: Zur Social- und Gewerbepolitik der Gegenwart. Reden und Aufsätze. Leipzig 1890, S. 372-440
= *Schmoller, Über Wesen und Verfassung*

Schönbach, Eva-Maria: Preußische Verwaltung, politischer Umbruch und die Anfänge der Moderne (1787-1847), in: Ribhegge, Wilhelm (Hg.): Geschichte der Stadt und Region Hamm im 19. und 20. Jahrhundert. Düsseldorf 1991, S. 11-71
= *Schönbach, Preußische Verwaltung*

Schubert, Gerhard: Die soziale Lage der Meister und Arbeiter in der Frühindustrialisierung. Fallbeispiele aus dem Ruhrgebiet. Bochum 1984

Schüren, Reinhard: Ungleichheit, Arbeitsteilung und Mobilität in deutschen Städten des 19. und 20. Jahrhunderts: ein Beispiel zur Anwendung quantitativer Theorien in der Geschichtswissenschaft, in: Kaufhold, Karl Heinrich/Schneider, Jürgen: Geschichtswissenschaft und elektronische Datenverarbeitung. Stuttgart 1988, S. 109-138

Schütte, Leopold: Juden, in: Nordrhein-Westfalen. Landesgeschichte im Lexikon (= Veröffentlichungen der Staatlichen Archive des Landes Nordrhein-Westfalen, Reihe C: Quellen und Forschungen, Bd. 31). Düsseldorf 1993, S. 199-202

Schultz, Helga: Landhandwerk im Übergang von Feudalismus zum Kapitalismus. Berlin (Ost), 1984

Dies.: Probleme sozialökonomischer Klassifikation, in: Thaller, Manfred (Hg.): Datenbanken und Datenverwaltungssysteme als Werkzeuge historischer Forschung. St. Katharinen 1986, S. 179-185
= *Schultz, Klassifikation*

Dies.: Handwerker, Kaufleute, Bankiers. Wirtschaftsgeschichte Europas 1500-1800. Frankfurt am Main 1997

Schultze, Karl Egbert: Versuch einer Stammfolge Wulff aus den Woesten Haßlinghauser Bauernschaft/Kirchspiel Schwelm (unveröffentlichtes Manuskript aus dem Jahr 1951 im Stadtarchiv Wuppertal, A VII 290)

Seidel, Friedrich: Die soziale Frage in der deutschen Geschichte. Mit besonderer Berücksichtigung des ehemaligen Fürstentums Waldeck-Pyrmont. Wiesbaden 1964

Selig, Robert: Räudige Schafe und geizige Hirten. Studien zur Auswanderung aus dem Hochstift Würzburg im 18. Jahrhundert und ihre Ursachen. Würzburg 1988

Sellmann, Adolf: Wann und wie Hagen Stadt wurde, in: Hagen einst und jetzt, Beiträge zur Geschichte der Großstadt Hagen, H. 1, 1946

Sering, M. (Hg.): Die Vererbung des ländlichen Grundbesitzes im Königreich Preussen, Bd. 1. Berlin 1899; Bd. 2.1. Berlin 1900
= *Sering, Grundbesitz I*

Sewell jr., William H.: Soziale Mobilität in einer europäischen Stadt: Marseille im 19. Jahrhundert, in: Kaelble, Hartmut (Hg.): Geschichte der sozialen Mobilität seit der industriellen Revolution. Königstein/Taunus 1978, S. 186-200

Sieder, Reinhard: Sozialgeschichte der Familie. Frankfurt am Main 1987

Siemann, Wolfram: Gesellschaft im Aufbruch. Deutschland 1849-1871 (= Moderne Deutsche Geschichte, Bd. 6). Frankfurt am Main 1990

Siepmann, K. Albert: Flurnamen der Gemeinde Linderhausen nach dem Urkataster von 1824/25, in: BHS, H. 18, Jg. 1968, S. 99-109

Ders.: Aus der "Straßenordnung für die Stadt Schwelm" vom 8. Mai 1830, aus Lokal-Polizei-Verordnungen und alten Akten der Bürgermeisterei, in: BHS, H. 23, Jg. 1973, S. 122-132

Ders.: Schwelm um 1810, ein zentraler Ort, in: BHS, H. 25, Jg. 1975, S. 79-84
= *Siepmann, Zentraler Ort*

Simon, Helene: Die Bandwirkerei in und um Schwelm, in: Soziale Praxis. Centralblatt für Sozialpolitik, Bd. 32 (1899), Sp. 873-875; Bd. 33 (1900), Sp. 896-898

Soboul, Albert: Die Große Französische Revolution. Frankfurt am Main 1973[3]
= *Soboul, Französische Revolution*

Sommermeyer, Maria: Gevelsberg, Schwelm und Barmen im Spiegel eines Reisetagebuches aus dem Jahre 1774, in: BHS, H. 33, Jg. 1983, S. 65-71
= *Sommermeyer, Reisetagebuch*

Spree, Reinhard: Wachstumstrends und Konjunkturzyklen in der deutschen Wirtschaft von 1820 bis 1913. Göttingen 1978

Städtische Sparkasse Schwelm (Hg.): 111 Jahre Städtische Sparkasse zu Schwelm. Schwelm 1957

Starke, W.: Verbrechen und Verbrecher in Preußen 1854-1878. Eine kulturgeschichtliche Studie. Berlin 1884

Statistisches Bundesamt (Hg.): Bevölkerung und Wirtschaft 1872-1972. Stuttgart/Mainz 1972

Stefanski, Valentina Maria: Zuwanderungsbewegungen in das Ruhrgebiet von den "Ruhrpolen" im späten 19. Jahrhundert bis zu den ausländischen Arbeitnehmern unserer Tage, in: Westfälische Forschungen 39 (1989), S. 408-429

Steinbach, Franz: Beiträge zur bergischen Agrargeschichte. Rheinisches Archiv, Bd. 1. Bonn/Leipzig 1922

Stern, Selma: Der preußische Staat und die Juden, 3. Tl.: Die Zeit Friedrichs des Großen, 2. Abt.: Akten, 1. Halbbd. Tübingen 1971

Stier-Somlo, Fritz: Das Preußische Verfassungsrecht. Bonn 1922.

Stievermann, Dieter: Preußen und die Städte der westfälischen Grafschaft Mark im 18. Jahrhundert, in: Westfälische Forschungen 31 (1981), S. 5-33

Stracke, Albert: Die Bevölkerungsverhältnisse des Fürstenthums Waldeck auf agrargeschichtlicher Grundlage, in: Geschichtsblätter für Waldeck und Pyrmont 10 (1910), S. 82-160; 11 (1911), S. 1-89

Struck, Wolf-Heino: Die Auswanderung aus dem Herzogtum Nassau (1806-1866). Wiesbaden 1966

Stursberg, Erwin: Streiflichter auf die bergische Wirtschaft. Aus einer Schwelmer Chronik von 1789, in: Die Heimat spricht, 38, (1971), Nr. 4 u. 5

Széll, György (Hg.): Regionale Mobilität. München 1972

T

Teppe, Karl/**Epkenhans**, Michael (Hg.): Westfalen und Preussen. Integration und Regionalismus. Paderborn 1991

Tieke, Wilhelm: Das Oberbergische Land im Ablauf deutscher Geschichtsepochen. Gummersbach 1980
 = *Tieke, Oberbergisches Land*

Teuteberg, Hans Jürgen: Urbanisierung im 19. und 20. Jahrhundert. Historische und geographische Aspekte. Köln/Wien 1983
 Ders.: Vom Agrar- zum Industriestaat (1850-1914), in: Kohl, Wilhelm (Hg.): Westfälische Geschichte, Bd. 3: Das 19. und das 20. Jahrhundert. Wirtschaft und Gesellschaft. Düsseldorf 1984, S. 163-312.
 = *Teuteberg, Vom Agrar- zum Industriestaat*
 Ders.: Wohnalltag in Deutschland 1850-1914. Münster 1985

Thaller, Manfred: Numerische Datenverarbeitung für Historiker. Wien/Köln 1982
 Ders., (Hg.): Datenbanken und Datenverwaltungssysteme als Werkzeuge historischer Forschung. St. Katharinen 1986

Thomas, K.: Die waldeckische Auswanderung zwischen 1829 und 1872, Tl. 1: Grundlage, Ausmaß, Verlauf und alphabetische Namensliste; Tl. 2: Chronologische Listen für alle Ortschaften. Köln 1983
 = *Thomas, Waldeckische Auswanderung*

Thomas, Karl B.: Lebensdaten und Ortsangaben bei Ahnenlisten und Stammtafeln, in: Genealogie 5 (1971), S. 481-485

Thomsen, Ernst: Landwirtschaftliche Wanderarbeiter und Gesinde in Schleswig-Holstein 1880-1914 (Diss.). Kiel 1982
= *Thomsen, Landwirtschaftliche Wanderarbeiter*
Thurmann, Erich (Hg.): Bürgerbuch der Stadt Lippe/Lippstadt 1576-1810. Lippstadt 1983
Timm, Willy: Friderizianische Pfälzerkolonien in der Grafschaft Mark, in: Der Märker, Jg. 15, 1966, S. 137-142
Ders.: Pfälzer in der Grafschaft Mark, in: Heimat am Hellweg, 1966, F. 31-34
Ders.: Maße, Münzen und Gewichte in der Grafschaft Mark. Unna 1981
Ders.: Die Ortschaften der Grafschaft Mark in ihren urkundlichen Früherwähnungen und politischen Zuordnungen bis zur Gegenwart. Unna 1991
Trappe, Wilhelm: Flucht vor der Guillotine: Emigranten während der Französischen Revolution in Waltrop, in: Vestischer Kalender 63, 1992 (1991), S. 72-77

U

Uekötter, Hans: Die Bevölkerungsbewegung in Westfalen und Lippe 1815-1933 (Diss.). Münster 1941

V

Vidalenc, Jean: Les émigrés francais 1789-1825. Caen 1963
Ders.: Les émigrés francais dans les pays allemands pendant la Révolution, in: Voss, Jürgen (Hg.): Deutschland und die Französische Revolution (17. Deutsch-französisches Historikerkolloquium des Deutschen Historischen Instituts Paris (Bad Homburg, 1981). München 1983, S. 154-167
Voigt, Günther: Schwelms Nachbarort im Westen: Langerfeld. Ein Beitrag zur Heimatgeschichte, in BHS, H. 20, Jg. 1970, S. 80-89
Ders.: Die Bleichen im Gogericht Schwelm am Ende des 18. Jahrhunderts. Bilder und Berichte von einem längst vergessenen Gewerbe, in: BHS, H. 31, Jg. 1981, S. 70-88
Ders.: Langerfeld. Aus der Geschichte eines Stadtteils in Wuppertal. Wuppertal 1991
Vollmerhaus, Hans: Schwelmer Kaufleute in einem Nürnberger Wirtschaftsadreßbuch von 1817, in: BHS, H. 20, Jg. 1970.
Vormbaum, Thomas: Politik und Gesinderecht im 19. Jahrhundert (= Schriften zur Rechtsgeschichte H. 21). Berlin 1980
Voye, Ernst: Geschichte der Industrie im märkischen Sauerland, Bd. IV: Kreis Schwelm. Hagen 1913

W

Wehler, Hans-Ulrich: Die Polen im Ruhrgebiet bis 1918, in: VSWG 48, 1961, S. 203-235
Weinreich, Detlev: Eine Schwelmer Steuerliste aus dem Jahre 1701 (2.Tl.), in: BHS, H. 23, Jg. 1973, S. 78-122
Ders.: Vorschlag zur Änderung der Kirchen- und Armensachen im 18. Jahrhundert, in: BHS, H. 37, Jg. 1987, S. 162-165

9.6 Anhang: Forschungsliteratur

Weis, Eberhard: Der Durchbruch des Bürgertums 1776-1847. Frankfurt/Berlin/Wien 1982
= *Weis, Durchbruch des Bürgertums*
Weiser, Christiane Karin: Die Talsperren in den Einzugsgebieten der Wupper und der Ruhr als funktionales Element in der Kulturlandschaft in ihrer Entwicklung bis 1945. Eine historisch geographische Prozeßanalyse. Bonn 1991
Weiss, Volkmar: Bevölkerung und Soziale Mobilität. Sachsen 1550-1880. Berlin 1993
Wernekinck, Waldemar: Die Kleineisenindustrie an der Enneperstraße vom Beginn bis zur Gegenwart (= Neue Deutsche Forschungen, Abt. Betriebswirtschaftslehre Bd. 12). Berlin 1937
Weskott, Alfred Walter: Die textilindustrielle Branchenentwicklung im Raume Barmen - Schwelm (ungedr. Diss.). Köln 1952
Wierichs, Marion: Napoleon und das "Dritte Deutschland" 1805/1806. Die Entwicklung der Großherzogtümer Baden, Berg und Hessen. Frankfurt am Main 1978
Wiesemann, Anton: Die Entwicklung der Eisenindustrie im Hochgericht Schwelm bis zur Einführung der Gewerbefreiheit (Diss. masch.). Göttingen 1923
Wiethege, Dieter: Die Geschichte des Eisenbahnbaus im südlichen Ennepe-Ruhr-Kreis, in: BHS, H 29, Jg. 1979, S. 89-128
Ders.: Die Entwicklung der Eisenindustrie im Raume Ennepetal bis zur Mitte des 19. Jahrhunderts, in: Der Märker, 1982, H. 4, S. 116 ff
Wirminghaus, A.: Stadt und Land unter dem Einfluss der Binnenwanderungen, in: Jahrbücher für Nationalökonomie und Statistik, 3. Folge, 9. Bd. Jena 1895, S. 1-34
Wirth, Max: Die Industrie der Grafschaft Mark und die französische Schutzzollgesetzgebung, 1791-1813 (Diss.). Münster 1913
Wischermann, Clemens: An der Schwelle der Industrialisierung (1800-1850), in: Kohl, Wilhelm (Hg.): Westfälische Geschichte, Bd. 3. Düsseldorf 1984, S. 41-162
= *Wischermann, Industrialisierung*
Wittmann, Heinz: Migrationstheorien. Saarbrücken 1975
Wollmerstädt, Kurt: Aus der Geschichte der Juden in Schwelm, in: BHS, H. 30, Jg. 1980, S. 21-47
Wrigley, E. A.: Industrial Growth and Population Change. Cambridge 1961

Z

Zimmermann, Clemens: Von der Wohnungsfrage zur Wohnungspolitik. Die Reformbewegung in Deutschland 1845-1914. Göttingen 1991
Zorn, Wolfgang (Hg.): Das 19. und 20. Jahrhundert (= Handbuch der deutschen Wirtschafts- und Sozialgeschichte, Bd. 2). Stuttgart 1976

9.7 Verzeichnis der graphischen Schaubilder [823]

Seite

Abb.	1	Stadt und Gogericht Schwelm	23
Abb.	2	Einwohnerzahl der Stadt Schwelm 1755-1806	36
Abb.	3	Einwohnerzahl ausgewählter märkischer Städte 1797	37
Abb.	4	Geburten- und Sterbeziffer der Stadt Schwelm 1764-1799	38
Abb.	5	Natürliche Bevölkerungsentwicklung der Stadt Schwelm 1765-1798 (absolute Zahlen)	39
Abb.	6	Natürliche Bevölkerungsentwicklung im Gogericht 1768/69-1788/89 (absolute Zahlen)	39
Abb.	7	Heimatterritorien der Zuwanderer aus dem Gebiet des heutigen Bundeslandes NRW	46
Abb.	8	Wanderungszonen 1763-1806	47
Abb.	9	Zurückgelegte Wanderungsdistanzen nach Geschlechtern 1763-1806	50
Abb.	10	Chancen der Einheirat 1763-1790	77
Abb.	11	Pro Kopf produzierter Warenwert 1783 und 1793	81
Abb.	12	Herkunftsgebiete der Revolutionsflüchtlinge 1797	97
Abb.	13	Alter der Revolutionsflüchtlinge 1797	98
Abb.	14	Lebensunterhalt der Revolutionsflüchtlinge 1799	100
Abb.	15	Bevölkerung ausgewählter Mairien und Cantone im Departement Ruhr 1812	115
Abb.	16	Einwohnerzahl der Stadt Schwelm 1806-1812	116
Abb.	17	Entwicklung der Nachbarschaftswanderung 1763-1815	117
Abb.	18	Wanderungszonen 1807-1815	118
Abb.	19	Einwohnerzahl der Stadt Schwelm 1816-1849	134
Abb.	20	Natürliche Bevölkerungsentwicklung in der Stadt Schwelm 1817-1827 (absolute Zahlen)	135
Abb.	21	Bevölkerungszuwachs und Wohnungsnot 1839	138
Abb.	22	Einwohnerdichte der Kreise 1849 (pro Quadratmeile)	139
Abb.	23	Marktpreise für Getreide in Herdecke 1825-1842 (pro Scheffel)	141
Abb.	24	Chancen der Einheirat 1820-1850	143
Abb.	25	Zuzüge und Abgänge Stadt und Land Schwelm 1829 und 1832	144
Abb.	26	Wanderungszonen 1816-1850	147
Abb.	27	Herkunftsgebiete nach Geschlechtern 1820-1850	149
Abb.	28	Verhältnis Fremde/Einheimische in einzelnen Branchen 1845	153
Abb.	29	Geschlechtsspezifische Wanderung 1816-1850	158
Abb.	30	Unterstützung aus der Armenkasse 1843-1850	168

---

[823] Die in dieser Arbeit zusätzlich gezeigten historischen Fotografien wurden in ein eigenes Verzeichnis (9.9) aufgenommen.

9.7 Anhang: Verzeichnis der graphischen Schaubilder

Abb.	31	Bevölkerungsentwicklung Stadt und Landgemeinde Schwelm 1852-1867	178
Abb.	32	Geburten und Sterbefälle in der Stadt Schwelm 1852-1863 (absolute Zahlen)	179
Abb.	33	Chancen der Einheirat 1855-1870	182
Abb.	34	Wichtigste Herkunftsgebiete nach Geschlechtern 1855-1870	184
Abb.	35	Wanderungszonen 1855-1870	185
Abb.	36	Mobile Berufsgruppen 1853/1855	190
Abb.	37	Herkunftszonen 1829 und 1853	192
Abb.	38	Naturalisationen in der Landgemeinde Schwelm 1847-1867	197
Abb.	39	Ein- und Auswanderungen Kreis Hagen 1862-1868	198
Abb.	40	Herkunft der naturalisierten Einwanderer 1862-1868 im Kreis Hagen	199
Abb.	41	Bevölkerungsentwicklung der Stadt Schwelm 1870-1914	205
Abb.	42	Bevölkerungssaldo der Stadt Schwelm 1884-1914	206
Abb.	43	Wanderungsvolumen der Stadt Schwelm 1884-1914	208
Abb.	44	Gebürtigkeit der Schwelmer Einwohnerschaft	215
Abb.	45	Gebürtigkeit der Schwelmer Stadtbevölkerung 1880 nach Geschlechtern	216
Abb.	46	Häufigste Heimatgebiete der Zuwanderer nach Schwelm 1874-1899	218
Abb.	47	Wanderungszonen 1874-1899	220
Abb.	48	Zurückgelegte Entfernungszonen nach Geschlechtern 1874-1899	221
Abb.	49	Einwohnerentwicklung der Stadt Schwelm 1764-1914	240
Abb.	50	Wichtigste Herkunftsregionen 1763-1914	241
Abb.	51	Zurückgelegte Wanderungsdistanzen 1763-1914	243
Abb.	52	Die Berufe der Zuwanderer 1763-1888	245
Abb.	53	Berufsstruktur Gesamteinwohnerschaft/Zuwanderer 1797/98	247
Abb.	54	Sozialstruktur der Gesamteinwohnerschaft 1797	248
Abb.	55	Berufsstruktur der Zuwanderer 1763-1806	248
Abb.	56	Zuwanderer im Textilgewerbe 1763-1806	249
Abb.	57	Berufsstruktur der Gesamteinwohnerschaft/Zuwanderer 1807-1815	249
Abb.	58	Berufsstruktur nach den Zugangsregistern 1828/29 und 1831/32	250
Abb.	59	Berufliche Herkunft der Frauen 1816-1850	250
Abb.	60	Berufsstruktur 1855-1870	251
Abb.	61	Berufsgruppen naturalisierter Einwanderer 1864-1866	252
Abb.	62	Herkunftsländer der Ausländer 1896-1898	252
Abb.	63	Berufsstruktur 1876-1888	253

9.8 Verzeichnis der Tabellen

			Seite
Tab.	1	Herkunftsgebiete der Zuwanderer 1763-1806	44-45
Tab.	2	Wanderungszonen 1763-1806	48
Tab.	3	Wohnungsnot 1763-1806	74
Tab.	4	Anzahl der Emigranten 1794-1804	96
Tab.	5	Wanderungszonen 1807-1815	119
Tab.	6	Bevölkerungsentwicklung Stadt und ehemaliges Gogericht 1818-1839	137
Tab.	7	Herkunftsgebiete der Zuwanderer 1820-1850	146
Tab.	8	Herkunftsgebiete der Zuwanderer 1850-1871	183
Tab.	9	Anteile der Zuwanderungsregionen an der Binnenwanderung 1874-1899 (je 100 Binnenwanderer)	219

9.9 Verzeichnis der historischen Fotografien

Fotografie S. 10:	Stadtarchiv Schwelm
Fotografie S. 60:	Stadtarchiv Schwelm
Fotografie S. 79:	Stadtarchiv Schwelm
Fotografie S. 105:	Stadtarchiv Schwelm
Fotografie S. 107:	Privatarchiv Gudrun von den Berken, Haßlinghausen
Fotografie S. 107:	Privatarchiv Gudrun von den Berken, Haßlinghausen
Fotografie S. 136:	Stadtarchiv Schwelm
Fotografie S. 155:	Stadtarchiv Schwelm
Fotografie S. 181:	Stadtarchiv Schwelm
Fotografie S. 211:	Stadtarchiv Schwelm
Fotografie S. 213:	Stadtarchiv Schwelm
Fotografie S. 213:	Stadtarchiv Schwelm
Fotografie S. 227:	Stadtarchiv Schwelm
Fotografie S. 230:	Stadtarchiv Schwelm
Fotografie S. 231:	Firmenarchiv Ibach, Schwelm
Fotografie S. 232:	Firmenarchiv Ibach, Schwelm
Fotografie S. 234:	Stadtarchiv Schwelm

10. Register

10.1 Personenregister[824]

Aab, Johannes 201
Abel, Johann 228
Adriani, Johann Peter 121; 129; 175
Agatz 127
Amert, Friedrich 186; 187; 203
Anschel, Joseph 175
Anschel, Rebecca 175
Artois, Prinz v. 86; 87; 91; 103
BADE, Klaus J. 17
Bangert, Friedrich 171
Baumbach, Josef 228
Becker, Eduard Gustav 195
Becker, Heinrich 195; 203
Beckmann, Johann Heinrich 80; 94; 96
Behr, Lambertus 128
Behr, Lambertus, Wwe. 175
Beier, Heinrich 187
Bellmann 83
Berken, von den 15
Bernardini, Guiseppe 229
Bernhard, Johann Gottlieb 85
Bertin, Wwe. 93
Bertram, Johann Melchior 127
Bertram, Sara Margarethe 127
Berzotti, Giovanni 229
Beseler, Caspar 54
Betz, Gebr., Fa. 212; 213
Beugnot, Jacques Claude 128
Bever & Klophaus, Fa. 230
Bidoli, Luigi 229
Blaufuss, Peter 54
Boisse, Adélaide Francoise de 91
Borgehe, Mattias 229
BORSCHEID, Peter 17; 156
Braselmann 128
Braselmann, Daniel 141
Braselmann, Daniel, Fa. 140; 180
Braselmann, J. P. 127

Braselmann, P. D. 127
Bredt, Johann Peter 127
Breitenbauch, Franz Friedrich v. 28
Broch D'hotelans, Philippe Desiré 89; 90; 99
BROCKSTEDT, Jürgen 17
Broglie, Auguste de 91
Broglie, Auguste Joseph de 92; 95
Broglie, Charles de 91; 92
Broglie, Maurice Jean Madelaine de 91
Broglie, Victor Amédée Marie de 91
Broglie, Victor de 91
Broglie, Victor Francois, Duc de 91; 92; 93; 96; 103
Buchholz, Wilh. 127
Buer, Arnold vom 54
Bundiera, Giovanni 229
Calm, Frommet 175
Calm, Marcus 175
Carlier, Franciscus Antonius 95
Caron de Beaumarchais, Guillaume 171
Caron, Jean Marie 171; 172
Castorff, Johann Heinrich 41
Castries, de 91
Chapelle, Alexandrina Maria Germana Eulalia, Comtesse de la 95
Cilin, Antonio 229
Cilin, Livio 229
Clemens 62; 84
Clouet, Franziscus Leonardus de 95
Condé, Prinz v. 86
Cossuto, Angelo 229
Cossuto, Vincenzo 229
Croix, de la 100; 104
Crozat de Thiers, Louise Augustine Salbigathon 91
Daulon 95
Dettmar, Johann 53

---

[824] In das Namensregister wurden auch Autorennamen aufgenommen, sofern sie im Fließtext Erwähnung fanden. Aus Gründen der Unterscheidung wurden sie in Versalien geschrieben.

Dewiz, Caroline 145
d'Helmstatt, Comte de 91
Dieckerhoff 166
Dietz, Antonette 145
Dittmar, Johann Friedrich 228; 229
Dubois, Charles 104
Duvivier de Vivie 15
Duvivier de Vivie, Jacques 104
Duvivier de Vivie, Jean Joseph 107
Duvivier de Vivie, Joseph Achille 97; 104; 105; 106; 107; 108; 109; 127
Ehrenberg & Leuschner, Fa. 171
Ellinghaus, Johann Daniel 65
Enters, Hermann 14; 19
Erfurt, Fa. 187; 191; 201
Ernst, Henriette 175
Eversmann 60
Evrard, Joseph 101
Falkenhahn, Eduard 228
Falkenroth & Kleine, Fa. 212
Favetta, Angelo 229
Favetta, Bernardo 229
Favetta, Giovanni 229
Favetta, Luigi 229
Feroli, Angelo 229
Feroli, Antonio 229
Finger, Otto 232
Fischer, Elisabeth 193
Fitzner, Anton 122; 123
Flasdieck, Anna Catharina 41
Freytag, Henrich Caspar 122
Friedrich der Große, Kg. 33; 111
Friedrich Wilhelm, Kg. 80
Friedrich Wilhelm, Kurfürst 110
FRIELINGSDORF, Joachim 15
Gans, Johann Jacob 201
Gerdes & Co, Fa. 212
Gerhard, Johann 201
GOEBEL, Klaus 15; 17; 41
Goebelsmann, P. C. 125
Gohl, Philipp 195
Göllner, Julius 228
Göllner, Rudolf 232
Gottlieb, Herz 112
Greiling, Ernst Martin 15
Greulich, Eduard 228
Gross, Jacob 202
Grundschöttel, Caspar Engelbert 28; 29; 80; 90

Guillebon, de 95
Gusdorff, Johann Wilhelm 55
Haardt, Johann Peter 128
Hahne, Johann Peter 54
Hahne, Peter Caspar 64
Hahnebeck 123
Hardenberg, Karl August v. 174
Harhaus 123
Harkort, Friedrich 191
Hartmann, Salomon 120
Hasseley, Johann Henrich 80; 101
HEBERLE, Rudolf 16; 20
Hegerath, Christoph 15
Heidrich, Joseph 228
Heilenbeck 102
HELBECK, Gerd 15
Hendricks, Rainer 15
Henkel, Franz 228
Henrici, Chr. 231
Herz Sohn, Bernhardine 175
Herz Sohn, Joseph 175
Herz, Marcus 175
Herz, Meyer 174
Herz, Pauline 175
Hesse, Arnold 81
Hesse, Mathias 81
Heute, Hermann 125
Hieby 127
Hieronimus, H. C. 127
HIPPEL, Wolfgang v. 17
HOCKAMP, Karin 15
Hoffmann, Anna Maria 63
Hoffmann, Johann Gottfried 134
Hoffmann, Paul 231; 232
Hohenhoevel, Bernhard 125
Hohmann, Blasius 228
Hohmann, Johann 228
Hollenstein, Friedrich 200
Holtgreven, Theresa 107
HUBBARD, William H. 17
Hubert, Pauline 229
Huhn, Heinrich 200; 201
Hülsenbeck, Carl 80
Hülsenbeck, Johann Adolph 127
Hülsenbeck, Johann Henrich 127
Hülsenbeck, Johanna 203
Ibach, Rudolf, Fa. 15; 212; 213; 214; 231; 232
Isaac, Geneitel 128; 175

Isaac, Selig 120; 128; 175
Jacob, Anschel 112
Jacobi, Leo 229
Jaeger, Heinrich Wennemar 31
Jäger 74
Jänsch, Carl Friedrich 145
Janssen, Friedrich 53
Joffroy, A. Joseph 104
Joffroy, Julia 104
Johann II. 23
Joseph, Herz 112; 130
Juda, Marcus 111; 130
Junghaus, Wilhelm 85
Kalle, Martin 83
Källin, Adelrich 222
KAMPHOEFNER, Walter Dean 21; 209
Kampmann, Peter 200
Katz, Mentel 174
Katz, Ruben 174
Kircher, August 228
Kircher, Joseph 228
Kissler, Anton 228
Klein, Christian 123
Klein, Elisabeth Wilhelmine 171
Klockcin, Johann Gottfried 122
KNIERIEM, Michael 156
Knüppel, Johann Heinrich Carl 200
Kock, Catharina 124
KOCKA, Jürgen 16
KÖLLMANN, Wolfgang 17; 215; 226
Koppe, Werner 15
Krieger, Georg 145
Kruse, Abraham 63; 64; 65; 84
Langewiesche 201
LANGEWIESCHE, Dieter 19; 209
Langewiesche, J. A. 127
Lauff, Johann Franz 73
Lazarus, Lesmann 173; 174
Le Vaneur de Quizeville, Louis Antoine 101
Leck, Johanna Sophia Elisabeth 80
Lenz, Conrad 83
Leve, Anna Clara 80
Leveringhaus, Friedrich Ferdinand 223
Levi, Calmann 120
Levy, Johanna 174
Levy, Joseph 175
L'omme, Jodocus Christoph de 95
Ludwig XVI., Kg. 91

Luppé, Vicomte de 92
MACKENROTH, G. 16
Maillet, Louis Denis de 99
Mannel, August 228
Marcus, Juda 175
Marcus, Rechele 175
Marcus, Regine 175
Maroni, Luigi 229
Marsac, Armande de 99; 100
MARSCHALCK, Peter 137
Marssac, Andreas de 95
Mayer, David 130
Menne, Alexander 230
Mertens, Daniel 127
Mertens, Peter 127
Metzges, Johan Wilhelm 125
Meurer, Peter 203
Meyer, Aaron 120
Meyer, Amalie 175
Meyer, David 112; 160; 176
MEYER, Fritz 16
Meyer, Herz 160; 175; 176
Meyer, Isaac 112
Meyer, Joseph 111
Michel, Wilhelm 200
Middeldorff, Carl 165; 166
Mignot, Augustinus 104
Mollenhauer, Carl 195
Möller, Wilhelm 101
Moroni, Giovanni 229
Motte, Carl de la 89; 92
Müller & Co., Fa. 212
Müller, Friedrich Christoph 22; 24; 27; 28; 54; 79
Murat, Aglaé Charlotte Marie, Marquise de 91
Murat, Joachim 114; 121
Murat, Marquis de 91
MURPHY, Richard C. 17
Nagel, Naetha 173
Napoleon Bonaparte 97; 114; 117; 120; 125; 128; 131
Nardo, Fortunato de 229
Necker, Jacques 91
Nensel, Joseph 228
Nensel, Valentin 228
Nespeda, Robert 232
Nesselrode, Graf v. 122
Neuhaus, Ewald 232

Neuhaus, Johannes 123
Neven DuMont, Alfred 15
Niebel, Ferdinand 228
Nol, Angelo di 229
Nues, Anton le 89
Overweg, Georg Melchior 72
Padberg 142; 143
Parmantje 89
Pätzold, Ulrich 15
Peine, August 224
Pickert, Johann Engelbert 24
Piepenbrinck, Daniel 125
Platte 125
Provence, Prinz v. 87; 91
Prümer, Heinrich 193
Pyrsch, Henrich 29
Rahlenbeck, Wilhelmine 104; 106
Ramme, Elisabeth 145
RAVENSTEIN, E. G. 18; 19
Reesen, Karl August 28
Rentrop, Arnold 127
REULECKE, Jürgen 15
Revel, Auguste, Prince de 91
Rhodius, Christian 76
Rhodius, Engelbert 76
Richter, Franz 228
Rittershaus, Wilhelm 124
Roden, Johann Rembert 25; 26
Roemer, Philipp 54
Romberg, Giesbert, Frh. v. 120; 121
Roque, de la 103
Rosendahl, Henriette 175
Rosendahl, Michael 175
Rozière, Marquise de 101
Ruhl, Anton 228
Ruhl, Karl 228
Schaefer, Adam 203
Schee, v., Wwe. 104
Scheffel 63
Schmidt & Co., Fa. 180
SCHMOLLER, Gustav 11
Schöttner, Fritz 232
Schreiber, Johannes 228
Schreiber, Joseph 228
Schuckmann, Friedrich v. 161
Schürmann, Peter David 80
Schwelmer Eisenwerk Isert & Co, Fa. 212
Sehlhoff, Caspar 71
Seligmann 128

Siegrith 69
Siepmann 124
Sohn, Johann Adam 92
Sollbach, Gerhard 15
Sonnenschein 123
Soote, Peter 89
Speer, Florian 15
Steffens, Allwina 194
Steffens, Heinrich 194
Stegelmann, Ferdinand 201
Stein, Heinrich Friedrich Karl, Frh. v. 60
Sternberg, Caroline 175
Sternenberg 26; 102; 128
Sternenberg , J. A., Fa. 140
Sternenberg, Fa. 180
Sternenberg, Johann Theodor Melchior 25; 30; 167; 173
Sternenberg, Peter Heinrich 61
Sternenberg, Wilhelm 187
Stockert, Gregor 228
Stübben, Hermann Josef 229
Theodor & Konstanz Sternenberg, Fa. 167
Thilleul 88
Tomasina, Guiseppe 229
Töngen, Anton 89
Trappe, Adolph 123
Ueberall, Emil 229
Uebermuth, Antje 15
Uebermuth, Bernd 15
Vahl, Giovanni 229
Varnhagen 124
Viemann, Konstantin 232
Visse, de 99
Vivie, Hermann de 161
Vivie, Jean Joseph Urbain de 106
Vivie, Richard de 161
Voeste, Johann Henrich 67
Vogel, Johannes 228
Vogel, Joseph 228
Vogel, Philip 123
Voigt, Peter David 80
Vorwerck, Caspar 127
Wagenberg 54
Wagenknecht 89
Walkier, Johann Theodor 73
Wallrabenstein, Johann Heinrich 41
Weber, Carl 160
Weichler 62

Weinr(e)ich, Phillip 53
WEINREICH, Detlev 15
Wellner, Friedrich Wilhelm Philipp 145
Wever, Peter Nikolaus 80; 81; 86; 90; 92; 103
Weyershaus, Died. Georg 80
Wilkes, Peter 145
Wolffersdorf, v. 28; 64

Wülfingh 60; 61; 62; 65; 83; 89
Wuppermann, Peter 26
Würpel, Casper Henrich 62
Wylich, Arnold 60; 61; 74
Wylich, Jacob 127
Wylich, Johann Wilhelm 63; 65
Zassenhaus, Robert, Fa. 212

10.2 Ortsregister[825]

Aachen 90
Ahlen 125
Allendorf 79
Altena 24
Altmark 122
Alzey 120
Amerika 76; 142; 192; 193
Anhalt 218; 219
Arnsberg 133; 139; 148; 162; 163; 164; 165; 166; 172; 173; 194; 198; 203
Arolsen 171
Assen 128
Bar le Duc 99
Barmen 12; 22; 23; 117; 135; 145; 157; 166; 171; 188; 227; 231
Battenberg 173
Bayern 158; 184
Beckum 55
Beienburg 54
Belgien 26; 88; 184; 223; 242
Berg, Ghzgt. 114; 119; 120; 122; 125; 128; 131; 173; 174
Berg, Hzgt. 25; 27; 28; 31; 38; 43; 45; 47; 53; 54; 59; 64; 73; 114; 117; 147; 184; 218; 236; 237; 238
Berleburg 48; 124
Berlin 14; 25; 51; 63; 65; 76; 88; 90; 95; 106; 108; 110; 111; 112; 122; 133; 218; 219
Bismark 122
Bochum 36; 112; 114; 175; 179; 205; 239

Bockenheim 231
Boffzen 195
Böhle 179
Böhmen 45; 49; 78; 222; 223
Bonn 90
Boston 209
Bottrop 17; 206; 219; 233; 246
Brabant 26; 45; 48; 49; 89; 90; 96; 97; 101; 242
Brakel 80
Brandenburg 14; 158; 189; 219; 242
Brandenburg-Preußen 23
Braunschweig 48; 170; 195; 203; 218; 219
Breckerfeld 58; 61; 173; 174
Bremen 48; 218; 219
Brilon 175
Brüssel 102; 104
Burgund 89
Buttlar 228; 229
Canstein 175
Chemnitz 209
Cronenberg 54
Dahlhausen 187; 191; 201
Danzig 50
Datteln 206
Deutschland 24; 192; 194
Dorsten 47
Dortmund 23; 45; 62; 83; 114; 116; 141; 215; 238
Duderstadt 195
Duisburg 31; 100

---

[825] Wegen ihres allzu häufigen Vorkommens wurden Begriffe wie Preußen, Grafschaft Mark, Stadt und Gogericht Schwelm nicht ins Ortsregister aufgenommen.

Düsseldorf 14; 15; 73; 87; 89; 90; 91; 93; 95; 131; 180; 210; 238
Ehrenberg 123
Eickel 80
Eisighofen 41
Elberfeld 23; 29; 31; 34; 54; 62; 73; 81; 93; 104; 117; 125; 131; 141; 149; 157; 166; 201; 238
Elsaß-Lothringen 218
England 18; 52; 86; 92; 101; 171
Ennepe 24; 25; 114; 122; 131; 133; 154; 203
Enneper Straße 114; 122; 131; 154; 220
Erfurt 163
Essen 47
Europa 133
Fischelbach 111
Flandern 48; 96; 97; 242
Franken 48
Frankenberg 149
Frankfurt/M. 23; 209
Frankfurt/O. 26; 104
Frankreich 26; 45; 50; 52; 53; 54; 59; 65; 78; 86; 88; 89; 90; 91; 93; 95; 96; 97; 101; 104; 106; 107; 114; 128; 171; 242
Frielinghausen 127
Friesland 26
Fritzlar 151; 186; 200
Fulda 51; 128; 175
Galizien 222; 233
Gelsenkirchen 228
Gemarke 62; 72; 100; 122; 123; 131
Gemünd 173
Gemünden 149
Gennebreck 22; 114; 138
Gent 48
Gevelsberg 42; 131; 138; 155
Gilsa 174
Gimborn 47
Gotha 48
Göttingen 79
Graz 17
Grimlinghausen 175
Groningen 48
Großbritannien 18
Grüsselbach 228
Gütersloh 232
Guyenne-Gascogne 104

Hagen 12; 23; 24; 31; 36; 44; 60; 89; 114; 116; 121; 124; 125; 131; 137; 139; 148; 166; 170; 177; 179; 180; 184; 196; 197; 200; 204; 220; 221; 222; 239
Haina 201
Halle 35; 41
Hamburg 219
Hamm 33; 34; 60; 61; 63; 87; 89; 90; 91; 97; 99; 103; 116
Hanau 51; 62; 145
Hannover 48; 170; 195; 218; 219; 232
Haspe 24; 222
Haßlinghausen 15; 22; 114; 125; 138; 170; 191; 223; 229
Hattingen 47; 58; 114; 116; 211; 230
Hennen 127
Herbede 47; 67
Herdecke 141; 175
Herzkamp 22; 42
Hessen 14; 43; 45; 50; 59; 150; 151; 173; 184; 186; 192; 194; 214; 219; 229; 235; 242
Hessen-Darmstadt 45; 48; 52; 61; 119; 163; 187; 197; 218
Hessen-Kassel 43; 45; 48; 52; 144; 147; 149; 151; 163; 170; 175; 177; 184; 191; 193; 194; 197; 200; 201; 202; 203; 218; 241
Hessen-Nassau 184; 200; 218; 219
Hiddinghausen 22; 41; 114
Hilden 195
Hildesheim 127
Hofgeismar 151
Holland 26; 52; 59; 65; 90; 128
Holzwickede 206
Homburg 47; 52; 119
Hörde 210
Iserlohn 24; 80; 89; 94; 104; 168
Italien 223; 229; 234
Jülich 31; 90
Jütland 186
Kassel 92; 151
Kerstenhausen 186
Kleve 29; 33; 75; 87; 90; 114
Koblenz 69; 86; 87; 90; 91; 175
Köln 23; 45; 47; 48; 90; 112; 229; 230
Kongreßpolen 233
Krefeld 130; 215
Kursachsen 53

Langerfeld 22; 25; 42; 114; 116; 123; 131; 143; 166; 170; 171; 221; 227
Languedoc 103
Leipzig 26; 104
Leitorf 175
Lengede 127
Lennep 34; 63; 76; 166
Lichtenberg 83
Limburg 44; 47; 61; 124; 127
Linderhausen 22; 114
Linn 112; 130
Lippe 218; 229
Lippe-Detmold 219
Lippstadt 33; 41; 145
Lissa 175
London 91; 95
Lothringen 99
Lübeck 219
Lüdenscheid 116; 127; 135
Ludwigshafen 17; 49
Lünen 94
Lüttich 48; 96; 97
Lüttringhausen 34; 54; 65; 123; 125; 175
Luxemburg 91; 95; 97; 184
Mähren 50
Mainz 86
Mannheim 48
Marburg 130
Marienheide 157
Mecklenburg-Schwerin 219
Mecklenburg-Strelitz 219
Meinerzhagen 80
Mettmann 125
Milspe 22; 221
Möllenkotten 92; 168; 178; 181; 187; 205; 210
Mühlinghausen 22; 114
Mülheim/Rhein 87; 90
Münster 14; 15; 48; 91; 236
Münsterland 26; 50; 55
Mylinghausen 22; 114; 127; 170
Nächstebreck 22; 41; 72; 114; 170
Nassau 43; 45; 48; 52; 150; 163; 200; 203
Nassau-Siegen 45; 119
Naumburg 26
Neuss 47; 175
New York 194
Niederlande 86
Niederrhein 23

Niederschlesien 217; 218
Niederwessen 128; 175
Nordamerika 171; 198; 199
Oberbarmen 22
Oberschlesien 217; 218
Odenwald 83
Odershausen 200
Oelkinghausen 22; 114; 170; 187
Oldenburg 218; 219
Olpe 47
Osnabrück 26
Ostasien 171
Österreich 87; 223
Ostpreußen 217; 218; 219
Overberg 124
Paris 86; 91; 171
Pfalz 48; 50; 128; 175; 231
Plettenberg 47
Polen 219
Pommern 189; 218; 219
Posen 175; 189; 217; 218; 219; 226; 230; 238; 242
Pyrmont 96
Radevormwald 212; 213
Recklinghausen 236
Rees 162
Remagen 175
Remscheid 24; 47; 54
Rhein 67; 87; 88; 90
Rhein, Dep. 122
Rheinland 218; 220
Rheinprovinz 131; 133; 189
Rhön 228
Rittershausen 28; 131
Ronsdorf 166
Rosenthal 149; 202
Rüggeberg 22
Ruhr 12; 24; 40; 80; 114; 116; 133; 239
Ruhr, Dep. 120
Ruhrgebiet 12; 217; 219; 220; 221; 222; 226; 229; 235; 236; 239; 240; 242; 243
Rußland 142; 223; 233
Saarbrücken 48
Sachsen 81; 158; 184; 189; 210; 218; 219; 226; 242
Sachsenhausen 174
Sachsen-Weimar-Eisenach 228
Salzburg 53
Sauerland 43; 44; 47; 48; 61

Savoyen 86
Schaumburg-Lippe 218; 219
Schee 211; 223; 238
Schlesien 189; 217; 219; 230; 238; 242
Schleswig-Holstein 17; 219
Schmalnau 128; 175
Schwaben 50; 61
Schweflinghausen 22; 114
Schweiz 86; 222; 223
Schwelme 157
Schwerte 175
Sevenaar 162
Sickendorf 187
Sieg 120
Siegen 148
Soest 33; 87; 116; 145
Solingen 24; 47
Spanien 86
Speyer 86
Spree 88
Sprockhövel 15
St. Gilles 223
St. Jéan 120
Steele 175
Taunus 41
Thüringen 48; 184; 218; 219; 229; 235; 242
Tilsit 114
Tombeboeuf 104
Tönisheide 212
Trier 86; 91
Ungarn 45; 49; 50; 78
Unna 59; 73; 79; 116
Usseln 201
Valenciennes 104
Vasbeck 171
Velbert 123
Versailles 91

Voerde 22; 25; 31; 41; 114; 160
Volmarstein 62; 114
Volme 24; 133
Vosshövel 187
Waldbröl 47
Waldeck 14; 17; 43; 48; 51; 61; 119; 144; 145; 147; 148; 150; 158; 170; 171; 174; 177; 184; 191; 192; 195; 197; 200; 201; 217; 219; 241; 242
Wattenscheid 206
Werden 145
Wermelskirchen 47
Werne 47
Wesel 29
Weser 64
Westeuropa 234
Westfalen 12; 44; 91; 119; 120; 129; 131; 133; 135; 136; 137; 147; 149; 151; 156; 169; 179; 184; 187; 189; 198; 205; 207; 214; 215; 216; 217; 218; 219; 220; 232; 236
Westhofen 175
Westpreußen 217; 218; 219
Wichlinghausen 28; 64; 80; 211; 230; 238
Wildeborn 202
Wipperfürth 47
Witten 47; 141; 175
Wittgenstein 43; 45; 48; 111; 123
Worms 86
Wülfrath 47
Wupper 25; 27; 28; 80; 119; 131; 133; 157
Wupperfeld 131; 171; 172
Wuppertal 14; 15; 17; 19; 25; 27; 41; 72; 119; 141; 156; 171; 184; 220; 231; 236; 238; 243
Württemberg 17; 156
Würzburg 48

10.3 Sachregister[826]

Abzugsgeld 53
Agrarverfassung 51
Akzise 30; 32; 33; 60; 64; 65; 72; 83; 85
Allgemeines Landrecht 75; 83; 159; 161; 164
Anerbenrecht 150
Armenkasse 33; 51; 68; 70; 83; 121; 123; 132; 167; 195; 246
Armenwesen 163; 164; 166; 167; 168; 169; 170; 188; 189; 196
Aufenthaltsgenehmigung 233
Aufnahmegeld 61
Bastille 86; 91
Bergbau 138; 191; 231; 244
Bergisch-Märkische Eisenbahn 210
Bevölkerungsexplosion 133
Breitweberei 26
Bürgereid 62; 67; 75; 78; 127; 130
Bürgerrecht 55; 62; 64; 69; 75; 76; 86; 100; 104; 109; 123; 129
Bürgerversammlung 176
Code Napoléon 114
Dampfmaschine 140; 141; 156; 180; 238
Dreißigjähriger Krieg 110
Einzugsgeld 187; 188; 189; 195
Eisenbahn 140; 152; 154; 155; 180; 191; 195; 196; 203; 210; 211; 221; 226; 230; 235; 238; 244
Eisengewerbe 12; 138; 204
Eisenindustrie 212
Emanzipationsedikt 172; 173
Erster Weltkrieg 12; 212; 214; 217; 223; 236; 239; 244
Exilregierung 91
Fabrikarbeit 244
Französische Revolution 50; 86; 87; 89; 91; 92; 95; 97; 98; 127; 242; 246
Freijahr 67; 69; 75; 84; 85
Freizügigkeit 18; 33; 53; 164; 233; 235
Generalprivileg 110; 111
Gesindedienst 142

Gewerbefreiheit 58; 120; 164; 165
Gewerbeordnung 169
Gewerberat 196; 201; 202; 204
Hausindustrie 210
Heilenbecker Talsperre 227
Heimatrecht 163
Heimbandweberei 60
Heimgewerbe 116; 141; 159
Hochbau 226; 229; 235
Hochindustrialisierung 180; 205; 210; 220
Hollandgänger 229
Industrialisierung 133; 159
Industrielle Revolution 12; 17; 56; 236; 244
Jakobiner 101
Juden 110; 111; 112; 113; 120; 128; 129; 130; 132; 160; 172; 173; 174; 175; 176; 246
Judenpatent 111; 112
Kanalbau 223; 235
Kanonade von Valmy 88
Kantonsfreiheit 27; 60
Kantonspflicht 24
Kleineisengewerbe 24
Kleineisenindustrie 212
Konterrevolution 87; 93
Kontinentalsperre 151
Kopfsteuer 84
Kostgänger 125
Meldepflicht 126; 177
Melderegister 214; 216; 253
Meldewesen 209
Metallgewerbe 12; 58; 120; 238; 242
Metallindustrie 180; 210; 212; 225; 235; 239
Militär 70
Militärdienst 24
Napoleonische Kriege 151
Nationalsozialisten 110
Naturalisation 169; 170; 171; 177; 196; 197; 198; 200; 203; 204

---

[826] Im Sachregister wurde auf alle Begriffe verzichtet, die in engem Zusammenhang mit Migration und Wanderung stehen.

Nebenerwerb 133; 150; 151; 238
Niederlassungserlaubnis 34; 123; 124; 126
Niederlassungsfreiheit 128
Patentsteuer 120
Permanente Kommission 160; 161
Protoindustrialisierung 236
Realteilungsrecht 52; 150
Rheinbund 114
Rheinische Eisenbahn 210
Ruhrindustrie 217
Sachsengänger 226
Saisonarbeit 52; 157; 218; 228; 233
Schmalweberei 26
Schutzgeld 128
Schutzjude 110; 111; 112; 130
Sezessionskrieg 198
Siebenjähriger Krieg 12; 22; 24; 31; 32; 36; 52; 59; 74; 91; 92; 113; 133; 149; 161; 236; 238; 239; 242
Soldatenwerbung 27; 32
Sonderfrieden von Basel 93
Staatsangehörigkeit 194; 200; 216; 222; 223; 229
Staatsbürgerrecht 161; 237
Staatsbürgerschaft 163; 164; 165; 169; 170; 171; 177; 184; 198; 202; 203
Städteordnung 129

Stadtrecht 23; 75; 80
Straßenbahn 227
Straßenbau 223
Tagelohn 152; 159
Textilgewerbe 12; 24; 25; 26; 55; 56; 57; 58; 59; 60; 61; 63; 70; 113; 120; 132; 137; 140; 151; 156; 159; 172; 177; 180; 191; 193; 204; 225; 235; 238; 239; 242; 244
Textilindustrie 136; 177; 210; 212; 225; 235
Tiefbau 226; 229
Transportgewerbe 152
Verlagssystem 57; 60; 70; 141; 152; 156; 190; 236
Volkszählung 214
Vormärz 163; 164
Wanderarbeit 217; 222; 226; 228; 229; 233; 235; 244
Wanderarbeiter 41; 234
Wanderbücher 120
Werbefreiheit 28; 64; 65; 72; 73; 83
Wiener Kongreß 177
Zeche Deutschland 223
Zeche Schwelm 191
Zunft 58; 61; 62; 111; 120
Zunftzwang 172

10.4 Berufsregister[827]

Ackerknecht 170; 174
Advokat 80
Akzisebediensteter 80
Akziseinspektor 31; 80; 101
Amme 159; 223
Amtmann 201; 230
Amtsrat 121
Angestellter 56; 57
Apotheker 78; 80

Arbeiter 41; 49; 50; 54; 56; 57; 59; 60; 66; 68; 69; 72; 118; 140; 152; 154; 155; 156; 159; 186; 189; 190; 193; 210; 211; 212; 223; 224; 226; 228; 229; 230; 231; 234; 244
Arzt 92; 95; 161; 173; 176
Bäcker 31; 55; 58; 60; 93; 113; 120; 156; 161; 191; 225
Bahnhofsassistent 226
Bahnhofsinspektor 226

---

[827] In das Berufsregister wurden auch Titel und Ämter aufgenommen. Bezeichnungen wie Schuhmacher und Schuster wurden vereinheitlicht. Gesellen und Meister wurden nach Möglichkeit ihren Branchen zugeordnet.

Bandfabrikant 141; 210
Bandweber 26; 55; 59; 67; 99; 123; 144; 151; 156; 181; 187; 191; 201; 202; 223; 224; 225
Bankier 176
Bauarbeiter 227; 229
Bauer 133
Bauhandwerker 157
Baumwollspinner 120
Baurat 230
Bauschreiner 166
Bauunternehmer 228; 230
Beamter 56; 57; 58; 80; 98; 154; 188; 189; 246
Beigeordneter 127; 167
Bergkommissar 60
Bergmann 191
Bergwerksdirektor 60
Bettler 34; 162
Bleicher 26; 28; 51; 58; 59; 111; 112; 120; 144; 156
Böttcher 145
Brauer 56; 58; 60; 113; 156
Breitschmied 54
Bremser 226
Brenner 58
Buchbinder 50; 83
Buchdrucker 145
Büchsenmacher 55
Bürgermeister 25; 30; 80; 81; 86; 90; 92; 103; 121; 123; 125; 128; 129; 165; 166; 167; 173; 175
Caffamacher 55
Chirurg 74
Dachdecker 152
Damastweber 201; 202; 203
Dienstbote 41; 56; 57; 126; 156; 166; 169; 174; 200; 224; 235; 244; 251
Dienstmädchen 49; 53; 59; 118; 157; 159; 175; 176; 193; 224
Dienstmagd 49; 55; 56; 57; 59; 118; 123; 124; 129; 145; 150; 157; 159; 163; 174; 175; 190; 193; 223; 224; 229
Direktor 60
Doppelsteinmacher 26
Drahtzieher 24
Drechsler 62; 144
Eisenbahnarbeiter 152; 154; 155; 168; 195
Erdarbeiter 223; 227; 229; 234

Fabrikant 29; 30; 34; 53; 54; 66; 68; 71; 102; 104; 188
Fabrikarbeiter 76; 154; 155; 169; 180; 188; 191; 200; 212; 222; 223; 225
Fabrikenkommissar 60
Färber 26; 101
Feilenschmied 54
Feldarbeiter 186; 203
Feldmesser 229
Finanzminister 91
Finanzrat 25
Fleischer 160; 175; 176
Französischlehrer 89
Friseur 62; 122
Fuhrknecht 57; 59; 201; 224
Fuhrmann 224
Fuhrunternehmer 224
Fuselbrenner 55; 60
Garnhändler 26
Garnweber 58
Gärtner 62; 123; 159; 223
Gaukler 34
Gehilfe 59; 142; 189; 190
Geistlicher 13; 56; 78; 99
Gemeindevorsteher 203
Generalmajor 28
Gerichtsassessor 160
Gerichtsbote 56
Gerichtstaxator 195
Geschäftsmann 173
Geselle 14; 26; 29; 50; 56; 57; 64; 65; 122; 163; 189; 190; 194; 195; 196; 198; 200; 202; 223
Gesellschafterin 224
Gesinde 14; 55; 56; 59; 76; 126; 176
Glaser 50; 56; 58; 61
Gold- und Silberschmied 54
Goldwaagenmacher 63; 64; 65; 84
Großunternehmer 57
Gurtmacher 62
Handarbeiter 190; 203
Handelsknecht 112
Handelsmagd 159
Handelsmann 173
Händler 56; 59; 70; 76; 93; 102; 106; 113; 120; 173; 174; 224; 238
Handlungsbedienter 111
Handlungsdiener 190
Handlungslehrling 223

10. Register

Handschuhmacher 104
Handwerker 33; 40; 41; 49; 50; 56; 57; 61; 62; 66; 68; 71; 118; 169; 190; 200; 225
Hasplerin 224
Hausbandweber 210
Haushälterin 190; 193; 224
Hausierer 34; 59; 173
Hebamme 63; 64
Hilfsarbeiter 190; 226
Hofrat 80
Hutmacher 26; 81; 99
Ingenieur 171; 225; 226
Innenminister 122
Instrumentenbezieher 232
Instrumentenmacher 231; 232
Journalist 173
Jurist 98
Justizkommissar 80
Kammacher 50; 69
Kammerdirektor 28
Kämmerer 28; 80; 90
Kammerjäger 34
Kammermädchen 159
Kanonikus 99
Kattunweber 144
Kaufmann 25; 26; 50; 54; 56; 57; 63; 71; 72; 76; 78; 79; 80; 81; 89; 97; 98; 99; 102; 104; 111; 113; 120; 127; 130; 161; 174; 176; 187; 189; 201; 246
Kesselflicker 34
Kindermädchen 224
Klavierstimmer 232
Kleidermacher 41
Kleineisenschleifer 24
Kleinhändler 57
Kleinschmied 24; 54
Kleinunternehmer 57
Knecht 19; 55; 56; 57; 60; 72; 112; 124; 125; 129; 150; 155; 156; 159; 163; 174; 189; 198; 224
Koch 159
Kohlentreiber 191
Kommissar 60
Konditor 191
Krämer 56; 60; 72; 80
Kriegs- und Domänenrat 28; 60; 83
Kriegsminister 91
Kuhschweizer 223
Künstler 173

Kupferschläger 156
Kupferschmied 171
Kutscher 159
Lakai 159
Landarbeiter 200; 203; 233
Landgraf 52
Landrat 94; 125; 165; 166; 174; 196
Landstreicher 34
Lehrer 31; 89; 98; 99; 175; 176
Lehrling 149; 172; 189; 190; 191; 195; 223
Leinenweber 26; 53; 58; 89
Lotterieeinnehmer 160
Maire 127
Manufacturwarenhändler 160
Marschall 91; 92; 94; 103
Maschinenbauer 226
Maschinist 226
Maurer 52; 56; 62; 152; 157; 174; 203; 223; 227; 228; 229
Mediziner 78; 95
Mehlmüller 58
Meister 29; 56; 57; 61; 72; 189; 190; 200
Metallarbeiter 157; 225
Metallknopffabrikant 171
Monteur 226
Munizipalrat 127
Musiker 34; 56; 124
Näherin 159; 193; 224
Offizier 104
Organist 31
Osemundschmied 24
Papiermacher 58
Pastor 92
Perückenmacher 62; 84; 123
Pfannenflicker 34
Pfarrer 15; 22; 41; 79; 142; 145; 151; 225
Pflasterer 152; 157
Polierer 54
Polizeidiener 123
Porzellanmacher 223
Postmeister 89
Präfekt 120; 122
Präsident 34
Prediger 22; 54; 79
Priester 98; 101
Pumpenfabrikant 171
Raffinierschmied 54
Rangierer 226
Ratsherr 80; 96

313

Rechtsanwalt 173; 189
Reckschmied 54
Regenschirmmacher 128
Reidemeister 156
Rekrut 27
Rektor 41
Rentier 56
Rentmeister 123
Rietmacher 62; 223
Rohstahlschmied 54
Sattler 50
Schachtmeister 203; 229
Schieferdecker 40; 50
Schlachter 55; 93; 120; 128; 130; 156; 175; 191; 195
Schleifer 54
Schlosser 24; 144; 225
Schmied 40; 53; 54; 101; 156
Schnallenmacher 54
Schneider 26; 40; 41; 50; 59; 70; 73; 104; 120; 144; 166; 191; 200; 202; 225
Schornsteinfeger 62
Schreiner 56; 122; 157; 165; 231; 225
Schuhflicker 58
Schuster 50; 61; 83; 121; 125; 145; 157; 166; 191; 195; 200; 201; 225
Seemann 71
Seidenmacher 78
Seidentuchfabrikant 26
Seidenweber 50; 99; 104; 125
Seidenwicklerin 159
Seilspinner 62
Siamosenweber 26; 55
Soldat 31; 34; 56; 73; 218
Sprachlehrer 50; 89; 99
Spulerin 159; 193; 224
Staatskanzler 174
Staatsminister 93
Stadtbaumeister 229
Stadtkämmerer 56
Stadtplaner 229
Stadtschreiber 80
Stadtsekretär 28; 80
Stationsvorsteher 226
Steinbrecher 223

Stellmacher 144
Steuerrat 94
Stickerin 159
Strickerin 159
Strohstuhlmacher 62
Strumpfweber 26; 55; 81; 85
Stubenmädchen 159
Student 35
Tagelöhner 14; 19; 49; 50; 56; 57; 59; 68; 76; 123; 152; 155; 156; 157; 159; 163; 166; 181; 195; 202; 223; 224; 229
Techniker 225
Textilarbeiter 50; 57; 58; 59; 60; 85; 113; 161; 225; 244
Textilfabrikant 63
Textilhändler 106
Textilunternehmer 60
Trödler 173
Tuchmacher 54
Tüncher 52
Uhrmacher 62; 99
Unternehmer 56; 72; 210; 224
Verleger 25; 56; 190
Verputzer 62
Viehhändler 160
Volontär 223
Wäscherin 99
Weber 26; 40; 50; 59; 61; 70; 120; 125; 145; 149; 151; 156; 180; 187; 190; 191; 201
Weichensteller 226
Weinhändler 106
Werber 27; 28; 53; 64
Winkelkrämer 56
Wirt 29; 55; 56; 93; 127; 156; 161; 193
Wollarbeiter 26
Wollkämmer 26; 55; 59; 61; 89
Wollsortiererin 159
Wollspinner 26; 120
Ziechenweber 26; 55; 89
Ziegelbrenner 58
Ziegler 229
Zimmermann 56; 152; 166; 203
Zinngießer 62

Supplement:
Migranten-Datenbank (1749-1810)

Die nachfolgende Migranten-Datenbank entstand im Rahmen des Quellenstudiums für die Dissertation "Nahrungsdiebe, Kostgänger und nützliche Professionisten. Die Zuwanderung nach Schwelm im Industriezeitalter". Sie umfaßt namentlich knapp 1880 Fälle von Personen, die im Laufe des Zeitraums 1749 bis 1810 in die Stadt Schwelm gekommen und/oder auch wieder fortgezogen sind. Weil die vorliegende Datenbank nicht nur für das von mir untersuchte Thema von Interesse ist, sondern darüber hinaus besonders auch für die genealogische Forschung wichtige Hinweise liefern kann, wurde die Datensammlung als Supplement der Dissertation angefügt.
Alle Personendaten wurden in mühsamer Kleinarbeit Akten verschiedenster Art entnommen. Unberücksichtigt bleiben in der vorliegenden Datei die Personendaten der Kirchenbücher, die zwar gerade für Genealogen eine wichtige Fundstelle darstellen, aber der Forschung auch relativ leicht zugänglich sind.
Bei den verzeichneten Zuwanderern handelt es sich hauptsächlich um sogenannte Professionisten, die in Schwelm ihr Gewerbe ausüben wollten und in diesem Zusammenhang (vor dem Hintergrund preußischer Anwerbungspolitik) vom städtischen Magistrat namentlich verzeichnet wurden. Zudem auch um Zuwanderer, die in Schwelm das Bürgerrecht erwarben, in Steuerlisten aufgenommen wurden oder auf andere Weise aktenkundig geworden sind. Einen Sonderfall der Erhebung stellen die Einwohnerverzeichnisse dar. Sie verzeichnen zwar akribisch, ob im jeweiligen Haushalt ein Ausländer lebte oder nicht, nennen namentlich aber stets nur den Haushaltsvorstand, der zwar sehr häufig, nicht aber in jedem Fall mit dem erwähnten Ausländer identisch war. Aus Gründen der Vollständigkeit konnte jedoch auf diese Quelle nicht verzichtet werden. Sie wurde jedoch besonders kenntlich gemacht.
Die in die Datenbank aufgenommenen Personen stellen allerdings nur einen Bruchteil der 22.000 Zuwanderer nach Schwelm dar, die von der Untersuchung erfaßt worden sind. Doch wurden die Personendaten nach 1815 wegen der Fülle des Materials in Akten und Kirchenbüchern nur noch anonym erhoben und ausgewertet.
Mehrfachnennungen ein und derselben Personen in verschiedenen Akten wurden bewußt additiv aufgenommen, da die unterschiedlichen Quellen häufig abweichende Informationen enthalten und erst die Summe der Fundstücke ein umfassenderes Bild des jeweiligen Migranten ermöglicht. Zudem ist wegen der damals nicht selten recht willkürlichen Schreibweise der Familiennamen, des oft schlechten Schriftbildes und Erhaltungszustandes der Akten selbst bei Namensgleichheit nicht immer eine eindeutige Identifizierung möglich. Auch die Herkunft war nicht in jedem Fall zweifelsfrei zu klären. Dies lag an unleserlichen oder orthographisch falschen Angaben, häufiger aber daran, daß mehrere Orte gleichen Namens existieren, was eine genauere Lokalisierung verhinderte.
Genutzt wurden die Computerdatenprogramme Dbase IV sowie Microsoft Excel für Windows 95, Version 7.0.

Supplement: Migranten-Datenbank (1749-1810)

Legende

A: Nachname
Die Nachnamen wurden in alphabetischer Reihenfolge sortiert. Unsichere Schreibweisen wurden mit (?) gekennzeichnet, ansonsten die in den Quellen vorgefundene Schreibweise übernommen, auch wenn sie bei ein und derselben Person variierte.

B: Vorname
Fehlende Vornamen wurden mit N.N., unsichere Schreibweisen mit (?) gekennzeichnet, ansonsten die in den Quellen vorgefundene Schreibweise übernommen.

C: Heimatort
Nennt nach Möglichkeit den Heimat-, ansonsten den letzten Aufenthaltsort. Fehlende Ortsnamen wurden mit N.N, unsichere Schreibweisen oder nicht eindeutig zu identifizierende Orte mit (?) gekennzeichnet. Nach Möglichkeit wurde die in den Quellen vorgefundene Schreibweise übernommen.

D: Heimatterritorium
In den Quellen verzeichnete Heimatterritorien wurden in Versalien gedruckt, fehlende Einträge wurden nach Möglichkeit auf der territorialen Grundlage des Jahres 1789 ergänzt. Aus Gründen der Vergleichbarkeit wurde diese Zuordnung auch zur Zeit der französischer Besetzung beibehalten, jedoch die territoriale Zugehörigkeit auf dem Stand des Jahres 1809 hinzugefügt.

E: Beruf
Die Berufe wurden nach beiliegender Liste codiert, um die einzelnen Berufe größeren Branchen zuordnen und computergestützt auswerten zu können, ohne dabei an Genauigkeit einzubüßen. Dabei wurden die Angaben M (Meister), G (Geselle) sowie K (Knecht) an die jeweiligen Berufsbezeichnungen angehängt.

F: Datum
Hält das Datum (Jahr/Monat/Tag) der Quelle fest. War es nicht zu ermitteln, wurde das Datum der Akte herangezogen.

G: Migrationsrichtung
z = Zuwanderung nach Schwelm; a = Abwanderung aus Schwelm; z/a = zeitlich begrenzte Aufenthaltsdauer; a+ = Zuwanderer, am Ort verstorben.

H: Zusätze
Art der Quelle (kursiv) und/oder in den Quellen niedergeschriebene zusätzliche Informationen. Eigene Zusätze wurden mit ( ) gekennzeichnet.

I: Quelle
Verzeichnet den Fundort. StAS = Stadtarchiv Schwelm. Im übrigen vgl. Kapitel 9.4.

J: Familienstand
l = ledig; v = verheiratet; ww = Witwer; wwe = Witwe; g = getrennt/geschieden; o = ohne Angabe.

K: Alter
Wenn in den Quellen vermerkt, wurde das Alter in Jahren angegeben oder mit o (ohne Angabe) gekennzeichnet.

L: Bürger
j = Zuwanderer, die das Bürgerrecht in Schwelm gewannen; n = Zuwanderer ohne Bürgerrecht; y = Bürger einer anderen Stadt; o = ohne Angabe.

M: Ankunftsdatum
Das Ankunftsdatum vermerkt nach Möglichkeit das genaue Datum der Zuwanderung, das nicht mit dem Datum der Quelle übereinstimmen muß.

N: Aufenthaltserlaubnis
j = Aufenthaltserlaubnis erhalten; n = ohne Aufenthaltserlaubnis; o = ohne Angabe. Die Bewilligung staatlicher Unterstützungsleistungen wurde als Genehmigung des Aufenthalts gewertet.

O: Geschlecht
m = männlich; f = weiblich; o = unklar.

P: Vermögen
Verzeichnet das mitgebrachte Vermögen bzw. eingeführte Arbeitsmaterialien oder Gegenstände: j = bringt Besitz mit ; n = besitzlos; o = ohne Angabe.

Q: Personenzahl
Zahl der Personen, die mit dem Familienvorstand zuzogen: + = mehr als.

R: Hausnummer
Hausnummer der in Schwelm gewählten Unterkunft nach der zum jeweiligen Zeitpunkt geltenden Numerierung.

Supplement: Migranten-Datenbank (1749-1810)

Berufcodes

Beruf	Zeichen	Beruf	Zeichen
väterlicher Beruf	*	Detailhändler	HCT
Armer	A	Buch-/Papierhändler	HCU
Böttcher/Faßbinder	BA	Obsthändler	HCV
Drechsler	BB	Kohlenhändler	HCW
Glaser/Glasmacher	BC	Holzhändler	HCX
Maurer	BD	Lederhändler	HCY
Polier	BDA	Lumpenhändler	HCZ
Schieferdecker	BF	Krämer/Winkelier/Höker	HD
Dachdecker	BFA	Ladengehilfe	HDK
Schreiner/Tischler	BH	Trödler/Althändler	HE
Seiler	BI	Hausierer	HF
Stuhlmacher	BJ	Invalide	I
Zimmermann	BN	Rektor	JA
Anstreicher	BO	Schulmeister/Lehrer/Praeceptor	JAB
Häusler/Kötter	CB	Schulmeister, lutherisch	JABA
Dienstmagd	DA	Schulmeister, reformiert	JABB
Apotheker	EA	Schulmeister, katholisch	JABC
Brunnenmeister	EB	Schreib- und Rechenlehrer	JABE
Hebamme	EC	Conrektor	JAC
Mediziner/Chirurg/Wundarzt	ED	Sprachlehrer/Sprachmeister	JAE
Soldat	FA	Sprachlehrer f. Französisch	JAF
Unteroffizier	FB	Kantor	JB
Geselle	G	Küster	JC
Kaufmann en gros	HA	Organist	JD
Kaufmann/Handelsmann	HB	Prediger/Pfarrer/Pater	JE
Händler	HC	Prediger, lutherisch	JEA
Bijouteriehändler	HCA	Prediger, reformiert	JEB
Geschirr-/Glashändler	HCD	Prediger, katholisch	JEC
Kesselhändler	HCH	Knecht/Gehilfe/Lehrling	K
Kramhändler	HCI	Abdecker/Wasenmeister	LA
Viehhändler	HCQ	Gerber	LB
Viktualienhändler	HCR	Loh-/Weißgerber	LBA
Wein-/Bierhändler	HCS	Rotgerber	LBB

Handschuhmacher	LC	Dosenmacher	PB
Kammacher	LD	Schmied	PC
Sattler	LF	Feilenschmied	PCA
Schuster/Schuhmacher/-flicker	LI	Gold- und Silberschmied	PCB
Knopfmacher	LJ	Grobschmied	PCC
Meister	M	Hammerschmied	PCD
Bäcker	NA	Hufschmied	PCE
Zuckerbäcker/Konditor	NAA	Kleinschmied	PCF
Brauer	NB	Ofen- und Kleinschmied	PCFA
Bierbrauer	NBA	Kupferschmied	PCH
Branntwein-/Fuselbrenner	NC	Messer- und Scherenschmied	PCI
Brennereibesitzer	NCA	Reidemeister	PCIM
Jäger	NH	Nagelschmied	PCJ
Müller	NI	Winden- und Schraubenschmied	PCN
Schlachter/Metzger	NJ	Schloßschmied	PCO
Tabakfabrikant	NN	Gurtschmied	PCP
Tabakspinner	NO	Klingen- und Schmiedefabrikant	PCQ
Wirt/Schankwirt	NP	Dullhauer	PCR
Akziseinspektor	OAA	Kupferschläger	PE
Waageinspektor	OAE	Messerschleifer	PF
Waageschreiber	OAF	Schlosser	PH
Amtmann	OBA	Schnallenmacher/-gießer	PI
Gograf	OBB	Zinngießer	PJ
Bürgermeister	OBE	Kesselflicker	PN
Hofrat/Kommissionsrat	OBF	Gelbgießer	PO
Ratsdiener	OBJ	Bleischläger	PP
Provisor	OBL	Eisenwarenfabrikant	PQ
Armenjäger/-wächter	OBO	ohne Angaben	Q
Nachtwächter	OBP	Sekretär	SAA
Schreiber/Copist/Aktuarius	OBS	Aufseher	SAB
Gerichtsdiener	OCBA	Verwalter	SAI
Berg-/Justizkommissar	OCC	Assistent	SAJ
Postbote/Briefträger	ODBA	Bote	SAN
Postillion	ODBB	Friseur/Perückenmacher	SCB
Postfiscal	ODC	Besenbinder/Bürstenmacher	SDA
Blechschläger	PA	Buchbinder/-macher	SDB

Supplement: Migranten-Datenbank (1749-1810)

Buchdrucker/Drucker	SDC	Wollweber	TBN
Gärtner	SDD	Ziechenweber	TBO
Goldwaagenmacher	SDE	Färber	TC
Seifensieder	SDI	Blaufärber	TCA
Uhrmacher/ Kleinuhrmacher	SDJ	Hutmacher	TD
Musiker	SDN	Kleidermacher	TE
Rentier	SE	Näher	TF
Korbmacher	SF	Schneider	TH
Fabrikant	SH	Stärkemacher	TI
Fabrikarbeiter	SHA	Tuchmacher	TJ
Bortenmacher/Posementierer	TAA	Tuchscherer	TJA
Dobbelsteinmacher/-fabrikant	TAB	Zeugmacher	TN
Drillichmacher	TAC	Zwirner	TO
Plüschmacher/-fabrikant	TAD	Spuler	TP
Siamosenmacher/-fabrikant	TAE	Haspeler	TPA
Siamosenfigurierer	TAEA	Bleicher	TQ
Ziechenmacher/-fabrikant	TAF	Weißbinder	TR
Caffamacher	TAH	Bergmann	VA
Wollkämmer/Kämmer	TAI	Steinbrecher/-hauer	VAA
Spinner/Baumwollspinner	TAJ	Fuhrmann	VB
Strumpfmacher	TAN	Fuhrknecht	VBK
Seidenmacher	TAO	Kalkbrenner	VC
Samtfabrikant	TAP	Ziegelbrenner	VCA
Samtfabrikant en gros	TAPA	Kohlentreiber	VD
Bandmacher/Lindmacher	TAQ	Kutscher	VE
Sajetfabrikant	TAR	Pferdeknecht	VEK
Weber	TB	Träger	VF
Bandweber/Lindweber/-wirker	TBA	Sackträger	VFA
Samtweber	TBB	Kohlenbrenner	VP
Cattunweber	TBC	Köhler	VPA
Schnürriemenweber/-dreher	TBD	Tagelöhner	W
Seidenweber	TBE	Lumpensammler	WA
Strumpfweber/-wirker	TBF	unklar	Y
Siamosenweber	TBH	unleserlich	Z
Seidenwirker	TBI		
Leinenweber	TBJ		

Supplement: Migranten-Datenbank (1749-1810)

	A	B	C	D
1	Abraham	Joseph	N.N	FRANKREICH
2	Ackerman	Joh.	N.N	BERG
3	Adamburch (?)	Abraham	Elberfeld	Berg
4	Adenhain	Joh.	Koblenz	Koblenz Ballei
5	Adenheim	N.N	N.N	FRANKREICH
6	Alberti	N.N	Wesel	Cleve
7	Albertin	N.N	N.N	N.N
8	Albrecht	N.N	N.N	N.N
9	Albrecht	Pet.	N.N	BERG
10	Albrecht	Peter	N.N	N.N
11	Alt vom	Joh.	N.N	N.N
12	Alt vom	Joh.	Darmstadt	Hessen-Darmstadt
13	Alt vom	Joh.	N.N	HESSEN
14	Alt von	Joh.	N.N	N.N
15	Althoff	Died. Wlm.	Brachten	N.N
16	Althoff	Henr.	N.N	N.N
17	Althoff	Henrich	Dortmund	Reichsstadt (Berg, Ghzgt.)
18	Althoff	Henrich	N.N	N.N
19	Althoff	Henrich	Dortmund	Reichsstadt (Berg, Ghzgt.)
20	Althoff	Peter Christ.	Wipperfürth	Berg
21	Althoff	Wilhelm	N.N	N.N
22	Anckermann	Joh.	N.N	BERG
23	Antzion	Joh.	N.N	NASSAU-SIEGEN
24	Anzion	Joh.	N.N	N.N
25	Anzun	Johannes	N.N	NASSAU-SIEGEN
26	Ardenheim	N.N	N.N	N.N
27	Ardenheim	N.N	N.N	N.N
28	Arnehag (?)	Rottger (Luttger?)	N.N	N.N
29	Arnold	Caspar	N.N	SACHSEN
30	Arnolds	Pet.	N.N	SACHSEN
31	Arnolds	Peter	N.N	N.N
32	Artz	Chr.	N.N	N.N
33	Arzt	Christoph	N.N	KÖLN EB
34	Arzt	Christoph	N.N	N.N
35	Arzt	Christoph	N.N	KÖLN EB
36	Bäcker	N.N	N.N	N.N
37	Backhaus	Casp.	N.N	N.N
38	Badeler	Caspar	N.N	N.N
39	Baecker/Becker	Joh.	N.N	N.N
40	Baecker/Becker	Wilh.	N.N	N.N
41	Ball de	Peter	Arlebeck	FLANDERN
42	Ballauff	Chr.	N.N	N.N
43	Barree	Joseph	Essen	Essen Stift
44	Basch (?)	Henrich	Elberfeld	Berg
45	Bass (?)	Gottfried	Solingen	Berg
46	Bassel	Jos.	N.N	HESSEN
47	Bauendahl	Joh. Pet.	Lennep	BERG
48	Bauendahl (?)	Hans Jurgen	N.N	N.N
49	Beausijour	N.N	N.N	FRANKREICH
50	Bechem	Friedrich	N.N	N.N
51	Bechem	Henr.	Elberfeld	Berg
52	Becher	Joh.	N.N	N.N
53	Becher	Johann Gottfried	Zwickau	Sachsen
54	Becker	Adolph	N.N	NASSAU-SIEGEN
55	Becker	Joh.	N.N	BERG
56	Becker	Johann	N.N	NASSAU-WEILBURG
57	Becker	Johann Heinrich	Altenwicken	Nassau-Usingen
58	Becker	N.N	N.N	HESSEN
59	Becker	N.N	N.N	N.N
60	Becker	Pet. Dav.	N.N	N.N
61	Becker	Peter	N.N	N.N
62	Becker	Peter	Dillenburg	Nassau-Diez
63	Becker	Philip	N.N	NASSAU-WEILBURG
64	Becker	Philip	N.N	N.N
65	Becker	Phillip	N.N	HESSEN

321

Supplement: Migranten-Datenbank (1749-1810)

	E	F	G	H
1	K	1798	z	Knecht eines Schutzjuden
2	W	?	z	(ohne Jahresangabe)
3	Z	1777	z	Freiheiten enden in drei Jahren
4	TH	1806	z	leistet den Bürgereid
5	TH	1806.01.15	z	angekommene fremde Familien 1805
6	JAB	1806.01.15	z	angekommene fremde Familien 1805
7	JABB	1805	z	
8	A	1805(?)	z	*Einwohnerverzeichnis* (um 1805): Ausländer im Haushalt
9	W	1790	z	*Liste der zw. Okt. 1789 u. April 1790 angesetzten Colonisten*
10	W	1791	z/a	*Liste der seit 1779 etabl. und wieder abgewanderten Colonisten*
11	LI	1797	z	*Einwohnerverzeichnis 1797*: Ausländer im Haushalt
12	LI	1798	z	ohne Verwandte
13	LI	1790.10.15	z	*Tabelle d. zw. April u. Okt. 1790 angesetzten Colonisten*
14	LI	1791.03.17	z	*Akziseregister*, Freijahre laufen
15	TE	1765	z	*Designation angesetzter Meister 1765*
16	Q	1807	z	(Liste der sich etablierten Bürger) Fremder
17	TB	1807.06.02	z	*Colonistenliste*
18	TBC + TBE	1807.06.18	z	Erlaubnis zur Ansetzung
19	TBH	1808	z	*Liste der Ausländer 1808 (Extrakt)*
20	W	1802.11.27	z	Deserteur
21	TH	1769	z	5 Fuß, 2 Zoll groß, 2 Taler Contribution
22	W	1791.10.15	z	*Tabelle d. zw. April u. Okt. 1791 angesetzten Colonisten*
23	W	1790.10.15	z	*Tabelle d. zw. April u. Okt. 1790 angesetzten Colonisten*
24	W + SF	1799	z	*Einwohnerverzeichnis 1799*: Ausländer im Haushalt
25	W	1798	z	keine Verwandten
26	TH	1806	z	*Einwohnerverzeichnis 1806*: Ausländer im Haushalt
27	TH	1805	z	
28	Q	1807	z	(Liste der sich etablierten Bürger) Bürgereid 1806, Fremder
29	TBJ	1785	z	*Tabelle der angesetzten u. abgegangenen Meister*
30	TB	1785	z	*Liste der zw. Okt. 1784 u. April 1785 angesetzten Colonisten*
31	TB	1791	z/a	*Liste der seit 1779 etabl. und wieder abgewanderten Colonisten*
32	W	1797	z	*Einwohnerverzeichnis 1797*: Ausländer im Haushalt
33	W	1798	z	(Name durchgestrichen)
34	SDD	1769	z	5 Fuß, 1 Zoll groß, 30 Stb. Contribution
35	TBA (?)	1777	z	Freijahre abgelaufen, keine Baugelder
36	TAQ	1805	z	
37	TAJ	1769.12.05	z	*Liste d. Fabrikarbeiter*, Ausländer (bei Casp. Mund)
38	PCA	1791	z/a	*Liste der seit 1779 etabl. und wieder abgewanderten Colonisten*
39	TAI	1797	z	*Einwohnerverzeichnis 1797*: Ausländer im Haushalt
40	HD	1797	z	*Einwohnerverzeichnis 1797*: Ausländer im Haushalt
41	HB	1798	z	
42	LBB	1797	z	*Einwohnerverzeichnis 1797*: Ausländer im Haushalt
43	Z	1787	z	*Liste der zw. April 1787 u. Okt. 1787 angesetzten Colonisten*
44	TBI	1798	z	keine Familie
45	PCJ	1774	z	
46	TBE	1805(?)	z	*Einwohnerverzeichnis* (um 1805): Ausländer im Haushalt
47	Z	1749	z	kommt mit Frau, besitzlos
48	TAQ	1769	z	5 Fuß, 2 Zoll groß
49	TC	1801	z	*Einwohnerverzeichnis 1801*: Ausländer im Haushalt
50	TAQ	1769	z	5 Fuß, 1 Zoll groß
51	TBJ / TAQ	1774	a	
52	TB	1799	z	*Einwohnerverzeichnis 1799*: Ausländer im Haushalt
53	TBE	1810	z	Arbeiter, Gesellen, Knechte mit Handwerksbüchern
54	THG	1798	z	(Name durchgestrichen)
55	TAI	1797	z	*Tabelle d. nach April 1797 angesetzten Colonisten*
56	W	1783	z	*Liste der zw. Okt. 1782 u. April 1783 angesetzt. Colonisten*
57	Q	1797	z	Bürgerrechtsgewinnung
58	TAQ	1806.01.15	z	angekommene fremde Familien 1805
59	W	1806	z	*Einwohnerverzeichnis 1806*: Ausländer im Haushalt
60	Q	1807	z	(Liste der sich etablierten Bürger) Bürgereid 1806, Fremder
61	W	1791	z/a	*Liste der seit 1779 etabl. und wieder abgewanderten Colonisten*
62	W	1784	z	*Liste der zw. Okt 1783 u. April 1784 angesetzten Colonisten*
63	TAE	1777	z	*Tabelle der zw. 1740 und 1777 etablierten Colonisten*, Freijahre beendet
64	TBJ	1769	z	5 Fuß 2 Zoll groß, 30 Stüber Contribution
65	TAE + TAQ	1774	z	

322

Supplement: Migranten-Datenbank (1749-1810)

	I	J	K	L	M	N	O	P	Q	R
1	STAS A 1626	o	30	o	1797	o	m	o		
2	STAS A 34	o	o	o	o	o	m	o	5	
3	STAS A 34	l	o	o	o	j	m	j, 800 Taler	1	
4	STAS A 52	o	o	j	o	j	m	o	1	
5	STAS A 54	o	o	o	o	o	m	o	1	
6	STAS A 54	o	o	o	o	o	m	o	1	
7	STAS A 65	o	o	o	o	o	o	o		
8	STAS A 55A	ww?	o	o	o	o	m	o	1	47 1/4
9	STAS A 34	o	o	o	1789/90	j	m	n	2	
10	STAS A 34	o	o	o	1790 ?	o	m	n	1	
11	STAS A 47	v	o	o	o	o	m	o	1	91
12	STAS A 1626	o	33	j	1788	o	m	o		
13	STAS A 41	o	o	o	1790	j	m	n	1	
14	STAS A 1268	o	o	o	o	j	m	n	1	
15	STAS A 25	o	o	o	o	o	m	o	1	
16	STAS A 61	o	o	o	1807	o	m	o	1	66
17	STAS A 1647	v	o	o	o	n	m	o	4	
18	STAS A 1647	v	o	o	o	j	m	o	2	
19	STAS A 67	o	o	o	o	o	m	o	1	66
20	STAS A 1638A	v	o	o	o	n	m	o	3	
21	STAS A 914	o	36	o	o	o	m	n	1	49
22	STAS A 41	o	o	o	1791	j	m	n	1	
23	STAS A 41	o	o	o	1790	j	m	n	1	
24	STAS A 51	v	o	o	o	o	m	o	1	110
25	STAS A 1626	o	44	j	1788 ?	o	m	o		
26	STAS A 64	l	o	o	o	o	m	o	2	104
27	STAS A 65	o	o	o	o	o	o	o		
28	STAS A 61	o	o	j	1806	j	m	o	1	95
29	STAS A 2029	o	o	o	1785	o	m	o	1	
30	STAS A 34	o	o	o	1784/85	j	m	n	1	
31	STAS A 34	o	o	o	1785 ?	o	m	n	1	
32	STAS A 47	v	o	o	o	o	m	o	1	197
33	STAS A 1626	o	60	o	1785	o	m	o		
34	STAS A 914	o	37	o	o	o	m	n	5	107
35	STAS A 34	o	o	o	o	j	m	o	7	
36	STAS A 65	o	o	o	o	o	o	o		
37	STAS A 910	o	o	o	o	o	m	o	1	
38	STAS A 34	o	o	o	1789 ?	o	m	n	1	
39	STAS A 47	v	o	o	o	o	m	o	2	159 1/4
40	STAS A 47	v	o	o	o	o	m	o	3	76
41	STAS A 1626	o	26	n	1795-10	o	m	o		
42	STAS A 47	v	o	o	o	o	m	o	2	171
43	STAS A 34	o	o	o	1787	o	m	n	3	
44	STAS A 1626	o	23	n	1798	n	m	o		
45	STAS A 2032	o	o	o	o	o	m	o	1	
46	STAS A 55A	v	o	o	o	o	m	o	2	77
47	STAS A 24	v	o	o	1748	o	m	n	3	
48	STAS A 914	o	25	o	o	o	m	o	1	87
49	STAS A 53	ww?	o	o	1800/01?	o	m	o	2	151
50	STAS A 914	o	37	o	o	o	m	n	1	78
51	STAS A 2029	o	o	o	o	o	m	o		
52	STAS A 51	v	o	o	o	j	m	o	1	137
53	STAS A 2123	o	24	o	o	j	m	o	1	
54	STAS A 1626	o	20	o	1797 ?	o	m	o		
55	STAS A 46	o	o	o	1797	j	m	n	2	
56	STAS A 34	o	o	o	1782/83	j	m	n	1	
57	STAS A 48	o	o	j	o	o	m	o		
58	STAS A 54	o	o	o	o	o	m	o	1	
59	STAS A 64	o	o	o	o	o	m	o	2	201
60	STAS A 61	o	o	j	1803	j	m	o	1	128
61	STAS A 34	o	o	o	1784 ?	o	m	n	1	
62	STAS A 34	o	o	o	1783/84	j	m	n	1	
63	STAS A 34	o	o	o	1740-77	j	m	o	5	
64	STAS A 914	o	46	o	o	o	m	n	1	180
65	STAS A 2032	o	o	o	o	o	m	o	1	

323

Supplement: Migranten-Datenbank (1749-1810)

	A	B	C	D
66	Becker	Wilhelm	(?)	BERG
67	Beckhaus	Henrich	N.N	N.N
68	Beckmann	Diedrich	Iserlohn	Mark
69	Beeck zum	Peter	N.N	BERG
70	Behler	B...	N.N	KÖLN EB
71	Behler	Joh.	N.N	N.N
72	Behler	Johannes	Harneburg	KÖLN EB
73	Behler	W.(?)	N.N	KÖLN EB
74	Behler	Wilh.	N.N	KÖLN EB
75	Beideler	Caspar	N.N	BERG
76	Bellmann	N.N	Lüdenscheid	Mark
77	Benkes	Philip	Siegen	Nassau-Siegen
78	Benkes	Philip	N.N	NASSAU-SIEGEN
79	Benkes	Phill.	N.N	OBERPFALZ
80	Benkes	Phillip	N.N	N.N
81	Benninghoff	Carl	Kettwig	Werden Stift (Berg, Ghzgt.)
82	Benninghoff (-hoven)	Carl	Kettwig	Werden Stift (Berg, Ghzgt.)
83	Berckenstock	Joh. Georg	Elberfeld	Berg
84	Berckenstock	N.N	N.N	N.N
85	Berckenstock	N.N	Elberfeld	Berg
86	Berg	Pet. W.	N.N	N.N
87	Berg	Pet. Wilh.	N.N	GIMBORN
88	Berger	Hans Jorgen	N.N	BÖHMEN
89	Berger	Hans Jörgen	N.N	BÖHMEN
90	Berger	Jorgen	N.N	BÖHMEN
91	Berger	Jürg	N.N	BÖHMEN
92	Berger	Jürg.	Köln	Reichsstadt
93	Berghaus	Johann Peter	Solingen	Berg
94	Berghaus	Mathias	N.N	N.N
95	Berghaus	P.	N.N	N.N
96	Bergmann	Peter	N.N	N.N
97	Bergmann	Peter	Mülheim/Ruhr	Broich Grf.
98	Bergmann	Peter	Mülheim	Broich Grf.
99	Berkman	Diedr.	Iserlohn	Mark
100	Bernhard	Gott.	N.N	SACHSEN
101	Bernhard	Gottfr.	N.N	N.N
102	Bernhard	Gottlieb	Breckerfeld	Mark
103	Bernhard	N.N	N.N	N.N
104	Bernhard	N.N	N.N	HANNOVER
105	Bertelmann	Hermann	Crombach	Westfalen Hzgt.(Hessen, Ghzgt)
106	Bertels	Friedrich	Dortmund	Reichsstadt
107	Bertelsmann	Fried. Arnold	Gütersloh	Rheda Herrsch. (Berg, Ghzgt.)
108	Bertram	Joh. Melchior	Mülheim/Ruhr	BROICH Grf.
109	Bertram	N.N	N.N	N.N
110	Beseler	Casp.	Remscheid	Berg
111	Bettler	Friedr.	Dortmund	Reichsstadt
112	Bettler	Gottfr.	N.N	N.N
113	Beuscher	Philip	N.N	BADEN
114	Beuscher	Phillip	N.N	BADEN
115	Biegle (?) Bagle(?)	Johann	N.N	N.N
116	Bierman	N.N	N.N	PADERBORN Bst.
117	Bildstucker	Bernhard	Wahrste (?)	Köln EB
118	Bildstucker (?)	Berh.	Wahrste (VARSTE?)	KÖLN EB
119	Bildstucker (?)	Joseph	N.N	N.N
120	Bildstucker (?)	Martin	N.N	N.N
121	Billstucker	Bernh.	N.N	N.N
122	Bilsticker	Bernd	N.N	KÖLN EB
123	Bilstiker	Bernh.	N.N	KÖLN EB
124	Bilstücker	Bernh.	N.N	N.N
125	Bilstücker	Eberhard	N.N	N.N
126	Bisse	Henrich	N.N	N.N
127	Blasing	Henrich	Hamm Amt	Mark
128	Bläsing (?)	Heinrich	Hamm	Mark
129	Blaufus	Peter	N.N	N.N
130	Blaufus	Peter	Beyenburg	Berg

Supplement: Migranten-Datenbank (1749-1810)

	E	F	G	H
66	TBJ	1749	z	kommt mit Frau
67	TAJ	1769	z	5 Fuß groß, keine Contr., krumme Füße
68	BH / BN	1778	a	
69	TBJ	1781	a	
70	BA	1797	z	Bürgerrechtsgewinnung
71	BA	1797	z	Einwohnerverzeichnis 1797: Ausländer im Haushalt
72	BA	1798	z	
73	BA	1797	z	Tabelle d. nach April 1797 angesetzten Colonisten
74	BH / BN	1792	z	Tabelle der angesetzten u. abgegangenen Meister
75	PCA	1789	z	Liste der zw. April 1789 u. Okt. 1789 angesetzten Colonisten
76	NA	1776	z	
77	TH	1773	z	Geselle in Siegen, von Jugend an
78	TH	1773	z	
79	TH	1777	z	die Freiheiten enden in zwei Jahren
80	TH	1776	z	Ausländer (Einwohner)
81	TAJ	1807.06.01	z	Colonistenliste
82	TAJ	1808	z	Liste der Ausländer 1808 (Extrakt)
83	TBH	1784	z	(wird Bürger)
84	TB	1791	z/a	Liste der seit 1779 etabl. und wieder abgewanderten Colonisten
85	TB	1784	z	Liste der zw. April 1784 u. Okt. 1784 angesetzten Colonisten
86	Q	1807	z	(Liste der sich etablierten Bürger) Bürgereid 1806, Fremder
87	Z	1806	z	(leistet den Bürgereid)
88	TAE	1774	z	Sohn ist ein halbes (1 1/2 ?) Jahr alt
89	TAE	1774	z	
90	TBJ	1778	a	
91	TBJ	1783	a	Tabelle der angesetzten u. abgegangenen Meister
92	TB	1773	z	Geselle in Elberfeld, 5 Jahre lang
93	BH	1799	z	Bürgerrechtsgewinnung
94	VB	1769	z	5 Fuß, 3 Zoll groß
95	BH	1801	z	Einwohnerverzeichnis 1801: Ausländer im Haushalt
96	TB	1791	z/a	Liste der seit 1779 etabl. und wieder abgewanderten Colonisten
97	TB	1780	z	Liste der zw. Okt. 1779 u. April 1780 angesetzten Colonisten
98	TB	1779/80	z	
99	BH / BN	1777	z	
100	TBF	1806	z	(leistet den Bürgereid)
101	Q	1807	z	(Liste der sich etablierten Bürger) Bürgereid 1806, Fremder
102	TBF	1804	z	Colonistentabelle 1804
103	TBF	1806	z	Einwohnerverzeichnis 1806: Ausländer im Haushalt
104	TBF	1805(?)	z	Einwohnerverzeichnis (um 1805): Ausländer im Haushalt
105	BD	1810	z	Arbeiter, Gesellen, Knechte mit Handwerksbüchern
106	PCH	1799	z	Bürgerrechtsgewinnung
107	BC	1810	z	Arbeiter, Gesellen, Knechte mit Handwerksbüchern
108	HB	1755	z	kommt mit Frau und Magd
109	TF	1797	z	Einwohnerverzeichnis 1797: Ausländer im Haushalt
110	PCA	1798	z	
111	PCH	1799	z	Colonistentabelle 1799
112	PCH	1799	z	Einwohnerverzeichnis 1799: Ausländer im Haushalt
113	TH	1792	z	Tabelle der angesetzten u. abgegangenen Meister
114	TH	1792.11.03	z	Bürgerrechtsgewinnung, Ausländer
115	LI	1776	z	Ausländer (Einwohner)
116	OBO	1773	z	angesetzte, verabschiedete Soldaten
117	LI	1789.10.10	z	Bürgerrechtsgewinnung
118	LIM	1798	z	hat Brüder als Gesellen
119	LBAG	1798	z	
120	LIG	1798	z	
121	LI	1797	z	Einwohnerverzeichnis 1797: Ausländer im Haushalt
122	LI / LF	1789	z	Tabelle der angesetzten u. abgegangenen Meister
123	LI	1790	z	Liste der zw. Okt. 1789 u. April 1790 angesetzten Colonisten
124	LI	1791.03.17	z	Akziseregister, Freijahre laufen
125	Q	1789	z	Ausländer, soll Bürgereid leisten, (Vollzug unklar)
126	SDD	1807	z	
127	JAB (?)	1788	z	(wird Bürger)
128	HD / SH	1788	z	Tabelle der angesetzten u. abgegangenen Meister
129	TAI	1791	z/a	Liste der seit 1779 etabl. und wieder abgewanderten Colonisten
130	TAI	1784	z	Liste der zw. April 1784 u. Okt. 1784 angesetzten Colonisten

Supplement: Migranten-Datenbank (1749-1810)

	I	J	K	L	M	N	O	P	Q	R
66	STAS A 24	v	o		o	1747	o	m	n	2	
67	STAS A 914	o	50	o	o		o	m	o	1	33
68	STAS A 2029	o	o	o	o		o	m	o		
69	STAS A 2029	o	o	o	o		o	m	o		
70	STAS A 48	o	o	j	o		o	m	o		
71	STAS A 47	v	o	o	o		o	m	o	1	3
72	STAS A 1626	o	42	j	1793		o	m	o		
73	STAS A 46	o	o	o	1797		j	m	n	1	
74	STAS A 2029	o	o	o	1792		o	m	o	1	
75	STAS A 34	o	o	o	1789		o	m	n	1	
76	STAS A 2029	o	o	o	o		o	o	o		
77	STAS A 2029	o	o	o	o		o	m	o		
78	STAS A 34	o	o	o	o		j	m	n	1	
79	STAS A 34	o	o	o	o		j	m	o	2	
80	STAS A 35	o	o	n	o		o	m	o	1	
81	STAS A 1647	o	o	o	o		n	m	o	1	
82	STAS A 67	o	o	o	o		o	m	o	1	176
83	STAS A 35	o	o	j	o		o	m	o	1	
84	STAS A 34	o	o	o	1784 ?		o	m	n	1	
85	STAS A 34	o	o	o	1784		j	m	n	3	
86	STAS A 61	o	o	j	1807 (?)		j	m	o	1	148
87	STAS A 52	o	o	j	o		j	m	o	1	
88	STAS A 34	o	o	o	o		j	m	o	2	
89	STAS A 2032	o	o	o	o		o	m	o	1	
90	STAS A 2029	o	o	o	o		o	m	o		
91	STAS A 2029	o	o	o	o		o	m	o	1	
92	STAS A 2029	o	o	o	o		o	m	o		
93	STAS A 48	o	o	j	o		o	m	o		
94	STAS A 914	o	35	o	o		o	m	n	1	150
95	STAS A 53	v	o	o	1800/01?		o	m	o	1	118
96	STAS A 34	o	o	o	1780 ?		o	m	n	1	
97	STAS A 34	o	o	o	1779/80		j	m	o	1	
98	STAS A 2029	o	o	o	o		o	m	o		
99	STAS A 2029	o	o	o	o		o	m	o		
100	STAS A 52	o	o	j	o		j	m	o	1	
101	STAS A 61	o	o	j	1804		j	m	o	1	212
102	STAS A 46	o	o	o	1804 ?		j	m	o	1	
103	STAS A 64	v	o	o	o		o	m	o	2	
104	STAS A 55A	v	o	o	o		o	m	o	2	181 3/4
105	STAS A 2123	o	27	o	o		j	m	o	1	
106	STAS A 48	o	o	j	o		o	m	o		
107	STAS A 2123	o	26	o	o		j	m	o	1	
108	STAS A 24	v	o	o	1755		o	m	j	5	
109	STAS A 47	wwe	o	o	o		o	f	o	1	218
110	STAS A 1626	v	30	j	1788		o	m	o		
111	STAS A 46	o	o	o	1799		o	m	n	1	
112	STAS A 51	v	o	o	o		o	m	o	1	91
113	STAS A 2029	o	o	o	1792		o	m	o	1	
114	STAS A 41	o	o	j	o		j	m	o	1	
115	STAS A 35	o	o	n	o		o	m	o	1	
116	STAS A 31	o	61	o	o		j	m	o	1	
117	STAS A 41	o	o	j	o		j	m	o	1	
118	STAS A 1626	o	32	j	1794		o	m	o		
119	STAS A 1626	o	22	n	1798		o	m	o		
120	STAS A 1626	o	19	n	1795		o	m	o		
121	STAS A 47	v	o	o	o		o	m	o	2	72
122	STAS A 2029	o	o	o	1789		o	m	o	1	
123	STAS A 34	o	o	o	1789/90		j	m	n	1	
124	STAS A 1268	o	o	o	o		j	m	o	1	
125	STAS A 35	o	o	o	o		o	m	o	1	
126	STAS A 65	o	o	o	o		o	m	o		
127	STAS A 35	o	o	j	o		o	m	o	1	
128	STAS A 2029	o	o	o	1788		o	m	o	1	
129	STAS A 34	o	o	o	1784 ?		o	m	n	1	
130	STAS A 34	o	o	o	1784		j	m	n	3	

Supplement: Migranten-Datenbank (1749-1810)

	A	B	C	D
131	Blaus /Bloos)	Chr.	N.N	N.N
132	Bockenstette (?)	N.N	Elberfeld	Berg
133	Bocklefeld	Pet. Henrich	Radevormwald	Berg (Berg, Ghzgt.)
134	Böddinghaus	Hans Pet.	Lennep	BERG
135	Boehmer	N.N	N.N	N.N
136	Boerven	Bertram	Mosenbach	(?)
137	Bölling	N.N	N.N	N.N
138	Bonis	Franciscus	Homarck (?)	BERG
139	Borbeck	Joh. Henr.	Radevormwald	Berg (Berg, Ghzgt.)
140	Bornefeld	N.N	N.N	N.N
141	Bornefeld	N.N	N.N	N.N
142	Bornemeyer	Nic.	N.N	KÖLN EB
143	Boy	Casp. Diedr.	N.N	LIMBURG Grf.
144	Boy	Diederich	Mengede	Mark
145	Boy	Diedr.	N.N	LIMBURG, Grf.
146	Boy	Diedrich	N.N	LIMBURG, Grf.
147	Boy	Ludwig	Limburg	Limburg Grf.
148	Boy (?)	Carl Diedrich	N.N	LIMBURG Grf.
149	Brand	Herm. Joseph	Oelde	MÜNSTER Bst. (Berg, Ghzgt.)
150	Brass	N.N	N.N	N.N
151	Bratsch	Carl Ludwig	Tempelberg (?)	POMMERN
152	Bratsch	N.N	N.N	N.N
153	Brauer	Henrich	Lennep	Berg
154	Brause	Ferdinand	Elberfeld	Berg
155	Brause	Friedr.	N.N	N.N
156	Brauss	Ferdinand	N.N	N.N
157	Brecker	Godfr.	Hardenstein	(?)
158	Brecker	Gottfried	Hartenstein	(?)
159	Bredt	Johann	N.N	N.N
160	Bredt jun.	Peter	N.N	N.N
161	Brehm	Christian	N.N	N.N
162	Brehm(er)	Chr.	N.N	N.N
163	Brem	Christian	N.N	N.N
164	Brem	Christian	N.N	N.N
165	Brestel	Marcarius	N.N	N.N
166	Brestel	Marcarius	N.N	SCHWABEN
167	Brestel	Marianus	N.N	SCHWABEN
168	Brestel auch Prestel	Marc.	N.N	N.N
169	Bretenbach (?)	Henrich	N.N	BERG
170	Breuer	Daniel	N.N	N.N
171	Breuer	Henrich	N.N	BERG
172	Brevier	Peter	N.N	FRANKREICH
173	Brisang	Joh.	N.N	BERG
174	Brischar	Joh.	N.N	N.N
175	Brischar	Joh.	Siegen	Nassau-Siegen
176	Brischar	Joh.	N.N	N.N
177	Brischar	Johann	N.N	N.N
178	Brischar	Johann	N.N	N.N
179	Brischar	Johann	Siegen	Nassau-Siegen
180	Brischar	Johann	N.N	NASSAU-SIEGEN
181	Brischar	Johannes	N.N	NASSAU-SIEGEN
182	Brischar	N.N	N.N	N.N
183	Brocking...(?)	N.N	N.N	N.N
184	Bruikmann (?)	Bernh. Henr.	Nordkirchen	Münster Bst. (Berg, Ghzgt.)
185	Brun (?) Brem (?)	Christ.	N.N	HESSEN
186	Brüninghaus	N.N	N.N	N.N
187	Buch	N.N	N.N	N.N
188	Budde	Caspar Wilh.	N.N	N.N
189	Buer vom	Arnold	N.N	N.N
190	Buer vom	Arnold	Lüttringhausen	Berg
191	Buer vom	Peter Arnold	N.N	BERG
192	Bügel	Johann	N.N	SCHWABEN
193	Bügel	Johannes	N.N	SCHWEIZ (?)
194	Bühren	Johannes Eberhard	Breckerfeld	Mark
195	Busch	Henrich	Elberfeld	Berg

327

Supplement: Migranten-Datenbank (1749-1810)

	E	F	G	H
131	PCB	1801	z	Einwohnerverzeichnis 1801: Ausländer im Haushalt
132	TBJ	1784	z	Tabelle der angesetzten u. abgegangenen Meister
133	BH	1810	z	Arbeiter, Gesellen, Knechte mit Handwerksbüchern
134	Z	1749	z	kommt mit Frau
135	LJ	1806	z	Einwohnerverzeichnis 1806: Ausländer im Haushalt
136	BD	1810	z	Arbeiter, Gesellen, Knechte mit Handwerksbüchern
137	OBB	1797	z	Einwohnerverzeichnis 1797: Ausländer im Haushalt
138	BC	1749	z	kommt mit Frau
139	TBF	1810	z	Arbeiter, Gesellen, Knechte mit Handwerksbüchern
140	ODC	1806	z	Einwohnerverzeichnis 1806: Ausländer im Haushalt
141	ODC	1805(?)	z	Einwohnerverzeichnis (um 1805): Ausländer im Haushalt
142	JEC (?)	1777	z	Tabelle der zw. 1740 und 1777 etablierten Colonisten, Freijahre laufen
143	LI	1773	z	als Knecht in Schwelm gearbeitet
144	BH	1798	z	Bürgerrechtsgewinnung
145	LI	1776	z	wird als Ausländer vom Einliegergeld befreit
146	Q	1781	z	Einlieger, will lieber Bürgergeld zahlen
147	LI	1777	z	die Freiheiten enden in zwei Jahren
148	LI	1772	z	Geselle in Schwelm, 5 Jahre lang
149	BB	1810	z	Arbeiter, Gesellen, Knechte mit Handwerksbüchern
150	A	1806	z	Einwohnerverzeichnis 1806: Ausländer im Haushalt
151	Z	1810	z	Arbeiter, Gesellen, Knechte mit Handwerksbüchern
152	OBJ	1808	z	Liste der Ausländer 1808 (Extrakt)
153	W	1756	z	kommt mit Frau
154	TAI	1779	z	Invalide
155	TAI	1769.12.05	z	Liste d. Fabrikarbeiter, Ausländer (bei Arnold Wylich)
156	TAI + I	1797	z	Einwohnerverzeichnis 1797: Ausländer im Haushalt
157	HCD	1804	z	angesetzte Colonisten 1804
158	HCI	1804	z	Colonistentabelle 1804
159	Q	1769	z	2 Taler Contributionen
160	HD	1769	z	5 Fuß, 6 Zoll groß, 12 Taler Contribution
161	TAB	1769.12.05	z	Liste d. Fabrikarbeiter, Ausländer (bei Pet. H. Sternenberg)
162	TB	1797	z	Einwohnerverzeichnis 1797: Ausländer im Haushalt
163	HF	1769	z	5 Fuß, 1 Zoll groß, 30 Stb. Contribution
164	TB	1776	z	Ausländer (Einwohner)
165	LF	1786	z	Ausländer, ist frei (wird Bürger)
166	LF	1785	z	Tabelle der angesetzten u. abgegangenen Meister
167	LF	1785	z	Liste der zw. April 1785 u. Okt. 1785 angesetzten Colonisten
168	LF	1797	z	Einwohnerverzeichnis 1797: Ausländer im Haushalt
169	BC	1778	z	Liste der zw. Okt. 1777 und April 1778 angesetzten Colonisten
170	Q	1805	a	zieht weg
171	W	1781	z	Liste der zw. 15.4.1781 u. 15.10.1781 angesetzten Colonisten
172	LI	1799	z	französischer Deserteur
173	TAH	1765.06.04	z	
174	TAI	1797	z	Einwohnerverzeichnis 1797: Ausländer im Haushalt
175	TAH	1777	z	Freijahre abgelaufen, keine Baugelder
176	M	1769.12.05	z	Liste d. Fabrikarbeiter, Ausländer (bei Casp. Mund)
177	TAD	1769	z	5 Fuß, 6 Zoll groß, 1 Taler Contribution
178	TAH	1776	z	Ausländer (Einwohner)
179	TAH	1764.02.13	z	Kopfsteuerliste, 7. Klasse
180	TAH	1774	z	
181	TAI	1798	z	(Name durchgestrichen)
182	TAI	1805.06.11	z	hilfsbedürftige Ausländer
183	A	1805(?)	z	Einwohnerverzeichnis (um 1805): Ausländer im Haushalt
184	BH	1810	z	Arbeiter, Gesellen, Knechte mit Handwerksbüchern
185	HD (?)	1777	z	die Freijahre sind zu Ende, keine Baugelder
186	A	1806	z	Einwohnerverzeichnis 1806: Ausländer im Haushalt
187	Q	1797	z	Einwohnerverzeichnis 1797: Ausländer im Haushalt
188	ODBB	1797	z	Einwohnerverzeichnis 1797: Ausländer im Haushalt
189	PC	1799	z	Einwohnerverzeichnis 1799: Ausländer im Haushalt
190	PCF	1798	z	keine Verwandten
191	PC	1797	z	Bürgerrechtsgewinnung
192	LI	1769	z	5 Fuß, 6 Zoll groß, 2 Taler Contribution
193	LI	1765	z	Designation angesetzter Meister 1765
194	LI	1798	z	Bürgerrechtsgewinnung
195	TBI	1798	z	Colonistentabelle 1798

Supplement: Migranten-Datenbank (1749-1810)

	I	J	K	L	M	N	O	P	Q	R
131	STAS A 53	v	o	o	1800/01?	o	m	o	4	175
132	STAS A 2029	o	o	o	1784	o	m	o	1	
133	STAS A 2123	o	23	o	o	j	m	o	1	
134	STAS A 24	v	o	o	1747	o	m	n	3	
135	STAS A 64	v	o	o	o	o	m	o	1	19
136	STAS A 2123	o	31	o	o	j	m	o	1	
137	STAS A 47	wwe	o	o	o	o	f	o	1	161
138	STAS A 24	v	o	o	1743	o	m	n	5	
139	STAS A 2123	o	27	o	o	j	m	o	1	
140	STAS A 64	v	o	o	o	o	m	o	1	174
141	STAS A 55A	o	o	o	o	o	m	o	1	174
142	STAS A 34	o	o	o	1740-77	j	m	o	2	
143	STAS A 34	v	o	o	o	j	m	n	2	
144	STAS A 48	o	o	j	o	o	m	o		
145	STAS A 35	o	o	n	o	o	m	o	1	
146	STAS A 35	o	o	j	o	o	m	o	1	
147	STAS A 34	o	o	o	o	j	m	o	4	
148	STAS A 2029	o	o	o	o	o	m	o		
149	STAS A 2123	o	26	o	o	j	m	o	1	
150	STAS A 64	l	o	o	o	o	f	o		136
151	STAS A 2123	o	23	o	o	j	m	o	1	
152	STAS A 67	o	o	o	o	o	m	o	1	222
153	STAS A 24	v	o	o	1756	o	m	n	6	
154	STAS A 35	o	o	j	o	o	m	o	1	
155	STAS A 910	o	o	o	o	o	m	o	1	
156	STAS A 47	v	o	o	o	o	m	o	2	156
157	STAM NR A 6	o	o	o	o	o	m	o	5	
158	STAS A 46	o	o	o	1804 ?	j	m	o	4	
159	STAS A 914	o	74	o	o	o	m	n	1	159
160	STAS A 914	o	24	o	o	o	m	j, 100 Taler	1	159
161	STAS A 910	v	o	o	o	o	m	o	1	
162	STAS A 47	ww?	o	o	o	o	m	o	1	86
163	STAS A 914	o	28	o	o	o	m	n	1	111
164	STAS A 35	o	o	n	o	o	m	o	1	
165	STAS A 35	o	o	j	o	o	m	o	1	
166	STAS A 2029	o	o	o	1785	o	m	o	1	
167	STAS A 34	o	o	o	1785	j	m	n	1	
168	STAS A 47	v	o	o	o	o	m	o	2	198
169	STAS A 34	o	o	o	1777/78	j	m	n	1	
170	STAS A 65	o	o	o	o	o	m	o		
171	STAS A 34	o	o	o	1781	o	m	n	1	
172	STAS A 48	o	o	o	o	n	m	o		
173	STAS A 25	o	o	o	o	o	m	o	1	
174	STAS A 47	v	o	o	o	o	m	o	1	109 1/2
175	STAS A 34	o	o	o	o	j	m	o	2	
176	STAS A 910	o	o	o	o	o	m	o	1	
177	STAS A 914	v	33	o	o	o	m	n	1	142
178	STAS A 35	o	o	n	o	o	m	o	1	
179	STAS A 1131	o	o	o	o	o	m	n	1	
180	STAS A 2032	o	o	o	o	o	m	o	1	
181	STAS A 1626	o	61	j	1758	o	m	o		
182	STAS A 2112	v	o	o	o	o	m	n	1	
183	STAS A 55A	wwe	o	o	o	o	f	o	1	151
184	STAS A 2123	o	23	o	o	j	m	o	1	
185	STAS A 34	o	o	o	o	j	m	o	4	
186	STAS A 64	wwe	o	o	o	o	f	n	1	131
187	STAS A 47	wwe	o	o	o	o	f	o	1	159 1/2
188	STAS A 47	v	o	o	o	o	m	o	2	77
189	STAS A 51	v	o	o	o	o	m	o	1	
190	STAS A 1626	o	36	j	1785	o	m	o		
191	STAS A 48	o	o	j	o	o	m	o		
192	STAS A 914	o	44	o	o	o	m	n	1	154
193	STAS A 25	o	o	o	o	o	m	o	1	
194	STAS A 48	o	o	j	o	o	m	o		
195	STAS A 46	l	o	o	1798	j	m	n	1	

329

Supplement: Migranten-Datenbank (1749-1810)

	A	B	C	D
196	Büscher	N.N	Unna	Mark
197	Buschhaus	Joh. Tillmann	Langenberg	BERG
198	Calthaus	Joseph	N.N	N.N
199	Campe	Henr.	N.N	BERG
200	Campe	Henr.	N.N	HESSEN
201	Campe	Henrich	N.N	HESSEN
202	Canziger	Math.	N.N	N.N
203	Canziger	Math.	Elberfeld	Berg
204	Canziger	Mathias	Elberfeld	Berg
205	Carlswind?	Johann	N.N	ELSASS
206	Carra	Bartholomai	N.N	ITALIEN
207	Caschnöer	Carl	Anholt	Anholt Herrsch.
208	Caspari	Daniel	Ein...?	Pfalz-ZWEIBRÜCKEN
209	Cassel	Joh.	N.N	N.N
210	Cassel	Johann	N.N	TRANS RHENANA (?)
211	Cassel	Johann	Netze	Waldeck
212	Cassel	Johann	Netze	Waldeck
213	Castorff	Henr.	Paderborn	Paderborn Bst.
214	Castorff	Henr.	Sonnborn	Berg
215	Castorp	Henr.	N.N	N.N
216	Castringhaus	N.N	N.N	N.N
217	Castrop	H.	N.N	N.N
218	Castrop	Henrich	Paderborn	Paderborn Bst.
219	Ceth von	N.N	N.N	N.N
220	Ceth von (?)	N.N	N.N	HOLLAND
221	Chaub (?)	Clemens	Solingen	Berg
222	Christ	Joh.	N.N	N.N
223	Christ	Joh.	N.N	N.N
224	Christ	Joh.	N.N	N.N
225	Christ	Joh.	N.N	HESSEN
226	Christ	Johann	N.N	HESSEN
227	Christ	Johann	N.N	HESSEN
228	Christ	Johannes	N.N	HESSEN
229	Christiani	Ferdinand	Balve	Westfalen Hzgt.(Hessen, Ghzgt)
230	Clemens	Chr.	N.N	N.N
231	Clemens	Christ.	Dortmund	Reichsstadt
232	Clemens	Christian	Dortmund	Reichsstadt
233	Clemens	Joh.	Dortmund	Reichsstadt
234	Clemens	N.N	N.N	N.N
235	Clemens	N.N	N.N	N.N
236	Collenbusch	Abr.	N.N	N.N
237	Collenbusch	Abrah.	N.N	N.N
238	Collenbusch	Abraham	Elberfeld	Berg
239	Colpin	Johann Martin	Grotebrogel	(?)
240	Corpus	Jerem.	N.N	N.N
241	Corpus	Jerem.	N.N	HOLLAND
242	Corpus	Jeremias	N.N	(?)
243	Cramer	Casp.	N.N	N.N
244	Cramer	Jacob	Köln	Reichsstadt
245	Cranepuhl	Ludw.	N.N	BERG
246	Crentepool (?)	Wilh. Martin	Oldenburg	Oldenburg Grf.(Oldenburg Hzgt)
247	Croix de la	Jean Alexandre	N.N	FRANKREICH
248	Dahl (?)	Godfr.	Cronenberg	Berg
249	Danhofer	Anton	N.N	HESSEN
250	Dannhöfer	Anton	Mainz	Mainz Bst.
251	Dannhöver	Ant.	N.N	N.N
252	Dannhöver	Anton	Mainz	Mainz Bst.
253	Dansdorf	Friedrich	Dortmund	Reichsstadt
254	Dansdorff	David	Dortmund	Reichsstadt
255	Däntzeler	Ad.	N.N	N.N
256	de Molle (?)	Carl	N.N	FRANKREICH
257	Debohm	Friedr.	N.N	N.N
258	Debom	Friedrich	N.N	N.N
259	Debom (?)	Friedrich	Barmen	Berg (Berg, Ghzgt.)
260	Deitenbach	Christoph	N.N	GIMBORN

Supplement: Migranten-Datenbank (1749-1810)

	E	F	G	H
196	Q	1769	z	5 Fuß 7 Zoll groß, dient im Regiment, kein Ausländer
197	TN	1752	z	kommt mit Frau
198	TAE	1769.12.05	z	*Liste d. Fabrikarbeiter*, Ausländer (bei Pet. H. Sternenberg)
199	TBJ	1781	a	
200	TBJ	1777	z	
201	TAE	1777	z	*Liste der zw. 1.3 1777 und 30.9. 1777 angesetzten Colonisten*
202	TB	1791	z/a	*Liste der seit 1779 etabl. und wieder abgewanderten Colonisten*
203	TB	1783	z	*Liste der zw. 15.4.1783 u. 15.10.1783 angesetzt. Colonisten*
204	TBJ	1783	z	*Tabelle der angesetzten u. abgegangenen Meister*
205	W	1799	z	französischer Deserteur
206	PJ	1753	z	kommt mit Frau
207	BH	1749	z	kommt mit Frau
208	BAG	1798	z	keine Familie, (Name durchgestrichen)
209	Q	1807	z	(Liste der sich etablierten Bürger) Fremder
210	SDD	1807.06.02	z	*Colonistenliste*
211	SDD	1807.06.18	z	Erlaubnis zur Ansetzung
212	SDD	1808	z	*Liste der Ausländer 1808 (Extrakt)*
213	TH	1788	z	*Liste der zw. April 1788 u. Okt. 1788 angesetzten Colonisten*
214	TH	1788	z	*Tabelle der angesetzten u. abgegangenen Meister*
215	TH	1801	z	*Einwohnerverzeichnis 1801*: Ausländer im Haushalt
216	OCC	1806	z	*Einwohnerverzeichnis 1806*: Ausländer im Haushalt
217	TH	1797	z	*Einwohnerverzeichnis 1797*: Ausländer im Haushalt
218	TH	1798	z	
219	Q	1749	a	nach Holland gezogen
220	TCA	1749	z	kommt mit Frau
221	PCJ	1777	z	*Tabelle der zw. 1740 und 1777 etablierten Colonisten*, Freijahre beendet
222	TH	1791.03.17	z	*Akziseregister*, Fremder, Freijahre laufen
223	Q	1789	z	Ausländer, soll Bürgereid leisten, (Vollzug unklar)
224	TH	1797	z	*Einwohnerverzeichnis 1797*: Ausländer im Haushalt
225	TH	1789	z	*Tabelle der angesetzten u. abgegangenen Meister*
226	TH	1789.10.10	z	Bürgerrechtsgewinnung
227	TH	1789	z	*Liste der zw. April 1789 u. Okt. 1789 angesetzten Colonisten*
228	TH	1798	z	keine Verwandten in der Stadt
229	TH	1810	z	*Arbeiter, Gesellen, Knechte mit Handwerksbüchern*
230	SCB	1797	z	*Einwohnerverzeichnis 1797*: Ausländer im Haushalt
231	SCB	1798	z	(siehe Akte STAS 2058: Streit der Perückenmacher)
232	SCB	1786	z	(wird Bürger)
233	SCB	1784	z	*Liste der zw. April 1784 u. Okt. 1784 angesetzten Colonisten*
234	SCB	1805	z	hilfsbedürftige Ausländer, "sehr arme und dürftige Leute"
235	SCB	1785	z	
236	HD	1797	z	*Einwohnerverzeichnis 1797*: Ausländer im Haushalt
237	HD	1801	z	*Einwohnerverzeichnis 1801*: Ausländer im Haushalt
238	Q	1776	z	von Bürgergeldern befreit
239	TBE	1810	z	*Arbeiter, Gesellen, Knechte mit Handwerksbüchern*
240	BD	1797	z	*Einwohnerverzeichnis 1797*: Ausländer im Haushalt
241	BD	1792	z	*Tabelle der angesetzten u. abgegangenen Meister*
242	BD	1798	z	keine Verwandten, führt sich gut auf
243	W	1797	z	*Einwohnerverzeichnis 1797*: Ausländer im Haushalt
244	BC	1806	z	(leistet den Bürgereid)
245	BH	1777	z	*Tabelle der zw. 1740 und 1777 etablierten Colonisten*, Freijahre beendet
246	LI	1810	z	*Arbeiter, Gesellen, Knechte mit Handwerksbüchern*
247	TBI	1798	z	Bürgerrechtsgewinnung
248	PCJ	1765	z	*Designation angesetzter Meister 1765*
249	TH	1785	z	*Tabelle der angesetzten u. abgegangenen Meister*
250	HD	1798	z	Bürgerrechtsgewinnung
251	FA + HD	1797	z	*Einwohnerverzeichnis 1797*: Ausländer im Haushalt
252	FA + HD (?)	1798	z	keine Familie, (Name durchgestrichen)
253	TBJ	1786	z	*Tabelle der angesetzten u. abgegangenen Meister*
254	TB	1786	z	(wird Bürger)
255	W	1797	z	*Einwohnerverzeichnis 1797*: Ausländer im Haushalt
256	TJ	1783	z	*Tabelle der angesetzten u. abgegangenen Meister*
257	Q	1807	z	(Liste der sich etablierten Bürger) Fremder
258	LJ	1807	z	
259	LJG	1807.09.21	z	Erlaubnis zur Ansetzung
260	BD	1797	z	Bürgerrechtsgewinnung

Supplement: Migranten-Datenbank (1749-1810)

	I	J	K	L	M	N	O	P	Q	R
196	STAS A 914	o	25	o	o	o	m	o	1	102
197	STAS A 24	v	o	o	1752	o	m	n	4	
198	STAS A 910	v	o	o	o	o	m	o	1	
199	STAS A 2029	o	o	o	o	o	m	o		
200	STAS A 2029	o	o	o	o	o	m	o		
201	STAS A 34	v	o	o	1777	j	m	n	1	
202	STAS A 34	o	o	o	1783 ?	o	m	n	1	
203	STAS A 34	o	o	o	1783	j	m	n	1	
204	STAS A 2029	o	o	o	1783	o	m	o	1	
205	STAS A 48	o	o	o	o	n	m	o		
206	STAS A 24	v	o	o	1753	o	m	n	3	
207	STAS A 24	v	o	o	1747	o	m	n	1	
208	STAS A 1626	o	22	o	1798-05	o	m	o		
209	STAS A 61	o	o	o	1807	o	m	o	1	206
210	STAS A 1647	v	o	o	o	n	m	o	2	
211	STAS A 1647	o	o	o	o	j	m	o	2	
212	STAS A 67	v	o	o	o	o	m	o	1	206
213	STAS A 34	o	o	o	1788	j	m	n	2	
214	STAS A 2029	o	o	o	1788	o	m	o	1	
215	STAS A 53	v	o	o	o	o	m	o	2	2
216	STAS A 64	l	o	o	o	o	m	o	1	75
217	STAS A 47	v	o	o	o	o	m	o	1	198
218	STAS A 1626	o	40	j	o	o	m	o		
219	STAS A 24	o	o	o	o	o	m	o		
220	STAS A 24	v	o	o	1745	o	m	n	2	
221	STAS A 34	o	o	o	1740-77	j	m	o	3	
222	STAS A 1268	o	o	o	o	j	m	o	1	
223	STAS A 35	o	o	o	o	o	m	o	1	
224	STAS A 47	v	o	o	o	o	m	o	1	113
225	STAS A 2029	o	o	o	1789	o	m	o	1	
226	STAS A 41	o	o	j	o	j	m	o	1	
227	STAS A 34	o	o	o	1789	o	m	n	1	
228	STAS A 1626	o	36	j	1789	o	m	o		
229	STAS A 2123	o	16	o	o	j	m	o	1	
230	STAS A 47	v	o	o	o	o	m	o	2	49
231	STAS A 1626	o	38	j	1784	o	m	o		
232	STAS A 35	o	o	j	o	o	m	o	1	
233	STAS A 34	o	o	o	1784	j	m	n	1	
234	STAS A 2112	o	o	o	o	o	m	n	1	
235	STAS A 2058	o	o	o	o	o	o	o		
236	STAS A 47	o	o	o	o	o	m	o	1	6
237	STAS A 53	v	o	o	o	o	m	o	1	6
238	STAS A 35	o	o	j	o	o	m	o	1	
239	STAS A 2123	o	27	o	o	j	m	o	1	
240	STAS A 47	v	o	o	o	o	m	o	2	136 1/2
241	STAS A 2029	o	o	o	1792	o	m	o	1	
242	STAS A 1626	o	50/60	o	1792	o	m	o		
243	STAS A 47	v	o	o	o	o	m	o	1	29
244	STAS A 52	o	o	j	o	j	m	o	1	
245	STAS A 34	o	o	o	1740-77	j	m	o	5	
246	STAS A 2123	o	24	o	o	j	m	o	1	
247	STAS A 48	o	o	j	o	o	m	o		
248	STAS A 25	o	o	o	o	o	m	o	1	
249	STAS A 2029	o	o	o	1785	o	m	o	1	
250	STAS A 48	o	o	j	o	o	m	o		
251	STAS A 47	v	o	o	o	o	m	o	1	197
252	STAS A 1626	o	36	n	1786	o	m	o		
253	STAS A 2029	o	o	o	1786	o	m	o	1	
254	STAS A 35	o	o	j	o	o	m	o	1	
255	STAS A 47	v	o	o	o	o	m	o	2	182
256	STAS A 2029	o	o	o	1783	o	m	o	1	
257	STAS A 61	o	o	o	1807	o	m	o	1	207
258	STAS A 65	o	o	o	o	o	m	o		
259	STAS A 1647	o	o	o	o	j	m	o	1	
260	STAS A 48	o	o	j	o	o	m	o		

Supplement: Migranten-Datenbank (1749-1810)

	A	B	C	D
261	Denzeler	Adam	N.N	WALDECK
262	Dettmar	Joh.	N.N	N.N
263	Dettmar	Joh.	Elberfeld	Berg
264	Dettmar	Johann	Elberfeld	Berg
265	Dettmar	Johann	Elberfeld	Berg
266	Deym	Peter	Limburg	Limburg Grf.
267	Dicke	Casp. David	N.N	N.N
268	Dickel	Joh.	N.N	N.N
269	Diederich	Johann	N.N	N.N
270	Diedrich	Joh.	Siegen	Nassau-Siegen
271	Diedrich	Johann	Siegen	Nassau-Siegen
272	Diedrichs	Joh.	Siegen	Nassau-Siegen
273	Diedrichs	Johann	N.N	N.N
274	Dinant (?)	Joseph	N.N	FRANKREICH
275	Dinau	Joseph	N.N	FRANKREICH
276	Döming	Caspar	N.N	N.N
277	Drager	Ludwig	Elberfeld	Berg
278	Draudt	N.N	N.N	N.N
279	Draudt	N.N	N.N	N.N
280	Dreich	Ludwig	N.N	N.N
281	Dreich	Ludwig	N.N	NASSAU-WEILBURG
282	Dreich (?)	Ludwig	N.N	HESSEN
283	Dubois	Carl	N.N	FRANKREICH
284	Dubois	Charles	N.N	FRANKREICH
285	Dumont	Carl	N.N	FRANKREICH
286	Dumont	Carl	N.N	FRANKREICH
287	Dünewald	Fried.	Elberfeld	Berg
288	Dünewald (?)	Fr. W.	N.N	N.N
289	Duning	Peter	Lüttringhausen	Berg
290	Dünnewald	Johann (Friedr.?)	Elberfeld	Berg
291	Dürens	H.	N.N	N.N
292	Durhage	Chr.	N.N	N.N
293	Durhage	Peter	N.N	BERG
294	Durhagen	Christian	Hückeswagen (?)	BERG
295	Durhagen	Christian	N.N	BERG
296	Durhagen	Pet.	Rhade	Mark
297	Dürhagen	Pet.	N.N	N.N
298	Dürholt	Friedr.	N.N	N.N
299	During	Peter	N.N	N.N
300	Dusseldorff	N.N	N.N	N.N
301	Eberwein	Jacob	Allendorf	Nassau-Weilburg
302	Eberwein	Jacob	N.N	BERG
303	Eberwein	Joh.	N.N	NASSAU-WEILBURG (?)
304	Eberwein	Joh.	Elberfeld	Berg
305	Ecker	N.N	N.N	BERG (Berg, Ghzgt.)
306	Eckhard	Arn.	N.N	N.N
307	Eckhard	Arnold	N.N	WALDECK
308	Eckhard	Arnold	N.N	N.N
309	Eckhard	Eberhard	N.N	N.N
310	Eckhard	Eberhard	N.N	N.N
311	Eckhard	Herm.	N.N	N.N
312	Eckhard	Herm.	N.N	N.N
313	Eckhard	Joh. Eberh.	N.N	NASSAU-WEILBURG
314	Eckhard	Joh. Eberh.	Torla	Spanien
315	Eckhard	Johann Eberhard	Torla	Spanien
316	Eckhardt	Herm.	Siegen	Nassau-Siegen
317	Eders	Jurgen	N.N	BAYERN
318	Eders	Jürgen	N.N	N.N
319	Eick	Anton	Rees bei Koblenz	(?)
320	Eick	Anton	N.N	N.N
321	Eick	Anton	N.N	WITTGENSTEIN
322	Eick	Anton	Rees bei Koblenz	(?)
323	Eick	Anton	N.N	N.N
324	Eick	Anton	Rees bei Koblenz	(?)
325	Ellinghaus	N.N	N.N	N.N

Supplement: Migranten-Datenbank (1749-1810)

	E	F	G	H
261	W	1798	z	keine Familie
262	TB	1791	z/a	Liste der seit 1779 etabl. und wieder abgewanderten Colonisten
263	TBJ	1782	a	Tabelle der angesetzten u. abgegangenen Meister
264	TB	1781	z	Liste der zw. 15.4.1781 u. 15.10.1781 angesetzten Colonisten
265	TBJ	1781	z	
266	TH	1787	z	Tabelle der angesetzten u. abgegangenen Meister
267	SDN	1799	z	Einwohnerverzeichnis 1799: Ausländer im Haushalt
268	W	1806	z	Einwohnerverzeichnis 1806: Ausländer im Haushalt
269	TBH	1769	z	5 Fuß 4 Zoll groß, 30 Stüber Contribution
270	TAE	1777	z	Tabelle der zw. 1740 und 1777 etablierten Colonisten, Freijahre beendet
271	TAE	1774	z	
272	TB	1765	z	Designation angesetzter Meister 1765
273	TAE	1776	z	Ausländer (Einwohner)
274	Z	1801	z	Einwohnerverzeichnis 1801: Ausländer im Haushalt
275	LI	1799	z	französischer Deserteur
276	JD	1769	a?	5 Fuß groß
277	TBJ	1756	z	kommt mit Frau und einem (Web-)Stuhl
278	OBS	1806	z	Einwohnerverzeichnis 1806: Ausländer im Haushalt
279	OBS	1805(?)	z	Einwohnerverzeichnis (um 1805): Ausländer im Haushalt
280	W	1791	z/a	Liste der seit 1779 etabl. und wieder abgewanderten Colonisten
281	W	1779	z	Liste der zw. April 1778 und 30.9.1778 angesetzten Colonisten
282	TBJ	1778/79	z	
283	LC	1798	z	Colonistentabelle 1798
284	HB	1798	z	Bürgerrechtsgewinnung
285	TAI	1801	z	Einwohnerverzeichnis 1801: Ausländer im Haushalt
286	A	1797	z	Einwohnerverzeichnis 1797: Ausländer im Haushalt
287	TBJ + TBE	1792	z	Tabelle der angesetzten u. abgegangenen Meister
288	TBI	1801	z	Einwohnerverzeichnis 1801: Ausländer im Haushalt
289	HD	1781	a+	verstorben
290	TBE	1792.11.03	z	Bürgerrechtsgewinnung, Ausländer
291	TB	1797	z	Einwohnerverzeichnis 1797: Ausländer im Haushalt
292	TAI	1797	z	Einwohnerverzeichnis 1797: Ausländer im Haushalt
293	TAI	1784	z	(wird Bürger)
294	Q	1798	z	
295	TAQ	1782	z	Liste der zw. Okt. 1781 u. April 1782 angesetzten Colonisten
296	TJ	1782	z	Tabelle der angesetzten u. abgegangenen Meister
297	W	1805(?)	z	Einwohnerverzeichnis (um 1805): Ausländer im Haushalt
298	HB	1805(?)	z	Einwohnerverzeichnis (um 1805): Ausländer im Haushalt
299	HD	1769	z	5 Fuß, 8 Zoll groß, 15 Taler Contribution
300	FA / A	1801	z	Einwohnerverzeichnis 1801: zugezogen, aber kein Ausländer
301	TBI	1797	z	Bürgerrechtsgewinnung
302	TBI	1797	z	Tabelle d. nach April 1797 angesetzten Colonisten
303	TBI	1797	z	Einwohnerverzeichnis 1797: Ausländer im Haushalt
304	TBI	1798	z	
305	TP	1808	z	Liste der Ausländer 1808 (Extrakt)
306	Q	1807	z	(Liste der sich etablierten Bürger) Bürgereid 1806, Fremder
307	NA	1806.01.15	z	angekommene fremde Familien 1805
308	Q	1805	z	
309	TAI	1776	z	Ausländer (Einwohner)
310	TJ / TAI (?)	1788	a	Tabelle der angesetzten u. abgegangenen Meister
311	Q	1807	z	(Liste der sich etablierten Bürger) Bürgereid 1806, Fremder
312	NA	1806	z	Einwohnerverzeichnis 1806: Ausländer im Haushalt
313	TAI	1777	z	Tabelle der zw. 1740 und 1777 etablierten Colonisten, Freijahre laufen
314	TBJ	1776	z	
315	Q	1776	z	Liste der seit 1779 etabl. und wieder abgewanderten Colonisten
316	NA	1806	z	(leistet den Bürgereid)
317	BD	1777	z	die Freijahre sind zu Ende, keine Baugelder
318	Q	1776	z	Ausländer, arm (Einwohner)
319	HB (?)	1806	z	(leistet den Bürgereid)
320	Q	1807	z	(Liste der sich etablierten Bürger) Bürgereid 1806, Fremder
321	HCD	1806.01.15	z	angekommene fremde Familien 1805
322	HCD (?)	1806	z	kann sich ernähren
323	HCD (?)	1805	z	
324	HCD (?)	1806	z	
325	SDE	1806	z	Einwohnerverzeichnis 1806: Ausländer im Haushalt

Supplement: Migranten-Datenbank (1749-1810)

	I	J	K	L	M	N	O	P	Q	R
261	STAS A 1626	o	30	j	?	o	m	o		
262	STAS A 34	o	o	o	1781 ?	o	m	n	1	
263	STAS A 2029	o	o	o	o	o	m	o	1	
264	STAS A 34	o	o	o	1781	j	m	n	2	
265	STAS A 2029	o	o	o	o	o	m	o		
266	STAS A 2029	o	o	o	1787	o	m	o	1	
267	STAS A 51	v	o	o	o	o	m	o	1	72
268	STAS A 64	v	o	o	o	o	m	o	1	159
269	STAS A 914	o	33	o	o	o	m	n	1	182
270	STAS A 34	o	o	o	1740-77	j	m	o	3	
271	STAS A 2032	o	o	o	o	o	m	o	1	
272	STAS A 25	o	o	o	o	o	m	o	1	
273	STAS A 35	o	o	n	o	o	m	o	1	
274	STAS A 53	v	o	o	1800/01?	o	m	o	1	181 1/2
275	STAS A 48	o	o	o	o	n	m	o		
276	STAS A 914	o	53	o	o	o	m	j, 1800 T.	1	164
277	STAS A 24	v	o	o	1756	o	m	n	2	
278	STAS A 64	l	o	o	o	o	m	o	1	60
279	STAS A 55A	l	o	o	o	j	m	o	1	60
280	STAS A 34	o	o	o	1779 ?	o	m	n	1	
281	STAS A 34	o	o	o	1778/79	j	m	n	1	
282	STAS A 2029	o	o	o	o	o	m	o		
283	STAS A 46	l	o	o	1798	j	m	n	1	
284	STAS A 48	o	o	j	o	o	m	o		
285	STAS A 53	v	o	o	o	o	m	o	2	117
286	STAS A 47	v	o	o	o	o	m	n	3	117
287	STAS A 2029	o	o	o	1792	o	m	o	1	
288	STAS A 53	v	o	o	1800/01?	o	m	o	2	117 1/4
289	STAS A 2029	o	o	o	o	o	m	o		
290	STAS A 41	o	o	j	o	j	m	o	1	
291	STAS A 47	v	o	o	o	o	m	o	1	139
292	STAS A 47	v	o	o	o	o	m	o	1	35
293	STAS A 35	o	o	j	o	o	m	o	1	
294	STAS A 1626	v	o	o	1782	o	m	o		
295	STAS A 34	o	o	o	1781/82	j	m	n	2	
296	STAS A 2029	o	o	o	1782	o	m	o	1	
297	STAS A 55A	v	o	o	o	o	m	o	2	35
298	STAS A 55A	v	o	o	o	o	m	o	1	119
299	STAS A 914	o	48	o	o	o	m	j, 600 Taler	1	171
300	STAS A 53	v	o	o	1800/01?	o	m	o	3	136
301	STAS A 48	o	o	j	o	o	m	o		
302	STAS A 46	o	o	o	1797	j	m	n	2	
303	STAS A 47	v	o	o	o	o	m	o	4	106
304	STAS A 1626	o	30	j	1797	o	m	o		
305	STAS A 67	wwe	o	o	o	o	f	o	1	22
306	STAS A 61	o	o	j	1806	j	m	o	1	195
307	STAS A 54	o	o	o	o	o	m	o	1	
308	STAS A 65	o	o	o	o	o	m	o		
309	STAS A 35	o	o	n	o	o	m	o	1	
310	STAS A 2029	o	o	o	o	o	m	o	1	
311	STAS A 61	o	o	j	1804	j	m	o	1	153
312	STAS A 64	v	o	o	o	o	m	o	1	113
313	STAS A 34	o	o	o	1740-77	j	m	o	2	
314	STAS A 2029	o	o	o	o	o	m	o		
315	STAS A 34	o	o	o	1776	j	m	o	1	
316	STAS A 52	o	o	j	o	j	m	o	1	
317	STAS A 34	o	o	o	o	j	m	o	3	
318	STAS A 35	o	o	n	o	o	m	o	1	
319	STAS A 52	o	o	j	o	j	m	o	1	
320	STAS A 61	o	o	j	1805	j	m	o	1	70
321	STAS A 54	o	o	o	o	o	m	o	1	
322	STAS A 65	o	o	o	o	j	m	o		
323	STAS A 65	o	o	o	o	o	m	o		
324	STAS A 65	o	o	o	o	o	m	o		
325	STAS A 64	v	o	o	o	o	m	o	1	181 7/8

Supplement: Migranten-Datenbank (1749-1810)

	A	B	C	D
326	Engels	Joh.	N.N	N.N
327	Engels	Johann	Solingen	Berg
328	Engels	Johann	Lüttringhausen	Berg
329	Erckels	N.N	Wetter	Mark
330	Erhard	Leonh.	N.N	N.N
331	Erlenbrock	Casp.	N.N	N.N
332	Eseelmann (?)	Johannes	N.N	LÜTTICHER LAND
333	Esser	Fr.	N.N	N.N
334	Esser	Friedrich	Krefeld	Preußen
335	Esser	Friedrich	N.N	BERG
336	Esser	Pet.	N.N	N.N
337	Esser	Peter	Mülheim(Rhein/Ruhr?)	Berg/Broich?
338	Esser	Peter	N.N	N.N
339	Essig	Jorgen	N.N	N.N
340	Essig	Jurgen	Ulm	Reichsstadt
341	Essig	Jürgen	N.N	HESSEN
342	Exelman	(Gebrüder)	N.N	N.N
343	Exelmann	Anton	N.N	N.N
344	Falckenberg	Friedrich	Herbede	Mark
345	Falckenberg	Friedrich	N.N	N.N
346	Falckenberg	Friedrich	Cronenberg	Berg
347	Falckenberg	Wilhelm	Herbede	Mark
348	Färber	Peter	Krefeld	Preußen
349	Fasbender	Ko.	Trier	Trier Bst.
350	Fasbender	N.N	Bonn	Köln EB
351	Fasbender	Nic.	N.N	TRIER Bst.
352	Fasbender	Nicol.	N.N	N.N
353	Fasbender	Wilh.	Andernach	Köln EB
354	Fasbender	Wilh.	N.N	HESSEN
355	Fasbender	Wilhelm	Hagen	Mark
356	Faust	Joh. Georg	Lauterbach	Riedesel Herrsch.
357	Faust	Joh.Georg	N.N	N.N
358	Feckler (?)	Johann	Mainz	Mainz Bst.
359	Fedle	Joh.	N.N	N.N
360	Fedler	Joh.	N.N	N.N
361	Fedler	Joh.	N.N	N.N
362	Feige (Freige?)	Daniel	N.N	HESSEN
363	Feldeler (?)	Johannes	Mainz	Mainz Bst.
364	Felix	Joh. Ludewig	N.N	BERG
365	Felix	Johann Ludewich	Siegen	Nassau-Siegen
366	Felix	Johannes Ludwig	Siegen	Nassau-Siegen
367	Fercken	Johann Christian	N.N	GIMBORN (Berg, Ghzgt.)
368	Fercken	N.N	N.N	GIMBORN (Berg, Ghzgt.)
369	Feus	Arnold	N.N	N.N
370	Fiedeler	Joh.	N.N	N.N
371	Fielmann	Wilhelm	N.N	N.N
372	Fige	Christ.	N.N	WÜRTTEMBERG
373	Fige	Christian	N.N	N.N
374	Figge	Christian	N.N	HESSEN
375	Figge	Henr.	N.N	N.N
376	Figge	Henr.	Fulda	Fulda Bst.
377	Figge (?)	Henrich	N.N	N.N
378	Filius	Pet. Casp.	Breckerfeld	Mark
379	Filmann	Wilh.	N.N	BERG
380	Fingscheid	Caspar	N.N	BERG
381	Fischer	Friedr. Henr. Theod.	Gotha	SACHSEN-Gotha
382	Fischer	Joh.	N.N	HESSEN
383	Fischer	Joh. Peter	Wittorff	(?)
384	Fischer	Pet. Johann	N.N	HESSEN
385	Fischer	Peter	Solingen	Berg
386	Fischer	Peter	N.N	BERG
387	Fitzner	Anton	Gemarke	Berg (Berg, Ghzgt.)
388	Flasche	N.N	N.N	NASSAU-USINGEN
389	Flaskamp	W.	N.N	N.N
390	Flaskamp	W.	N.N	N.N

Supplement: Migranten-Datenbank (1749-1810)

	E	F	G	H
326	PC	1791	z/a	Liste der seit 1779 etabl. und wieder abgewanderten Colonisten
327	PC	1784	z	Liste der zw. April 1784 u. Okt. 1784 angesetzten Colonisten
328	PC / PH	1784	z	Tabelle der angesetzten u. abgegangenen Meister
329	OBF (?)	1766/67	z	Designation fremder Familien
330	TB	1797	z	Einwohnerverzeichnis 1797: Ausländer im Haushalt
331	TAI	1769.12.05	z	Liste d. Fabrikarbeiter, Ausländer (bei Casp. Mund)
332	Z	1798	z	keine Familie
333	TBI	1797	z	Einwohnerverzeichnis 1797: Ausländer im Haushalt
334	TBI	1799	z	Bürgerrechtsgewinnung
335	TBI	1797	z	Tabelle d. nach April 1797 angesetzten Colonisten
336	Q	1805(?)	z	Einwohnerverzeichnis (um 1805): Ausländer im Haushalt
337	TBE	1806	z	(leistet den Bürgereid)
338	Q	1807	z	(Liste der sich etablierten Bürger) Bürgereid 1806, Fremder
339	TH / A	1776	z	Ausländer (Einwohner)
340	TH	1777	z	Tabelle der zw. 1740 und 1777 etablierten Colonisten, Freijahre laufen
341	TH	1775	z	
342	HCH	1797	z	Einwohnerverzeichnis 1797: Ausländer im Haushalt
343	Q	1769	z	8 Taler Contribution
344	HB	1799	z	Bürgerrechtsgewinnung
345	PCJ	1801	z	Einwohnerverzeichnis 1801: Ausländer im Haushalt
346	PCF	1800	z	lange Jahre in der Milspe gearbeitet
347	HB	1799	z	Bürgerrechtsgewinnung
348	TBI	1799	z	Bürgerrechtsgewinnung
349	TBJ / TBE	1792	a	Tabelle der angesetzten u. abgegangenen Meister
350	TAE	1777	z	die Freiheiten enden in zwei Jahren
351	TBJ + TBE	1791	z	Tabelle der angesetzten u. abgegangenen Meister
352	TAC (?)	1769	z	5 Fuß groß
353	TB	1776	z	Einwohner, seit 5 Jahren hier
354	TBJ	1777	a	
355	TAE	1774	z	
356	TBH	1806	z	(leistet den Bürgereid)
357	Q	1807	z	(Liste der sich etablierten Bürger) Bürgereid 1806, Fremder
358	LI	1789.10.10	z	Bürgerrechtsgewinnung
359	LI	1789	z	Liste der zw. Okt. 1788 u. April 1789 angesetzten Colonisten
360	Q	1791.03.17	z	Akziseregister, Freijahre laufen
361	LI	1797	z	Einwohnerverzeichnis 1797: Ausländer im Haushalt
362	TB	1788	z	Liste der zw. Okt. 1787 u. April 1788 angesetzten Colonisten
363	LI	1798	z	
364	LI	1798	z	Colonistentabelle 1798
365	LI	1798	z	Bürgerrechtsgewinnung
366	LI	1798	z	hat hier keine Familie
367	BD	1810	z	Arbeiter, Gesellen, Knechte mit Handwerksbüchern
368	BD	1808	z	Liste der Ausländer 1808 (Extrakt)
369	BD	1791	z/a	Liste der seit 1779 etabl. und wieder abgewanderten Colonisten
370	Q	1789	z	Ausländer, soll Bürgereid leisten, (Vollzug unklar)
371	TC	1769	z	5 Fuß, 1 Zoll groß, 30 Stb. Contribution
372	TAE	1774	z	
373	TAE	1769.12.05	z	Liste d. Fabrikarbeiter, Ausländer (bei Pet. H. Sternenberg)
374	TBJ	1777	a	
375	TB	1776	z	Ausländer (Einwohner)
376	TAE	1777	z	die Freijahre sind zu Ende, keine Baugelder
377	TAE	1769	z	5 Fuß, 2 Zoll groß
378	PCB / PA	1777	a	
379	TB (?)	1777	z	die Freiheiten enden in zwei Jahren
380	TBJ	1778	z	
381	BH	1810	z	Arbeiter, Gesellen, Knechte mit Handwerksbüchern
382	TBJ	1783	a	Tabelle der angesetzten u. abgegangenen Meister
383	LF	1810	z	Arbeiter, Gesellen, Knechte mit Handwerksbüchern
384	TBJ	1782	z	Tabelle der angesetzten u. abgegangenen Meister
385	TAE	1774	z	
386	TB	1774	z	
387	SCB	1809.06.15	z	Erlaubnis zur Ansetzung
388	Q	1764.04.16	z	Kopfsteuerliste, Einsprüche
389	Q	1807	z	(Liste der sich etablierten Bürger) Fremder
390	BA	1801	z	Einwohnerverzeichnis 1801: Ausländer im Haushalt

Supplement: Migranten-Datenbank (1749-1810)

	I	J	K	L	M	N	O	P	Q	R
326	STAS A 34	o	o	o	1784 ?	o	m	n	1	
327	STAS A 34	o	o	o	1784	j	m	n	1	
328	STAS A 2029	o	o	o	1784	o	m	o	1	
329	STAS A 25	v	o	o	1766.05	o	m	n	5	
330	STAS A 47	v	o	o	o	o	m	o	1	126
331	STAS A 910	o	o	o	o	o	m	o	1	
332	STAS A 1626	o	45	n	1783	o	m	o		
333	STAS A 47	l	o	o	o	o	m	o	1	200
334	STAS A 48	o	o	j	o	o	m	o		
335	STAS A 46	l	o	o	1797	j	m	n	1	
336	STAS A 55A	o	o	o	o	o	m	o	1	141
337	STAS A 52	o	o	j	o	j	m	o	1	
338	STAS A 61	o	o	j	1805	j	m	o	1	161
339	STAS A 35	o	o	n	o	o	m	o	1	
340	STAS A 34	o	o	o	1740-77	j	m	o	4	
341	STAS A 2029	o	o	o	o	o	m	o		
342	STAS A 47	l	o	o	o	o	m	o	3	172
343	STAS A 914	o	40	o	o	o	m	n	1	172
344	STAS A 48	o	o	j	o	o	m	o		
345	STAS A 53	v	o	o	1800/01?	o	m	o	1	117
346	STAS A 48	o	o	j	o	o	m	o		
347	STAS A 48	o	o	j	o	o	m	o		
348	STAS A 48	o	o	j	o	o	m	o		
349	STAS A 2029	o	o	o	o	o	m	o	1	
350	STAS A 34	o	o	o	o	j	m	o	5	
351	STAS A 2029	o	o	o	1791	o	m	o	1	
352	STAS A 914	o	26	o	o	o	m	o	1	174
353	STAS A 35	o	o	n	1771	o	m	o	1	
354	STAS A 2029	o	o	o	o	o	m	o		
355	STAS A 2032	o	o	o	o	o	m	o	1	
356	STAS A 52	o	o	j	o	j	m	o	1	
357	STAS A 61	o	o	j	1806	j	m	o	1	185
358	STAS A 41	o	o	j	o	j	m	o	1	
359	STAS A 34	o	o	o	1788/89	j	m	o	1	
360	STAS A 1268	o	o	o	o	j	m	n	1	
361	STAS A 47	v	o	o	o	o	m	o	1	37
362	STAS A 34	o	o	o	1787/88	j	m	n	3	
363	STAS A 1626	o	30	j	1788	o	m	o		
364	STAS A 46	o	o	o	1798	j	m	n	1	
365	STAS A 48	o	o	j	o	o	m	o		
366	STAS A 1626	o	27	n	1798 Ostern	o	m	o		
367	STAS A 2123	o	23	o	o	j	m	o	1	
368	STAS A 67	v	o	o	o	o	m	o	2	32
369	STAS A 34	o	o	o	1782 ?	o	m	n	1	
370	STAS A 35	o	o	o	o	o	m	o	1	
371	STAS A 914	o	46(?)	o	o	o	m	n	1	114
372	STAS A 2032	o	o	o	o	o	m	o	1	
373	STAS A 910	v	o	o	o	o	m	o	1	
374	STAS A 2029	o	o	o	o	o	m	o		
375	STAS A 35	o	o	n	o	o	m	o	1	
376	STAS A 34	o	o	o	o	j	m	o	6	
377	STAS A 914	o	40	o	o	o	m	n	6	109
378	STAS A 2029	o	o	o	o	o	m	o		
379	STAS A 34	o	o	o	o	j	m	o	4	
380	STAS A 2029	o	o	o	o	o	m	o		
381	STAS A 2123	o	19	o	o	j	m	o	1	
382	STAS A 2029	o	o	o	o	o	m	o	1	
383	STAS A 2123	o	31	o	o	j	m	o	1	
384	STAS A 2029	o	o	o	1782	o	m	o	1	
385	STAS A 2032	o	o	o	o	o	m	o	1	
386	STAS A 34	o	o	o	o	j	m	n	2	
387	STAS A 1647	v	o	o	o	j	m	o	2	
388	STAS A 1131	o	o	o	o	o	m	o	1	
389	STAS A 61	o	o	o	1806	o	m	o	1	161
390	STAS A 53	v	o	o	o	o	m	o	1	108

Supplement: Migranten-Datenbank (1749-1810)

	A	B	C	D
391	Flaskamp (?)	Wilhelm	Bochum (Amt)	Mark
392	Fleischmann	Reinh.	N.N	N.N
393	Fleischmann	Reinhard	Elberfeld	Berg
394	Flosbach	Christ.	Hückeswagen	Berg
395	Flosbach	Christ.	N.N	N.N
396	Flosbach	Christ.	Hückeswagen	Berg
397	Flosbach	Christ.	N.N	N.N
398	Flosbach	Christian	N.N	BERG
399	Flosbach	Christoph	Hückeswagen	Berg
400	Flus (Felus?)	P.C.	Breckerfeld	Mark
401	Fojour (?)	Peter	N.N	FRANKREICH
402	Föller	N.N	N.N	N.N
403	Fontaine la	N.N	N.N	FRANKREICH
404	Forth	Hermann	N.N	GIMBORN (Berg, Ghzgt.)
405	Franckreich	Wilhelm	N.N	N.N
406	Frankreich	Wilh.	Essen	Essen Stift
407	Frankreich (?)	Wilh.	Essen	Essen Stift
408	Frankreich von	Joh. Wilh.	N.N	N.N
409	Frast	N.N	N.N	N.N
410	Frede	Anthon	Castrop	Mark
411	Frede	Anton	N.N	KÖLN EB
412	Frede	Anton	N.N	N.N
413	Frede	Joh.	N.N	N.N
414	Frede (?)	Ant.	N.N	KÖLN EB
415	Freede	Anton	N.N	N.N
416	Freede (?)	Johann	N.N	KÖLN EB
417	Freytag	H.C.	N.N	N.N
418	Fricke	And.	Steele	Essen Stift
419	Fricke	Andreas	N.N	BERG
420	Fromm	Isaac	N.N	N.N
421	Fromme	Eberh.	N.N	N.N
422	Fromme	Eberhard	N.N	BERG
423	Frost	N.N	N.N	N.N
424	Frowin	N.N	N.N	N.N
425	Fuhrmann	H.	N.N	N.N
426	Fuhrmann	Henr.	Siegen	Nassau-Siegen
427	Gareis	N.N	N.N	N.N
428	Gastreich	Theodor	N.N	GIMBORN (Berg, Ghzgt.)
429	Gedick	Gottlob	(?)litz	SACHSEN
430	Geismann	Henr.	N.N	N.N
431	Gerhard	Henr.	N.N	WITTGENSTEIN
432	Gerhard	Hermann	N.N	WITTGENSTEIN
433	Gerhards	N.N	N.N	N.N
434	Gerhardts	Herm.	N.N	WITTGENSTEIN
435	Germinghaus (?)	Casp.	N.N	N.N
436	Gesmann	Henr.	Limburg	Limburg Grf.
437	Gesmann	Henr.	Recklinghausen	Recklinghausen Vest
438	Gesmann	Henrich	N.N	N.N
439	Gobeler	Andr.	N.N	N.N
440	Gobler	Andreas	N.N	N.N
441	Goldenberg	Peter	N.N	N.N
442	Goll	N.N	N.N	N.N
443	Gopter	Andreas	N.N	N.N
444	Grafweg	N.N	N.N	BERG (Berg, Ghzgt.)
445	Grave ?	Henrich	Elberfeld	Berg
446	Greese	Henrich	N.N	BERG
447	Greve	H.	N.N	N.N
448	Grevel	F.F.	N.N	N.N
449	Grevel	Joh. Gottfr.	N.N	N.N
450	Groose	Carl	N.N	BERG
451	Groose	Carl	Elberfeld	Berg
452	Groosse	Carl	N.N	N.N
453	Groosse	Carl	Elberfeld	Berg
454	Groosse	Carl	Elberfeld	Berg
455	Groosse	Gottfrid	Elberfeld	Berg

Supplement: Migranten-Datenbank (1749-1810)

	E	F	G	H
391	BA	1796.03.17	z	Bürgerrechtsgewinnung
392	W	1797	z	*Einwohnerverzeichnis 1797*: Ausländer im Haushalt
393	NA	1779/80	z	
394	BH	1806	z	(leistet den Bürgereid)
395	Q	1807	z	(Liste der sich etablierten Bürger) Bürgereid 1806, Fremder
396	BH	1806	z	
397	Q	1805	z	
398	BH	1806.01.15	z	angekommene fremde Familien 1805
399	BH	1806	z	kann sich ernähren
400	PA	1766/67	z	*Designation fremder Familien*
401	TBJ + TBH	1806	z	kann sich ernähren
402	Q	1805	a	zieht weg
403	JAF	1789	z	*Liste der zw. April 1789 u. Okt. 1789 angesetzten Colonisten*
404	BD	1810	z	*Arbeiter, Gesellen, Knechte mit Handwerksbüchern*
405	BH	1769	z	5 Fuß, 4 Zoll groß, 30 Stüber Contribution
406	BH / BN	1792	a	*Tabelle der angesetzten u. abgegangenen Meister*
407	BH	1777	z	Freijahre abgelaufen
408	BH	1764.02.13	z	*Kopfsteuerliste*, 9. Klasse
409	Q	1805	z	Gebrüder Frast, hierhingezogen
410	TH	1784	z	*Tabelle der angesetzten u. abgegangenen Meister*
411	TH	1784	z	(wird Bürger)
412	TH	1791	z/a	*Liste der seit 1779 etabl. und wieder abgewanderten Colonisten*
413	TH	1791	z/a	*Liste der seit 1779 etabl. und wieder abgewanderten Colonisten*
414	TH	1784	z	*Liste der zw. April 1784 u. Okt. 1784 angesetzten Colonisten*
415	BD / TH	1788	a	*Tabelle der angesetzten u. abgegangenen Meister*
416	Q	1781	z	Einlieger, will lieber Bürgergeld zahlen
417	NA	1805(?)	z	*Einwohnerverzeichnis* (um 1805): Ausländer im Haushalt
418	TI	1797	z	*Einwohnerverzeichnis 1797*: Ausländer im Haushalt
419	TI	1798	z	*Colonistentabelle 1798*
420	TAI	1791	z/a	*Liste der seit 1779 etabl. und wieder abgewanderten Colonisten*
421	W	1791	z/a	*Liste der seit 1779 etabl. und wieder abgewanderten Colonisten*
422	W	1789	z	*Liste der zw. April 1789 u. Okt. 1789 angesetzten Colonisten*
423	TBI	1805(?)	z	*Einwohnerverzeichnis* (um 1805): Ausländer im Haushalt
424	Q	1805	a	zieht weg
425	TAI	1805(?)	z	*Einwohnerverzeichnis* (um 1805): Ausländer im Haushalt
426	TAI	1806	z	(leistet den Bürgereid)
427	JEA	1808	z	*Liste der Ausländer 1808 (Extrakt)*
428	BD	1810	z	*Arbeiter, Gesellen, Knechte mit Handwerksbüchern*
429	TB	1810	z	*Arbeiter, Gesellen, Knechte mit Handwerksbüchern*
430	TB	1776	z	Ausländer (Einwohner)
431	VB	1801	z	*Einwohnerverzeichnis 1801*: Ausländer im Haushalt
432	VB	1801	z	Bürgerrechtsgewinnung
433	SDJ	1801	z	*Einwohnerverzeichnis 1801*: Ausländer im Haushalt
434	VB	1801.10.28	z	angekommene fremde Familien 1801
435	W	1805(?)	z	*Einwohnerverzeichnis* (um 1805): Ausländer im Haushalt
436	TAE	1777	z	Freijahre abgelaufen, keine Baugelder
437	TAE	1774	z	
438	TAE	1769	z	5 Fuß, 2 Zoll groß, 30 Stüber Contribution
439	TB	1773	a	nach Gummersbach gezogen
440	Q	1769	z	Bürgerrechtsgewinnung
441	TCA	1769	z	5 Fuß, 4 Zoll groß, 6 Taler Contributution
442	TAFM	1808	z	*Liste der Ausländer 1808 (Extrakt)*
443	Q	1769	z	5 Fuß, 4 Zoll groß, 30 Stüber Contribution
444	Q	1808	z	*Liste der Ausländer 1808 (Extrakt)*
445	TOK	1798	z	keine Verwandten
446	TO	1798	z	*Colonistentabelle 1798*
447	TAF (?)	1799	z	*Einwohnerverzeichnis 1799*: Ausländer im Haushalt
448	TB	1797	z	*Einwohnerverzeichnis 1797*: Ausländer im Haushalt
449	TB	1799	z	*Einwohnerverzeichnis 1799*: Ausländer im Haushalt
450	TAE	1776	z	(Einwohner)
451	TBJ / TAQ	1774	z	
452	TAE	1769	z	5 Fuß, 4 Zoll, 2 Str. groß, 30 Stüber Contr.
453	TB	1777	z	die Freiheiten enden in drei Jahren
454	TAE	1774	z	
455	TB	1779	z	*Liste der zw. April 1778 und 30.9.1778 angesetzten Colonisten*

Supplement: Migranten-Datenbank (1749-1810)

	I	J	K	L	M	N	O	P	Q	R
391	STAS A 41	o	o	j	o	j	m	o	1	
392	STAS A 47	v	o	o	o	o	m	o	2	31
393	STAS A 2029	o	o	o	o	o	m	o		
394	STAS A 52	o	o	j	o	j	m	o	1	
395	STAS A 61	o	o	j	1805	j	m	o	1	74
396	STAS A 65	o	o	o	o	o	m	o		
397	STAS A 65	o	o	o	o	o	m	o		
398	STAS A 54	o	o	o	o	o	m	o	1	
399	STAS A 65	o	o	o	o	j	m	o		
400	STAS A 25	v	o	o	1766	o	m	o	4	
401	STAS A 65	o	o	o	o	j	m	o		
402	STAS A 65	o	o	o	o	o	o	o		
403	STAS A 34	o	o	o	1789	o	m	n	1	
404	STAS A 2123	o	27	o	o	j	m	o	1	
405	STAS A 914	o	48	o	o	o	m	j, 100 Taler	1	154
406	STAS A 2029	o	o	o	o	o	m	o		
407	STAS A 34	o	o	o	o	j	m	j, 300 Taler	4	
408	STAS A 1131	o	o	o	o	o	m	n	1	
409	STAS A 65	o	o	o	o	o	o	o		
410	STAS A 2029	o	o	o	1784	o	m	o	1	
411	STAS A 35	o	o	j	o	o	m	o	1	
412	STAS A 34	o	o	o	1784 ?	o	m	n	1	
413	STAS A 34	o	o	o	1780 ?	o	m	n	1	
414	STAS A 34	o	o	o	1784	j	m	n	1	
415	STAS A 2029	o	o	o	o	o	m	o	1	
416	STAS A 35	o	o	j	o	o	m	o	1	
417	STAS A 55A	v	o	o	o	j	m	o	1	154
418	STAS A 47	v	o	o	o	o	m	o	2	150
419	STAS A 46	l	o	o	1798	j	m	n	1	
420	STAS A 34	o	o	o	1781 ?	o	m	n	1	
421	STAS A 34	o	o	o	1789 ?	o	m	n	1	
422	STAS A 34	o	o	o	1789	o	m	n	2	
423	STAS A 55A	l	o	o	o	j	m	o	1	37
424	STAS A 65	o	o	o	o	o	o	o		
425	STAS A 55A	v	o	o	o	j	m	o	1	160
426	STAS A 52	o	o	j	o	j	m	o	1	
427	STAS A 67	o	o	o	o	o	m	o	1	260
428	STAS A 2123	o	27	o	o	j	m	o	1	
429	STAS A 2123	o	29	o	o	j	m	o	1	
430	STAS A 35	o	o	n	o	o	m	o	1	
431	STAS A 53	v	o	o	1800/01?	o	m	o	2	142
432	STAS A 48	o	o	j	o	o	m	o		
433	STAS A 53	l	o	o	1800/01?	o	m	o	2	181 1/2
434	STAS A 54	o	o	o	o	o	m	o	1	
435	STAS A 55A	v	o	o	o	o	m	o	1	77
436	STAS A 34	o	o	o	o	j	m	o	3	
437	STAS A 2032	o	o	o	o	o	m	o	1	
438	STAS A 914	o	33	o	o	o	m	n	1	148
439	STAS A 2029	o	o	o	o	o	m	o		
440	STAS A 31b	o	o	j	o	j	m	o	1	
441	STAS A 914	o	56	o	o	o	m	j, 600 Taler	1	65
442	STAS A 67	o	o	o	o	o	m	o	1	223
443	STAS A 914	o	40	o	o	o	m	n	2	113
444	STAS A 67	l	o	o	o	o	m	o	1	210
445	STAS A 1626	o	44	o	1798-05	o	m	o		
446	STAS A 46	l	o	o	1798	j	m	n	1	
447	STAS A 51	l	o	o	o	o	m	o	1	136 1/4
448	STAS A 47	v	o	o	o	j	m	o	1	121
449	STAS A 51	o	o	o	o	o	m	o	1	126
450	STAS A 35	o	o	n	o	o	m	o	1	
451	STAS A 2029	o	o	o	o	o	m	o		
452	STAS A 914	o	27	o	o	o	m	n	1	150
453	STAS A 34	o	o	o	o	j	m	o	4	
454	STAS A 2032	o	o	o	o	o	m	o	1	
455	STAS A 34	o	o	o	1778/79	j	m	o	2	

Supplement: Migranten-Datenbank (1749-1810)

	A	B	C	D
456	Groosse	Gottfried	Elberfeld	Berg
457	Groosse	Johann Carl	Elberfeld	Berg
458	Groote	Paul	N.N	N.N
459	Groote	Paul	Wupperfeld(?)	Berg
460	Groote	Paul	N.N	BERG
461	Groote	Pet.	N.N	N.N
462	Groote	Peter	N.N	GIMBORN
463	Groote	Peter	N.N	GIMBORN
464	Groote	Peter	N.N	GIMBORN
465	Grosse	Carl	N.N	N.N
466	Grosse	Joh. Carl	Elberfeld	Berg
467	Grunert	Joh. Friedr.	Mülheim/Rhein	Berg
468	Grunewald	Peter	N.N	N.N
469	Grunewald	Peter	Cronenberg	Berg
470	Grunewald	Peter	N.N	BERG
471	Grünewald	Pet.	N.N	BERG
472	Grünewald	Peter	N.N	BERG
473	Grutzloh (?)	Johann	Datteln	Münster Bst.
474	Gutzloh	Joh.	N.N	KÖLN EB
475	Gutzloh	Johann	Datteln	Münster Bst.
476	Gützloh	Joh.	N.N	N.N
477	Gützloh	Joh.	N.N	N.N
478	Gützloh	Johann Wilhelm	N.N	KÖLN EB
479	Haanau (?)	Chr.	N.N	N.N
480	Haardt	N.N	N.N	WITTGENSTEIN
481	Haardt	N.N	N.N	N.N
482	Haardt	N.N	N.N	N.N
483	Habecke	N.N	Breckerfeld	Mark (Berg, Ghzgt.)
484	Habicht	N.N	Breckerfeld	Mark (Berg, Ghzgt.)
485	Hackeler	N.N	N.N	N.N
486	Hackeler	W.	N.N	N.N
487	Hackenberg	Anthon	Lennep	Berg
488	Hackenberg	Anthon	N.N	BERG
489	Hackenberg	Anton	Lüttringhausen	Berg
490	Hackenberg	Anton	N.N	N.N
491	Hackenberg	Anton	N.N	N.N
492	Hackenberg	Anton	N.N	N.N
493	Hackenberg	Matthias	N.N	N.N
494	Hackenberg	N.N	Hückeswagen	Berg
495	Hackler	Wilh.	N.N	WITTGENSTEIN
496	Hageberg	Jorgen	Sprockhövel	Mark
497	Hagemeier	Franz	N.N	HESSEN
498	Hagemeier	Hans	N.N	N.N
499	Hagemeyer	Franz	N.N	HESSEN
500	Hagen v.	Henr. Wilh.	Lüdenscheid	Mark
501	Hagen v.	Wilh.	N.N	KÖLN EB
502	Hagen vom	Wilhelm	N.N	N.N
503	Hahn (?)	Friedr.	N.N	N.N
504	Hahn(e)	N.N	N.N	N.N
505	Hahne	Anton	N.N	N.N
506	Hahne	Dav.	N.N	N.N
507	Hahne	Johann Peter	Elberfeld	Berg
508	Hahne	Johann Peter	Elberfeld	Berg
509	Hahne	N.N	N.N	BERG
510	Hahne	Peter	Elberfeld	Berg
511	Hahne	Peter	N.N	N.N
512	Halfman	Daniel	N.N	BERG
513	Halfmann	Daniel	N.N	N.N
514	Hallo vom	Ambr.	N.N	N.N
515	Hamacher	Casp.	N.N	N.N
516	Hamel (?)	Christ.	Libenau	WALDECK
517	Hamerstein	Pet.	N.N	N.N
518	Hamerstein	Pet.	N.N	BERG
519	Hammann (?)	Heinrich	Barmen	Berg (Berg, Ghzgt.)
520	Hammel	Chr.	N.N	N.N

Supplement: Migranten-Datenbank (1749-1810)

	E	F	G	H
456	TBJ	1778/79	z	
457	TB	1766	z	Designation angesetzter Meister 1766
458	PCN	1769	z	5 Fuß, 5 Zoll groß, 1 Taler Contribution
459	PC / PH	1791	a	Tabelle der angesetzten u. abgegangenen Meister
460	PC + PCR	1774	z	
461	NC	1799	z	Einwohnerverzeichnis 1799: Ausländer im Haushalt
462	NC	1799	z	Bürgerrechtsgewinnung
463	NC	1798	z	Colonistentabelle 1798
464	Q	1798	z	
465	TB	1797	z	Einwohnerverzeichnis 1797: Ausländer im Haushalt
466	TBJ	1766/67	z	Designation fremder Familien
467	HB	1798	z	
468	Q	1807	z	(Liste der sich etablierten Bürger) Bürgereid 1801, Fremder
469	THG	1798	z	(Name gestrichen)
470	PCJ	1801.10.28	z	angekommene fremde Familien, Einzelperson 1801
471	PCJ	1801	z	Einwohnerverzeichnis 1801: zugezogen, aber kein Ausländer
472	PCJ	1801	z	Bürgerrechtsgewinnung
473	TAE	1776	z	Liste der zw. Mai 1776 und Okt.1776 angesetzten Colonisten
474	TAE	1777	z	Freijahre abgelaufen, keine Baugelder
475	TBJ	1776	z	
476	TAE	1776	z	Ausländer (Einwohner)
477	TB	1797	z	Einwohnerverzeichnis 1797: Ausländer im Haushalt
478	TB	1779	z	
479	LI	1805(?)	z	Einwohnerverzeichnis (um 1805): Ausländer im Haushalt
480	BC	1806.01.15	z	angekommene fremde Familien 1805
481	BC	1806	z	Einwohnerverzeichnis 1806: Ausländer im Haushalt
482	OCC	1797	z	Einwohnerverzeichnis 1797: Ausländer im Haushalt
483	Q	1807.06.02	z	Colonistenliste
484	W	1808	z	Liste der Ausländer 1808 (Extrakt)
485	VC	1806	z	Einwohnerverzeichnis 1806: Ausländer im Haushalt
486	Q	1807	z	(Liste der sich etablierten Bürger) Bürgereid 1806, Fremder
487	TJ	1781	a+	verstorben
488	TJ	1774	z	
489	SDB	1765/66	z	Designation fremder Familien
490	TJ	1769	z	5 Fuß, 3 Zoll groß, 1 Taler Contribution
491	M	1769.12.05	z	Liste d. Fabrikarbeiter, Ausländer (bei Casp. Mund)
492	Q	1776	z	
493	Q	1769	z	
494	TBN	1766	z	Designation angesetzter Meister 1766
495	Z	1806	z	(leistet den Bürgereid)
496	TB	1765	z	Designation angesetzter Meister 1765
497	TB	1798	z	Bürgerrechtsgewinnung
498	TB	1799	z	Einwohnerverzeichnis 1799: Ausländer im Haushalt
499	TB	1798	z	Colonistentabelle 1798
500	TH	1774	z	
501	TH	1777	z	Tabelle der zw. 1740 und 1777 etablierten Colonisten, Freijahre beendet
502	TH	1797	z	Einwohnerverzeichnis 1797: Ausländer im Haushalt
503	W	1801	z	Einwohnerverzeichnis 1801: Ausländer im Haushalt
504	A	1799	z	Einwohnerverzeichnis 1799: Ausländer im Haushalt
505	Q	1798	z	Geselle bei Joh. Peter Hahne
506	VFA	1805(?)	z	Einwohnerverzeichnis (um 1805): Ausländer im Haushalt
507	PI	1798	z	Bürgerrechtsgewinnung
508	PI	1798	z	Frau Petersen ist entfernt mit Hahne verwandt
509	PI	1797	z	Tabelle d. nach April 1797 angesetzten Colonisten
510	TAQ + LJ + PI	1800 ?	z	Colonistentabelle 1800
511	HB + PI	1801	z	Einwohnerverzeichnis 1801: Ausländer im Haushalt
512	Q	1764.04.16	z	Kopfsteuerliste, Einsprüche
513	OCBA	1769	z	5 Fuß, 1 Zoll groß, 30 Stb. Contribution
514	TBD	1805(?)	z	Einwohnerverzeichnis (um 1805): Ausländer im Haushalt
515	TJG	1769.12.05	z	Liste d. Fabrikarbeiter, Ausländer (bei Casp. Mund)
516	LI	1777	z	Liste der zw. 1.3 1777 und 30.9. 1777 angesetzten Colonisten
517	LJ	1791.03.17	z	Akziseregister, Freijahre laufen
518	LJ	1791.04.15	z	Tabelle d. zw. Okt. 1790 u. April 1791 angesetzten Colonisten
519	TBE	1810	z	Arbeiter, Gesellen, Knechte mit Handwerksbüchern
520	LI	1797	z	Einwohnerverzeichnis 1797: Ausländer im Haushalt

Supplement: Migranten-Datenbank (1749-1810)

	I	J	K	L	M	N	O	P	Q	R
456	STAS A 2029	o	o	o	o		o	m	o		
457	STAS A 25	o	o	o	o		o	m	o	1	
458	STAS A 914	l	52	o	o		o	m	n	1	75
459	STAS A 2029	o	o	o	o		o	m	o	1	
460	STAS A 2032	o	o	o	o		o	m	o	1	
461	STAS A 51	v	o	o	o		o	m	o	1	155
462	STAS A 48	o	o	j	o		o	m	o		
463	STAS A 46	l	o	o	1798		j	m	n	1	
464	STAS A 1626	o	o	o	o		o	m	o		
465	STAS A 47	v	o	o	o		o	m	o	1	219
466	STAS A 25	v	o	o	1766		o	m	n	2	
467	STAS A 1626	o	28	n	1795-10		o	m	o		
468	STAS A 61	o	o	j	1801		j	m	o	1	247
469	STAS A 1626	o	35	o	1786		o	m	o		
470	STAS A 54	o	o	o	o		o	m	o	1	
471	STAS A 53	l	o	o	1800/01?		o	m	o	1	70
472	STAS A 48	o	o	j	o		o	m	o		
473	STAS A 34	o	o	o	1776		j	m	n	1	
474	STAS A 34	o	o	o	o		j	m	o	2	
475	STAS A 2029	o	o	o	o		o	m	o		
476	STAS A 35	o	o	n	o		o	m	o	1	
477	STAS A 47	v	o	o	o		o	m	o	1	131
478	STAS A 35	o	o	j	o		o	m	o	1	
479	STAS A 55A	o	o	o	o		o	m	o	1	
480	STAS A 54	o	o	o	o		o	m	o	1	
481	STAS A 64	l	o	o	o		o	m	o	1	216
482	STAS A 47	v	o	o	o		o	m	o	1	59 1/2
483	STAS A 1647	o	o	o	o		n	f	o	1	
484	STAS A 67	v	o	o	o		o	f	o	1	227
485	STAS A 64	o	o	o	o		o	m	o	1	181 1/8
486	STAS A 61	o	o	j	1804		j	m	o	1	211
487	STAS A 2029	o	o	o	o		o	m	o		
488	STAS A 2032	o	o	o	o		o	m	o	1	
489	STAS A 25	v	o	o	1766		o	m	j	4	
490	STAS A 914	o	57	o	o		o	m	j, 200 Taler	1	22
491	STAS A 910	o	o	o	o		o	m	o	1	
492	STAS A 35	o	o	j	o		o	m	o	1	
493	STAS A 914	l	08	o	o		o	m	o	1	22
494	STAS A 25	o	o	o	o		o	m	o	1	
495	STAS A 52	o	o	j	o		j	m	o	1	
496	STAS A 25	o	o	o	o		o	m	o	1	
497	STAS A 48	o	o	j	o		o	m	o		
498	STAS A 51	v	o	o	o		o	m	o	1	133
499	STAS A 46	o	o	o	1798		j	m	n	1	
500	STAS A 2029	o	o	o	o		o	m	o		
501	STAS A 34	o	o	o	1740-77		j	m	o	1	
502	STAS A 47	w?	o	o	o		o	m	o	3	22
503	STAS A 53	v	o	o	1800/01?		o	m	o	1	136 1/2
504	STAS A 51	wwe	o	o	o		o	f	n	1	
505	STAS A 1626	o	20	n	1797		o	m	o		
506	STAS A 55A	v	o	o	o		o	m	o	1	137
507	STAS A 48	o	o	j	o		o	m	o		
508	STAS A 1626	o	28	j	1797		o	m	o		
509	STAS A 46	o	o	o	1797		j	m	o	1	
510	STAS A 46	o	o	o	1800 ?		o	m	o	2	
511	STAS A 53	v	o	o	1800/01?		o	m	o	4	4
512	STAS A 1131	o	o	o	o		o	m	o	1	
513	STAS A 914	o	46	o	o		o	m	n	1	86
514	STAS A 55A	v	o	o	o		o	m	o	1	89
515	STAS A 910	o	o	o	o		o	m	o	1	
516	STAS A 34	v	o	o	1777		j	m	o	1	
517	STAS A 1268	o	o	o	o		j	m	o	1	
518	STAS A 41	o	o	o	1790/91		o	m	n	1	
519	STAS A 2123	o	22	o	o		j	m	o	1	
520	STAS A 47	v	o	o	o		o	m	o	1	23

Supplement: Migranten-Datenbank (1749-1810)

	A	B	C	D
521	Hammel	Christ.	N.N	HESSEN-DARMSTADT
522	Hammer	Christian	N.N	N.N
523	Hammer	Fr.	N.N	WITTGENSTEIN
524	Hammer	Friedr.	N.N	N.N
525	Hammer	N.N	N.N	N.N
526	Hammerschmidt	Pet.	Solingen	Berg
527	Hammerschmidt	Peter	Solingen	Berg
528	Hammerstein	P.	Solingen	Berg
529	Hammes	Christ.	Hückeswagen	Berg
530	Hammes	Christian	N.N	N.N
531	Hangenberg	N.N	N.N	Berg (STEINBACH AMT)
532	Hardt	N.N	N.N	GIMBORN
533	Hardt	N.N	N.N	N.N
534	Harhaus	Joh. Engelb.	N.N	BERG (?)
535	Hartman	N.N	N.N	N.N
536	Hartmann	Salomon	St. Jéan	Frankreich?
537	Hase	Joh.	N.N	GIMBORN
538	Hase	Joh.	N.N	N.N
539	Hase	Joh.	N.N	N.N
540	Hase	Johann	N.N	GIMBORN
541	Hase	Johann	N.N	GIMBORN
542	Hase	Peter	N.N	BERG
543	Hase	Peter	N.N	N.N
544	Hasenclever	Pet.	N.N	BERG
545	Hattenhoff	Joh.	N.N	BERG
546	Heckener	Joseph	N.N	N.N
547	Hecker	Franz	Presburg	Ungarn
548	Hecker	Franz	Prishar (?)	UNGARN
549	Hecker	Franz	N.N	UNGARN
550	Hecker	Franz	Preßburg	Ungarn
551	Heckersbrock (?)	Peter	N.N	N.N
552	Heckingrath (?)	Wilh.	N.N	N.N
553	Heckner	Wiemar	N.N	N.N
554	Heed...(?) vom	Joh. Wilh.	N.N	N.N
555	Heedt vom	Wilh.	Cronenberg	Berg
556	Heedtkamp	Joh. Wilhelm	Mengede	Mark (Berg, Ghzgt.)
557	Hegeberg	Jürg.	Herbede	Mark
558	Heimelshaus	Joh. Georg	Darmstadt	Hessen-Darmstadt
559	Heimelshausen	Joh. Georg	Darmstadt	Hessen-Darmstadt
560	Heinerts	Christ. Friedr.	N.N	SACHSEN
561	Heinerts	Christ. Friedr.	N.N	SACHSEN
562	Heinertz	Christ.	N.N	SACHSEN
563	Heinrich	Gotfried	Halle	Ravensberg?
564	Heinrich	Gottfr.	N.N	N.N
565	Heinsel	N.N	N.N	N.N
566	Heinsen	Joh.	N.N	HESSEN
567	Heinsen	Johann	N.N	HESSEN
568	Heinsen	Johann	N.N	HESSEN
569	Heinsener /Heinsen	Joh.	N.N	N.N
570	Heldering	Joh.	N.N	N.N
571	Heldeweg	Joh.	N.N	N.N
572	Heldewich	Johann	N.N	HESSEN
573	Heldewich	Johann	N.N	SACHSEN
574	Heldewich	Johannes	N.N	HESSEN
575	Heller	G. E.	N.N	BERG
576	Heller	Henrich	N.N	N.N
577	Heller	Henrich	N.N	BERG
578	Heller	N.N	N.N	BERG
579	Heller	N.N	N.N	N.N
580	Helm	Hermann	N.N	N.N
581	Hencke	Andr.	N.N	KÖLN EB
582	Henerich	Gottfried	N.N	N.N
583	Hengs	Ludwig	Darmstadt	Hessen-Darmstadt
584	Hengst	Ludewich	Wetzlar	Reichsstadt
585	Hengst	Ludw.	N.N	N.N

345

Supplement: Migranten-Datenbank (1749-1810)

	E	F	G	H
521	LI	1777	z	
522	TAN	1769	z	5 Fuß, 5 Zoll groß, 30 Stüber Contribution
523	TH	1806	z	(leistet den Bürgereid)
524	Q	1807	z	(Liste der sich etablierten Bürger) Bürgereid 1806, Fremder
525	TH	1805(?)	z	Einwohnerverzeichnis (um 1805): Ausländer im Haushalt
526	LJ / SDB	1791	z	Tabelle der angesetzten u. abgegangenen Meister
527	LJ	1791.12.10	z	Bürgerrechtsgewinnung
528	TJ / TAI	1792	a	Tabelle der angesetzten u. abgegangenen Meister
529	TBF	1774	z	
530	Q	1776	z	Ausländer, konnte Quittung über Bürgergeld zeigen
531	BD	1804	z	angesetzte Colonisten 1804
532	BC	1806 (?)	z	Colonistenliste
533	BC	1805	z	
534	TAQ	1764/65 (?	z	Designation fremder Familien
535	FA + I	1797	z	Einwohnerverzeichnis 1797: Ausländer im Haushalt
536	NJ	1810	z	Arbeiter, Gesellen, Knechte mit Handwerksbüchern
537	BD	1806	z	(leistet den Bürgereid)
538	Q	1807	z	(Liste der sich etablierten Bürger) Bürgereid 1806, Fremder
539	BD	1806	z	Einwohnerverzeichnis 1806: Ausländer im Haushalt
540	BD	1806	z	kann sich ernähren
541	BD	1806	z	
542	BD	1806.01.15	z	angekommene fremde Familien 1805
543	BD	1805	z	
544	Q		z	(loser Zettel ohne Jahresangabe)
545	TAE	1774	z	
546	TBG	1769.12.05	z	Liste d. Fabrikarbeiter, Ausländer (bei Arnold Wylich)
547	TBI	1799	z	Bürgerrechtsgewinnung
548	TBI	1798	z	Colonistentabelle 1798
549	TBI (?)	1799	z	Colonistentabelle 1799
550	TBI	1798	z	keine Familie
551	Q	1769	z	5 Fuß 2 Zoll groß, 30 Stüber Contribution
552	BC	1776	z	Ausländer (Einwohner)
553	TBG	1769.12.05	z	Liste d. Fabrikarbeiter, Ausländer (bei Arnold Wylich)
554	HD	1765/66	z	Designation fremder Familien
555	HD	1774	a	
556	THG	1810	z	Arbeiter, Gesellen, Knechte mit Handwerksbüchern
557	TAE	1774	z	
558	BA	1786	z	Liste der zw. April 1786 u. Okt. 1786 angesetzten Colonisten
559	BH / BN	1786	z	Tabelle der angesetzten u. abgegangenen Meister
560	TB	1778	z	Liste der zw. April 1778 und 30.9.1778 angesetzten Colonisten
561	TBJ	1778	z	
562	TBJ	1781	a	
563	TBF	1790	z	Liste der zw. Okt. 1789 u. April 1790 angesetzten Colonisten
564	TBF	1797	z	Einwohnerverzeichnis 1797: Ausländer im Haushalt
565	TH	1806	z	Einwohnerverzeichnis 1806: Ausländer im Haushalt
566	TH	1798	z	Colonistentabelle 1798
567	TH	1798	z	Bürgerrechtsgewinnung
568	TH	1798	z	seit 6 Jahren Geselle in der Stadt, 3/4 J. Meister
569	TH	1799	z	Einwohnerverzeichnis 1799: Ausländer im Haushalt
570	W / A	1799	z	Einwohnerverzeichnis 1799: Ausländer im Haushalt
571	A	1797	z	Einwohnerverzeichnis 1797: Ausländer im Haushalt
572	TB	1780	z	Liste der zw. März 1780 u. 30.9. 1780 angesetzten Colonisten
573	TB	1779/80	z	
574	W	1798	z	hat einen Bruder im Mehrenberg (Name durchgestr.)
575	TAP + TAO	1800/01	z	Colonistentabelle 1800/01
576	Q	1807	z	(Liste der sich etablierten Bürger) Bürgereid 1801, Fremder
577	HB	1801	z	Bürgerrechtsgewinnung
578	TAPA	1801.10.28	z	angekommene fremde Familien 1801
579	HB	1801	z	Einwohnerverzeichnis 1801: Ausländer im Haushalt
580	TAEA	1769.12.05	z	Liste d. Fabrikarbeiter, Ausländer (bei Pet. H. Sternenberg)
581	PCF	1791.10.15	z	Tabelle d. zw. April u. Okt. 1791 angesetzten Colonisten
582	TBF	1785	a	Tabelle der angesetzten u. abgegangenen Meister
583	W	1781	z	Liste der zw. 15.4.1781 u. 15.10.1781 angesetzten Colonisten
584	W	1798	z	
585	W	1797	z	Einwohnerverzeichnis 1797: Ausländer im Haushalt

Supplement: Migranten-Datenbank (1749-1810)

	I	J	K	L	M	N	O	P	Q	R
521	STAS A 2029	o	o	o	o		o	m	o	
522	STAS A 914	o	56	o	o		o	m	n	1	149
523	STAS A 52	o	o	j	o		j	m	o	1	
524	STAS A 61	o	o	j	1804		j	m	o	1	
525	STAS A 55A	v	o	o	o		j	m	o	1	67
526	STAS A 2029	o	o		o	1791	o	m	o	1	
527	STAS A 41	o	o	j	o		j	m	o	1	
528	STAS A 2029	o	o	o	o		o	m	o	1	
529	STAS A 2032	o	o	o	o		o	m	o	1	
530	STAS A 35	o	o	j	o		o	m	o	1	
531	STAM NR A 6	o	o	o	o		o	m	o	3	
532	STAS A 1647	o	o	o	o		n	m	o	1	
533	STAS A 65	o	o	o	o		o	o	o		
534	STAS A 25	v	o		o	1765	o	m	j	3	
535	STAS A 47	v	o	o	o		o	m	o	2	173
536	STAS A 2123	o	26	o	o		j	m	o	1	
537	STAS A 52	o	o	j	o		j	m	o	1	
538	STAS A 61	o	o	j	1805		j	m	o	1	148
539	STAS A 64	v	o	o	o		o	m	o	1	109
540	STAS A 65	o	o	o	o		j	m	o		
541	STAS A 65	o	o	o	o		o	m	o		
542	STAS A 54	o	o	o	o		o	m	o	1	
543	STAS A 65	o	o	o	o		o	m	o		
544	STAS A 34	o	o	o	o		o	m	o	1	
545	STAS A 2032	o	o	o	o		o	m	o	1	
546	STAS A 910	o	o	o	o		o	m	o	1	
547	STAS A 48	o	o	j	o		o	m	o		
548	STAS A 46	o	o		o	1798	j	m	n	2	
549	STAS A 46	o	o		o	1799	o	m	n	2	
550	STAS A 1626	o	29	n	1796		o	m	o		
551	STAS A 914	o	53	o	o		o	m	n	1	201
552	STAS A 35	o	o	n	o		o	m	o	1	
553	STAS A 910	o	o	o	o		o	m	o	1	
554	STAS A 25	v	o		o	1765	o	m	o	3	
555	STAS A 2029	o	o	o	o		o	m	o		
556	STAS A 2123	o	17	o	o		j	m	o	1	
557	STAS A 2032	o	o	o	o		o	m	o	1	
558	STAS A 34	o	o		o	1786	j	m	n	1	
559	STAS A 2029	o	o		o	1786	o	m	o	1	
560	STAS A 34	o	o		o	1778	j	m	o	1	
561	STAS A 2029	o	o	o	o		o	m	o		
562	STAS A 2029	o	o	o	o		o	m	o		
563	STAS A 34	o	o		o	1789/90	j	m	n	1	
564	STAS A 47	v	o	o	o		o	m	o	2	170
565	STAS A 64	v	o	o	o		o	m	o	1	19
566	STAS A 46	l	o		o	1798	j	m	o	1	
567	STAS A 48	o	o	j	o		o	m	o		
568	STAS A 1626	o	23	n	1792		o	m	o		
569	STAS A 51	v	o	o	o		o	m	o	1	
570	STAS A 51	v	o	o	o		o	m	n	1	136 1/4
571	STAS A 47	v	o	o	o		o	m	n	1	136 1/4
572	STAS A 34	o	o		o	1780	j	m	o	4	
573	STAS A 2029	o	o	o	o		o	m	o		
574	STAS A 1626	o	45		o	1780	o	m	o		
575	STAS A 46	o	o		o	1800/01?	j	m	j	2	
576	STAS A 61	o	o	j		1801	j	m	o	1	118
577	STAS A 48	o	o	j	o		o	m	o		
578	STAS A 54	o	o	o	o		o	m	o	1	
579	STAS A 53	v	o		o	1800/01?	o	m	o	4	163
580	STAS A 910	v	o	o	o		o	m	o	1	
581	STAS A 41	o	o		o	1791	j	m	n	1	
582	STAS A 2029	o	o	o	o		o	m	o	1	
583	STAS A 34	o	o		o	1781	o	m	n	1	
584	STAS A 1626	o	50		o	1787	o	m	o		
585	STAS A 47	v	o	o	o		o	m	o	2	85

Supplement: Migranten-Datenbank (1749-1810)

	A	B	C	D
586	Hengst	Ludw.	N.N	N.N
587	Hengst	Ludwig	N.N	HESSEN
588	Hennick (= Henning)	W.	N.N	N.N
589	Henninck	N.N	N.N	KÖLN EB
590	Henrich	Gottfried	Unna	Mark
591	Henrich	Gottfried	Halle	Ravensberg?
592	Herberg	N.N	N.N	KÖLN EB
593	Herberg	Sebulon	N.N	N.N
594	Herckenradt	N.N	N.N	N.N
595	Herckenradt	W.	N.N	HOMBURG
596	Herckenradt	W.	N.N	N.N
597	Herckenradt	Wm.	N.N	HOMBURG
598	Herckenrath	Wilhelm	N.N	BERG
599	Herkenrader (?)	Pet.	N.N	N.N
600	Herkenrath	Johann Wilhelm	N.N	BERG
601	Herkingrath	Wilh.	N.N	BERG
602	Herkingrath	Wilhelm	N.N	BERG
603	Hermann	Alex	N.N	HESSEN
604	Hermann	Alex.	N.N	HESSEN
605	Hermann	Alex.	N.N	HESSEN
606	Hermann	Alexander	N.N	HESSEN
607	Hermann	N.N	N.N	HESSEN
608	Hermann	N.N	N.N	HESSEN
609	Hermes	Abraham	Elberfeld	Berg
610	Hermes	Abraham	Elberfeld	Berg
611	Hermes, sen.	Abr.	N.N	N.N
612	Hese	David	N.N	BERG
613	Hesse	Arnold	Elberfeld	Berg
614	Hesse	Christian Lorenz	N.N	BERG (Berg, Ghzgt.)
615	Hesse	Daniel	N.N	N.N
616	Hesse	Henr. Diedr.	N.N	N.N
617	Hesse	Henrich Diedrich	Dortmund	Reichsstadt
618	Hesse	Johann	Elberfeld	Berg
619	Hesse	Mathias	N.N	N.N
620	Hesse	Mathias	N.N	BERG
621	Hesse	Mathias	Elberfeld	Berg
622	Hesse	Mathias	N.N	BERG
623	Hesse	Mathias	Elberfeld	Berg
624	Hesse	Mathias	Elberfeld	Berg
625	Hesse	Zach.	N.N	BERG
626	Hesse	Zachar.	Elberfeld	Berg
627	Hesse	Zachar.	Dortmund	Reichsstadt
628	Hesse	Zacharias	N.N	N.N
629	Hesse, jun.	Mathias	Elberfeld	Berg
630	Hesse, jun.	N.N	Elberfeld	Berg
631	Hestert	Henr.	N.N	BERG
632	Heuman	Hend.	Elberfeld	Berg
633	Heune (?)	N.N	N.N	HOMBURG (?)
634	Hieby	Joh. Casp.	N.N	N.N
635	Hilbringhaus	N.N	N.N	BERG
636	Hildewerth	Johann	N.N	SACHSEN
637	Hilger	Philipp	Beienburg	Berg
638	Hilleringhaus	N.N	N.N	N.N
639	Hillringhaus	Georg	N.N	BERG
640	Hillringhaus	N.N	N.N	BERG
641	Himmen	Peter Wilh.	Lüdenscheid	Mark
642	Himmen vom	P.	N.N	N.N
643	Hingartner	Jacob	N.N	N.N
644	Hirsch	Peter	N.N	N.N
645	Hirsch	Peter	N.N	N.N
646	Hirsch	Peter	N.N	BERG
647	Hoffmann	Anna Maria	Lennep	Berg
648	Hoffmann	Joh.	N.N	BERG
649	Hoffmann	Johannes	N.N	Pfalz-ZWEIBRÜCKEN
650	Hoffmann	N.N	N.N	N.N

Supplement: Migranten-Datenbank (1749-1810)

	E	F	G	H
586	W	1801	z	Einwohnerverzeichnis 1801: zugezogen, aber kein Ausländer
587	TBJ	1782	z	Tabelle der angesetzten u. abgegangenen Meister
588	OCBA	1797	z	Einwohnerverzeichnis 1797: Ausländer im Haushalt
589	OCBA(?)	1798	z	
590	TAN	1789	z	Tabelle der angesetzten u. abgegangenen Meister
591	TB	1779/80	z	
592	PCH	1799	z	Colonistentabelle 1799
593	Z	1801	z	Einwohnerverzeichnis 1801: Ausländer im Haushalt
594	BC	1801	z	Einwohnerverzeichnis 1801: Ausländer im Haushalt
595	Q	1801	z	Einwohnerverzeichnis 1801: Ausländer im Haushalt
596	BC	1797	z	Einwohnerverzeichnis 1797: Ausländer im Haushalt
597	TAP	1801.10.28	z	angekommene fremde Familien 1801
598	Q	1781	z	Einlieger, will lieber Bürgergeld zahlen
599	A	1797	z	Einwohnerverzeichnis 1797: Ausländer im Haushalt, blind
600	BC	1781	z	
601	BC	1777	z	Tabelle der zw. 1740 und 1777 etablierten Colonisten, Freijahre beendet
602	BC	1776	z	Liste der zw. 1.10.1775 und 31.3.1776 angesetzten Colonisten
603	TB	1774	z	Tochter, 2 Jahre alt
604	TB	1777	z	die Freiheiten enden in zwei Jahren
605	TAE	1774	z	
606	TBJ / TAQ	1774	z	
607	TBI	1801.10.28	z	angekommene fremde Familien 1801
608	TBI	1801	z	Einwohnerverzeichnis 1801: Ausländer im Haushalt
609	NA	1780	z	Liste der zw. März 1780 u. 30.9. 1780 angesetzten Colonisten
610	NA	1779/80	z	
611	W	1797	z	Einwohnerverzeichnis 1797: Ausländer im Haushalt
612	W	1785	z	Liste der zw. Okt. 1784 u. April 1785 angesetzten Colonisten
613	TD	1776	z	Liste der Fabriken u. Manufakturen
614	TBI	1808	z	Liste der Ausländer 1808 (Extrakt)
615	W	1791	z/a	Liste der seit 1779 etabl. und wieder abgewanderten Colonisten
616	TD	1791	z/a	Liste der seit 1779 etabl. und wieder abgewanderten Colonisten
617	TD	1783	z	Liste der zw. Okt. 1782 u. April 1783 angesetzt. Colonisten
618	TJ	1782	a+	Tabelle der angesetzten u. abgegangenen Meister
619	Q	1777/78	z	Ausländer
620	TD	1783	z	General-Tabelle der Fabriquen u. Manufacturen 1783
621	TD	1777	z	Liste der Fabriken u. Manufakturen
622	TD	1793	z	Liste der Fabriken u. Manufakturen
623	TD	1776	z	Liste der zw. Mai 1776 und Okt.1776 angesetzten Colonisten
624	TAN / TAO	1776	z	
625	TD	1783	z	General-Tabelle der Fabriquen u. Manufacturen 1783
626	TD	1777	z	Tabelle der zw. 1740 und 1777 etablierten Colonisten, Freijahre laufen
627	TJ / TAI	1792	a	Tabelle der angesetzten u. abgegangenen Meister
628	Q	1777/78	z	Ausländer
629	TD	1777	z	Liste der zw. Okt. 1776 und April 1777 angesetzten Colonisten
630	TD	1777	z	Tabelle der zw. 1740 und 1777 etablierten Colonisten, Freijahre laufen
631	BD	1777	z	Tabelle der zw. 1740 und 1777 etablierten Colonisten, Freijahre beendet
632	TB	1765	z	Designation angesetzter Meister 1765
633	BD	1808	z	Liste der Ausländer 1808 (Extrakt)
634	HCQ	1799	z	Einwohnerverzeichnis 1799: Ausländer im Haushalt
635	TBO	1804	z	angesetzte Colonisten 1804
636	TBJ	1781	a	
637	W	1799	z	Knecht bei Braselmann
638	Q	1805	a	zieht weg
639	TBO + W	1804	z	Colonistentabelle 1804
640	W	1805(?)	z	Einwohnerverzeichnis (um 1805): Ausländer im Haushalt
641	TH	1792.11.03	z	Bürgerrechtsgewinnung, kein Ausländer
642	TH	1799	z	Einwohnerverzeichnis 1799: Ausländer im Haushalt
643	TBG	1769.12.05	z	Liste d. Fabrikarbeiter, Ausländer (bei Arnold Wylich)
644	TB	1776	z	(Einwohner) arm, seit 5 Jahren in Schwelm
645	Q	1772	z	
646	TAE	1774	z	
647	EC	1785	z	
648	TJA	1786	z	Liste der zw. Okt. 1785 u. April 1786 angesetzten Colonisten
649	Q	1798	z	Ehemann der Hebamme Hoffmann aus Lennep
650	TJA (?)	1806	z	Einwohnerverzeichnis 1806: Ausländer im Haushalt

Supplement: Migranten-Datenbank (1749-1810)

	I	J	K	L	M	N	O	P	Q	R
586	STAS A 53	v	o		o	1800/01?	o	m	o	2	84
587	STAS A 2029	o	o		o	1782	o	m	o	1	
588	STAS A 47	v	o		o	o	o	m	o	1	111
589	STAS A 1626	w	52		n	1791	o	o	o		
590	STAS A 2029	o	o		o	1789	o	m	o	1	
591	STAS A 2029	o	o		o	o	o	m	o		
592	STAS A 46	o	o		o	1799	o	m	n	2	
593	STAS A 53	v	o		o	1800/01?	o	m	o	1	166
594	STAS A 53	wwe	o		o	1800/01?	o	f	o	1	192
595	STAS A 53	l	o		o	1800/01?	o	m	o	1	94 (?)
596	STAS A 47	l	o		o	o	o	m	o	1	192
597	STAS A 54	o	o		o	o	o	m	o	1	
598	STAS A 35	o	o		j	o	o	m	o	1	
599	STAS A 47	v	o		o	o	o	m	n	1	110
600	STAS A 2049	o	o		o	o	o	m	o		
601	STAS A 34	o	o		o	1740-77	j	m	o	1	
602	STAS A 34	o	o		o	1776	j	m	n	1	
603	STAS A 34	o	o		o	o	j	m	n	2	
604	STAS A 34	o	o		o	o	j	m	o	4	
605	STAS A 2032	o	o		o	o	o	m	o	1	
606	STAS A 2029	o	o		o	o	o	m	o		
607	STAS A 54	o	o		o	o	o	m	o	1	
608	STAS A 53	v	o		o	o	o	m	o	1	158
609	STAS A 34	o	o		o	1780	j	m	o	3	
610	STAS A 2029	o	o		o	o	o	m	o		
611	STAS A 47	v	o		o	o	o	m	o	1	80
612	STAS A 34	o	o		o	1784/85	j	m	n	2	
613	STAS A 2024	o	o		o	o	o	m	o	1	
614	STAS A 67	v	o		o	o	o	m	o	2	128
615	STAS A 34	o	o		o	1785 ?	o	m	n	1	
616	STAS A 34	o	o		o	1782 ?	o	m	n	1	
617	STAS A 34	o	o		o	1782/83	j	m	n	1	
618	STAS A 2029	o	o		o	o	o	m	o	1	
619	STAS A 35	o	o		j	o	o	m	o	1	
620	STAS A 2024	o	o		o	1776	o	m	o	1	
621	STAS A 2024	o	o		o	o	o	m	o	1	
622	STAS A 2024	o	o		o	o	o	m	o	1	
623	STAS A 34	v	o		o	1776	j	m	o	10	
624	STAS A 2029	o	o		o	o	o	m	o		
625	STAS A 2024	o	o		o	1776	o	m	o	1	
626	STAS A 34	o	o		o	1740-77	j	m	o	4	
627	STAS A 2029	o	o		o	o	o	m	o	1	
628	STAS A 35	o	o		j	o	o	m	o	1	
629	STAS A 34	v	o		o	1776/77	o	m	j	2	
630	STAS A 34	o	o		o	1740-77	j	m	o	2	
631	STAS A 34	o	o		o	1740-77	j	m	o	5	
632	STAS A 25	o	o		o	o	o	m	o	1	
633	STAS A 67	v	o		o	o	o	m	o	1	154
634	STAS A 51	v	o		o	o	o	m	o	4	
635	STAM NR A 6	o	o		o	o	o	m	o	1	
636	STAS A 2029	o	o		o	o	o	m	o		
637	STAS A 48	o	o		o	o	n	m	o		
638	STAS A 65	o	o		o	o	o	o	o		
639	STAS A 46	o	o		o	1804 ?	j	m	o	1	
640	STAS A 55A	wwe	o		o	o	o	f	o	1	87
641	STAS A 41	o	o		j	o	j	m	o	1	
642	STAS A 51	v	o		o	o	o	m	o	2	154
643	STAS A 910	o	o		o	o	o	m	o	1	
644	STAS A 35	o	o		n	1771	o	m	o	1	
645	STAS A 34	o	o		o	o	o	m	o	1	
646	STAS A 2032	o	o		o	o	o	m	o	1	
647	STAS 1713	v	o		o	o	o	f	o		
648	STAS A 34	o	o		o	1785/86	j	m	n	4	
649	STAS A 1626	v	44		j	1785	o	m	o		
650	STAS A 64	v	o		o	o	o	m	o	2	21

Supplement: Migranten-Datenbank (1749-1810)

	A	B	C	D
651	Hoffmann	Pet.	N.N	N.N
652	Hoffmann	Peter	N.N	BERG
653	Hofmann	Johannes	Zweibrücken	Pfalz-Zweibrücken
654	Hogar	Peter	Meinerzhagen	Mark
655	Hogard	Peter	N.N	N.N
656	Hohagen	Peter	N.N	BERG
657	Hohhager	Peter	N.N	N.N
658	Hohlwein	N.N	N.N	N.N
659	Hohwein	Joh.	N.N	NASSAU-DIEZ
660	Hohwein	Joh.	Siegen	Nassau-Siegen
661	Hohwein	Johann	Siegen	Nassau-Siegen
662	Hoing	Wilh.	N.N	N.N
663	Holterhoff	Peter	N.N	BERG
664	Holthoff	Joseph	N.N	RECKLINGHAUSEN Vest
665	Holthoff (?)	Joseph	Waltrop	Recklinghausen Vest
666	Holtkotte	Diedr.	Recklinghausen	Recklinghausen Vest (Arenberg)
667	Holtkotte	Joh. D.	N.N	N.N
668	Holtkotte	Jos.	N.N	N.N
669	Holtnotte	Joseph	N.N	KÖLN EB
670	Homberg	Friedrich	N.N	HESSEN
671	Hondschet	Diedr.	Bochum	Mark
672	Hubbert	N.N	N.N	N.N
673	Hubbert	Wilhelm	Castrop	Mark
674	Hubert	Carl	Castrop	Mark
675	Hubert	Carl	N.N	N.N
676	Hubert	Carl	N.N	N.N
677	Hubert	Carl	Castrop	Mark
678	Hubert	Carl	Castrop	Mark
679	Hubert	Wilh.	N.N	BERG
680	Hubert	Wilh.	Castrop	Mark
681	Hubert	Wilh.	N.N	N.N
682	Hubert	Wilhelm	N.N	N.N
683	Huffelmann (Husselm.(?)	Carl	Hamm	Mark (Berg, Ghzgt.)
684	Hulsenbeck	Friedr.	Hamm (?)	Mark (Berg, Ghzgt.)
685	Hülsenbeck	Adolph	N.N	N.N
686	Hülsenbeck	N.N	N.N	N.N
687	Hülsenbeck	N.N	N.N	N.N
688	Hulsenbern	N.N	N.N	LIMBURG, Grf.
689	Hunberg	Johann	Solingen	Berg
690	Huncke	Christian	Lüdenscheid	Mark
691	Hunenberg (?)	Anton	Lennep	Berg
692	Hungenberg	Joh. Georg	N.N	Berg (STEINBACH AMT)
693	Hunnekrutter (?)	Friedr.	N.N	N.N
694	Hünninghaus	Friederica	N.N	BERG (Ghzgt.)
695	Huschemengede (?)	N.N	N.N	N.N
696	Hüsenbeck	N.N	N.N	LIMBURG Grf.
697	Hüsken /Huschen	Friedr.	N.N	N.N
698	Huskenmengede	N.N	N.N	WITTGENSTEIN
699	Huskenmengers (?)	N.N	N.N	WITTGENSTEIN
700	Hüsnenmengede	N.N	N.N	WITTGENSTEIN
701	Husselmann	Georg (?) Wilh.	Hamm	Mark
702	Husselmann	Georg (?) Wilh.	Hamm	Mark
703	Huster	Bernh.	N.N	N.N
704	Huster	Bernhard	Beyenburg	Berg
705	Huster	Everhard	N.N	N.N
706	Huster	Henrich	N.N	N.N
707	Hustert	Bernh.	N.N	BERG
708	Hustert	Bernh.	N.N	N.N
709	Hustert	Eberh.	N.N	BERG
710	Hustert	W.	N.N	N.N
711	Hutmann	Joh.	Cleve	Cleve
712	Huttemann	Johann Diedrich	N.N	BODELSCHWING
713	Hüttemann	Joh.	N.N	N.N
714	Hüttenhoff	N.N	N.N	N.N
715	Huttmann	Johann	Cleve	Cleve

351

Supplement: Migranten-Datenbank (1749-1810)

	E	F	G	H
651	EC	1797	z	Einwohnerverzeichnis 1797: Ausländer im Haushalt
652	TJ	1786	z	Tabelle der angesetzten u. abgegangenen Meister
653	Q	1790.08.21	z	Bürgerrechtsgewinnung
654	NI	1806	z	(leistet den Bürgereid)
655	Q	1807	z	(Liste der sich etablierten Bürger) Bürgereid 1806, Fremder
656	NI	1806.01.15	z	angekommene fremde Familien 1805
657	NI	1805	z	
658	TF	1797	z	Einwohnerverzeichnis 1797: Ausländer im Haushalt
659	JAF	1777	z	die Freijahre laufen noch, keine Baugelder
660	JAF	1776	z	
661	JAF	1776	z	Liste der zw. Mai 1776 und Okt.1776 angesetzten Colonisten
662	Q	1807	z	(Liste der sich etablierten Bürger) Bürgereid 1806, Fremder
663	W	1777	z	Freijahre abgelaufen, keine Baugelder
664	TH	1798	z	Bürgerrechtsgewinnung
665	TH	1798	z	beruft sich auf den Hausherrn als Bürgen
666	LI	1808	z	Liste der Ausländer 1808 (Extrakt)
667	Q	1807	z	(Liste der sich etablierten Bürger) Bürgereid 1806, Fremder
668	TH	1799	z	Einwohnerverzeichnis 1799: Ausländer im Haushalt
669	TH	1798	z	Colonistentabelle 1798
670	W	1789	z	Liste der zw. April 1789 u. Okt. 1789 angesetzten Colonisten
671	TAE	1774	z	
672	LI	1805	z	hilfsbedürftige Ausländer, "sehr arm" "Unterstützung nothw."
673	TAQ	1784	z	(wird Bürger)
674	Q	1786	z	(wird Bürger)
675	LF	1769	z	5 Fuß, 6 Zoll groß, 30 Stüber Contribution
676	LF	1764.02.13	z	Kopfsteuerliste, 9. Klasse
677	LI / LF	1786	z	Tabelle der angesetzten u. abgegangenen Meister
678	LI / LF	1789	z	Tabelle der angesetzten u. abgegangenen Meister
679	LI	1784	z	Liste der zw. April 1784 u. Okt. 1784 angesetzten Colonisten
680	LI	1784	z	Tabelle der angesetzten u. abgegangenen Meister
681	LI / LF	1786	a	Tabelle der angesetzten u. abgegangenen Meister
682	LI	1791	z/a	Liste der seit 1779 etabl. und wieder abgewanderten Colonisten
683	Q	1807	z	(Liste der sich etablierten Bürger) Bürgereid 1802
684	HB	1808	z	Liste der Ausländer 1808 (Extrakt)
685	HB	1797	z	Einwohnerverzeichnis 1797: Ausländer im Haushalt
686	Q	1797	z	Einwohnerverzeichnis 1797: Ausländer im Haushalt
687	OBE	1808	z	Liste der Ausländer 1808 (Extrakt)
688	HB	1779/80	z	
689	PC / PH	1775	z	
690	BH / BN	1778/79	z	
691	TJ	1777	z	die Freiheiten enden in drei Jahren
692	BD	1804	z	Colonistentabelle 1804
693	SH	1764.02.13	z	Kopfsteuerliste, ohne Klasse
694	TF	1808	z	Liste der Ausländer 1808 (Extrakt)
695	Q	1807	z	(Liste der sich etablierten Bürger) Bürgereid 1801, Fremder
696	HA	1780	z	Liste der zw. März 1780 u. 30.9. 1780 angesetzten Colonisten
697	TQ	1801	z	Einwohnerverzeichnis 1801: Ausländer im Haushalt
698	BD	1801.10.28	z	angekommene fremde Familien 1801
699	BDM	1801	z	Bürgerrechtsgewinnung
700	BD	1801	z	Einwohnerverzeichnis 1801: Ausländer im Haushalt
701	HB	1802	z	(leistet den Bürgereid)
702	HB	1802.07.07	z	gewinnt das Bürgerrecht
703	TBG	1769.12.05	z	Liste d. Fabrikarbeiter, Ausländer (bei Arnold Wylich)
704	TAH	1774	z	Liste der Manufacturiers
705	BD	1769	z	5 Fuß, 1 Zoll groß, 30 Stb. Contribution
706	BD	1769	z	5 Fuß, 1 Zoll groß, 30 Stb. Contribution
707	TAH	1777	z	die Freiheiten enden in zwei Jahren
708	W	1797	z	Einwohnerverzeichnis 1797: Ausländer im Haushalt
709	TAI	1777	z	die Freijahre sind zu Ende, keine Baugelder
710	BD	1797	z	Einwohnerverzeichnis 1797: Ausländer im Haushalt
711	BH / BN	1783	a	Tabelle der angesetzten u. abgegangenen Meister
712	TBH	1797	z	Bürgerrechtsgewinnung
713	TB	1797	z	Einwohnerverzeichnis 1797: Ausländer im Haushalt
714	TAB	1769.12.05	z	Liste d. Fabrikarbeiter, Ausländer (bei Pet. H. Sternenberg)
715	BH / BN	1781	z	

Supplement: Migranten-Datenbank (1749-1810)

	I	J	K	L	M	N	O	P	Q	R
651	STAS A 47	v	o	o	o		o	m o	5	18
652	STAS A 2029	o	o	o	1786		o	m o	1	
653	STAS A 41	o	o	j	o		j	m o	1	
654	STAS A 52	o	o	j	o		j	m o	1	
655	STAS A 61	o	o	j	1806		j	m o	1	228
656	STAS A 54	o	o	o	o		o	m o	1	
657	STAS A 65	o	o	o	o		o	m o		
658	STAS A 47	wwe	o	o	o		o	f o	1	215
659	STAS A 34	o	o	o	o		j	m o	2	
660	STAS A 2029	o	o	o	o		o	m o		
661	STAS A 34	o	o	o	1776		j	m n	1	
662	STAS A 61	o	o	j	1806		j	m o	1	221
663	STAS A 34	o	o	o	o		j	m o	5	
664	STAS A 48	o	o	j	o		o	m o		
665	STAS A 1626	v	24	n	1795		n	m o		
666	STAS A 67	o	o	o	o		o	m o	1	161
667	STAS A 61	o	o	j	1806		j	m o	1	161
668	STAS A 51	v	o	o	o		o	m o	1	143
669	STAS A 46	o	o	o	1798		j	m n	1	
670	STAS A 34	o	o	o	1789		o	m n	2	
671	STAS A 2032	o	o	o	o		o	m o	1	
672	STAS A 2112	o	o	o	o		o	m n	1	
673	STAS A 35	o	o	j	o		o	m o	1	
674	STAS A 35	o	o	j	o		o	m o	1	
675	STAS A 914	o	40	o	o		o	m n	1	156
676	STAS A 1131	o	o	o	o		o	m n	1	
677	STAS A 2029	o	o	o	1786		o	m o	1	
678	STAS A 2029	o	o	o	1789		o	m o	1	
679	STAS A 34	o	o	o	1784		j	m n	1	
680	STAS A 2029	o	o	o	1784		o	m o	1	
681	STAS A 2029	o	o	o	o		o	m o	1	
682	STAS A 34	o	o	o	1784 ?		o	m n	1	
683	STAS A 61	o	o	j	1802		j	m o	1	223
684	STAS A 67	o	o	o	o		o	m o	1	
685	STAS A 47	v	o	o	o		o	m o	1	194
686	STAS A 47	wwe	o	o	o		o	f o	1	175
687	STAS A 67	wwe	o	o	o		o	f o	1	265
688	STAS A 2029	o	o	o	o		o	o o		
689	STAS A 2029	o	o	o	o		o	m o		
690	STAS A 2029	o	o	o	o		o	m o		
691	STAS A 34	o	o	o	o		j	m j, 300 Taler	3	
692	STAS A 46	o	o	o	1804 ?		j	m o	2	
693	STAS A 1131	o	o	o	o		j	m o	1	
694	STAS A 67	o	o	o	o		o	f o	1	38
695	STAS A 61	o	o	j	1801		j	m o	1	118
696	STAS A 34	v	o	o	1780		j	m j, 40000 T +	2	
697	STAS A 53	v	o	o	1800/01?		o	m o	1	24
698	STAS A 54	o	o	o	o		o	m o	1	
699	STAS A 48	o	o	j	o		o	m o		
700	STAS A 53	v	o	o	1800/01?		o	m o	1	2
701	STAS A 52	o	o	j	o		j	m o	1	
702	STAS A 52	o	o	j	o		j	m o	1	
703	STAS A 910	o	o	o	o		o	m o	1	
704	STAS A 2032	o	o	o	o		o	m o	1	
705	STAS A 914	o	65	o	o		o	m n	2	111
706	STAS A 914	o	36	o	o		o	m n	1	170
707	STAS A 34	o	o	o	o		j	m n	2	
708	STAS A 47	v	o	o	o		o	m o	1	40
709	STAS A 34	o	o	o	o		j	m o	3	
710	STAS A 47	v	o	o	o		o	m o	1	108
711	STAS A 2029	o	o	o	o		o	m o		
712	STAS A 48	o	o	j	o		o	m o		
713	STAS A 47	v	o	o	o		o	m o	1	132
714	STAS A 910	v	o	o	o		o	m o	1	
715	STAS A 2029	o	o	o	o		o	m o		

Supplement: Migranten-Datenbank (1749-1810)

	A	B	C	D
716	Hymmen	Pet. W.	Lüdenscheid	Mark
717	Hyrsch	Peter	Gemarke	Berg
718	Igel (?)	Antonius	N.N	LÜTTICHER LAND
719	Isaac	Selig	Schmalnau	WESTFALEN KGR.
720	Isen	Antonius	N.N	LÜTTICHER LAND
721	Jacob	Anschel	Bochum	Mark
722	Jaeger	Joh.	N.N	N.N
723	Jaeger	Ludwig	Eberschütz	Hessen-Kassel (Westfalen, Kg.)
724	Jager	Joh. H.	N.N	BERG
725	Jäger	Johann	N.N	N.N
726	Jager/Jaeger	Joh.	N.N	N.N
727	Jansen	Wilhelm	N.N	N.N
728	Jansen	Wilhelm	N.N	BRABANT
729	Janssen	Friedr.	N.N	N.N
730	Janssen	Friedrich	N.N	BERG
731	Janssen	Friedrich	Cronenberg	Berg
732	Janssen	Friedrich	Cronenberg	Berg
733	Janssen	Henr.	Elberfeld	Berg
734	Janssen	Henrich	Elberfeld	Berg
735	Janssen	N.N	Elberfeld	Berg
736	Jockel (?)	Caspar	N.N	N.N
737	Jockel (?)	Herman	N.N	N.N
738	Joel	Conrad	N.N	N.N
739	Joel	Conrad	N.N	N.N
740	Joel	Conrad	N.N	HESSEN
741	Johann	N.N	Limburg/Lahn	Limburg Herrsch.
742	John	N.N	N.N	N.N
743	John	N.N	Haug (?)	(?)
744	Jonckhaus	Wilhelm	N.N	N.N
745	Jonkhaus	Wilh.	Gemarke	Berg
746	Joseph	Herz	N.N	N.N
747	Joseph	Herz	Marburg	Hessen-Kassel
748	Jost	Anton	N.N	N.N
749	Jost	Joh.	N.N	BERG
750	Joung (?)	Henr.	N.N	BERG
751	Juda	Marcus	Fuschenbach	Wittgenstein
752	Juda	Marcus	N.N	WITTGENSTEIN
753	Juel (?)	Conrad	N.N	HESSEN
754	Jung	Joh. G.	N.N	N.N
755	Jungbluth	Christ.	N.N	N.N
756	Junghaus	Wilh.	N.N	BERG
757	Kaa...	Johann Henrich	N.N	BERLEBURG (?)
758	Kaempf/Kempf	Gottl.	N.N	N.N
759	Kainhorst (?)	Henrich	Beckum Amt	Münster Bst.
760	Kalbfus	Joseph	N.N	N.N
761	Kalbfus	Joseph	Recklinghausen	Recklinghausen Vest
762	Kalckhoff	W.	N.N	N.N
763	Kalckhoff	Wilh.	N.N	BERG
764	Kalle	Martin	Dortmund	Reichsstadt
765	Kalle	Martin	N.N	N.N
766	Kalle	Martin	Dortmund	Reichsstadt
767	Kalthoff	Henr.	Volmarstein	Mark
768	Kampe	Henr.	N.N	N.N
769	Kampf	Johann Gottlieb	Danzig	Preußen
770	Kampffmann	Gottfr.	N.N	N.N
771	Kampmann	Chr.	N.N	N.N
772	Kardenal	N.N	N.N	N.N
773	Kaumann	N.N	N.N	N.N
774	Kaumann	W.	Mainz (?) Neuss (?)	(?)
775	Kaumann	Wilh.	N.N	N.N
776	Kaumann	Wilh.	N.N	HESSEN
777	Kaumann (?)	W.	N.N	N.N
778	Kayser	N.N	N.N	N.N
779	Keidel	N.N	N.N	N.N
780	Keitel	Adam	N.N	N.N

Supplement: Migranten-Datenbank (1749-1810)

	E	F	G	H
716	TH	1792	z	Tabelle der angesetzten u. abgegangenen Meister
717	TB	1772	z	Geselle im Bergischen, 10 Jahre lang
718	Z	1798	z	keine Familie
719	NJ	1810	z	Arbeiter, Gesellen, Knechte mit Handwerksbüchern
720	Q	1799	z	Bürgerrechtsgewinnung
721	HC	1780	z	Jude, Ansetzung
722	ED	1797	z	Einwohnerverzeichnis 1797: Ausländer im Haushalt
723	TAJ	1810	z	Arbeiter, Gesellen, Knechte mit Handwerksbüchern
724	Q	1764.04.16	z	Kopfsteuerliste, Einsprüche
725	ED	1769	z	10 Taler Contribution
726	ED	1801	z	Einwohnerverzeichnis 1801: Ausländer im Haushalt
727	Q	1749	a	aus der Stadt ins Hochgericht gezogen
728	SH	1749	z	kommt mit Frau
729	PCJ	1791	z/a	Liste der seit 1779 etabl. und wieder abgewanderten Colonisten
730	PCJ	1781	z	Liste der zw. 15.4.1781 u. 15.10.1781 angesetzten Colonisten
731	PC / PH	1782	a	Tabelle der angesetzten u. abgegangenen Meister
732	PC / PH	1781	z	
733	TAE	1777	z	Tabelle der zw. 1740 und 1777 etablierten Colonisten, Freijahre beendet
734	TBJ	1775	z	
735	TAE	1775	z	
736	Q	1769	z	
737	SAB	1769	z	5 Fuß, 9 Zoll groß
738	TAE	1769	z	5 Fuß, 4 Zoll groß, 30 Stüber Contribution
739	Q	1769	z	Bürgerrechtsgewinnung
740	TAE	1774	z	
741	THG	1798	z	(Name durchgestrichen)
742	SE	1791	z/a	Liste der seit 1779 etabl. und wieder abgewanderten Colonisten
743	SE	1780	z	Liste der zw. März 1780 u. 30.9. 1780 angesetzten Colonisten
744	Q	1769	z	14 Taler Contribution, gebrechlich
745	HD	1775	a+	verstorben
746	Q	1797	z	Einwohnerverzeichnis 1797: Ausländer im Haushalt, Schutzjude
747	K	1798	z	Knecht d. Schutzjuden Marcus Juda, will Tochter heiraten
748	TBG	1769.12.05	z	Liste d. Fabrikarbeiter, Ausländer (bei Arnold Wylich)
749	VC	1806	z	Einwohnerverzeichnis 1806: Ausländer im Haushalt
750	JEB	1777	z	die Freijahre sind zu Ende, keine Baugelder
751	HC	1771	z	Jude, Ansetzung
752	HB	1777	z	Jude, keine Baugelder erhalten, Freiheiten enden in 2 Jahren (?)
753	TBJ / TAQ	1775	a+	verstorben
754	JEB	1772	z	
755	Q	1807	z	(Liste der sich etablierten Bürger) Bürgereid 1806, Fremder
756	HD	1764.04.16	z	Kopfsteuerliste, Einsprüche
757	TH	1797	z	Bürgerrechtsgewinnung
758	SDB	1797	z	Einwohnerverzeichnis 1797: Ausländer im Haushalt
759	LI	1799	z	Bürgerrechtsgewinnung
760	TAE	1769	z	5 Fuß, 5 Zoll groß, 30 Stüber Contribution
761	TAE	1774	z	
762	A	1797	z	Einwohnerverzeichnis 1797: Ausländer im Haushalt
763	SAN	1777	z	die Freiheiten enden in drei Jahren
764	SDB	1786	z	(wird Bürger)
765	SDB	1791	z/a	Liste der seit 1779 etabl. und wieder abgewanderten Colonisten
766	SDB	1785	z	Liste der zw. April 1785 u. Okt. 1785 angesetzten Colonisten
767	NA / NC	1777	z	
768	TAC	1769.12.05	z	Liste d. Fabrikarbeiter, Ausländer (bei Pet. H. Sternenberg)
769	SDB	1798	z	keine Verwandten
770	TH	1764.02.13	z	Kopfsteuerliste, 7. Klasse
771	PA	1797	z	Einwohnerverzeichnis 1797: Ausländer im Haushalt
772	TB	1808	z	Liste der Ausländer 1808 (Extrakt)
773	TC	1805	z	
774	TC	1806	z	(leistet den Bürgereid)
775	Q	1807	z	(Liste der sich etablierten Bürger) Bürgereid 1806, Fremder
776	TC	1806.01.15	z	angekommene fremde Familien 1805
777	TC	1806	z	Einwohnerverzeichnis 1806: Ausländer im Haushalt
778	FA	1797	z	Einwohnerverzeichnis 1797: Ausländer im Haushalt
779	Q	1805	a	
780	TAE	1769	z	5 Fuß, 1 Zoll groß, 30 Stb. Contribution

355

Supplement: Migranten-Datenbank (1749-1810)

	I	J	K	L	M	N	O	P	Q	R
716	STAS A 2029	o	o	o	1792	o	m	o	1	
717	STAS A 2029	o	o	o	o	o	m	o		
718	STAS A 1626	o	30	n	1789	o	m	o		
719	STAS A 2123	o	36	o	o	j	m	o	1	
720	STAS A 48	o	o	j	o	o	m	o		
721	STAS A 1617	l	o	o	o	j	m	j	1	
722	STAS A 47	ww?	o	o	o	o	m	o	1	46
723	STAS A 2123	o	40	o	o	j	m	o	1	
724	STAS A 1131	o	o	o	o	o	m	o	1	
725	STAS A 914	o	45	o	o	o	m	j, 100 Taler	1	47
726	STAS A 53	ww?	o	o	o	o	m	o	2	46
727	STAS A 24	o	o	o	o	o	m	o		
728	STAS A 24	v	o	o	1742	o	m	o	5	
729	STAS A 34	o	o	o	1781 ?	o	m	n	1	
730	STAS A 34	v	o	o	1781	o	m	n	1	
731	STAS A 2029	o	o	o	o	o	m	o	1	
732	STAS A 2029	o	o	o	o	o	m	o		
733	STAS A 34	o	o	o	1740-77	j	m	o	2	
734	STAS A 2029	o	o	o	o	o	m	o		
735	STAS A 34	o	o	o	o	j	m	n	1	
736	STAS A 914	l	10	o	o	o	m	o	1	141
737	STAS A 914	o	60	o	o	o	m	n	1	141
738	STAS A 914	o	40	o	o	o	m	n	1	134
739	STAS A 31b	o	o	j	o	j	m	o	1	
740	STAS A 2032	o	o	o	o	o	m	o	1	
741	STAS A 1626	o	44/45	n	1798	o	o	o		
742	STAS A 34	o	o	o	1780 ?	o	f	j	1	
743	STAS A 34	o	o	o	1780	o	f	j	2	
744	STAS A 914	o	50	o	o	o	m	j, 400 Taler	1	66
745	STAS A 2029	o	o	o	o	o	m	o		
746	STAS A 47	v	o	o	o	o	m	o	1	42
747	STAS A 1626	o	40	j	1780	o	m	o		
748	STAS A 910	o	o	o	o	o	m	o	1	
749	STAS A 64	v	o	o	o	o	m	o	4	182 1/2
750	STAS A 34	o	o	o	o	j	m	o	6	
751	STAS A 1610	o	36	o	o	j	m	j	1	
752	STAS A 34	o	o	o	o	j	m	j, 1600 T.	7	
753	STAS A 2029	o	o	o	o	o	m	o		
754	STAS A 34	o	o	o	o	j	m	o	1	
755	STAS A 61	o	o	j	1804	j	m	o	1	
756	STAS A 1131	o	o	o	o	o	m	j, gering	1	
757	STAS A 48	o	o	j	o	o	m	o		
758	STAS A 47	v	o	o	o	o	m	o	1	44
759	STAS A 48	o	o	j	o	o	m	o		
760	STAS A 914	o	30	o	o	o	m	n	1	25
761	STAS A 2032	o	o	o	o	o	m	o	1	
762	STAS A 47	v	o	o	o	o	m	n	1	136
763	STAS A 34	o	o	o	o	j	m	o	4	
764	STAS A 35	o	o	j	o	o	m	o	1	
765	STAS A 34	o	o	o	1785 ?	o	m	n	1	
766	STAS A 34	o	o	o	1785	j	m	o	1	
767	STAS A 2029	o	o	o	o	o	m	o		
768	STAS A 910	l	o	o	o	o	m	o	1	
769	STAS A 1626	o	37	o	1790	o	m	o		
770	STAS A 1131	o	o	o	o	o	m	o	1	
771	STAS A 47	v	o	o	o	o	m	o	1	47 1/2
772	STAS A 67	o	o	o	o	o	m	o	1	150
773	STAS A 65	o	o	o	o	o	o	o		
774	STAS A 52	o	o	j	o	j	m	o	1	
775	STAS A 61	o	o	j	1806	j	m	o	1	116
776	STAS A 54	o	o	o	o	o	m	o		
777	STAS A 64	v	o	o	o	o	m	o	2	218
778	STAS A 47	wwe	o	o	o	o	f	o	1	26
779	STAS A 65	o	o	o	o	o	m	o		
780	STAS A 914	o	33	o	o	o	m	n	1	154

Supplement: Migranten-Datenbank (1749-1810)

	A	B	C	D
781	Keitel	Adam	N.N	N.N
782	Keitel	Adam	N.N	HESSEN
783	Keitel	Adam	Würzburg	Würzburg Hochstift
784	Kelchterman	Simon	N.N	LÜTTICHER LAND
785	Kelchtermann	Simon	N.N	LÜTTICHER LAND
786	Keller	Jacob	N.N	N.N
787	Keller	Jacob	N.N	GIMBORN
788	Keller	Jacob	N.N	OBERBERG
789	Kempf	Johann Gottlieb	Danzig	Preußen
790	Kempf	Johann Gottlieb	Danzig	Preußen
791	Kempf	N.N	Danzig	Preußen
792	Kempf (Kämph)	Fr.	N.N	N.N
793	Keppes	Johannes	Solingen	BERG
794	Kerckman	Hendr.	N.N	N.N
795	Kerckmann	Henrich	Hannover	Hannover
796	Kerckmann	Henrich	Hannover	Hannover
797	Kerckmann	Henrich	Hannover	Hannover
798	Kesfelde (?)	Chr.	N.N	N.N
799	Kesseler	Christ.	N.N	N.N
800	Kessler	N.N	N.N	N.N
801	Kettler	Engelbert	Breckerfeld	Mark
802	Kiddorff	N.N	N.N	N.N
803	Killian	Justus	N.N	N.N
804	Kind	P.	N.N	N.N
805	Kind	Peter	(?)	N.N
806	Kind	Peter	N.N	N.N
807	Kipdorf (=Kiddorff?)	Arn.	N.N	N.N
808	Kipdorff	Arnold	Wermelskirchen	Berg
809	Kipper	Gottfried	N.N	N.N
810	Kirberg	Henr.	Schlaitz	Preußen
811	Kirberg	Henrich	Schlaitz	Preußen
812	Kirchmann	H.	N.N	N.N
813	Kirchmann	Henrich	N.N	HANNOVER
814	Kirschbauer	P. Casp.	N.N	N.N
815	Kirschbauer (?)	Pet. Casp.	Elberfeld	Berg
816	Kirschen	Joh. Georg	Coburg	Coburg
817	Kirschner	Georg	N.N	N.N
818	Kirschner	Joh. Georg	Coburg	Coburg
819	Kirschner	Joh. Georg	Coburg	Coburg
820	Kirschner	Joh. Georg	Coburg	Coburg
821	Kisseler	Christ.	N.N	NASSAU-HACHENBURG
822	Kisseler	Joh.	N.N	HESSEN
823	Klee	Nicolas	N.N	N.N
824	Klein	Adolph	N.N	PFALZ
825	Klein	Christian	N.N	WITTGENSTEIN (Hessen, Ghzgt.)
826	Klein	Christian	N.N	N.N
827	Klein	Friedrich	N.N	GIMBORN
828	Klein	Friedrich	Nürnberg	Reichsstadt
829	Klein	Friedrich	Nürnberg	Reichsstadt
830	Klein	Friedrich	Nürnberg	Reichsstadt
831	Klein	Joh.	N.N	WITTGENSTEIN
832	Klein	Joh. Adam	Mülheim/Ruhr	Broich Grf. (Berg, Ghzgt.)
833	Klein	Joh. Georg	N.N	WÜRTTEMBERG
834	Klein	Ludwig	N.N	WALDECK
835	Klein	Rudolph	Zweibrücken	Pfalz-Zweibrücken
836	Kleine	Adolph	N.N	N.N
837	Kleine	Christ.	N.N	N.N
838	Kleine	Fr.	N.N	N.N
839	Kleine	Fr.	Erlangen	Bayreuth
840	Kleine	Friedrich	N.N	GIMBORN
841	Kleine	Joh.	N.N	N.N
842	Kleine	Ludewig	N.N	WALDECK
843	Kleine	Ludwig	N.N	N.N
844	Kleine	Ludwig	N.N	WITTGENSTEIN
845	Klemm (Kleine?)	Joh.	N.N	N.N

Supplement: Migranten-Datenbank (1749-1810)

	E	F	G	H
781	TAE	1776	z	Ausländer (Einwohner)
782	TAE	1777	z	Freijahre abgelaufen, keine Baugelder
783	TAE	1774	z	
784	Z	1798	z	keine Familie
785	PCH	1800	z	lange Jahre in Schwelm
786	BD	1801	z	*Einwohnerverzeichnis 1801*: Ausländer im Haushalt
787	BD	1799	z	hat einige Zeit als Knecht gedient
788	BD	1800	z	
789	SDB	1791.10.29	z	Bürgerrechtsgewinnung
790	SDB	1790.10.15	z	*Tabelle d. zw. April u. Okt. 1790 angesetzten Colonisten*
791	SDB	1790	z	*Tabelle der angesetzten u. abgegangenen Meister*
792	SDB	1791.03.17	z	*Akziseregister*, Fremder, zahlt nichts
793	PF	1753	z	kommt mit Frau
794	TB (?)	1786	z	Ausländer (wird Bürger)
795	HD	1786	z	(wird Bürger)
796	HD	1786	z	*Liste der zw. April 1786 u. Okt. 1786 angesetzten Colonisten*
797	HD	1786	z	*Tabelle der angesetzten u. abgegangenen Meister*
798	HE	1805(?)	z	*Einwohnerverzeichnis* (um 1805): Ausländer im Haushalt
799	Q	1807	z	(Liste der sich etablierten Bürger) Bürgereid 1801, Fremder
800	JA (?)	1806	z	*Einwohnerverzeichnis 1806*: Ausländer im Haushalt
801	TB	1779/80	z	
802	TB	1797	z	*Einwohnerverzeichnis 1797*: Ausländer im Haushalt
803	TAE	1769	z	5 Fuß, 5 Zoll groß, keine Contribution
804	W	1808	z	*Liste der Ausländer 1808 (Extrakt)*
805	Z	1806	z	(leistet den Bürgereid)
806	Q	1807	z	(Liste der sich etablierten Bürger) Bürgereid 1806, Fremder
807	TB / A	1799	z	*Einwohnerverzeichnis 1799*: Ausländer im Haushalt
808	TBH	1798	z	
809	A	1764.02.13	z	*Kopfsteuerliste*, ohne Klasse
810	TBJ	1777	z	
811	TB	1778	z	*Liste der zw. Okt. 1777 und April 1778 angesetzten Colonisten*
812	VB	1799	z	*Einwohnerverzeichnis 1799*: Ausländer im Haushalt
813	VB	1798	z	
814	W	1791	z/a	*Liste der seit 1779 etabl. und wieder abgewanderten Colonisten*
815	W	1785	z	*Liste der zw. Okt. 1784 u. April 1785 angesetzten Colonisten*
816	TB	1779/80	z	
817	W	1797	z	*Einwohnerverzeichnis 1797*: Ausländer im Haushalt
818	TB	1780	z	*Liste der zw. März 1780 u. 30.9. 1780 angesetzten Colonisten*
819	TBJ	1782	z	*Tabelle der angesetzten u. abgegangenen Meister*
820	TBJ	1781	a	
821	HE (?)	1801	z	Bürgerrechtsgewinnung
822	TH	1801.10.28	z	angekommene fremde Familien 1801
823	TH	1769	z	5 Fuß, 3 Zoll groß
824	BF	1774	z	
825	SDD	1807.07.31	z	Erlaubnis zur Ansetzung, arbeitete bisher in Barmen
826	SDD	1807	z	
827	TBF	1776	z	(Einwohner)
828	TBF	1777	z	die Freiheiten enden in zwei Jahren
829	TAN	1776	z	*Liste der seit 1779 etabl. und wieder abgewanderten Colonisten*
830	TAN / TAO	1776	z	
831	VB	1806	z	(leistet den Bürgereid)
832	TBB	1810	z	*Arbeiter, Gesellen, Knechte mit Handwerksbüchern*
833	TBF	1794.03.26	z	Bürgerrechtsgewinnung
834	VB	1801	z	*Einwohnerverzeichnis 1801*: Ausländer im Haushalt
835	BF	1777	z	*Tabelle der zw. 1740 und 1777 etablierten Colonisten*, Freijahre beendet
836	BF	1797	z	*Einwohnerverzeichnis 1797*: Ausländer im Haushalt
837	Q	1807	z	(Liste der sich etablierten Bürger) Fremder
838	TBF	1797	z	*Einwohnerverzeichnis 1797*: Ausländer im Haushalt
839	Q	1793	z	*Liste der Fabriken u. Manufakturen*, 2 (Web-)Stühle
840	TBF	1798	z	(Name durchgestrichen)
841	TBF	1797	z	*Einwohnerverzeichnis 1797*: Ausländer im Haushalt
842	VB	1801.10.28	z	angekommene fremde Familien 1801
843	Q	1807	z	(Liste der sich etablierten Bürger) Bürgereid 1801, Fremder
844	VB	1801	z	Bürgerrechtsgewinnung
845	Q	1807	z	(Liste der sich etablierten Bürger) Bürgereid 1806, Fremder

Supplement: Migranten-Datenbank (1749-1810)

	I	J	K	L	M	N	O	P	Q	R
781	STAS A 35	o	o	n	o		o	m	o	1	
782	STAS A 34	o	o		o		o	j	m	o	3	
783	STAS A 2032	o	o		o	o		o	m	o	1	
784	STAS A 1626	o	46/47	n	1778		o	m	o		
785	STAS A 48	o	o	j	o		o	m	o		
786	STAS A 53	v	o		o	1800/01?	o	m	o	2	34
787	STAS A 48	o	o		o	o	n	m	o		
788	STAS A 48	o	o	j	o		o	m	o		
789	STAS A 41	o	o	j	o		j	m	o	1	
790	STAS A 41	o	o		o	1790	j	m	o	1	
791	STAS A 2029	o	o		o	1790	o	m	o	1	
792	STAS A 1268	o	o		o	o	o	m	o	1	
793	STAS A 24	v	o		o	1753	o	m	75 T., Möbel	3	
794	STAS A 35	o	o	j	o		o	m	o	1	
795	STAS A 35	o	o	j	o		o	m	o	1	
796	STAS A 34	o	o		o	1786	j	m	j, 200-300 T	2	
797	STAS A 2029	o	o		o	1786	o	m	o	1	
798	STAS A 55A	v	o		o	o	o	m	o	1	97
799	STAS A 61	o	o	j		1801	j	m	o	1	29
800	STAS A 64	l	o		o	o	o	m	o	1	185
801	STAS A 2029	o	o		o	o	o	m	o		
802	STAS A 47	v	o		o	o	o	m	o	2	118
803	STAS A 914	v	30		o	o	o	m	n	3	110
804	STAS A 67	v	o		o	o	o	m	o	1	135
805	STAS A 52	o	o	j	o		j	m	o	1	
806	STAS A 61	o	o	j		1806	j	m	o	1	135
807	STAS A 51	o	o		o	o	o	m	n	2	
808	STAS A 1626	o	44	n	1795		o	m	o		
809	STAS A 1131	o	o		o	o	j	m	n	1	
810	STAS A 2029	o	o		o	o	o	m	o		
811	STAS A 34	o	o		o	1777/78	o	m	n	1	
812	STAS A 51	v	o		o	o	o	m	o	1	103
813	STAS A 1626	o	40	j	1786 / 88		o	m	o		
814	STAS A 34	o	o		o	1785 ?	o	m	n	1	
815	STAS A 34	o	o		o	1784/85	j	m	n	1	
816	STAS A 2029	o	o		o	o	o	m	o		
817	STAS A 47	v	o		o	o	o	m	o	1	81
818	STAS A 34	o	o		o	1780	j	m	o	1	
819	STAS A 2029	o	o		o	1782	o	m	o	1	
820	STAS A 2029	o	o		o	o	o	m	o		
821	STAS A 48	o	o	j	o		o	m	o		
822	STAS A 54	o	o		o	o	o	m	o	1	
823	STAS A 914	v	30		o	o	o	m	n	2	107
824	STAS A 34	o	o		o	o	j	m	n	1	
825	STAS A 1647	o	o		o	o	j	m	o	1	
826	STAS A 65	o	o		o	o	o	m	o		
827	STAS A 35	o	o	n	o		o	m	o	1	
828	STAS A 34	o	o		o	o	j	m	o	1	
829	STAS A 34	o	o		o	1776	j	m	o	1	
830	STAS A 2029	o	o		o	o	o	m	o		
831	STAS A 52	o	o	j	o		j	m	o	1	
832	STAS A 2123	o	34		o	o	j	m	o	1	
833	STAS A 41	o	o	j	o		j	m	o	1	
834	STAS A 53	v	o		o	1800/01?	o	m	o	1	2
835	STAS A 34	o	o		o	1740-77	j	m	o	3	
836	STAS A 47	v	o		o	o	o	m	o	1	90
837	STAS A 61	o	o		o	1807	o	m	o	1	207
838	STAS A 47	v	o		o	o	o	m	o	1	43
839	STAS A 2024	o	o		o	o	o	m	o	1	
840	STAS A 1626	o	54	j	1774 / 75		o	m	o		
841	STAS A 47	v	o		o	o	o	m	o	1	76
842	STAS A 54	o	o		o	o	o	m	o	1	
843	STAS A 61	o	o	j		1801	j	m	o	1	183
844	STAS A 48	o	o	j	o		o	m	o		
845	STAS A 61	o	o	j		1806	j	m	o	1	199

359

Supplement: Migranten-Datenbank (1749-1810)

	A	B	C	D
846	Klingsporn	Heinr.	N.N	N.N
847	Klingsporn	Henrich	Ansbach	Ansbach
848	Klingsporn	Johann Henrich	N.N	WITTGENSTEIN
849	Klingsporn	Joseph	N.N	WITTGENSTEIN
850	Klingsporn	Joseph	N.N	N.N
851	Klingsporn	N.N	Siegen	Nassau-Siegen
852	Klingsporn	N.N	N.N	WITTGENSTEIN
853	Klingsporn	N.N	N.N	N.N
854	Klingsporn	N.N	Fehlingen (?)	Wittgenstein
855	Klockcin	Johann Gottfried	Berlin	Preußen
856	Klocksin	Joh.	N.N	N.N
857	Klocksin	Joh.	Berlin	Preußen
858	Klocksin	Joh.	Berlin	Preußen
859	Klocksin	Johann Gottfried	Bismark	Preußen
860	Klotz	Ludewig Franz	Berleburg	Berleburg (Hessen, Ghzgt.)
861	Knepper	Joh.	N.N	BERG
862	Knippenberg	N.N	N.N	N.N
863	Kochhans	Engel.	Solingen	Berg
864	Kochhaus	Engel	Solingen	Berg
865	Kochhaus (?)	Engel	N.N	N.N
866	Kochling	Bernh. Henr. Wilh.	Lippstadt	Preußen (Berg, Ghzgt.)
867	Kock	Catharina	N.N	BERLEBURG (Hessen, Ghzgt.)
868	Kohaus	Wilhelm	Solingen	Berg
869	Kohaus (Rohaus?)	Wilh.	N.N	N.N
870	Köhl	Johannes	Solingen	BERG
871	Köhler	Georg	N.N	N.N
872	Köhler	Peter	N.N	N.N
873	Kohlstad	Caspar	Breckerfeld	Mark
874	Kohlstadt	C.W.	Breckerfeld	Mark
875	Kohlstaet, jun.	N.N	Breckerfeld	Mark
876	Konsel	Georg	N.N	N.N
877	Konsel	Georg	N.N	BERG
878	Körner	Henr.	Siegen	Nassau-Siegen
879	Kortebach	Abrah.	Solingen	Berg
880	Kortebach	Ad.	Solingen	Berg
881	Kortebach	Pet.	N.N	N.N
882	Kortebach	Pet.	Solingen	Berg
883	Kortmann	Casp. Henr.	Hagen (Gericht)	Mark
884	Köster	Bernd	N.N	N.N
885	Köster	Bernd	Dortmund	Reichsstadt
886	Köster	Bernh.	N.N	N.N
887	Köster	Bernh.	N.N	N.N
888	Köster	Bernhard	N.N	N.N
889	Köster	Peter Diedrich	N.N	ESSEN Stift
890	Kothaus	Joh.	N.N	N.N
891	Kothaus	Joh.	N.N	BERG
892	Kötter	Adolf	N.N	KÖLN EB
893	Kötter	Bernd	N.N	KÖLN EB
894	Kötter	Bernd	N.N	N.N
895	Kötter	Bernhard	N.N	N.N
896	Kötter	Friedr.	N.N	N.N
897	Kotthaus	Fr.	Lüttringhausen	Berg
898	Kotthaus	Henrich	N.N	N.N
899	Kotthaus (?)	Johann	N.N	BERG
900	Kradepuhl	Ludwig	N.N	N.N
901	Krafft	Conrad	N.N	HESSEN-DARMSTADT
902	Krafft	Conrad	N.N	HESSEN
903	Krafft	Johann Conrad	Storntorf (?)	Hessen-Darmstadt
904	Kraft	Conrad	N.N	N.N
905	Krähmers	N.N	Lüttringhausen	Berg
906	Kralle	Jacob	Breckerfeld	Mark
907	Krause	Conrad	N.N	HESSEN
908	Krause	Conrad	N.N	N.N
909	Krause	Conrad	N.N	HESSEN
910	Krauskopf	Christ.	N.N	HESSEN

Supplement: Migranten-Datenbank (1749-1810)

	E	F	G	H
846	TH	1801	z	*Einwohnerverzeichnis 1801*: Ausländer im Haushalt
847	TH	1799	z	
848	TH	1800	z	Bürgerrechtsgewinnung
849	TQ	1806	z	(leistet den Bürgereid)
850	Q	1807	z	(Liste der sich etablierten Bürger) Bürgereid 1806, Fremder
851	TQ	1806.01.15	z	angekommene fremde Familien 1805
852	W	1806	z	*Einwohnerverzeichnis 1806*: Ausländer im Haushalt
853	Q	1805	z	
854	TQ	1806	z	
855	BH	1807	z	
856	Q	1807	z	(Liste der sich etablierten Bürger) Fremder
857	BH	1807.06.02	z	*Colonistenliste*
858	BH	1808	z	*Liste der Ausländer 1808 (Extrakt)*
859	BH	1807.05.12	z	*Erlaubnis zur Etablierung*
860	LBB	1810	z	Arbeiter, Gesellen, Knechte mit Handwerksbüchern
861	TB	1805(?)	z	*Einwohnerverzeichnis* (um 1805): Ausländer im Haushalt
862	TBE	1806	z	*Einwohnerverzeichnis 1806*: Ausländer im Haushalt
863	PC / PH	1774	z	
864	PCJ	1774	z	
865	PCJ	1769	z	5 Fuß 6 Zoll groß, 30 Stüber Contribution
866	NA	1810	z	Arbeiter, Gesellen, Knechte mit Handwerksbüchern
867	DA	1807.06.02	z	*Colonistenliste*
868	PCJ	1774	z	
869	PCJ	1769	z	5 Fuß, 3 Zoll groß, 3 Taler Contribution
870	PCI	1753	z/a	kommt mit Frau, 1756 ins Bergische zurück
871	VF / W	1799	z	*Einwohnerverzeichnis 1799*: Ausländer im Haushalt
872	NH	1769	z	5 Fuß, 5 Zoll groß, 1 Taler Contribution
873	HB	1799	z	Bürgerrechtsgewinnung
874	HB	1799	z	*Einwohnerverzeichnis 1799*: zugezogen, aber kein Ausländer
875	HD / SH	1792	a	*Tabelle der angesetzten u. abgegangenen Meister*
876	W	1797	z	*Einwohnerverzeichnis 1797*: Ausländer im Haushalt
877	Q	1797	z	*Tabelle d. nach April 1797 angesetzten Colonisten*
878	TJ / TD / TAI	1778	a	
879	PC / PH	1792	a	*Tabelle der angesetzten u. abgegangenen Meister*
880	PC / PH	1791	a	*Tabelle der angesetzten u. abgegangenen Meister*
881	PCI	1791.03.17	z	*Akziseregister*, Fremder, Freijahre laufen
882	PC / PH	1791	z	*Tabelle der angesetzten u. abgegangenen Meister*
883	NIK	1794.03.26	z	Bürgerrechtsgewinnung
884	TAE	1776	z	Ausländer (Einwohner)
885	TAE	1774	z	
886	TAE	1769	z	5 Fuß 5 Zoll groß, 30 Stüber Contribution
887	TB	1797	z	*Einwohnerverzeichnis 1797*: Ausländer im Haushalt
888	TAEAK	1769.12.05	z	*Liste d. Fabrikarbeiter*, Ausländer (bei Pet. H. Sternenberg)
889	HD	1769	z	5 Fuß, 2 Zoll groß, 6 Taler Contribution
890	Q	1789	z	Ausländer, soll Bürgereid leisten, (Vollzug unklar)
891	PC / PH	1789	z	*Tabelle der angesetzten u. abgegangenen Meister*
892	Q	1764.04.16	z	*Kopfsteuerliste*, Einsprüche
893	BA	1777	z	*Tabelle der zw. 1740 und 1777 etablierten Colonisten*, Freijahre beendet
894	BA	1769	z	5 Fuß 4 Zoll 2 Str., 30 Stüber Contribution
895	BA	1776	z	Ausländer (Einwohner)
896	BA / A	1799	z	*Einwohnerverzeichnis 1799*: zugezogen, aber kein Ausländer
897	NA	1806	z	(leistet den Bürgereid)
898	TAI	1769	z	2 Taler Contributionen
899	BH (?)	1789.10.10	z	Bürgerrechtsgewinnung
900	BH	1769	z	5 Fuß, 3 Zoll groß, 30 Stüber Contribution
901	BA	1798	z	keine Familie
902	BA	1797	z	*Tabelle d. nach April 1797 angesetzten Colonisten*
903	BA	1797	z	Bürgerrechtsgewinnung
904	BA	1797	z	*Einwohnerverzeichnis 1797*: Ausländer im Haushalt
905	TBJ	1756	z	besitzt einen (Web-)Stuhl
906	TH	1780	z	kommt mit Frau und zwei Kindern, 18 Jahre in Barmen gelebt
907	VA	1791.10.29	z	Bürgerrechtsgewinnung
908	VA / VAA	1797	z	*Einwohnerverzeichnis 1797*: Ausländer im Haushalt
909	VA	1798	z	
910	TB	1798	z	*Colonistentabelle 1798*

Supplement: Migranten-Datenbank (1749-1810)

	I	J	K	L	M	N	O	P	Q	R
846	STAS A 53	v	o	o	1800/01?	o	m	o	1	75
847	STAS A 48	o	o	o	o	n	m	o		
848	STAS A 48	o	o	j	o	o	m	o		
849	STAS A 52	o	o	j	o	j	m	o	1	
850	STAS A 61	o	o	j	1806	j	m	o	1	24
851	STAS A 54	o	o	o	o	o	m	o	1	
852	STAS A 64	v	o	o	o	o	m	o	2	85
853	STAS A 65	o	o	o	o	o	o	o		
854	STAS A 65	o	o	o	o	o	o	o		
855	STAS A 65	o	o	o	o	o	m	o		
856	STAS A 61	o	o	o	1807	o	m	o	1	86
857	STAS A 1647	o	o	o	o	n	m	o	1	
858	STAS A 67	l	o	o	o	o	m	o	1	86
859	STAS A 1647	o	26 ca.	o	o	j	m	o	1	
860	STAS A 2123	o	31	o	o	j	m	o	1	
861	STAS A 55A	v	o	o	o	o	m	o	1	155 1/4
862	STAS A 64	v	o	o	o	o	m	o	1	142
863	STAS A 2029	o	o	o	o	o	m	o		
864	STAS A 2032	o	o	o	o	o	m	o	1	
865	STAS A 914	o	46	o	o	o	m	o	1	209
866	STAS A 2123	o	18	o	o	j	m	o	1	
867	STAS A 1647	o	o	o	o	n	f	o	1	
868	STAS A 2032	o	o	o	o	o	m	o	1	
869	STAS A 914	o	43	o	o	o	m	j, 100 Taler	1	52
870	STAS A 24	v	o	o	1753	o	m	100 T.,Möbel	4	
871	STAS A 51	v	o	o	o	o	m	o	1	177 1/4
872	STAS A 914	o	58	o	o	o	m	n	1	175
873	STAS A 48	o	o	j	o	o	m	o		
874	STAS A 51	v	o	o	1798/99	o	m	o	1+	78
875	STAS A 2029	o	o	o	o	o	m	o	1	
876	STAS A 47	v	o	o	o	o	m	o	1	77
877	STAS A 46	o	o	o	1797	j	m	n	2	
878	STAS A 2029	o	o	o	o	o	m	o		
879	STAS A 2029	o	o	o	o	o	m	o	1	
880	STAS A 2029	o	o	o	1791	o	m	o	1	
881	STAS A 1268	o	o	o	o	j	m	o	1	
882	STAS A 2029	o	o	o	1791	o	m	o	1	
883	STAS A 41	o	o	j	o	j	m	o	1	
884	STAS A 35	o	o	n	o	o	m	o	1	
885	STAS A 2032	o	o	o	o	o	m	o	1	
886	STAS A 914	o	40	o	o	o	m	n	1	182
887	STAS A 47	o	o	o	o	o	m	o	1	130
888	STAS A 910	l	o	o	o	o	m	o	1	
889	STAS A 914	o	59	o	o	o	m	j, 200 Taler	1	92
890	STAS A 35	o	o	o	o	o	m	o	1	
891	STAS A 2029	o	o	o	1789	o	m	o	1	
892	STAS A 1131	o	o	o	o	o	m	o	1	
893	STAS A 34	o	o	o	1740-77	j	m	o	4	
894	STAS A 914	o	36	o	o	o	m	n	1	219
895	STAS A 35	o	o	n	o	o	m	o	1	
896	STAS A 51	v	o	o	1798/99	o	m	n	2	230
897	STAS A 52	o	o	j	o	j	m	o	1	
898	STAS A 914	o	60	o	o	o	m	j, 150 Taler	1	111
899	STAS A 41	o	o	j	o	j	m	o	1	
900	STAS A 914	o	31	o	o	o	m	n	2	111
901	STAS A 1626	l	32	j	1789	o	m	o		
902	STAS A 46	o	o	o	1797	j	m	n	1	
903	STAS A 48	o	o	j	o	o	m	o		
904	STAS A 47	v	o	o	o	o	m	o	2	192
905	STAS A 24	wwe	o	o	1756	o	f	n	2	
906	STAS A 35	v	o	j	o	o	m	o	4	
907	STAS A 41	o	o	o	o	j	m	o	1	
908	STAS A 47	v	o	o	o	o	m	o	2	49
909	STAS A 1626	o	40	j	1783	o	m	o		
910	STAS A 46	o	o	o	1798	j	m	n	1	

Supplement: Migranten-Datenbank (1749-1810)

	A	B	C	D
911	Krauskopf	Christ.	N.N	N.N
912	Krauskopf	Christoph	N.N	HESSEN
913	Krauskopf	N.N	N.N	N.N
914	Krauss	Conrad	N.N	N.N
915	Krauss	Conrad	N.N	HESSEN
916	Krautmann	Peter	N.N	BERG
917	Krautmann	Peter	N.N	N.N
918	Krechling	N.N	N.N	N.N
919	Kreft	Gottfried	Elberfeld	Berg
920	Kreid	Gerh.	N.N	N.N
921	Kreid (?)	Johann Gerhard	Altenwicken (?)	Nassau-Usingen
922	Kreidt	Gerh.	N.N	WALDECK
923	Kreidt	Gerhard	N.N	N.N
924	Kreidt	Joh. Gerh.	Gerberthum (?)	(?)
925	Kremer	N.N	Solingen	Berg (Berg, Ghzgt.)
926	Kremer	o.A.	N.N	N.N
927	Kreuz (Kreiz?)	Gerh.	N.N	N.N
928	Kroeck	Jacob	Langenschwalbach	(?)
929	Krothaus	Johann	N.N	BERG
930	Krüger	H.	N.N	BERG
931	Krüger	Joh. Martin	Düsseldorf	BERG
932	Krüger	N.N	N.N	N.N
933	Krüger	Peter	Mettmann	Berg
934	Krumbach	Andr.	N.N	N.N
935	Krupp	Franz	Elberfeld	Berg
936	Krupp	N.N	N.N	N.N
937	Krups	N.N	N.N	N.N
938	Kruse	Abr.	N.N	N.N
939	Kruse	Abr.	N.N	BERG
940	Kruse	Abrah.	Wichlinghausen	Berg
941	Kruse	Abraham	N.N	BERG
942	Kruse	Abraham	N.N	BERG
943	Kruse	Abraham	N.N	N.N
944	Krutmacher	Joh. Pet.	N.N	N.N
945	Krutmacher	Joh. Peter	N.N	BERG
946	Krutmacher	Pet.	Solingen	Berg
947	Krutmann	Peter	Lennep	Berg
948	Kuchelsberg	Arn.	N.N	BERG
949	Kuepper	Joh.	N.N	N.N
950	Kuermann (?)	Johann Henrich	Riemcke bei Bochum	Mark (Berg, Hgzgt.)
951	Kunst	Christ.	N.N	N.N
952	Küper	Friederich	Herdecke	Mark (Berg, Ghzgt.)
953	Küper	Friedrich	Ende (bei Hagen?)	Mark (Berg, Ghzgt.)
954	Küster (?)	Bernd	Dortmund	Reichsstadt
955	La Fontaine	N.N	N.N	N.N
956	Lackmann	Simon Peter	N.N	N.N
957	Lamhoff (?)	Diedrich	N.N	KÖLN EB
958	Lange	N.N	N.N	HOMBURG (?)
959	Lange	o.A.	N.N	HOMBURG
960	Langhut	Johann	Nürnberg	Reichsstadt
961	Langhut	Johann	Nürnberg	Reichsstadt
962	Langhuth	Joh.	Erlangen	Bayreuth
963	Langhuth	Joh.	N.N	N.N
964	Langmann	Henrich	N.N	N.N
965	Langmann	N.N	N.N	N.N
966	Langmann	N.N	N.N	N.N
967	Lauer	Pet.	N.N	N.N
968	Lauffenberg	Ad.	N.N	BERG
969	Lauffenberg	Adolf	N.N	BLANCKENBERG
970	Lauffenberg	Adolph	N.N	BLANKENBERG AMT
971	Lauffenberg	N.N	N.N	N.N
972	Laurentz	Casp.	N.N	N.N
973	Lausmann?	Christoph	N.N	N.N
974	Lederhold (?)	Joh. Jacob	Elberfeld	Berg (Berg, Ghzgt.)
975	Leer	H.	N.N	N.N

Supplement: Migranten-Datenbank (1749-1810)

	E	F	G	H
911	TBH	1798	z	
912	TB	1798	z	Bürgerrechtsgewinnung
913	TB	1799	z	*Einwohnerverzeichnis 1799*: Ausländer im Haushalt
914	VA	1791.03.17	z	*Akziseregister*, Fremder, Freijahre laufen
915	VA	1791.04.15	z	*Tabelle d. zw. Okt. 1790 u. April 1791 angesetzten Colonisten*
916	BC	1776	z	(Einwohner)
917	BC	1769	z	5 Fuß groß, 30 Stüber Contribution
918	Q	1805	a	zieht weg
919	NA + NC	1766	z	*Designation angesetzter Meister 1766*
920	LI	1806	z	*Einwohnerverzeichnis 1806*: Ausländer im Haushalt
921	LI	1806	z	
922	LI	1806.01.15	z	angekommene fremde Familien 1805
923	LI	1805	z	
924	LI	1806	z	(leistet den Bürgereid)
925	PN	1808	z	*Liste der Ausländer 1808 (Extrakt)*
926	Q	1807	z	(Liste der sich etablierten Bürger) Bürgereid 1806, Fremder
927	Q	1807	z	(Liste der sich etablierten Bürger) Bürgereid 1806, Fremder
928	TH	1810	z	*Arbeiter, Gesellen, Knechte mit Handwerksbüchern*
929	PC	1789	z	*Liste der zw. April 1789 u. Okt. 1789 angesetzten Colonisten*
930	BH	1799	z	*Einwohnerverzeichnis 1801*: Ausländer im Haushalt
931	TAA	1756	z	kommt mit Frau
932	Q	1805	a	zieht weg
933	LIG	1798	z	(Name durchgestrichen)
934	W	1797	z	*Einwohnerverzeichnis 1797*: Ausländer im Haushalt
935	Q	1777	z	lebt für sich, die Freiheiten enden in zwei Jahren
936	Q	1764.02.13	z	*Kopfsteuerliste*, ohne Klasse
937	Q	1769	z	Ausländerin, 2 Töchter
938	SDE	1797	z	*Einwohnerverzeichnis 1797*: Ausländer im Haushalt
939	SDE	1793	z	*Liste der Fabriken u. Manufakturen*
940	SDE	1774	z	
941	SDE	1777	z	*Tabelle der zw. 1740 und 1777 etablierten Colonisten*, Freijahre beendet
942	SDE	1771	z	etabliert sich in Schwelm
943	SDE	1805.06.11	z	hilfsbedürftige Ausländer, "sind alt"
944	PC	1791	z/a	*Liste der seit 1779 etabl. und wieder abgewanderten Colonisten*
945	PC	1783	z	*Liste der zw. Okt. 1782 u. April 1783 angesetzt. Colonisten*
946	PC / PH	1783	z	*Tabelle der angesetzten u. abgegangenen Meister*
947	BC	1777	z	
948	LBA	1777	z	die Freiheiten enden in zwei Jahren
949	TB	1806	z	*Einwohnerverzeichnis 1806*: Ausländer im Haushalt
950	TBH	1810	z	*Arbeiter, Gesellen, Knechte mit Handwerksbüchern*
951	SDA (?)	1769	z	30 Stüber Contributionen
952	TH	1808	z	*Liste der Ausländer 1808 (Extrakt)*
953	THG	1807.06.02	z	*Colonistenliste*
954	TAE	1777	z	*Tabelle der zw. 1740 und 1777 etablierten Colonisten*, Freijahre beendet
955	JAE	1791	z/a	*Liste der seit 1779 etabl. und wieder abgewanderten Colonisten*
956	Q	1769	z?	keine Contributionen ("Ausländer" gestrichen?)
957	W	1798	z	
958	BD	1798	z	*Colonistentabelle 1798*
959	Q	1798	z	(Name durchgestrichen)
960	TBF	1781	z	*Liste der zw. 15.4.1781 u. 15.10.1781 angesetzten Colonisten*
961	TAN	1781	z	
962	TBF	1798	z	(Name durchgestrichen)
963	TBF	1797	z	*Einwohnerverzeichnis 1797*: Ausländer im Haushalt
964	Q	1807	z	(Liste der sich etablierten Bürger) Bürgereid 1803, Fremder
965	BN	1806	z	*Einwohnerverzeichnis 1806*: Ausländer im Haushalt
966	BN	1805(?)	z	*Einwohnerverzeichnis* (um 1805): Ausländer im Haushalt
967	A	1801	z	*Einwohnerverzeichnis 1801*: Ausländer im Haushalt
968	TBA	1798	z	*Colonistentabelle 1798*
969	W	1798	z	Bürgerrechtsgewinnung
970	Z	1798	z	hat eine Schwester in Schwelm
971	W	1797	z	*Einwohnerverzeichnis 1797*: Ausländer im Haushalt
972	W	1797	z	*Einwohnerverzeichnis 1797*: Ausländer im Haushalt
973	TAI	1797	z	Bürgerrechtsgewinnung
974	TAJ	1810	z	*Arbeiter, Gesellen, Knechte mit Handwerksbüchern*
975	LI	1806	z	*Einwohnerverzeichnis 1806*: Ausländer im Haushalt

Supplement: Migranten-Datenbank (1749-1810)

	I	J	K	L	M	N	O	P	Q	R
911	STAS A 1626	o	25/26	j	1798	o	m	o		
912	STAS A 48	o	o	j	o	o	m	o		
913	STAS A 51	v	o	o	o	o	m	o	1	125
914	STAS A 1268	o	o	o	o	j	m	o	1	
915	STAS A 41	o	o	o	1790/91	o	m	n	1	
916	STAS A 35	o	o	n	o	o	m	o	1	
917	STAS A 914	o	37	o	o	o	m	n	1	91
918	STAS A 65	o	o	o	o	o	o	o		
919	STAS A 25	o	o	o	o	o	m	o	1	
920	STAS A 64	v	o	o	o	o	m	o	2	29 1/2
921	STAS A 65	o	o	o	o	o	m	o		
922	STAS A 54	o	o	o	o	o	m	o	1	
923	STAS A 65	o	o	o	o	o	m	o		
924	STAS A 52	o	o	j	o	j	m	o	1	
925	STAS A 67	v	o	o	o	o	f	o	1	152
926	STAS A 61	o	o	j	1803	j	m	o	1	119
927	STAS A 61	o	o	j	1806	j	m	o	1	245
928	STAS A 2123	o	28	o	o	j	m	o	1	
929	STAS A 34	o	o	o	1789	o	m	o	4	
930	STAS A 51	v	o	o	o	o	m	o	2	230
931	STAS A 24	v	o	o	1756	o	m	n	3	
932	STAS A 65	o	o	o	o	o	o	o		
933	STAS A 1626	o	33	o	5/2 J.	o	m	o		
934	STAS A 47	v	o	o	o	o	m	o	1	178
935	STAS A 34	o	o	o	o	j	m	j, 16000 T.	2	
936	STAS A 1131	wwe	o	o	o	j	f	o	1	
937	STAS A 914	wwe	o	o	o	o	f	o	1	186
938	STAS A 47	v	o	o	o	o	m	o	1	223
939	STAS A 2024	o	o	o	o	o	m	o	1	
940	STAS A 2032	o	o	o	o	o	m	o	1	
941	STAS A 34	o	o	o	1740-77	j	m	j, 200 Taler	2	
942	STAS A 34	o	o	o	o	j	m	o	1	
943	STAS A 2112	v	o	o	o	o	m	n	1	
944	STAS A 34	o	o	o	1783 ?	o	m	n	1	
945	STAS A 34	o	o	o	1782/83	j	m	n	3	
946	STAS A 2029	o	o	o	1783	o	m	o	1	
947	STAS A 34	o	o	o	o	o	m	o	2	
948	STAS A 34	o	o	o	o	j	m	j, 800 Taler	4	
949	STAS A 64	v	o	o	o	o	m	o	1	151
950	STAS A 2123	o	35	o	o	j	m	o	1	
951	STAS A 914	o	69	o	o	o	m	n	1	131
952	STAS A 67	v	o	o	o	o	m	o	1	11
953	STAS A 1647	l	o	o	o	n	m	o	1	
954	STAS A 34	o	o	o	1740-77	j	m	o	6	
955	STAS A 34	o	o	o	1789 ?	o	m	n	1	
956	STAS A 914	o	79	o	o	o	m	n	1	150
957	STAS A 1626	o	37	o	1791	o	m	o		
958	STAS A 46	o	o	o	1798	j	m	n	2	
959	STAS A 1626	o	46	o	1794 ?	o	o	o		
960	STAS A 34	v	o	o	1781	j	m	n	3	
961	STAS A 2029	o	o	o	o	o	m	o		
962	STAS A 1626	o	29	o	1786	o	m	o		
963	STAS A 47	v	o	o	o	o	m	o	1	72
964	STAS A 61	o	o	j	1803	j	m	o	1	207
965	STAS A 64	v	o	o	o	o	m	o	2	180 3/4
966	STAS A 55A	v	o	o	o	j	m	o	2	180 3/4
967	STAS A 53	v	o	o	1800/01?	o	m	n	2	126
968	STAS A 46	o	o	o	1798	j	m	n	2	
969	STAS A 48	o	o	j	o	o	m	o		
970	STAS A 1626	o	36	n	1795	o	m	o		
971	STAS A 47	v	o	o	o	o	m	o	1	177 1/4
972	STAS A 47	v	o	o	o	o	m	o	1	31
973	STAS A 48	o	o	j	o	o	m	o		
974	STAS A 2123	o	29	o	o	j	m	o	1	
975	STAS A 64	v	o	o	o	o	m	o	3	201

Supplement: Migranten-Datenbank (1749-1810)

	A	B	C	D
976	Leinweber	J.	N.N	HESSEN
977	Leinweber	Jacob	N.N	N.N
978	Lemper	Died.	N.N	N.N
979	Lemper	Diedr.	N.N	BERG
980	Lemper	Dr.	Altena	Mark
981	Lencken	Wilhelm	N.N	KÖLN EB (Frankreich)
982	Lentker (Lencke)	N.N	N.N	KÖLN EB (Frankreich)
983	Leonhard	Joh.	N.N	HESSEN
984	Leonhard	Joh.	N.N	N.N
985	Leonhard	Johann	N.N	HESSEN
986	Leonhard	Johann	N.N	HESSEN
987	Leonhard (?)	Eberhard	N.N	HESSEN
988	Leschmoellemann	Johann Heinrich	Ober-Castrop	Mark (Berg, Ghzgt.)
989	Levi	Calmann	Niederwiesen	Pfalz, ALSEY ARR. (Frankreich)
990	Leyendecker	Casp.	N.N	DORTMUND Grf.
991	Leyendecker	Caspar	Dortmund	Reichsstadt
992	Liemecke	Casp.	N.N	KÖLN EB
993	Limberg	Chr.	N.N	MÜNSTERLAND
994	Limberg	Chr.	N.N	N.N
995	Limberg	Christ.	N.N	N.N
996	Lindau	N.N	N.N	N.N
997	Lindenberg	Christoph	Meinerzhagen	Mark
998	Linke	Caspar	N.N	KÖLN EB
999	Lips	Dan.	N.N	NIEDER-HESSEN
1000	Lips	Dan.	N.N	N.N
1001	Lips	Daniel	N.N	N.N
1002	Lock	Friedrich	Jesberg	Hessen-Kassel (Westfalen, Kg.)
1003	Löffler	N.N	N.N	N.N
1004	Lückel	Georg	N.N	BERLEBURG
1005	Lucker	Henr. Casp.	N.N	N.N
1006	Ludewichs	N.N	N.N	N.N
1007	Ludewig	Carl Theodor	N.N	BERG
1008	Ludewig	Carl Theodor	N.N	BERG
1009	Ludewigs	Herm.	N.N	N.N
1010	Ludger	N.N	N.N	N.N
1011	Ludwich?	Theodor	Geldernstorff (?)	Jülich
1012	Ludwig	Herm.	N.N	BERG
1013	Ludwig	N.N	Bonn	Köln EB
1014	Ludwig	Theodor	N.N	N.N
1015	Ludwig	W.	N.N	N.N
1016	Ludwig	Wenmar	N.N	N.N
1017	Ludwig	Wenmar	Bonn	Köln EB
1018	Ludwig	Wenmar	Bonn	Köln EB
1019	Lueghammer (?)	Christian	Gummersbach	Gimborn (Berg, Ghzgt.)
1020	Luhnich?	Joh.	N.N	WÜRTTEMBERG
1021	Luhnoh	Johann	N.N	N.N
1022	Luhrberg (?)	Joh.	N.N	N.N
1023	Luhrmann	Herm. H.	N.N	N.N
1024	Luther	Eng.	Elberfeld	Berg
1025	Luther	Engelbert	N.N	BERG
1026	Luther	N.N	N.N	N.N
1027	Lutters	Engelbert	N.N	BERG
1028	Lutzen...(?)	Joseph	Elberfeld	Berg
1029	Lützenkirchen	Joseph	N.N	N.N
1030	Lützenkirchen	N.N	N.N	N.N
1031	Maas	Gottfr.	N.N	N.N
1032	Maes	N.N	Camen	Mark
1033	Mahner	Joh. Casp.	Hamm	Mark
1034	Mahner	Johann Caspar	Hamm	Mark
1035	Mahner	Johann Hermann	Braunschweig	Braunschweig
1036	Mahnert	N.N	N.N	N.N
1037	Mailles de	Louis Denis	N.N	FRANKREICH
1038	Maillet de	Louis Denis	N.N	FRANKREICH
1039	Maillot de (Maillet)	Louis Denis	N.N	FRANKREICH
1040	Marme	Fr. W.	N.N	N.N

Supplement: Migranten-Datenbank (1749-1810)

	E	F	G	H
976	TH	1806	z	(leistet den Bürgereid)
977	Q	1807	z	(Liste der sich etablierten Bürger) Bürgereid 1806, Fremder
978	Q	1805	z	gehei(ratet?)
979	TBE	1806.01.15	z	angekommene fremde Familien 1805
980	TBI	1801	z	Einwohnerverzeichnis 1801; kein Ausländer
981	TB	1808	z	Liste der Ausländer 1808 (Extrakt)
982	TB	1807.06.01	z	Colonistenliste
983	TB	1777	z	Tabelle der zw. 1740 und 1777 etablierten Colonisten, Freijahre laufen
984	SCB + TAE	1776	z	Ausländer (Einwohner)
985	TAE	1775	z	
986	TBJ	1775	z	
987	TAF	1794.03.26	z	Bürgerrechtsgewinnung
988	PC	1810	z	Arbeiter, Gesellen, Knechte mit Handwerksbüchern
989	NJ	1810	z	Arbeiter, Gesellen, Knechte mit Handwerksbüchern
990	TH	1773	z	
991	TH	1773	z	Geselle in Schwelm, 4 Jahre lang
992	W	1789	z	Liste der zw. April 1789 u. Okt. 1789 angesetzten Colonisten
993	BC	1806	z	(leistet den Bürgereid)
994	BC	1806	z	Einwohnerverzeichnis 1806: Ausländer im Haushalt
995	Q	1807	z	(Liste der sich etablierten Bürger) Bürgereid 1806, Fremder
996	Q	1805	z	hierhingezogen
997	PCD	1793.01.26	z	Bürgerrechtsgewinnung, Ausländer
998	W	1784	z	(wird Bürger)
999	TBJ	1806	z	(leistet den Bürgereid)
1000	Q	1805(?)	z	Einwohnerverzeichnis (um 1805): Ausländer im Haushalt
1001	Q	1807	z	(Liste der sich etablierten Bürger) Bürgereid 1806, Fremder
1002	BH	1810	z	Arbeiter, Gesellen, Knechte mit Handwerksbüchern
1003	A	1797	z	Einwohnerverzeichnis 1797: Ausländer im Haushalt
1004	W (?)	1806	z	(leistet den Bürgereid)
1005	TBH	1799	z	Colonistentabelle 1799
1006	HB	1806	z	Einwohnerverzeichnis 1806: Ausländer im Haushalt
1007	TH	1795/96	z	angesetzte Colonisten zw. Juni 1795 und Mai 1796
1008	TH	1796	z	Tabelle d. zw. Okt. 1795 u. April 1796 angesetzten Colonisten
1009	Q	1807	z	(Liste der sich etablierten Bürger) Bürgereid 1806, Fremder
1010	W	1806	z	Einwohnerverzeichnis 1806: Ausländer im Haushalt
1011	TH	1797	z	Bürgerrechtsgewinnung
1012	HB	1806	z	(leistet den Bürgereid)
1013	TAH	1774	z	
1014	TH	1797	z	Einwohnerverzeichnis 1797: Ausländer im Haushalt
1015	TAI	1797	z	Einwohnerverzeichnis 1797: Ausländer im Haushalt
1016	TAH	1776	z	Ausländer (Einwohner)
1017	TAH	1777	z	die Freiheiten enden in drei Jahren
1018	TAH	1774	z	
1019	VA	1810	z	Arbeiter, Gesellen, Knechte mit Handwerksbüchern
1020	LI	1777	z	die Freiheiten enden in drei Jahren
1021	LI	1769	z	5 Fuß, 2 Zoll groß, 30 Stüber Contribution
1022	A	1801	z	Einwohnerverzeichnis 1801: Ausländer im Haushalt
1023	Q	1807	z	(Liste der sich etablierten Bürger) Bürgereid 1806, Fremder
1024	I	1798	z	(Name durchgestrichen)
1025	LF	1777	z	Tabelle der zw. 1740 und 1777 etablierten Colonisten, Freijahre beendet
1026	I	1797	z	Einwohnerverzeichnis 1797: Ausländer im Haushalt
1027	Q	1764.04.16	z	Kopfsteuerliste, Einsprüche
1028	TBI	1798	z	
1029	TBI	1797	z	Einwohnerverzeichnis 1797: Ausländer im Haushalt
1030	Q	1805.06.11	z	hilfsbedürftige Ausländer
1031	ED	1805(?)	z	Einwohnerverzeichnis (um 1805): Ausländer im Haushalt
1032	ED	1786	z	(wird Bürger)
1033	LI	1806	z	(leistet den Bürgereid)
1034	LI	1799	z	Bürgerrechtsgewinnung
1035	OCBA	1798	z	
1036	OCBA	1797	z	Einwohnerverzeichnis 1797: Ausländer im Haushalt
1037	JAF	1798	z	Colonistentabelle 1798
1038	JAE	1798	z	Bürgerrechtsgewinnung
1039	JAF	1799	z	Einwohnerverzeichnis 1799: Ausländer im Haushalt
1040	Z	1797	z	Einwohnerverzeichnis 1797: Ausländer im Haushalt

Supplement: Migranten-Datenbank (1749-1810)

	I	J	K	L	M	N	O	P	Q	R
976	STAS A 52	o	o	j	o	j	m	o	1	
977	STAS A 61	o	o	j	1806	j	m	o	1	158
978	STAS A 65	o	o	o	o		o	m	o	
979	STAS A 54	o	o	o	o		o	m	o	1
980	STAS A 53	l	o	o	1800/01?	o	m	o	1	89
981	STAS A 67	l	o	o	o		o	m	o	1	149
982	STAS A 1647	l	o	o	o		n	m	o	1	
983	STAS A 34	o	o	o	1740-77	j	m	o	3	
984	STAS A 35	o	o	n	o		o	m	o	1	
985	STAS A 34	o	o	o	o		j	m	n	1	
986	STAS A 2029	o	o	o	o		o	m	o		
987	STAS A 41	o	o	j	o		j	m	o	1	
988	STAS A 2123	o	23	o	o		j	m	o	1	
989	STAS A 2123	o	29	o	o		j	m	o	1	
990	STAS A 34	o	o	o	o		j	m	n	1	
991	STAS A 2029	o	o	o	o		o	m	o		
992	STAS A 34	o	o	o	1789	j	m	n	2	
993	STAS A 52	o	o	j	o		j	m	o	1	
994	STAS A 64	v	o	o	o		o	m	o	1	215
995	STAS A 61	o	o	j	1804	j	m	o	1	124
996	STAS A 65	o	o	o	o		o	o	o		
997	STAS A 41	o	o	j	o		j	m	o	1	
998	STAS A 35	o	o	j	o		o	m	o	1	
999	STAS A 52	o	o	j	o		j	m	o	1	
1000	STAS A 55A	o	o	o	o		o	m	o	1	125 1/4
1001	STAS A 61	o	o	j	1806	j	m	o	1	152
1002	STAS A 2123	o	29	o	o		j	m	o	1	
1003	STAS A 47	l	o	o	o		o	m	n	1	33
1004	STAS A 52	o	o	j	o		j	m	o	1	
1005	STAS A 46	o	o	o	1799	o	m	o	1	
1006	STAS A 64	v	o	o	o		o	m	o	1	16
1007	STAM MSCR I 257	o	o	o	o		o	m	o	1	
1008	STAS A 46	o	o	o	1795/96	j	m	n	1	
1009	STAS A 61	o	o	j	1805 (?)	j	m	o	1	49
1010	STAS A 64	v	o	o	o		o	m	o	2	188
1011	STAS A 48	o	o	j	o		o	m	o		
1012	STAS A 52	o	o	j	o		j	m	o	1	
1013	STAS A 34	o	o	o	o		j	m	n	1	
1014	STAS A 47	v	o	o	o		o	m	o	2	133
1015	STAS A 47	ww	o	o	o		o	m	o	1	188
1016	STAS A 35	o	o	n	o		o	m	o	1	
1017	STAS A 34	o	o	o	o		j	m	o	3	
1018	STAS A 2032	o	o	o	o		o	m	o	1	
1019	STAS A 2123	o	21	o	o		j	m	o	1	
1020	STAS A 34	o	o	o	o		j	m	o	2	
1021	STAS A 914	o	35	o	o		o	m	n	1	29
1022	STAS A 53	v	o	o	1800/01?	o	m	n	1	136 1/2
1023	STAS A 61	o	o	j	1804	j	m	o	1	22
1024	STAS A 1626	o	50	n	1770	o	m	o		
1025	STAS A 34	o	o	o	1740-77	j	m	o	5	
1026	STAS A 47	v	o	o	o		o	m	o	1	4
1027	STAS A 1131	o	o	o	o		o	m	o	1	
1028	STAS A 1626	o	31	n	1793	o	m	o		
1029	STAS A 47	v	o	o	o		o	m	o	1	3
1030	STAS A 2112	v	o	o	o		o	m	o	1	
1031	STAS A 55A	v	o	o	o		o	m	o	1	97
1032	STAS A 35	o	o	j	o		o	m	o	1	
1033	STAS A 52	o	o	j	o		j	m	o	1	
1034	STAS A 48	o	o	j	o		o	m	o		
1035	STAS A 1626	o	64	n	1787	o	m	o		
1036	STAS A 47	v	o	o	o		o	m	o	1	112
1037	STAS A 46	l	o	o	o		j	m	n	1	
1038	STAS A 48	o	o	j	o		o	m	o		
1039	STAS A 51	l	o	o	o		o	m	o	1	198
1040	STAS A 47	v	o	o	o		o	m	o	2	211

Supplement: Migranten-Datenbank (1749-1810)

	A	B	C	D
1041	Marme	Friedr. W.	Cleve	Cleve
1042	Marme	Friedrich Wilhelm	(?)	N.N
1043	Marne	Friedr. Wilh.	N.N	BERG
1044	Marne	Friedrich Wilhelm	Elberfeld	Berg
1045	Martens /Mertens	Philipp	N.N	N.N
1046	Martin	Fr.	N.N	N.N
1047	Martin	Fr. Wilh.	Krefeld	Preußen
1048	Martin	Friedr.	Elberfeld	Berg
1049	Martin	Joh.	Krefeld	Preußen
1050	Martin	Johann	Krefeld	Preußen
1051	Martiny	Friedr. Wilh.	N.N	N.N
1052	Martiny	Friedrich Wilhelm	Elberfeld	Berg
1053	Mauberg	Johann	Solingen	Berg
1054	Maul	Clem.	N.N	N.N
1055	Maul	Clem.	N.N	N.N
1056	Maul	Clemens	N.N	N.N
1057	Maul	Clemens	N.N	N.N
1058	Maul	Clemens	Solingen	Berg
1059	Mayer	David	Linnen bei Oedingen?	Westfalen Hzgt.(?)
1060	Maykranz	Pet.	N.N	N.N
1061	Maykranz	Peter	N.N	BERG
1062	Meckel	Wilhelm	N.N	N.N
1063	Meckelbrock	Rudolph	Hamm	Mark
1064	Mecklenbrock	Rudolph	Unna	Mark
1065	Meine	Hermann	N.N	HESSEN
1066	Meine	Hermann	N.N	HESSEN
1067	Meisterfeld	Ambr.	N.N	N.N
1068	Meisterfeld	Ambros.	Hückeswagen	Berg
1069	Meisterfeld	Ambrosius	N.N	BERG
1070	Meisterfeld	Ant.	N.N	BERG
1071	Meisterfeld	Dan.	N.N	N.N
1072	Meisterfeld	Jacob	N.N	N.N
1073	Meisterfeldt	Ambrosius	N.N	BERG
1074	Mellinghaus	Wilh.	Wetter (Amt)	Mark
1075	Menchen	Conrad	N.N	N.N
1076	Menchen (?)	Andreas	N.N	KÖLN EB
1077	Mencke	And.	N.N	N.N
1078	Mencke	Andreas	N.N	KÖLN EB
1079	Mencke	N.N	N.N	HESSEN
1080	Mengel	Henrig	Darmstadt	Hessen-Darmstadt
1081	Menges	Johannes	N.N	BERG
1082	Menke	Andr.	N.N	KÖLN EB
1083	Menke	Andreas	N.N	KÖLN EB
1084	Merten	Henr.	N.N	GIMBORN
1085	Mertens	Dan.	N.N	N.N
1086	Mertens	Daniel	Lengede	HILDESHEIM
1087	Mertens	Daniel	Braunschweig	Braunschweig
1088	Mertens	Daniel	Lengede	Hildesheim
1089	Mertens	Joh. Wilh.	Solingen	BERG
1090	Mertens	Philip	N.N	HILDESHEIM
1091	Mertens	Philipp	N.N	N.N
1092	Mertens	Phillipp	Lengede	HILDESHEIM
1093	Mesche (?)	Ludwig	N.N	HESSEN
1094	Meschede	Ludw.	N.N	N.N
1095	Metz	Georg	N.N	HESSEN
1096	Metz	Georg	N.N	N.N
1097	Metz	Georg	N.N	HESSEN
1098	Metz	Paul	N.N	HESSEN
1099	Metz	Paul	N.N	N.N
1100	Metz /Mez	Paul	N.N	N.N
1101	Metzges	Johann Wilhelm	Mettmann	Berg
1102	Meyer	Aaron	Honer (?)	Nassau-S.? SIEG-DEP.(Berg, Ghz.)
1103	Meyer	David	N.N	N.N
1104	Meyer	David	Linn	Westfalen Hzgt.
1105	Meyl (?)	N.N	N.N	N.N

Supplement: Migranten-Datenbank (1749-1810)

	E	F	G	H
1041	PCB / SDJ	1789	z	Tabelle der angesetzten u. abgegangenen Meister
1042	PCB	1789.10.10	z	Bürgerrechtsgewinnung
1043	PCB	1789	z	Liste der zw. April 1789 u. Okt. 1789 angesetzten Colonisten
1044	PCB	1789.08.14	z	Designation der 1789 in Schwelm gefertigten Waren
1045	HB	1797	z	Einwohnerverzeichnis 1797: Ausländer im Haushalt
1046	TBE	1791.03.17	z	Akziseregister, Fremder, Freijahre laufen
1047	TBJ / TBE	1792	a	Tabelle der angesetzten u. abgegangenen Meister
1048	TBJ / TBE (?)	1789	z	Tabelle der angesetzten u. abgegangenen Meister
1049	TBJ / TBE	1792	z	Tabelle der angesetzten u. abgegangenen Meister
1050	TBE	1792.11.03	z	Bürgerrechtsgewinnung, Ausländer
1051	TBE	1789	z	Liste der zw. Okt. 1788 u. April 1789 angesetzten Colonisten
1052	TBE	1789	z	Designation der 1789 in Schwelm gefertigten Waren
1053	PC / PH	1777	a	
1054	PCJ	1797	z	Einwohnerverzeichnis 1797: Ausländer im Haushalt
1055	PCJ	1805.06.11	z	hilfsbedürftige Ausländer
1056	PCJ	1769	z	5 Fuß, 5 Zoll groß, 30 Stüber Contribution
1057	PCJ	1776	z	Ausländer (Einwohner)
1058	PCJ	1774	z	
1059	HB + NJ	1798	z	Schutzjude
1060	FA	1797	z	Einwohnerverzeichnis 1797: Ausländer im Haushalt
1061	TAI	1798	z	keine Verwandten
1062	OCBA	1769	z	5 Fuß, 1 Zoll, 30 Stüber Contr., Besitzer u. Ausl.
1063	TBE	1794.03.26	z	Bürgerrechtsgewinnung
1064	TAI	1789	z	Tabelle der angesetzten u. abgegangenen Meister
1065	TAF	1778	z	Liste der zw. Okt. 1777 und April 1778 angesetzten Colonisten
1066	TBJ	1777	z	
1067	W	1797	z	Einwohnerverzeichnis 1797: Ausländer im Haushalt
1068	PC	1772	z	Geselle in Hückeswagen
1069	TBN	1776	z	(Einwohner)
1070	SAN	1777	z	die Freiheiten enden in drei Jahren
1071	TAI	1805(?)	z	Einwohnerverzeichnis (um 1805): Ausländer im Haushalt
1072	BD	1769	z	30 Stüber Contributionen
1073	SAJ	1773	z	am Gericht die Tochter geheiratet, wohnt beim Schwiegervater
1074	BH / BN	1778/79	z	
1075	Q	1807	z	(Liste der sich etablierten Bürger) Bürgereid 1806, Fremder
1076	PCF	1798	z	
1077	PC	1797	z	Einwohnerverzeichnis 1797: Ausländer im Haushalt
1078	PC	1792.11.03	z	Bürgerrechtsgewinnung, Ausländer
1079	TH	1805(?)	z	Einwohnerverzeichnis (um 1805): Ausländer im Haushalt
1080	THG	1798	z	
1081	TANG	1749	z	kommt mit Frau und einem (Web-)Stuhl, ohne Knecht und Vorrat
1082	PC / PH	1792	z	Tabelle der angesetzten u. abgegangenen Meister
1083	PCF		z	(loser Zettel ohne Jahresangabe)
1084	BD	1806	z	(leistet den Bürgereid)
1085	Z	1801	z	Einwohnerverzeichnis 1801: Ausländer im Haushalt
1086	SAJ	1798	z	Bruder von Phillipp Mertens
1087	NP (?)	1800 ?	z	Colonistentabelle 1800
1088	NP	1800	z	
1089	PCI	1752	z	kommt mit Frau
1090	HB	1794.03.26	z	Bürgerrechtsgewinnung
1091	HB	1801	z	Einwohnerverzeichnis 1801: Ausländer im Haushalt
1092	HB	1798	z	angesehener Bürger
1093	TH	1798	z	
1094	TH	1797	z	Einwohnerverzeichnis 1797: Ausländer im Haushalt
1095	TH	1806	z	(leistet den Bürgereid)
1096	Q	1807	z	(Liste der sich etablierten Bürger) Bürgereid 1806, Fremder
1097	Q	1805(?)	z	Einwohnerverzeichnis (um 1805): Ausländer im Haushalt
1098	LI	1799	z	Bürgerrechtsgewinnung
1099	LI	1799	z	Einwohnerverzeichnis 1799: Ausländer im Haushalt
1100	LI	1801	z	Einwohnerverzeichnis 1801: Ausländer im Haushalt
1101	TBI	1806.10.18	z	Aufenthaltserlaubnis
1102	NJ	1810	z	Arbeiter, Gesellen, Knechte mit Handwerksbüchern
1103	Q	1797	z	Einwohnerverzeichnis 1797: Ausländer im Haushalt, Schutzjude
1104	HCK	1790	z	Jude, Ansetzung
1105	FA	1797	z	Einwohnerverzeichnis 1797: Ausländer im Haushalt

Supplement: Migranten-Datenbank (1749-1810)

	I	J	K	L	M	N	O	P	Q	R
1041	STAS A 2029	o	o	o	1789	o	m	o	1	
1042	STAS A 41	o	o	j	o	j	m	o	1	
1043	STAS A 34	o	o	o	1789	o	m	o	1	
1044	STAS A 44	v	o	o	o	o	m	o	2	
1045	STAS A 47	v	o	o	o	o	m	o	2	2
1046	STAS A 1268	o	o	o	o	j	m	o	1	
1047	STAS A 2029	o	o	o	o	o	m	o	1	
1048	STAS A 2029	o	o	o	1789	o	m	o	1	
1049	STAS A 2029	o	o	o	1792	o	m	o	1	
1050	STAS A 41	o	o	j	o	j	m	o	1	
1051	STAS A 34	o	o	o	1788/89	j	m	o	3	
1052	STAS A 44	v	o	o	o	o	m	o	22	
1053	STAS A 2029	o	o	o	o	o	m	o		
1054	STAS A 47	v	o	o	o	o	m	o	1	201
1055	STAS A 2112	v	o	o	o	o	m	n	1	
1056	STAS A 914	o	34	o	o	o	m	n	1	52
1057	STAS A 35	o	o	n	o	o	m	o	1	
1058	STAS A 2032	o	o	o	o	o	m	o	1	
1059	STAS A 1626	o	o	j	1792	o	m	o		
1060	STAS A 47	v	o	o	o	o	m	o	1	33
1061	STAS A 1626	o	30	n	1788 ca.	o	m	o	1	
1062	STAS A 914	o	40	o	o	o	m	n	1	56
1063	STAS A 41	o	o	j	o	j	m	o	1	
1064	STAS A 2029	o	o	o	1789	o	m	o	1	
1065	STAS A 34	o	o	o	1777/78	j	m	n	1	
1066	STAS A 2029	o	o	o	o	o	m	o		
1067	STAS A 47	ww	o	o	o	o	m	o	1	197
1068	STAS A 2029	o	o	o	o	o	m	o		
1069	STAS A 35	o	o	n	o	o	m	o	1	
1070	STAS A 34	o	o	o	o	j	m	o	3	
1071	STAS A 55A	o	o	o	o	j	m	o	1	94
1072	STAS A 914	o	55	o	o	o	m	n	1	184
1073	STAS A 34	v	o	o	o	j	m	n	2	
1074	STAS A 2029	o	o	o	o	o	m	o		
1075	STAS A 61	o	o	j	1804	j	m	o	1	9
1076	STAS A 1626	o	32	j	1788	o	m	o		
1077	STAS A 47	v	o	o	o	o	m	o	1	224
1078	STAS A 41	o	o	j	o	j	m	o	1	
1079	STAS A 55A	v	o	o	o	o	m	o	1	76
1080	STAS A 1626	o	25	o	1788	o	m	o		
1081	STAS A 24	v	o	o	1748	o	m	o	2	
1082	STAS A 2029	o	o	o	1792	o	m	o	1	
1083	STAS A 34	o	o	o	o	o	m	o	1	
1084	STAS A 52	o	o	j	o	j	m	o	1	
1085	STAS A 53	v	o	o	1800/01?	o	m	o	1	217
1086	STAS A 1626	o	29	n	1797	o	m	o		
1087	STAS A 46	v	o	o	1800 ?	o	m	j	1	
1088	STAS A 48	o	o	j	o	o	m	o		
1089	STAS A 24	v	o	o	1752	j	m	n	5	
1090	STAS A 41	o	o	j	o	j	m	o	1	
1091	STAS A 53	v	o	o	1800/01?	o	m	o	1	2
1092	STAS A 1626	o	35	j	1793	o	m	o		
1093	STAS A 1626	o	30	j	1777 / 78	o	m	o		
1094	STAS A 47	l	o	o	o	o	m	o	3	70
1095	STAS A 52	o	o	j	o	j	m	o	1	
1096	STAS A 61	o	o	j	1802	j	m	o	1	20
1097	STAS A 55A	o	o	o	o	o	m	o		75
1098	STAS A 48	o	o	j	o	o	m	o		
1099	STAS A 51	l	o	o	o	j	m	o	1	114
1100	STAS A 53	v	o	o	o	o	m	o	1	114
1101	STAS A 1647	o	o	o	o	j	m	o	1	
1102	STAS A 2123	o	36	o	o	j	m	o	1	
1103	STAS A 47	v	o	o	o	o	m	o	1	41
1104	STAS A 1623	l	o	o	o	j	m	j, 2000 T.	1	
1105	STAS A 47	wwe	o	o	o	o	f	o	1	133

371

Supplement: Migranten-Datenbank (1749-1810)

	A	B	C	D
1106	Michaelis	Casp.	N.N	N.N
1107	Michaelis	Casp.	N.N	N.N
1108	Michels	Casp.	N.N	BERG
1109	Middeldorf	Georg	Eickel	Mark
1110	Middendorff	Wilh.	Eickel	Mark
1111	Mignot	Augustinus	N.N	N.N
1112	Mignot	Augustinus	N.N	FLANDERN
1113	Mignot	Johann Augustinus	Brüssel	Brabant
1114	Mignot /Minot	Aug.	N.N	N.N
1115	Mildring	Joh. Diedr.	N.N	N.N
1116	Millering	Diedrich	Deventer	Holland
1117	Millich	Mich.	N.N	N.N
1118	Millich	Michel	N.N	SACHSEN
1119	Moesche (?)	Ludewig	N.N	HESSEN
1120	Moller	Evert	Limburg	Limburg Grf.
1121	Moller	Joh. W.	N.N	HESSEN
1122	Moller	Joh. Wilh.	N.N	HESSEN
1123	Moller	Johann Adam	N.N	HESSEN
1124	Moller	Peter	N.N	KÖLN EB(?)
1125	Möller	Adam	N.N	WITTGENSTEIN
1126	Möller	Adam	N.N	HESSEN
1127	Möller	Andr.	N.N	KÖLN EB
1128	Möller	Andreas	N.N	N.N
1129	Möller	Andreas	Menden	Westfalen Hzgt.
1130	Möller	Andreas	N.N	KÖLN EB
1131	Möller	Everhard	N.N	N.N
1132	Möller	Henr.	N.N	N.N
1133	Möller	Joh. Adam	N.N	HESSEN-DARMSTADT
1134	Möller	N.N	N.N	N.N
1135	Möller	W.	Gemünd	Hessen-Kassel
1136	Möller	W.(?)	N.N	HESSEN
1137	Möller /Müller	Adam	N.N	N.N
1138	Mond	Henr.	Castrop	Mark
1139	Mond (?)	Henrich	N.N	BERG
1140	Monds	Peter	N.N	N.N
1141	Monds am	Joh.	Breckerfeld	Mark
1142	Mons	Henr.	N.N	N.N
1143	Motte de	Carl	N.N	FRANKREICH
1144	Muhlinghaus	Casp.	N.N	N.N
1145	Muhlinghaus	Johann Eberhard	Gemarke	Berg
1146	Muhlinghaus	N.N	Gemarke	Berg
1147	Mühlinghaus	Casp.	N.N	BERG
1148	Mülietz (?)	Michel	N.N	N.N
1149	Muller	Peter	N.N	N.N
1150	Muller	Peter	Köln	Reichsstadt
1151	Müller	Andreas	N.N	KÖLN EB
1152	Müller	Arnold	N.N	BERG
1153	Müller	Arnold	N.N	BERG
1154	Müller	Johannes	Rosenthal b. Marburg	Hessen-Kassel (Westfalen, Kg.)
1155	Müller	N.N	N.N	N.N
1156	Müller	N.N	N.N	N.N
1157	Muller (?)	Arnold	N.N	N.N
1158	Müller /Möller	Andr.	N.N	N.N
1159	Mund	Johannes	N.N	N.N
1160	Müntz	Wilhelm	N.N	N.N
1161	Muzer (?)	Henr. Joseph	Geppenich	HESSEN-DARMSTADT (Hessen,Ghz
1162	Muzler	Henrich	N.N	TRIER Bst.
1163	N.N	Chr.	N.N	N.N
1164	N.N	Hermann	Elberfeld	Berg
1165	N.N	Jacob	N.N	HESSEN
1166	N.N	Jacob	N.N	HESSEN
1167	N.N	Joseph	Köln	Reichsstadt
1168	N.N	Joseph	N.N	KÖLN EB
1169	N.N	Martin	N.N	N.N
1170	N.N	Martin	N.N	KÖLN EB

Supplement: Migranten-Datenbank (1749-1810)

	E	F	G	H
1106	W	1801	z	Einwohnerverzeichnis 1801: Ausländer im Haushalt
1107	W	1799	z	Einwohnerverzeichnis 1799: zugezogen, aber kein Ausländer
1108	TAQ	1782	z	Liste der zw. Okt. 1781 u. April 1782 angesetzten Colonisten
1109	BH	1784	z	(wird Bürger)
1110	BH / BN	1784	z	Tabelle der angesetzten u. abgegangenen Meister
1111	TH	1797	z	Tabelle d. nach April 1797 angesetzten Colonisten
1112	TH	1798	z	
1113	THM	1797	z	Bürgerrechtsgewinnung
1114	TH	1797	z	Einwohnerverzeichnis 1797: Ausländer im Haushalt
1115	LI	1789	z	Liste der zw. Okt. 1788 u. April 1789 angesetzten Colonisten
1116	TAI	1789	z	Designation der 1789 in Schwelm gefertigten Waren
1117	W	1797	z	Einwohnerverzeichnis 1797: Ausländer im Haushalt
1118	LBA	1788	z	Tabelle der angesetzten u. abgegangenen Meister
1119	TH	1794.03.26	z	Bürgerrechtsgewinnung
1120	PCF	1774	z	
1121	TBH	1797	z	Tabelle d. nach April 1797 angesetzten Colonisten
1122	TB	1797	z	Bürgerrechtsgewinnung
1123	TH (?)	1773	z	9 Jahre lang in Schwelm
1124	HD	1784	z	Tabelle der angesetzten u. abgegangenen Meister
1125	HD	1798	z	(Name durchgestrichen)
1126	TH	1777	z	die Freijahre sind zu Ende, keine Baugelder
1127	BH / BN	1788	z	Tabelle der angesetzten u. abgegangenen Meister
1128	Q	1789	z	Ausländer, soll Bürgereid leisten, (Vollzug unklar)
1129	BH	1789.10.10	z	Bürgerrechtsgewinnung, kein Ausländer
1130	BH	1788	z	Liste der zw. Okt. 1787 u. April 1788 angesetzten Colonisten
1131	PCQ	1769	z	5 Fuß groß, 5 Taler Contribution
1132	ODBA	1805	z	
1133	TH	1773	z	schon als Geselle hier, Witwe geheiratet
1134	Q	1805(?)	z	Einwohnerverzeichnis (um 1805): Ausländer im Haushalt
1135	TB	1797	z	Einwohnerverzeichnis 1797: Ausländer im Haushalt
1136	TBH	1798	z	Tochter des Bürgen geheiratet
1137	HD	1797	z	Einwohnerverzeichnis 1797: Ausländer im Haushalt
1138	PC / PH	1789	z	Tabelle der angesetzten u. abgegangenen Meister
1139	PCJ	1789	z	Liste der zw. April 1789 u. Okt. 1789 angesetzten Colonisten
1140	W	1799	z	Einwohnerverzeichnis 1799: zugezogen, aber kein Ausländer
1141	BH / BN	1775	z	
1142	PCJ	1791.03.17	z	Akziseregister, Fremder, Freijahre laufen
1143	TAI	1783	z	Liste der zw. 15.4.1783 u. 15.10.1783 angesetzt. Colonisten
1144	Q	1791.03.17	z	Akziseregister, Freijahre laufen
1145	Q	1790.08.21	z	Bürgerrechtsgewinnung
1146	NA / NB	1790	z	Tabelle der angesetzten u. abgegangenen Meister
1147	NA (?)	1790.10.15	z	Tabelle d. zw. April u. Okt. 1790 angesetzten Colonisten
1148	LBA	1788	z	Liste der zw. April 1788 u. Okt. 1788 angesetzten Colonisten
1149	HD	1791	z/a	Liste der seit 1779 etabl. und wieder abgewanderten Colonisten
1150	HD	1785	z	Liste der zw. Okt. 1784 u. April 1785 angesetzten Colonisten
1151	BH	1798	z	
1152	W	1801.10.28	z	angekommene fremde Familien 1801
1153	NP	1801	z	Bürgerrechtsgewinnung
1154	TB	1810	z	Arbeiter, Gesellen, Knechte mit Handwerksbüchern
1155	Z	1806	z	Einwohnerverzeichnis 1806: Ausländer im Haushalt
1156	JE	1797	z	Einwohnerverzeichnis 1797: Ausländer im Haushalt
1157	W	1801	z	Einwohnerverzeichnis 1801: Ausländer im Haushalt
1158	BH	1797	z	Einwohnerverzeichnis 1797: Ausländer im Haushalt
1159	Q	1769	z	
1160	Q	1769	z	5 Fuß, 5 Zoll groß, 1 Taler Contribution
1161	LI	1810	z	Arbeiter, Gesellen, Knechte mit Handwerksbüchern
1162	SDN	1808	z	Liste der Ausländer 1808 (Extrakt)
1163	BH	1805(?)	z	Einwohnerverzeichnis (um 1805): Ausländer im Haushalt
1164	TAE	1774	z	
1165	TH	1801.10.28	z	angekommene fremde Familien 1801
1166	TH	1801	z	Einwohnerverzeichnis 1801: zugezogen, aber kein Ausländer
1167	BH	1777	z	Tabelle der zw. 1740 und 1777 etablierten Colonisten, Freijahre beendet
1168	BH / BN	1776	z	
1169	TH	1791	z/a	Liste der seit 1779 etabl. und wieder abgewanderten Colonisten
1170	TH	1781	z	Liste der zw. 15.4.1781 u. 15.10.1781 angesetzten Colonisten

Supplement: Migranten-Datenbank (1749-1810)

	I	J	K	L	M	N	O	P	Q	R
1106	STAS A 53	v	o	o	o	o	m	o	1	91
1107	STAS A 51	v	o	o	1798/99	j	m	o	2	87
1108	STAS A 34	o	o	o	1781/82	j	m	n	1	
1109	STAS A 35	o	o	j	o	o	m	o	1	
1110	STAS A 2029	o	o	o	1784	o	m	o	1	
1111	STAS A 46	o	o	o	1797	j	m	n	1	
1112	STAS A 1626	o	28	j	1798 ?	o	m	o		
1113	STAS A 48	o	o	j	o	o	m	o		
1114	STAS A 47	v	o	o	o	o	m	o	5	66
1115	STAS A 34	o	o	o	1788/89	j	m	o	1	
1116	STAS A 44	v	o	o	o	o	m	o	2	
1117	STAS A 47	l?	o	o	o	o	m	o	1	76 1/4
1118	STAS A 2029	o	o	o	1788	o	m	o	1	
1119	STAS A 41	o	o	j	o	j	m	o	1	
1120	STAS A 2032	o	o	o	o	o	m	o	1	
1121	STAS A 46	o	o	o	1797	j	m	n	1	
1122	STAS A 48	o	o	j	o	o	m	o		
1123	STAS A 2029	o	o	o	o	o	m	o		
1124	STAS A 2029	o	o	o	1784	o	m	o	1	
1125	STAS A 1626	o	50	j	1768	o	m	o		
1126	STAS A 34	o	o	o	o	j	m	j, 200 Taler	3	
1127	STAS A 2029	o	o	o	1788	o	m	o	1	
1128	STAS A 35	o	o	o	o	o	m	o	1	
1129	STAS A 41	o	o	j	o	j	m	o	1	
1130	STAS A 34	o	o	o	1787/88	j	m	n	1	
1131	STAS A 914	o	53	o	o	o	m	j, 200 Taler	1	199
1132	STAS A 65	o	o	o	o	o	m	o		
1133	STAS A 34	v	o	o	o	j	m	n	2	
1134	STAS A 55A	wwe	o	o	o	o	f	o	1	29
1135	STAS A 47	v	o	o	o	j	m	o	1	133
1136	STAS A 1626	v	31	j	1792	o	m	o		
1137	STAS A 47	v	o	o	o	o	m	o	1	104 1/2
1138	STAS A 2029	o	o	o	1789	o	m	o	1	
1139	STAS A 34	o	o	o	1789	o	m	n	1	
1140	STAS A 51	v	o	o	1798/99	o	m	o	1	36
1141	STAS A 2029	o	o	o	o	o	m	o		
1142	STAS A 1268	o	o	o	o	j	m	o	1	
1143	STAS A 34	o	o	o	1783	j	m	n	3	
1144	STAS A 1268	o	o	o	o	j	m	n	1	
1145	STAS A 41	o	o	j	o	j	m	o	1	
1146	STAS A 2029	o	o	o	1790	o	m	o	1	
1147	STAS A 41	o	o	o	1790	j	m	n	1	
1148	STAS A 34	o	o	o	1788	j	m	n	1	
1149	STAS A 34	o	o	o	1785 ?	o	m	n	1	
1150	STAS A 34	o	o	o	1784/85	j	m	o	1	
1151	STAS A 1626	o	38	j	1786	o	m	o		
1152	STAS A 54	o	o	o	o	o	m	o	1	
1153	STAS A 48	o	o	j	o	o	m	o		
1154	STAS A 2123	o	35	o	o	j	m	o	1	
1155	STAS A 64	v	o	o	o	o	m	o	2	4
1156	STAS A 47	v	o	o	o	o	m	o	1	63
1157	STAS A 53	v	o	o	1800/01?	j	m	o	2	128
1158	STAS A 47	v	o	o	o	o	m	o	1	215
1159	STAS A 914	l	08	o	o	o	m	o	1	176
1160	STAS A 914	o	55	o	o	o	m	j, 100 Taler	1	165
1161	STAS A 2123	o	23	o	o	j	m	o	1	
1162	STAS A 67	o	o	o	o	o	m	o	1	73
1163	STAS A 55A	l	o	o	o	j	m	o	1	70
1164	STAS A 2032	o	o	o	o	o	m	o	1	
1165	STAS A 54	o	o	o	o	o	m	o	1	
1166	STAS A 53	l	o	o	1800/01?	o	m	o	1	148
1167	STAS A 34	o	o	o	1740-77	j	m	o	7	
1168	STAS A 2029	o	o	o	o	o	m	o		
1169	STAS A 34	o	o	o	1781 ?	o	m	n	1	
1170	STAS A 34	o	o	o	1781	j	m	n	1	

Supplement: Migranten-Datenbank (1749-1810)

	A	B	C	D
1171	N.N	Martin	Elberfeld	Berg
1172	N.N	N.N	N.N	N.N
1173	N.N	N.N	N.N	N.N
1174	N.N	N.N	N.N	N.N
1175	N.N	N.N	N.N	N.N
1176	N.N	N.N	N.N	N.N
1177	N.N	N.N	N.N	N.N
1178	N.N	N.N	N.N	N.N
1179	N.N	Paul	N.N	BERG
1180	N.N	Pet.	N.N	FRANKREICH/WALLONIE
1181	Nandler	Joseph	N.N	N.N
1182	Nandler	Joseph	Laubach	Solms-Laubach
1183	Narme?	Fried. Wilh.	N.N	N.N
1184	Neff	Martin	N.N	NASSAU-SIEGEN
1185	Neff	Martin	N.N	N.N
1186	Nellich (?)	Michel	N.N	SACHSEN
1187	Nettler	Georg	N.N	N.N
1188	Nettler	Georg	N.N	N.N
1189	Nettler	Georg	N.N	BERG
1190	Neufeld	N.N	Lüdenscheid	Mark
1191	Neufeld	N.N	N.N	N.N
1192	Neuhaus	Casp.	Hagen (Gericht)	Mark
1193	Neuhaus	Joh.	N.N	N.N
1194	Neuhaus	Pet. Henr.	Hagen	Mark
1195	Neuhaus	Peter Henrich	Dahl (Kirchspiel)	Mark
1196	Noel	N.N	N.N	N.N
1197	Noes	Christ.	N.N	N.N
1198	Noes	Christ.	Valenbruch (?)	Mombach (?) Amt
1199	Noes	Christian	N.N	WITTGENSTEIN (Hessen, Ghzgt.)
1200	Nölle	N.N	Neuenrade	Mark
1201	Noltz	Hermann	N.N	N.N
1202	Nolze	Hermann	N.N	N.N
1203	Noote	Peter	N.N	FRANKREICH
1204	Notte	Pet.	N.N	FRANKREICH/WALLONIE
1205	Notte	Peter	N.N	N.N
1206	Nues le	Anton	N.N	BRABANT
1207	Ochs	Georg	N.N	OBER-HESSEN
1208	Ochs	Jürg.	N.N	N.N
1209	Ochs?	Jurg	N.N	HESSEN
1210	Offermann	Casp.	Dortmund	Reichsstadt
1211	Offermann	Caspar	N.N	N.N
1212	Offermann	Ludewig	Hannover	Hannover (Frankreich)
1213	Ohlemann	Carl	N.N	SACHSEN
1214	Ohmann (?)	N.N	N.N	N.N
1215	Olfers	H.	N.N	N.N
1216	Oller	N.N	N.N	N.N
1217	Ostermann	Casp.	Dortmund	Reichsstadt
1218	Otto	Christian Gottlob	N.N	SACHSEN
1219	Otto	Gottlieb	N.N	SACHSEN
1220	Otto	Gottlob	N.N	N.N
1221	Otto	Wilhelm	N.N	N.N
1222	Page	Henr.	N.N	N.N
1223	Page	Henrich	N.N	N.N
1224	Page	Henrich	N.N	GIMBORN
1225	Parmantje	N.N	N.N	FRANKREICH
1226	Parmentje (?)	Franz	N.N	N.N
1227	Pass	Gottfried	N.N	N.N
1228	Pathemann	Jos.	N.N	N.N
1229	Pathemann	Josef	Henrichenburg	Recklinghausen Vest
1230	Pathemann	Joseph	N.N	KÖLN EB
1231	Pathemann	Joseph	N.N	KÖLN EB
1232	Paul	N.N	N.N	N.N
1233	Paul	N.N	N.N	HESSEN
1234	Peassant (?)	N.N	N.N	FRANKREICH
1235	Pechte (?)	Joh.	N.N	FRANKREICH/WALLONIE

375

Supplement: Migranten-Datenbank (1749-1810)

	E	F	G	H
1171	TH	1781	z	
1172	BHG	1799	z	*Einwohnerverzeichnis 1799*: Ausländer im Haushalt
1173	G	1799	z	*Einwohnerverzeichnis 1799*: Ausländer im Haushalt
1174	THG	1799	z	*Einwohnerverzeichnis 1799*: Ausländer im Haushalt
1175	DA	1801	z	*Einwohnerverzeichnis 1801*: Ausländer im Haushalt
1176	TABK	1769.12.05	z	*Liste d. Fabrikarbeiter*, Ausländer (bei Pet. H. Sternenberg)
1177	TAEAK	1769.12.05	z	*Liste d. Fabrikarbeiter*, Ausländer (bei Pet. H. Sternenberg)
1178	TAEK	1769.12.05	z	*Liste d. Fabrikarbeiter*, Ausländer (bei Pet. H. Sternenberg)
1179	Q	1777	z	Freijahre abgelaufen, keine Baugelder
1180	W	1806	z	*Einwohnerverzeichnis 1806*: Ausländer im Haushalt
1181	TAI	1791	z/a	*Liste der seit 1779 etabl. und wieder abgewanderten Colonisten*
1182	TAI	1780	z	*Liste der zw. März 1780 u. 30.9. 1780 angesetzten Colonisten*
1183	Q	1789	z	Ausländer, soll Bürgereid leisten, (Vollzug unklar)
1184	TH	1784	z	(wird Bürger)
1185	TH	1797	z	*Einwohnerverzeichnis 1797*: Ausländer im Haushalt
1186	LBA	1788	z	*Designation der 1788 in Schwelm gefertigten Waren*
1187	Q	1789	z	Ausländer, soll Bürgereid leisten, (Vollzug unklar)
1188	Z	1791	z/a	*Liste der seit 1779 etabl. und wieder abgewanderten Colonisten*
1189	HD	1789	z	*Liste der zw. April 1789 u. Okt. 1789 angesetzten Colonisten*
1190	TF	1805(?)	z	*Einwohnerverzeichnis (um 1805)*: Ausländer im Haushalt
1191	Q	1805	a	Jungfer
1192	TH + HD	1799	z	*Einwohnerverzeichnis 1799*: zugezogen, aber kein Ausländer
1193	Q	1807	z	(Liste der sich etablierten Bürger) Fremder
1194	TH	1792	z	*Tabelle der angesetzten u. abgegangenen Meister*
1195	TH	1792.11.03	z	Bürgerrechtsgewinnung, kein Ausländer
1196	OAE	1797	z	*Einwohnerverzeichnis 1797*: Ausländer im Haushalt
1197	Q	1807	z	(Liste der sich etablierten Bürger) Fremder
1198	BD	1806	z	kann sich ernähren
1199	VF	1808	z	*Liste der Ausländer 1808 (Extrakt)*
1200	OAA	1799	z	*Einwohnerverzeichnis 1799*: zugezogen, aber kein Ausländer
1201	TAE	1769.12.05	z	*Liste d. Fabrikarbeiter*, Ausländer (bei Pet. H. Sternenberg)
1202	TAE	1769	z	5 Fuß, 1 Zoll groß, einäugig
1203	TAQ	1781	z	*Liste der zw. 15.4.1781 u. 15.10.1781 angesetzten Colonisten*
1204	TAI	1797	z	*Einwohnerverzeichnis 1797*: Ausländer im Haushalt
1205	Q	1781	z	Fremder (wird Bürger)
1206	TAF	1777	z	die Freijahre laufen noch, keine Baugelder
1207	TH	1800	z	
1208	TH	1801	z	*Einwohnerverzeichnis 1801*: Ausländer im Haushalt
1209	PC	1799	z	
1210	LJ	1776	z	vor 40 Jahren die Bürgerschaft gewonnen
1211	SH	1769	z	5 Fuß groß, 1 Taler Contribution
1212	BI	1810	z	Arbeiter, Gesellen, Knechte mit Handwerksbüchern
1213	TJ / TD / TAI	1778	z	
1214	OAF (?)	1769	z	5 Fuß, 11 Zoll groß, keine Contributionen
1215	PCA	1797	z	*Einwohnerverzeichnis 1797*: Ausländer im Haushalt
1216	W	1797	z	*Einwohnerverzeichnis 1797*: Ausländer im Haushalt
1217	LJ	1774	z	
1218	Q	1776	z	
1219	VP (?)	1777	z	*(Tabelle der zw. 1740 und 1777 etablierten Colonisten)*
1220	LIM	1769	z	5 Fuß 5 Zoll groß, 1 Taler Contribution
1221	W	1769	z	5 Fuß, 6 Zoll groß, keine Contribution
1222	BD	1801	z	*Einwohnerverzeichnis 1801*: Ausländer im Haushalt
1223	Q	1807	z	(Liste der sich etablierten Bürger) Bürgereid 1801, Fremder
1224	BDM	1801	z	Bürgerrechtsgewinnung
1225	JAE	1771	z	
1226	Q	1773	a	nach Düsseldorf gezogen
1227	PC	1769	z	5 Fuß, 1 Zoll groß, 30 Stb. Contribution
1228	LI	1797	z	*Einwohnerverzeichnis 1797*: Ausländer im Haushalt
1229	LI	1797	z	Bürgerrechtsgewinnung
1230	LI	1797	z	*Tabelle d. nach April 1797 angesetzten Colonisten*
1231	LI	1798	z	
1232	BD	1776	z	Ausländer (Einwohner)
1233	LI	1799	z	*Colonistentabelle 1799*
1234	Q	1804.03.01	z	Aufenthaltserlaubnis
1235	TB	1806	z	*Einwohnerverzeichnis 1806*: Ausländer im Haushalt

Supplement: Migranten-Datenbank (1749-1810)

	I	J	K	L	M	N	O	P	Q	R
1171	STAS A 2029	o	o	o	o	o	m	o		
1172	STAS A 51	o	o	o	o	o	m	o	1	215
1173	STAS A 51	o	o	o	o	o	m	o	1	172
1174	STAS A 51	o	o	o	o	o	m	o	1	198
1175	STAS A 53	o	o	o	o	o	f	o	1	203 1/4
1176	STAS A 910	ww	o	o	o	o	m	o	1	
1177	STAS A 910	l	o	o	o	o	m	o	1	
1178	STAS A 910	l	o	o	o	o	m	o	1	
1179	STAS A 34	o	o	o	o	j	m	o	3	
1180	STAS A 64	v	o	o	o	o	m	o		180 3/4
1181	STAS A 34	o	o	o	1780 ?	o	m	n	1	
1182	STAS A 34	o	o	o	1780	j	m	o	2	
1183	STAS A 35	o	o	o	o	o	m	o	1	
1184	STAS A 35	o	o	j	o	o	m	o	1	
1185	STAS A 47	o	o	o	o	o	m	o	1	111
1186	STAS A 44	v	o	o	o	o	m	o	2	
1187	STAS A 35	o	o	o	o	o	m	o	1	
1188	STAS A 34	o	o	o	1789 ?	o	m	n	1	
1189	STAS A 34	o	o	o	1789	o	m	n	2	
1190	STAS A 55A	l	o	o	o	o	f	o	1	148
1191	STAS A 65	l	o	o	o	o	f	o		
1192	STAS A 51	v	o	o	1798/99	o	m	o	1	94
1193	STAS A 61	o	o	o	1807	o	m	o	1	207
1194	STAS A 2029	o	o	o	1792	o	m	o	1	
1195	STAS A 41	o	o	j	o	j	m	o	1	
1196	STAS A 47	v	o	o	o	o	m	o	1	193
1197	STAS A 61	o	o	o	1805 (?)	o	m	o	1	119
1198	STAS A 65	o	o	o	o	j	m	o		
1199	STAS A 67	o	o	o	o	o	m	o	1	119
1200	STAS A 51	v	o	o	1798/99	o	m	o	4	205
1201	STAS A 910	v	o	o	o	o	m	o	1	
1202	STAS A 914	o	39	o	o	o	m	n	3	111
1203	STAS A 34	o	o	o	1781	j	m	o	2	
1204	STAS A 47	ww?	o	o	o	o	m	o	1	125
1205	STAS A 35	o	o	j	o	o	m	o	1	
1206	STAS A 34	o	o	o	o	j	m	o	2	
1207	STAS A 48	o	o	j	o	o	m	o		
1208	STAS A 53	v	o	o	1800/01?	o	m	o	1	22
1209	STAS A 48	o	o	o	o	n	m	o		
1210	STAS A 35	o	o	j	o	o	m	o	1	
1211	STAS A 914	o	58	o	o	o	m	n	1	93
1212	STAS A 2123	o	27	o	o	j	m	o	1	
1213	STAS A 2029	o	o	o	o	o	m	o		
1214	STAS A 914	o	64	o	o	o	m	n	1	102
1215	STAS A 47	v	o	o	o	o	m	o	1	24
1216	STAS A 47	v	o	o	o	o	m	o	4	59
1217	STAS A 2032	o	o	o	o	o	m	o	1	
1218	STAS A 35	o	o	j	o	o	m	o	1	
1219	STAS A 34	o	o	o	1740-77	o	m	o	5	
1220	STAS A 914	o	44	o	o	o	m	n	1	198
1221	STAS A 914	o	40	o	o	o	m	j, 50 Taler	1	31
1222	STAS A 53	v	o	o	1800/01?	j	m	o	2	128
1223	STAS A 61	o	o	j	1801	j	m	o	1	183
1224	STAS A 48	o	o	j	o	o	m	o		
1225	STAS A 34	o	o	o	o	j	m	n	1 +	
1226	STAS A 2029	o	o	o	o	o	m	o		
1227	STAS A 914	o	28	o	o	o	m	n	1	139
1228	STAS A 47	l	o	o	o	o	m	o	2	151
1229	STAS A 48	o	o	j	o	o	m	o		
1230	STAS A 46	o	o	o	1797	j	m	n	1	
1231	STAS A 1626	o	36	j	1791	o	m	o		
1232	STAS A 35	o	o	n	o	o	m	o	1	
1233	STAS A 46	l	o	o	1799	o	m	n	1	
1234	STAS A 1638A	o	o	o	o	j	m	o	1	
1235	STAS A 64	v	o	o	o	o	m	o	1	110

377

Supplement: Migranten-Datenbank (1749-1810)

	A	B	C	D
1236	Pechtel	Johann	Briesgen?	N.N
1237	Pedete (?)	Joh.	N.N	FRANKREICH
1238	Pellmann	Gisb. Wilh.	Castrop	Mark (Berg, Ghzgt.)
1239	Penede	Johann	N.N	KÖLN EB
1240	Penner	Chr.	N.N	N.N
1241	Penner	Christ.	N.N	N.N
1242	Penner	Henr.	N.N	N.N
1243	Penner	Henr.	N.N	N.N
1244	Penner	W.	N.N	N.N
1245	Perrin	Joseph	N.N	N.N
1246	Perrin	Ludwig Joseph	N.N	FRANKREICH
1247	Pesche	Johann Lutter	Solingen	BERG
1248	Petersen	N.N	N.N	N.N
1249	Petersen	N.N	Elberfeld	Berg
1250	Peute	Peter Joh.	N.N	N.N
1251	Pickard	N.N	N.N	FRANKREICH/WALLONIE
1252	Pickel	Herm.	N.N	HESSEN
1253	Platfus	Peter	Witten	Mark
1254	Platfus	Peter	Witten	Mark
1255	Platte	Joh. (?)	Ronsdorf	Berg
1256	Platte	N.N	N.N	BERG
1257	Platte	N.N	Lüttringhausen	Berg
1258	Platte	N.N	N.N	BERG
1259	Platte	Pet. Joh.	N.N	N.N
1260	Platte	Pet. Johann	N.N	BERG
1261	Platte	Peter Johann	N.N	BERG
1262	Ploos	Johann	Mannheim (?)	Pfalz
1263	Pohl	Caspar	N.N	N.N
1264	Porilain (?)	N.N.	N.N	N.N
1265	Prede	Johann	N.N	KÖLN EB
1266	Prestel	Marcarius	N.N	SCHWABEN
1267	Prins	Hans Peter	Solingen	Berg
1268	Prins	Henr.	Solingen	Berg
1269	Prins	Peter	Solingen	Berg
1270	Prins (?)	Hans Peter	Solingen	Berg
1271	Printz	Johann Peter	N.N	N.N
1272	Prior	N.N	Elberfeld	Berg (Berg, Ghzgt.)
1273	Privée	Germani	N.N	FRANKREICH
1274	Privée	Germani	N.N	FRANKREICH
1275	Privie	Pet.	N.N	FRANKREICH
1276	Propst	Michael	N.N	N.N
1277	Prosi (?) Prass (?)	Joh.	Darmstadt	Hessen-Darmstadt
1278	Pyrsch	N.N	N.N	N.N
1279	Rademacher	Joh. W.	Heiligenhaus	Hardenberg Herrsch.
1280	Radermacher	N.N	N.N	N.N
1281	Rahland	Pet.	Breckerfeld	Mark
1282	Rahlenbeck	Friedr.	N.N	N.N
1283	Rahlenberg (?)	N.N	N.N	FRANKREICH
1284	Rahnberg	Franz	N.N	N.N
1285	Ramecke	Jacob	N.N	N.N
1286	Ramecke	Nicolas	N.N	N.N
1287	Ramecke (?)	Jacob	N.N	N.N
1288	Ramhoff	D.	N.N	N.N
1289	Ranckelsberg	Arnold	N.N	N.N
1290	Rath	Henrich	N.N	N.N
1291	Rauchelsberg	Arnold	N.N	BERG
1292	Rauchelsberg	Arnold	N.N	BERG
1293	Rauckelsberg	Arn.	N.N	N.N
1294	Rauckelsberg	Arnold	N.N	N.N
1295	Ravenschlag	N.N	N.N	BERG
1296	Ravenschlag	Peter	N.N	BERG
1297	Ravenschlag	Peter	N.N	N.N
1298	Ravenschlag	Peter	N.N	BERG
1299	Reck	Henrich	Unna	Mark
1300	Reck	Henrich	Gemarke	Berg

Supplement: Migranten-Datenbank (1749-1810)

	E	F	G	H
1236	TB	1799	z	Bürgerrechtsgewinnung
1237	TB	1805(?)	z	*Einwohnerverzeichnis* (um 1805): Ausländer im Haushalt
1238	LI	1810	z	*Arbeiter, Gesellen, Knechte mit Handwerksbüchern*
1239	TH	1779/80	z	
1240	TH	1797	z	*Einwohnerverzeichnis 1797*: Ausländer im Haushalt
1241	TH	1801	z	*Einwohnerverzeichnis 1801*: Ausländer im Haushalt
1242	TH	1799	z	*Einwohnerverzeichnis 1799*: Ausländer im Haushalt
1243	TH	1801	z	*Einwohnerverzeichnis 1801*: Ausländer im Haushalt
1244	TH	1797	z	*Einwohnerverzeichnis 1797*: Ausländer im Haushalt
1245	JAE	1791.03.17	z	*Akziseregister*, Fremder, zahlt nichts
1246	JAE	1790	z	*Liste der zw. Okt. 1789 u. April 1790 angesetzten Colonisten*
1247	PCI	1752	z	kommt mit Frau, einem Gesellen
1248	EA	1797	z	*Einwohnerverzeichnis 1797*: Ausländer im Haushalt
1249	Q	1790	z	*Liste der zw. Okt. 1789 u. April 1790 angesetzten Colonisten*
1250	LI	1791	z/a	*Liste der seit 1779 etabl. und wieder abgewanderten Colonisten*
1251	TB	1806	z	*Einwohnerverzeichnis 1806*: Ausländer im Haushalt
1252	SAB (?) VE (?)	1777	z	*Tabelle der zw. 1740 und 1777 etablierten Colonisten*, Freijahre beendet
1253	LI	1778	a	
1254	LI	1778/79	z	
1255	HD	1806	z	(leistet den Bürgereid)
1256	HD	1806.01.15	z	angekommene fremde Familien 1805
1257	LI	1806.10.18	z	Aufenthaltserlaubnis
1258	HD	1806	z	*Einwohnerverzeichnis 1806*: Ausländer im Haushalt
1259	Q	1807	z	(Liste der sich etablierten Bürger) Bürgereid 1806, Fremder
1260	LI	1786	z	*Liste der zw. Okt. 1785 u. April 1786 angesetzten Colonisten*
1261	LI / LF	1786	z	*Tabelle der angesetzten u. abgegangenen Meister*
1262	PCB	1800	z	
1263	W	1808	z	*Liste der Ausländer 1808 (Extrakt)*
1264	HD	1806	z	*Einwohnerverzeichnis 1806*: Ausländer im Haushalt
1265	TH	1780	z	*Liste der zw. März 1780 u. 30.9. 1780 angesetzten Colonisten*
1266	LF	1798	z	
1267	PC / PH	1775	z	
1268	PC	1777	z	die Freiheiten enden in drei Jahren
1269	PC / PH	1782	a	*Tabelle der angesetzten u. abgegangenen Meister*
1270	THG	1775	z	ein Sohn (2 Jahre alt)
1271	PCI	1776	z	(Einwohner)
1272	PCB	1808	z	*Liste der Ausländer 1808 (Extrakt)*
1273	LIK	1803.11.03	z	Deserteur
1274	LIK	1804.03.01	z	Deserteur, Aufenthaltserlaubnis
1275	LI	1805(?)	z	*Einwohnerverzeichnis* (um 1805): Ausländer im Haushalt
1276	TBG	1769.12.05	z	*Liste d. Fabrikarbeiter*, Ausländer (bei Arnold Wylich)
1277	NH	1774	z	
1278	SAB	1769	z	5 Fuß, 9 Zoll groß
1279	TAJ	1798	z	Bürgerrechtsgewinnung
1280	TAJ	1799	z	*Einwohnerverzeichnis 1799*: Ausländer im Haushalt
1281	BH / BN	1789	z	*Tabelle der angesetzten u. abgegangenen Meister*
1282	Q	1807	z	(Liste der sich etablierten Bürger) Bürgereid 1806, Fremder
1283	HC	1805(?)	z	*Einwohnerverzeichnis* (um 1805): Ausländer im Haushalt
1284	TH	1805(?)	z	*Einwohnerverzeichnis* (um 1805): Ausländer im Haushalt
1285	LI	1769	z	5 Fuß 1 Zoll groß
1286	NN	1769	z	5 Fuß 1 Zoll groß, 30 Stüber Contribution
1287	LI	1773	a	nach Elberfeld gezogen
1288	W	1797	z	*Einwohnerverzeichnis 1797*: Ausländer im Haushalt
1289	Q	1769	z	5 Fuß, 3 Zoll groß, 2 Taler Contribution
1290	TAH	1776	z	Ausländer (Einwohner)
1291	LBA	1783	z	*General-Tabelle der Fabriquen u. Manufacturen 1783*
1292	LBA	1793	z	*Liste der Fabriken u. Manufakturen*
1293	LBA	1797	z	*Einwohnerverzeichnis 1797*: Ausländer im Haushalt
1294	Q	1776	z	
1295	PQ	1783	z	*General-Tabelle der Fabriquen u. Manufacturen 1783*
1296	LBA	1777	z	die Freiheiten enden in zwei Jahren
1297	Q	1776	z	von Bürgergeldern befreit
1298	LBA	1774	z	
1299	TAQ	1786	z	(wird Bürger)
1300	HD	1778	z	

Supplement: Migranten-Datenbank (1749-1810)

	I	J	K	L	M	N	O	P	Q	R
1236	STAS A 48	o	o	j	o	o	m	o		
1237	STAS A 55A	v	o	o	o	o	m	o	1	110
1238	STAS A 2123	o	23	o	o	j	m	o	1	
1239	STAS A 2029	o	o	o	o	o	m	o		
1240	STAS A 47	v	o	o	o	o	m	o	2	24
1241	STAS A 53	v	o	o	o	o	m	o	1	24
1242	STAS A 51	v	o	o	o	o	m	o	2	
1243	STAS A 53	v	o	o	o	o	m	o	1	36
1244	STAS A 47	v	o	o	o	o	m	o	1	36
1245	STAS A 1268	o	o	o	o	o	m	o	1	
1246	STAS A 34	o	o	o	1789/90	j	m	n	1	
1247	STAS A 24	v	o	o	1752	o	m	j	6	
1248	STAS A 47	wwe	o	o	o	o	f	o	1	227
1249	STAS A 34	wwe	o	o	1789/90	j	f	j	3	
1250	STAS A 34	o	o	o	1786 ?	o	m	o	1	
1251	STAS A 64	v	o	o	o	o	m	o	1	125 1/4
1252	STAS A 34	o	o	o	1740-77	j	m	o	2	
1253	STAS A 2029	o	o	o	o	o	m	o		
1254	STAS A 2029	o	o	o	o	o	m	o		
1255	STAS A 52	o	o	j	o	j	m	o	1	
1256	STAS A 54	o	o	o	o	o	m	o	1	
1257	STAS A 1647	o	o	o	o	j	m	o	1	
1258	STAS A 64	v	o	o	o	o	m	o	3	151
1259	STAS A 61	o	o	j	1805	j	m	o	1	173
1260	STAS A 34	o	o	o	1785/86	o	m	n	1	
1261	STAS A 2029	o	o	o	1786	o	m	o	1	
1262	STAS A 48	o	o	j	o	o	m	o		
1263	STAS A 67	o	o	o	o	o	m	o	1	200
1264	STAS A 64	v	o	o	o	o	m	o	1	31
1265	STAS A 34	o	o	o	1780	j	m	o	1	
1266	STAS A 1626	o	37	j	o	o	m	o		
1267	STAS A 2029	o	o	o	o	o	m	o		
1268	STAS A 34	o	o	o	o	j	m	o	3	
1269	STAS A 2029	o	o	o	o	o	m	o	1	
1270	STAS A 34	o	o	o	o	n	m	n	2	
1271	STAS A 35	o	o	n	o	o	m	o	1	
1272	STAS A 67	v	o	o	o	o	m	o	1	96
1273	STAS A 1638A	v	30	o	1799	n	m	n	4	
1274	STAS A 1638A	v	o	o	1799	j	m	o		
1275	STAS A 55A	v	o	o	o	o	m	o	2	90
1276	STAS A 910	o	o	o	o	o	m	o	1	
1277	STAS A 34	o	o	o	o	j	m	n	1	
1278	STAS A 914	o	60	o	o	o	m	n	1	106
1279	STAS A 48	o	o	j	o	o	m	o		
1280	STAS A 51	v	o	o	o	o	m	o	2	128
1281	STAS A 2029	o	o	o	1789	o	m	o	1	
1282	STAS A 61	o	o	j	1803 (?)	j	m	o	1	
1283	STAS A 55A	wwe	o	o	o	o	f	o	2	153
1284	STAS A 55A	v	o	o	o	o	m	o	1	136 3/4
1285	STAS A 914	o	36	o	o	o	m	n	1	8
1286	STAS A 914	o	30	o	o	o	m	n	1	182
1287	STAS A 2029	o	o	o	o	o	m	o		
1288	STAS A 47	v	o	o	o	o	m	o	1	197
1289	STAS A 914	o	39	o	o	o	m	j, 200 Taler	1	82
1290	STAS A 35	o	o	n	o	o	m	o	1	
1291	STAS A 2024	o	o	o	1768	o	m	o	1	
1292	STAS A 2024	o	o	o	o	o	m	o	1	
1293	STAS A 47	v	o	o	o	o	m	o	2	81 1/2
1294	STAS A 35	o	o	j	o	o	m	o	1	
1295	STAS A 2024	o	o	o	1775	o	m	o	1	
1296	STAS A 34	o	o	o	o	j	m	j, 300 Taler	2	
1297	STAS A 35	o	o	j	o	o	m	o	1	
1298	STAS A 2032	o	o	o	o	o	m	o	1	
1299	STAS A 35	o	o	j	o	o	m	o	1	
1300	STAS A 2029	o	o	o	o	o	m	o		

Supplement: Migranten-Datenbank (1749-1810)

	A	B	C	D
1301	Reck	Johann Henrich	Gemarke	Berg
1302	Reck...	Joh. Henr.	Unna (Amt)	Mark
1303	Reffeling	Wilhelm	Hennen	Limburg Grf.
1304	Refling	W.	N.N	N.N
1305	Refling	W.	Limburg	Limburg Grf.
1306	Reich	Gottfrid	N.N	POLEN
1307	Reik	Henrich	N.N	Mark (UNNA AMT)
1308	Reinerts	Joseph	Sackart (?)	(?)
1309	Reinerts	Joseph	N.N	KÖLN EB
1310	Reinhold /Rheinholt	N.N	N.N	N.N
1311	Rentrop	Arnold	Lüdenscheid	Mark (Berg, Ghzgt.)
1312	Rentrop	Arnold	Lüdenscheid	Mark
1313	Rentrop	Conrad	Lüdenscheid	Mark
1314	Retter (?)	Joseph	N.N	KÖLN EB
1315	Rheinstein	Henrich	Krefeld	Preußen
1316	Riedt	Henr.	Ansbach	Ansbach
1317	Riedt	Henrich	N.N	N.N
1318	Riedt	Joh.	N.N	N.N
1319	Riedt	Joh.	N.N	N.N
1320	Riedt	Johann	N.N	NASSAU-SIEGEN
1321	Rietmeier	N.N	N.N	N.N
1322	Ringelband	Georg Wilhelm	Eppendorff	Mark (Berg, Ghzgt.)
1323	Risse	Henr.	Hagen	Mark (Berg, Ghzgt.)
1324	Risse	Joh. Heinr.	Hagen	Mark (Berg, Ghzgt.)
1325	Risse (?)	Henr.	N.N	N.N
1326	Risseler (?)	Joh.	N.N	N.N
1327	Rittershaus	W.	N.N	N.N
1328	Rittler (?)	Gottfr.	N.N	N.N
1329	Rochelsberg	Arnold	Radevormwald	Berg
1330	Roemer	Phillipp	Alsheim	PFALZ
1331	Roemer /Römer	Philipp	Elberfeld	Berg
1332	Rohaus	N.N	N.N	N.N
1333	Rohaus	Wilh.	N.N	BERG
1334	Rohaus	Wilh.	N.N	N.N
1335	Rohaus	Wilhelm	N.N	N.N
1336	Rohland	Johann Peter	Breckerfeld	Mark
1337	Rohland	Pet.	N.N	N.N
1338	Röhmer	Phil.	N.N	N.N
1339	Röhmer	Philipp	N.N	N.N
1340	Römer	Henrich	N.N	N.N
1341	Römer	Henrich	Siegen	Nassau-Siegen
1342	Römer	Henrich	Siegen	Nassau-Siegen
1343	Römer	Henrich	N.N	NASSAU-SIEGEN
1344	Römer	Joh. Heinrich	N.N	N.N
1345	Römer	Philip	N.N	PFALZ
1346	Römer	Philipp	Mannheimer Gebiet	Pfalz
1347	Römer	Philipp Wilhelm	N.N	PFALZ
1348	Römerscheid	Mathias	Lennep	BERG
1349	Rosen	Pet.	N.N	BERG
1350	Rosenbusch	N.N	N.N	UNGARN (?)
1351	Rosenbusch	N.N	N.N	N.N
1352	Rosencratz (?)	Johann Peter	Gemarke	Berg
1353	Rosendahl	N.N	N.N	N.N
1354	Rosendahl (?)	N.N	N.N	N.N
1355	Rosenkranz	N.N	N.N	BERG
1356	Rosenkranz	P.	N.N	N.N
1357	Rosenkranz	Pet.	N.N	N.N
1358	Rosenkranz	Pet.	N.N	BERG
1359	Rosenkranz	Pet.	N.N	BERG
1360	Rothenpheiler (?)	Joh. Henrich	Lasfeld	WITTGENSTEIN (Hessen Ghzgt.)
1361	Rube	Ludwig	Hergenau	RIEDESEL HERRSCHAFT
1362	Rübel	Ludewich	N.N	HESSEN
1363	Rübel	Ludw.	N.N	N.N
1364	Ruben	Casp.	N.N	RIEDESEL Herrsch.
1365	Ruben	Ludwig	N.N	HESSEN

381

Supplement: Migranten-Datenbank (1749-1810)

	E	F	G	H
1301	HB + TAE	1779	z	Liste der zw. April und Oktober 1779 angesetzten Colonisten
1302	TJ	1781	a	
1303	NC	1796.03.17	z	Bürgerrechtsgewinnung
1304	NBA + NC	1799	z	Einwohnerverzeichnis 1799: Ausländer im Haushalt
1305	NC + NBA	1798	z	
1306	OBO	1773	z	angesetzte, verabschiedete Soldaten
1307	TJ / TAI	1786	z	Tabelle der angesetzten u. abgegangenen Meister
1308	BH	1777	z	Liste der zw. 1.3 1777 und 30.9. 1777 angesetzten Colonisten
1309	BH / BN	1781	a	
1310	JE (?)	1801	z	Einwohnerverzeichnis 1801: Ausländer im Haushalt
1311	Q	1807	z	(Liste der sich etablierten Bürger) Bürgereid 1801
1312	HB	1801	z	. Einwohnerverzeichnis 1801: zugezogen, aber kein Ausländer
1313	HB	1801	z	Bürgerrechtsgewinnung
1314	BH	1776	z	Liste der zw. Mai 1776 und Okt.1776 angesetzten Colonisten
1315	TBI	1800	z	
1316	TAH	1777	z	Tabelle der zw. 1740 und 1777 etabl. Colonisten
1317	Q	1769	z	30 Stüber Contributionen
1318	Q	1769	z	Bürgerrechtsgewinnung
1319	M	1769.12.05	z	Liste d. Fabrikarbeiter, Ausländer (bei Arnold Wylich)
1320	TAH	1774	z	
1321	OBF (?)	1797	z	Einwohnerverzeichnis 1797: Ausländer im Haushalt
1322	PH	1810	z	Arbeiter, Gesellen, Knechte mit Handwerksbüchern
1323	SDD + BO	1807.09.03	z	Erlaubnis zur Ansetzung, arbeitete bisher in Elberfeld
1324	SDD	1808	z	Liste der Ausländer 1808 (Extrakt)
1325	Q	1807	z	(Liste der sich etablierten Bürger) Fremder
1326	TH	1801	z	Einwohnerverzeichnis 1801: Ausländer im Haushalt
1327	TAI	1799	z	Einwohnerverzeichnis 1799: Ausländer im Haushalt
1328	PCH	1801	z	Einwohnerverzeichnis 1801: Ausländer im Haushalt
1329	LBA	1774	z	
1330	LI	1798	z	
1331	PI	1797	z	Einwohnerverzeichnis 1797: Ausländer im Haushalt
1332	PCJ	1797	z	Einwohnerverzeichnis 1797: Ausländer im Haushalt
1333	PCJ	1777	z	die Freijahre sind zu Ende, keine Baugelder
1334	PCJ	1764.02.13	z	Kopfsteuerliste, 9. Klasse
1335	Q	1776	z	
1336	BH	1789.10.10	z	Bürgerrechtsgewinnung
1337	BH	1801	z	Einwohnerverzeichnis 1801: Ausländer im Haushalt
1338	LI	1797	z	Einwohnerverzeichnis 1797: Ausländer im Haushalt
1339	LI	1791.03.17	z	Akziseregister, Freijahre laufen
1340	TD	1769	z	2 Taler Contributionen
1341	TD	1777	z	die Freijahre sind zu Ende, keine Baugelder
1342	TD	1778/79	a+	verstorben
1343	TD	1774	z	
1344	TD	1764.02.13	z	Kopfsteuerliste, 9. Klasse
1345	LI / LF	1792	z	Tabelle der angesetzten u. abgegangenen Meister
1346	LI	1791.04.15	z	Tabelle d. zw. Okt. 1790 u. April 1791 angesetzten Meister
1347	LI	1791.10.29	z	Bürgerrechtsgewinnung
1348	TAJ	1753	z	kommt mit Frau
1349	NA	1790	z	Liste der zw. Okt. 1789 u. April 1790 angesetzten Colonisten
1350	W	1798	z	Colonistentabelle 1798
1351	W	1799	z	Einwohnerverzeichnis 1799: Ausländer im Haushalt
1352	NA	1790.08.21	z	Bürgerrechtsgewinnung
1353	TQ	1801	z	Einwohnerverzeichnis 1801: Ausländer im Haushalt
1354	Q	1807	z	(Liste der sich etablierten Bürger) Bürgereid 1806, Fremder
1355	NA / NB	1790	z	Tabelle der angesetzten u. abgegangenen Meister
1356	NAA	1799	z	Einwohnerverzeichnis 1799: Ausländer im Haushalt
1357	NA	1791.03.17	z	Akziseregister, Freijahre laufen, arm
1358	NA / NB	1791	a	Tabelle der angesetzten u. abgegangenen Meister
1359	NAA (?)	1798	z	
1360	TH	1810	z	Arbeiter, Gesellen, Knechte mit Handwerksbüchern
1361	TH	1776	z	Liste der zw. Mai 1776 und Okt.1776 angesetzten Colonisten
1362	TH	1798	z	(Name durchgestrichen)
1363	TH	1797	z	Einwohnerverzeichnis 1797: Ausländer im Haushalt
1364	W	1785	z	Liste der zw. April 1785 u. Okt. 1785 angesetzten Colonisten
1365	TH	1777	z	Tabelle der zw. 1740 und 1777 etablierten Colonisten, Freijahre beendet

Supplement: Migranten-Datenbank (1749-1810)

	I	J	K	L	M	N	O	P	Q	R
1301	STAS A 34	w	o		o	1779	j	m	o	1	
1302	STAS A 2029	o	o		o	o	o	m	o		
1303	STAS A 41	o	o		j	o	j	m	o	1	
1304	STAS A 51	v	o		o	o	o	m	o	1	195
1305	STAS A 1626	o	32		j	1783	o	m	o		
1306	STAS A 31	o	o		o	o	j	m	o	1	
1307	STAS A 2029	o	o		o	1786	o	m	o	1	
1308	STAS A 34	o	o		o	1777	j	m	n	1	
1309	STAS A 2029	o	o		o	o	o	m	o		
1310	STAS A 53	wwe	o		o	1800/01?	o	f	o	5	149
1311	STAS A 61	o	o		j	1801	j	m	o	1	52
1312	STAS A 53	v	o		o	1800/01?	o	m	o	3	11
1313	STAS A 48	o	o		j	o	o	m	o		
1314	STAS A 34	o	o		o	1776	j	m	n	1	
1315	STAS A 48	o	o		j	o	o	m	o		
1316	STAS A 34	o	o		o	1740-77	o	m	o	5	
1317	STAS A 914	o	34		o	o	o	m	n	2	206
1318	STAS A 31b	o	o		j	o	j	m	o	1	
1319	STAS A 910	o	o		o	o	o	m	o	1	
1320	STAS A 2032	o	o		o	o	o	m	o	1	
1321	STAS A 47	v	o		o	o	o	m	o	1	60
1322	STAS A 2123	o	29		o	o	j	m	o	1	
1323	STAS A 1647	o	o		o	o	j	m	o	1	
1324	STAS A 67	o	o		o	o	o	m	o	1	258
1325	STAS A 61	o	o		o	1807	o	m	o	1	207
1326	STAS A 53	l	o		o	1800/01?	o	m	o	1	224
1327	STAS A 51	v	o		o	o	o	m	o	1	123
1328	STAS A 53	v	o		o	1800/01?	o	m	o	1	91
1329	STAS A 2032	o	o		o	o	o	m	o	1	
1330	STAS A 1626	o	40		j	1790	o	m	o		
1331	STAS A 47	v	o		o	o	o	m	o	5	45
1332	STAS A 47	wwe	o		o	o	o	f	o	1	52
1333	STAS A 34	o	o		o	o	j	m	o	5	
1334	STAS A 1131	o	o		o	o	o	m	o	1	
1335	STAS A 35	o	o		j	o	o	m	o	1	
1336	STAS A 41	o	o		j	o	j	m	o	1	
1337	STAS A 53	v	o		o	1800/01?	o	m	o	1	114
1338	STAS A 47	v	o		o	o	o	m	o	3	3
1339	STAS A 1268	o	o		o	o	j	m	n	1	
1340	STAS A 914	o	66		o	o	o	m	j, 100 Taler	1	20
1341	STAS A 34	o	o		o	o	j	m	o	3	
1342	STAS A 2029	o	o		o	o	o	m	o		
1343	STAS A 2032	o	o		o	o	o	m	o	1	
1344	STAS A 1131	o	o		o	o	o	m	n	1	
1345	STAS A 2029	o	o		o	1792	o	m	o	1	
1346	STAS A 41	o	o		o	1790/91	o	m	n	1	
1347	STAS A 41	o	o		j	o	j	m	o	1	
1348	STAS A 24	v	o		o	1753	o	m	n	3	
1349	STAS A 34	o	o		o	1789/90	j	m	n	1	
1350	STAS A 46	o	o		o	1798	j	m	n	2	
1351	STAS A 51	v	o		o	o	o	m	o	1	
1352	STAS A 41	o	o		j	o	j	m	o	1	
1353	STAS A 53	v	o		o	o	o	m	o	1	136
1354	STAS A 61	o	o		j	1806	j	m	o	1	197
1355	STAS A 2029	o	o		o	1790	o	m	o	1	
1356	STAS A 51	v	o		o	o	o	m	o	1	89
1357	STAS A 1268	o	o		o	o	j	m	n	1	
1358	STAS A 2029	o	o		o	o	o	m	o	1	
1359	STAS A 1626	o	34		j	1790	o	m	o		
1360	STAS A 2123	o	23		o	o	j	m	o	1	
1361	STAS A 34	v	o		o	1776	o	m	n	1	
1362	STAS A 1626	o	43		j	1778	o	m	o		
1363	STAS A 47	v	o		o	o	o	m	o	1	178
1364	STAS A 34	o	o		o	1785	j	m	n	4	
1365	STAS A 34	o	o		o	1740-77	j	m	o	3	

383

Supplement: Migranten-Datenbank (1749-1810)

	A	B	C	D
1366	Ruben	Ludwig	N.N	HESSEN-DARMSTADT
1367	Ruberg	Franz	Warstein	Westfalen Hzgt.
1368	Ruhrberg	Franz	N.N	N.N
1369	Ruscher	Peter	N.N	BERG
1370	Sachser	Henr.	N.N	OBER-HESSEN
1371	Sachser	N.N	N.N	N.N
1372	Sartorius	Anton	N.N	BERG
1373	Satler	David	N.N	N.N
1374	Sauerhofft (?)	Pet. Joh.	Lennep	Berg
1375	Sauersaft	Joh.	N.N	N.N
1376	Sch... (?)	N.N	N.N	BERG
1377	Sch...beck	Joh. Wilh.	N.N	BERG
1378	Schaat	Hendrich	N.N	HESSEN
1379	Schade	H.	N.N	N.N
1380	Schade	Wilh.	N.N	HESSEN
1381	Schaefer	Mich.	N.N	N.N
1382	Schafer	Joh.	N.N	HESSEN
1383	Schafer	Wilh.	N.N	N.N
1384	Schäfer	Melch.	N.N	WITTGENSTEIN
1385	Schäfer	Michael	N.N	HESSEN
1386	Schäffer	Daniel	Lennep	BERG
1387	Schahfer (?)	Johann	N.N	HESSEN
1388	Schake	Henrich	N.N	HESSEN
1389	Schave	Henrich	N.N	N.N
1390	Schave	Johann Henrich	Solingen	BERG
1391	Schawe	Joh.	N.N	BERG
1392	Schee vom	Ludwich Hendrich	Wattenscheid	Mark
1393	Schee vom	N.N	Eckel	Mark
1394	Schee von	Ludwig	N.N	N.N
1395	Schee von	Ludwig Henrich	Elberfeld	Berg
1396	Scheefer	Michael	N.N	N.N
1397	Scheefer	Michel	N.N	N.N
1398	Scheefer	Michel	N.N	HESSEN-KASSEL
1399	Scheffel	Henr.	N.N	N.N
1400	Scheffel	W.	N.N	N.N
1401	Scheffen	Henrich	N.N	N.N
1402	Scheffen	Henrich	N.N	N.N
1403	Scheffen	Henrich	Jülich	Jülich
1404	Scherenberg	(?)Wilh.	N.N	N.N
1405	Scherenberg	W.	N.N	N.N
1406	Schertz	N.N	N.N	N.N
1407	Scherz	N.N	N.N	N.N
1408	Schiffen	Henr.	Bonn	Köln EB
1409	Schimmm (?)	N.N	N.N	BERG
1410	Schlam (?)	Joh. W.	Hückeswagen	BERG
1411	Schlam (?)	Phillip	N.N	N.N
1412	Schlam (?)	Wilhelm	N.N	N.N
1413	Schlaman	Philip	N.N	BERG
1414	Schlamm	Phill.	N.N	N.N
1415	Schlammann	Pet. Arn.	Wermelskirchen	Berg
1416	Schlauman (?)	P. Arn.	N.N	BERG
1417	Schleenbecher	Fr.	N.N	N.N
1418	Schleenbecker	Fr.	N.N	N.N
1419	Schleenbecker	Friedrich	Frankfurt/Main	Reichsstadt
1420	Schleendecker	Friedr.	Dillenburg	Nassau-Diez
1421	Schleendecker	Friedr.	Weilburg	HESSEN
1422	Schlemer	Joh.	N.N	N.N
1423	Schlemer	Joh.	Trier	Trier Bst.
1424	Schlürmann	Arn.	N.N	BERG
1425	Schlürmann	Peter	Wermelskirchen	Berg
1426	Schlüter	Ferdinand	Balve	Westfalen Hzgt. (Hessen, Ghzgt
1427	Schmalenbach	Herm.	N.N	N.N
1428	Schmalenbach	Herm.	N.N	GIMBORN
1429	Schmalenbach	Hermann	N.N	GIMBORN
1430	Schmalenbach	N.N	N.N	GIMBORN

Supplement: Migranten-Datenbank (1749-1810)

	E	F	G	H
1366	TH	1777	z	
1367	TH	1800	z	Bürgerrechtsgewinnung
1368	TH	1806	z	Einwohnerverzeichnis 1806: Ausländer im Haushalt
1369	FB	1777	z	Freijahre abgelaufen, keine Baugelder
1370	TBH + TP (?)	1806	z	(leistet den Bürgereid)
1371	TB	1806	z	Einwohnerverzeichnis 1806: Ausländer im Haushalt
1372	HD	1796.03.17	z	Bürgerrechtsgewinnung
1373	TBC	1807	z	
1374	BH	1798	z	Bürgerrechtsgewinnung
1375	BH	1797	z	Einwohnerverzeichnis 1797: Ausländer im Haushalt
1376	TBI	1801	z	Einwohnerverzeichnis 1801: Ausländer im Haushalt
1377	JABC	1777	z	Tabelle der zw. 1740 und 1777 etablierten Colonisten, Freijahre laufen
1378	TAF	1787	z	(wird Bürger)
1379	TB	1797	z	Einwohnerverzeichnis 1797: Ausländer im Haushalt
1380	TB	1787	z	Liste der zw. Okt. 1786 u. April 1787 angesetzten Colonisten
1381	TH	1806	z	Einwohnerverzeichnis 1806: Ausländer im Haushalt
1382	TH	1784	z	(wird Bürger)
1383	TBE	1808	z	Liste der Ausländer 1808 (Extrakt)
1384	TBO	1806.01.15	z	angekommene fremde Familien 1805
1385	TH	1806	z	(leistet den Bürgereid)
1386	TAJ	1753	z	kommt mit Frau
1387	TH	1782	z	Tabelle der angesetzten u. abgegangenen Meister
1388	TBJ	1787	z	Tabelle der angesetzten u. abgegangenen Meister
1389	PCI	1769	z	keine Contributionen
1390	PCI	1752	z	kommt mit Frau
1391	PCI	1764.04.16	z	Kopfsteuerliste, Einsprüche
1392	PCB	1783	z	(wird Bürger)
1393	PCB	1783	z	Tabelle der angesetzten u. abgegangenen Meister
1394	PCB	1799	z	Einwohnerverzeichnis 1799: Ausländer im Haushalt
1395	PCB	1784	z	Liste der zw. Okt 1783 u. April 1784 angesetzten Colonisten
1396	TH	1806	z	
1397	Q	1807	z	(Liste der sich etablierten Bürger) Bürgereid 1806, Fremder
1398	TH	1806	z	kann sich ernähren
1399	TAI	1799	z	Einwohnerverzeichnis 1799: Ausländer im Haushalt
1400	EB + TAI	1797	z	Einwohnerverzeichnis 1797: Ausländer im Haushalt
1401	EB	1769	z	30 Stüber Contributionen
1402	TAI	1776	z	Ausländer (Einwohner)
1403	TAI	1774	z	
1404	EA	1797	z	Einwohnerverzeichnis 1797: Ausländer im Haushalt
1405	EA	1799	z	Einwohnerverzeichnis 1799: Ausländer im Haushalt
1406	JAC	1769	z	5 Fuß, 4 Zoll groß, wohnt im Schulhaus
1407	SDB	1799	z	Einwohnerverzeichnis 1799: Ausländer im Haushalt
1408	TAI	1777	z	Freijahre abgelaufen
1409	TBI	1801.10.28	z	angekommene fremde Familien 1801
1410	Q	1764.04.16	z	Kopfsteuerliste, Einsprüche
1411	CB	1769	z	5 Fuß, 1 Zoll groß, 30 Stb. Contribution
1412	SDJ	1769	z	3 Jahre in Amsterdam
1413	Q	1777	z	Freijahre abgelaufen, keine Baugelder, arm
1414	Q	1773	a	nach Hückeswagen gezogen
1415	TB (?)	1773	z	mit einjähriger Tochter
1416	TB	1773	z	Geselle in Wermelskirchen, 6 Jahre lang
1417	W	1791.03.17	z	Akziseregister, Fremder, 30 Stüber
1418	W	1797	z	Einwohnerverzeichnis 1797: Ausländer im Haushalt
1419	W	1798	z	(Name durchgestrichen)
1420	Q	1774	z	
1421	TBJ / TAQ	1774	z	
1422	ODBB	1791	z/a	Liste der seit 1779 etabl. und wieder abgewanderten Colonisten
1423	ODBB	1785	z	Liste der zw. April 1785 u. Okt. 1785 angesetzten Colonisten
1424	TAE	1774	z	
1425	TBJ / TAQ	1775	a	
1426	LIG	1810	z	Arbeiter, Gesellen, Knechte mit Handwerksbüchern
1427	BD	1797	z	Einwohnerverzeichnis 1797: Ausländer im Haushalt
1428	BD	1790	z	Liste der zw. Okt. 1789 u. April 1790 angesetzten Colonisten
1429	BD	1798	z	
1430	BD	1790	z	Tabelle der angesetzten u. abgegangenen Meister

385

Supplement: Migranten-Datenbank (1749-1810)

	I	J	K	L	M	N	O	P	Q	R
1366	STAS A 2029	o	o	o	o	o	m	o		
1367	STAS A 48	o	o	j	o	o	m	o		
1368	STAS A 64	v	o	o	o	o	m	o	1	136 3/4
1369	STAS A 34	o	o	o	o	j	m	o	3	
1370	STAS A 52	o	o	j	o	j	m	o	1	
1371	STAS A 64	v	o	o	o	o	m	o	1	131
1372	STAS A 41	o	o	j	o	j	m	o	1	
1373	STAS A 65	o	o	o	o	o	m	o		
1374	STAS A 48	o	o	j	o	o	m	o		
1375	STAS A 47	v	o	o	o	o	m	o	1	59
1376	STAS A 53	v	o	o	1800/01?	o	m	o	1	110
1377	STAS A 34	o	o	o	1740-77	j	m	o		
1378	STAS A 35	o	o	j	o	o	m	o	1	
1379	STAS A 47	v	o	o	o	o	m	o	1	136
1380	STAS A 34	v	o	o	1786/87	o	m	j, 50 Taler	1	
1381	STAS A 64	v	o	o	o	o	m	o	1	150
1382	STAS A 35	o	o	j	o	o	m	o	1	
1383	STAS A 67	l	o	o	o	o	m	o	1	198
1384	STAS A 54	o	o	o	o	o	m	o	1	
1385	STAS A 52	o	o	j	o	j	m	o	1	
1386	STAS A 24	v	o	o	1753	o	m	n	3	
1387	STAS A 2029	o	o	o	1782	o	m	o	1	
1388	STAS A 2029	o	o	o	1787	o	m	o	1	
1389	STAS A 914	o	66	o	o	o	m	n	2	108
1390	STAS A 24	v	o	o	1752	o	m	o	6	
1391	STAS A 1131	o	o	o	o	o	m	n	1	
1392	STAS A 35	o	o	j	o	o	m	o	1	
1393	STAS A 2029	o	o	o	1783	o	m	o	1	
1394	STAS A 51	v	o	o	o	o	m	o	1	
1395	STAS A 34	o	o	o	1783/84	o	m	o	3	
1396	STAS A 65	o	o	o	o	o	m	o		
1397	STAS A 61	o	o	j	1805	j	m	o	1	159
1398	STAS A 65	o	o	o	o	j	m	o		
1399	STAS A 51	v	o	o	o	o	m	o	1	
1400	STAS A 47	v	o	o	o	o	m	o	1	40
1401	STAS A 914	o	42	o	o	o	m	n	1	47
1402	STAS A 35	o	o	n	o	o	m	o	1	
1403	STAS A 2032	o	o	o	o	o	m	o	1	
1404	STAS A 47	ww	o	o	o	o	m	o	1	168
1405	STAS A 51	ww	o	o	o	o	m	o	2	168
1406	STAS A 914	o	44	o	o	o	m	n	1	115
1407	STAS A 51	wwe	o	o	o	o	f	o	1	
1408	STAS A 34	o	o	o	o	j	m	o	6	
1409	STAS A 54	o	o	o	o	o	m	o	1	
1410	STAS A 1131	v	o	o	o	o	m	n	1	
1411	STAS A 914	o	57	o	o	o	m	n	6	107
1412	STAS A 914	o	21	o	o	o	m	o		107
1413	STAS A 34	o	o	o	o	j	m	n	4	
1414	STAS A 2029	o	o	o	o	o	m	o		
1415	STAS A 34	o	o	o	o	j	m	n	2	
1416	STAS A 2029	o	o	o	o	o	m	o		
1417	STAS A 1268	o	o	o	o	o	m	o	1	
1418	STAS A 47	v	o	o	o	o	m	o	1	112
1419	STAS A 1626	o	50 ca.	j	1772 / 74	o	m	o		
1420	STAS A 34	o	o	o	o	j	m	o	1	
1421	STAS A 2029	o	o	o	o	o	m	o		
1422	STAS A 34	o	o	o	1785 ?	o	m	n	1	
1423	STAS A 34	o	o	o	1785	o	m	n	1	
1424	STAS A 2032	o	o	o	o	o	m	o		
1425	STAS A 2029	o	o	o	o	o	m	o		
1426	STAS A 2123	o	20	o	o	j	m	o	1	
1427	STAS A 47	v	o	o	o	o	m	o	1	137
1428	STAS A 34	o	o	o	1789/90	j	m	n	1	
1429	STAS A 1626	o	40	j	1788	o	m	o		
1430	STAS A 2029	o	o	o	1790	o	m	o	1	

Supplement: Migranten-Datenbank (1749-1810)

	A	B	C	D
1431	Schmalenbeck	Herm.	N.N	N.N
1432	Schmerbeck	Herm. Henr.	N.N	LIMBURG, Grf.
1433	Schmid	Johannes	Grefrath	BERG
1434	Schmidshaus	Hermann Henrich	Elberfeld	BERG
1435	Schmidt	Abr.	N.N	N.N
1436	Schmidt	Abraham	N.N	BERG
1437	Schmidt	Abraham	Elberfeld	Berg
1438	Schmidt	Albrecht	Unna	Mark
1439	Schmidt	Christ.	N.N	BERG
1440	Schmidt	Christian	N.N	N.N
1441	Schmidt	Henr.	N.N	N.N
1442	Schmidt	Henr.	N.N	N.N
1443	Schmidt	Hubert	N.N	N.N
1444	Schmidt	Valentin	N.N	HESSEN-DARMSTADT
1445	Schmidt	Wilh.	N.N	N.N
1446	Schmidt	Wilh.	N.N	GIMBORN
1447	Schmidt	Wilh. Pet.	N.N	GIMBORN
1448	Schmidt /Schmiz	Pet.	N.N	N.N
1449	Schmidts	Henr.	N.N	BERG
1450	Schmitz	Abraham	Elberfeld	Berg
1451	Schmitz	Abraham	Elberfeld	Berg
1452	Schmitz	David	N.N	N.N
1453	Schmitz	Falentin	Elberfeld	Berg
1454	Schmitz	Ludwig	N.N	WITTGENSTEIN
1455	Schmitz	N.N	N.N	N.N
1456	Schmitz	N.N	N.N	N.N
1457	Schmitz	Peter	N.N	HESSEN (?)
1458	Schmitz	Valentin	N.N	N.N
1459	Schmitz	Valentin	N.N	BERG
1460	Schmitz	Valentin	Elberfeld	Berg
1461	Schmitz	Wilh.	N.N	HESSEN
1462	Schmiz	Abraham	Elberfeld	Berg
1463	Schmiz	Joh. Peter	N.N	HESSEN
1464	Schmoele	Diedr.	Iserlohn	Mark
1465	Schmöle	Diedr.	Iserlohn	Mark
1466	Schnabel	Andreas	N.N	N.N
1467	Schnabel	Andreas	N.N	SACHSEN
1468	Schnabel	Andreas	N.N	SACHSEN
1469	Schneider	And.	N.N	N.N
1470	Schneider	Andreas	N.N	N.N
1471	Schneider	Andreas	N.N	SACHSEN
1472	Schneider	Andreas	N.N	HESSEN
1473	Schneider	Andreas	N.N	HESSEN
1474	Schneider	Andreas	N.N	SACHSEN
1475	Schneider	Dan.	N.N	N.N
1476	Schneider	Daniel	N.N	HESSEN
1477	Schneider	Georg	N.N	BERG
1478	Schneider	Henr.	N.N	N.N
1479	Schneider	Henrich	Unna	Mark (Berg, Ghzgt.)
1480	Schneider	Henrich	N.N	N.N
1481	Schneider	Hier.	N.N	N.N
1482	Schneider	Leonh.	Mülheim/Rhein	Berg
1483	Schneider	Leonh.	N.N	N.N
1484	Schneider	Ludewig	N.N	HESSEN
1485	Schneider	Ludwig	N.N	N.N
1486	Schneider	N.N	N.N	N.N
1487	Schneider	N.N	Velbert	Berg (Berg, Ghzgt.)
1488	Schneider	P.	N.N	N.N
1489	Schnitzler	N.N	N.N	N.N
1490	Schober	Joh. Lorenz	Culmbach	Bayreuth
1491	Schober	Joh. Lorenz	N.N	N.N
1492	Schober	Lorenz	N.N	SACHSEN
1493	Schober	N.N	Barmen	Berg
1494	Schober	N.N	Barmen	Berg
1495	Scholl	David	N.N	N.N

387

Supplement: Migranten-Datenbank (1749-1810)

	E	F	G	H
1431	BD	1791.03.17	z	*Akziseregister*, Freijahre laufen
1432	PE	1749	z	kommt mit Frau
1433	PCI	1753	z	kommt mit Frau
1434	TI	1754	z	kommt mit Frau
1435	TB	1797	z	*Einwohnerverzeichnis 1797*: Ausländer im Haushalt
1436	TB	1788	z	*Designation der 1787/88 in Schwelm gefertigten Waren*
1437	TBJ	1788	z	*Tabelle der angesetzten u. abgegangenen Meister*
1438	NA / NC	1778/79	z	
1439	BD	1777	z	Freijahre abgelaufen, keine Baugelder
1440	Q	1769	z	5 Fuß, 5 Zoll groß, 30 Stüber Contribution
1441	NA	1773	a	nach der Iburg gezogen
1442	Q	1805	a	zieht weg
1443	BD	1769	z	5 Fuß, 1 Zoll groß, 30 Stb. Contribution
1444	TB	1801	z	Bürgerrechtsgewinnung
1445	Q	1791.03.17	z	*Akziseregister*, Fremder, Freijahre laufen
1446	BD	1788	z	*Tabelle der angesetzten u. abgegangenen Meister*
1447	BD	1788	z	*Liste der zw. Okt. 1787 u. April 1788 angesetzten Colonisten*
1448	TH	1797	z	*Einwohnerverzeichnis 1797*: Ausländer im Haushalt
1449	A	1805(?)	z	*Einwohnerverzeichnis* (um 1805): Ausländer im Haushalt
1450	TB	1788	z	*Liste der zw. Okt. 1787 u. April 1788 angesetzten Colonisten*
1451	TBH	1798	z	
1452	NA	1807	z	
1453	TB	1801.10.28	z	angekommene fremde Familien 1801
1454	THM (?)	1798	z	keine Familie, wohnt unterhalb der Stadt
1455	JE	1797	z	*Einwohnerverzeichnis 1797*: Ausländer im Haushalt
1456	W	1797	z	*Einwohnerverzeichnis 1797*: Ausländer im Haushalt
1457	TH	1798	z	
1458	Q	1807	z	(Liste der sich etablierten Bürger) Bürgereid 1801, Fremder
1459	TBH	1800/01	z	*Colonistentabelle 1800/01*
1460	TB	1801	z	*Einwohnerverzeichnis 1801*: Ausländer im Haushalt
1461	TJ / TAI	1774	a	
1462	TB	1797	z	Bürgerrechtsgewinnung
1463	TH	1798	z	Bürgerrechtsgewinnung
1464	PCH	1774	z	
1465	PE	1793	z	*Liste der Fabriken u. Manufakturen*
1466	TB	1791	z/a	*Liste der seit 1779 etabl. und wieder abgewanderten Colonisten*
1467	TB	1780	z	*Liste der zw. Okt. 1779 u. April 1780 angesetzten Colonisten*
1468	TB	1779/80	z	
1469	TH	1797	z	*Einwohnerverzeichnis 1797*: Ausländer im Haushalt
1470	Q	1789	z	Ausländer, soll Bürgereid leisten, (Vollzug unklar)
1471	TH	1789.10.10	z	Bürgerrechtsgewinnung
1472	TH	1789	z	*Liste der zw. Okt. 1788 u. April 1789 angesetzten Colonisten*
1473	TH	1789	z	*Tabelle der angesetzten u. abgegangenen Meister*
1474	TH	1798	z	
1475	TH	1797	z	*Einwohnerverzeichnis 1797*: Ausländer im Haushalt
1476	TH	1798	z	keine Verwandten hier
1477	TBJ + TBE	1790	z	*Tabelle der angesetzten u. abgegangenen Meister*
1478	Q	1807	z	(Liste der sich etablierten Bürger) Fremder
1479	TH	1808	z	*Liste der Ausländer 1808 (Extrakt)*
1480	TE	1807	z	
1481	Q	1807	z	(Liste der sich etablierten Bürger) Fremder
1482	TBE	1806	z	(leistet den Bürgereid)
1483	Q	1807	z	(Liste der sich etablierten Bürger) Bürgereid 1806, Fremder
1484	TH	1798	z	*Colonistentabelle 1798*
1485	TH	1799	z	*Einwohnerverzeichnis 1799*: Ausländer im Haushalt
1486	NN	1806	z	*Einwohnerverzeichnis 1806*: Ausländer im Haushalt
1487	TH	1808	z	*Liste der Ausländer 1808 (Extrakt)*
1488	TH	1799	z	*Einwohnerverzeichnis 1799*: Ausländer im Haushalt
1489	TF	1797	z	*Einwohnerverzeichnis 1797*: Ausländer im Haushalt
1490	SDC	1806	z	(leistet den Bürgereid)
1491	Q	1807	z	(Liste der sich etablierten Bürger) Bürgereid 1806, Fremder
1492	SDC	1806.01.15	z	angekommene fremde Familien 1805
1493	SDC	1806	z	kann sich ernähren
1494	SDC	1806	z	
1495	TH	1808	z	*Liste der Ausländer 1808 (Extrakt)*

Supplement: Migranten-Datenbank (1749-1810)

	I	J	K	L	M	N	O	P	Q	R
1431	STAS A 1268	o	o		o	o	j	m	o	1	
1432	STAS A 24	v	o		o	1743	o	m	n	3	
1433	STAS A 24	v	o		o	1753	o	m	100 T.,Möbel	2	
1434	STAS A 24	v	o		o	1754	o	m	100 T.,Möbel	6	
1435	STAS A 47	v	o		o	o	o	m	o	1	48 1/4
1436	STAS A 44	v	o		o	o	o	m	o	2	
1437	STAS A 2029	o	o		o	1788	o	m	o	1	
1438	STAS A 2029	o	o		o	o	o	m	o		
1439	STAS A 34	o	o		o	o	j	m	o	3	
1440	STAS A 914	v	50		o	o	o	m	n	1	117
1441	STAS A 2029	o	o		o	o	o	m	o		
1442	STAS A 65	o	o		o	o	o	m	o		
1443	STAS A 914	o	55		o	o	o	m	n	1	209
1444	STAS A 48	o	o		j	o	o	m	o		
1445	STAS A 1268	o	o		o	o	j	m	o	1	
1446	STAS A 2029	o	o		o	1788	o	m	o	1	
1447	STAS A 34	o	o		o	1787/88	o	m	n	1	
1448	STAS A 47	l	o		o	o	j	m	o	1	199
1449	STAS A 55A	v	o		o	o	o	m	n	1	31
1450	STAS A 34	o	o		o	1787/88	j	m	n	1	
1451	STAS A 1626	o	45		j	1783	o	m	o		
1452	STAS A 65	o	o		o	o	o	m	o		
1453	STAS A 54	o	o		o	o	o	m	o	1	
1454	STAS A 1626	o	24		n	1795	o	m	o		
1455	STAS A 47	l	o		o	o	o	m	o	1	202
1456	STAS A 47	v	o		o	o	o	m	o	2	126
1457	STAS A 1626	o	24		n	1791	o	m	o		
1458	STAS A 61	o	o		j	1801	j	m	o	1	79
1459	STAS A 46	v	o		o	1800/01?	o	m	o	1	
1460	STAS A 53	v	o		o	1800/01?	o	m	o	1	40
1461	STAS A 2029	o	o		o	o	o	m	o		
1462	STAS A 48	o	o		j	o	o	m	o		
1463	STAS A 48	o	o		j	o	o	m	o		
1464	STAS A 2032	o	o		o	o	o	m	o	1	
1465	STAS A 2024	o	o		o	o	o	m	o	1	
1466	STAS A 34	o	o		o	1780 ?	o	m	n	1	
1467	STAS A 34	o	o		o	1779/80	o	m	o	1	
1468	STAS A 2029	o	o		o	o	o	m	o		
1469	STAS A 47	v	o		o	o	o	m	o	1	48 1/4
1470	STAS A 35	o	o		o	o	o	m	o	1	
1471	STAS A 41	o	o		j	o	j	m	o	1	
1472	STAS A 34	o	o		o	1788/89	j	m	o	1	
1473	STAS A 2029	o	o		o	1789	o	m	o	1	
1474	STAS A 1626	o	40		j	1786	o	m	o		
1475	STAS A 47	v	o		o	o	o	m	o	1	137
1476	STAS A 1626	o	27/28		n	1792	o	m	o		
1477	STAS A 2029	o	o		o	1790	o	m	o	1	
1478	STAS A 61	o	o		o	1807	o	m	o	1	207
1479	STAS A 67	o	o		o	o	o	m	o	1	104
1480	STAS A 65	o	o		o	o	o	m	o		
1481	STAS A 61	o	o		o	1807	o	m	o	1	259
1482	STAS A 52	o	o		j	o	j	m	o	1	
1483	STAS A 61	o	o		j	1806	j	m	o	1	148
1484	STAS A 46	o	o		o	1798	j	m	n	1	
1485	STAS A 51	v	o		o	o	o	m	o	1	
1486	STAS A 64	v	o		o	o	o	m	o	2	182 1/2
1487	STAS A 67	o	o		o	o	o	m	o	1	271
1488	STAS A 51	l	o		o	o	o	m	o	1	199
1489	STAS A 47	v	o		o	o	o	f	o	1	159 1/2
1490	STAS A 52	o	o		j	o	j	m	o	1	
1491	STAS A 61	o	o		j	1803	j	m	o	1	
1492	STAS A 54	o	o		o	o	o	m	o	1	
1493	STAS A 65	o	o		o	o	j	o	o		
1494	STAS A 65	o	o		o	o	o	o	o		
1495	STAS A 67	o	o		o	o	o	m	o	1	240

389

Supplement: Migranten-Datenbank (1749-1810)

	A	B	C	D
1496	Schone	Jürgen	N.N	N.N
1497	Schone	Jürgen	N.N	N.N
1498	Schonewald	Christ.	N.N	KÖLN EB
1499	Schonewald	Christian	Warstein	Westfalen Hzgt.
1500	Schönewald	Christ.	N.N	N.N
1501	Schonhair	Joh.	N.N	SACHSEN
1502	Schonhair	Johann	N.N	SACHSEN
1503	Schonhair	Johann Georg	N.N	N.N
1504	Schonhair (?)	Joh.	N.N	HESSEN
1505	Schönher	Joh.	N.N	N.N
1506	Schönher	Joh.	N.N	SACHSEN
1507	Schonlau	Friedr.	N.N	GIMBORN
1508	Schor...(?)	Herm.	N.N	N.N
1509	Schorn	Hermann	N.N	BERG (Berg, Ghzgt.)
1510	Schorn	Hermann	Düsseldorf	Berg (Berg, Ghzgt.)
1511	Schrage	Friedrich	N.N	KÖLN EB
1512	Schrage	N.N	N.N	KÖLN EB
1513	Schrage	Steph.	N.N	N.N
1514	Schrage	Stephan	N.N	KÖLN EB
1515	Schrage	Stephan	N.N	KÖLN EB
1516	Schram	Franz	N.N	N.N
1517	Schreiber	Joh. Peter	N.N	N.N
1518	Schreiber	Peter	N.N	N.N
1519	Schreiber	Peter	N.N	N.N
1520	Schreiber	Peter	N.N	N.N
1521	Schreiber	Peter	N.N	N.N
1522	Schreiber	Peter	Elberfeld	Berg
1523	Schröder	Pet.	N.N	N.N
1524	Schroeder	Henrich	Recklinghausen	Recklinghausen Vest
1525	Schrott	Mathias	Bonn	Köln EB (Frankreich)
1526	Schueber (?)	Peter	Elberfeld	Berg
1527	Schulte	C.	N.N	N.N
1528	Schulte	Casp. Died.	Frönnenberg	Westfalen Hzgt.
1529	Schulte	Casp. Died.	Unna Amt	Mark
1530	Schulte	Died.	N.N	MARK
1531	Schulte	Diedr.	Hagen	Mark
1532	Schulte	Friedrich	Kamen	Mark (Berg, Ghzgt.)
1533	Schulte	H.	N.N	N.N
1534	Schulte	Henr. W.	Eickel	Mark
1535	Schulte	Henrich Wilhelm	Eikel	Mark
1536	Schulte	Joh.	N.N	N.N
1537	Schulte	Joh. (?)	Hoerde (Amt)	Mark
1538	Schulte	Johannes	N.N	HESSEN
1539	Schulte	Johannes	Franckenberg (Amt)	OBER-HESSEN
1540	Schulte	Martin	N.N	BERG
1541	Schulte	N.N	N.N	N.N
1542	Schulte	N.N	N.N	N.N
1543	Schulte	N.N	N.N	N.N
1544	Schulte	Peter	Nahmer	LIMBURG Grf.
1545	Schulte	Peter	N.N	N.N
1546	Schulte	Peter Wilhelm	Limburg	Limburg Grf. (Berg, Ghzgt.)
1547	Schulze	Johann	N.N	HESSEN
1548	Schumacher	Henrich	N.N	Berg (NIEDERBERG)(Berg, Ghzgt)
1549	Schumacher	Simon	N.N	N.N
1550	Schumacher	Simon	N.N	HOMBURG
1551	Schumacher	Simon	N.N	N.N
1552	Schumacher	Simon	N.N	N.N
1553	Schunnemann (?)	Henr. Jürgen	(?)	N.N
1554	Schürman	Pet.	N.N	N.N
1555	Schürmann	Pet.	N.N	BERG
1556	Schurmann (?)	Pet.	N.N	BERG (?)
1557	Schürrhaus (?)	Peter	N.N	BERG
1558	Schurtz	Math.	N.N	N.N
1559	Schurtz	Mathias	Bonn	Köln EB
1560	Schurtz	Wilh.	N.N	N.N

Supplement: Migranten-Datenbank (1749-1810)

	E	F	G	H
1496	TAJ	1769	z	30 Stüber Contributionen
1497	Z	1769.12.05	z	Liste d. Fabrikarbeiter, Ausländer (bei Casp. Mund)
1498	VB	1799	z	Colonistentabelle 1799
1499	VB	1798	z	hat einen Bruder im Kirchspiel
1500	VB	1799	z	Einwohnerverzeichnis 1799: Ausländer im Haushalt
1501	TAI + TBF	1776	z	(Einwohner)
1502	TAI	1774	z	Liste der Manufacturiers
1503	TAN	1769	z	5 Fuß, 2 Zoll groß, 30 Stüber Contribution
1504	TAI	1777	z	die Freiheiten enden in zwei Jahren
1505	TBF	1797	z	Einwohnerverzeichnis 1797: Ausländer im Haushalt
1506	TBF	1783	z	General-Tabelle der Fabriquen u. Manufacturen 1783, 1 (Web-)Stuhl
1507	SDD	1801.10.28	z	angekommene fremde Familien 1801
1508	Q	1807	z	(Liste der sich etablierten Bürger) Fremder
1509	TAI	1808	z	Liste der Ausländer 1808 (Extrakt)
1510	TAI	1807.06.18	z	Verbot der Ansetzung
1511	TH	1777	z	Liste der zw. 1.3 1777 und 30.9. 1777 angesetzten Colonisten
1512	TH	1777	z	
1513	TH	1797	z	Einwohnerverzeichnis 1797: Ausländer im Haushalt
1514	Q	1781	z	Einlieger, will lieber Bürgergeld zahlen
1515	TH	1798	z	keine Verwandten (Name durchgestrichen)
1516	TBE	1805(?)	z	Einwohnerverzeichnis (um 1805): Ausländer im Haushalt
1517	PCB	1764.02.13	z	Kopfsteuerliste, ohne Klasse
1518	PCB	1769	z	5 Fuß, 4 Zoll groß
1519	PCB	1769	z	Bürgerrechtsgewinnung
1520	PCB	1797	z	Einwohnerverzeichnis 1797: Ausländer im Haushalt
1521	Q	1776	z	von Bürgergeldern befreit
1522	PCB	1774	z	
1523	TH	1797	z	Einwohnerverzeichnis 1797: Ausländer im Haushalt
1524	HD	1798	z	Bürgerrechtsgewinnung
1525	PCB	1810	z	Arbeiter, Gesellen, Knechte mit Handwerksbüchern
1526	PCB	1777	z	die Freiheiten enden in drei Jahren
1527	OBJ	1806	z	Einwohnerverzeichnis 1806: Ausländer im Haushalt
1528	BH	1790.08.07	z	Bürgerrechtsgewinnung
1529	TAI	1790	z	Tabelle der angesetzten u. abgegangenen Meister
1530	BH / BN	1789	z	Tabelle der angesetzten u. abgegangenen Meister
1531	BD (?)	1773	z	Geselle in Hagen, lange Jahre lang
1532	NA	1810	z	Arbeiter, Gesellen, Knechte mit Handwerksbüchern
1533	W	1797	z	Einwohnerverzeichnis 1797: Ausländer im Haushalt
1534	HD / SH	1791	z	Tabelle der angesetzten u. abgegangenen Meister
1535	HD	1791.10.29	z	Bürgerrechtsgewinnung
1536	TH	1799	z	Einwohnerverzeichnis 1799: Ausländer im Haushalt
1537	TAQ	1783	z	(wird Bürger)
1538	TH	1798	z	Colonistentabelle 1798
1539	THG	1798	z	keine Familie
1540	LJ (?)	1751	z	kommt mit Frau
1541	Q	1801	z	Einwohnerverzeichnis 1801: Ausländer im Haushalt
1542	LI	1801	z	Einwohnerverzeichnis 1801: zugezogen, aber kein Ausländer
1543	TH	1808	z	Liste der Ausländer 1808 (Extrakt)
1544	TH	1806	z	(leistet den Bürgereid)
1545	Q	1807	z	(Liste der sich etablierten Bürger) Bürgereid 1806, Fremder
1546	LB	1810	z	Arbeiter, Gesellen, Knechte mit Handwerksbüchern
1547	TH	1798	z	Bürgerrechtsgewinnung
1548	LI	1810	z	Arbeiter, Gesellen, Knechte mit Handwerksbüchern
1549	PCE	1769	z	5 Fuß, 6 Zoll groß, 4 Taler Contribution
1550	PCE	1777	z	die Freiheiten enden in zwei Jahren
1551	PC	1797	z	Einwohnerverzeichnis 1797: Ausländer im Haushalt
1552	Q	1776	z	
1553	TH	1810	z	Arbeiter, Gesellen, Knechte mit Handwerksbüchern
1554	TD	1797	z	Einwohnerverzeichnis 1797: Ausländer im Haushalt
1555	PC / PH	1788	z	Tabelle der angesetzten u. abgegangenen Meister
1556	PC	1788	z	Designation der 1788 in Schwelm gefertigten Waren
1557	PCJ	1788	z	Liste der zw. April 1788 u. Okt. 1788 angesetzten Colonisten
1558	TAI	1797	z	Einwohnerverzeichnis 1797: Ausländer im Haushalt
1559	TJ / TD / TAI	1778	z	
1560	Q	1769	z	Bürgerrechtsgewinnung

Supplement: Migranten-Datenbank (1749-1810)

	I	J	K	L	M	N	O	P	Q	R
1496	STAS A 914	o	60	o	o		o	m	o	1	155
1497	STAS A 910	o	o	o	o		o	m	o	1	
1498	STAS A 46	o	o	o	1799		o	m	n	2	
1499	STAS A 1626	o	24	n	1794		o	m	o		
1500	STAS A 51	v	o	o	o		o	m	o	1	218
1501	STAS A 35	o	o	n	o		o	m	o	1	
1502	STAS A 2032	o	o	o	o		o	m	o	1	
1503	STAS A 914	o	41	o	o		o	m	n	1	142
1504	STAS A 34	o	o	o	o		j	m	o	3	
1505	STAS A 47	v	o	o	o		o	m	o	1	157
1506	STAS A 2024	o	o	o	1771		o	m	o	1	
1507	STAS A 54	o	o	o	o		o	m	o	1	
1508	STAS A 61	o	o	o	1807		o	m	o	1	23
1509	STAS A 67	o	o	o	o		o	m	o	1	23
1510	STAS A 1647	v	o	o	o		n	m	o	1	
1511	STAS A 34	v	o	o	1777		j	m	n	1	
1512	STAS A 2029	o	o	o	o		o	o	o		
1513	STAS A 47	v	o	o	o		o	m	o	1	37
1514	STAS A 35	o	o	j	o		o	m	o	1	
1515	STAS A 1626	o	50	j	1765		o	m	o		
1516	STAS A 55A	v	o	o	o		j	m	o	1	29 1/2
1517	STAS A 1131	o	o	o	o		o	m	o	1	
1518	STAS A 914	o	40	o	o		o	m	j, 100 Taler	2	18
1519	STAS A 31b	v	o	j	o		j	m	o	1	
1520	STAS A 47	v	o	o	o		o	m	o	1	18
1521	STAS A 35	o	o	j	o		o	m	o	1	
1522	STAS A 2032	o	o	o	o		o	m	o	1	
1523	STAS A 47	v	o	o	o		o	m	o	1	151
1524	STAS A 48	o	o	j	o		o	m	o		
1525	STAS A 2123	o	17	o	o		j	m	o	1	
1526	STAS A 34	o	o	o	o		j	m	j, 400 Taler	4	
1527	STAS A 64	v	o	o	o		o	m	o	1	180
1528	STAS A 41	o	o	j	o		j	m	o	1	
1529	STAS A 2029	o	o	o	1790		o	m	o	1	
1530	STAS A 2029	o	o	o	1789		o	m	o	1	
1531	STAS A 2029	o	o	o	o		o	m	o		
1532	STAS A 2123	o	19	o	o		j	m	o	1	
1533	STAS A 47	v	o	o	o		o	m	o	1	177 1/4
1534	STAS A 2029	o	o	o	1791		o	m	o	1	
1535	STAS A 41	o	o	j	o		j	m	o	1	
1536	STAS A 51	v	o	o	o		o	m	o	1	224
1537	STAS A 35	o	o	j	o		o	m	o	1	
1538	STAS A 46	o	o	o	1798		j	m	n	1	
1539	STAS A 1626	o	27	n	1793		o	m	o		
1540	STAS A 24	v	o	o	1751		o	m	n	2	
1541	STAS A 53	o	o	o	o		o	m	o	1	201
1542	STAS A 53	v	o	o	1800/01?		o	f	o	1	84
1543	STAS A 67	o	o	o	o		o	m	o	1	228
1544	STAS A 52	o	o	j	o		j	m	o	1	
1545	STAS A 61	o	o	j	1806		j	m	o	1	228
1546	STAS A 2123	o	30	o	o		j	m	o	1	
1547	STAS A 48	o	o	j	o		o	m	o		
1548	STAS A 2123	o	34	o	o		j	m	o	1	
1549	STAS A 914	o	36	o	o		o	m	j, 200 Taler	1	75
1550	STAS A 34	o	o	o	o		j	m	j, 200 Taler	4	
1551	STAS A 47	v	o	o	o		o	m	o	1	75
1552	STAS A 35	o	o	j	o		o	m	o	1	
1553	STAS A 2123	o	27	o	o		j	m	o	1	
1554	STAS A 47	v	o	o	o		o	m	o	1	141
1555	STAS A 2029	o	o	o	1788		o	m	o	1	
1556	STAS A 44	o	o	o	o		o	m	o	2	
1557	STAS A 34	o	o	o	1788		o	m	n	1	
1558	STAS A 47	v	o	o	o		o	m	o	1	143
1559	STAS A 2029	o	o	o	o		o	m	o		
1560	STAS A 31b	o	o	j	o		j	m	o	1	

Supplement: Migranten-Datenbank (1749-1810)

	A	B	C	D
1561	Schurtz	Wilh.	N.N	N.N
1562	Schurtz	Wilh. Math.	N.N	N.N
1563	Schurtz	Wilhelm	Bonn	Köln EB
1564	Schurz	Matthias	Bonn	Köln EB
1565	Schutte	N.N	N.N	N.N
1566	Schwab	Caspar	N.N	N.N
1567	Schwabe	Joh. Died.	Unna	Mark (Berg, Ghzgt.)
1568	Schwarz	Henrich	N.N	HARDENBERG Herrsch.
1569	Schwarz	N.N	N.N	N.N
1570	Schwarz	N.N	N.N	BERG
1571	Schweflinghaus	Johann	Breckerfeld	Mark
1572	Schweinitz	Joh. Christ. Wilh.	Gotha	Sachsen-Gotha
1573	Schwikerte	Joh. Phillip	N.N	BERG
1574	Schwippert	N.N	N.N	N.N
1575	Schwippert	N.N	N.N	N.N
1576	Seelhoff	Casp.	N.N	BERG
1577	Sehlhoff	Caspar	N.N	N.N
1578	Sehr	Jacob	Neuwied	Wied Grf.
1579	Sehr	Jacob	N.N	N.N
1580	Seifrath	Joh. Christian	Gotha	Sachsen-Gotha
1581	Settler	Jürgen	Hattingen	Mark
1582	Siebel	Anton	N.N	KÖLN EB
1583	Siebel	Anton	N.N	KÖLN EB
1584	Siebel	Anton	Atteln	BERG
1585	Siebel	Matthias	Freudenberg/Siegen	Nassau-Siegen
1586	Siebel /Sieberg	Anton	N.N	N.N
1587	Siegrith	Joh.	(?)	Mähren
1588	Siegrith	Joh.	N.N	N.N
1589	Siepmann	David	N.N	N.N
1590	Sigerith	N.N	Koblenz	Koblenz Ballei
1591	Sina	Wilhelm	N.N	N.N
1592	Sino	Wilhelm	Büderich	HESSEN-DARMSTADT
1593	Sino	Wilhelm	N.N	KÖLN EB
1594	Sohr (Sehr?)	Jacob	N.N	N.N
1595	Solzer	Abrah.	Elberfeld	Berg
1596	Sombeck	Peter	Elberfeld	Berg
1597	Somberg	Peter	Elberfeld	Berg
1598	Sonbeck	Peter	N.N	N.N
1599	Sonderen vom	Peter	Remlingrade	Berg
1600	Sonderen vom	Peter	N.N	N.N
1601	Sonderen vom	Peter	Herbede	Mark
1602	Sondern vom	Peter	N.N	BERG
1603	Soote	Peter	Limburg in Brabant	BRABANT
1604	Spannagel	Joh. Diedr.	Lüdenscheid	Mark
1605	Spietefeld	Diedrich Henrich	Bodelschwing	Mark
1606	Spitzbarth	N.N	N.N	N.N
1607	Sporkert	Peter	Elberfeld	Berg
1608	Staely	Jac.	N.N	N.N
1609	Starck	Henr.	Berleburg	Berleburg
1610	Starcke	Hein.	Siegen	Nassau-Siegen
1611	Starcke	Henrich	N.N	N.N
1612	Starcke	Henrich	N.N	N.N
1613	Starcke	Joh. Henr.	Siegen	Nassau-Siegen
1614	Steele	Jacob	Elberfeld	Berg
1615	Steeler	Christ.	Breckerfeld	Mark
1616	Stegelmann	Wilhelm	N.N	N.N
1617	Stegrith (?)	Johann	Kaiserslautern	Pfalz
1618	Stein	Bernhard	N.N	HESSEN
1619	Stein	Hermann	Siegen	Nassau-Siegen
1620	Stein	Hermann	Netphen	Nassau-Siegen
1621	Stein	Hermann	Affolterbach	Nassau-Siegen
1622	Stein	Hermann	N.N	N.N
1623	Stein	Hermann	N.N	N.N
1624	Stein	Johannes	Heichelheim	Sachsen-Weimar
1625	Stein	N.N	N.N	BERG

Supplement: Migranten-Datenbank (1749-1810)

	E	F	G	H
1561	TAI	1769.12.05	z	Liste d. Fabrikarbeiter, Ausländer (bei Arnold Wylich)
1562	TAI	1805.06.11	z	hilfsbedürftige Ausländer
1563	TAH + TAI	1778	z	Liste der zw. April 1778 und 30.9.1778 angesetzten Colonisten
1564	TAI	1798	z	keine Familie, (Name durchgestrichen)
1565	Q	1807	z	(Liste der sich etablierten Bürger) Fremder
1566	G	1798	z	Geselle bei Joh. Peter Hahne
1567	TH	1810	z	Arbeiter, Gesellen, Knechte mit Handwerksbüchern
1568	TBE	1802/03	z	Colonistentabelle 1802/03
1569	TAA	1806	z	Einwohnerverzeichnis 1806: Ausländer im Haushalt
1570	TAA	1805(?)	z	Einwohnerverzeichnis (um 1805): Ausländer im Haushalt
1571	BH	1797	z	Bürgerrechtsgewinnung
1572	TB	1810	z	Arbeiter, Gesellen, Knechte mit Handwerksbüchern
1573	JABA / JB	1777	z	Liste der zw. Okt. 1776 und April 1777 angesetzten Colonisten
1574	OBA	1806	z	Einwohnerverzeichnis 1806: Ausländer im Haushalt
1575	JABC	1797	z	Einwohnerverzeichnis 1797: Ausländer im Haushalt
1576	SE	1777	z	die Freijahre sind zu Ende, keine Baugelder
1577	HB + SE	1769	z	20 Taler Contribution, Besitzer, Ausländer
1578	SDJ	1806	z	(leistet den Bürgereid)
1579	SDJ	1806	z	Einwohnerverzeichnis 1806: Ausländer im Haushalt
1580	TB	1810	z	Arbeiter, Gesellen, Knechte mit Handwerksbüchern
1581	HD / SH	1788	z	Tabelle der angesetzten u. abgegangenen Meister
1582	TH	1788	z	Liste der zw. April 1788 u. Okt. 1788 angesetzten Colonisten
1583	TH	1788	z	Tabelle der angesetzten u. abgegangenen Meister
1584	TH	1798	z	
1585	LBAG	1798	z	(Name durchgestrichen)
1586	TH	1797	z	Einwohnerverzeichnis 1797: Ausländer im Haushalt
1587	LD	1806	z	(leistet den Bürgereid)
1588	Q	1807	a	Bürgereid 1806, aber fortgezogen (vgl. STAS A 52)
1589	NA	1807	z	
1590	LD	1806	z	Einwohnerverzeichnis 1806: Ausländer im Haushalt
1591	Q	1807	z	(Liste der sich etablierten Bürger) Bürgereid 1801, Fremder
1592	PCE	1806	z	(leistet den Bürgereid)
1593	PCP	1801.10.28	z	angekommene fremde Familien, Einzelperson 1801
1594	Q	1807	z	(Liste der sich etablierten Bürger) Bürgereid 1806, Fremder
1595	TBJ / TBE	1792	z	Tabelle der angesetzten u. abgegangenen Meister
1596	BD	1780	z	Liste der zw. März 1780 u. 30.9. 1780 angesetzten Colonisten
1597	BD	1779/80	z	
1598	BD	1791	z/a	Liste der seit 1779 etabl. und wieder abgewanderten Colonisten
1599	PC	1776	z	(Einwohner) 12 Jahre hier
1600	PH	1769	z	5 Fuß (?) groß, 1 Taler Contribution
1601	PCO	1774	z	
1602	PC	1777	z	die Freiheiten enden in zwei Jahren
1603	TBJ	1781	z	
1604	HB	1798	z	Bürgerrechtsgewinnung
1605	BH	1790.08.07	z	Bürgerrechtsgewinnung
1606	JEA	1797	z	Einwohnerverzeichnis 1797: Ausländer im Haushalt
1607	TAE	1756	z	kommt mit Frau und einem (Web-)Stuhl
1608	TBA	1805(?)	z	Einwohnerverzeichnis (um 1805): Ausländer im Haushalt
1609	VBK	1804	z	Colonistentabelle 1804
1610	W	1806.01.15	z	angekommene fremde Familien 1805
1611	W	1806	z	Einwohnerverzeichnis 1806: Ausländer im Haushalt
1612	Q	1805	z	
1613	W	1805(?)	z	Einwohnerverzeichnis (um 1805): Ausländer im Haushalt
1614	TBJ	1799	z	Bürgerrechtsgewinnung
1615	PC / PH	1791	a	Tabelle der angesetzten u. abgegangenen Meister
1616	TAI (?)	1797	z	Bürgerrechtsgewinnung
1617	SH	1806	z	
1618	TH	1800	z	
1619	VP	1806.01.15	z	angekommene fremde Familien 1805
1620	W	1804	z	angesetzte Colonisten 1804
1621	W + VP	1804	z	Colonistentabelle 1804
1622	W	1806	z	Einwohnerverzeichnis 1806: Ausländer im Haushalt
1623	Q	1805	z	
1624	Q	1808	z	Liste der Ausländer 1808 (Extrakt)
1625	LI	1801.10.28	z	angekommene fremde Familien 1801

Supplement: Migranten-Datenbank (1749-1810)

	I	J	K	L	M	N	O	P	Q	R
1561	STAS A 910	o	o	o	o	o	m	o	1	
1562	STAS A 2112	o	o	o	o	o	m	n	1	
1563	STAS A 34	o	o	o	1778	j	m	n	1	
1564	STAS A 1626	o	46	n	1778	o	m	o		
1565	STAS A 61	o	o	o	1807	o	m	o	1	2
1566	STAS A 1626	o	22	n	1797	o	m	o		
1567	STAS A 2123	o	25	o	o	j	m	o	1	
1568	STAS A 46	o	o	o	1802/03?	o	m	o	2	
1569	STAS A 64	v	o	o	o	o	m	o	1	151
1570	STAS A 55A	v	o	o	o	o	m	o	2	151
1571	STAS A 48	o	o	j	o	o	m	o		
1572	STAS A 2123	o	21	o	o	j	m	o	1	
1573	STAS A 34	o	o	o	1776/77	j	m	o	1	
1574	STAS A 64	v	o	o	o	o	m	o	1	203
1575	STAS A 47	v	o	o	o	o	m	o	1	203
1576	STAS A 34	o	o	o	o	j	m	j, 100.000 T	4	
1577	STAS A 914	o	50	o	o	o	m	j, 10000 T.	1	54
1578	STAS A 52	o	o	j	o	j	m	o	1	
1579	STAS A 64	l	o	o	o	o	m	o	1	4
1580	STAS A 2123	o	20	o	o	j	m	o	1	
1581	STAS A 2029	o	o	o	1788	o	m	o	1	
1582	STAS A 34	o	o	o	1788	j	m	n	3	
1583	STAS A 2029	o	o	o	1788	o	m	o	1	
1584	STAS A 1626	o	40	j	1790	o	m	o		
1585	STAS A 1626	o	27	o	1796	o	m	o		
1586	STAS A 47	v	o	o	o	o	m	o	1	35
1587	STAS A 52	o	o	j	o	j	m	o	1	
1588	STAS A 61	o	o	j	?	j	m	o	1	
1589	STAS A 65	o	o	o	o	o	m	o		
1590	STAS A 64	v	o	o	o	o	m	o	2	178 1/2
1591	STAS A 61	o	o	j	1801	j	m	o	1	9
1592	STAS A 52	o	o	j	o	j	m	o	1	
1593	STAS A 54	o	o	o	o	o	m	o	1	
1594	STAS A 61	o	o	j	1806	j	m	o	1	35
1595	STAS A 2029	o	o	o	1792	o	m	o	1	
1596	STAS A 34	o	o	o	1780	j	m	o	2	
1597	STAS A 2029	o	o	o	o	o	m	o		
1598	STAS A 34	o	o	o	1780 ?	o	m	n	1	
1599	STAS A 35	o	o	n	1764	o	m	o	1	
1600	STAS A 914	o	30	o	o	o	m	n	1	78
1601	STAS A 2032	o	o	o	o	o	m	o	1	
1602	STAS A 34	o	o	o	o	j	m	o	2	
1603	STAS A 2029	o	o	o	o	o	m	o		
1604	STAS A 48	o	o	j	o	o	m	o		
1605	STAS A 41	o	o	j	o	j	m	o	1	
1606	STAS A 47	v	o	o	o	o	m	o	1	221
1607	STAS A 24	v	o	o	1756	o	m	o	3	
1608	STAS A 55A	v	o	o	o	o	m	o	1	87
1609	STAS A 46	o	o	o	1804 ?	o	m	o	2	
1610	STAS A 54	o	o	o	o	o	m	o	1	
1611	STAS A 64	v	o	o	o	o	m	o	2	75
1612	STAS A 65	o	o	o	o	o	m	o		
1613	STAS A 55A	v	o	o	o	o	m	o	2	75
1614	STAS A 48	o	o	j	o	o	m	o		
1615	STAS A 2029	o	o	o	o	o	m	o	1	
1616	STAS A 48	o	o	j	o	o	m	o		
1617	STAS A 65	o	o	o	o	o	m	o		
1618	STAS A 48	o	25	j	o	o	m	o		
1619	STAS A 54	o	o	o	o	o	m	o	1	
1620	STAM NR A 6	o	o	o	o	o	m	o	1	
1621	STAS A 46	v	o	o	1804 ?	o	m	j, 174 Taler	2	
1622	STAS A 64	v	o	o	o	o	m	o	2	224
1623	STAS A 65	o	o	o	o	o	m	o		
1624	STAS A 67	o	o	o	o	o	m	o	1	
1625	STAS A 54	o	o	o	o	o	m	o	1	

Supplement: Migranten-Datenbank (1749-1810)

	A	B	C	D
1626	Stein	N.N	N.N	N.N
1627	Stein	Peter	Lindlar	Berg
1628	Steinbrinck	Caspar	N.N	N.N
1629	Stell	Bernh.	N.N	HESSEN
1630	Stell	Bernhard	N.N	HESSEN
1631	Stell	Bernhard	N.N	HESSEN
1632	Steller	N.N.	Breckerfeld	Mark
1633	Sternemann	Joseph	N.N	N.N
1634	Stier	Henr.	N.N	N.N
1635	Stock	Joh. Peter	Köln	Reichsstadt
1636	Stock	Pet.	N.N	N.N
1637	Stock	Peter	N.N	ANSBACH
1638	Stock	Peter	Köln	Reichsstadt
1639	Stock	Peter	Köln	Reichsstadt
1640	Stoecker	N.N	Gemarke	Berg
1641	Stoecker	N.N	Gemarke	Berg
1642	Stoing (?)	Wilhelm	Balve?	Westfalen Hzg HESSEN
1643	Stoßberg	Georg	N.N	N.N
1644	Stoßberg	Georg	N.N	BERG
1645	Streck	Winand	N.N	N.N
1646	Streek	Winand	N.N	HESSEN
1647	Streek	Winand	N.N	HESSEN
1648	Stroecking	Philip	N.N	HESSEN
1649	Strohkirch	Philipp	N.N	HESSEN
1650	Stüber	Sam.	N.N	SACHSEN
1651	Stumpf	Adam	Bayreuth	Bayreuth
1652	Stumpff	Caspar	Bayreuth	Bayreuth
1653	Stumph	Casp.	N.N	N.N
1654	Sturck	Henrich	Berleburg	Berleburg
1655	Tadenbach	Christ.	N.N	GIMBORN
1656	Tansdorf	Diedrich	N.N	N.N
1657	Teddenbach	Chr.	N.N	N.N
1658	Teiman	Pet.	N.N	N.N
1659	Teleschmann (?)	Reinhard	Barmen	Berg
1660	Telus	Pet. Casp.	Breckerfeld	Mark
1661	Telüs	Arnold	N.N	BERG
1662	Telus (?)	Caspar	Breckerfeld	Mark
1663	Tetenbach	Chr.	N.N	N.N
1664	Tetenbach	Christ.	N.N	HESSEN
1665	Teym	Peter	Limburg	Limburg Grf.
1666	Theobalden (?)	Henrich Adolph	Gihatz (?)	SACHSEN
1667	Thielmann	Hubert	N.N	N.N
1668	Thomas	N.N	N.N	N.N
1669	Thomas	N.N	N.N	BERG
1670	Tiel	Peter	Lohwindabel (?)	HESSEN
1671	Tielmann	N.N	N.N	N.N
1672	Tielmann	Wilh.	Elberfeld	Berg
1673	Tielmann	Wilh.	N.N	BERG
1674	Tiemann	Hub.	N.N	N.N
1675	Tiemann	Hubert	Siegen	Nassau-Siegen
1676	Tiemann	Hubert	N.N	GIMBORN
1677	Tiemann	Hubert	N.N	GIMBORN
1678	Tilasche (?)	Reinhard	N.N	N.N
1679	Titus	Arnold	N.N	BERG
1680	Tofour	Pet.	N.N	N.N
1681	Töll	Jürgen	N.N	HESSEN
1682	Töllner	Georg	N.N	N.N
1683	Töngen	Anton	N.N	BRABANT
1684	Tonges	Anton	N.N	BRABANT
1685	Tourdorff (?)	Diedrich	Dortmund	Reichsstadt
1686	Trapmann	N.N	Altena (?)	Mark (Berg, Ghzgt.)
1687	Trappe (Trepper)	Christ.	Breckerfeld	Mark (Berg, Ghzgt.)
1688	Treibholz	Fr.	N.N	HOMBURG
1689	Treibholz	Friedr.	N.N	N.N
1690	Treibholz	N.N	N.N	N.N

Supplement: Migranten-Datenbank (1749-1810)

	E	F	G	H
1626	LI	1801	z	Einwohnerverzeichnis 1801: Ausländer im Haushalt
1627	LI	1799	z	Bürgerrechtsgewinnung
1628	LF	1807	z	
1629	TH	1801	z	Einwohnerverzeichnis 1801: Ausländer im Haushalt
1630	TH	1801.10.28	z	angekommene fremde Familien 1801
1631	TH	1799	z	
1632	PCB / PA	1777	z	
1633	LI	1798	z	
1634	A	1801	z	Einwohnerverzeichnis 1801: Ausländer im Haushalt
1635	TB	1776	z	Liste der seit 1779 etabl. und wieder abgewanderten Colonisten
1636	TBJ	1788	a	Tabelle der angesetzten u. abgegangenen Meister
1637	TB	1776	z	(Einwohner), erst in diesem Jahr etabliert
1638	TAE	1777	z	die Freiheiten enden in drei Jahren
1639	TBJ	1776	z	
1640	TAP	1801.10.28	z	angekommene fremde Familien 1801
1641	TAP	1801	z	Einwohnerverzeichnis 1801: Ausländer im Haushalt
1642	LBA	1806	z	(leistet den Bürgereid)
1643	Q	1749	a	ins Bergische gezogen
1644	PO	1749	z	kommt mit Frau
1645	TAF	1776	z	Ausländer (Einwohner)
1646	TAF	1777	z	Tabelle der zw. 1740 und 1777 etablierten Colonisten, Freijahre beendet
1647	TBJ	1775	z	
1648	LIG	1808.02.03	z	Erlaubnis zur Ansetzung
1649	LI	1808	z	Liste der Ausländer 1808 (Extrakt)
1650	VA	1806	z	Einwohnerverzeichnis 1806: Ausländer im Haushalt
1651	TB	1779/80	z	
1652	TB	1780	z	Liste der zw. März 1780 u. 30.9. 1780 angesetzten Colonisten
1653	TB	1791	z/a	Liste der seit 1779 etabl. und wieder abgewanderten Colonisten
1654	VBK	1804	z	angesetzte Colonisten 1804
1655	TAI	1798	z	
1656	TB	1791	z/a	Liste der seit 1779 etabl. und wieder abgewanderten Colonisten
1657	TAI	1797	z	Einwohnerverzeichnis 1797: Ausländer im Haushalt
1658	LI	1797	z	Einwohnerverzeichnis 1797: Ausländer im Haushalt
1659	W	1780	z	Liste der zw. Okt. 1779 u. April 1780 angesetzten Colonisten
1660	PA	1766	z	Designation angesetzter Meister 1766
1661	BD	1783	z	(wird Bürger)
1662	PP	1774	z	
1663	TAR	1801	z	Einwohnerverzeichnis 1801: Ausländer im Haushalt
1664	TAI	1797	z	Tabelle d. nach April 1797 angesetzten Colonisten
1665	LI	1787	z	Liste der zw. April 1787 u. Okt. 1787 angesetzten Colonisten
1666	LI	1810	z	Arbeiter, Gesellen, Knechte mit Handwerksbüchern
1667	BD	1791.03.17	z	Akziseregister, Fremder, Freijahre laufen
1668	TAFM (?)	1797	z	Einwohnerverzeichnis 1797: Ausländer im Haushalt
1669	TAF	1791.04.15	z	Tabelle d. zw. Okt. 1790 u. April 1791 angesetzten Colonisten
1670	THG	1798	z	
1671	A	1806	z	Einwohnerverzeichnis 1806: Ausländer im Haushalt
1672	TB	1776	z	statt Einwohnergeld, lieber Bürger geworden
1673	TAE	1774	z	
1674	BD	1797	z	Einwohnerverzeichnis 1797: Ausländer im Haushalt
1675	BD	1798	z	keine Familie
1676	BD	1790.10.15	z	Tabelle d. zw. April u. Okt. 1790 angesetzten Colonisten
1677	BD	1790	z	Tabelle der angesetzten u. abgegangenen Meister
1678	ED	1769	z	5 Fuß, 5 Zoll groß, 1 Taler Contribution
1679	BD	1782	z	Liste der zw. April 1782 u. Sept. 1782 angesetzten Colonisten
1680	Q	1807	z	(Liste der sich etablierten Bürger) Fremder
1681	TAE	1774	z	
1682	A	1797	z	Einwohnerverzeichnis 1797: Ausländer im Haushalt
1683	TBJ	1776	z	
1684	TAE	1776	z	Liste der zw. Mai 1776 und Okt.1776 angesetzten Colonisten
1685	TB	1786	z	Liste der zw. Okt. 1785 u. April 1786 angesetzten Colonisten
1686	W	1807.06.02	z	Colonistenliste
1687	PCF	1807.06.02	z	Colonistenliste
1688	SDN	1806	z	(leistet den Bürgereid), (unterschreibt mit: Dreibholtz)
1689	Q	1806	z	Einwohnerverzeichnis 1806: Ausländer im Haushalt
1690	Q	1807	z	(Liste der sich etablierten Bürger) Bürgereid 1806, Fremder

Supplement: Migranten-Datenbank (1749-1810)

	I	J	K	L	M	N	O	P	Q	R
1626	STAS A 53	v	o	o	1800/01?	o	m	o	1	136 1/3
1627	STAS A 48	o	o	j	o	o	m	o		
1628	STAS A 65	o	o	o	o	o	m	o		
1629	STAS A 53	l	o	o	1800/01?	o	m	o	1	114
1630	STAS A 54	o	o	o	o	o	m	o	1	
1631	STAS A 48	o	o	o	o	n	m	o		
1632	STAS A 2029	o	o	o	o	o	o	o		
1633	STAS A 1626	o	33	n	1784	o	m	o		
1634	STAS A 53	v	o	o	1800/01?	o	m	n	1	47 1/2
1635	STAS A 34	o	o	o	1776	j	m	n	1	
1636	STAS A 2029	o	o	o	o	o	m	o	1	
1637	STAS A 35	o	o	n	1776	o	m	o	1	
1638	STAS A 34	o	o	o	o	j	m	o	2	
1639	STAS A 2029	o	o	o	o	o	m	o		
1640	STAS A 54	o	o	o	o	o	m	o	1	
1641	STAS A 53	l	o	o	1800/01?	o	m	o	1	66
1642	STAS A 52	o	o	j	o	j	m	o	1	
1643	STAS A 24	o	o	o	o	o	m	o		
1644	STAS A 24	v	o	o	1745	o	m	n	7	
1645	STAS A 35	o	o	n	o	o	m	o	1	
1646	STAS A 34	o	o	o	1740-77	j	m	o	2	
1647	STAS A 2029	o	o	o	o	o	m	o		
1648	STAS A 1647	o	o	o	o	j	m	o	1	
1649	STAS A 67	l	o	o	o	o	m	o	1	47
1650	STAS A 64	v	o	o	o	o	m	o	1	128
1651	STAS A 2029	o	o	o	o	o	m	o		
1652	STAS A 34	o	o	o	1780	j	m	j	1	
1653	STAS A 34	o	o	o	1780 ?	o	m	n	1	
1654	STAM NR A 6	o	o	o	o	o	m	o	3	
1655	STAS A 1626	o	31	j	1796	o	m	o		
1656	STAS A 34	o	o	o	1786 ?	o	m	n	1	
1657	STAS A 47	v	o	o	o	o	m	o	1	49
1658	STAS A 47	v	o	o	o	o	m	o	1	215
1659	STAS A 34	o	o	o	1779/80	o	m	o	2	
1660	STAS A 25	o	o	o	o	o	m	o	1	
1661	STAS A 35	o	o	j	o	o	m	o	1	
1662	STAS A 2032	o	o	o	o	o	m	o	1	
1663	STAS A 53	v	o	o	1800/01?	o	m	o	1	143
1664	STAS A 46	o	o	o	1797	j	m	n	1	
1665	STAS A 34	o	o	o	1787	j	m	n	1	
1666	STAS A 2123	o	21	o	o	j	m	o	1	
1667	STAS A 1268	o	o	o	o	j	m	o	1	
1668	STAS A 47	l	o	o	o	o	m	o	1	221
1669	STAS A 41	o	o	o	1790/91	o	m	o	1	
1670	STAS A 1626	o	17	o	1797	o	m	o		
1671	STAS A 64	wwe	o	o	o	o	f	n	1	26
1672	STAS A 35	o	o	j	1756	o	m	o	1	
1673	STAS A 2032	o	o	o	o	o	m	o	1	
1674	STAS A 47	v	o	o	o	o	m	o	1	197
1675	STAS A 1626	o	30	o	1788	o	m	o		
1676	STAS A 41	o	o	o	1790	j	m	n	1	
1677	STAS A 2029	o	o	o	1790	o	m	o	1	
1678	STAS A 914	o	50	o	o	o	m	n	1	174
1679	STAS A 34	o	o	o	1782	j	m	n	1	
1680	STAS A 61	o	o	o	1806	o	m	o	1	150
1681	STAS A 2032	o	o	o	o	o	m	o	1	
1682	STAS A 47	v	o	o	o	o	m	n	1	131
1683	STAS A 2029	o	o	o	o	o	m	o		
1684	STAS A 34	o	o	o	1776	j	m	n	1	
1685	STAS A 34	o	o	o	1785/86	j	m	n	2	
1686	STAS A 1647	o	o	o	o	n	m	o	1	
1687	STAS A 1647	o	o	o	o	n	m	o	1	
1688	STAS A 52	o	o	j	o	j	m	o	1	
1689	STAS A 64	v	o	o	o	o	m	o	1	140
1690	STAS A 61	o	o	j	1804	j	m	o	1	155

Supplement: Migranten-Datenbank (1749-1810)

	A	B	C	D
1691	Trepper	Christoph	N.N	N.N
1692	Troost	Jacob	N.N	N.N
1693	Troost	N.N	N.N	GIMBORN
1694	Troost	N.N	N.N	GIMBORN
1695	Troost	N.N.	N.N	N.N
1696	Troost	N.N.	N.N	N.N
1697	Tulermann (?)	Henr.	N.N	N.N
1698	Tüll	Jürgen	N.N	HESSEN
1699	Tullner	Joh. Jörg	N.N	HESSEN
1700	Tunewald	Friedrich W.	Elberfeld	Berg
1701	Tünnewald	Fr. W.	N.N	N.N
1702	Tuscher	Johann	N.N	HESSEN
1703	Uederich (?)	Georg	N.N	HESSEN
1704	Uhlemann	Carl Friedrich	N.N	SACHSEN
1705	Uhlemann	Friedrich	N.N	SACHSEN
1706	Uhlemann/Ullmann	Carl	N.N	N.N
1707	Ulderich	Georg	N.N	N.N
1708	Ulderich	Johann Georg	N.N	HESSEN-KASSEL
1709	Ulrich	Georg	N.N	HESSEN
1710	Ungern	Albert	N.N	N.N
1711	Vahl	Johann	N.N	BERG
1712	Vaust	Jürg.	N.N	N.N
1713	Vespra ?	Christian	Minden (?)	Waldeck (?)
1714	Vigelius	N.N	Essen	Essen Stift
1715	Vivier de, Vivie	Joseph Achille	N.N	FRANKREICH
1716	Vivier de, Vivie	Joseph Achille	Tombeboeuf	Frankreich
1717	Vivier du	Jacques	N.N	FRANKREICH
1718	Vivier du	Joseph	N.N	FRANKREICH
1719	Vivier du	N.N	N.N	FRANKREICH
1720	Voerster	N.N	N.N	N.N
1721	Voeste	Henr.	N.N	N.N
1722	Voeste	Henr.	Herbede	Mark
1723	Voeste	Joh.	Herbede	MARK
1724	Voeste	Joh. Henrich	Herbede	Mark
1725	Vogel	Joh. Wilh.	Neustadt Ksp. Sieg?	N.N
1726	Vogel	Philipp	N.N	N.N
1727	Vohrleender	Jacob Henr.	N.N	HOMBURG
1728	Voigt	David	N.N	N.N
1729	Voigt	Friedrich	Gotha	Sachsen-Gotha
1730	Vorberg	Christ.	Breckerfeld	Mark
1731	Vorberg	Peter Christoph	Breckerfeld	Mark
1732	Vorbusch modo Hirsch	Fr.	N.N	N.N
1733	Vorhahne	N.N	Limburg	Limburg Grf.
1734	Vorländer	N.N	N.N	N.N
1735	Vörster	N.N	Hagen	Mark
1736	Vortmann	Pet.	N.N	N.N
1737	Voss	Henrich	Elberfeld	BERG
1738	Vueste	Engelb.	Herbede	Mark
1739	Wabel	Henr.	N.N	MARK
1740	Waelter	Joh. Wilh.	Radevormwald	Berg (Berg, Ghzgt.)
1741	Wagenberg	N.N	N.N	BERG
1742	Wagenberg	W.	Ratingen	Berg
1743	Wagenberg	Wilhelm	Elberfeld	Berg
1744	Wagener	Jacob	N.N	N.N
1745	Wagener	Jacob	N.N	OBER-HESSEN
1746	Wagener	Jacob	N.N	N.N
1747	Wagener	Jacob	N.N	HESSEN
1748	Wagener	Johannes	N.N	HESSEN
1749	Wahl	Johannes Ludwig	Berleburg	Berleburg (Hessen, Ghzgt.)
1750	Wahl	Johannes Ludwig	Berleburg	Berleburg (Hessen, Ghzgt.)
1751	Wahring	N.N	N.N	N.N
1752	Walberg	Peter	N.N	N.N
1753	Walter	Hartmut	N.N	BERG
1754	Walter	Herm./Hartmann	N.N	N.N
1755	Walter (?)	N.N	N.N	N.N

399

Supplement: Migranten-Datenbank (1749-1810)

	E	F	G	H
1691	PCFA	1807	z	
1692	G	1798	z	Geselle bei Joh. Peter Hahne
1693	BH	1806.01.15	z	angekommene fremde Familien 1805
1694	TBE	1806.01.15	z	angekommene fremde Familien 1805
1695	BH	1806	z	*Einwohnerverzeichnis 1806*: Ausländer im Haushalt
1696	TBE	1806	z	*Einwohnerverzeichnis 1806*: Ausländer im Haushalt
1697	W	1806	z	*Einwohnerverzeichnis 1806*: Ausländer im Haushalt
1698	TB	1774	z	
1699	TBJ / TAQ	1774	z	
1700	TBI	1798	z	keine Verwandten hier
1701	TBI	1797	z	*Einwohnerverzeichnis 1797*: Ausländer im Haushalt
1702	TBJ / TAQ	1775	a	
1703	TH	1798	z	*Tabelle d. 1798 angesetzten Colonisten*
1704	Q	1781	z	Einlieger, will lieber Bürgergeld zahlen
1705	VA + TAI	1778	z	*Liste der zw. April 1778 und 30.9.1778 angesetzten Colonisten*
1706	TAI	1797	z	*Einwohnerverzeichnis 1797*: Ausländer im Haushalt
1707	TH	1799	z	*Einwohnerverzeichnis 1799*: Ausländer im Haushalt
1708	TH	1798	z	seit 1/4 Jahr in der Stadt, seit 10 Wochen Meister
1709	TH	1798	z	Bürgerrechtsgewinnung
1710	W / VA	1801	z	*Einwohnerverzeichnis 1801*: Ausländer im Haushalt
1711	BJ	1749	z	kommt mit Frau
1712	TB	1805(?)	z	*Einwohnerverzeichnis* (um 1805): Ausländer im Haushalt
1713	VBK	1798	z	(Name durchgestrichen)
1714	JEA	1777	z	die Freiheiten enden in zwei Jahren
1715	HB	1804	z	französische Emigranten
1716	HB	1776	z	französische Emigranten
1717	HB	1797	z	Bürgerrechtsgewinnung
1718	HB	1797	z	Bürgerrechtsgewinnung
1719	HB	1797	z	*Einwohnerverzeichnis 1797*: Ausländer im Haushalt
1720	PCB	1789	a	*Tabelle der angesetzten u. abgegangenen Meister*
1721	TBJ	1789	a	*Tabelle der angesetzten u. abgegangenen Meister*
1722	TAQ	1774	z	
1723	TAQ	1775	z	
1724	TBJ / TAQ	1774	z	
1725	LIG	1810	z	Arbeiter, Gesellen, Knechte mit Handwerksbüchern
1726	PC	1799	z	*Einwohnerverzeichnis 1799*: Ausländer im Haushalt
1727	HD	1797	z	*Tabelle d. nach April 1797 angesetzten Colonisten*
1728	SAA	1797	z	*Einwohnerverzeichnis 1797*: Ausländer im Haushalt
1729	TR	1810	z	Arbeiter, Gesellen, Knechte mit Handwerksbüchern
1730	BH / BN	1792	z	*Tabelle der angesetzten u. abgegangenen Meister*
1731	BH	1792.11.03	z	Bürgerrechtsgewinnung, kein Ausländer
1732	W	1799	z	*Einwohnerverzeichnis 1799*: Ausländer im Haushalt
1733	Q	1806 (?)	z	Colonistenliste
1734	HB	1797	z	*Einwohnerverzeichnis 1797*: Ausländer im Haushalt
1735	PCB / SDJ	1788	z	*Tabelle der angesetzten u. abgegangenen Meister*
1736	VB	1806	z	*Einwohnerverzeichnis 1806*: Zugezogener im Haushalt
1737	TBJ	1749	z	kommt mit Frau
1738	TBJ	1781	a	
1739	PCB / SDJ	1788	z	*Tabelle der angesetzten u. abgegangenen Meister*
1740	LA	1810	z	Arbeiter, Gesellen, Knechte mit Handwerksbüchern
1741	PCB	1799	z	*Einwohnerverzeichnis 1799*: Ausländer im Haushalt
1742	PCB	1800	z	
1743	HCA	1799	z	*Colonistentabelle 1799*
1744	NO	1769	z	5 Fuß groß, 1 Taler 30 Stüber Contribution
1745	TH	1792.11.03	z	Bürgerrechtsgewinnung, Ausländer
1746	TH	1797	z	*Einwohnerverzeichnis 1797*: Ausländer im Haushalt
1747	TH	1798	z	hat einen Vetter in der Stadt
1748	Q	1798	z	
1749	TB	1810	z	angesetzte, verabschiedete Soldaten
1750	TB	1810	z	Arbeiter, Gesellen, Knechte mit Handwerksbüchern
1751	A	1797	z	*Einwohnerverzeichnis 1797*: Ausländer im Haushalt
1752	Q	1805	a+	tot
1753	FA	1777	z	die Freijahre sind zu Ende, keine Baugelder
1754	W + I	1799	z	*Einwohnerverzeichnis 1799*: Ausländer im Haushalt
1755	ODC + OCC	1797	z	*Einwohnerverzeichnis 1797:* Ausländer im Haushalt

Supplement: Migranten-Datenbank (1749-1810)

	I	J	K	L	M	N	O	P	Q	R
1691	STAS A 65	o	o	o	o	o	m	o		
1692	STAS A 1626	o	20	n	1797	o	m	o		
1693	STAS A 54	o	o	o	o	o	m	o	1	
1694	STAS A 54	o	o	o	o	o	m	o	1	
1695	STAS A 64	l	o	o	o	o	m	o	1	37
1696	STAS A 64	l	o	o	o	o	m	o	1	37
1697	STAS A 64	v	o	o	o	o	m	o	1	160
1698	STAS A 34	o	o	o	o	j	m	n	2	
1699	STAS A 2029	o	o	o	o	o	m	o		
1700	STAS A 1626	o	26	j	1790	o	m	o		
1701	STAS A 47	v	o	o	o	o	m	o	2	137
1702	STAS A 2029	o	o	o	o	o	m	o		
1703	STAS A 46	l	o	o	1798	j	m	n	1	
1704	STAS A 35	o	o	j	o	o	m	o	1	
1705	STAS A 34	o	o	o	1778	j	m	n	1	
1706	STAS A 47	v	o	o	o	o	m	o	1	160
1707	STAS A 51	l	o	o	o	o	m	o	1	
1708	STAS A 1626	o	24	n	1798	o	m	o		
1709	STAS A 48	o	o	j	o	o	m	o		
1710	STAS A 53	v	o	o	1800/01?	o	m	o	1	40
1711	STAS A 24	v	o	o	1746	o	m	n	6	
1712	STAS A 55A	o	o	o	o	o	m	o	2	125
1713	STAS A 1626	o	28	o	1794	o	m	o		
1714	STAS A 34	o	o	o	o	j	m	o	2	
1715	STAS A 978	v	o	o	1794.10.10	j	m	o	2	
1716	STAS A 960	o	o	o	1795	j	m	j	2	
1717	STAS A 48	o	o	j	o	o	m	o		
1718	STAS A 48	o	o	j	o	o	m	o		
1719	STAS A 47	l	o	o	o	j	m	o	2	104
1720	STAS A 2029	o	o	o	o	o	m	o	1	
1721	STAS A 2029	o	o	o	o	o	m	o	1	
1722	STAS A 2032	o	o	o	o	o	m	o	1	
1723	STAS A 34	o	o	o	o	j	m	o	1	
1724	STAS A 2029	o	o	o	o	o	m	o		
1725	STAS A 2123	o	17	o	o	j	m	o	1	
1726	STAS A 51	v	o	o	o	o	m	o	1	157
1727	STAS A 46	l	o	o	1797	o	m	o	1	
1728	STAS A 47	v	o	o	o	o	m	o	1	228
1729	STAS A 2123	o	28	o	o	j	m	o	1	
1730	STAS A 2029	o	o	o	1792	o	m	o	1	
1731	STAS A 41	o	o	j	o	j	m	o	1	
1732	STAS A 51	v	o	o	o	o	m	o	1	136
1733	STAS A 1647	o	o	j	o	n	m	o	1	
1734	STAS A 47	l	o	o	o	o	m	o	1	228
1735	STAS A 2029	o	o	o	1788	o	m	o	1	
1736	STAS A 64	v	o	o	o	o	m	o	1	118
1737	STAS A 24	v	o	o	1743	o	m	n	2	
1738	STAS A 2029	o	o	o	o	o	m	o		
1739	STAS A 2029	o	o	o	1788	o	m	o	1	
1740	STAS A 2123	o	32	o	o	j	m	o	1	
1741	STAS A 51	l	o	o	o	j	m	o	2	184
1742	STAS A 48	o	o	j	o	o	m	o		
1743	STAS A 46	o	o	o	1799	j	m	j	1	
1744	STAS A 914	o	54	o	o	o	m	n	1	94
1745	STAS A 41	o	o	j	o	j	m	o	1	
1746	STAS A 47	v	o	o	o	o	m	o	1	184
1747	STAS A 1626	o	33	j	1793	o	m	o		
1748	STAS A 1626	o	17	o	1797	o	m	o		
1749	STAS A 2123	o	30	o	o	j	m	o	1	
1750	STAS A 2123	o	21	o	o	j	m	o	1	
1751	STAS A 47	wwe	o	o	o	o	f	n	1	59
1752	STAS A 65	o	o	o	o	o	m	o		
1753	STAS A 34	o	o	o	o	j	m	o	3	
1754	STAS A 51	v	o	o	o	o	m	o	2	84
1755	STAS A 47	v	o	o	o	o	m	o	1	173

401

Supplement: Migranten-Datenbank (1749-1810)

	A	B	C	D
1756	Wandler	Joh.	N.N	N.N
1757	Wandler	Joseph	Laubach	Solms-Laubach
1758	Warfel	Caspar Henrich	Volmarstein	Mark
1759	Wartenberg	N.N	N.N	N.N
1760	Wasmann	Casp.	N.N	N.N
1761	Wasmann	Caspar	Wehringhausen	Mark (Berg, Ghzgt.)
1762	Wasmann	Caspar	Wehringhausen	Mark
1763	Wath (?)	Joh. Jobst	N.N	N.N
1764	Weber	Adolph	N.N	N.N
1765	Weber	Bernhard Georg	Brackel	Mark
1766	Weber	Carl Adolph	N.N	N.N
1767	Weber	N.N	N.N	N.N
1768	Weber	N.N	N.N	HANNOVER
1769	Weber	Paul	N.N	BERG
1770	Weerth	Casp.	Barmen	Berg
1771	Weerth	Christian	N.N	GIMBORN
1772	Wegmann	C.	Unna	Mark
1773	Wehrt	Peter Caspar	N.N	N.N
1774	Weichler	Chr.	N.N	N.N
1775	Weichler	Christ.	Hanau	Hessen
1776	Weichler	Christian	Hanau	Hessen
1777	Weichler	Christian	N.N	HESSEN
1778	Weichler	Christian	N.N	N.N
1779	Weichler	Nicolaus	N.N	N.N
1780	Weinreich	Philip	N.N	N.N
1781	Weinreich	Phillip	Elberfeld	Berg
1782	Weinrich	Philipp	Elberfeld	Berg
1783	Weinsen	Joh.	N.N	N.N
1784	Weisgaerber	Pet. Wilh.	Breckerfeld	Mark (Berg, Ghzgt.)
1785	Weissgerber	Pet. W.	Breckerfeld	Mark
1786	Weldert	Peter	Algenroth	Sayn-Wittgenstein-Hohenstein
1787	Weller	Gotfr.	N.N	HESSEN-KASSEL
1788	Weller	Gottfr.	N.N	HESSEN
1789	Weller	Gottfr.	N.N	N.N
1790	Weller	Gottfr.	N.N	N.N
1791	Weller	Gottfried	N.N	N.N
1792	Weller	Gottfried	N.N	HESSEN-KASSEL
1793	Weller	Gottfried	N.N	HESSEN-KASSEL
1794	Weller	Gotthard	Haina	SACHSEN, KGR.
1795	Weller	Henr.	N.N	HESSEN
1796	Weller	Henrich	N.N	HESSEN
1797	Weller	W.(?)	N.N	N.N
1798	Wellers	Joh. Pet.	N.N	N.N
1799	Welters	Peter	N.N	HESSEN-KASSEL
1800	Welthert	Peter	N.N	HESSEN-KASSEL
1801	Wennemar	N.N	N.N	N.N
1802	Wennemark	Ludwig	Bonn	Köln EB
1803	Werlhoff	Engelb.	Elberfeld	Berg
1804	Werth	Abraham	N.N	N.N
1805	Werth	Casp.	N.N	BERG
1806	Werth	Caspar	N.N	N.N
1807	Werth	Christ.	N.N	GIMBORN
1808	Westebbe	Died.	N.N	N.N
1809	Westebbe	Diedr.	Limburg	Limburg Grf.
1810	Westebe	Diedrich	N.N	LIMBURG, Grf.
1811	Westerfeld	Conr.	N.N	BERG
1812	Westerfeld	Conrad	N.N	BERG
1813	Westerhoff	Caspar	Werne	Mark (Berg, Ghzgt.)
1814	Westübe	Diedr.	Limburg	Limburg Grf.
1815	Westübe	Diedrich	Limburg	Limburg Grf.
1816	Wever	Arnold	N.N	N.N
1817	Wever	Fried.	N.N	N.N
1818	Wever	Johan Anton	Hamm	Mark (Berg, Ghzgt.)
1819	Wever auch Weber	N.N	N.N	N.N
1820	Weydemann	Thomas	N.N	N.N

Supplement: Migranten-Datenbank (1749-1810)

	E	F	G	H
1756	TJ / TAI	1784	z	Tabelle der angesetzten u. abgegangenen Meister
1757	TAI	1779/80	z	
1758	SDJ	1797	z	Bürgerrechtsgewinnung
1759	PCB	1801	z	Einwohnerverzeichnis 1801: Ausländer im Haushalt
1760	BH	1801	z	Einwohnerverzeichnis 1801: Ausländer im Haushalt
1761	Q	1807	z	(Liste der sich etablierten Bürger) Bürgereid 1801
1762	BH	1801	z	Bürgerrechtsgewinnung
1763	Q	1807	z	(Liste der sich etablierten Bürger) Fremder
1764	Q	1781	z	Ausländer (wird Bürger)
1765	BH	1799	z	Bürgerrechtsgewinnung
1766	JABE (?)	1797	z	Einwohnerverzeichnis 1797: Ausländer im Haushalt
1767	EA	1805(?)	z	Einwohnerverzeichnis (um 1805): Ausländer im Haushalt
1768	OBL	1788	z	Liste der zw. April 1788 u. Okt. 1788 angesetzten Colonisten
1769	TBJ	1777	a	
1770	TBJ	1776	a	
1771	BD	1786	z	Tabelle der angesetzten u. abgegangenen Meister
1772	TAI	1789	z	Tabelle der angesetzten u. abgegangenen Meister
1773	TCK	1769.12.05	z	Liste d. Fabrikarbeiter, Ausländer (bei Pet. H. Sternenberg)
1774	SCB	1797	z	Einwohnerverzeichnis 1797: Ausländer im Haushalt
1775	SCB	1777	z	(Tabelle der zw. 1740 und 1777 etablierten Colonisten)
1776	SCB	1798	z	(Name durchgestrichen)
1777	SCB	1769	z	5 Fuß, 4 Zoll groß, 30 Stüber Contribution
1778	Q	1776	z	
1779	Q	1769	z	
1780	TB	1791	z/a	Liste der seit 1779 etabl. und wieder abgewanderten Colonisten
1781	TB	1781	z	Liste der zw. 15.4.1781 u. 15.10.1781 angesetzten Colonisten
1782	TBJ	1781	z	
1783	TH	1797	z	Einwohnerverzeichnis 1797: Ausländer im Haushalt
1784	TBH	1808.05.31	z	Erlaubnis zur Ansetzung
1785	TB	1806	z	Einwohnerverzeichnis 1806: Zugezogener im Haushalt
1786	LI	1806	z	kann sich ernähren
1787	BA	1806	z	(leistet den Bürgereid)
1788	BA	1806.01.15	z	angekommene fremde Familien 1805
1789	BA	1806	z	Einwohnerverzeichnis 1806: Ausländer im Haushalt
1790	BA	1805	z	
1791	Q	1807	z	(Liste der sich etablierten Bürger) Bürgereid 1806, Fremder
1792	BA	1806	z	kann sich ernähren
1793	BA	1806	z	
1794	NA	1810	z	Arbeiter, Gesellen, Knechte mit Handwerksbüchern
1795	TH	1797	z	Tabelle d. nach April 1797 angesetzten Colonisten
1796	TH	1798	z	keine Familie
1797	TH	1797	z	Einwohnerverzeichnis 1797: Ausländer im Haushalt
1798	Q	1807	z	(Liste der sich etablierten Bürger) Fremder
1799	LI	1807.06.02	z	Colonistenliste
1800	LI	1808	z	Liste der Ausländer 1808 (Extrakt)
1801	TAI (?)	1801	z	Einwohnerverzeichnis 1801: Ausländer im Haushalt
1802	TJ	1774	z	
1803	TH	1779/80	z	
1804	Q	1769	z	
1805	TAE	1774	z	
1806	TCA	1769	z	5 Fuß 3 Zoll groß, 30 Stüber Contribution
1807	BD	1786	z	Liste der zw. April 1786 u. Okt. 1786 angesetzten Colonisten
1808	TH	1799	z	Einwohnerverzeichnis 1799: Ausländer im Haushalt
1809	TH	1798	z	(Name durchgestrichen)
1810	Q	1781	z	Einlieger, will lieber Bürgergeld zahlen
1811	TBH	1801	z	Einwohnerverzeichnis 1801: Ausländer im Haushalt
1812	TBH	1801.10.28	z	angekommene fremde Familien 1801
1813	BA	1810	z	Arbeiter, Gesellen, Knechte mit Handwerksbüchern
1814	TH	1779/80	z	
1815	TH	1780	z	Liste der zw. März 1780 u. 30.9. 1780 angesetzten Colonisten
1816	SDI	1797	z	Einwohnerverzeichnis 1797: Ausländer im Haushalt
1817	HB	1799	z	Einwohnerverzeichnis 1799: Ausländer im Haushalt
1818	TH	1810	z	Arbeiter, Gesellen, Knechte mit Handwerksbüchern
1819	OBL	1797	z	Einwohnerverzeichnis 1797: Ausländer im Haushalt
1820	Q	1769	z	

Supplement: Migranten-Datenbank (1749-1810)

	I	J	K	L	M	N	O	P	Q	R
1756	STAS A 2029	o	o	o	o	o	m	o	1	
1757	STAS A 2029	o	o	o	o	o	m	o		
1758	STAS A 48	o	o	j	o	o	m	o		
1759	STAS A 53	v	o	o	1800/01?	j	m	o	5	211
1760	STAS A 53	l	o	o	1800/01?	j	m	o	1	109
1761	STAS A 61	o	o	j	1801	j	m	o	1	145
1762	STAS A 48	o	o	j	o	o	m	o		
1763	STAS A 61	o	o	o	1807	o	m	o	1	259
1764	STAS A 35	o	o	j	o	o	m	o	1	
1765	STAS A 48	o	o	j	8 J.	o	m	o		
1766	STAS A 47	v	o	o	o	o	m	o	2	159 1/2
1767	STAS A 55A	v	o	o	o	o	m	o	1	168
1768	STAS A 34	v	o	o	1788	o	m	o	1	
1769	STAS A 2029	o	o	o	o	o	m	o		
1770	STAS A 2029	o	o	o	o	o	m	o		
1771	STAS A 2029	o	o	o	1786	o	m	o	1	
1772	STAS A 2029	o	o	o	1789	o	m	o	1	
1773	STAS A 910	v	o	o	o	o	m	o	1	
1774	STAS A 47	v	o	o	o	o	m	o	2	211
1775	STAS A 34	o	o	o	1740-77	o	m	o	5	
1776	STAS A 1626	o	59	j	1764	o	m	o		
1777	STAS A 914	o	29	o	o	o	m	o	1	165
1778	STAS A 35	o	o	j	o	o	m	o	1	
1779	STAS A 914	l	06	o	o	o	m	o	1	165
1780	STAS A 34	o	o	o	1781 ?	o	m	n	1	
1781	STAS A 34	o	o	o	1781	o	m	n	1	
1782	STAS A 2029	o	o	o	o	o	m	o		
1783	STAS A 47	l	o	o	o	o	m	o	1	4
1784	STAS A 1647	o	o	o	1798	j	m	o	1	
1785	STAS A 64	l	o	o	o	o	m	o	1	132
1786	STAS A 65	o	o	o	o	j	m	o		
1787	STAS A 52	o	o	j	o	j	m	o	1	
1788	STAS A 54	o	o	o	o	o	m	o	1	
1789	STAS A 64	v	o	o	o	o	m	o	1	159
1790	STAS A 65	o	o	o	o	o	m	o		
1791	STAS A 61	o	o	j	1806	j	m	o	1	146
1792	STAS A 65	o	o	o	o	j	m	o		
1793	STAS A 65	o	o	o	o	o	m	o		
1794	STAS A 2123	o	29	o	o	j	m	o	1	
1795	STAS A 46	l	o	o	1797	j	m	n	1	
1796	STAS A 1626	o	22	j	1794	o	m	o		
1797	STAS A 47	l	o	o	o	o	m	o	1	225
1798	STAS A 61	o	o	o	1806	o	m	o	1	86
1799	STAS A 1647	o	o	o	o	n	m	o	1	
1800	STAS A 67	v	o	o	o	o	m	o	1	86
1801	STAS A 53	ww?	o	o	1800/01?	o	m	o	1	188
1802	STAS A 2029	o	o	o	o	o	m	o		
1803	STAS A 2029	o	o	o	o	o	m	o		
1804	STAS A 914	l	09	o	o	o	m	o	1	181
1805	STAS A 2032	o	o	o	o	o	m	o	1	
1806	STAS A 914	o	40	o	o	o	m	n	1	181
1807	STAS A 34	o	o	o	1786	j	m	n	2	
1808	STAS A 51	v	o	o	o	o	m	o	1	
1809	STAS A 1626	o	40	j	1772	o	m	o		
1810	STAS A 35	o	o	j	o	o	m	o	1	
1811	STAS A 53	v	o	o	1800/01?	o	m	o	2	180 3/4
1812	STAS A 54	o	o	o	o	o	m	o	1	
1813	STAS A 2123	o	27	o	o	j	m	o	1	
1814	STAS A 2029	o	o	o	o	o	m	o		
1815	STAS A 34	o	o	o	1780	j	m	o	1	
1816	STAS A 47	v	o	o	o	o	m	o	3	218
1817	STAS A 51	v	o	o	o	o	m	o	4	152
1818	STAS A 2123	o	17	o	o	j	m	o	1	
1819	STAS A 47	v	o	o	o	o	m	o	1	168
1820	STAS A 914	o	62	o	o	o	m	n	1	120

Supplement: Migranten-Datenbank (1749-1810)

	A	B	C	D
1821	Wichelhaus	Wilh.	N.N	BERG
1822	Wichelhaus	Wilh.	N.N	N.N
1823	Wichelhaus	Wilh.	N.N	BERG
1824	Wichelhaus	Wilh.	Elberfeld	Berg
1825	Wichelhaus	Wilhelm	N.N	N.N
1826	Wichelhaus	Wilhelm	Elberfeld	Berg
1827	Wiedenroth	N.N	N.N	N.N
1828	Wiemann	Johann	N.N	HESSEN
1829	Wiemar	Henrich	Soest	Mark
1830	Wiemer	H.	Soest	Mark
1831	Wilhelm	N.N	N.N	KÖLN EB
1832	Wilhelm	N.N	N.N	KÖLN EB
1833	Willmund	Christian	Niedergelpe	Gimborn (Berg, Ghzgt.)
1834	Windfuhr	Diederich Wilhelm	Lüdenscheid	Mark
1835	Wittich	Henr.	N.N	N.N
1836	Wittich	W.(?)	N.N	N.N
1837	Woeste	N.N	N.N	N.N
1838	Woeste	N.N	N.N	N.N
1839	Wolfertts	Casp.	N.N	BERG
1840	Wolff	Gebr.	N.N	N.N
1841	Wolff	Gottfried	N.N	N.N
1842	Wolffsleder (?)	N.N	N.N	N.N
1843	Wollff	Gottfr.	N.N	N.N
1844	Wrede	N.N	N.N	N.N
1845	Wuelfing	Peter	N.N	N.N
1846	Wulfen	Herman	N.N	BERG
1847	Wülfing	Noah	Ronsdorf	BERG
1848	Wulfingh	Noah	N.N	N.N
1849	Wulfingh	Noah	Ronsdorf	Berg
1850	Wülfingh	Noah	Ronsdorf	Berg (Berg, Ghzgt.)
1851	Würpel	Hr.	Volmarstein	Mark
1852	Wuste	Abraham	Gummersbach	Gimborn (Berg, Ghzgt.)
1853	Wusthoff	Engelb.	N.N	N.N
1854	Wusthoff	Engelbert	Elberfeld	Berg
1855	Wyrich	Anton	N.N	N.N
1856	Ziegener	Christoph	N.N	SACHSEN
1857	Zieger	Joh.	N.N	BERG
1858	Ziegle	Joh.	N.N	WÜRTTEMBERG
1859	Ziegler	Christ.	Erfurt	Sachsen-Weimar
1860	Ziegler / Ziegener	Chr.	N.N	N.N
1861	Ziegner	Christ.	Erfurt	Sachsen-Weimar
1862	Zillich	Bart.	N.N	BERG
1863	Zillich	Barth.	N.N	N.N
1864	Zimermann	Henr.	N.N	TRIER Bst.
1865	Zimmermann	H.	N.N	N.N
1866	Zweg	Christoph	Darmstadt	Hessen-Darmstadt
1867	Zweg	Christoph	Darmstadt	Hessen-Darmstadt
1868	Zwegl	Johann Peter	Gemarke	Berg
1869	Zwegl	Peter	N.N	BERG
1870	Zweig (?)	Christoph	N.N	HESSEN
1871	Zweil	Chr.	N.N	N.N
1872	Zweil	Pet.	N.N	N.N
1873	Zylich	Barthol	N.N	N.N
1874	Zylich	Barthol.	N.N	N.N
1875	Zyllich	Barth.	N.N	SACHSEN
1876	Zyllich	Barthol.	N.N	SACHSEN-WEIMAR-EISENACH
1877	Zyllich	Barthol.	N.N	SACHSEN-EISENACH

Supplement: Migranten-Datenbank (1749-1810)

	E	F	G	H
1821	TAE	1777	z	*Tabelle der zw. 1740 und 1777 etablierten Colonisten*, Freijahre beendet
1822	TAE	1776	z	Ausländer (Einwohner)
1823	Q	1764.04.16	z	*Kopfsteuerliste*, Einsprüche
1824	TAE	1774	z	
1825	TAE	1769	z	5 Fuß, 1 Zoll groß, 30 Stb. Contribution
1826	TBJ	1756	z	
1827	OBP	1799	z	*Einwohnerverzeichnis 1799*: Ausländer im Haushalt
1828	TAE	1775	z	
1829	LI	1799	z	Bürgerrechtsgewinnung
1830	LI	1799	z	*Einwohnerverzeichnis 1799*: zugezogen, aber kein Ausländer
1831	PC	1801	z	*Einwohnerverzeichnis 1801*: Ausländer im Haushalt
1832	PC	1801	z	*Einwohnerverzeichnis 1801*: zugezogen, aber kein Ausländer
1833	BD	1810	z	Arbeiter, Gesellen, Knechte mit Handwerksbüchern
1834	SDN	1797	z	Bürgerrechtsgewinnung
1835	TB	1797	z	*Einwohnerverzeichnis 1797*: Ausländer im Haushalt
1836	A	1801	z	*Einwohnerverzeichnis 1801*: Ausländer im Haushalt
1837	JAB	1797	z	*Einwohnerverzeichnis 1797*: Ausländer im Haushalt
1838	SAI	1799	z	*Einwohnerverzeichnis 1799*: zugezogen, aber kein Ausländer
1839	FA	1777	z	die Freiheiten enden in drei Jahren
1840	Q	1807	a	(Liste der sich etablierten Bürger) Fremde, fortgezogen
1841	NA	1805	z	
1842	Q	1801	z	*Einwohnerverzeichnis 1801*: Ausländer im Haushalt
1843	NA	1806.01.15	z	angekommene fremde Familien 1805
1844	SAB	1797	z	*Einwohnerverzeichnis 1797*: Ausländer im Haushalt
1845	BD	1807	z	
1846	TB	1777	z	Freijahre abgelaufen, keine Baugelder
1847	Q	1806 (?)	z	*Colonistenliste*
1848	Q	1807	z	(Liste der sich etablierten Bürger) Bürgereid 1806, Fremder
1849	HB	1806	z	kann sich ernähren
1850	HB	1808	z	*Liste der Ausländer 1808 (Extrakt)*
1851	SDJ	1793	z	*Liste der Fabriken u. Manufakturen*
1852	TBE	1810	z	Arbeiter, Gesellen, Knechte mit Handwerksbüchern
1853	TH	1791	z/a	*Liste der seit 1779 etabl. und wieder abgewanderten Colonisten*
1854	TH	1780	z	*Liste der zw. März 1780 u. 30.9. 1780 angesetzten Colonisten*
1855	OBO	1769	z	keine Contributioben, Invalide
1856	SDN	1798	z	keine Verwandten, nur eine Frau
1857	ED	1777	z	die Freijahre sind zu Ende, keine Baugelder
1858	LI	1777	z	*Tabelle der zw. 1740 und 1777 etablierten Colonisten*, Freijahre beendet
1859	SDN	1797	z	Bürgerrechtsgewinnung
1860	SDN	1797	z	*Einwohnerverzeichnis 1797*: Ausländer im Haushalt
1861	SDN	1797	z	*Tabelle d. nach April 1797 angesetzten Colonisten*
1862	TAH	1765.06.04	z	
1863	A	1797	z	*Einwohnerverzeichnis 1797*: Ausländer im Haushalt, blind
1864	BF	1791	z	*Tabelle der angesetzten u. abgegangenen Meister*
1865	BF	1797	z	*Einwohnerverzeichnis 1797*: Ausländer im Haushalt
1866	TAI	1777	z	*Tabelle der zw. 1740 und 1777 etablierten Colonisten*, Freijahre beendet
1867	TAI	1774	z	
1868	TJ / TD / TAI	1778	z	
1869	TAI	1778	z	*Liste der zw. April 1778 und 30.9.1778 angesetzten Colonisten*
1870	TAI	1771	z	läßt auch Wollspinnen
1871	TAI	1797	z	*Einwohnerverzeichnis 1797*: Ausländer im Haushalt
1872	TAI	1797	z	*Einwohnerverzeichnis 1797*: Ausländer im Haushalt
1873	TAD	1769	z	5 Fuß, 1 Zoll groß, 1 Taler Contribution
1874	M	1769.12.05	z	*Liste d. Fabrikarbeiter*, Ausländer (bei Arnold Wylich)
1875	TAH	1777	z	die Freijahre sind zu Ende, keine Baugelder
1876	TAH	1776	z	(Einwohner)
1877	TAH	1774	z	

Supplement: Migranten-Datenbank (1749-1810)

	I	J	K	L	M	N	O	P	Q	R
1821	STAS A 34	o	o		o	1740-77	j	m	o	4
1822	STAS A 35	o	o	n	o		o	m	o	1
1823	STAS A 1131	o	o		o	o	o	m	o	1
1824	STAS A 2032	o	o		o	o	o	m	o	1
1825	STAS A 914	o	40		o	o	o	m	n	1	154
1826	STAS A 24	o	o		o	1756	o	m	o	1
1827	STAS A 51	l	o		o	o	o	m	o	1	91
1828	STAS A 34	o	o		o	o	j	m	n	2
1829	STAS A 48	o	o	j	o		o	m	o	
1830	STAS A 51	v	o		o	1798/99	j	m	o	2	72
1831	STAS A 53	l	o		o	1800/01?	o	m	o	1	76
1832	STAS A 53	l	o		o	1800/01?	o	m	o	1	76
1833	STAS A 2123	o	19		o	o	j	m	o	1
1834	STAS A 48	o	o	j	o		o	m	o	
1835	STAS A 47	v	o		o	o	o	m	o	1	128
1836	STAS A 53	v	o		o	1800/01?	o	m	n	1	86
1837	STAS A 47	v	o		o	o	o	m	o	2	222
1838	STAS A 51	v	o		o	1798/99	o	m	o	1	57
1839	STAS A 34	o	o		o	o	j	m	o	3
1840	STAS A 61	o	o		o	1806	o	m	o	2 ?	9
1841	STAS A 65	o	o		o	o	o	m	o	
1842	STAS A 53	wwe	o		o	1800/01	o	f	o	2	198
1843	STAS A 54	o	o		o	o	o	m	o	1
1844	STAS A 47	v	o		o	o	o	m	o	1	91
1845	STAS A 65	o	o		o	o	o	m	o	
1846	STAS A 34	o	o		o	o	j	m	o	2
1847	STAS A 1647	o	o		o	o	j	m	o	1
1848	STAS A 61	o	o	j		1806	j	m	o	1
1849	STAS A 65	o	o		o	o	j	m	o	
1850	STAS A 67	v	o		o	o	o	m	o	1	185
1851	STAS A 2024	o	o		o	o	o	m	o	1
1852	STAS A 2123	o	18		o	o	j	m	o	1
1853	STAS A 34	o	o		o	1780 ?	o	m	n	1
1854	STAS A 34	o	o		o	1780	j	m	o	3
1855	STAS A 914	o	66		o	o	o	m	n	1	33
1856	STAS A 1626	v	25	j		1791	o	m	o	
1857	STAS A 34	o	o		o	o	j	m	o	4
1858	STAS A 34	o	o		o	1740-77	j	m	o	3
1859	STAS A 48	o	o	j	o		o	m	o	
1860	STAS A 47	v	o		o	o	o	m	o	1	141
1861	STAS A 46	o	o		o	1797	j	m	o	2
1862	STAS A 25	o	o		o	o	o	m	o	1
1863	STAS A 47	v	o		o	o	o	m	n	1	44
1864	STAS A 2029	o	o		o	1791	o	m	o	1
1865	STAS A 47	v	o		o	o	o	m	o	1	134
1866	STAS A 34	o	o		o	1740-77	j	m	o	6
1867	STAS A 2032	o	o		o	o	o	m	o	1
1868	STAS A 2029	o	o		o	o	o	m	o	
1869	STAS A 34	o	o		o	1778	o	m	n	1
1870	STAS A 34	o	o		o	o	j	m	o	1 +
1871	STAS A 47	v	o		o	o	o	m	o	1	121
1872	STAS A 47	v	o		o	o	o	m	o	1	158 1/2
1873	STAS A 914	o	36		o	o	o	m	n	1	44
1874	STAS A 910	o	o		o	o	o	m	o	1
1875	STAS A 34	o	o		o	o	j	m	o	4
1876	STAS A 35	o	o	n	o		o	m	o	1
1877	STAS A 2032	o	o		o	o	o	m	o	1